O P

ANTES

DO

/re.li.cá.rio/

6ª EDIÇÃO

RIO

RAFAEL FREITAS DA SILVA

A Guanabara Tupinambá e suas aldeias ancestrais, a história do primeiro carioca e dos exploradores, conquistadores e moradores pioneiros, a disputa entre portugueses e franceses, a guerra contra os nativos e as batalhas que marcaram a fundação do Rio de Janeiro

RIO

Aos nossos gregos, os tupinambás.

SUMÁRIO

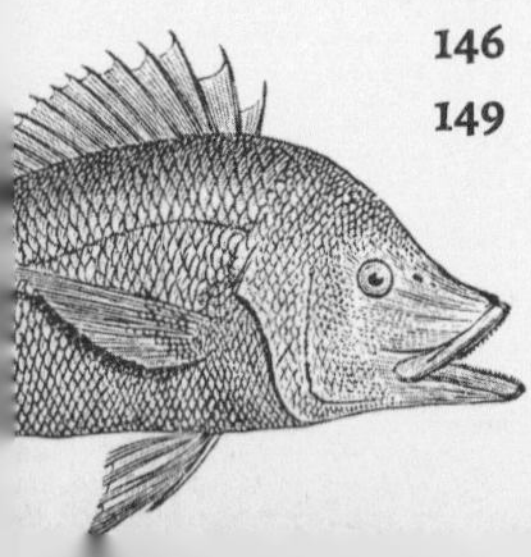

272 CAPÍTULO 3

NO TEMPO DO KARAIUBÊ

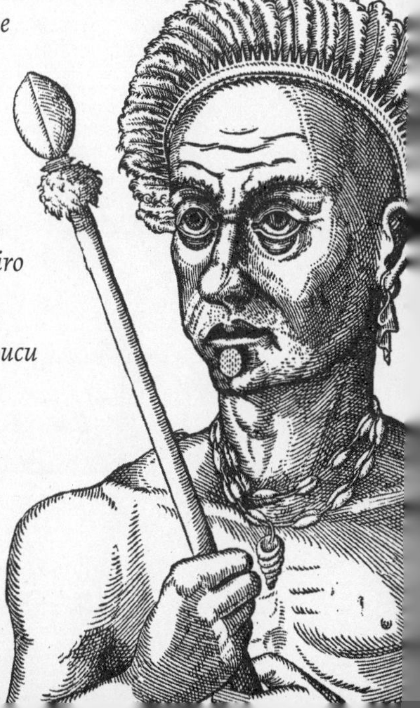

APRESENTAÇÃO

Lembro-me de um dos meus brinquedos favoritos quando tinha apenas 5 anos de idade. Era uma minitarrafa com que acompanhava meu pai em suas pescarias pelas praias do Rio. Ele, com sua tarrafa de 25 quilos, e eu, com a minha de 3 quilos. Mesmo com aquela pequena rede aberta – cujo tamanho não ultrapassava o diâmetro de uma mesa redonda qualquer –, conseguia capturar paratis, cardumes de sardinha, tainhas, cocorocas, pampos e siris. Jogava a rede sobre as ondas e era engolfado por elas, depois voltava para areia a puxá-la e sempre vinha alguma presa, com a qual me sentia um exímio pescador, quanto maior fosse o prêmio. Era a fartura do Rio de Janeiro que se apresentava a um carioca e que ainda hoje transparece àqueles que sabem devidamente como procurá-la.

Mas sempre houve essa fartura? Tal pensamento me perseguia desde a infância, no decorrer dos anos enquanto "pegava jacaré" nas ondas do Leme à Barra da Tijuca, ou quando apreciava a vista incomum do litoral da Zona Norte do prédio em que morava na Tijuca, quando imaginava que, se o Rio já era incrível no meu tempo, seria ainda mais impressionante na época dos nativos. Um tempo em que a poluição não reinava, muitos bichos não tinham sido exterminados e tudo era intocado. Os peixes deviam vir à mão nessa enorme maternidade de baleias que era a Baía de Guanabara.

Nessa curiosidade que só aumentava com o passar os anos, procurava fuçar nos livros de história como era o Rio de Janeiro de antes dos portugueses, que povo habitava essas terras, como viviam. Entretanto, quem da mesma forma buscar essas informações vai descobrir que a história da cidade, na maioria das vezes, é contada a partir de sua fundação, em 1565. Esse é o ano zero do Rio; antes dele havia até então escassas informações sobre seus habitantes, que tentaram resistir a uma ocupação considerada inexorável. Os nativos são tratados mais como um empecilho ao desenvolvimento do que como profundos conhecedores de uma terra prodigiosa.

Contato entre tupinambás e franceses – da obra de Hans Staden, 1557

Este livro narra a busca de uma história esquecida, de relíquias e pistas documentais. Parto de uma constatação de que muito pouco se sabe sobre as origens da cidade do Rio de Janeiro, por exemplo o caso de certos nomes que pronunciamos com gosto como se personificassem qualidades de nossa terra, mas ignoram suas origens e significados ancestrais. Algumas das dezenas de aldeias que fervilhavam na cidade – então formada por uma sociedade complexa e solidária – deram origem, pasmem, a nomes de bairros e, hoje, ainda são desconhecidas da população. O livro nasceu justamente da ideia de lançar luz às informações e descobertas – fruto de anos de pesquisa sobre as dezenas de aldeias que compunham o Rio mais antigo de que temos notícia. Acredito que a novidade temática e a pesquisa em busca de fontes históricas, documentais e iconografia, bem como de literatura conexa e criação de mapas sobre nossa terra fornecem pistas de um passado esmaecido pelo domínio colonial. Minha investigação se propõe a explorar fontes sobre a formação do povo tupinambá e da sua "cidade de tabas". Durante milênios os tupinambás povoaram essas terras e rios, não à toa são os protagonistas desta história. No livro, busco elucidar nomes que pouco (ou nunca) havíamos escutado, origens mal traçadas – partes "escondidas" e, por que não dizer, apagadas de nossa memória.

O Rio antes do Rio é uma tentativa de narrar a história sob o ponto de vista dos "vencidos" na Guerra da Guanabara de 1567, porque dos "vencedores" já conhecemos. É também uma tentativa de pertencimento e reflexão sobre a nossa ancestralidade. Foram os portugueses que produziram a maior parte das fontes mais acessíveis, são seus próceres que contam a história de uma baía que conheceram como conquistadores. O que antes parecia impossível, hoje já se pode remontar, pelo menos em parte: esse passado obscuro de um Rio "prematuro", que já existia antes mesmo da fundação da cidade. Para tanto, é preciso um exercício de reportagem que dê conta de revisitar as obras dos franceses que aqui estiveram antes dos lusos, de evidenciar passagens reveladoras de textos jesuítas, e de juntar a isso o conhecimento das mais recentes pesquisas sobre as antigas toponímias do Rio de Janeiro, que tanto avançaram nos últimos tempos.

Dividido em quatro capítulos, o livro conta a saga dos tupinambás, do nascimento de um carioca nativo e todas as etapas de sua vida até a maturidade, passando pela descrição das mais de oitenta tabas da Guanabara e tudo o que passaram até a batalha final contra os portugueses liderados por Estácio de Sá. Como era a vida de um homem e de uma mulher no Rio de Janeiro dos rios de águas cristalinas e das florestas que avançavam sobre o mar? O que se sabe sobre as aldeias e os *morubixabas*, os caciques que "governavam" a Guanabara quando os europeus chegaram? Para tanto é preciso considerar o Rio de Janeiro não nos limites da cidade de hoje, mas sim na sua composição indígena, muito mais extensa – transbordava para a Baixada Fluminense, baía de Sepetiba e municípios localizados no caminho para a Região dos Lagos.

Lançado no final de 2015, quando se completaram 450 anos de fundação da cidade do Rio de Janeiro, *O Rio antes do Rio* chega à sua 6ª edição e, portanto, segue atraindo leitoras e leitores em busca de outra visão para o processo histórico. Desde o lançamento, sigo aberto a argumentos e atualizações sobre os "temas antigos" da Guanabara.

O livro foi escrito em muitos lugares: dos Lençóis Maranhenses ao Amapá, do interior de São Paulo a Foz do Iguaçu, Florianópolis e Porto Alegre, entre voos e noites frias em Amsterdã, Sarajevo, Atenas, Istambul – fora outros tantos lugares que já não me lembro. Em todas essas viagens eu só pensava no Rio de Janeiro e suas origens. Em cada decolagem do Santos Dumont ou do Galeão, via do alto os contornos da terra, o mar, o percurso dos rios, as praias, e imaginava a fumaça que subia das dezenas de aldeias, clareiras dentro de uma floresta espetacular. Um misterioso sentimento de urgência tomava conta de mim, era preciso revelar as descobertas durante os anos de pesquisa, na busca incessante daquela curiosidade cultivada desde quando eu era uma criança carioca e brincava com uma pequena tarrafa.

Livro é vivo, multiplica-se toda vez que uma pessoa o lê e passa para outra. Este livro é de quem, ao ler, sonha e viaja até os anos Quinhentos da Guanabara. Livro bom é livro dobrado, anotado, com marcações – como muita gente me trouxe para assinar. Este é um livro que me dá prazer de, desde sua publicação, seguir dialogando com estudantes, educadores e público em geral em escolas, universidades, livrarias, bibliotecas, museus, centros culturais, eventos literários, parques, passeios de barco na foz da Guanabara, praças e terreiros.

Livro também vira enredo. Uma das maiores e mais respeitadas escolas de samba do Rio, a Portela cantou *O Rio antes do Rio* no Carnaval de 2020. Fisgados pela leitura desse Rio Tupinambá, os carnavalescos

Márcia e Renato Lage levaram a aldeia Guyraguaçu do Samba à Apoteose com "Guajupiá, Terra sem Males", samba que levantou a Sapucaí na alvorada da segunda-feira do Carnaval mais popular do país.

Livro inspira movimentos de resgate de memória. Guias turísticos passaram a usar as informações aqui contidas para criar roteiros e mostrar a quem visita a cidade olhares e perspectivas de um Rio ancestral. Estão em curso, ainda, projetos de modificações de nomes de praças e monumentos públicos, também a construção de marcos com nomes de aldeias que originaram alguns bairros da cidade.

Escrever este livro me aproximou de minha ancestralidade, mudou minha visão de mundo e daquilo que nos cerca abaixo da linha do Equador. Mais do que uma pesquisa de reconstituição histórica, vejo no livro um instrumento de transformação pessoal e coletiva. Convido cada leitora e leitor a embarcar num túnel do tempo para uma época em que morar na Guanabara significava pescar, caçar e ser um guerreiro. Viver para a glória heroica contra os inimigos, em busca de um lugar no paraíso eterno. Confiar nos desígnios dos *karaíbas* e dos *marakás*, remar em busca dos *piraîques*, lambuzar-se de *eirá*, criar armadilhas para onças e espreitar as águias.

Antes de partirmos para *O Rio antes do Rio*, é preciso atentar para uma informação incontestável: um Rio de Janeiro precisou acabar para que outro pudesse surgir.

CAPÍTULO 1

NO TEMPO DE MAÍRAMÛANA

O nascimento do karióka

Karaíbas e guerreiros tupinambás dançam em busca da vitória contra os inimigos – gravura da obra de Hans Staden, 1557

Chemembuira rakuritim, chemembuira rakuritim [eu já vou parir, eu já vou parir],[1] assim anuncia a *purabore*[2] tupinambá a chegada das contrações. É hora do nascimento. Da Karióka, a lendária taba[3] tupinambá do Rio de Janeiro, ouvem-se os gritos vindos do mar, à esquerda da embocadura da paradisíaca baía de Kûánãpará.[4] Passando pela barra localizada entre duas montanhas muito próximas uma da outra, entra-se em águas tão calmas que mais pareciam pertencer a um lago.

Na margem esquerda podia-se ver um rio de "águas maravilhosamente límpidas"[5] que desce direto das nascentes das altas montanhas que cercam as terras baixas no entorno da baía. Um curso d'água que serpenteia por um lindo vale de árvores verdes e frondosas, abaixo do enorme maciço que domina o primeiro horizonte. Um topo de granito apontado para o céu é o último baluarte da serra que avança continente adentro em todas as direções de pura floresta. Ao longe, a paisagem hipnotiza ainda mais, infinitos morros e planaltos erguem-se entre as nuvens.

Este córrego ia encorpando-se de pequenos afluentes até virar um riacho ao chegar na planície. Pouco antes de desembocar, o rio se dividia em dois: um braço seguia um curso direto à baía e outro corria em paralelo à praia, isolando grande porção de terra até convergir em direção ao mar mais à frente. A foz desse rio que podia ser percorrido por embarcações pequenas era o começo do trajeto que levava à mais conhecida das dezenas de tabas tupinambás que ocupavam milenarmente a terra onde hoje pulsa a cidade do Rio de Janeiro.

A comunidade tupinambá da Karióka é a primeira aldeia registrada pelo calvinista francês Jean de Léry: a aldeia *Kariauc*, *Karióк* ou *Karióc* (nas diversas formas escritas por ele no século XVI), ou ainda, a Carijó-oca na forma portuguesa transmitida pelo padre José de Anchieta. No processo de ocupação portuguesa o rio acabou herdando o nome da comunidade tupinambá que habitava em suas margens havia muitas gerações.

Para chegar ao riacho de águas transparentes da aldeia Karióka, percorria-se de canoa a torrente, passando por manguezais e pequenas lagoas. A viagem seguia por mais alguns minutos até os terrenos mais elevados onde começava uma trilha que entrava pela mata e, em determinadas partes, era preciso subir entre raízes e pedras. O caminho rebaixado por dentro da floresta finalmente levava às estacadas de proteção que marcavam o início das defesas da mais famosa aldeia do Rio de Janeiro.

O futuro *ruba*[6] tupinambá está chegando a remadas ligeiras com seu bando de guerreiros paramentados de penas coloridas, enegrecidos com o sumo do jenipapo. O rio é o caminho, é o sagrado; ali tem o peixe, o marisco, as aves, os animais, a água de beber, de lavar e de se banhar, inclusive a um recém-nascido.

Em poucos minutos as mulheres da comunidade espalham a informação entre si e correm para a maloca da *purabore*. Dizendo umas às outras: fulana *ymenbuiare*, fulana "vai parir".[7] Ela senta numa tábua apoiada no chão e imediatamente é rodeada por suas vizinhas, irmãs e outras parentes.

EM NOME DO FILHO, DOS PAIS E DO KARAÍBA

O pai, um *abá*[8] guerreiro, há muito espera por esse momento. Por meses a fio ele tem observado uma série de regras especialmente importantes para a saúde do filho em gestação. Suas ações diárias respeitam os ensinamentos ancestrais do grande *karaíba*, personagem mitológico e civilizador da crença tupinambá. As lendas desse profeta deixaram os mitos educacionais que moldaram a cultura desse povo. Histórias que eram repassadas oralmente pelos anciões e explicavam a maior parte das coisas que os tupinambás deveriam saber e fazer em cada etapa de sua vida na busca pela sobrevivência e ascensão social, em honra dos pais e antepassados.

Esse profeta era conhecido por eles pelo nome de Maíramûana.[9] É o religioso francês André Thevet a principal fonte sobre a crença dos tupinambás do Rio de Janeiro. Durante sua estada na Guanabara de 1555, caciques como Kunhambeba e Pindobuçu teriam lhe contado em detalhes as lendas sobre os *karaíbas* "transformadores".

A permanência desse mito heroico deve-se também ao fato de ele ser, na cultura tupinambá, o responsável por introduzir a agricultura. Maíramûana lhes ensinou a distinguir os vegetais úteis daqueles que faziam mal, assim como suas virtudes medicinais. Foi o mais importante dos profetas civilizadores e era frequentemente "encarnado" pelos *paîés*.[10] Entre estes, os mais poderosos e reconhecidos eram chamados também de *karaíbas*, tão respeitados que a eles era permitido o livre-trânsito entre as aldeias, inclusive inimigas.[11] Exerciam também o papel de curandeiros e mais sábios entre todos.

Mas, antes de tudo, na mitologia tupi havia somente uma entidade chamada de Monan (Monã). "O primeiro conceito que eles possuíam daquilo que ultrapassa a terra se refere a um ser que eles denominam Monan, a quem atribuem as mesmas perfeições que fazemos em relação a Deus."[12] A palavra Monan significa o "antigo". "Dizem que ele não tem início nem fim, que sempre existiu e que foi ele que criou o céu, a terra, as aves e os animais".[13] Também teria sido Monan o criador do homem.

No gênesis tupinambá Monan criou todo o mundo, mas os homens não reconheceram o gesto e foram passíveis de culpa por seu mau comportamento, entregando-se unicamente ao prazer, também "caíram em tão grande desvario que começaram a desprezar seu criador". Ao sentir a ingratidão dos homens que desdenhavam de seu poder tão generoso, Monan resolveu então aplicar-lhes uma punição. Ordenou que um grande *tatá*, um enorme fogo descesse do céu, queimasse e consumisse tudo o que havia sobre a face da terra. Assim o grande fogo fez com que a terra se "enrugasse, transformando-a em vales e montanhas".[14]

Apenas um homem foi salvo por Monan do apocalipse, levando-o ao céu por ser o mais qualificado. Seu nome era Irin-Magé,[15] considerado pelos tupinambás o ancestral mais antigo. Ao observar o mundo em chamas, castigo ocasionado pela falta de crença dos homens nos poderes de Monan, o "Adão" tupinambá Irin-Magé "ao ver tudo destruído dirigiu-se ao criador entre lágrimas e soluços: Quer também destruir os céus e tudo o que os enfeitam? Mas e agora? Onde será nossa casa? De que viverei, se já não existe mais ser algum semelhante a mim?".[16]

Ao ouvir as súplicas de Irin-Magé, Monan compadeceu-se e, querendo remediar o mal que havia causado à terra, fez com que chovesse com tanta abundância que todo o fogo se apagou. Foi tanta água que os oceanos se formaram e ficaram salgados em virtude do sal presente nas cinzas do grande incêndio. "Quando Monan viu que a terra havia recuperado sua antiga formosura e que o mar a embelezava e rodeava, convocou Irin-Magé e deu a ele uma esposa, para que pudesse repovoar a terra com homens melhores".[17]

A lenda de um dilúvio que criava o mundo e moldava a terra pela ingratidão dos homens caía como uma luva em um Rio de Janeiro onde chuvas torrenciais causavam enchentes e colocavam à prova a resistência dos nativos. Irin-Magé voltou à terra então com a mulher dada por Monan e entre seus muitos filhos nasceu um em especial, que se tornaria o grande *karaíba*, o profeta "transformador" Maíramûana, considerado um "familiar" de Monan, para quem este havia ensinado a arte das transformações. Seus poderes eram compatíveis ao de um deus que "deu ordem, de acordo, com o seu bel-prazer, a todas as coisas, afeiçoando-as de vários modos e, em seguida, convertendo-as em diversas figuras e formas de animais, de pássaros e de peixes, de conformidade com as regiões; até, mudando o homem em animal para puni-lo, como bem lhe parecia".[18]

Maíramûana vivia recluso, dentro das matas, em jejum e rodeado de seguidores que o serviam. Ele era considerado por todos dotado de poderes ilimitados e senhor do conhecimento sobre os fenômenos naturais e dos mistérios. É este profeta "transformador" quem instaura práticas sagradas que os tupinambás observavam à chegada dos primeiros europeus.

Teriam aprendido com ele também o costume da tonsura dos cabelos, da depilação total, das pinturas corporais, além da tradição de achatar o nariz dos recém-nascidos. Fora Maíramûana, explicaram os tupinambás a Thevet por meio dos intérpretes franceses, quem os desaconselhara a comer da carne de animais lentos ou pesados, recomendando, ao contrário, que se alimentassem unicamente de animais ligeiros, porque estes tornavam os homens ágeis.

Determinou as regras da organização social das comunidades e a forma de "distribuir o governo" entre eles, além de impor severas penalidades para aqueles que não cumprissem as regras sociais.

Depois de tudo isso, continuou fazendo as transformações de homens em animais ao seu discernimento. Os tupinambás do Rio de Janeiro lhe atribuíam a maior parte das metamorfoses por meio das quais explicavam as características dos animais e das coisas. Eram tantos bichos diferentes que, ao transformar as pessoas em animais, os homens começaram a temer o poder de Maíramûana. Espalharam-se rumores desconfiados de que ele planejava transformar todos em animais.

Assim os homens acovardados decidiram matar o grande *karaíba* que tão bem havia lhes feito. Foi convidado a ir a uma taba hostil, onde o desafiaram a provar que possuía poderes sobrenaturais, passando pelo meio de três fogueiras. Maíramûana não titubeou e com dois discípulos adentrou ao fogo atravessando incólume a primeira fogueira, causando comoção na audiência. Porém, o mesmo não ocorreu na segunda fogueira, "nem bem pôs os pés nela, foi envolvido pelo fogo e pelas chamas, sendo instantaneamente queimado e consumido".

Isso não ocorreu sem um milagre, pois sua cabeça estourou. Foi uma explosão tão grande e um barulho tão medonho que o som subiu aos céus, chegando até Tupã (espírito do trovão e da chuva).[19] Foi a morte de Maíramûana que engendrou o relâmpago que precede a trovoada, isto é, a manifestação do fogo que consumiu o grande *karaíba*.

Outro importante mito tupinambá é a lenda dos gêmeos. A história desses irmãos é uma sucessão de aventuras mágicas. Tamandûaré e Arikonta são rivais, divididos por diferenças de temperamento. Arikonta é intrépido e raivoso, enquanto que Tamandûaré é sensato e equilibrado. A lenda explica que os gêmeos, cujos destinos estão estreitamente ligados, não seriam filhos do mesmo pai. Tamandûaré é filho de Sumé[20] e por isso tem poderes mágicos, já Arikonta, apesar de valente, não tem qualquer atributo especial.

Como Sumé era um feiticeiro que vivia isolado, os gêmeos depois de crescidos decidem procurar o pai, que se encontrava distante, próximo a uma aldeia de Cabo Frio, onde tinha grande prestígio. Os dois irmãos partem numa viagem de descobrimentos e, ao encontrar a maloca de Sumé, entram ousadamente, declarando-se seus filhos legítimos. O velho pajé alegra-se com o encontro, mas se recusa a reconhecer Tamandûaré e Arikonta como filhos sem antes submetê-los a uma série de provas.[21]

A primeira prova que Sumé exige dos irmãos consiste em atirar com o arco em direção ao céu. Ao tentar a proeza, as flechas dos irmãos ficam suspensas no ar, formando como que uma corda em direção ao céu. O grande *karaíba* lança então um segundo desafio. Desta vez precisariam atravessar um caminho entre pedras que se entrechocavam rapidamente. Tamandûaré estimula Arikonta a tentar primeiro, mas, sem poderes, é esmagado. Tamandûaré recolhe os seus pedaços, recompõe a sua forma original e juntos cumprem o desafio. Insatisfeito com as provas anteriores, Sumé exige mais uma comprovação.

Os irmãos deviam ir ao lugar onde Anhangá[22] pesca para roubar-lhe a isca. Anhangá era uma entidade sobrenatural comparável ao demônio que assombrava os tupinambás. Mais destemido e impulsivo, Arikonta vai à frente e novamente é dilacerado pelo espírito maligno no momento em que tentava surrupiar a isca. Tamandûaré mais uma vez age para fazer o irmão retornar à vida. Decidem então recomeçar a prova, mas agora atuando juntos, quando num ato de proeza de Arikonta, em conjugação com os poderes de Tamandûaré, alcançam enfim a isca do anzol do demônio.

Contentes, levam a prova da façanha a Sumé. Impressionado, ele os recebe como filhos, embora advertindo que seriam submetidos a novos trabalhos. Esse mito mostra a importância que os tupinambás davam à descendência dos pais.

A história dos gêmeos tupinambás também é transformada por outro dilúvio provocado pela briga final dos irmãos. Não conformado com a sua condição de mortal, Arikonta nutria cada vez mais ódio pelo irmão, a quem julgava fraco de caráter. Depois de retornar de uma batalha, Arikonta procura o irmão em sua maloca e o insulta, mostrando-lhe o que restava do braço do inimigo que havia morto na guerra. Desafia o irmão ao dizer que, se realmente fosse valente, agiria da mesma forma que ele. No que Tamandûaré responde que maior proeza teria sido o irmão trazer o prisioneiro inteiro.

Arikonta não se contém e, tomado de raiva, lança o braço na maloca de Tamandûaré. O ato de agressão fraternal provoca uma reação que levará a imediata ascensão ao céu de toda a aldeia. Revoltado, Tamandûaré bate o pé no chão com tamanha força que faz jorrar uma imensa fonte de água, que não tarda em inundar toda a terra. Os dois irmãos, acompanhados de suas mulheres, salvam-se trepados nas mais altas árvores. Após o retorno das águas ao nível normal, os irmãos repovoam o mundo cada um para o seu lado. Assim acreditavam os tupinambás descenderem diretamente do honrado Tamandûaré, enquanto que Arikonta, o bastardo, teria sido o ancestral dos temiminós maracajás, cujas tabas eram próximas às suas, nas atuais terras do Rio de Janeiro.[23]

AS UNHAS, GARRAS E DENTES DE URAPAÇÃ

Os costumes ancestrais ensinados por Maíramûana e outros *karaíbas* eram repassados por ancestrais pajés em forma de fábulas a cada nova geração de *kunumĩs*[24] tupinambás. Tais lendas e mitos eram narrados nos conselhos, quando os indígenas se reuniam para fumar em torno das fogueiras, em canções nas longas viagens de canoa, ou ainda durante as expedições de caça, quando eram recontadas de pai para filho. Algumas lendas inspiravam o medo e a coragem, formavam um repertório religioso e moral; outras simplesmente narravam o mundo "mágico" em que viviam.

Por isso costumavam seguir estritamente os ritos que as tradições demandavam como forma de assegurar bons presságios. Quando uma mulher ficava grávida, existiam regras que os pais deveriam observar para evitar que qualquer mal acontecesse a mãe e filho. Uma das principais dizia respeito a seu cotidiano de caçador, durante as incursões havia de atentar para não ferir ser do sexo feminino, seja peixe, pássaro, macaco ou veado. Para tal, devia-se ter especial precaução nas matas durantes as buscas por presas. Uma fêmea abatida era uma péssimo presságio, pois atingia também um provável ser em criação e, por isso, considerado uma ação maligna perante os olhos dos espíritos ancestrais. Uma maldição que poderia ser a causa de inúmeras desgraças para o núcleo familiar no presente e no amanhã.

Na crença tupinambá, enquanto a *emirekó* (esposa)[25] estiver *purabore* (grávida), o homem é o responsável por fazer o filho "crescer" tanto física quanto "magicamente". Nesse período, o futuro *ruba* (pai) carrega um peso moral e, sobretudo, mágico-espiritual. Por isso deve observar uma série de atitudes, principalmente no momento em que se aproxima a hora do nascimento de "uma parte dele mesmo", um filho que perpetuará seu nome guerreiro e aumentará o clã da família na comunidade da taba Karióka.

Desde que a barriga da *emerikó* começou a crescer, mantém com ela a mais absoluta abstinência sexual. Os tupinambás acreditavam que, se esquecessem esse preceito, seus filhos se tornariam fracos e medrosos, e seriam atacados por uma doença incurável no ventre – fora que os próprios pais também adoeceriam. Só quando a criança pudesse caminhar sozinha ou completava 1 ano de idade estavam liberados da regra.

O parto é trabalho da mãe, a *a'i*.[26] Amigas e parentes a confortam, mas ninguém a ajuda especialmente. O parto é encarado como um acontecimento normal. As mulheres *gûaîbĩs*,[27] mais velhas, orientam laconicamente as ações da futura mamãe. Quando a mulher começa a sentir as dores, o pai prostra-se deitado na rede, convalescendo como se também estivesse enfrentando os infortúnios do momento.

A *purabore* então trata de fazer o seu trabalho da melhor maneira possível. Aos gritos vai tentando empurrar a criança ao nascimento entre as exortações das companheiras. Caso o parto se torne difícil, compete apenas ao futuro *ruba* oferecer auxílio à esposa em seu trabalho doloroso e natural. Percebendo a situação, ele se levanta, vai até a mulher e massageia seu ventre comprimindo-o para baixo a fim de tentar facilitar a saída do filho. O pai tem a função de parteiro em qualquer circunstância. O filho dependia do pai desde antes de nascer, portanto, na hora crítica, o trabalho também cabia a ele.

Sendo a criança um menino, o pai o levanta do chão e protagoniza os ritos de seu nascimento.[28] Em caso de morte ou guerra, a ausência do progenitor devia ser suprida por seus irmãos diretos em todo o processo. Isso era importantíssimo para o menino assegurar o seu *status* de novo membro e descendente do clã guerreiro. É uma espécie de certidão de nascimento tupinambá. Caso o ritual não fosse realizado como mandava a tradição, a criança podia até mesmo ser afastada do convívio da aldeia ou sofrer uma série de interdições sociais no decorrer da vida.

Uma vez na luz do mundo, o bebê é recebido com alegria nos braços do pai. Em apenas um instante, ele secciona o cordão umbilical com os dentes, tomando o cuidado de dar um nó na sequência. A próxima tarefa é apertar o nariz do recém-nascido com o polegar a fim de achatá-lo. Uma característica de beleza física cultuada pelos tupinambás como sendo a mais bela, "pois a formosura entre eles se mede pela chateza do nariz".[29]

O mais novo habitante da Karióka era levado ao ribeirão, onde era banhado e lavado senão pela própria mãe, por suas irmãs, amigas e companheiras, tendo como paisagem as montanhas do Corcovado e a nordeste o Pão de Açúcar. As águas cristalinas e frescas do riacho são suficientes para retirar todas as impurezas do menino. Depois disso, todos retornam à maloca, onde o pai já o aguarda para a primeira pintura ritual. Ele é entregue completamente limpo. O radiante *ruba* canta músicas guerreiras enquanto unta o filho com um óleo extraído do urucum, com propriedades medicinais anti-inflamatórias e cicatrizantes, usado em diversos tratamentos da medicina tupinambá.[30]

Em seguida, mais outro extrato vegetal é preparado: o jenipapo, e de preto e vermelho este pequeno é cuidadosamente pintado. Além do aspecto lúdico dos desenhos, tanto o jenipapo quanto o urucum eram reconhecidos por eles como repelentes e protetores naturais da pele, propriedades descobertas pela prática milenar de adaptação ao meio.

O bebê é livremente aconchegado numa pequena *inĩ*, uma rede de algodão sustentada por hastes de madeira. Seu *ruba* apresenta então ao recém-nascido seus primeiros presentes cerimoniais enquanto entoa cânticos de guerra. É seu *ĩetanongaba* de nascimento – uma oferta para alcançar bons presságios. Era composto por itens raros e conquistados com muito esforço por seu progenitor, unhas de onça e garras de um pássaro do tamanho de uma águia colossal.

A onça era o maior predador da região. Figurava no topo da cadeia alimentar da Mata Atlântica e também podia atacar homens no século XVI, se esses arriscassem entrar na floresta sozinhos. Só conseguiam abatê-la quando capturada em armadilhas de laço astutamente montadas pelos lugares onde era avistada. Assim que a onça caía na emboscada, os caçadores corriam ao seu encontro para matá-la a flechadas. Caso não o fizessem, era provável que a onça conseguisse roer a corda e se soltar.

O caçador responsável pela captura desse animal era bastante festejado e adquiria um prestígio maior de guerreiro na hierarquia. Um feito que repercutia além das fronteiras da sua taba. A onça era o animal terrestre mais temido no Rio de Janeiro do século XVI e vivia em grande número pelas florestas. Os tupinambás a chamavam de *îaûara*[31] e viviam aterrorizados por sua presença, uma vez que costumeiramente também eram vítimas de seus ataques.[32]

Quando finalmente uma onça era aprisionada, os indígenas supliciavam a fera com flechadas, no intuito que sofresse em dobro a dor infligida aos que tinha atacado. Para encomendar a alma do bicho aos espíritos e aplacar sua vingança, transportavam-na até o pátio da aldeia, onde seu corpo morto era enfeitado e iniciavam um ritual para ludibriar o espírito da onça.

As mulheres traziam plumagens de todas as cores e punham-se a enfeitá-la. Braceletes de penas eram colocados nas quatro patas da fera. Quando tudo terminavam, jogavam a carcaça no mato, e os velhos tiravam-lhe a pele, única parte que conservavam do bicho, como troféu e lembrança da proeza.

É possível imaginar como o nascimento de um filho poderia impulsionar seu *ruba* a conseguir um belo troféu para o *îetanongaba* cerimonial da criança. Não seria tanta loucura a coincidência de um desafortunado pai arrancar as presas de uma onça quase no mesmo instante em que ouvia os primeiros berros do rebento no mundo.

Já o pássaro dono de cobiçadas garras era chamado pelos tupinambás de *gûyraûasu*,[33] a mais temida das aves que vence e devora as demais. Um exemplar conhecido pela biologia dos nossos dias, um parente da *gûyraûasu* é o gavião real (ou harpia). A maior ave de rapina do mundo e que pode alcançar até 2,5 metros de envergadura entre as asas. As pernas desse animal são da grossura do punho de um homem adulto; e suas presas, maiores que as de um urso pardo. Ave predadora de grandes mamíferos como macacos, preguiças, filhotes de veado e todos os outros pássaros do seu *habitat*. Matador dos céus que caça na copa das árvores sempre à procura de tudo que se move. Pássaro que poderia inclusive surrupiar algum bebê que não estivesse suficientemente próximo de sua mãe. Os tupinambás consideravam esse pássaro o rei dos animais, inspiração para o nome tomado por um dos caciques da Guanabara. Para atribuir-lhe semelhante título, os nativos apoiavam-se no seguinte fato: à maneira dos chefes das aldeias, os quais diariamente ao amanhecer falavam aos seus comandados, assim também fazia a ave com os demais pássaros. A captura de um indivíduo dessa espécie devia exigir dias de observação, além de uma pontaria certeira e uma flecha apropriada. Tarefa para um verdadeiro conhecedor das artes da caça e dos hábitos da floresta, um experimentado guerreiro tupinambá. As penas da cauda e das asas do *gûyraûasu* eram também incluídas na ornamentação do *îetanongaba* do bebê.

Pintura mostra a técnica utilizada pelos nativos na caça dos pássaros

Para marcar o nascimento dos filhos homens, os tupinambás da Guanabara partiam à procura das armas dos maiores predadores animais da terra e do ar, amuletos capazes de garantir no futuro os requisitos necessários para que o menino se tornasse um bom caçador, pescador e, sobretudo, valente. Não devia ser qualquer *ruba* capaz de oferecer tais conquistas. São unhas e garras pontiagudas os primeiros brinquedos dos recém-nascidos da Guanabara.

Por fim, o *ruba* apresentava outros presentes, mais úteis para o desenvolvimento da criança. Instrumentos que esculpiu e embelezou durante um bom tempo. Um pequeno tacape detalhadamente desenhado com uma trança de palha no punho ricamente adornado com pequenas penas vermelhas, além de um miúdo conjunto de arco e flechas curtas com penas de papagaio de variadas cores como azul, amarelo, verde e vermelho, tudo compatível com o tamanho do bebê.

Estes presentes eram presos numa das extremidades da rede da criança. Do outro lado o pai amarrava um molho de ervas daninhas, símbolo dos perigos e dos inimigos que o filho terá que enfrentar durante a vida. Depois de colocar tudo isso junto à rede, o pai se aproximava, beijava o filho e proclamava com satisfação: "Meu filho, quando cresceres serás destro nas armas, forte, valente e belicoso para te vingares de teus inimigos".[34] O tacape e o conjunto de arco e flechas serão seus brinquedos mais utilizados durante a infância. Ao longo dos anos ficarão cada vez maiores e acompanharão a força dos seus membros.

Nos primeiros dias após o nascimento o *ruba* ficará próximo da *a'i* observando estritamente jejum de qualquer carne. Também não pode trabalhar e deve observar a tradição de colocar o pé, fazendo peso sobre a barriga da esposa, três vezes por dia: de manhã, ao meio-dia e à noite, ao mesmo tempo que faz cerimônias para um bom desenvolvimento do recém-nascido. Para observar essas obrigações, o pai aninha-se na rede em que a esposa costumava dormir como se ele próprio tivesse parido. Cobre-se cuidadosamente a fim de evitar que qualquer corrente de ar possa prejudicar sua saúde e por tabela a de seu *tayra,* filho. Mantém também resguardo de qualquer atividade até que o umbigo do rebento seque e caia naturalmente.

Na sociedade tupinambá, nos dias posteriores ao parto é o homem que desempenha o papel reservado hoje às mulheres. Ele fica deitado na rede como se tivesse feito um grande esforço, sendo mimado pela esposa, que volta às atividades normais, assim que se restabelece fisicamente.

O ritual de nascimento que os pais eram obrigados a fazer tinha um sentido social além dos objetivos "mágicos" evidenciados; servia sobretudo para demonstrar o reconhecimento social da paternidade pelo *abá mendara,* o homem casado tupinambá, perante a comunidade e sua parentela.[35]

Durante esse tempo, a *a'i* esporadicamente pressiona o ventre contra os esteios mais fortes da maloca com o objetivo de evitar flacidez e rugas. O pai em descanso absoluto é parabenizado e visitado por parentes e amigos. As mulheres da aldeia dirigem-lhe palavras "cheias de consolação pelo trabalho e dor", que sofrera para "fazer o menino".[36]

O resguardo paternal vai durar até que o umbigo do filho caia por si só, o que pode levar de oito a 15 dias.

A última etapa dos ritos de nascimento acontecia assim que o umbigo seco do pequeno soltava de seu ventre e ele vencia seus primeiros dias de vida. O *ruba*, então, inicia os preparativos para outra cerimônia de igual importância para o seu *tayra*. Ele recolhia o resto do cordão umbilical seco e o cortava em pequenos pedaços. Amarrava os recortes de pele seca com faixas de algodão na cabeça do menino em número de pedaços igual ao das estacas da casa, a fim de que se tornasse avô e chefe de uma imensa parentela, e mantivesse uma grande maloca.

Depois de tantos trabalhos rituais, jejuns e ofertas difíceis de conseguir, finalmente era hora de comemorar com uma grande festa a chegada do mais novo membro da Karióka. A reunião também tinha uma questão prática: a escolha do nome do rebento. O pai convocava um conselho de vizinhos e parentes com o objetivo de levantar sugestões de nomes para o menino. O *paîé* era chamado para dar cabo à tarefa de identificar o possível ancestral que tivesse decidido recomeçar a nova existência.

Quanto a como se chamaria o menino que acabou de nascer, o *ruba* decidiu finalmente por Urapaçã, nome que representava o que a família esperava dele, a arma preferencial dos tupinambás, o arco.[37]

Partitura de um dos cantos tupinambás por Jean de Léry em 1557

A FESTA TUPINAMBÁ DO KAÛÎ

A comemoração do nascimento de uma criança reunia parentes e amigos e servia para que seu nome fosse então revelado. As cerimônias festivas, danças e cantos eram muito frequentes na cultura tupinambá. Eles conheciam diversos instrumentos musicais, como os *marakás*,[38] chocalhos feitos de cabaças, sementes ou pedras, além de flautas, tambores, pífanos, apitos. Usavam uma espécie de tornozeleira com guizos, ritmando os passos das danças com as músicas. Um dos mais conhecidos cronistas portugueses do século XVI, também senhor de engenho na Bahia, Gabriel Soares de Sousa ressaltou a fama que os tupinambás do Rio de Janeiro construíram notabilizando-se, segundo a avaliação deste, como os me-

Canção deixada por Jean de Léry durante sua passagem pelo Rio de Janeiro em 1557

lhores dançarinos e músicos, entre todos os tupis da costa brasileira.[39]

Nessas ocasiões todos se apresentavam da melhor maneira, pintados e adornados de penas e chocalhos nos pés. Bailavam sempre juntos, "formando rodas (sem darem as mãos), mas fixos no lugar, curvados para a frente, movendo apenas a perna e o pé direito. Cada qual tinha a mão direita fechada e apoiada na cintura, conservando o braço e a mão esquerda pendentes. Suspendendo um tanto assim o corpo, cantavam e dançavam".[40] A coreografia era disciplinada.

Os meninos participavam das festas desde a mais tenra idade, iniciando-se desde cedo no conjunto das cerimônias. Todas as danças eram acompanhadas de cantos em louvor a um determinado pássaro, peixe ou outro animal. Cantavam também combates, vitórias, triunfos e feitos guerreiros. Cada canto tinha uma melodia própria, com estribilhos repetidos, em coro e cadência, no fim de cada estrofe.

Algumas dessas canções foram registradas no Rio de Janeiro por Jean de Léry em 1557. Impressionou-o a adoração que eles nutriam pela arara-canindé, de peito amarelo "como o ouro fino" e asas e caudas "de um belíssimo azul". Uma das aves mais comuns do Rio de Janeiro quinhentista. "Pasmamos ante tanta formosura ao vê-la vestida de ouro e por cima toda sombreada de roxo."[41]

Frequentemente aludiam a essa ave nas letras das festas: *"Canidé-iouue, canidé-iouue heura-oueh"*.[42] Essas aves viviam em total liberdade, mas eram aprisionadas para fornecerem, de três a quatro vezes no ano, penas para os cocares, braceletes, enfeites das armas e outros, e depois eram devolvidas à natureza, como animais sagrados que eram. As mulheres especialmente costumavam criar esses papagaios como animais de estimação, ensinando-os a falar e dançar.

Outro homenageado por suas músicas era um dos maiores peixes que os tupinambás podiam almejar pescar, o *kamurupy*.[43] Com aspecto de uma grande sardinha, podendo alcançar 2,5 metros de comprimento e até 150 quilos, é um peixe que vive em águas quentes, tropicais e subtropicais do oceano Atlântico, especialmente nas águas salobras dos manguezais, na parte dos canais, e também sobre áreas mais rasas cobertas nas marés cheias. Tem hábito alimentar carnívoro e caça próximo à superfície da água, de preferência paratis, tainhas, sardinhas. Assim como o gigante pirarucu amazônico, esse peixe também precisa de tempos em tempos complementar a respiração braquial puxando oxigênio com a boca rompendo a superfície da água.

Nesse momento, denunciava sua posição e era alvejado, com lanças e flechas, pelos exímios pescadores tupinambás. Exaltavam esse peixe repetindo: "*Pirá-uassú a ueh, camurupuí-uassú y-ouaffou a ouch*", "ó peixe grande, *camurupim* bom de comer".[44] Gabriel Soares de Sousa, em seu *Tratado descritivo do Brasil*, relata que o *camuropi* era um peixe prezado e saboroso – "uma pescada muito grande", com escamas "grossas do tamanho da palma da mão" e que também podia se pegar *camuropis* menores. Era preparado cortado em postas e apresentava carne terna com poucas espinhas. Apreciavam ainda as ovas da fêmea *camuropi;* cada uma delas enchia "um grande prato". Revela ainda que certos *camuropis* eram tão grandes e gordos que dois nativos "não podem com um ás costas atado em um pau". Era esse o grande *kamurupyûasu*, o animal cantado em verso pelos tupinambás do Rio de Janeiro e que estimavam tanto pescar, presa capaz de alimentar toda uma maloca.

Para toda festa eles tinham uma bebida certa, sagrada e cerimonial que era condição primeira para a realização de tais eventos comemorativos. O *kaûĩ* ou cauim era um tipo de licor alcoólico muito apreciado por eles. Expedições guerreiras e cerimônias especiais eram programadas para a época da colheita das raízes e dos frutos com os quais fabricavam essa bebida. Quando os primeiros europeus chegaram às suas aldeias, era o cauim que ofereciam como cortesia ao visitante.

Uma das mais peculiares características dos antigos nativos das terras do Rio de Janeiro – e do Brasil como um todo – era serem grandes fabricantes e apreciadores deste tipo de bebida alcoólica totalmente original e adaptada às condições materiais disponíveis. As principais cerimônias de transição social na vida de um tupinambá eram regadas a cauim: o nascimento de uma criança, a puberdade das meninas, a furação dos lábios dos meninos, as cerimônias do antes e do pós-guerra, os rituais religiosos da lembrança dos antepassados, a celebração da despedida das almas dos mortos, o trabalho coletivo na roça, as assembleias de chefes anciões – em tudo a bebida estava presente, animando e reforçando os laços ancestrais.

Festa do cauim

PÁGINAS 32-33
E AO LADO (DETALHE)
Gravura epresentativa da festa do cauim. Da preparação da bebida pelas mulheres à dança dos *karaíbas* e guerreiros

Sobre os tupinambás da Guanabara, respeitados beberrões, Jean de Léry afirma que "nem o alemão, nem o flamengo, nem os soldados, nem o suíço; quer dizer, nenhum desses povos da França, que se dedicam tanto ao beber, vencerá os americanos nesta arte". Consumido morno, antes de tudo o cauim era uma bebida sagrada, destinada somente aos adultos pelas regras. Crianças e rapazes eram terminantemente proibidos de sorver sequer uma gota do líquido. Mesmo os homens só passavam a consumir oficialmente o cauim após o casamento, que costumava acontecer depois dos 25 anos de idade.

A bebida era extraída de diferentes plantas, sendo a mais comum feita do mesmo aipim que comemos hoje. Também podia ser feita a partir de outras matérias-primas, como milho nativo, caju, mandioca, abacaxi, ananás, mangaba, banana, jabuticaba, batata e jenipapo. É provável que cada tipo de cauim fosse associado a uma festa, cerimônia ou a uma ação específica. Como antes das partidas das expedições guerreiras, quando tomavam um cauim "especial".

O método de preparação era o mesmo e apenas as mulheres podiam participar do demorado processo de fabricação. Pedaços da matéria-prima eram fervidos até ficarem bem cozidos. Depois as mulheres e meninas se reuniam ao redor da panela, mastigavam bem e devolviam as porções em um segundo pote aquecido em fogo baixo. Após um tempo fermentando com as enzimas deixadas pela saliva das mulheres, a pasta resultante era novamente levada ao fogo e remexida até cozinhar. A bebida era opaca e densa, com sedimentos como o vinho, tinha gosto de leite azedo e podia ser misturada com frutas.

Como as propriedades inebriantes do cauim dependiam exclusivamente da mastigação, esse processo se revestia aos olhos dos tupinambás de significação mística. As mulheres que tomavam parte na mastigação deveriam ser donzelas, ou pelo menos guardarem por algum tempo a castidade. As moças mais bonitas eram particularmente incentivadas a participarem da fabricação do cauim. Quanto mais lindas e puras fossem as mulheres a serviço do cauim, melhor e mais sagrado seria. O homem que se intrometesse nesse serviço caía no ridículo, poderia arruinar o preparo e tirar a virtude da bebida.

Na véspera do dia marcado para a festa, os convidados de outras tabas entravam na aldeia ornados de penas dançando e cantando. Com os *marakás*

em punho, rodeavam as malocas entoando seus cânticos toda a noite sem cessar. No dia seguinte a festa começava para valer. Os anfitriões da maloca onde estava o cauim percorriam o resto da aldeia, passando pelas casas, convidando os vizinhos a beber com eles.

As mulheres ficavam a postos para servir os convivas que, aos poucos, iam lotando o salão. Dançando cada um à sua maneira, eles eram servidos à medida que se aproximam das moças responsáveis pela distribuição. As mulheres preparavam a bebida em fogo baixo, mantendo-a morna. Os homens eram servidos enquanto dançavam e deviam esvaziar as tigelas em um único gole. As mulheres procuravam bebericar o que sobrava.

A felicidade aumentava à medida que mais cuias eram esvaziadas e, se o sabor daquela safra era aprovado, a empolgação aumentava. Improvisavam canções enquanto rodeavam a maloca remexendo com seus *marakás*, batendo com os pés no chão: "Ó vinho, ó, bom vinho! Jamais existiu outro igual! Ó vinho, ó, bom vinho! Vamos beber dele à vontade. Ó vinho, ó, bom vinho! Ó bebida que não dá preguiça!".[45]

Uma festa dessas podia durar vários dias, com música, dança, assobios e gritos durante o tempo todo da euforia. Os mais velhos habitantes das aldeias recebiam atenção especial. Eram os primeiros a sentar e a serem servidos pelas moças mais honradas e aparentadas do anfitrião. Os anciões aproveitavam para fumar nas pausas da bebedeira. Utilizavam longos canudos feitos de um tipo de bambu onde colocavam as folhas de tabaco para combustão na extremidade. O tabaco ou *petyma*[46] era largamente utilizado pelos mais velhos.

Durante as festas do cauim encorajavam-se e exortavam-se reciprocamente a manterem o ânimo valoroso e fazer muitos prisioneiros de guerra. Os tupinambás do Rio de Janeiro citavam especialmente os gûaîtakás,[47] do litoral norte, como inimigos preferenciais das suas vinganças nessas canções. As mulheres também bebiam e, com exceção dessas ocasiões, quando todos ficavam completamente bêbados, podiam dançar ao lado dos homens, pondo-lhe as mãos entre os quadris e os ombros. Durante esses dias ninguém se alimentava, sendo o tempo todo reservado apenas ao consumo da bebida. Às vezes, os homens chegavam ao extremo de vomitar para logo depois continuar a beber. Jean de Léry presenciou uma festa durante três dias e três noites e, mesmo depois de saciados e bêbados até mais não poder, "vomitarem [tudo] quanto tinham bebido e recomeçarem mais bem dispostos do que antes". Diz o testemunho que os homens entravam como numa disputa em que "deixar a função" de beber era "em verdade expor-se a ser considerado afeminado".

Em geral todas as assembleias destinadas à discussão de assuntos importantes deviam contar com a bebida sagrada. "Os quais jamais seriam levados a bom termo se, precedentemente, não fabricassem o seu cauim para dele beberem até não mais poder."[48]

Como o teor alcoólico subia rapidamente entre homens e mulheres nessas ocasiões, a libido consequentemente também se elevava, momento em que muitas vezes reinava uma intensa sensualidade entre os convidados. Mesmo nessa época tão diferente e remota, os bêbados também costumavam ser chatos. Com os ânimos inflamados, aconteciam rixas com frequência entre os homens tão dispostos e treinados a guerra. Na iminência de desavenças entre os *abás* valentes, as mulheres corriam para apagar as fogueiras, a fim de evitar que tupinambás enraivecidos cometessem a estupidez de colocar fogo nas próprias malocas. Quando então, provavelmente, era melhor que acabassem logo com a festa antes que ficassem sem casa para morar.

EM BUSCA DA "TERRA SEM MALES": O GÛAÎUPÎÁ DA GUANABARA

Os antepassados de Urapaçã haviam conquistado a Guanabara pelos menos mil anos antes da chegada dos primeiros europeus ao Brasil. Antes disso durante a pré-história, comunidades do tronco linguístico tupi-guarani teriam se separado do tronco Macrotupi, em algum lugar entre os rios Madeira e Xingu, lá pelo centro do Brasil. Partiram em levas independentes migrando em direções diversas, num arco de dispersão que percorreu desde a bacia do Paraguai ao sul do rio Amazonas.

Acredita-se que uma grande leva de tupis-guaranis desceu pelo rio Paraná em direção ao sul, de onde vieram a se organizar nas comunidades guaranis e *karijós*.[49] Por sua vez, o ramo ancestral dos tupinambás *kariókas* teria feito um caminho muito mais longo e penoso, seguindo o curso do rio Amazonas até a foz, de onde vieram combatendo e ocupando o litoral do Nordeste e expulsando os *tapuîas*, não tupis, "gente de língua estranha", seguindo ao longo dos anos em direção ao sul até alcançarem o Rio de Janeiro.

Os *tapuîas* formavam os grupos dos puris, *gûaîtakás* e coroados, entre outros grupos, que quando da chegada dos primeiros europeus ainda não haviam sido totalmente expulsos de suas áreas e resistiam ao avanço dos guerreiros tupinambás. A grande maioria havia, entretanto, se afastado por segurança para as áreas de serra e planaltos do interior. Essa forte tendência expansionista dos tupinambás esteve possivelmente ligada ao domínio da agricultura, conhecimento que os colocava em vantagem frente aos núcleos populacionais concorrentes, mais coletores e caçadores.

Ao chegarem ao litoral brasileiro durante essa migração, travaram longas e penosas batalhas contra esses grupos indígenas que aí já habitavam desde tempos imemoriais. Na região do estado do Rio de Janeiro, viviam grupos que integravam o tronco linguístico "macro-jê", menos aparelhados que os invasores tupis. Os sambaquis, verdadeiras montanhas de resíduos de conchas, ossos e pedras, encontrados pelo litoral brasileiro, e que serviam como monumentos e cemitérios, pertenciam a esses grupos anteriores aos tupis.

Em tempos remotos, movimentos messiânicos animados por grandes profetas e líderes espirituais de quem os tupinambás buscavam as respostas cruciais da vida, iniciaram essa longa jornada em busca de um lugar conhecido entre eles como a "terra onde não se morre", uma "terra sem mal". Por isso atravessaram montanhas e planaltos, cruzaram rios, combatendo e expulsando pelo caminho quaisquer outros povos.

Partiram em busca do território ideal para viver, um sítio onde só os mais fortes, corajosos, destemidos e que seguiam à risca os ensinamentos de Maíramûana e as tradições dos ancestrais, teriam lugar.

Esse lugar era chamado de Gûaîupîá, ou Guajupiá,[50] "a morada dos ancestrais". No paraíso tupinambá descansavam os antepassados mais valorosos e memoráveis. Nesse lugar existiria inclusive uma fonte da juventude eterna que manteria todos na melhor idade. Para chegar nesse "éden celestial" e viver de novo junto aos pais e avós em harmonia e felicidade eterna, um tupinambá devia enfrentar muitos desafios durante a vida e depois da morte, a fim de provar o seu caráter e valor espiritual. O passaporte para o Guajupiá estava diretamente ligado ao prestígio que adquiria o homem guerreiro, líder e sábio, observador dos costumes e das tradições tupinambás. O desafio de vida era manter-se digno para garantir um lugar na eternidade.

Nesse sentido a busca por um ideal de fartura e felicidade dava-se também no presente, na obtenção de um "paraíso terreal", para viver em abundância entre os seus. As migrações representavam a constante busca a esses lugares considerados ideais para o desenvolvimento do estilo de vida. Os recursos na-

Representação do consumo cotidiano do fumo pelos tupinambás

turais deviam ser abundantes e satisfatórios para todas as necessidades dos clãs. Essa saga produziu uma cultura e um "estado de guerra" que moldou intimamente as relações sociais e a estrutura da sociedade tupinambá.

Um espírito guerreiro dominava todos os integrantes da aldeia que trabalhavam guiados por uma urgência militar, a ponto de um homem só poder casar-se após ter combatido em ação real e capturado um inimigo para o sacrifício ritual. À medida que a expansão acontecia, os tupis descobriam as maravilhas do litoral brasileiro.

Na faixa costeira eles encontraram um clima ameno, razoável à agricultura e à coleta de fungos, plantas, raízes, frutos, seivas, insetos, larvas, mel, pequenos animais etc. Além disso, se depararam com uma floresta riquíssima em utilidades naturais, superabundante em fauna e flora. Nos rios, baías, lagoas e praias havia uma variedade e fartura de peixes que nunca antes haviam visto. Sem falar nas ostras, mariscos, camarões, lagostas e outros frutos do mar que forneciam iguarias de modo quase que ininterrupto – fartura que foi um fator de atração e dispersão dos tupinambás ao longo do litoral brasileiro.

Como consequência dessa migração para novos *habitats* e dos contatos que fizeram no caminho com outros aborígenes, as levas de tupis migrantes se fragmentaram em unidades distintas, mas continuaram com a mesma herança cultural e linguística. Os tupinambás representavam, à semelhança dos antigos hebreus, o povo gênese ao qual estavam culturalmente unidas muitas das populações nativas do Brasil.

O termo "tupinambá" era como um nome geral que se modificava logo que havia o fracionamento de grupos numerosos. Tupinambá quer dizer "a gente atinente ao chefe dos pais", os "pais principais", ou melhor, os descendentes dos fundadores da nação.[51]

Ao longo dos séculos cada parte dos tupinambás havia conquistado o seu lugar nesse imenso Guajupiá que era o litoral brasileiro. Cada grupo lutando contra inimigos, criando uma aura heroica sobre a história dos primeiros *morubixabas* que haviam conquistado cada parte daquela terra. Eles veneravam os antepassados e contavam as proezas daqueles que na história tinham conquistado e deixado um legado de prosperidade.

Cultuavam a linhagem ancestral dada pelo homem de cada grupo familiar, assim como faziam os cavaleiros europeus da Idade Média. Por isso, quando um importante guerreiro tupinambá morria, os parentes se atiravam sobre ele em desespero.

Caso o morto fosse o principal cacique, toda a taba participava da consternação. As mulheres cortavam os longos cabelos como manifestação de pesar, já os homens, por sua vez, os deixavam crescer. A viúva tingia-se toda com o preto do jenipapo e suspirava elogios ao morto, no que era seguida em coro pelo restante das mulheres. "*Chérémimota-rouére ymen! Ymen! Ymen! Ymen!* Ó, aquele que eu tanto amei! Tanto amei!"[52] Enquanto o corpo estiver presente, os amigos e parentes discursam minuciosamente tudo o que o indivíduo em vida praticou.

Os tupinambás acreditavam que o homem tinha duas substâncias essenciais – uma eterna e outra transitória –, embora corpo e alma continuassem ligados. Por esse motivo, os tupinambás procuravam proteger os seus cemitérios dos inimigos e enterravam os entes queridos no interior da própria maloca. Receavam a violação dos corpos dos antepassados e, pior, o esfacelamento dos seus crânios.

Consideravam que o massacre ritual dos ossos da cabeça, fosse de seres vivos ou de esqueletos, era a pior ofensa a fazer aos inimigos. Também era a maior desonra que podiam sofrer nas mãos deles. Esse ato impedia o espírito de continuar a viagem ao paraíso eterno, causa de rixas entre as comunidades. Os tupinambás estavam convictos de que "seus defuntos andam na outra vida, feridos, despedaçados, ou de qualquer maneira que acabam nesta".[53] Isso era importante porque só depois de morto é que o tupinambá iniciava a jornada final em busca do Guajupiá.

Para que essa viagem final tivesse êxito, uma série de rituais deviam ser observados pelos familiares. Antes de ser enterrado, o corpo era untado com mel, em seguida era ornado com penas coloridas e ataviado com todos os enfeites que o defunto usava em vida nas cerimônias mais especiais. Depois era "curvado dentro da própria rede onde falece, dando-lhe a forma de um bloco ou saco, à semelhança da criança no ventre materno; depois assim envolvido, é ligado e cingido com cordas de algodão".[54] Era amarrado de tal modo que fosse impedido de retornar ao mundo dos vivos, mas ao mesmo tempo sem que o atrapalhasse rumo ao paraíso.

Quando tudo fica pronto, abrem uma grande cova, redonda como um poço, da altura de um homem. Nas paredes do poço colocam um cercado de estacas de madeira, de forma que a terra não passe. Em se tratando de um chefe de família importante, enterram-no dentro de casa, no próprio local onde costumava dormir na maloca.[55] No buraco, por entre as estacas, era armada a sua rede evitando que o corpo tocasse o chão. Junto dele depositavam sua clava de madeira completamente ornada de penas e palha, assim como arco e flechas que lhe pertenciam, o *maraká* com o qual costumava dançar, também o seu cachimbo de fumo, machado, foice e outros objetos de uso pessoal como vasilhas, gamelas e pedras.

Os amigos e parentes devolviam publicamente os presentes que houvessem recebido dele e pegavam de volta aqueles que por acaso tivessem doado. Havia o receio de que, se não fizessem isso, a alma poderia retornar para pegar ou devolver qualquer objeto. Próximo à rede funerária acendiam ainda uma pequena fogueira e providenciavam porções de comida e uma cabaça cheia d'água para serem postos na cova.

No último adeus antes de fecharem o túmulo, amigos e parentes despediam-se dele e incumbiam-no de recomendá-los a seus pais e avós, que dançavam além das montanhas. Nesse momento, davam-lhe presentes para que levasse a amigos e parentes já mortos, "cada qual o exortando, entre outras coisas, a ter ânimo a fim de fazer boa viagem".[56] O morto também era um mensageiro do além.

Cova de um *morubixaba* tupinambá com a rede e os rituais funerários, em gravura da obra de Hans Staden

Depois de fechada a cova, a primeira tarefa do falecido, para prosseguir rumo ao paraíso, era "evitar deixar extinguir-se o fogo, em seguida, recomendavam-lhe não passar nas terras dos inimigos e, finalmente, não esquecer, quando dormisse em algum lugar, os seus machados e foices".[57]

São numerosos os inimigos que o espreitavam pelo caminho e, só com muito esforço, conseguia a alma passar por eles. O espírito voava então para além das montanhas, onde se encontrava com seus antepassados. Apenas as almas dos que haviam sido devidamente vingados e que devoraram seus inimigos tinham acesso a esse lugar de repouso, onde os antepassados "dançam sempre, sem que nada lhes falte".[58]

A jornada ao Guajupiá era o ideal da vida espiritual de um tupinambá. Tinha para si que apenas as almas dos que valorosamente lutaram contra seus inimigos é que seguiam em companhia de várias outras "para os lugares deliciosos – os bosques, os jardins".[59]

Ao se aproximar do destino, o espírito deveria marcar o ritmo com *maraká*, a fim de assinalar sua presença ao ancestral mitológico, o herói-civilizador Maíramûana. Os tupinambás representavam esse paraíso como um lugar idílico, recoberto de flores e regado por um maravilhoso rio, em cujas margens viam-se enormes árvores. Foi justamente com o que se depararam ao chegar na Baía de Guanabara as hordas tupinambás mais de mil anos antes da chegada dos europeus.

Nenhum outro lugar poderia ser tão parecido com as descrições do Guajupiá tupinambá do que as terras abundantes de recursos naturais de um Rio de Janeiro ainda intacto.

Eles chegaram e ficaram, não à toa, ao longo das margens de característica única da Baía de Guanabara, posicionaram-se nos cursos dos riachos límpidos que nela desaguavam, ocupando também todo o interior do recôncavo. Adaptaram-se com perfeição a um tipo de ecossistema formado por mangues, lagoas, rios, charcos e de uma baía de águas calmas que atraía inúmeras espécies animais. A vida com calor e umidade abundava sem esforço. Para qualquer lado encontravam animais e vegetais com os quais podiam se alimentar e fazer diversos usos.

Por isso, nas terras da baía, os tupinambás desenvolveram nítida expansão territorial. Formavam uma enorme nação composta de numerosas tabas solidárias e que exerciam notada supremacia sobre as demais etnias, dominando toda a extensão litorânea que ia desde o cabo de São Tomé, no atual município de Campos dos Goitacazes, ao litoral paulista, na altura da atual cidade de São Sebastião.

O MENINO DO BEIÇO FURADO

O principal alimento da criança tupinambá durante boa parte do seu crescimento é a *pakoba*,[60] a banana, disponível ao alcance das mãos, e que era completamente desconhecida dos europeus. Também preparavam-lhes "uma espécie de papa, chamada de *manipo'i*"[61] feita da mandioca. Até começar a sentar e a engatinhar, os bebês ficam agarrados no colo de suas mães, que também "os carregavam suspensos ao pescoço, por meio de uma fita de algodão",[62] para levá-los em caminhadas mais prolongadas, às hortas e plantações. O berço era a rede, ótima para fazer ninar os bebês. Os demais filhos deviam acompanhar a *a'i*, sendo os menores conduzidos pelos irmãos maiores. As tupinambás levavam os filhos para as tarefas diárias e os sentavam em montículos de terra ou areia, deixando-os expostos ao sol.

Na limpeza dos filhos, na ausência das fraldas, usavam "pauzinhos em forma de cavilhas" com tanto cuidado e asseio "que jamais os vereis emporcalhados".[63] Quando começavam a engatinhar, eram deixados em total liberdade para que pudessem explorar os arredores da maloca e brincar com as outras crianças da aldeia. A mãe ficava em lugares onde pudesse ser vista. Isso bastava para a criança adquirir confiança em realizar novas descobertas.

Quando maiorzinho, a *a'i* já não colocava mais a comida amassada diretamente na boca do menino. Ela depositava o bolo alimentar mastigado no côncavo de sua mão e ele próprio devia levar a comida à boca – uma lição de independência e livre-arbítrio. A mãe lhe servia o alimento até que se desinteressasse, não estimulando o apetite acima da saciedade. Ela se limitava a atender às solicitações do filho deixando-o comer ou mamar enquanto ainda estivesse com fome.

Assim que dava os primeiros passos, o menino tupinambá passava a ser chamado de *kunumĩmirĩ* (curumim-mirim), e a menina, de *kunhataĩmirĩ*.[64] Para ambos está apenas começando uma caminhada de vida repleta de provações, aprendizados, "renascimentos", batalhas e muito trabalho.

Para a criança tupinambá ascender à sociedade de seus ancestrais, ela deverá seguir todos os ritos tradicionais da comunidade. Um longo caminho de dores físicas e perigos até que possa "trocar de nome" na singular cerimônia da vingança ritual sobre um inimigo. Nesta ocasião, o homem era finalmente integrado a categorias dos *abás* guerreiros adultos. Só quando era considerado "batizado" na guerra ou no sacrifício ritual é que finalmente lhe permitiam o direito de pretender uma esposa, ter filhos e começar a formar sua própria família e clã.

No futuro, dependendo do seu desempenho como guerreiro e chefe de família, poderia junto a outros companheiros construir sua própria maloca, ter uma grande parentela, tornar-se respeitado e admirado. Quem sabe até organizar sua própria aldeia. Por fim, ser um exemplo de prosperidade para seu povo e assim ter o caminho facilitado para o Guajupiá eterno.

Os homens dedicavam boa parte de seu tempo ao desmatamento da densa floresta para a preparação das terras do roçado, encarregando-se da derrubada, da queimada e da primeira limpa. A caça era uma atividade masculina, assim como a pescaria, embora as mulheres pudessem colaborar. Fabricavam canoas, arcos, flechas, tacapes e adornos de penas multicoloridas, além de fazerem pequenos móveis de madeira, tratar do corte da lenha e da obtenção do fogo. Desempenhavam papel preponderante na construção coletiva das malocas. Teciam redes lavradas para a captura dos inimigos e para a pesca, e confeccionavam cestos de folhas de palmeiras. No entanto, a função primordial dos tupinambás era o contínuo adestramento para a guerra, assim como a proteção das tabas e da comunidade.

As mulheres simplesmente cuidavam de todo o resto. Às cariocas quinhentistas a vida reservava desafios, responsabilidades e provações. Sob rígidas tradições, elas sustentavam o contínuo "esforço de guerra" tupinambá e cuidavam de todos os trabalhos da horta, desde a semeadura até a colheita. Exímias nadadoras, elas participavam da pesca, ficando a postos para mergulhar atrás dos peixes flechados; cabia a elas também a coleta de ostras e mariscos nas pedras. Podiam participar da caça auxiliando no transporte das presas abatidas. As tupinambás colaboravam ativamente do erguimento das malocas, um trabalho que envolvia a todos. Eram mestras na fiação do algodão, na tecelagem das redes, nas fitas para os cabelos e faixas de amarrar as crianças. Sabiam os segredos dos cestos trançados de junco e vime, além da preparação do barro e da manufatura de panelas, vasilhas e potes.

As tupinambás costumavam pintar cerâmicas, o que evidenciava sua apurada organização cultural. Também a cargo delas estavam as tarefas de cozinhar e manter acesos os dois fogos que ficavam junto da rede do chefe da família.

Quando iam buscar a água de beber, elas aproveitavam para lavar periodicamente as redes de dormir. Como hábito higiênico, catavam piolhos tanto nos homens como nas outras mulheres. Eram responsáveis diretas ainda pela domesticação de aves, cachorros, galinhas, cutias, bem como pelo adestramento de papagaios. E ainda cuidavam dos filhos pequenos.

A principal brincadeira dessa turma era o tiro de arco e flecha à cabaça. A preocupação dos pais com o desenvolvimento da pontaria transformava o filho em bom caçador e, sobretudo, num guerreiro. Esse objetivo educacional tornava-se logo parte central da vida de um menino tupinambá.

"Vê-lo-eis ensinar as crianças de 3 ou 4 anos de idade a manejar o arco e flecha, e, de vez em quando, a exortá-las a valentia, a vingar-se dos inimigos."[65] Por isso é preciso acertar na cabaça, no alvo, no pássaro, no peixe, no lagarto, no sapo, na cobra, na onça e, por fim, no olho do inimigo. Aprender o manejo correto e perfeito do arco e flecha era questão vital de sobrevivência.

O melhor professor era sempre o pai, que não se cansava de demonstrar, ensinar e estimular, acertando a cabaça de variadas distâncias e situações. O *ruba* era particularmente importante no adestramento dos filhos do sexo masculino, enquanto a *a'i* o era em relação às filhas.

Os perigos eram frequentes e, por diversas vezes, o menino Urapaçã acompanhará nervoso a tensão dos guerreiros ante a chegada de atacantes ou mensageiros, assim como a partida dos esquadrões de guerreiros pintados, ornados com plumas, armas, escudos e laços, despedindo-se no momento da partida. Desde muito pequeno será ensinado a odiar os inimigos de seus pais.

A vida em comunidade era rica para o aprendizado através da observação direta. Tanto as meninas quanto os meninos aprendiam os cantos e as danças mais tradicionais, ensinados pelos próprios pais. Repetir os passos e os sons de cada dança ou festa transformava-se nas mais divertidas e saborosas brincadeiras da vida de um *kunumĩmirĩ* e de uma *kunhataĩmirĩ*.

Aos pais manifestava profundo respeito e obediência, embora não recebesse castigo pelas faltas cometidas. Bater no filho era uma atitude que não cabia para os tupinambás. "Não dão os tupinambás a seus filhos nenhum castigo, nem os repreendem por coisa que façam",[66] "nem há pai ou mãe que em toda a vida castigue ou toque em filho, tanto os trazem nos olhos."[67] A ação educativa dos pais baseava-se no exemplo: as crianças aprendiam vendo e participando das tarefas cotidianas.

Uma forma de educação tupinambá assemelhava-se às práticas de contar histórias sobre monstros e "bichos-papões" utilizados ainda hoje para causar receio nos imaturos. "Pela manhã, um dos principais do grupo local percorria todas as malocas, arranhando com um dente de peixe as pernas das crianças." O *ruba* então alertava quando peraltas: "Ele voltará! e assim procuravam fazer calar as crianças".[68]

A vida do pequeno Urupaçã, agora um ativo *kunumĩmirĩ*, tem fartura de alimentos e é repleta de amor dos pais, que passam bastante tempo ao seu lado. A maior parte do dia é tomada por brincadeiras e jogos com outros meninos da maloca.

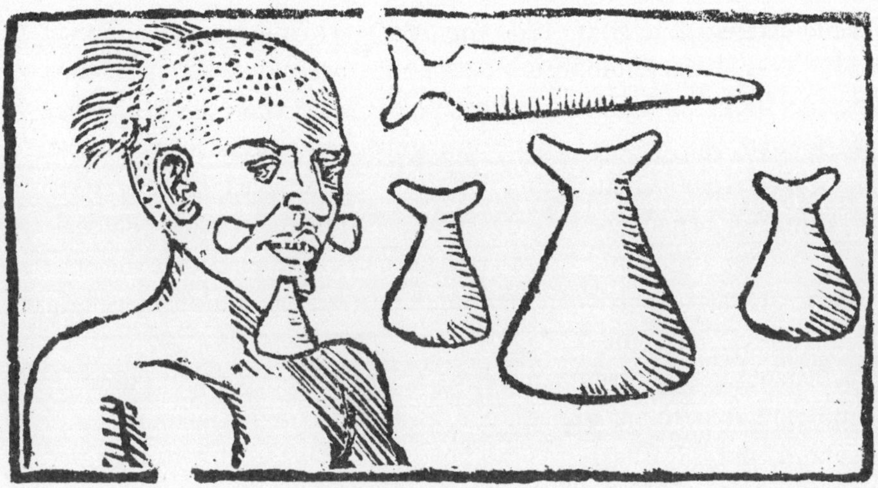

Alguns guerreiros furavam também os lábios, um sinal de prestígio

Assim que chega a fase do amadurecimento, entre 4 e 6 anos de idade, o menino *kunumĩmirĩ* passa por seu primeiro teste na sociedade tupinambá. Uma prova mais difícil do qualquer outra nessa idade. Ganhará a marca física dos guerreiros tupinambás e começará seu aprendizado mais proveitoso ao lado do pai.

Quando percebiam a chegada do tempo de crescimento do menino, os familiares organizavam então uma grande "cauinagem" para a qual convidavam os parentes da criança e os moradores das aldeias mais próximas. Depois de dançarem e comemorarem durante três dias, eles chamavam finalmente o menino e diziam-lhe "que vão furar o lábio para que se torne um guerreiro valente e prestigiado".[69]

O *kunumĩmirĩ* já esperava por esse momento. Seu pai o preparou para este dia mostrando seu próprio furo acima do queixo e explicando a importância do ato. Deixa claro que o filho precisa ser forte e insensível à dor, contando a sua própria experiência. É a marca que iria transformá-lo naquilo que a criança mais almejava: ser como o pai, tornar-se um tupinambá.

Quando chegava o grande dia, a criança apresentava espontaneamente o lábio para a cerimônia. O pai, padrinhos e parentes nessa ocasião ornamentavam-se como nos dias das solenidades mais importantes, para dar ânimo ao menino. A situação era posta como se o próprio pai e a família também estivessem sendo testados e desafiados. Essa é a primeira prova de coragem a que submetiam os pequenos em meio aos rituais da festa do cauim.

As reações da criança eram minuciosamente analisadas e serviriam de indicador de seu comportamento posterior. Por isso, com satisfação e decisão, o menino esperava até que o indígena encarregado da perfuração lhe atravesse "com um osso pontiagudo, fazendo um grande buraco"[70] no lábio. Caso porventura chorasse, inferiam que seria um covarde, não prestando para nada; se suportasse a dor "como ocorre comumente", era sinal de bom augúrio de que a criança se tornaria um bravo guerreiro.[71] Os meninos usavam botoques simples. Esse adorno no lábio inferior era também um código de diferenças etárias e sociais. As crianças traziam roletes comuns de ossos e madeiras, já os rapazes usavam pedras mais simples, e os homens adultos, pedras verdes como as esmeraldas, chamadas *tembetás*.[72] Guerreiros também costumavam substituir as pedras por dentes do *taîasu* – espécie de porco silvestre – e de onça, no intuito de adquirir suas qualidades. As pessoas mais velhas introduziam no lábio pedras raras e de delicado lavor.

O ato de furar o lábio era também uma espécie de carta de alforria para o menino. Depois da dor lancinante, sem poder dar um grito sequer de agonia, finalmente Urupaçã tornava-se um *kunumĩ* ou curumim, e não precisaria mais ficar em casa ao lado da mãe. Seria matriculado na escola do seu *ruba* em turno integral e passaria a acompanhá-lo diariamente, ajudando em parte de seu trabalho e aprendendo com ele os conhecimentos necessários à sua vida social. Empenhados a buscar comida para a família, os *kunumĩ* passavam a caçar aves e animais, e pescar. Era admirável a destreza com que flechavam ao mesmo tempo dois a três peixes e com *pusás*, espécie de rede de pescar, juntavam ostras e outros mariscos.

O *kunumĩ* entrava então para o mutirão de sustento comunitário da maloca. Aos poucos crescia e se tornava cada vez melhor nessas tarefas. Ainda se passarão longos anos até que o considerem plenamente maduro. Enquanto isso ele percorrerá as florestas e as outras tabas com seu *ruba* e irmãos. Conhecerá a terra dos seus antepassados nos mínimos detalhes. De canoa, descobrirá os segredos da pescaria de arco e flecha, assim como também cruzará as águas da Baía de Guanabara para participar da festa do *kaûĩ* de seus parentes nas tabas próximas, como Jabebiracica e Eirámirĩ. Também desbravará os caminhos da floresta para o interior, ao visitar as aldeias de Takûarusutyba e a bela e grande Okarantĩ.

DE MENINA A MOÇA TUPINAMBÁ

Para as *kunhataĩmirĩs*, a vida também seguia seu ritmo e ciclos. Assim como os meninos, elas também formavam grupos da mesma faixa etária com irmãs, primas e outras parentes. Antes mesmo de começar a andar, já imitavam as tarefas da mãe e das mulheres. Em pouco tempo já conseguiam fazer "uma espécie de redezinha como costumam por brinquedo", ou então brincavam de imitar com o barro "as mais hábeis no fabrico de potes e panelas".[73]

Aprendiam a enodar redes, a trabalhar em *embyras*,[74] a semear e plantar na roça, a fabricar farinhas, a preparar os alimentos e o cauim. A educação para o trabalho será uma característica marcante na vida das meninas tupinambás.

Diferentemente do ciclo de vida masculino, a passagem de *kunhataĩmirĩ* para *kunhãmuku*[75] envolvia etapas de transformações permanentes. A chegada da primeira menstruação gerava expectativa e medo entre as meninas do Rio de Janeiro tupinambá. Era chamada de "*quiounduar*", "que se pode traduzir por começo ou acontecimento".[76] Era o momento de iniciar uma série de longos e dolorosos rituais que as fariam "nascer de novo" – agora como *kunhãmuku* – e começariam a sua intensa preparação para dentro de poucos anos ser considerada apta a casar-se.

Primeiro elas tinham os cabelos cortados totalmente "com um osso de peixe, o mais aparado possível". Quando não conseguiam cortar direito com o instrumento, queimavam o que restava das mexas do cabelo. Uma vez carecas, eram postas em cima de uma pedra achatada, dura e porosa que usavam "de gral ou mó e na qual lavram seus colares de cores brancas ou pretas, e pulem as pedras verdes trazidas pelos homens nos lábios".[77]

Depois era hora de efetuar a tatuagem, com a qual a família buscava salvaguardar a saúde e a fertilidade da *kunhãmuku*. Caso contrário, seu ventre se constrangeria e seus filhos seriam afetados por essa situação. Elas sabiam desses atributos mágicos e, por isso, assim como os meninos no ritual da furação do lábio, tentavam suportar a dor. "Fazem-lhe incisões na pele por meio de um dente de animal,[78] pontilhando das espáduas até as nádegas de modo a formar uma cruz em sentido oblíquo, ao longo das costas, uns maiores, outros menores." Nos cortes, em seguida, esfregavam um tipo de substância cinzenta, de modo a deixar que as cicatrizes ficassem permanentes e visíveis. Para homens e mulheres, apesar de dolorosas, as tatuagens tupinambás consistiam um ornamento de honroso significado.

Depois dos cortes pegavam alguns fios de algodão e com eles ligavam o braço e o corpo da iniciada, passavam pela cintura e pelo antebraço. São os símbolos de sua virgindade e do *status* de mais nova *kunhã* do grupo. Um colar de dentes de capivara também era oferecido e colocado em seu pescoço. O adorno servia para atrair bom desenvolvimento e garantir que os dentes ficassem suficientemente fortes para a mastigação das raízes do cauim.

Em seguida, era recolhida a uma velha rede. Ali permanecia durante três dias em total jejum "sem comer, nem beber, tão enrolada que ninguém a pode ver".[79] A iniciação das mulheres e homens tupinambás envolvia ritos de morte e nascimento. Nesse momento era como se as *kunhataĩmirĩ* tivessem que "morrer" para renascer *kunhãmuku* – chegavam a costurar as redes em que seriam enroladas, como casulos, a fim de garantir que o procedimento fosse bem-sucedido.

Após esses dias, as meninas eram liberadas do jejum, mas ainda deviam permanecer em repouso na rede e em hipótese alguma podiam pisar o chão. Nas redes elas ficam por um mês apenas limpando e fiando algodão, com alimentação à base de aipim e água, no aguardo da segunda menstruação, chamada de *pororoipok*.[80] Quando acontecia o segundo fluxo, de novo a menina era tatuada.

No terceiro mês, após tingirem-se de preto com o sumo do jenipapo, então as *kunhãmukus* podiam recomeçar a trabalhar nos roçados. A vida, no entanto, não voltava imediatamente ao normal. O longo rito de passagem era apenas o começo do processo. Assim que eram liberadas dos rituais de proteção, as iniciadas eram então entregues a mulheres maduras e robustas, que as obrigavam a trabalhar até a estafa, carregando fardos pesados no campo e em casa.

Nas caçadas, pescarias, viagens e travessias, eram as mulheres as encarregadas de transportar tudo o que a família precisasse. Os homens só levavam as próprias armas em prontidão. As mulheres deviam aprender por isso a suportar duros encargos. Durante esse período, caso cometessem erros eram duramente punidas pelas severas mestras. Não pediam para sair, nem podiam: era nessa fase que deviam aprender a adquirir por si mesmas o necessário para manter um lar. Quando uma novata finalmente era considerada apta, diziam as mestras: "Agora sim está bem, pode ser dada a um homem".[81]

Durante esse longo ritual, a menina no início era tratada como se estivesse morta; depois, entretanto, os tupinambás a recebiam como um ente novo, dotado de qualidades e capacidades especiais. O ritual era muito representativo para a *kunhãmuku* e para o grupo da maloca, que celebrava o acontecimento com uma "cauinagem" no primeiro fluxo menstrual da menina. De fato, o interesse justificava-se plenamente, uma vez que o grupo ganhava mais uma mulher.

As *kunhãmukus* deviam romper os fios de algodão com os quais envolviam a cintura e os braços no dia em que tivessem as primeiras relações sexuais. Não podiam guardar segredo sob o risco de serem assaltadas por maus espíritos, até porque era isso que os tupinambás esperavam após os ritos de iniciação das meninas, momento em que elas gozavam de relativa liberdade sexual, visto que só admitiam o casamento, após certo tempo, quando os cabelos estivessem crescidos pelo menos até os ombros. Na maior parte dos casos, as moças se casavam anos mais tarde quando alcançavam o estágio de *kunhã*, considerada uma "mulher completa", mais ou menos a partir dos 25 anos de idade, fase em que mais ajudava o grupo da maloca, auxiliando sua mãe nos serviços domésticos.

AS PROVAS E AS ARMAS DO KUNUMĨUASU

Os adestramentos guerreiros específicos para os rapazes começavam para valer quando estes passavam a serem designados como *kunumĩuasus*,[82] a partir dos 15 anos. Na adolescência tupinambá, eles começavam a participar das reuniões dos "adultos" (*abás* e *tunhãbaés*[83]), embora ainda não pudessem se manifestar a respeito das discussões. Procuravam antes aprender com os mais velhos, servindo-os e ouvindo discursos e opiniões. Na idade de *kunumĩuasu* os rapazes "têm outro modo de vida, entregam-se com todo esforço ao trabalho, acostumam-se a remar, e por isso são escolhidos para tripularem as canoas quando vão à guerra".[84]

Na vida de um homem tupinambá, era nessa fase que mais ajudavam os pais, entregando-lhes todos os produtos que conseguiam com seu esforço.

O momento mais esperado por um *kunumĩuasu* era a convocação para uma expedição guerreira de verdade. Admitiam-lhe na qualidade de "tripulante", ajudando como remador ou caçador do bando guerreiro. Entretanto, não podia participar ainda das atividades propriamente guerreiras, de combate e captura, sendo estas exclusivas dos indivíduos considerados socialmente "adultos". Com o passar do tempo, à medida que seu desempenho em tarefas como "ajudante" era testado e aprovado pelo bando guerreiro, "viam suspensas certas proibições inerentes ao seu *estado*, entre elas a de combater inimigos".[85] A sociedade tupinambá proporcionava assim aos membros mais jovens condições especiais que, se fossem bem aproveitadas, resultariam na oportunidade de passar para o grupo dos adultos.

O rapaz precisava passar por três provas. A primeira delas era notoriamente a mais difícil e consistia em aprisionar um inimigo vivo num embate direto corpo a corpo. A segunda requeria o sangue-frio necessário para, passado certo tempo, sacrificá-lo ritualmente no pátio central da taba. Quando então estava pronto para a terceira e última etapa dos ritos de "renomação" para finalmente ser considerado guerreiro, "homem verdadeiro", *abáeté*.[86]

Alcançar esse momento não devia ser fácil, principalmente aos *kunumĩuasu* em teste. Não era só preciso participar dos bandos guerreiros, deviam ainda capturar com as próprias mãos um inimigo, muitas vezes tão preparado na guerra quanto ele próprio, inclinado a não se deixar levar e a combater até as últimas forças.

Homem era aquele que dominava um inimigo na batalha e ainda o trazia vivo para a maloca para, num determinado prazo, ser morto ritualmente. Esse era o estereótipo de pretendente a noivo ideal almejado pelas *kunhãmukus* e *kunhãs* e também por seus pais. Os fracos e covardes, os chamados *manema*,[87] eram rejeitados.

O audaz e belicoso era denominado *kereymbaba*,[88] o ideal de personalidade esperado do homem tupinambá. "A mãe jamais permitia que sua filha dormisse com um homem, se ele não tivesse feito pelo menos um ou dois prisioneiros de guerra. Acreditavam, pois, que os filhos engendrados por um *manema*, isto é, por um homem que não havia conseguido nenhuma proeza de guerra, jamais daria bom fruto, e seriam *mémbeka*, ou seja, fracos, medrosos e tímidos."

Sabe-se, no entanto, que alguns tupinambás conseguiam "driblar" essa obrigação ao receberem prisioneiros de parentes como os tios paternos, cunhados e até mesmo o próprio *ruba*. Estes ofereciam seus próprios cativos para que alguns *kunumĩuasus*, filhos de *morubixabas* de parentela grande, não se arriscassem na peleja. Presentes que constituíam uma exceção

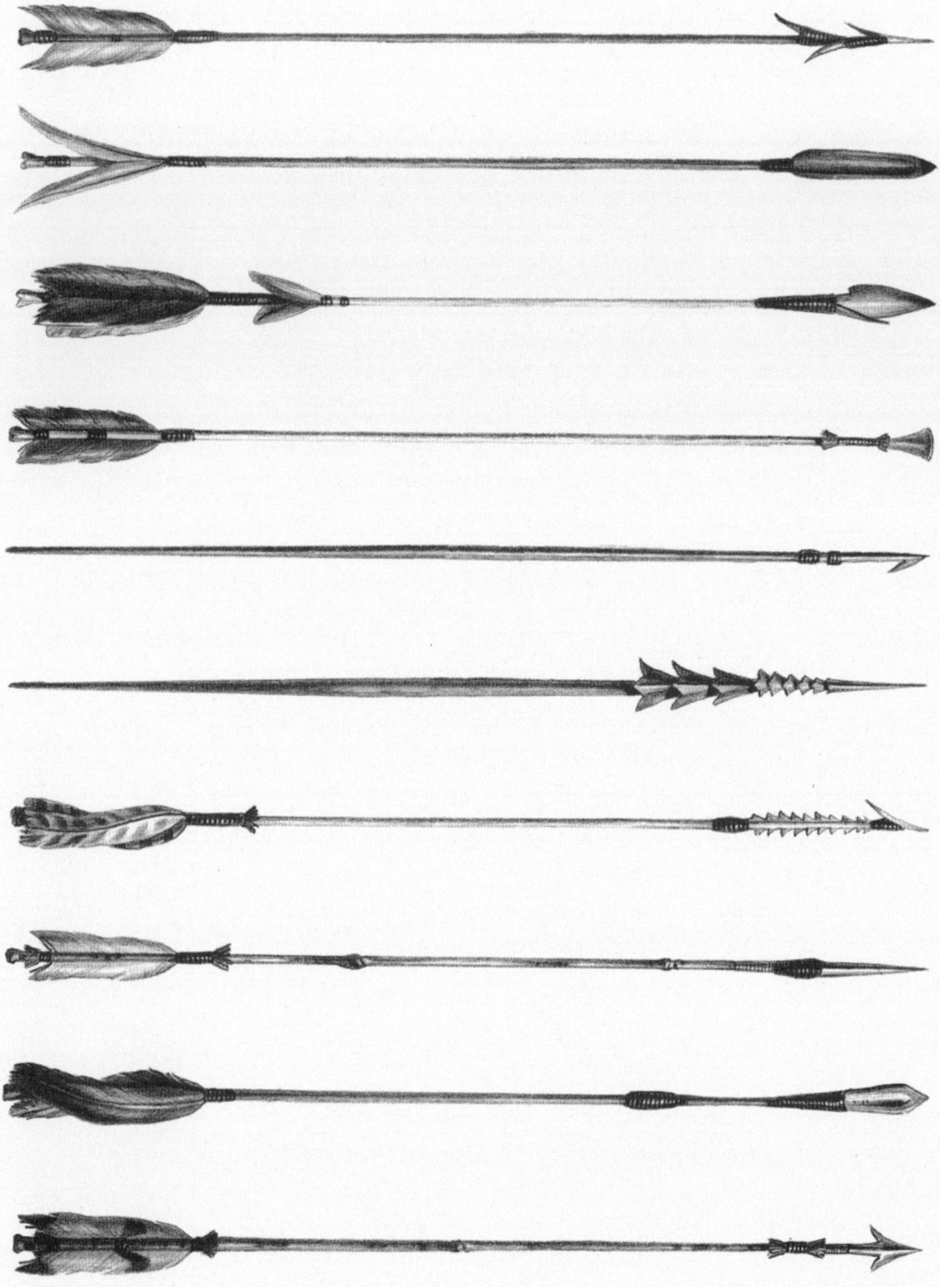

Flechas indígenas
com diferentes
tipos de pontas

no padrão interno vigente. A norma em geral era que o sucesso "militar" constituía a condição fundamental para conseguir "promoções sociais" dentro da maloca e da taba.

Além da aceitação social da maturidade, um guerreiro ainda poderia ter vantagens adicionais se fosse bem-sucedido. Uma em especial era o poder de casar-se com várias mulheres, quando em geral as fontes revelam que as famílias tupinambás, em sua maioria, eram formadas por casais simples. Outro grande fator motivador para um *abá* guerreiro seria a possibilidade de fundar uma maloca própria e aos poucos ir galgando fama e lugar entre os mais respeitados *tunhãbaés* (anciões) no conselho de chefes.

Portanto as formas de adaptação dos tupinambás à realidade em que viviam dependia profundamente do êxito das atividades guerreiras e da captura de inimigos. A guerra desempenhava papel relevante na estratégia de luta por uma vida melhor.

Antes de almejar demonstrar valentia nas ações armadas, um *kunumĩuasu* devia saber, por meio da prática e da observação direta, tudo o que estava à sua disposição em termos bélicos. A principal arma dos tupinambás era o arco e flecha. Em suas mãos, esse instrumento atingia o alvo com precisão e eficiência. Nesta etapa da vida um *kunumĩuasu* já portava seu arco tamanho "adulto" e estava bastante experimentado na prática por meio da caça e dos jogos infantis. Para onde quer que fossem, "seja no mato ou na água, levam consigo arco e flechas".[89] Eram ornados com folhas de palmeiras trançadas em forma de um mosaico e tingidos de cores diferentes cobrindo toda a madeira. Nas extremidades colocavam plumas de aves, o que resultava em um belo efeito visual. A corda era feita de algodão e pintada de verde ou vermelho.

A confecção das flechas era minuciosamente estudada pelos aprendizes de guerreiros tupinambás, que as separavam por grupos de pontas diferentes para uso apropriado em cada objetivo específico. As flechas mediam até 1,60 metro e eram feitas de um tipo de cana sem nós.

Para um tiro de impacto preferiam as pontas de madeira rija, arpoada ou não, de lasca de taquara em forma de lanceta, ou ainda de "ossos de peixes pontiagudos e mais ou menos do tamanho de um dedo pequeno, muito bem amarrados e com uma ponta recurvada em forma de gancho".[90] Para os inimigos mais odiados, faziam flechas com dentes de tubarão, "por serem muito agudos, cruéis, peçonhentos e raramente saram as feridas",[91] ou então usavam os ferrões de arraias, que "são muito venenosos".[92]

Estas pontas também podiam ser feitas de algodão para o lançamento de flechas incendiárias. A primeira coisa que faziam num ataque era queimar as malocas dos inimigos, forçando-os a sair do esconderijo. Flechas com pontas de algodão também eram utilizadas quando queriam tirar algumas penas de pássaros, como papagaios e araras. As plumas eram fendidas em duas partes e cada metade aplicada no fim do cabo da flecha para dar equilíbrio e direção ao tiro. Quando prontas, colocavam as flechas num estojo feito de casca de árvores.

As flechas tupinambás eram poderosas e podiam ser disparadas na razão de seis bons tiros para cada estouro de um arcabuz quinhentista europeu, ação que demandava uma complexa preparação. O arco e flecha "é arma cruel, passam umas couraças de algodão, e dando em qualquer pau o abrem pelo meio, e acontecem passarem um homem parte a parte, e ir pregar no chão".[93]

Os guerreiros tupinambás eram exímios arqueiros, mas a arma que mais gostavam era o *ybyrapema*.[94] A flecha não matava instantaneamente nenhum adversário por mais forte e certeiro que fosse o tiro e por isso era mais usada para ferir e tirar do combate. Para matar os inimigos no ato, os tupinambás preferiam utilizar o tacape, que era usado nos combates quando a batalha chegava ao clímax, na luta corpo a corpo. Os guerreiros praticavam inúmeros tipos de golpes como forma de melhor usar suas armas quando chegasse a hora da esgrima. Estavam sempre acompanhados dessas clavas, que levavam para onde fossem.

A matéria-prima era uma madeira dura, de cor vermelha ou negra.[95] O tacape tinha um topo triangular e ia estreitando-se progressivamente na direção da extremidade inferior, podendo ultrapassar 1,50 metro de comprimento. No punho da clava, um enfeite de variadas plumas entrelaçadas e justapostas.

Os guerreiros nativos também desenvolveram apetrechos para a sua proteção, como fortes escudos do couro da anta, de madeira leve ou de casca, "comumente pintados de várias cores ou guarnecidos de penas azul e amarela da arara-canindé",[96] para se protegerem das flechas inimigas. Segundo André Thevet, esses escudos eram "tão fortes e sólidos de modo que resistem a um tiro de arcabuz e, consequentemente, às armas menos poderosas".[97]

Para um guerreiro tupinambá, armas prontas não bastavam para uma operação bem-sucedida. Outros elementos eram tão importantes quanto para que tudo ocorresse favoravelmente. Sentiam-se seguros nas viagens bélicas com adornos de penas que explicitavam suas insígnias guerreiras, necessitavam também de alguns "processos mágicos" associados à utilização dos troféus conquistados, como os colares feitos de dentes dos inimigos mortos que faziam questão de portar nesses momentos. Faziam uso de instrumentos musicais para as expedições e os ataques, proporcionando coragem e excitação às tropas. O tambor era conhecido dos tupinambás desde antes da chegada dos europeus e não podia faltar na hora do assalto. Costumavam transformar os ossos dos adversários em flautas e pífanos para amedrontá-los. "Tanto no momento da partida como ao levantarem acampamento nos lugares onde pousam, surgem indivíduos de cornetas da grossura de um oboé e de quase um pé e meio de largura na extremidade inferior", a que chamam *mimby*.[98]

Para identificarem-se na batalha, usavam adornos de penas vermelhas extraídas dos Guarás que vivem nos mangues, a marca dos tupinambás do Rio de Janeiro, e se tosquiavam da mesma maneira, "que pela cabeça se conhece as nações".[99] Todos esses elementos conjugados tinham como função primordial impressionar os inimigos e fazê-los tremer frente à ameaça de invasão de um bando tupinambá.

Não faltariam oportunidades para um *kunumĩuasu* provar o seu valor. A partir do momento em que integrava um bando guerreiro, ele começava a aprender a se comportar diante de inimigos e transferia as habilidades adquiridas anteriormente, com o manejo do arco e do tacape, das técnicas de adaptação, do plano da luta contra os animais para o plano da luta contra os homens.

O CONSELHO DOS MORUBIXABAS E OS PREPARATIVOS PARA A GUERRA

As relações entre as tabas tupinambás que não estavam ligadas entre si por parentesco, proximidade e solidariedade, eram de hostilidade.

De origem tupi ou não, os grupos adversários também utilizavam as mesmas armas, como arco e flecha, as clavas de madeira e os escudos. Entretanto, os tupinambás quando se sentiam ameaçados em seu território, tinham a capacidade de reunir todas as forças disponíveis nos grupos locais solidários para atirar-se contra os inimigos com poder demográfico maior.

O principal objetivo dos tupinambás com as expedições guerreiras surpreendentemente não estava relacionado, na maioria das vezes, às questões de sobrevivência material ou à disputa de territórios. Apesar de a guerra tupinambá estar ligada às necessidades de conservar as terras e as rotas de migração dos excedentes populacionais, o ciclo crônico e social da guerra tinha muito mais a ver com o culto religioso tupinambá à vingança dos antepassados e ao entendimento de que maltratar os inimigos era necessário para se ter uma existência considerada honrosa.

Essa expectativa cultural e religiosa é que constituía a força motriz do movimento social de guerra tupinambá. O significado sagrado das obrigações dos guerreiros e o objetivo principal das expedições ou incursões punitivas não eram estranhos a um *kunumĩuasu* próximo dos 25 anos de idade, ávido por ação e oportunidades para provar o seu valor no campo de batalha.

As atividades guerreiras faziam parte de um conjunto de ritos tradicionais. O mecanismo que desencadeavam essas ações residia nas deliberações do conselho de chefes da aldeia. Os mais velhos determinavam a oportunidade ou a necessidade de realizar incursões guerreiras contra determinados grupos locais inimigos. Os velhos, ou *tunhãbaés*, desempenhavam todo o papel de liderança na sociedade tupinambá e eram os mais respeitados porque "em seu tempo se mostraram valentes na guerra".[100] Entre eles, era escolhido o líder da expedição aquele que melhor podia servir de exemplo para inspirar os mais jovens na batalha. As discussões nem sempre eram serenas.

Um dos rituais básicos dessas reuniões era a fumagem coletiva, baseado no espírito de companheirismo que a ocasião ensejava. Uma "cangoeira de fumo" era passada de mão em mão entre os *tunhãbaés* porque acreditavam que o tabaco tinha poderes mágicos sobre a razão e a inteligência. O ato também era considerado sagrado e símbolo da maioridade guerreira. Enquanto os *morubixabas* fumavam, os homens *abá* só podiam participar da cauinagem que era ofertada nessas ocasiões, os *kunumĩuasus* nem isso.

Assim que chegavam a uma resolução sobre o que devia ser feito, submetiam-na à apreciação do *paîé*, presente na reunião dos principais. Também os pajés e *karaíbas* podiam impulsionar uma expedição punitiva com a revelação de alguma profecia ou necessidade espiritual. Depois disso a ordem era transmitida a todos os membros das tabas locais solidárias.

Existiam basicamente três tipos de operações guerreiras tupinambás. A primeira era uma expedição punitiva composta por um número limitado de membros da maloca. Atuavam como uma tropa de elite cuja função era atacar tabas inimigas, matar quantos inimigos pudessem, queimar suas casas, causar o máximo de destruição e voltar em seguida, trazendo de preferência alguns cativos vivos, para que a "vingança" pudesse ser compartilhada com as mulheres e os parentes de outras aldeias.

Outra opção estratégica consistia em reunir um número maior de guerreiros juntando-se com tabas vizinhas e aparentadas, organizando então um pelotão para uma ação mais contundente no campo de combate. Isso ocorria também quando esperavam uma reação maior do inimigo.

Nesses dois primeiros casos ainda sobrava um bom número de forças para manterem as defesas das próprias aldeias, realizada inclusive durante as madrugadas com sentinelas avançados e espias. O último tipo de ação militar envolvia toda a comunidade e acontecia quando pressentiam a necessidade de congregar todas as suas forças para uma ação mais prolongada, com a migração de todo o grupo para outras áreas, mais perigosas. Dessa forma, mulheres, crianças e velhos viajavam acompanhando o bando guerreiro para maior segurança de toda a comunidade.

Estipulavam a data da partida quando do amadurecimento de algum fruto ou quando começasse a desova das tainhas e paratis, período que chamavam de *piraîké*.[101] Isso acontecia porque dependiam da natureza para o início da jornada: o peixe para mantimento durante a viagem e o milho para poderem produzir o cauim, que ansiavam saborear nas futuras cerimônias antropofágicas dos inimigos que estavam prestes a capturar.

Assim que a convocação da guerra era confirmada, começavam os preparativos para a expedição. Os guerreiros não poderiam parar durante as incursões, devendo levar consigo tudo o que fosse necessário. As mulheres e as filhas dos guerreiros tratavam de produzir bastante farinha de guerra (ou farinha de munição) que era feita com "grande quantidade de peixes, torram-nos sob o fogo, esmagam-nos, fazendo deles farinha, que secam bem a fim de que se conserve por muito tempo".[102] Os homens, por sua vez, dedicavam-se com afinco ao preparo do equipamento militar. Fabricavam ou consertavam canoas; confeccionavam arcos e tacapes; produziam flechas em quantidade; preparavam os ornamentos de penas para cabeça, tronco, membros e armas.

Enquanto esses preparativos se desenrolavam, observavam ainda outros ritos, por intermédio dos quais procuravam assegurar que tudo daria certo na empreitada. Os tupinambás não se lançavam à guerra sem antes ouvir seus profetas. O primeiro deles era o costume do *morubixaba* escolhido como líder da expedição levantar-se mais cedo que todos e, na alvorada, entoar pregações de maloca em maloca, dirigindo-se aos demais componentes *kunumĩuasus* e *abás*, estimulando a vingança e a aspiração de um comportamento heroico. Contavam dos feitos dos avós e expunham como os guerreiros deviam se comportar frente ao inimigo atualizando os valores sagrados da expedição punitiva.

No dia anterior da partida do grupo, finalmente chegava a vez de consultar os antepassados. Realizavam uma cerimônia para tentar revelar como tudo se passaria no futuro. Queriam acesso a informações privilegiadas por meio do contato com os espíritos dos ancestrais. Para isso, erguiam uma pequena choça no pátio da taba e estendiam no seu interior uma rede branca e limpa. Depois colocavam dentro do lugar grande quantidade de víveres, inclusive cauim e farinha de mandioca. Quando tudo estava pronto, conduziam então o intermediário, que era o *paîé* ou *karaíba*, até a porta.

Uma *kunhãmuku* aparecia com uma gamela de água e ele se lavava para purificar o corpo. Depois entrava sozinho e lá permanecia dentro do casebre com todos os demais afastados. O líder espiritual do grupo então se deitava na rede e sacolejava o *maraká* com uma cadência peculiar. Concentrava-se durante mais de uma hora até conseguir invocar o espírito dos heróis, ao que todos exclamam, a uma só voz: "Rogamos que diga a verdade ao nosso profeta, que te aguarda lá dentro". As perguntas, com suas respectivas respostas, dizem respeito aos seus inimigos, a saber, "o que pensam eles, quem terá a vitória, se alguém será aprisionado e devorado pelos contrários, ou ferido por algum animal feroz etc.".[103] Ao terminar a revelação, saía o *paîé* da palhoça e era imediatamente cercado pelo povo. Ele então discorria sobre tudo o que pôde entender. Esse ritual era realizado não porque buscavam atrair a proteção dos espíritos, mas sim porque queriam conhecer a disposição em que se encontravam com referência à empreitada em desenvolvimento, o que era de grande importância nos casos de vingança de parentes memoráveis ou de ancestrais míticos. O prosseguimento ou a interrupção das ações guerreiras dependiam dos contatos que o *paîé* fazia com o sobrenatural e das respostas que obtinha.

No dia seguinte, aos primeiros raios de sol, estão todos preparados com seus apetrechos de guerra e adornos de luta, bebem o cauim tradicional preparado para a ocasião e dizem adeus aos que ficam.

A EXPEDIÇÃO DOS SONHOS

Os tupinambás tinham amplo domínio do terreno e se guiavam nas caminhadas "pondo o rosto no sol, por onde se governam; com o que atinam grande caminhos pelo deserto, por onde nunca andaram".[104] Quando desorientados dentro da mata fechada, procuravam deitar no chão para "cheirar o ar" e sentir o odor do fogo, o qual conheciam "pelo faro a mais de meia légua". Caso identificassem algo, subiam nas mais altas árvores que achavam para visualizar a origem da fumaça. Para maior segurança do grupo e se adequar ao exíguo espaço das trilhas, a ordem da marcha era sempre a fileira simples.

Alguns espias, os mais ligeiros *kunumĩuasus* do grupo, eram mandados na dianteira para pressentir inimigos. Urapaçã da Karióka seria um deles, agora já com 25 anos. Os líderes *morubixabas* assumiam a condução do bando dando exemplo heroico "mostrando o caminho e o lugar onde hão de dormir a cada noite".[105]

As viagens até as tabas inimigas poderiam durar meses e eram feitas sempre de forma que não fossem percebidos pelos inimigos. A estratégia do ataque contava com o "fator surpresa" para tomarem seus contrários despercebidos e descuidados Os tupinambás eram especialistas nesse tipo de ataque, que mais tarde seria copiado pelos portugueses. Ofensivas surpresas e o planejamento de operações do tipo de ciladas ou emboscadas eram as táticas militares mais comuns, com o objetivo principal de matar e capturar inimigos.

As pregações do *morubixaba* líder da expedição continuavam durante as caminhadas quando discursava durante a noite após a montagem do acampamento. Procurando orientar-lhes sobre o que deviam esperar, além de incitar um comportamento audaz, "lhes diz em altas vozes o que hão de fazer, e os avisa para que se apercebam e fiquem alerta".[106]

O meio de transporte coletivo eram as *ygaras*, canoas escavadas num único e grande tronco de árvore, que podiam levar de quarenta a cinquenta passageiros, nas quais alguns *kunumĩuasus* prestavam o "serviço militar" como remeiros. As canoas também podiam ser feitas só da casca de certas árvores, cuja capacidade era de até no máximo 25 guerreiros. Os tupinambás eram capazes de vencer grandes distâncias com elas e "navegam tão próximas umas das outras e tão rapidamente que em poucos momentos se perdem de vista".[107]

Quando chegavam próximos o suficiente para serem pressentidos pelos inimigos, deixavam de acender fogueiras durante a noite. Ao amanhecer do dia imediato ao ataque, realizavam a cerimônia pública de relato e interpretação dos sonhos, de bons presságios com uma dança guerreira utilizando os *marakás* sagrados.

Quando os sonhos evidenciavam algum mau agouro, ou mesmo a própria derrota, sendo devorados e vencidos, desistiam da expedição projetada imediatamente. Sendo os sonhos recheados de glórias, os últimos quilômetros da aproximação final eram percorridos durante a noite, por dentro da mata. Projetavam esse momento para coincidir com o surgimento da lua cheia para que aproveitassem a derradeira jornada na claridade de uma noite de luar.

O desfecho do ataque acontecia ao despontar do dia, pegando o grupo rival completamente desprevenido. Na corrida para invadir a taba inimiga soltavam em uníssono um estrondoso urro. Outros tocavam os instrumentos trazidos em grande alarido.

Todo o sucesso da expedição residia no êxito do ataque surpresa. Enquanto uns ativaram flechas incendiárias sobre as habitações inimigas, outros distribuíam com rapidez e violência golpes de tacape. Caso encontrassem algum inimigo em campo aberto, lançavam-se à batalha.

Os guerreiros tupinambás eram capazes de desviar das flechas adversárias com movimentos de corpo. No momento do assalto, o *morubixaba* também tomava a dianteira como forma de mostrar o seu exemplo e valor, exortando os outros a serem audazes como ele. O líder mostrava como se pelejava, mas não exercia comando imediato sobre os demais componentes do bando. Os guerreiros eram livres para agir como melhor percebessem o momento. O contato com o inimigo era ansiosamente esperado.

Os *kunumĩuasus* que porventura fossem permitidos a guerrear nesse momento procuravam capturar inimigos para levar de volta à sua taba a fim de consagrá-lo à vingança da alma dos seus antepassados na cerimônia de "renomação". Um homem dificilmente conseguia submeter um guerreiro inimigo sozinho, para isso geralmente era auxiliado por outros combatentes.

Código de etiqueta de guerra conhecido por todas as aldeias do litoral, nesses momentos o prisioneiro pertencia ao guerreiro que primeiro o houvesse tocado. Como durante a briga ficava difícil de estabelecer esse conceito, muitas vezes irrompiam dúvidas dentro do bando acerca desses privilégios. A questão em geral era decidida pela autoridade do *morubixaba* líder da expedição, que muitas vezes determinava a repartição das partes do inimigo no próprio local, quando este era imediatamente morto.

Os rivais que estivessem feridos eram imediatamente dizimados e, se possível, assados e algumas partes levadas de volta à taba do guerreiro vencedor. Os adversários que conseguiam subjugar sem maltrato eram levados como prisioneiros. As expedições tupinambás objetivavam capturar indivíduos do grupo adversário. Às vezes, a própria comunidade atacada desvencilhava-se de alguns dos seus para se verem mais rapidamente livres da ofensiva tupinambá. Eles os queriam vivos e denunciavam antecipadamente isso, ao conduzirem consigo cordas enroladas em torno do corpo.

Esse era um ataque típico a tabas inimigas sem sistema de proteção de cercas. Caso estas existissem e o elemento surpresa falhasse, nem por isso os tupinambás se intimidavam. Valorizavam a valentia, por isso começavam uma estratégia de cerco à taba inimiga fazendo uma cerca de "rama e espinhos", muito cerrada com madeira que metem no chão. Aos poucos vão se aproximando do muro inimigo usando a cerca de escudo enquanto minam também o adversário com ameaças e xingamentos.

Os tupinambás sentiam-se vencedores no combate quando conseguiam dominar o campo de batalha e faziam os inimigos fugirem pelos arredores, embrenhando-se pela mata, ou evacuando o local de canoas. Maior ainda seria o sentimento de vitória se a ação resultasse de contrários mortos, outros tantos aprisionados e suas habitações queimadas. Amarravam os cativos e traziam-nos com eles imediatamente após o combate, quando empreendiam o estratégico movimento de retirada do bando. Naturalmente os indivíduos mais expostos ao aprisionamento eram crianças, velhos e mulheres.

Na hipótese de o prisioneiro se mostrar arisco, passavam-lhe quatro cordas em torno do pescoço e ligavam-lhe as mãos em baixo dos queixos. Nas paradas era amarrado em alguma árvore, entretanto cediam-lhe uma rede para que pudesse dormir. Durante o caminho de retorno eram maltratados e insultados, dando a conhecer em bons termos qual seria o seu destino.

A volta da expedição era um dos momentos mais traiçoeiros. Sabiam que podiam ser alcançados pela reação dos atacados que procuravam se organizar e iniciar um contra-ataque. Por isso consideravam o melhor guerreiro aquele que mais corria fugindo. Realizavam essas marchas com a maior rapidez possível, deixando sentinelas na retaguarda para avisarem sobre possíveis perseguições.

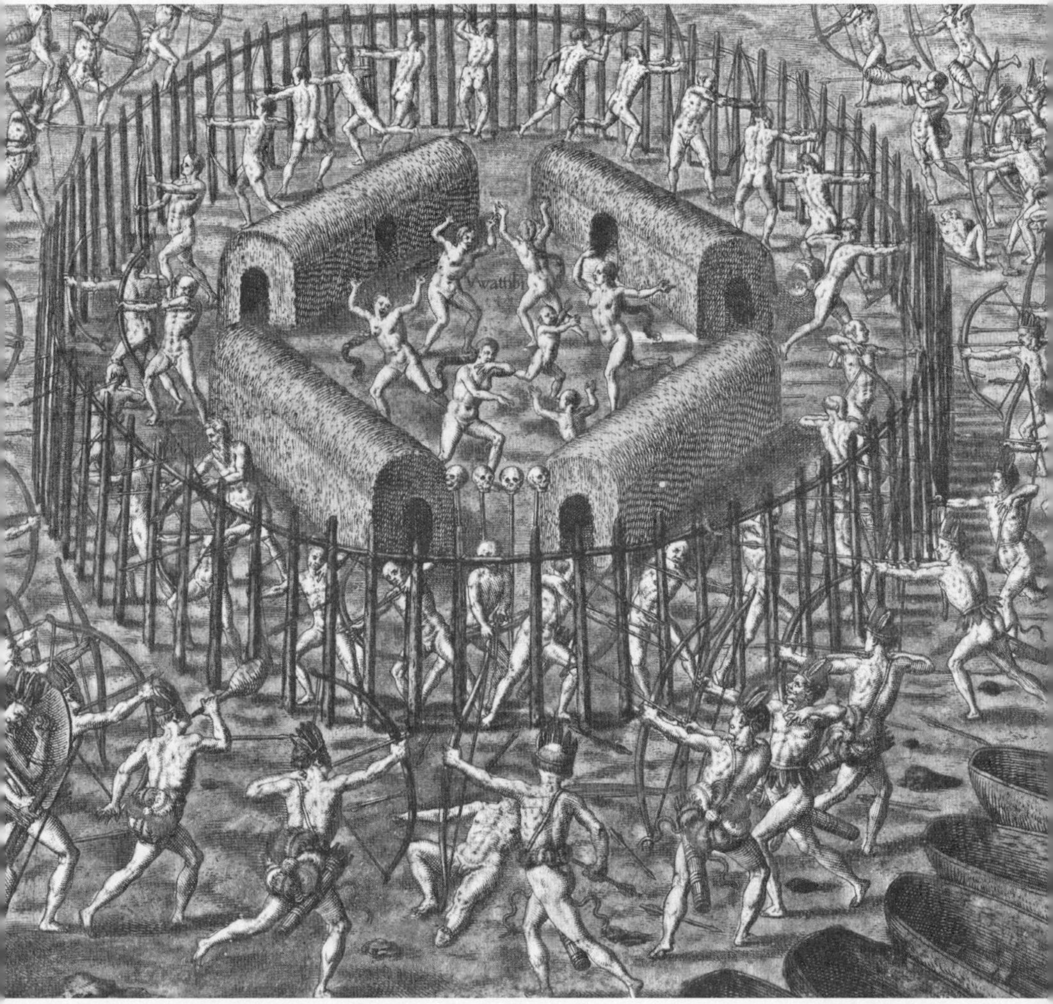

O momento de um ataque surpresa a uma aldeia indígena, gravura da obra de Hans Staden

Quando isso acontecia e ao avaliarem que não seria possível escapar a tempo, paravam no caminho, escolhiam um bom local e "fortificavam-se fazendo sua cerca, que fazem com muita pressa para dormirem ali seguros de seus contrários".[108] Com as cercas, protegiam-se das flechas inimigas, ao mesmo tempo que pelos buracos que faziam nelas, podiam contra-atacar com as suas. No impasse, os inimigos eram obrigados a desfazer a perseguição porque se viam sem mantimentos e armamentos para continuar o cerco aos tupinambás.

Gravura quinhentista que mostra um ataque a uma aldeia inimiga. Notam-se os instrumentos musicais, as casas pegando fogo, o arco e flecha, o tacape e o escudo

Quando o bando guerreiro finalmente alcançava os territórios em que residiam, eram recebidos com manifestações públicas de regozijo e alegria pela vitória.

A expedição fazia uma entrada triunfal em todas as tabas amigas situadas ao longo do caminho. Ao serem avisados do retorno do grupo guerreiro pelos mensageiros da vanguarda do bando, os moradores das outras tabas preparavam "um caminho até a obra de meia légua mais ou menos onde o esperam".[109] Os guerreiros então apreciavam a grande recepção que faziam seus amigos e parentes. Festejavam o sucesso com grandes alaridos e comemorações, quando se podia ouvir ressoar o melodioso som das flautas construídas com os ossos dos inimigos mortos anteriormente. Quando encontravam as mulheres pelo caminho, obrigavam os prisioneiros a repetirem em alto e bom som: *"Aju ne xé peê remiurama"*, "Eu, a vossa comida, cheguei!".[110]

As mulheres, sobretudo as mais velhas, manifestavam alegria batendo na boca com a palma da mão, ao mesmo tempo que gritam, saltam e dançam.Os guerreiros entregavam então o cativo para as mulheres, que o conduziam direto à tumba daquele que devia ser "lembrado" na vingança. "Conduzem-no ao túmulo de seus falecidos pais, obrigando-o a limpar o local, como se o cativo fora uma vítima a ser imolada à sua memória."[111] Depois de "renovar" a sepultura recebia imediatamente os objetos que haviam pertencido ao defunto – redes, colares, penas, plumas, ornamentos e provisões.

Depois então recolhem o preso à maloca enquanto dançam e cantam as mesmas estrofes a serem entoadas na hora do sacrifício ritual. O momento era esperado por Urapaçã, o *kunumĩuasu*, natural da Kariók a, que passou na prova de honra tupinambá do campo de batalha. O *morubixaba* observou-o atentamente ao longo da expedição. O rapaz prestou valorosos serviços de espia e mensageiro na vanguarda do bando, assim como nas canoas provou ser um forte remeiro. No primeiro combate que pode participar diretamente demonstrou bravura e destemor. Um dos prisioneiros que ajudou a capturar, um guerreiro *guaitaká* foi conquistado por ele, contudo ainda precisará esperar alguns meses, ou anos, até que possa finalmente ser reconhecido como um homem feito, um *abá*, guerreiro completo.

DE URAPAÇÃ A URUÇUMIRĨ

As mulheres levavam o prisioneiro até a maloca cantando, dançando e, às vezes, socando-o e arranhando-o conjuntamente com as crianças, que não cessavam de repetir a cada beliscão ou bofetada: "*Xé anama poepika aé!*", "Vingo meu amigo, a quem os teus mataram!".[112] Uma vez dentro da habitação, o inimigo podia descansar por alguns instantes, antes de as mulheres voltarem a dar-lhes socos, estocadas, com cantorias sobre como iriam devorá-lo.

Amarrado com as cordas no pescoço, puxavam-no violentamente até o pátio central quando mulheres e crianças procuravam molestá-lo, esticando as cordas e puxando-o pelos braços. Quando se cansavam de brincar com o prisioneiro, levavam-no até a maloca do *morubixaba* local para a apresentação formal ao líder da taba. Uma mulher raspava-lhe todos os pelos do rosto com um afiado cristal incrustado num pedaço de pau curvado. Nesse momento realizavam também a tonsura frontal do cabelo, em forma de coroa, o corte tradicional dos tupinambás.

Após a raspagem de cabelo e a depilação, era arrastado de novo para a frente de uma choça, onde repousavam os *marakás* sagrados. Colocavam no preso tornozeleiras com guizos, um colar de plumas na cabeça e um cinto de penas que chamavam *araçoiá*.[113] Então o cercavam, obrigando-o a dançar no ritmo do grupo, batendo os pés, enquanto salientavam nas canções a veracidade da profecia dos *marakás*, confirmada em sua captura.

Depois dessa cerimônia o prisioneiro começava a ser tratado de forma mais pacífica e, dentro de alguns dias, até mesmo amistosa. A partir do reconhecimento formal do grupo, o cativo estaria apto a receber uma mulher e viver entre os tupinambás até o momento do sacrifício.

Os últimos rituais descritos visavam entronizá-lo na vida comunitária. Depilado e tonsurado como os tupinambás, nada revelava sua condição de prisioneiro, a não ser um colar que colocavam em volta do pescoço, feito de uma corda grossa como madeira, da qual pendia, pela nuca, uma franja feita de cordeizinhos. Cada cordel representava as luas de vida a que o preso tinha direito. Era seu calendário.

Os franceses que conheceram os tupinambás do Rio de Janeiro atestaram que, após as primeiras cerimônias e passados alguns dias, o prisioneiro não era impedido de andar livremente pela taba e nenhuma vigilância se exercia sobre o mesmo.[114] Era muito bem alimentado e não tinha a hora da sua morte marcada *a priori*. Se o considerassem bom caçador e pescador e, caso fosse uma mulher – se constatassem que era boa na roça ou em apanhar ostras –, conservavam a pessoa presa por mais tempo.[115] Não acreditavam que o prisioneiro pudesse fugir pela distância que teria de percorrer e, mesmo que sumisse, não poderia retornar para o lado dos seus, pois não somente seria tido como medroso, sem honra, mas também os próprios correligionários não deixariam de matá-lo, "reprovando-lhe a falta de ânimo em enfrentar a morte, em mãos inimigas, como os seus parentes e companheiros não fossem bastante poderosos para vingá-lo".[116] Depois dos ritos de recepção agressiva, entendia-se culturalmente que o cativo não pertencia mais ao seu próprio grupo, e sim estava assimilado aos tupinambás que dispunham de sua vida.

As mulheres doadas pela comunidade para os prisioneiros eram as viúvas. Estas não podiam casar-se de novo enquanto o marido morto não fosse vingado. Se o morto era solteiro, o cativo recebia em casamento a irmã, a filha, ou até mesmo uma das mulheres do seu captor. No caso de não haver nenhuma mulher disponível na aldeia, o prisioneiro pedia aos companheiros que cedessem a irmã ou a filha.

Essas uniões geralmente eram bem-sucedidas, pois os tupinambás consideravam honrosas ligações com os inimigos vencidos. As mulheres associavam-se aos cativos dizendo que estavam recompensadas pela derrota de seus maridos, entretendo-os bem.

A mulher concedida ao preso tinha a função de cuidar dele, vigiando-o e alimentando-o. Ao prisioneiro, não só lhe ofertavam uma mulher, como também podia praticar relações sexuais com todas as outras solteiras que o desejassem. Estes encontros, entretanto, ocorriam às escondidas, em pequenas choças construídas por elas para esse fim dentro da mata. Caso se envolvesse com alguma mulher casada, sua vida teria fim imediatamente.

O preso tinha o direito de pintar-se e ornamentar-se todas as vezes que ocorria alguma festa na taba, podia ir a plantações, caçar e pescar quando quisesse, morando na maloca do seu captor, cuja rede ficava estendida próxima à sua. Apesar da liberalidade do cativeiro, o prisioneiro devia certas obrigações ao seu senhor. Era constrangido a trabalhar na roça e, quando conseguia capturar alguma carne ou peixe, devia entregar os produtos para o seu captor, restando para si apenas o supérfluo. Também não podiam dispor dos seus bens. Se, por exemplo, alguém recebia do cativo algum presente sem o consentimento do seu dono, tinha essa pessoa obrigação de restituí-lo porque tudo que pertencia a ele antes era propriedade daquele que o havia aprisionado.

Entre o fenômeno do *piraîké* dos peixes, quando conseguiam os mantimentos para a expedição, e o amadurecimento do caju e do milho necessários para a fabricação do cauim para festa de execução, passavam-se normalmente quatro meses.[117] A cada passagem completa de todas as fases da lua – que dura um mês –, subtraíam um cordelzinho, ou conta, do colar do prisioneiro. A duração do cativeiro variava muito. Os inimigos mais velhos quase sempre eram mortos logo após o retorno da expedição guerreira. Os mais jovens ficavam confinados por meses, ou até mesmo por mais de vinte anos.

Em alguns casos se criavam laços emocionais entre cativos e captores por viverem tanto tempo juntos. As mulheres dos grupos inimigos feitas prisioneiras tornavam-se, em geral, esposas dos seus senhores. Contudo, se eram rejeitadas, podiam manter relações sexuais com qualquer outro homem da taba. Nenhum tupinambá podia recusar esse direito à mulher cativa, uma vez que esta podia censurar-lhe por não desejá-la como esposa. A mulher que conseguia ser assimilada entre as esposas do *morubixaba* escapava do ritual de execução, mas, após sua a morte natural, prosseguiam com a tradição de quebrar-lhe o crânio.

Em dado momento, o conselho dos principais guerreiros era convocado para determinar a data dos rituais e da execução do prisioneiro. Um imperativo religioso e social demandava o acontecimento da execução ritual, seria imolado para vingar os espíritos dos parentes mortos, assim como honrar o culto aos ancestrais míticos tupinambás. A execução havia sido profetizada pelos *karaíbas* em comunicação com o além. Era impensável não realizá-la. Um fracasso do ideal de honra tupinambá que, assim, nunca alcançaria o paraíso celestial do Guajupiá onde viviam seus avós. Mesmo os cativos eram imbuídos dessa crença, onde a morte ritual era desejada, pois a consideravam honrosa.

Mensageiros *kunumĩuasus* eram encarregados de percorrer as tabas circunvizinhas e aliadas para que viessem tomar parte nas comemorações. A convocação levava tempo, pois devia observar a chegada dos diversos grupos, às vezes vindos de longe. A decisão era comunicada ao prisioneiro num ritual de humilhação. Obrigavam-no a passear em torno da taba, visitando todas as malocas, cobrindo-se dos ornamentos de plumas das festas tupinambás. Ao passar por elas, os moradores lançavam-lhe penas de papagaio, um ato simbólico que significava que nada mais poderia salvá-lo da execução.

Os tupinambás gostavam de impressionar. A partir do momento em que o sacrifício era anunciado, toda a taba se entregava aos preparativos da cerimônia. Viriam muitos parentes e outros convidados. Ao *morubixaba* da taba cabia começar a manufatura da *muçurana*,[118] a corda sacrificial destinada a prender o cativo, objeto de culto e respeito religioso. A *muçurana* era uma corda trançada de tal maneira que requeria trabalho e podia chegar a mais de 60 metros de comprimento.

Aos homens cabia a fabricação de uma *ybyrapema* especial, um tacape de guerra tupinambá sacralizado. Símbolo máximo da força tupinambá, teria importância central no ritual a seguir e, por isso, era meticulosamente enfeitado, pintado, emplumado e se transformava em objeto de adoração na cerimônia. Já as mulheres encarregavam-se da produção de numerosos vasos de formas e dimensões diversas, que decoravam com cuidado especial para uso na festa. As *kunhãmukus* virgens ficavam responsáveis pela mastigação e fermentação da bebida sagrada. Durante esse tempo, por duas ou três vezes, as mulheres conduziam o prisioneiro ao pátio da taba e executavam danças em torno dele, no intuito de consagrá-lo aos espíritos. No seu último mês de vida, os tupinambás o prendiam e amarravam, de forma que não pudesse fugir ou se esconder.

No tempo marcado chegavam os membros das tabas convidadas, homens, mulheres e crianças, dançando e cantando, todos emplumados, com os respectivos *morubixabas* à frente. Seguia-se o oferecimento do cauim e davam início aos rituais preliminares da grande e complexa cerimônia de execução ritual do inimigo que poderia durar entre três e cinco dias.

O primeiro dia era dedicado à consagração da corda com a qual amarrariam a vítima. A *muçurana* era apresentada no pátio central da taba em meio a uma gritaria. O prisioneiro era trazido para assistir o ritual de preparação da corda que era untada com uma substância embranquecida semelhante à cal. Depois disso a colocavam suspensa entre duas forquilhas fincadas no chão para que secasse. O *tunhãbaé* (ancião) mais velho da taba então se aproximava e começava a atar nós em parte da corda. Assim que o ancião concluía o labirinto de laços, os assistentes batiam palmas e davam gritos de alegria. Depois a *muçurana* era colocada numa vasilha e levada para a maloca do senhor da vítima.

No mesmo dia, o prisioneiro passava a habitar uma pequena choça que haviam construído na parte sul da taba. Sua mulher tupinambá e outras velhas o seguiam levando suas respectivas redes que eram ali suspensas. Seus dois últimos dias seriam nessa pequena cabana, cercado de velhas, as *gûaîbĩ*.

Nesse lugar o cativo tinha o corte de cabelo tupinambá totalmente raspado. Começava então uma série de ações que visavam demonstrar ao inimigo a sua real condição, depois de tanto tempo de convivência cordial.

Os "ritos de inculpação" evidenciavam dramaticamente o porquê das ações que se seguiriam e identificavam o prisioneiro ao grupo inimigo a que ele pertencia. O preso tinha todo o rosto e o corpo pintados com o preto do jenipapo. A mulher tupinambá doada ao inimigo e algumas *gûaîbĩ* (anciãs) igualmente se pintavam de preto.

Enquanto isso, nesse dia, os guerreiros tupinambás presentes na taba também se organizavam para participar do ritual. Em outra cabana erguida apenas para isso, pintavam-se traçando desenhos de todas as formas com a tinta do jenipapo. Depois untavam o corpo com mel e colavam uniformemente plumas vermelhas. No rosto aplicavam um pó esverdeado feito com os ovos do *makukagûá*, considerados mágicos.[119] Na cabeça colocavam grandes penas, e as pernas eram pintadas com o vermelho do urucum.

Na altura dos rins, pendiam rodelas feitas de penas de ema, a maior ave brasileira, que os tupinambás cultuavam como estrategista do combate animal. A ema atacava apenas quando estava em posição de vantagem; já acuada, jogava terra no inimigo e corria o mais rápido possível. As mulheres também assim se enfeitavam, com a exceção de que não usavam as penas na cabeça.

Durante essa noite, "cauinavam" e dançavam sem cessar. Na cabana onde o prisioneiro era mantido, as velhas de preto armavam suas redes ao redor do cativo e passavam toda a madrugada a entoar as canções de guerra e de vingança, que lembravam à vítima o ritual que se aproximava. Ao lado da rede do prisioneiro, descansava uma espécie de turbante onde as mulheres fincavam as penas e plumas do adorno cerimonial que o inimigo devia portar na hora de sua execução.

No amanhecer do dia seguinte, o preso era levado para as margens do rio, onde devia banhar-se. Aparavam a sua barba e aproveitavam para depilar-lhe os pelos que restavam no corpo. Buscavam purificá-lo para o papel central que desempenharia.

Na véspera da execução, tinham início os jogos que relembravam a batalha que este inimigo havia travado contra os tupinambás, a sua captura e, finalmente, a derrota. No caminho de volta do riacho, ele era subitamente atacado por um paramentado tupinambá que o maltrataria e dominaria. Os demais assistentes corriam para amarrá-lo então com a *muçurana* cerimonial. O cativo devia lutar e resistir, mostrando bravura. Caso o tupinambá conseguisse imobilizá-lo sem ajuda dos demais, era considerado valoroso. Contudo, se o agressor fracassasse, era constrangido a abandonar a luta e ceder lugar a outro guerreiro ávido pelo prestígio que adivinha deste ato.

O inimigo atingido, golpeado e dominado mais uma vez deixava então aflorar o seu ódio, atualizando as razões das ações da vingança tupinambá: "Também eu, valente que sou, já amarrei e matei vossos maiores". Cada vez mais ferozmente volta-se para os lados e exclamava olhando nos olhos de uns e outros: "Comi teu pai, e moquei a teus irmãos, comi tantos homens e mulheres, filhos de vós outros tupinambás!".[120]

No Rio de Janeiro essa mesma cena foi narrada de forma diferente.[121] Aqui os guerreiros colocavam-se em duas fileiras diante das malocas, como um corredor polonês, deixando entre si um espaço de vinte passos. O prisioneiro era então levado ao pátio, solto e instado a correr o mais rápido que pudesse para fugir de seus captores. Quando era alcançado, todos os homens do grupo precipitavam-se sobre ele dominando-o e arrastando de volta à *okara* da taba. Nesse instante as mulheres traziam a *muçurana* esbranquiçada num vaso especialmente pintado. A pesada corda era posta no pescoço da vítima e mantida atada graças ao nó realizado anteriormente pelo *tunhãbaé* mais velho.

Cada extremidade da corda era esticada por um guerreiro portando escudos e que davam certa liberdade de movimento à vítima. A esposa tupinambá do prisioneiro devia então fornecer-lhe jenipapos, pedras, frutos e depois um arco com flechas rombudas, com as quais ele não demorava em tentar atingir aqueles que assistiam à cena. Tamanho era o frenesi da atividade que, quando não lhe restava mais nada, atirava nos adversários ramos de palha e punhados de terra, enquanto todos que o cercavam lhe diziam ameaças e de que forma comeriam as suas partes.

O prisioneiro com esse rito era convidado assim a "tirar sua vingança" contra aqueles que o iriam devorar. Os que seguravam as pontas das cordas eram os mais expostos aos petardos do cativo e por isso eram autorizados a portar os escudos. Essa oportunidade concedida ao prisioneiro tinha um caráter ritual e nascia do desejo de aplacar a cólera do espírito do inimigo.

Quando achavam então que a vítima havia acertado bom número de projéteis nos presentes, era reconduzida à choça para que as mulheres pudessem terminar de adorná-lo para a execução. Cobriam-lhe de mel para que pudessem colar plumas cortadas em pedacinhos, polvilhavam o pó das cascas dos ovos verdes do *makukagûá* em seu rosto e pintavam seus pés com o vermelho do urucum.

Enquanto isso, as mulheres adornadas com as penas de avestruz nos rins assim como os homens guerreiros, de quatro e quatro, passavam em frente ao prisioneiro, batendo com as mãos na boca. Portavam-se como se estivessem em combate, desfilando na frente do preso, quando outras quatro mulheres partiam para repetir o percurso, ritual que era apresentado várias vezes.

O único alimento então que lhe ofereciam era a castanha de caju, considerada boa para conter o excesso de derramamento de sangue no dia seguinte. Durante esse tempo, o prisioneiro ficava sob vigilância das mulheres, que o mantinham imobilizado segurando as pontas da *muçurana* que envolvia seu pescoço. Para que não tocasse o chão colocavam pequenos ramos de árvores e, com isso, pudessem pousar a corda em cima. Para demonstrar então seu desdém pela morte, o infeliz *guaitaká* lamuriava-se em alto e bom som para que todos ouvissem, ao mesmo tempo que vangloriava-se por ser um guerreiro assassino de tupinambás.

Nesse mesmo dia o *ybyrapema*, o tacape cerimonial, era consagrado. O objeto era conduzido ao centro da taba, para onde também era levado o inimigo. O tacape era recoberto de mel e pulverizado com pedacinhos de conchas e fragmentos de ovos verdes, revestimento que lhe conferia virtudes especiais. Uma mulher reconhecidamente hábil na decoração dos vasos de cerâmica traçava na camada viscosa alguns desenhos de tradição tupinambá. Enquanto essa preparação ocorria, as demais mulheres cantavam ininterruptamente até que a pintura secasse.

Depois de pronto, o tacape sagrado era suspenso no teto de uma choça e deixado sozinho lá dentro. Um grupo de mulheres ficava boa parte da noite cantando e dançando ao redor do mesmo. As canções entoadas nesse momento eram tristes e acentuadas pelos sons surdos do tambor, no qual os tupinambás tocavam uma música para "adormecer a maça".

Na noite anterior à execução realizavam uma festa para celebrar o acontecimento. Mais potes de cauim eram servidos para os convidados. Antes de começarem a beber, porém, o prisioneiro era trazido para o meio da assembleia. Completamente ornamentado, era obrigado a dançar, o que não costumava fazer de bom grado. Nesse momento, tentava estragar a festa extravasando sua raiva, atirando tudo o que estivesse ao seu alcance nos presentes. Já outros prisioneiros podiam aceitar o destino, quando procuravam então participar da festa e, ao tomar parte alegremente na orgia, bebiam cauim, dançavam e cantavam em comunhão com os demais.

Os relatos existentes são unânimes em indicar que os inimigos guerreiros capturados consideravam uma honra "morrer à maneira dos maiorais, entre danças e festas, vingando-se antes de ser morto, pelos que o iam devorar".[122] Quantos maiores eram os preparativos para a execução, mais radiante ficava o condenado. Todos os convivas e anfitriões aproveitavam o resto da noite para festejar, cantar, beber e gritar. Recordavam-se mutuamente os feitos gloriosos realizados na expedição guerreira. Exaltavam-se com a lembrança das proezas de guerra.

A festa podia durar toda a madrugada e o prisioneiro "depois de ter comido e cantado durante seis ou sete horas"[123] enfrentaria seu destino no amanhecer. Aos primeiros raios de sol as mulheres corriam para "acordar" o *ybyrapema*, cantando ao redor do tacape na choça onde estava pendurado no centro da taba.

Era chegada a hora da execução e o condenado era conduzido para o centro da aldeia. A *muçurana* então era desapertada do pescoço para que

Ritual preparatório do cativo para o sacrifício

Cerimônia de consagração do ibirapema

fosse amarrada na altura da cintura. A mulher tupinambá do inimigo então se aproximava, fazendo-lhe carícias e logo em seguida se afastava em lágrimas, no que surgem no pátio sete ou oito *gûaîbĩs* pintadas de preto e vermelho, portando colares de dentes humanos. Cantando e dançando se aproximam da vítima, batendo nas vasilhas que elas mesmas haviam produzido para recolher o sangue e as entranhas do morto. Em seguida, acendem uma grande fogueira a dois passos dele, de modo a permitir que este acompanhasse a ação. Isso feito, outra velha irrompe tendo à mão o tacape sagrado transportado com o punho dirigido para cima.

O tacape era tomado por um guerreiro que se destacava na multidão, que o exibia com determinação para o prisioneiro. Entretanto, ainda não seria este que aplicaria o golpe final. O matador permanecia apartado dos demais durante os dias da cerimônia e só se revelava no momento final, paramentado dos mais belos ornamentos: o manto tupinambá. Na cabeça, um sombreiro de plumas e ao redor da testa destacava-se um diadema de penas vermelhas. No peito cruzavam-se colares de conchas ou penas, nos punhos braceletes de plumas, além de tornozeleiras e ligas que lhe recobriam os braços. Dos rins pendia uma rodela de penas de emas e nas costas vergava o tradicional manto, feito das penas escarlates do *gûará*, chamado de *gûaraabuku.*[124] A plumagem desse pássaro endêmico do Rio de Janeiro nos anos anteriores à chegada dos europeus, hoje raríssimo de se encontrar em quase todo o Brasil, é de um tom muito forte de vermelho, pelo fato de sua alimentação ser à base de um caranguejo que possui um pigmento que tinge as plumas. O rosto do carrasco também era pintado de vermelho com o urucum e o corpo embranquecido de cinzas.

Parentes e amigos também paramentados faziam então um cortejo, cantando e tocando flautas, tambores e trombetas até a maloca onde ele está. Na frente dela proclamavam o bem-aventurado, digno "a ganhar tamanha honra, como é vingar a morte de seus antepassados e de seus irmãos e parentes".[125] Saía então o carrasco da maloca, Urapaçã, outrora menino da Karióka. Imitando um falcão no ato de abater a presa avançava, rodeando o pátio, ao mesmo tempo que dançava e contorcia-se como se estivesse em possessão de algum espírito. Finalmente, parava em frente à vítima e, nesse instante, recebia o *ybyrapema* das mãos de um guerreiro assistente. Logo, um dos velhos *morubixabas*, reputado por sua bravura, tomava-lhe o tacape e reproduzia uma coreografia que consistia em passar e repassar a arma entre as pernas e braços, cada vez em diferentes sentidos. O velho, *tunhãbaé*, seguia seu ri-

Ritual antropofágico que permitia a "troca do nome" – gravura da obra de Jean de Léry, 1578

tual empunhando com as duas mãos a clava, apontando para os olhos do prisioneiro e fazendo-a passar por cima de sua cabeça, como que demonstrando para o matador os passos a seguir. Por fim, o *morubixaba* restituía o tacape ao carrasco emplumado que, ao tomá-la, dirigia-se à vítima, afirmando seu propósito e insultavam-se mutuamente no decorrer da execução.

O algoz então brandia o *ybyrapema* procurando acertar um golpe único e fatal na cabeça da vítima que, por sua vez, empreendia todos os esforços no sentido de desviar e evitar a clava. Amarrado pela *muçurana* presa à cintura e esticada nas extremidades por dois ou mais assistentes, o prisioneiro tinha seus movimentos limitados e travava uma luta desigual que poderia durar horas.

O espetáculo entretinha enorme audiência de convidados que gritavam e apupavam o matador e a vítima. Em vindo a "espada" pelo ar, ora desviava a cabeça, ora furtava o corpo. Os assistentes procuravam ajudar segurando e apertando a corda ao máximo. Ficava a vítima com um olho nas cordas e outro no tacape. O matador não podia fazer movimento em falso a fim de enganar, sob pena de vaias constrangedoras do público. Esperavam que o carrasco fosse veloz e forte o bastante para com um único golpe cumprir seu dever. A disputa podia chegar a tal nível de cansaço que o cativo podia, num movimento, tomar o *ybyrapema* das mãos do matador "o qual, se não acudissem, o outro o despacharia".[126]

Ao desviar dos golpes na cabeça, algumas vezes a vítima era abalroada em outras partes do corpo e, se caía, era erguida de novo pelos assistentes que seguravam a *muçurana*, num jogo que prosseguia até a exaustão da mesma. Antes do golpe final, o matador passava duas vezes na frente da vítima já exaurida. No exato momento em que Urapaçã cumpriu seu destino milenar, toda a taba reagiu com grandes clamores e comemorações. Os homens faziam zunir e estalar as cordas dos arcos em sua homenagem.

O último golpe era planejado de forma que a vítima se projetasse para uma queda de bruços no chão. Se isso ocorresse, tudo havia se passado como o esperado; se caía de costas, ao contrário, o fato era augúrio de que o executor morreria num curto espaço de tempo. Por isso o último golpe era dado na nuca e geralmente por detrás. O carrasco procurava bater com tanta força que não se fazia necessário repetir a pancada nem a vítima perdia muito sangue. Graças a essa modalidade de massacre, o prisioneiro não era torturado por muito tempo.

Devemos a um dos primeiros moradores europeus da Guanabara, o piloto português João Lopes Carvalho,[127] o relato da origem da tradição daquilo que os tupinambás faziam a seguir com o corpo do prisioneiro abatido. Diz o português que os tupinambás lhe explicaram o costume do repasto coletivo do inimigo, com a seguinte lenda: "Certa velha tinha um filho único, morto pelos inimigos; tempos depois, em prosseguimento da guerra, o assassino foi feito prisioneiro e conduzido à presença da velha. Esta, por vingança, atirou-se ao mesmo, mordendo-lhe as espáduas qual se fora um cão enfurecido. Porém o homem conseguiu fugir e, ao retornar à casa, mostrou a carne rota e contou como os seus inimigos tinham tentado devorá-lo vivo. Desde então, os nativos se puseram a comer, uns aos outros, aqueles caídos como prisioneiros".[128]

A antropofagia é uma prática essencialmente materna. Eram justamente as mulheres *gûaîbĩ*, as mais velhas da taba, as primeiras a se precipitarem sobre o corpo da vítima portando cuias e tentando aparar o sangue que estivesse escorrendo. Elas eram as que maiores demonstrações de ódio externavam contra a vítima e as que mais incentivavam os guerreiros a trazer inimigos prisioneiros.

A mulher tupinambá que tivesse assumido o papel de companheira do morto se aproximava e vertia lágrimas, mas logo depois comportava-se como as demais e ajudava a dar fim na carne do mesmo. As crianças eram incentivadas a tocar no cadáver e lambuzar as mãos no sangue corrente. As mães encorajavam-nas dizendo: "Estás vingado! Vinga-te também meu filho. Eis aqui uns dos que te deixaram órfão de pai".[129] Caso as crianças já pudessem compreender, as mulheres explicavam-lhes porque deviam fazer isso aos inimigos: a lógica da vingança como ideal.

As velhas traziam água fervente para fazer "como se faz com os porcos, escaldado a ponto de permitir a raspagem do couro", e com um dente de capivara retalhavam-lhe a pele de cima a baixo, deixando-o "tão branco como nas mãos dos cozinheiros os leitões que vão para o forno".[130] Depois da retirada de toda a epiderme, prosseguiam com o corte dos membros do cadáver a partir das juntas. Cortes nos pulsos, nos cotovelos, joelhos e tornozelos.

Os pedaços eram levados para dentro das malocas pelas velhas com gritos de alegria, para serem postos no moquém, a tradicional e enorme grelha dos tupinambás. O fogo era aceso embaixo de varas suspensas por quatro forquilhas do chão. Em seguida, no tronco da vítima faziam um corte na barriga para retirar o intestino e outros órgãos. Por fim, procediam ao retalhamento do tronco.

As velhas mostravam-se ansiosas por saborear a carne, virando e desvirando para que bem assasse. Nenhum pedaço do defunto era desperdiçado: os homens, *tunhãbaé* e *abá* ficavam com as carnes moqueadas. As crianças, os jovens de ambos os sexos e as mulheres em geral tomavam parte do banquete coletivo através da ingestão de uma papa acrescida de mandioca, muito apreciada e feita de forma que todos pudessem se satisfazer, chamada mingau.

Os dedos das mãos, assim como o fígado e o coração, eram considerados partes nobres. Eram presenteados com essas partes os convidados de mais honra que houvessem prestigiado a cerimônia. Estes levavam consigo as porções quando iam embora, assim como outros convidados também carregavam pedaços da carne e, logo que retornavam, organizavam nova bebedeira para concluir o banquete. No intervalo de três dias de nada mais se ocupavam, senão dançar e beber dia e noite.

Nenhuma outra característica dos antigos tupinambás do Rio de Janeiro (e de todo o restante do litoral brasileiro) chamou tanto a atenção dos antigos viajantes como essa de devorarem seus prisioneiros de guerra. Além do imperativo ritual sagrado e do sistema social tupinambá baseado na expectativa de vingança dos antepassados, servindo-se da carne dos seus inimigos, ao mesmo tempo que se apropriavam da sua substância, evidenciavam sua superioridade frente ao adversário.

Os ritos de destruição do inimigo, em resumo, representavam o mais exemplar dos castigos que os tupinambás procuravam aplicar contra grupos hostis, responsáveis por profanações reais ao caráter sagrado da comunidade. O desfecho de todo esse processo restaurava a ordem e a integridade do grupo. O sacrifício humano também contribuía para configurar a estrutura social e o funcionamento da sociedade tupinambá.[131]

O único que não saboreava o banquete era justamente o próprio carrasco. Ele deveria abster-se de qualquer contato com a carne do inimigo. O rito de passagem obrigatório para o homem tupinambá prosseguia depois da prova do abate do inimigo à vista de todos os seus parentes. Mal a vítima caía no chão, procurava o matador refugiar-se na sua maloca.

O seu padrinho, isto é, o velho *morubixaba* que havia posto o tacape em suas mãos momentos antes da execução, já o aguardava à porta da maloca. Fixava este no chão uma das extremidades do arco e estirava a corda de modo a permitir que o afilhado se esgueirasse pelo centro da arma, sem esbarrar em nenhuma de suas partes. Assim que o matador passava por dentro do arco, o velho afrouxava a corda fingindo disparar uma flecha de forma errada. Esse ato tinha um caráter mágico de tornar o carrasco ágil no combate e esguio para desviar os golpes lançados contra ele.

O ritual de renascimento do *kunumĩuasu* Urapaçã está apenas começando. Dentro da maloca ele devia correr em todos os sentidos, desviando-se aqui e ali, aplicando dribles de forma que o espírito do defunto não pudesse alcançá-lo. Durante esse período, irmãos e parentes percorriam a taba anunciando em voz alta: "Meu irmão chama-se Uruçumirĩ! Meu irmão chama-se Uruçumirĩ!",[132] no que todos os presentes na taba comemoravam.

A mudança de nome do matador era a precaução mais importante deste contra a vingança do espírito do inimigo morto. A troca do nome também era medida de prudência adotada por todos aqueles que haviam tido alguma participação na captura e na execução do prisioneiro, assim como a esposa, os irmãos, irmãs e primos do carrasco. O nome não tinha relação direta com a vítima, pois o executor "troca o nome de sua infância pelo nome que lhe agradar".[133] Tiravam seus nomes das plantas e dos animais e deviam transparecer as novas virtudes adquiridas pelo guerreiro consagrado. Uruçumirĩ era o nome de uma abelha grande que fabricava um mel de ótima qualidade, *eirusu*. Para o homem tupinambá também se tratava de adquirir uma nova personalidade.

A cerimônia de "renomação" tupinambá prosseguia de forma que retiravam todos os seus pertences. Seu antigo "eu" estava morto. Depois, era posto em cima de alguns paus de pilão, onde devia permanecer imóvel e em silêncio.

Concluídas as primeiras etapas, recolhia-se o matador à rede, como se estivesse doente, com braços e cintura ligados por cordas de algodão, e ficava assim por quatro dias. Após esse período, essas cordas eram tingidas de preto. Depois do que tomavam um dente de cutia para a mais penosa tarefa ritual de um verdadeiro *abá*. O novo Uruçumirĩ faz profundos talhos no peito, nos braços, nas pernas e nas coxas, obedecendo a um traçado predeterminado pelo matador, conferindo-lhe prestígio e "insígnia militar".

Nos cortes esfregavam pó de carvão ou aplicavam ervas que os alargavam e inchavam de tal maneira que as cicatrizes se manteriam como tatuagens até o fim dos seus dias. Os rasgos eram feitos para marcar a honra da ação vitoriosa. A cada inimigo morto mais cortes faziam no corpo. Alguns tupinambás "tomaram tantos nomes e se riscaram tantas vezes que não tem parte onde não esteja o corpo riscado".[134] Existia também um objetivo mágico de purificação nas incisões porque o matador "tem certo que logo morrerá se não derramar de si todo aquele sangue tanto que acaba de fazer o seu ofício".[135]

Durante a cicatrização das marcas, o executor devia fazer rigorosa dieta. Durante um mês não podia beber o cauim feito na comemoração do morto nem alimentar-se de caça ou pesca. Podia comer apenas amendoim, castanha de caju e farinha de mandioca. Tampouco podia falar com ninguém nem descer da rede. Colocar os pés no chão era particularmente perigoso para o executor nesse estado. Se ele precisasse ir a alguma parte para satisfazer as suas necessidades, iria carregado, "fazendo-o de outro modo, cairia doente e, talvez, viesse a perder a vida".[136]

Nesse tempo de ócio, tem como distração atirar flechas com pequenos arcos contra bonecos de cera posicionados estrategicamente à sua frente e que representavam o espírito do morto. Antes da execução, o carrasco tinha completamente raspado e, nos ritos posteriores, devia deixar crescer em sinal de luto. Quando suas madeixas cresciam até determinado ponto, organizavam uma festa para marcar o fim do processo de "renomação", chamado de cerimônia de "tirar o dó".

Na véspera dessa festa, o guerreiro pintava-se todo de preto e, no cair da noite, entoava canções tradicionais. No dia seguinte, cortavam-lhe o cabelo e todos começavam a beber em comemoração. Um *kunumĩuasu* renascia agora como um guerreiro *abá* e podia ser integrado ao círculo social dos adultos, alcançando finalmente alguma mobilidade na rígida categoria social de idades da sociedade indígena.

Quem passava por todas essas provas estava livre para daí em diante abater inimigos sem a necessidade de recorrer às medidas de precaução mágica. Apenas acrescentavam nova tatuagem ao lado da antiga, se assim desejasse. O seu prestígio aumentava na mesma proporção do número de inimigos que abatia. Quando finalmente se sobressaía aos demais, ele se tornava um dos principais da taba e sua opinião passava a ser levada em conta.

A competição social entre os homens se dava no prestígio guerreiro que acumulavam. Só podiam se tornar chefes *morubixabas* aqueles que tivessem, em seu ativo, massacres rituais. Em caso de novas expedições, escolhiam-no como capitão. Também podia no decorrer do tempo e de acordo com o seu sucesso guerreiro acumular certo respeito. Ao dominar os procedimentos rituais só permitidos aos adultos, transformar-se no *paîé* ou *karaíba* da taba, o que lhe agregaria uma série de direitos, benefícios e deveres.

Todas as graduações de *status* de indivíduos *abá* ou *tunhãbaé* agora estavam ao seu alcance, tais como "homem-casado", "chefe da maloca", "chefe do grupo local", "chefe do bando guerreiro", "líder guerreiro", "*paîé*" e "*karaíba*". Portanto, o sacrifício humano tinha uma profunda relação com os ritos de passagem para a maturidade masculina tupinambá e com os mecanismos de graduação social, sendo, em última análise, essas as causas mais elementares de todo o ritual de execução e repasto do inimigo.

O TUPINAMBÁ NA INTIMIDADE E O CASAMENTO DE URUÇUMIRĨ

Agora Uruçumirĩ era um *abá*, entre 25 e 30 anos. Depois de tanta espera tornava-se finalmente aceitável para uma noiva tupinambá e sua parentela. As oportunidades sexuais dos jovens tupinambás eram muito limitadas. Apoiados numa cultura que valorizava o prestígio social dos guerreiros, dos grandes chefes *morubixabas* e dos pajés médico-feiticeiros, os velhos desfrutavam de todos os privilégios.

Na sociedade tupinambá as mulheres eram muito disputadas porque eram elas as responsáveis pela qualidade de vida dos homens, que ansiavam uma mulher que provesse o lar de alimentos, vegetais e lenha, que preparasse as refeições e mantivesse a fogueira acesa à noite.

As mães preocupavam-se com o casamento das meninas e não deixavam as filhas ter relações com um *manema*, indígena considerado fraco, medroso e tímido. Acreditavam que só os homens detentores do *status* de *abá* podiam desempenhar com segurança os rituais necessários à paternidade. Apenas os adultos *abás* eram dotados de "poderes" e forças sobrenaturais aos recém-nascidos.

Os *morubixabas* guerreiros eram o perfil ideal de pretendente para as mães, *kunhãmukus* e *kunhãs*. A vida para a mulher de um *morubixaba* era melhor no quesito "segurança". A união também mantinha o prestígio e a aliança familiar a seus parentes. Como um *morubixaba* podia ter várias mulheres, o trabalho doméstico acabava dividido entre elas.

Existia uma ligação íntima entre o número de esposas e a hierarquia do homem. "Quem é maior entre eles, mais mulheres tem a seu serviço" e "quanto mais se notabiliza o homem na guerra, por suas proezas e valentias, tanto mais lhe é permitido ter mulheres".[137]

Isso quer dizer que dificilmente um homem jovem conseguia uma companheira fecunda antes de 30 anos. Mesmo que fosse considerado um guerreiro valente, um *kyre'ymbaba*, era extremamente difícil obter de início uma esposa nova. As uniões muitas vezes eram estabelecidas dentro das próprias parentelas ou por meio da troca de mulheres entre famílias solidárias. A forma mais comum de casamento tupinambá era do tio com a sobrinha, filha da irmã. Modalidade tão aceita que, nos rituais de nascimento da menina, o irmão mais velho da mãe podia substituir o pai e manifestar sua satisfação ao ver nascer a futura esposa.

O tio materno podia conservar a menina em sua companhia desde criança, ou então recebê-la quando pretendesse ou herdasse, em caso de morte da mãe. Isso acontecia para compensar a família da mulher pela perda no grupo, ao mesmo tempo que reforçava os laços de parentesco com os familiares do marido da mesma.

Por isso, muitas vezes os jovens *abás* aceitavam como companheira a mulher que estivesse disponível no momento. "Como entre eles há poucas meretrizes e devassas, e a carne aperta com os moços, tomam qualquer que acham velha ou moça, ainda que não seja a seu gosto."[138]

Com o passar do tempo, um guerreiro bem-sucedido substituía a esposa velha por outra mais nova. Assim as mulheres mais velhas em geral perdiam o posto de parceira sexual para esposas mais jovens e tinham duas opções: podiam continuar com o *status* de "esposa", servindo o marido, ou podiam contrair novas núpcias.

A ideia de que a mulher velha não precisava manter relações sexuais era disseminada na cultura tupinambá. Por isso o abandono das mulheres mais velhas ocorria com grande frequência. A combinação dessas características culturais determinava o fato de que o casamento ou as relações sexuais ocorressem predominantemente entre indivíduos pertencentes a gerações alternadas. As meninas casavam com os homens mais velhos, e os rapazes tinham relações com as mulheres experientes que estivessem disponíveis. Mulheres velhas que tinham poucas chances de atrair parceiros adultos procuravam os meninos púberes e rapazes viris impedidos de ter relações com as meninas da sua própria idade.

Geralmente o menino tupinambá, "sendo de pouca idade, tem conta com mulheres, e bem mulheres".[139] Experiências que serviam de iniciação e alívio da tensão sexual de meninos e mulheres velhas, afetados diretamente pela enorme discrepância que faziam entre a maturidade biológica e o reconhecimento social do homem tupinambá.

Os tupinambás eram "muito afeiçoados aos pecados nefandos", anotou o português Gabriel Soares de Sousa. Os parceiros construíam cabanas próprias, fora da taba, onde mantinham encontros amorosos, conferindo um aspecto formal a essas relações. "E nas aldeias pelo sertão há alguns que têm tenda pública a quantos os querem como mulheres."[140]

As relações homossexuais recebiam aprovação social. Não escandalizavam e "não se têm por afronta"[141] essas práticas. Aqueles que exerciam o papel ativo se orgulhavam daquelas relações, considerando-as uma manifestação de valor e masculinidade. Já o parceiro passivo podia ser alvo de injúria, considerado fraco e afeminado, um *tivira*.

Ficavam sem reação os europeus ao depararem-se com "muitas mulheres que assim nas armas como em todas outras coisas seguem o ofício de homens e têm outras mulheres com quem são casadas. A maior injúria que lhes podem fazer é chamá-las de mulheres".[142] Mulheres tupinambás também mantinham relações sexuais umas com as outras. Estas se empenhavam nas tarefas masculinas, participando, inclusive, de expedições guerreiras, estando inseridas no círculo social dos homens. Adotavam o mesmo corte de cabelo e era aceito pelo resto da comunidade que se casassem com outras mulheres sendo que "cada uma tem mulher que a serve, com quem diz que é casada, e assim se comunicam e conversam como marido e mulher".[143]

Mesmo assim, os pais tinham especial atenção com a vida sexual dos filhos homens. A julgar por alguns relatos, é possível verificar a forma natural como tratavam do assunto. Assim que percebiam que os filhos estavam com "meneios para conhecer uma mulher, eles as buscam e ensinam como a saberão servir".[144] Essas professoras recebiam sempre retribuições em troca dos serviços prestados.

A menina *kunhãtaĩmirĩ* que ainda não havia passado pelos rituais da primeira menstruação era tabu na sociedade tupinambá. Os homens só a consideravam pronta para as relações sexuais após as regras e os rituais pelos quais passavam.

Apesar de as relações sexuais serem estritamente reguladas pela mãe e pelos parentes, a jovem tupinambá podia escapar-lhe as determinações praticando relações ocultas nas matas, ou em pequenas choças construídas previamente pelos amantes *agûasá*, casais que mantinham aventuras amorosas informais.

A documentação da época permite indicar que o amor e a afeição recíproca eram considerados fundamentais no casamento tupinambá. O homem aceito geralmente por ela, pela mãe e pelos parentes era aquele que já havia sacrificado um inimigo capturado por si mesmo pelo menos dois anos antes. A interferência dos parentes, dentro de limites, processava-se então de forma a não frustrar o ideal dos noivos. Entretanto, a família do homem estimulava certas escolhas, procurando favorecer arranjos de parentesco.

Mesmo assim, o homem *abá*, antes de tudo devia expor seus sentimentos à mulher que ele escolhera como *kunhã'yba*, noiva. "Aquele que quer ter mulher, seja viúva ou donzela, indaga de sua vontade..."[145] O candidato a *aba'yba*, noivo, após o consentimento da escolhida, devia tentar conquistar a simpatia dos seus parentes, passo importante para o consentimento da relação.

Para essa tarefa ele devia ir à mata caçar; e aos rios e ao mar pescar, no intuito de trazer uma carga de veação e peixes, os mais raros que ele possa encontrar, "e colocar à tarde, quase à noitinha, diante da mãe da filha sua eleita sem dizer nenhuma palavra, depois se retira o mais secretamente possível sem ser percebido pelos vizinhos".[146]

Era o sinal do amor e a mãe, já entendendo do que se trata, chama a filha e a interroga sobre o pretendente. "Então a filha conta-lhe a verdade e lhe diz que é da parte de um tal que falara com ela no dia anterior, o qual a deseja por esposa, esperando que ela concordasse e que sua mãe e os outros parentes ficassem contentes."[147]

No mesmo dia, a mãe informava ao pai os acontecimentos. Este convocava uma reunião dos parentes adultos e oferecia uma ceia. No decorrer do jantar o pai informava-lhes que sua filha tinha um pretendente. No que cada um tratava de dar seu veredicto sobre o candidato se era aceitável ou não, quando possivelmente também levavam em consideração a vontade do casal. No que ficava então acertada a aprovação ou reprovação do casamento, que também dependia do consentimento dos *morubixabas.*

Com o parecer favorável, a própria jovem se encarregava de comunicar a decisão, na primeira ocasião propícia, ao pretendente. *Aba'yba* e *kunhã'yba*, noivo e noiva, agora estão prontos para as "noites de prova". Existia no costume nupcial tupinambá a instituição das noites de experiências reguladas pela mãe da pretendida. Momentos em que os noivos deviam "ficar", como se diz hoje, namorar e se conhecerem melhor.

Então a *kunha'yba* convidava seu pretendente para passar a noite com ela, dizendo a ele que sua mãe não se pronunciaria. Nesse dia o *aba'yba* ia à maloca da sua futura esposa tomando precauções. "Estando tudo combinado entre a noiva e o jovem homem, ele ia, quando todos dormiam, pernoitar com a moça, na rede do lado onde a mãe ficava, depois retornava de madrugada, a fim de não ser percebido."[148]

As "noites de prova" forneciam novas condições de avaliação mútua do casal e a escolha ou não da continuação do noivado se dava no conhecimento íntimo recíproco que esses momentos proporcionavam. A expectativa era que a mulher não fosse mais virgem ao casar. Esperava-se que os noivos tivessem relações sexuais antes do enlace formal propriamente dito e, em agradando-se mutuamente, o matrimônio consumava-se de forma natural, "se as suas compleições se conformam uma a outra, o seu casamento dura até a morte".[149]

As informações sobre a cerimônia de casamento dos tupinambás são desencontradas. Alguns cronistas, especialmente os franceses que relataram os grupos indígenas do Rio de Janeiro, afirmam que não se faziam nenhuma festa ou ritual. "Não têm em seus casamentos outras cerimônias mas que o pai dar a filha ao genro, e como tem ajuntamento natural, ficam casados."[150]

Já outros testemunhos,[151] ao contrário, mencionam uma grande celebração e a observância de ritos de bom presságio para a felicidade do casal. Como sempre era servida uma grande cauinagem, com muitos potes da bebida fermentada oferecidos pelos parentes para o deleite dos convidados.

Com o álcool, ficavam mais à vontade para comemorar com o casal cantando e dançando. A celebração simbolizava o ritual de reconhecimento da condição de casados dos noivos com a oferta de cauim pelos mais velhos. A bebida tradicional dos tupinambás só era permitida para os membros da taba a partir desse momento. Quando então ao beber pela primeira vez não podiam deixar entornar nenhuma gota e sorver toda a cuia de uma só vez. Os velhos eram os responsáveis pela iniciação "e lhe tinham a mão à cabeça para que não arrevessarem, porque se arrevessavam tinha para si que não seria valente e vice-versa".[152]

A mãe presenteava a filha com seu "dote": algumas cabaças, cuias e gamelas para que pudesse começar seu rancho na maloca. O marido recebia do sogro trinta ou quarenta toras de madeira, que serviam para alimentar o "fogo das bodas".[153] Sinal de aprovação e desejo de prosperidade do pai da noiva, que ainda teria mais alguns papéis a desempenhar. Quando finalmente é "acabado o vinho o pai da moça amarra uma rede grande em que podem dormir duas pessoas aí marido e mulher". A noite de núpcias do casal então acontecia depois que o pai da noiva, após a festa, apresentava a rede aos recém-casados que, apaixonados, aproveitavam a noite da melhor maneira. Depois de algum tempo o pai da noiva retornava para cortar o esteio da rede, evitando que os descendentes "nasçam com rabo".[154]

Um dos ideais básicos da cultura tupinambá consistia no desejo dos homens de terem muitos filhos. O prestígio e a extensão dos laços de parentesco, união com outras famílias e clãs dependiam disso. Um grande número de filhos, com várias mulheres diferentes, possibilitaria a formação de um unido grupo de guerreiros compostos majoritariamente por filhos e genros atraídos pelas filhas. Um profícuo *ruba* tornava-se líder de seu próprio exército ao longo de sua vida, senhor de sua própria taba. Assim como a história de Uruçumirĩ, um dos últimos líderes dos tupinambás e que marcou com seu nome a batalha onde Estácio de Sá perdeu a vida durante a conquista do Rio de Janeiro.

Antes da chegada dos europeus, a população tupinambá era saudável, com alta taxa de natalidade, em franca expansão demográfica. Depois de casar, não demorava muito mais que nove meses para quem passasse ao largo da aldeia Karióka ouvir de novo os gritos de uma *purabore* desesperada: "*chemembuira rakuritim, chemembuira rakuritim* [eu já vou parir, eu já vou parir]".[155]

NOTAS

1. As palavras de uma mãe testemunhadas por um capuchinho francês que travou contato com os tupinambás do Maranhão nos anos de 1613 e 1614 (D'Évreux, 1864, p. 137 apud FERNANDES, 1963, p. 148).

2. *Purabore*: Mulher grávida na língua tupi, outros autores também aceitam *puru'a*.

3. "Taba" era a palavra pela qual os tupinambás designavam as suas aldeias.

4. Acredita-se que a palavra moderna "Guanabara" é formada por: *küá* ou *güá*, baía, enseada, lago + *nã*, semelhante a + *pará*, *ba'ra* ou *mbará*, mar ou rio caudaloso. "Baía semelhante ao mar". O que nos leva a uma palavra tupinambá com sonoridade semelhante a "*kûanãbará*" (EDELWEISS, 1967, p. 133). Também é preciso atentar para uma importante e definitiva fonte documental sobre a origem do termo "Guanabara". O piloto calvinista francês Nicolas Barré, companheiro do vice-almirante Villegagnon na França Antártica, escreveu do Rio de Janeiro uma carta datada de 1º de fevereiro de 1555. Ele diz nessa missiva que aportaram "no dia 10 de novembro no rio da *Ganabara*, pela similitude de que tem com um lago" (*em la riviere de Ganabara, pour la similitude qu'elle a au lac*) (apud Gaffarel, 1878, p. 378 e 379). Tal explicação feita por Barré após o nome do "rio" deve ter sido captada dos próprios nativos, caso contrário este não saberia o real significado daquele nome. Também André Thevet, frade francês, deixou esta explicação em seus escritos (1978, p. 93). Por isso cremos que Guanabara é mesmo a "baía (lago, enseada) semelhante ao mar", assim como informado por essas fontes quinhentistas. No restante do livro, é usada a grafia moderna da palavra – Guanabara.

5. Citação de André Thevet (1978, p. 91) sobre a qualidade da água dos rios que encontrou assim que chegou ao litoral do Cabo Frio no ano de 1555 junto com a expedição de Villegagnon. O mesmo se aplicava aos rios da Guanabara.

6. Outras formas também muito citadas para designar a palavra "pai" em tupi antigo são *Xeruba*, *Tuba* e *Xerub*. A partícula *che* ou *xe* significa "meu", e *rúb* ou *(t) ruba*, "pai".

7. Foi mantida a grafia original do termo na obra do capuchinho francês Yves d'Évreux (op. cit.).

8. Homem adulto maior de 25 anos tendo já passado pelos ritos de iniciação do guerreiro. Alguns autores usam a grafia "*Auá*", outros usam "*Áva*" ou "*Abá*".

9. Grafado por Thevet como *Maire-monan* e por Staden como *Maire-humane*. Alguns autores modernos grafam *Maíraumûana* ou *Mairumûana*. Optamos por outra grafia moderna da palavra: *Maíramûana*.

10. Pajé, curandeiro, feiticeiro indígena, xamã.

11. Entretanto também podiam ser mortos, se não demonstrassem predicados mágicos, quando necessário.

12. Relato de André Thevet sobre o sagrado para os tupinambás do Rio de Janeiro está na sua obra

La cosmographie universelle (Thevet, 1575, p. 38, apud HEMMING, 2007, p. 108), onde existe um capítulo inteiro somente sobre esse tema.

13. Thevet, id., ib.

14. Thevet, id., ib.

15. Em seu profundo estudo sobre os mitos tupinambás, Alberto Mussa (2009, p. 235) especula que a etimologia do "escolhido" *Irin-Magé* de Thevet significa "Pagé do Mel". *Eirĩ* (melzinho) + *(m)pagé*, o que faz sentido pelo papel de povoador da terra que esse personagem desenvolve no mito.

16. Thevet, id., ib.

17. Thevet, id., ib.

18. Thevet, 1575, p. 914, apud MÉTRAUX, p. 2.

19. Tupã: entidade que faz chover ou trovejar. O termo foi utilizado de forma inadequada pelos primeiros missionários no Brasil para designar "Deus" aos tupis.

20. De acordo com relatos de Thevet ainda existiam outros três grandes *karaíbas* na mitologia tupinambá da Guanabara – os profetas Sumé, Maíra-Poxi e Maíra-atá. A descrição de suas lendas, benfeitorias e poderes é bastante parecida e aborda os temas da transformação de homens em animais, da origem da vida, da mortalidade e o reconhecimento da paternidade tupinambá. Fontes portuguesas (Nóbrega e Anchieta) identificaram Sumé como rival um Maíramûana, pois as comunidades tupis que se identificavam com este *karaíba* realizavam uma tonsura de cabelo em forma de meia-lua, diferente da dos tupinambás da Guanabara, que mantinham um corte de coroa na cabeça, como fazem os frades.

21. A história dos gêmeos míticos é relatada por Thevet em duas partes, em lendas distintas. Na primeira parte Tamandûaré e Arikonta são os filhos de Sumé que brigam e provocam um grande dilúvio. Depois esse tema volta na história dos irmãos gêmeos (sem nome) de Maíra-atá, sendo um filho deste pagé e outro de um homem normal que se transforma em Gambá. É nessa lenda que aparece a busca dos irmãos pelo pai. O antropólogo francês Alfred Métraux (1979) deduziu que Sumé e Maíra-atá poderiam ser representações do mesmo *karaíba*, e as histórias dos irmãos gêmeos complementares.

22. *Ainhãn*, *Agnen*, *Agnan*, *Anã* ou *Anãngá* é comparado ao Diabo dos cristãos e ficava com as almas daqueles que não seguiam as tradições indígenas.

23. Os temiminós tinham suas aldeias localizadas na Ilha do Governador e em algumas partes da Baixada Fluminense, pelo menos até 1557, quando foram expulsos pelos tupinambás com a ajuda dos franceses.

24. *Kunumĩ*: menino, o "curumim". Fase em que se encontravam os meninos de 8 a 15 anos.

25. *Emirekó*: esposa com a qual um homem se une com ânimo marital ou não. Outras formas também citadas para designar a palavra "esposa" em tupi antigo são *Temirecó* e *Termireco*.

26. *A'i*, mãe. Também podia ser representada no tupi antigo por *sy*.

27. *Gûaîbĩ*: mulheres indígenas acima dos 40 anos – velhas, anciãs.

28. No caso do nascimento de uma menina, a própria mãe assumia a tarefa ritual de levantar o bebê do chão, cortar o cordão umbilical e dar-lhe o nó. Estando muito fraca, é seu irmão mais velho que devia tomar parte, em lugar do pai, nas tarefas do pós-parto. Como *îetanongaba* cerimonial a presenteavam com um pequeno colar de dentes de capivara. O objetivo da oferenda era para que a menina crescesse forte, se tornasse boa mãe de prole numerosa e que seus dentes pudessem crescer firmes e bons, característica importante para os trabalhos domésticos em geral, especialmente para mastigação da mandioca e outros frutos.

29. Comentário de Jean de Léry (1941, p. 102) ao presenciar o nascimento de um menino no Rio de Janeiro em 1557.

30. Léry (1941, p. 144) cita as propriedades medicinais do *Curouc*. "A fim de prevenir o mal, [esfregam] um certo tipo de óleo avermelhado e espesso tirado de um fruto, *curouc*, semelhante a castanha descascada. Aliás esse unguento é excelente na cura de chagas, fraturas e outras dores do corpo humano."

31. *Ian-u-are* (na grafia original de Léry, 1941, p.129): *Îagûara*, *Jaguára*, *jogoára*, *iauára*, *yaguára* etc. são algumas das variantes de onça, onça pintada e tigre.

32. Jean de Léry (1941, p. 130) relata que somente em uma semana três tupinambás haviam sido devorados por onças na Ilha do Governador, a "Grand Isle", em 1557: "[...] advertiram-nos os selvagens do lugar de que nos acautelássemos contra a *Ian-u-are* pois naquela semana comera ela três pessoas numa mesma aldeia indígena".

33. Nome comum a diferentes espécies de aves de rapina. A grafia no texto original em francês de André Thevet é *Ouahouassouh*.

34. É Jean de Léry (1941, p. 204 e 205) quem reproduz fielmente as palavras do pai tupinambá para seu filho em 1557.

35. Esse comportamento paterno foi batizado por antropólogos franceses modernos como "*couvade*" ou em português "*covada*": conjunto de interdições e de ritos que um homem está obrigado a realizar durante a gravidez da mulher e logo após o nascimento da criança. Muito comum em todas as sociedades indígenas sul-americanas. Foi registrado por Léry e Thevet, fontes quinhentistas do Rio de Janeiro antes da sua fundação oficial.
36. Palavras do religioso Yves d'Évreux (1985, p. 137) em contato com tupinambás maranhenses no início do século XVII.
37. Jean de Léry (1941, p. 205), quando esteve no Rio de Janeiro em 1557, afirmou ter presenciado o nascimento de um menino e que o pai havia nomeado a criança de Oropacan, que significava "*oropá* (arco) e *can* (corda)", ou seja o "arco" indígena. Estudos contemporâneos sobre o tupi antigo indicam que o significado informado pelo francês é correto. *Urapárá* (ou *ybyrapara*) é o pau arqueado, e *sama*, a corda.
38. Os *marakás* eram, às vezes, caprichosamente decorados com penas de várias cores. Atravessavam-na com uma vareta cuja ponta externa servia de cabo. O *maraká* também tinha funções mágicas e religiosas e era usado para "transmitir" os desejos dos espíritos.
39. "Os *tamoyos* são os melhores bailarinos e músicos de todo o gentio" (SOUSA, 1879, p. 94).
40. Testemunho de Jean de Léry (1941, p. 193).
41. Léry, 1941, p. 136.
42. "Esse estribilho talvez possa ser assim entendido: "Canindé amarelo, Canindé amarelo, tal qual o mel *(Canindé júb, Canindé júb, eýra oaê)*". Interpretação de Plínio Ayrosa, apud LÉRY, 1941.
43. No original de Léry, *camuroponí-uassú*. *Kamurupy* ou camurupi, camurupim, peixe da família dos elopídeos, do litoral do Brasil, também chamado de camarupim, camuripema, camuripim, entre outros. Há quem o chame de "tarpão".
44. Léry, 1941, p. 147.
45. Canto registrado pelo religioso francês Yves d'Évreux que visitou os tupinambás da Ilha do Maranhão, atual São Luís, em 1612 (D'Évreux, 1864, p. 303 apud MÉTRAUX, 1979, p. 173).
46. *Petum*, *petima*, *petema*, *petum*, tabaco: nome genérico de plantas solanáceas (entre as quais a *Nicotina tabacum*), cujas folhas, depois de preparadas, servem para cheirar, fumar e mastigar (NAVARRO, 2013, p. 380). O verbo "pitar" tem origem no tupi. Os franceses conheceram o tabaco no Rio de Janeiro, o levaram para a Europa, e o consumo se disseminou pelo mundo.
47. *Guaitacá*, *Goitacá*, Goitacaz: grupo de língua diferente dos tupis, chamados de tapuias por eles. Habitavam nos campos próximos à foz do rio Paraíba do Sul, entre Campos, no Rio, e o Espírito Santo. Eram rivais dos tupinambás da Guanabara.
48. Citação do padre Claude D'Abbeville (1614, p. 301 apud MÉTRAUX, 1979, p. 171) em convívio com os tupinambás do Maranhão no início do século XVII.
49. *Kariîó*, carijó, carió, cário: nome de nação indígena falante do tupi. Viviam entre o Sul de São Paulo e a Lagoa dos Patos no Rio Grande do Sul.
50. *Gûaîupîá*, *Gûaîupîá* ou Guajupiá: lugar para onde, na concepção tupi, iriam as almas após a morte corporal, o qual se localizava além das montanhas. A única fonte a afirmar que o nome da "terra sem mal" era Guajupiá é o padre francês Claude D'Abbeville, que conviveu com os tupinambás do Maranhão e inclusive alguns que fugiam dos portugueses desde o Rio de Janeiro no início do século XVII. Entretanto, como alerta Mussa (2009), o termo pode não ter exatamente esse significado, pois outro cronista da mesma expedição, o capuchinho Yves d'Évreux afirma ser o *guajupiá* uma espécie de alma dos mortos. Preferimos manter o nome de *Guajupiá* para se referir a esse lugar idealizado da "terra sem mal", conforme testemunho histórico de D'Abbeville, uma vez que é a única fonte que nomeia o "paraíso" tupinambá.
51. Expressões formuladas pelo historiador Rodolfo Garcia (1873–1949), discípulo de Capistrano de Abreu e um dos estudiosos modernos da língua tupi (apud MÉTRAUX, 1979, p. XVIII).
52. Thevet, 1575, fol. 426, apud MÉTRAUX, 1979, p. 106. Grafia original pelo testemunho de André Thevet.
53. Citação do português Pêro de Magalhães Gandavo (1924, p. 117) sobre os tupinambás da Bahia.
54. Thevet, 1575, fol. 925, apud MÉTRAUX, 1979, p. 107. Sobre como eram feitos os sepultamentos.
55. As crianças eram sepultadas do lado de fora e atrás da maloca. Alguns tupinambás eram enterrados nas plantações, já outros, em seus lugares preferidos. Depois de algum tempo os ossos eram recolhidos, colocados em grandes vasos e enterrados de novo.
56. D'Évreux, 1864, p. 127 apud MÉTRAUX, 1979, p. 111.
57. D'Évreux, id., ib.
58. D'Évreux, op. cit., p. 127 e 283.

59. Léry, 1941, p. 141.

60. *Pakoba*: pacoba, pacova, o fruto da pacobeira, banana.

61. *Manipo'i*: sopa feita com a *Manipuera*, o caldo da mandioca espremida.

62. Jean de Léry (1941, p. 107 e 205), além de informar o nome de várias aldeias, deixou um vivo relato sobre relevantes aspectos da vida dos tupinambás do Rio de Janeiro.

63. Léry, op. cit., p. 206.

64. *Kunhataĩmirĩ*: desde que começa a andar até a primeira menstruação.

65. Thevet (1558, p. 249, apud FERNANDES, 1963, p. 198).

66. Gabriel Soares de Sousa (1879, p. 371, apud FERNANDES, 1963, p. 216) sobre os tupinambás da Bahia.

67. Citação do padre português Fernão Cardim (1925, p. 274, apud FERNANDES, 1963, p. 216).

68. Quem presenciou essa cena foi o alemão Hans Staden (1900, p. 172), prisioneiro dos tupinambás de Ubatuba.

69. D'Abbeville, 1614, p. 214, apud MÉTRAUX, 1979, p. 105. É de Claude D'Abbeville o relato da cerimônia da maturidade do curumim.

70. D'Abbeville, id., ib.

71. D'Abbeville, id., ib.

72. *(E)mbetara, tembetá*: tametara, metara; osso ou pedra que se punham atravessados no beiço; "pedra do beiço".

73. D'Évreux, op. cit., p. 135.

74. *Embyra, imbira* ou envira: nome de uma fibra extraída de arbustos ou árvores para a confecção de barbantes, cordas, ou simplesmente para amarrar coisas.

75. *Kunhãmuku*: moça de 15 a 25 anos.

76. Thevet, 1575, p. 946v-947, apud MÉTRAUX, 1979, p. 100. Mantida grafia original de André Thevet.

77. Thevet (id., ib.), sobre as cerimônias de passagem das meninas.

78. Provavelmente de cutia, pois os dentes desses animais eram usados nas tatuagens dos homens.

79. Thevet, op. cit., MÉTRAUX, 1979, p. 100.

80. Esse termo também é grafado *Jeporeroipoca, pororok* ou *pororoka* (*pororoca*) e significa explosão, rebentamento, o que condiz com o emprego do termo nesse caso. Preferimos a grafia original de André Thevet.

81. Citação sobre o treinamento das meninas do jesuíta peruano Antonio Ruiz de Montoya, que foi missionário na Argentina, no Paraguai, Uruguai e Brasil. Publicou, em 1640, o *Tesoro de la lengua guarany*, um dicionário da língua guarani antiga (Montoya, 1879, p. 113, apud FERNANDES, 1963, p. 229).

82. *Kunumĩuasu* ou *kunumĩguasú*: rapaz, moço, adolescente.

83. *Tuîba'e* ou *tunhãba'e*: homens a partir dos 40 anos, considerados velhos, anciões. Nessa idade em que se encontravam os *morubixabas* e os pajés, os mais respeitados entre eles.

84. D'Évreux, 1864, p. 131 (apud FERNANDES, 1963, p. 229).

85. Fernandes, 2008, p. 182. Conclusão de Florestan Fernandes em seu estudo *A função social da guerra da sociedade tupinambá*.

86. *Avá*, homem; *eté*, verdadeiro. Abaeté, homem verdadeiro, honrado, de bem.

87. *Manema*, indivíduo que não capturou nenhum adversário.

88. *Kyre'ymbaba, quirimbaba, curimbaba*: homem valente e bravo, homem poderoso e ditoso nas guerras e capaz de grandes coisas, valentão.

89. Staden, 1900, p. 159.

90. Métraux, 1928, p. 75 (apud FERNANDES, 2008, p. 41). Sobre as condições maternais dos tupinambás.

91. Cardim, 1939, p. 75 (apud FERNANDES, 2008, p. 41).

92. Léry, 1941, p. 170.

93. Cardim, 1939, p. 158 (apud FERNANDES, 2008, p. 45).

94. *Ybyrapema, ivirapema, ivirapeme*: ibirapema, tacape.

95. Provavelmente o "pau-de-arco" ou como é mais conhecida, a árvore dos ipês, que costuma embelezar as cidades brasileiras.

96. Métraux, 1928, p. 84 (apud FERNANDES, 2008, p. 49).

97. Thevet, 1978, p. 231.

98. *Mimby*: apito, gaita, flauta.

99. Cardim, 1939, p. 148. Os tupinambás do Rio de Janeiro cortavam os cabelos como os frades, tosquiando em forma de coroa.

100. Léry, 1941 p. 168 (apud FERNANDES, 2008, p. 89).

101. *Piraîké, piraquê*: entrada dos peixes pela foz dos rios, saindo do mar, para desovar em lugares estreitos e rasos, principalmente nas regiões de mangue.

102. Staden, 1900, p. 159.

103. Segundo Thevet (1941, p. 217-218), esse espírito era chamado de *houioulsira*.

104. Sousa, 1938, p. 396 (apud FERNANDES, 2008, p. 118).

105. Sousa, 1938, p. 390 (apud FERNANDES, 2008, p. 130).

106. Sousa, 1938, p. 393 (apud FERNANDES, 2008, p. 130).
107. Léry, 1941, p. 172.
108. Sousa, 1938, p. 383 (apud FERNANDES, 2008, p. 170).
109. Gandavo, 1924, p. 131 (apud FERNANDES, 2008, p. 171).
110. Palavras ditas pelo próprio Hans Staden quando capturado pelos tupinambás. Mantida a sua grafia original.
111. Thevet, 1575, p. 944 (apud MÉTRAUX, 1979, p. 116).
112. Staden, 1900, p. 49. Mantida grafia original de sua obra.
113. *Araso'iá, araçoiá, arazoia*: ornato feito de penas de nhandu ou arara que era amarrado aos quadris e descia até os joelhos.
114. Sabe-se, entretanto, que nas aldeias situadas próximas aos inimigos eram colocadas cordas nos pés dos prisioneiros para evitar que fugissem.
115. Léry, 1941, p. 176. Informação sobre o tratamento de prisioneiros de outros grupos indígenas na Guanabara.
116. D'Abbeville, 1945, p. 290 (apud MÉTRAUX, 1979, p. 118).
117. O *piraîque* acontece normalmente entre setembro e outubro, e o amadurecimento do caju e do milho na virada do ano, entre dezembro e janeiro.
118. *Musurana, muçurana, maçarana*: corda trançada com que se amarrava pela cintura o prisioneiro num ritual de sacrifício. Os tupinambás do Rio de Janeiro a fabricavam de *embira*. Já os tupinambás da Bahia utilizavam algodão.
119. *Makukagûá, Macucau, Macucauá*: muito comum no passado em várias partes do Brasil. É parecida com a perdiz, também chamada de macuco (*Tinamus solitarius*). Espécie de ave do mato que anda pelo chão, como as galinhas, e põe ovos chocados pelos machos. Existia em grande quantidade na Mata Atlântica fluminense. O pó dos ovos desse animal era considerado portador de poderes especiais. Os tupinambás o aplicavam sobre as maças dos tacapes antes de partir para a batalha.
120. Léry, 1941, p. 177. Testemunho de Jean de Léry sobre um ritual antropofágo ocorrido na Guanabara.
121. André Thevet descreve essa cerimônia em pormenores, quando testemunhou todo esse ritual especificamente em uma das tabas tupinambás que visitou no Rio de Janeiro no final de 1555. Por ele sabemos também que na Baía de Guanabara a cerimônia durava, nesse momento e período, apenas três dias, e não cinco dias, como procedia com os tupinambás da Bahia (MÉTRAUX, 1979, p. 128).
122. Extratos do que disseram os inimigos cativos, um no Maranhão e outro no Rio de Janeiro, para padres franceses. "Tive oportunidade de conversar com alguns desses pobres índios na véspera de sua execução. Eram homens jovens, belos e possantes, aos quais, tendo perguntado se não receavam a morte tão próxima e espantosa, assim responderam, risonhos e motejantes (D'Évreux, 1864, p. 56 apud MÉTRAUX, 1979, p. 131): 'Estrangeiro mau, não sabes o que dizes. Afasta-te de nós. Os amigos vingar-nos-ão. Essa morte é, para nós, uma honra'" (Thevet, 1575, fol. 945, apud MÉTRAUX, 1979, p. 131).
123. Léry, 1941, p. 177.
124. *Gûarâabuku*: manto de penas de guará usado pelos tupis da costa e que tinha na parte superior um capuz, de sorte que podia cobrir toda a cabeça, os ombros, as coxas e até as nádegas.
125. Sousa, 1938, p. 337.
126. Cardim, 1939, p. 166.
127. Piloto português que acabou desterrado no Rio de Janeiro por volta de 1511 e que depois regressou à Guanabara na expedição de Fernão de Magalhães em 1519, tendo relatado ao italiano Antonio Pigafetta, um dos cronistas daquela expedição, a lenda sobre a antropofagia tupinambá.
128. Pigafetta, 1800, p. 18.
129. Thevet, 1575, fol. 61 (apud MÉTRAUX, 1979, p. 136).
130. Léry, op. cit., p. 180.
131. O antropólogo Eduardo Viveiros de Castro (2002, p. 233 e 234) complementa essa ideia ao afirmar que "a vingança não era assim um simples fruto do temperamento agressivo dos índios, [...] ao contrário, ela era justamente a instituição que produzia a memória. Memória, por sua vez, que não era outra coisa que essa relação com o inimigo, por onde a morte individual punha-se a serviço da longa vida do corpo social. [...] A imortalidade era obtida pela vingança, e a busca pela imortalidade a produzia. Entre a morte dos inimigos e a própria imortalidade estava a trajetória de casa um, e o destino de todos".
132. *Eîru* e *eirusu* (uruçu) eram nomes de espécies de abelhas grandes da família dos meliponídeos características do Rio de Janeiro. É uma das melhores hipóteses do significado do nome do último líder tupinambá da Guanabara. O nome Uruçumirĩ ou Uruçumirim, onde *mirĩ* é "coisa miúda, pequena,

homem baixo, pequeno", pode ser "O Pequeno Abelha *Eirusu*", talvez por ser de baixa estatura.

133. Thevet, 1575, fl. 61, apud FERNANDES, 2008, p. 362.

134. Sousa, 1939, p. 395.

135. Gandavo, 1924, p. 135.

136. Thevet, 1575, fol. 946 (apud MÉTRAUX, 1979, p. 144).

137. Thevet, 1978, p. 229, 252 e 253.

138. Anchieta, 1933, p. 453. Observação do padre José de Anchieta sobre a vida sexual dos indígenas.

139. Sousa, 1938, p. 372.

140. Sousa, 1938, p. 373.

141. Sousa, id., ib.

142. Correia, 1940, p. 97, e D'Abbeville, 1945, p. 79 (apud FERNANDES, 1963, p. 137).

143. Gandavo, 1924, p. 120.

144. Sousa, op. cit., p. 372.

145. Léry, 1941, p. 202.

146. Thevet, 1575, p. 932 (apud FERNANDES, 1963, p. 201). É André Thevet quem mais deixou informações sobre os casamentos tupinambás na Guanabara.

147. Thevet, id., ib.

148. Thevet, 1575, p. 933.

149. Thevet, id., ib.

150. Léry, 1941, p. 202; Sousa, 1938, p. 367; e D'Abbeville, 1945, p. 223 (apud FERNANDES, 1963, p. 199).

151. Cardim, 1939, p. 144 e Anônimo, 1923, p. 386 (apud FERNANDES, 1963, p. 199).

152. Cardim, 1939, p. 144.

153. D'Évreux, 1864, p. 132 apud FERNANDES, 1963, p. 199.

154. Anônimo, 1923, p. 386 apud FERNANDES, 1963, p. 199.

155. D'Évreux, op. cit., p. 137. Mantida a grafia original da obra do capuchinho francês.

Karaíbas e guerreiros tupinambás dançam em busca da vitória contra os inimigos

CAPÍTULO 2

AS TABAS DA BAÍA DE GUANABARA

Aldeias, malocas e pessoas

A unidade social mínima dos tupinambás era a família: pai, mãe, filhos, avós, tios, tias, primos e primas. A reunião de famílias solidárias entre si formava uma maloca, a casa coletiva de um grupo indígena. Várias casas podiam se reunir solidariamente para formar uma aldeia. Em geral, todos os membros de uma mesma taba agiam em conjunto. Cada taba tupinambá era formada por no mínimo quatro malocas, dispostas ao redor de um grande espaço livre, na forma de um pátio, chamado de *okara*. Era nessa praça que aconteciam as reuniões do conselho de chefes, os rituais religiosos, assim como os bailes e as festas.

Aldeia tupinambá

As aldeias eram circundadas por um sistema de fortificações, principalmente aquelas que ficavam em zona de fronteira com grupos inimigos. Para se protegerem, os tupinambás levantavam em torno das malocas uma estacada de troncos de palmeira rachados. Esta cerca tinha mais ou menos 3,5 metros de altura e faziam-na tão cerrada que nenhuma flecha podia atravessá-la. Na cerca existiam pequenos buracos pelos quais podiam atirar protegidos dos inimigos. Ainda levantavam uma segunda cerca, de paus grossos e compridos, não os colocando, entretanto, juntos uns dos outros, "mas a distância pela qual não pode passar um homem".[1] As duas cercas eram ajustadas de maneira que, num eventual ataque de inimigos, os defensores conseguiriam sair pelos flancos da primeira cerca de defesa e em posição privilegiada para um contra-ataque de surpresa.

Em situações de perigo, preparavam ainda armadilhas entre as duas paliçadas, cavavam buracos e recheavam de estrepes agudos e cortantes para surpreender inimigos desavisados.

O ingresso e o abandono de um membro da maloca eram atitudes muito bem regulamentadas. Cada moradia representava a convivência de um grupo guerreiro familiar ligado entre si por uma forte obrigação solidária. Um homem tupinambá só podia se mudar para outra maloca ou taba em razão do seu casamento quando passava então para a casa do sogro e era acomodado em seu bando de guerreiros, ou se erguesse sua própria casa. Uma nova maloca teria que atrair no mínimo outros quarenta indivíduos entre homens e mulheres. Aquele que conseguia fazer isso se tornava o *morubixaba*, o "principal" da maloca, e exercia alguma autoridade sobre o grupo, normalmente parentes e amigos.

Os homens atraídos a essa nova unidade deviam formar um grupo de guerreiros subordinados aos desígnios do *morubixaba*, que, por sua vez, se ligava ao conselho dos chefes da aldeia. Em malocas numerosas, poderiam existir até dois *morubixabas* com autoridade de líder, mas em geral todos os "principais" de uma taba possuíam o mesmo tipo de poder.

As malocas eram grandes moradias coletivas, comunitárias e subdivididas internamente a partir das estacas de sustentação internas. Cada família tinha seu perímetro, onde organizava as redes, fogueiras e pertences, sem qualquer separação. Suas posses eram a rede, algumas cabaças e panelas, banquinhos e caixas de madeira, onde eram guardados os enfeites de conchas, ornamentos de penas e outros objetos de uso pessoal, como ceras, óleos e tintas. A aparência interna lembrava uma teia de redes.

Os telhados eram personalizados com desenhos decorativos trançados na própria palha da palmeira. "Cada uma apresenta um teto diferente, todos muito bonitos, mas demasiadamente baixos, de modo que é preciso curvar-se para entrar nelas."[2] A comprida casa tupinambá era montada por meio de uma elaborada estrutura de traves e madeiras. O ingresso era facilitado pela combinação de duas entradas laterais, localizadas nas extremidades, e uma porta intermediária, situada no centro do abrigo. Organizavam-se em fileiras com uma passagem pelo meio da casa.

A rotina dentro da maloca era de constante intimidade; enquanto uns cantavam, outros choravam, faziam farinha, cauim etc., toda casa produzia fogo para todos se aquecerem. Testemunhas relataram que era "tanta a conformidade entre eles que em todo o ano não há uma peleja, e com não terem nada fechado, não há furtos".[3]

A localização de uma aldeia era um problema vital e decorria de uma série de fatores, como o provimento contínuo de água potável e da existência de lenha. Além disso, procuravam áreas próximas ao mar e aos rios, privilegiando os lugares de boa pesca e que também proporcionassem disponibilidade de terras férteis para agricultura. Da mesma forma, importava a qualidade e a abundância da caça e das aves, nos bosques circundantes, onde encontravam as penas para seus adornos.

Quanto maior a taba, maior o número de grupos guerreiros ali estabelecidos. Quanto maior fosse a sua população, maior seria o seu poderio "militar". Evidentemente, um bom estoque de guerreiros aumentava a possibilidade de um grupo ocupar as melhores terras.

No Rio de Janeiro, onde os tupinambás encontraram um ambiente com fartura de recursos naturais, clima mais ameno e maior quantidade de chuvas regulares que no litoral norte do Brasil, as aldeias chegavam a medir 500 metros de diâmetro, o equivalente ao comprimento de cinco campos de futebol. Para ser o dormitório de famílias numerosas, a maloca tupinambá podia chegar a mais de 100 metros de comprimento e oscilar a largura entre 10 e 16 metros.[4] A prova mais rápida do atletismo olímpico tem justamente 100 metros de distância. Não era uma casa, mas um imenso pavilhão.

Os cronistas franceses,[5] que descreveram os tupinambás cariocas com riqueza de detalhes, indicaram que estes habitavam tabas com altas densidades populacionais e que suas aldeias eram enormes, com até oito malocas. Em cada casa comunitária de algumas dessas aldeias, estimou o calvinista Jean de Léry, "moravam de quinhentos a seiscentos indivíduos e, não raro, mais".[6] Já o frade André Thevet estimou em 6 mil, 10 mil e 12 mil as populações de algumas tabas que visitou no entorno da Baía de Guanabara.[7] Em grupos locais formados por sete, oito ou até nove malocas esses números dariam uma média respectivamente de 650, 750 e 850 indivíduos por maloca.

No caso dos franceses, quando ocorreram os primeiros contatos, os tupinambás viviam os últimos anos de esplendor de sua sociedade. Ainda eram os senhores de todas as terras e não tinham sentido os efeitos devastadores das epidemias que os atingiriam impiedosamente nos anos seguintes.

Outras fontes quinhentistas dos primeiros anos de contato com os nativos da costa brasileira informaram dados semelhantes sobre a grande população nativa e afirmaram terem se surpreendido com a quantidade de pessoas e com a grandeza das aldeias que encontraram no litoral do Brasil. Os grupos tupis de Pernambuco, Paraíba, Bahia, Espírito Santo, Rio de Janeiro e São Vicente eram bastante numerosos e são apresentados nos primeiros relatos com descrições espantosas sobre a grande quantidade de gente de que dispunham.

A mais antiga referência sobre isso está na carta de Pero Vaz de Caminha, escrivão oficial do rei português, na esquadra de Pedro Álvares Cabral em 1500. Ele relatou a presença de uma taba tupiniquim composta por nove ou dez malocas no litoral sul da Bahia. "Foram-se lá todos, e andaram entre eles. E, segundo eles diziam, foram bem uma légua e meia a uma povoação, em que haveria nove ou dez casas, as quais eram tão compridas cada uma, como esta nau capitânia."[8]

O veneziano Américo Vespúcio, que participou da segunda expedição oficial portuguesa ao Brasil, e que muito provavelmente visitou a Baía de Guanabara nessa viagem, registrou em 4 de setembro de 1504: "Achamos com efeito a terra populosa".[9] O primeiro governador português, Tomé de Sousa, afirmou haver tamanha quantidade de gente "que ainda que os cortassem em açougue nunca faltariam".[10] O jesuíta Afonso Brás narrou em 1551 sobre o território que hoje compreende o Espírito Santo que os nativos eram "tantos e é a terra tão grande, e vão em tanto crescimento que, se não tivessem contínua guerra, e se não se comessem uns aos outros não poderiam caber".[11]

Tabas superpovoadas não existiam apenas no litoral nordeste e sudeste do Brasil. Em 1542 uma expedição desceu o rio Amazonas e passou três meses desbravando seu curso. Foi relatado por um dos tripulantes que "continuamos a passar por numerosas e muito grandes aldeias" e que "quanto mais longe íamos, encontrávamos terra melhor e mais densamente povoada".[12] A população indígena não era apenas densa, antes ainda se encontrava em processo de expansão e era notavelmente bem nutrida e longeva.

Os tupinambás tinham uma alimentação vasta e não dependiam exclusivamente das plantações de mandioca para subsistir. A agricultura tinha um papel importante e diversificado, entretanto era necessário complementar com outros alimentos, principalmente com a pesca e a caça. Com os peixes, os tupinambás fabricavam um tipo de farinha de guerra que podia ser armazenada durante meses.

Eles dominavam o cultivo de inúmeras plantas, sobretudo mandioca, aipim, milho, feijão e batata-doce – alimentos que são a base da culinária popular brasileira. Também plantavam amendoim, inhame, abacaxi, banana, abóbora, pimentas, tabaco e algodão. Para Jean de Léry, os tupinambás não só eram muitíssimos como, entre eles, havia ainda enorme fartura em 1557. "Como este país dos nossos tupinambás tem capacidade para alimentar dez vezes mais gente do que atualmente, posso gabar-me de ter tido às minhas ordens mais de mil jeiras de terras melhores que as de Beauce."[13]

As tabas mudavam de lugar mas, em geral, permaneciam no mesmo território enquanto ele fornecia tudo o que achavam suficiente para a subsistência do grupo. Outro fator importante para a migração estava relacionado ao envelhecimento do revestimento do teto das malocas. Feitos a partir de um tipo de palmeira chamada *pindoba*,[14] eles se desgastavam e enchiam-se de parasitas e insetos, levando-os a construir novas moradias.

Quando se preparavam para ocupar um novo ambiente procuravam outro local não muito longe do original, estima-se entre 3 e 6 quilômetros de distância. Os tupinambás eram povos seminômades e mudavam a localização da taba dentro de uma mesma região também em busca de uma maior proximidade com novas terras para a agricultura, quando as que usavam mostravam-se desgastadas. É preciso lembrar, entretanto, que o mar e os rios eram fontes inesgotáveis de peixes e outros frutos do mar, o que favorecia a permanência das aldeias na região. À época da chegada dos navegadores europeus todo o litoral da Baía de Guanabara estava tomado por grandes tabas. O Rio de Janeiro nitidamente não era um espaço vazio a ser ocupado e, nessa época, não é razoável afirmar que eles tivessem algum problema com escassez de alimentos. A taba tupinambá mantinha sempre o mesmo nome que a caracterizava, independentemente do lugar para onde fosse deslocada. As aldeias homenageavam os elementos naturais que as cercavam ou herdavam os nomes dos seus líderes, que permaneciam mesmo após a morte destes.

Depois de um convívio de quase dez meses com nativos do Rio de Janeiro entre 1557 e 1558, o calvinista francês Jean de Léry deixou anotado em seu

LISTA DE TABAS DO RIO DE JANEIRO

Versão na grafia original de Jean de Léry (Bibliotheque classique – 2008)

Lista do intérprete normando – entre 1547 e 1550

Margem à esquerda:

Kariauh, Ora-ouassou-oée, Iaver-ur assic, Piracan-iopen, Eiraïa, Itanen, Taracouir-apan e Sarapoy.

Margem à direita:

Keri-u, Acara-u, Kouroumouré, Ita-ave e Joirârouen.

As maiores tabas no interior dos dois lados da Guanabara:

Sacouarr-oussou-tube, Ocarentin, Sapopéma, Nouroucuve, Arasa-tuve, Usu-potuve, e muitas outras.

Lista do fim do colóquio – visitadas por Jean de Léry – entre 1557 e 1558

Margem à esquerda:

Kariauc,, Yaboraci, Euramyry, Pira-ouassou, Sapopéma, Ocarentin, Oura-ouassou-ouée, Tentimen, Cotiva, Pauo, Sarigoy, La Pierre, Upec, Le village aux flesches.

Ao longo da praia – lado direito:

Keri-u, Acara-u, Morgouja-ouassou.

Ilha Grande (do Governador):

Pindo-oussou, Corouque, Piravijou, e mais duas aldeias sem nome.

LISTA DAS TABAS NO RIO DE JANEIRO EM TUPI ANTIGO

Versão brasileira moderna

Lista do intérprete normando – entre 1547 e 1550

Margem à esquerda:

Karióka, Gûyrágûasu-unaê, Jabebiracica, Pirakãiopã, Eiraîá, Itanã, Tarakuirapã e Sarapoy.

Margem à direita:

Keriy, Akaray, Kurumuré, Itaóka e Joiararuãnã.

Tabas no interior, de ambos os lados da praia:

Takûarusutya, Okarantĩ, Sapopéma, Nurukuy, Arasatyba e Ysypotyva.

Lista do fim do colóquio – visitadas por Jean de Léry – entre 1557 e 1558

Margem à esquerda:

Karióka, Jabebiracica, Eirámirĩ, Piráûasu, Sapopéma, Okarantĩ, Gûyrágûasu'unaê, Tantimã, Kotyuá, Payó, Sarigûé, Pierre (nome usado pelos franceses por causa de uma pedra que marcava o caminho) e Ypék (nome usado pelos franceses) e a aldeia "das Flechas" (marcaram o caminho com flechas para retornar).

Lado direito:

Keriy, Akaray e Morgujá-uasú.

Ilha do Governador:

Pindobuçu, Koruké, Pirabiju, taba entre Pindobuçu e Pirabiju e outra taba entre Pindobuçu e Koruké.

TOTAL: 35 TABAS

(sendo 22 visitadas por Jean de Léry)

livro *Viagem à terra do Brasil* um total de 35 tabas, afirmando ter visitado 22 pessoalmente durante a sua estadia. Graças a esse registro temos a herança dos nomes próprios de 32 dessas aldeias nativas da terra (as outras três ele não recordava os nomes em tupi e relatou como eram conhecidas pelos franceses). Léry, porém, deixou claro que ainda existiam muitas outras[15] pelas quais ele não havia tido tempo de percorrer. São duas listas de aldeias que reproduzo resumidamente, primeiro na versão francesa (grafia original de Jean de Léry) e depois na versão mais aceita em tupi antigo.

Já o frade André Thevet – apesar de descrever detalhadamente quase todos os aspectos da vida dos tupinambás que aqui habitavam e relatar a existência de inúmeras aldeias superpovoadas – anotou apenas o nome próprio de uma taba, a Tipiré, que "ficava bastante distante do nosso forte".[16] A Tipiré provavelmente localizava-se na região de Angra dos Reis, pois é citada como a aldeia original do famoso *morubixaba'uasú* Kunhambeba. Decidimos não contar esse registro no total de tabas que ficavam na área da Baía de Guanabara e seus arredores.

Outra compilação importante das tabas cariocas foi deixada por ninguém menos que o padre jesuíta José de Anchieta. Ao escrever sua peça teatral intitulada *O auto de São Lourenço*, talvez sem se preocupar com detalhes para a posteridade, acabou por citar o nome de 22 aldeias tupinambás do Rio de Janeiro. Texto religioso, escrito para ser encenado em festas e nas aulas de catequese, essa peça foi preparada para falar de modo lúdico sobre os fatos históricos passados no Rio de Janeiro a partir de 1565 e nos anos seguintes. Tinha o objetivo de amedrontar, conformar e confortar religiosamente os nativos subjugados nos aldeamentos jesuíticos depois da guerra de conquista da Guanabara. Nessa obra, de cunho literário, foram utilizados personagens históricos reais como Aimberê e Guaixará, últimos líderes guerreiros tupinambás, retratados por Anchieta como demônios que desejavam acabar com a paz nas aldeias.

A peça de Anchieta foi encenada pela primeira vez em 1583, na igreja do aldeamento de São Lourenço, que daria lugar à atual cidade de Niterói. Esse aglomerado contava com maioria de nativos temiminós, remanescentes dos movimentos de auxílio aos soldados portugueses nas batalhas da Guanabara contra os tupinambás (chamados por eles de "tamoios"). "Também São Sebastião, valente santo soldado, que aos tamoios rebelados, deu outrora uma lição. Hoje está do vosso lado. E mais – Paranapucu, Jacutinga, Morói, Sarigueia, Guiriri, Pindoba, Pariguaçu, Curuça, Miapeí e a tapera do pecado, a de Jabebiracica, não existe mais. E lado a lado, a nação dos derrotados no fundo do rio fica."[17] *O auto de São Lourenço* é implicitamente inspirado nos fatos históricos da conquista da Guanabara, que terminara apenas 16 anos antes. Estão bem claros os nomes das tabas tupinambás, que sucumbiram aos esquadrões portugueses e temiminós. Padre Anchieta precisava citar os nomes verdadeiros das aldeias, pois almejava ser fielmente compreendido pelo público-alvo. Decerto, Anchieta ouvira falar dessas comunidades ou mesmo teria percorrido os escombros das antigas tabas em busca de almas tupinambás perdidas. O padre conhecia muito bem o Rio de Janeiro, tendo visitado a cidade antes, durante e após a conquista portuguesa, e onde morou durante anos. Mais à frente, informo um resumo da lista de aldeias de Anchieta.

Quatro dessas tabas haviam sido apontadas por Jean de Léry: as de Carijó-oca (Karióka), Araçatiba (Araçatyba), Pindoba (Pindobuçu) e Jabebiracica (Josy-yrasik ou Joeyrasik). Somando os nomes das tabas restantes, temos até aqui um total de 53 tabas tupinambás[18] anotadas nos escritos quinhentistas sobre o Rio de Janeiro.

No entanto, ainda nos resta uma terceira relação de aldeias do século XVI, identificadas e compiladas por Maurício de Almeida Abreu, geógrafo da Universidade Federal do Rio de Janeiro, que realizou um zeloso trabalho de pesquisa em cima das primeiras cartas de sesmarias da cidade. Foi possível ao geógrafo reconhecer a existência dessas comunidades por meio dos documentos oficiais da cidade do Rio de Janeiro. Esses documentos revelaram o período aproximado de quando as aldeias eram definitivamente "conquistadas", e como seus nomes eram "emprestados" para balizar as localidades até então desconhecidas dos colonizadores portugueses, ávidos por garantir e dirimir seus territórios. Abreu admite que "foi somente depois de analisar as cartas de concessão de sesmarias expedidas dos séculos XVI e XVII que conseguimos resgatar os nomes de muitas dessas aldeias. Já abandonadas, transformadas em tapera, foram elas que serviram de orientação para balizar muitas sesmarias concedidas aos novos moradores".[19] Reproduzo neste capítulo a lista de nomes de aldeias encontradas por Abreu junto com o ano da carta de sesmaria em que seus nomes aparecem e a provável localização atual.[20]

É importante considerar a parcialidade dessa lista, uma vez que são registros de tabas "sobreviventes" ao cerco português, e que foram aos poucos sendo identificadas para dar nome às terras. Muitas outras tabas que compartilhavam as terras a essa altura haviam sido completamente destruídas nos anos anteriores. Mesmo para uma singela anotação nos registros oficiais, Abreu encontrou, nas cartas de sesmarias, cinquenta toponímias oriundas de antigas tabas tupinambás da Baía de Guanabara. Alguns nomes estão repetidos em mais de uma carta de sesmaria, expedidas em diferentes anos. Isso pode significar que as aldeias procuravam deslocar-se para outras áreas depois da chegada dos colonos, ou que simplesmente permanecia o nome como baliza da terra. Algumas tabas tupinambás, como sugerem as documentações portuguesas dessa época, evidentemente ainda tentaram resistir ou conviver com a colonização europeia.

LISTA DE ALDEIAS TUPINAMBÁS DE JOSÉ DE ANCHIETA

(Citadas em O auto de São Lourenço*)*

Maratuauã, Magueá, Paraguaçu, Moçupiroca, Jequeí, Guatapytyba, Nheteróia, Paraíba, Guaiaiô, Cariiô-oca, Papucaia, Araçatiba, Paranapucu, Jacutinga, Morói, Sarigueia, Guiriri, Pindoba, Pariguaçu, Curuçá, Miapeí e Jabebiracica (22 aldeias conquistadas pelos portugueses)

Da pesquisa de Abreu sobraram, agora individualizadas, outras 41 diferentes tabas que restaram na Baía de Guanabara a partir de 1567 até o desaparecimento total destas no início do século XVII. Nada mais revelador é o fato de que, dos 41 nomes, dez toponímias já constavam das relações anteriores – de Léry e Anchieta. O mais surpreendente é que Abreu também conseguiu estimar a provável localização dessas aldeias, informação até hoje considerada impossível pelos historiadores, e que foi de fundamental importância para refazermos os mapas de um Rio de Janeiro tupinambá. Descartando na contagem essas dez tabas já citadas pelos cronistas quinhentistas é possível chegar aos nomes de mais 31 tabas tupinambás nativas do Rio de Janeiro.

Na adição final de todas as fontes disponíveis chegamos ao incrível total de 84 nomes de aldeias tupinambás que, ao longo de centenas de anos, haviam resistido e gravitado no entorno da Baía de Guanabara. Sem dúvida, um número parcial e relativo, mas muito mais próximo do que se acredita ter sido a realidade da época anterior à colonização portuguesa. São dados históricos irrefutáveis, entretanto a maioria dos autores baseia-se apenas nas aldeias que Jean de Léry afirmou ter visitado pessoalmente em 1557, não mais que 22. Era comum a reunião de muitas aldeias tupinambás densamente povoadas em uma mesma região fértil. De acordo com os registros históricos, em 1555, apenas na futura cidade de Salvador, na Bahia, os portugueses destruíram 13 grandes tabas. Em 1558, o governador Mem de Sá escreveu ao rei para contar que havia destruído 130 aldeias tupinambás que ficavam próximas ao rio Paraguaçu na Bahia. O capuchinho francês Claude d'Abbeville, que participou da frustrada tentativa de colonização do Maranhão pelos franceses em 1612, registrou mais de sessenta aldeias na região. Vinte e sete tabas somente na ilha do Maranhão, onde hoje está localizada a cidade de São Luís.

LISTA DE ALDEIAS INDÍGENAS DO RECÔNCAVO DA GUANABARA EXISTENTES NO TERÇO FINAL DO SÉCULO XVI

1564–1565 – Itaoca – Costa de Suaçunha – atual litoral de São Gonçalo
1565 – Inhaúma – Costa de Pirakãiopã – Bonsucesso
1566 – Tambeí – Itambi – Rio Guaxindiba – São Gonçalo
1566 – Uratimbu – Itambi – Rio Guaxindiba – São Gonçalo
1566 – Sapéagoera (também grafada como Copiagouera, ÇupyaYgouera, Sapuagoera) – em Itacurucá
1567 – Piraquaim (ou Piraquaem) – Rio Iguaçu (Nova Iguaçu)
1567 – Juraaçumirim – ao longo da baía – Centro da cidade do Rio de Janeiro
1567 – Sapupema ou Sapopéma – Deodoro
1567 – Maracajá (gato) – Ilha do Governador
1568 – Quuatimgaa – Rio Iguaçu (Nova Iguaçu)
1568 – "Aldeia das Velhas" – Rio Inhomirim (Magé)
1568 – Jacutinga – Rio Meriti (São João de Meriti)
1569 – Taitimãna (Tantimã) – perto de Gericinó
1569 – Pabuna (Pavuna) – perto de Gericinó
1570 – Guatiguaba – Rio Iguaçu (Nova Iguaçu)
1573 – Paranaguape – Saracuruna
1573 – Icoioo – Liriuçu – Icaraí (Niterói)
1574 – Marambaia – Rio Iguaçu (Nova Iguaçu)
1576 – Tacoaritiba – (Campos de Bacaxá)
1576 – Paratigi (Campos de Bacaxá)
1578 – Jaguaraé (Magé e Saracuruna)
1578 – Guajajuba (Rio Caceribu – Itaboraí)
1579 – Araçutiba (ou Araçatiba) – perto de Ipíiba – interior de São Gonçalo
1579 – Trasatiba (Itaboraí)
1579 – Jaragaypo (Temiminó) – Guapimirim
1579 – Jacupitimaçu – região do rio Macacu
1579 – Ybirapocã – depois de Itaboraí
1579 – Tapocurá – Itaboraí
1579 – Moroabassi – Itaboraí
1579 – Pacacaia – nas margens do rio Macuco – atual Papucaia
1579 – Tuquanuçu – além da tapera de Jacutinga – depois de Nova Iguaçu
1581 – Taquoarusutiba – (Takûarusutyba) – "perto do Urubupia" – vindo de Campo Grande para Irajá – atual baixada de Jacarepaguá
1592 – Quasaíba – sem localização definida
1593 – Cururuatiba – nas terras da lagoa de Maricá
1600 – Amanatiba – (Saquarema)
1611 – Cipotiva (Ysipotyva) – entre "Tapacurá e o Rio Bacaxá", indo para o Cabo Frio – atual Itaboraí
1615 – Tucano – cabeceiras do Rio Iguaçu – Tinguá – Nova Iguaçu
1616 – Mutuá – Rio Guaxindiba – São Gonçalo
1618 – Gerussaba ou Genipaíba – Rio Guandu
1634 – Quaguatiba – Rio Bacaxá
1634 – Garipa – Rio Bacaxá
1638 – Guiraguaçu-mirim – atual Vaz Lobo

Portanto, o fato de tomarmos conhecimento da existência de mais de oitenta aldeias tupinambás, no entorno da Baía de Guanabara e regiões adjacentes, é perfeitamente compatível com o que se imagina em termos de ocupação do espaço do Rio de Janeiro antes da chegada das naus europeias. Grande parte dessas comunidades nativas procurava fixar-se mais próximo às margens da baía, dos rios e em particular no lado ocidental, onde se localiza a cidade do Rio de Janeiro e cujo porto era ainda mais protegido. Nesta parte da baía chegaram a existir 15 tabas em janeiro de 1558.

Um número médio de habitantes por aldeia bastante conservador, diga-se de passagem, mas aceito por estudiosos é que em geral cada aldeia podia ter em torno de mil pessoas. Nesse caso chegamos a um contingente

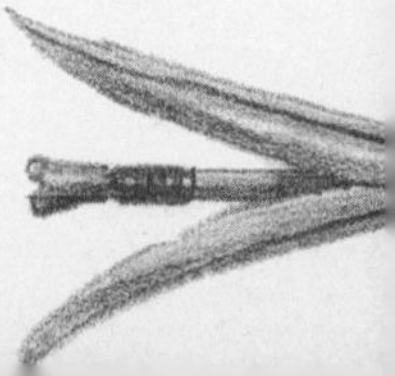

populacional de no mínimo 80 mil tupinambás (deviam ser bem mais) vivendo na Guanabara antes da data de fundação oficial da cidade.

Se existia uma nação tupinambá com algum tipo de solidariedade e confederação mútua, seria correto afirmar, por meio das informações disponíveis, que a capital deles era a margem ocidental da Baía de Guanabara. Por isso, enquanto andamos pelas ruas do atual Rio de Janeiro, por cima dos túmulos de guerreiros ancestrais tupinambás, seria interessante pensarmos que a maior parte dos bairros da atual metrópole carioca teve sua origem há mais de quinhentos anos em algumas das aldeias mais superpovoadas de todo o litoral brasileiro.

Vamos detalhar a seguir todas essas tabas tupinambás, tentar mostrar suas fases, explicar seus nomes e revelar as informações e hipóteses que temos sobre elas. O fato de que todas essas comunidades nativas se envolveram, de algum modo, no processo de resistência contra os soldados portugueses e seus aliados nativos não deve ser motivo de surpresa, pois a grande maioria foi contra a ocupação portuguesa.

NA COSTA DO LADO ESQUERDO

Karióka, a casa dos Cariós

A taba mais famosa do Brasil passou seu nome para o povo de toda uma cidade. Quem nasce no Rio de Janeiro é carioca. Carioca é a alma de um Rio de Janeiro de encantos mil. Carioca da gema é aquele que nasce nas terras da cidade. Carioca é um nome que tem alma própria, que carrega consigo um estilo de vida e uma forma de ser. Carioca é sinônimo de Brasil. Cariocas não gostam de sinal fechado. Um nome querido, ostentado com orgulho por toda uma gente.

Hoje não existe mais nenhuma polêmica histórica acerca da origem do gentílico da cidade. O nome "carioca", adotado com tanto carinho pelos moradores do Rio ao longo dos séculos é originalmente o nome de uma das mais importantes aldeias tupinambás da cidade, a Karióka, muito visitada pelos primeiros navegantes e aventureiros europeus.

Ela se localizava próximo à foz do rio que, não por mera coincidência, herdou o nome da comunidade tupinambá que habitava suas margens havia muitas gerações. O nome tem um significado curioso, mas que inexplicavelmente foi ignorado por estudiosos. O historiador Francisco

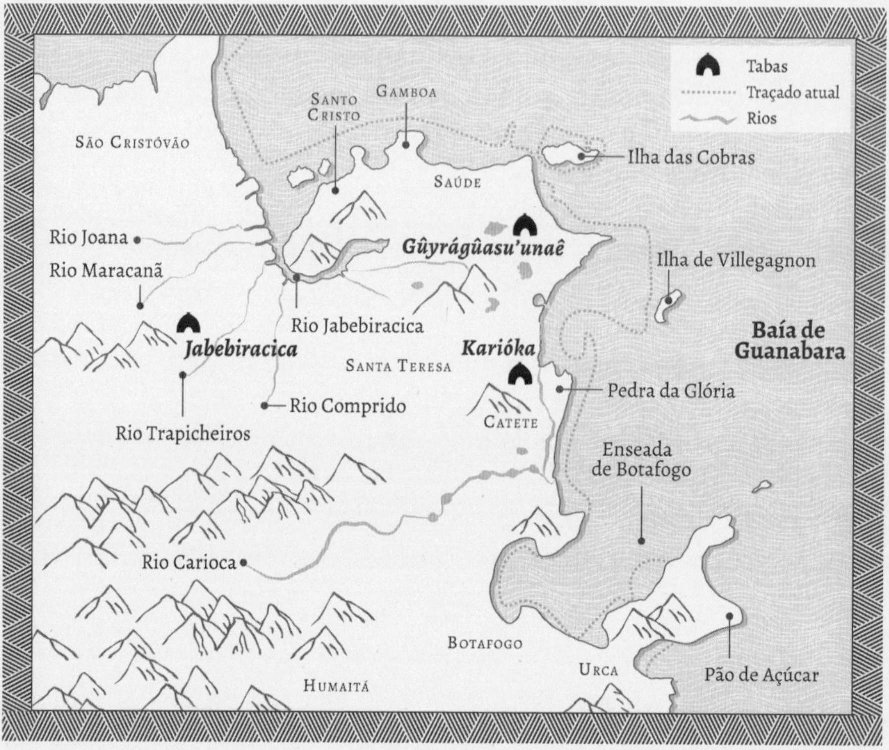

Adolpho de Varnhagen, o Visconde de Porto Seguro, foi o principal propagador de uma teoria que se estabeleceu praticamente como uma verdade absoluta e que perdurou durante anos.[21] Afirma ele no clássico *História geral do Brasil*, editado em 1857, que a origem do termo "carioca" estava em um casebre, depois transformado em casa de pedra. Essa construção teria sido erguida pelos portugueses nos primeiros anos de contato com os nativos, próximo a um rio dentro da Baía de Guanabara.

Os tupinambás, prossegue Varnhagen, chamariam essa construção europeia que nunca haviam visto antes de "carioca". O estudioso somava a essa tese, como argumento final, a etimologia da palavra, que em sua opinião significaria a "casa do homem branco". Conclui assim que a palavra havia sido adotada pelos primeiros portugueses que aqui viveram para designar o rio onde ela se encontrava. O tal rio da Carioca se tornou a principal fonte de água dos primeiros moradores e depois passou a designar os habitantes da região e mais tarde da cidade. O povo do rio Carioca.

A tese criada por Varnhagen, ao mesmo tempo que comprova a anterioridade dos portugueses, de certa forma nega a existência de uma população que já vivia no território antes da chegada destes. Na opinião do historiador, o nome do rio não tinha origem cultural tupinambá, sendo a toponímia inventada somente para fazer referência a algo novo, criado pelos lusos. Tratava-se de um nome usado para designar a ocupação portuguesa que caracterizava o início de tudo.

Até hoje o olhar da historiografia no Brasil costuma privilegiar a figura do europeu: os navegantes, os primeiros colonos, os capitães, os padres jesuítas e os conquistadores. Mas muito pouco sabemos ou procuramos saber sobre o que existia aqui antes da chegada dos colonizadores, como eram os povos que aqui viviam e o que aconteceu com eles. A explicação do termo "carioca" como "casa do homem branco" parece fazer parte inconscientemente de uma concepção mais profunda do Brasil e do Rio, que visa edificar a identidade da cidade e de um povo em uma representação mais portuguesa e europeia do que indígena e nativa.

Hoje se sabe que a hipótese de Varnhagen é errada. O principal argumento a destruir a tese da "casa do homem branco" vem justamente da etimologia da palavra. Nas últimas décadas, estudos mais recentes sobre o tupi antigo avançaram em aprofundamento de pesquisas e mais fontes, e o termo usado, relativo ao século XVI, para designar "homem branco", era *(k)caraíba*. Isso permitiria à palavra *caraíboca* [*caraíba + oca* (casa)] o significado de "casa do branco". Além disso, o verdadeiro significado da palavra "carioca" estava disponível de forma muito clara no clássico *Viagem à terra do Brasil*, do francês Jean de Léry. Nada pode ser mais literal do que a explicação fornecida nesse livro, lançado em 1574.

Léry havia obtido a informação diretamente de um tupinambá morador da taba Karióka, com a ajuda do intérprete francês que vivia no Rio e o acompanhava por onde andava. "Nessa aldeia, assim chamada, que é o nome de um ribeiro, da qual a aldeia toma o nome, por estar situada perto. Verte-se por: *casa dos kariós*; composto desta palavra *kariós* (carijós) e de *ók* (oca), que significa casa. Tirando o "os" (de *kariós*) e acrescentando *ók*, teremos *kariók*."[22]

Como revela Léry, uma das melhores fontes primárias do Rio de Janeiro anterior à fundação da cidade, *Kariók* significava "a casa dos carijós". Contudo, essa hipótese sempre foi rechaçada e menosprezada ao longo da história brasileira, talvez por ser a fonte francesa. O principal argumento para negar a informação deixada por Léry seria o fato do improvável uso, por parte dos tupinambás do Rio de Janeiro, de um nome relacionado a um grupo inimigo, no caso, os cariós ou carijós, do litoral Sul do Brasil. No entanto, os tupinambás mantinham contato regular com os carijós, sabiam da sua existência, falavam a mesma língua e compartilhavam os mesmos rituais. O alemão Hans Staden conviveu com um cativo carijó quando foi preso pelos tupinambás da Costa Verde. Um dos *morubixabas* citados pelo mesmo indígena que conversa com Jean de Léry era Karió-pear, "caminho para os carijós", cacique cujo nome de guerra seria o alvo de suas vinganças, perfeitamente coerente com mil anos de história.

É muito provável que o termo possa ter um significado mais amplo do que a simples menção a outra etnia tupi. Devia mesmo ser uma forma de dizer "a casa do indígena" ou "a casa dos cariós (tupis)", ou ainda "a casa onde os inimigos encontravam a morte", a qual, com o passar do tempo, teria se transformado em um nome honorífico de uma grande aldeia.

Além disso, ao contrário do que afirma Jean de Léry no trecho citado, o nome desta taba é que deu origem ao nome colonizador do riacho que ali perto passava.[23] Falta ao suposto nome do rio Carioca uma regra básica da língua tupi: o fonema "y" que exemplifica todos os nomes de "águas", rios, lagos, em geral. Ou seja, o nome nunca foi do rio, e sim da comunidade ancestral que vivia às suas margens. Ampliando os conceitos, carioca tem muito mais a ver com a "casa do indígena" ou mesmo com a "casa do tupinambá", do que com a explicação propagada por Varnhagen, "casa do homem branco". Essa lenda infelizmente acabou por transmitir uma noção histórica deturpada do processo que levou à constituição da própria cidade do Rio de Janeiro. É como se nada aqui existisse ou não tivesse importância antes da chegada dos portugueses. Por isso, o termo "carioca" precisa ser associado à sua verdadeira origem. Ou seja, o nome da mais importante taba nativa tupinambá que se localizava às margens do rio que herdou seu nome. Suas terras ficavam onde hoje estão os bairros do Flamengo, Laranjeiras, Largo do Machado, Catete e Glória.

A taba da Karióka, com suas gigantescas malocas para mais de duzentas pessoas e que por volta da década de 1550 tinha como um dos chefes o *morubixaba* Iapiró-ijúb, o Calvo, precisa ser de alguma forma restabelecida na sua importância. A notícia do nome do *morubixaba* da aldeia "dos *Cariós*" foi deixada por Jean de Léry, no capítulo intitulado "Colóquio de entrada ou chegada ao Brasil entre a gente do país chamada tupinambá", que era um texto básico para o aprendizado do tupi, redigido por um *truchement* (intérprete francês deixado em terra para conviver e fazer negócios com os nativos), que já estava na terra há dez anos. Durante a conversa que mantinham, o francês pergunta ao tupinambá quais eram os maiorais da terra e de onde eles vinham. O primeiro a ser citado é Iapiró-ijúb (grafia original de Léry) da Karióka, seguido da explicação que o nome significava que ele era careca, talvez por ser um ancião.

Possivelmente esse líder tupinambá foi um dos primeiros a entrar em contato com os pioneiros europeus que chegaram aqui, muitas vezes sofrendo de escorbuto, tétricos, famintos e moribundos. Tanto franceses como portugueses devem ter requisitado a ajuda providencial deste *morubixaba*, pois a taba da Karióka era a primeira a ser avistada assim que as naus logravam singrar a complicada barra da Baía de Guanabara. Tiros de canhões eram disparados para avisar da chegada, e as *ygaras* (canoas) acorriam ao encontro das naus com peixes, farinhas, frutas e mantimentos em geral.

O careca Iapiró-ijúb, interessado nas novidades que os europeus traziam – principalmente facas, machados e anzóis –, talvez permitisse e até ajudasse os portugueses a erguer uma simples cabana de madeira e folhas de palmeira na praia da foz do rio Carioca, no início do século XVI. Entretanto, não existe qualquer comprovação de que isso tenha ocorrido até pelo menos 1531. Os feitores lusos preferiam erguer cabanas por feitorias em ilhas próximas ao continente, para garantir uma maior proteção contra os milhares de nativos que os cercavam por todos os lados.

A moderna corrente histórica sobre os primórdios da cidade do Rio defende que a localização da primeira ocupação portuguesa teria tido lugar na feitoria da Ilha do Governador, na antiga Paranãpuã dos maracajás.[24] Isso explicaria a aliança luso-temiminó (os indígenas que ali viviam) nos anos seguintes.

Por isso, a lenda de que o termo "carioca" significa a "casa do branco" não encontra qualquer respaldo hoje, tanto na sua origem histórica quanto na etimologia real. Temos ainda a confirmação da referência do francês Jean de Léry sobre a origem do nome por meio de um texto deixado por uma testemunha totalmente insuspeita, hoje santo da Igreja, o padre José de Anchieta, um dos mais presentes artífices da fundação da cidade. Em *O auto de São Lourenço*, Anchieta nomeia as aldeias tupinambás derrotadas militarmente pelos lusos nas batalhas da Guanabara. Uma das primeiras citadas é a taba da Carijó-oca,[25] escrita de maneira firme e segura pelo padre. É a casa dos carijós, ou se preferirmos uma grafia mais próxima da pronúncia original em tupi antigo, Kariîó-oka. A aldeia de Carijó-oca lembrada por sua derrota tão fielmente por Anchieta é a própria Karióka visitada por Jean de Léry em 1557, a "carioca" de todos nós.

A grande e ancestral taba tupinambá da Karióka prestou relevantes serviços aos primeiros exploradores e navegantes, como relata o frade André Thevet quando esteve no Rio de Janeiro em 1555. Logo que as naus atravessaram a barra, desceram os barcos menores e remaram até a praia. "Advertidos de nossa chegada, arrumaram-nos um verdadeiro palácio à moda da terra, todo alcatifado ao derredor de belas folhas e ervas odoríferas."

Depois os franceses foram apresentados à fartura tupinambá da mesma maneira que os portugueses, 25 anos antes, na visita de Martim Afonso de Sousa, em 1531, quando de fato foi erguida uma casa de pedra na foz do rio da aldeia Karióka. "Chegavam-nos víveres de todos os lados", dizia Thevet.[26] Com grande alegria os anciões discursavam saudações de boas-vindas, sem saber que dentro em pouco tudo se perderia.

Essa histórica taba ancestral do Rio de Janeiro foi uma das aldeias atacadas pelos esquadrões portugueses de Mem de Sá e os maracajás de Araryboîa, cuja grafia em português foi consolidada como Arariboia, quando da tomada do forte Coligny em 1560. A posição desta aldeia era estratégica, pois ficava logo após a entrada da baía. Os portugueses destruíam a Karióka, e os tupinambás voltavam a ocupá-la. Foi certamente uma das comunidades tupinambás que mais suporte propiciou aos homens de Villegagnon durante a construção do forte na ilha de Seregipe. Foi também na área da aldeia Karióka que ocorreu a mais importante das batalhas pelo domínio da Guanabara, aquela liderada por Uruçumirĩ. Sobre a localização da Karióka tupinambá, especula-se que ficava à direita da segunda foz do rio Carioca. Esse rio dividia-se em dois na altura do atual Largo do Machado. Um curso deu origem à atual rua do Catete e desaguava ao redor do atual morro do Outeiro da Glória, e outro seguia em linha reta até a praia onde hoje, mesmo depois do aterro, ainda corre sua foz. Uma porção de terra ali ficava isolada como se fosse uma ilha, chamada pelos primeiros portugueses de "ilha da Carioca". Ela não podia ser ocupada por uma taba por fazer parte do estuário daquele ribeiro e ficava completamente alagada na época de fortes chuvas. Isso era de amplo conhecimento dos nativos, mas alguns portugueses que ali se estabeleceram nos anos seguintes à fundação da cidade já relatavam esse inconveniente às autoridades e pediam a concessão de outras terras.

Por isso é muito provável que essa aldeia procurasse as áreas mais altas, disponíveis apenas mais ao interior da terra, próximo de alguns morros que se erguem nessa região, sempre a pouca distância do curso do rio Carioca.

Gûyragûasu'unaê, a aldeia da harpia

A principal fonte histórica quinhentista relativa aos nomes das aldeias tupinambás do Rio de Janeiro é o livro do relato da viagem do francês Jean de Léry. Além de contar em sua obra uma série de aventuras durante o convívio com os indígenas, identificando o nome das aldeias onde cada episódio se passava, ele criou também duas "listas" de aldeias do Rio de Janeiro. As duas relações estão no capítulo chamado resumidamente aqui de "Colóquio". A primeira lista é fornecida durante o diálogo entre um francês e um tupinambá. Esse capítulo se assemelha a um manual da língua escrito tanto em francês como naquilo que entendiam como a língua dos nativos da Guanabara. Já na segunda relação de aldeias exposta ao final desse mesmo capítulo, Léry fez questão de explicar que se tratava das tabas que ele mesmo havia visitado pessoalmente em 1557.

Acredita-se que a primeira lista teria sido elaborada a partir das experiências de algum antigo *truchement* normando que, vivendo no Rio de Janeiro desde a década de 1540, teria confeccionado esse diálogo em forma de manual, incluindo aí uma listagem das aldeias dessa época. Era um diálogo "básico" de ajuda aos compatriotas que se arriscavam a viver em um Rio de Janeiro dominado pelos tupinambás.[27] Jean de Léry teve acesso a esse documento quando visitou o Brasil e o publicou em seu livro. Assim as listas citadas por ele são como "fotografias" de épocas diferentes. A primeira teria sido anotada cerca de dez anos antes das andanças do calvinista francês. Isso explica as discrepâncias entre as duas listas de aldeias que tanto intrigaram os estudiosos. O nome da taba de Gûyragûasu'unaê é a segunda a ser relatada na primeira lista do "Colóquio", identificada no grupo de aldeias que ocupavam o litoral da margem esquerda da baía. Esta importante aldeia é também uma das mais desconhecidas do Rio de Janeiro quinhentista. Pela posição que ocupava na lista, estava justamente entre as aldeias Karióka e Jabebiracica, sendo por isso uma das mais fáceis de se estimar a localização. Não há dúvidas de que era a aldeia que dominava as terras do atual centro da cidade. Enquanto a Karióka habitava as margens do rio que herdou seu nome, entre os bairros Flamengo e Glória, a aldeia de Jabebiracica, como veremos a seguir, era a taba que dominava os rios da Tijuca, tais como o Rio Comprido, Trapicheiros e Joana, abrindo clareira para a imensa taba nas áreas mais costeiras entre os atuais bairros Tijuca e São Cristóvão.

Então a aldeia de Gûyragûasu'unaê, como estabelece a lista francesa dos *truchements*, estava em algum lugar da costa entre essas duas posições. A lógica leva a localização dessa aldeia, que como relatado na lista ficava próxima ao litoral, para a única parte possível: os arredores do morro do Castelo, para onde a cidade seria transferida definitivamente por Mem de Sá em 1567. Além de outros promontórios, toda essa região era guarnecida de lagoas, como as fontes de água que existiam nos atuais Largo da Carioca e Passeio Público. Além disso, a partir da atual avenida Presidente Vargas, na altura da Cidade Nova, havia um grande manguezal onde uma série de ribeiros desaguava antes de rumar para a foz na Baía de Guanabara, pela enseada de São Cristóvão. Nos primeiros anos de colonização esse lugar foi batizado de "mangal de São Diogo." Ao longo do tempo, toda a região foi drenada com a construção do atual Canal do Mangue, onde hoje está localizada a avenida Francisco Bicalho. Ou seja, toda essa área não era propícia à habitação por causa das cheias das marés e dos rios.

As aldeias eram interligadas por antigos *peabirus*, caminhos ancestrais que depois foram aproveitados pelos portugueses nos primeiros anos da cidade. Levando-se em conta a documentação relativa ao final do século XVI, sabemos que existiam dois caminhos que partiam do entorno do morro do Castelo. O primeiro começava entre lagoas em direção ao atual bairro da Lapa, onde se bifurcava, por um lado, para a Karióka e, por outro, seguia em direção à Tijuca, onde estavam as terras de Jabebiracica.

Havia também outro *peabiru* que ligava exclusivamente as tabas de Gûyragûasu'unaê e Jabebiracica. Essa trilha ancestral partia da praia próxima ao morro do Castelo e passava pelos terrenos mais enxutos da várzea, atravessando-a quase que em linha reta e encontrando-se com o primeiro caminho mais adiante, junto a uma lagoa que seria conhecida muitos anos mais tarde como da Sentinela. Dois caminhos que funcionaram como rota de expansão da cidade em seus primeiros anos são as duas "trilhas-mães" dos primórdios do Rio de Janeiro.

A primeira, que ligava as três aldeias ancestrais do início da costa da baía, ficou conhecida na história quinhentista do Rio de Janeiro, não à toa, como o caminho para Geberacica. A segunda ficou conhecida como Capueruçu.[28] Esses dois caminhos seriam hoje comparáveis aos atuais trechos da rua Riachuelo e da rua da Alfândega que se encontram nas proximidades da avenida Presidente Vargas, num lugar antigamente chamado de lagoa da Sentinela, atualmente próximo ao Sambódromo.

Gûyragûa-su'únaê (pássaro grande), a harpia do Centro

Dali, esse caminho de Geberacica passava pelos bairros Cidade Nova, Estácio, Catumbi, Rio Comprido, parte da Tijuca, até alcançar as terras dos grandes rios da região: Joana, Maracanã, Trapicheiros e Comprido. A presença desses caminhos antigos atesta que Gûyragûaçu'unaê tinha laços profundos de parentesco e solidariedade com as tabas vizinhas. Assim como também nos ajuda a compreender as rotas de deslocamento das primeiras populações que aqui viviam. Os clãs tupinambás costumavam organizar-se de modo que seus parentes e aliados estivessem sempre em tabas próximas, prontos para reagir a uma convocação guerreira, como em um sistema de autodefesa coletivo de "um por todos e todos por um".

Gûyragûasu'unaê seria, dessa forma, uma das tabas mais importantes do Rio de Janeiro nos anos anteriores à fundação oficial da cidade. A clareira de sua *okara* estava nas terras onde a cidade efetivamente começou a partir de 1567 e tinha como porto o litoral da antiga "praia do centro", onde hoje está a Praça XV. Escavações arqueológicas modernas realizadas na Igreja de Nossa Senhora do Carmo, conhecida como a "Antiga Sé" do centro da cidade, revelaram que ela foi construída sobre uma aldeia indígena. Supomos que sejam os escombros justamente de Gûyrágûasu'unaê. Assim como os colonizadores espanhóis, os portugueses também erguiam seus templos sobre as aldeias e os cemitérios indígenas como uma forma de apagar o passado. O fato do nome de Gûyragûasu'unaê ter desaparecido completamente do imaginário da cidade depois da conquista portuguesa é impressionante.

Vamos nos guiar pelas informações deixadas nas listas de Jean de Léry. Na primeira lista do intérprete de 1550, como vimos, a aldeia está anotada na segunda posição da margem esquerda, o que corresponde às terras da Praça XV e do centro antigo da cidade. Já a segunda lista é a das aldeias visitadas por Jean de Léry e mostra a disposição das tabas cariocas no final do ano de 1557. Ou seja, dez anos antes da fundação, na prática, da cidade do Rio de Janeiro, e ao menos sete anos depois da elaboração da primeira lista. Léry relata então que havia visitado Gûyragûasu'unaê em outro lugar, bem distante do centro da cidade. Essa agora havia passado a ser a sétima aldeia da margem esquerda, localizada entre Okarantĩ e Tantimã (ao que parece nos limites da Zona Norte e Oeste da cidade), migrando possivelmente para as terras do interior a partir dos rios Irajá e Meriti.

A segunda lista fundamentalmente mostra que ocorreu o deslocamento espacial de Gûyrágûasu'unaê. Não seria a única, do final dos anos 1540 ao final de 1557 – cinco aldeias tupinambás haviam se estabelecido nas terras recém-conquistadas dos maracajás (temiminós) na Ilha do Governador, assim como outras oito novas aldeias apareceram no interior e próximas ao litoral de Inhaúma, Irajá e Meriti. Supõe-se que essa migração para a costa tenha ocorrido como uma consequência da guerra contra os maracajás e portugueses, e também pelo maior contato com os franceses, estabelecidos permanentemente na Baía de Guanabara desde 1555. O movimento de Gûyrágûasu'unaê foi inverso, evidenciando um distanciamento maior dos conflitos, ou talvez um posição de retaguarda naquele momento.

Gûyragûasu'unaê revela por meio de sua etimologia mais detalhes sobre os nativos do Rio de Janeiro e seu culto aos animais do topo da cadeira alimentar. Léry escreveu, no original em francês, a toponímia na forma que conseguiu captar sonoramente dos tupinambás da Guanabara. Ele chamou a aldeia de *oura-ouassu-onée* (grafia original de Léry). Ao analisarmos os fonemas captados pelo francês, chegamos ao termo *ûyraûasu'unaé*, ou, na forma moderna do tupi antigo, *gûyragûasu'unaê.*

Ao decompor o termo, temos *gûyra/ûyrá*, sendo o nome comumente dado a pássaros e aves em geral. Depois *gûasu/ûasú*, que é um sufixo de "grande", como o aumentativo "ão" do português. Já *una* fazia uma referência à cor desse pássaro, que era "negro, preto" e, por fim, *aê/ahê*, que vem a ser um pronome pessoal, designativo de "ele", "aquele". Por diversas fontes sabe-se que os tupinambás admiravam e chamavam de *gûyragûaçu* uma ave de rapina poderosa, cujas garras eles usavam para as cerimônias de bons presságios dos meninos recém-nascidos. Eram as garras do *gûyra-gûaçu* e as unhas da onça os bens mais preciosos para um *îetanongaba* perfeito capaz de fornecer poderes especiais aos bebês.

Os tupinambás apreciavam as técnicas de caça da "águia brasileira", a harpia, o *gûyragûasu'una*. O nome completo dessa aldeia do Rio de Janeiro, *gûyragûasu'unaê*, fazia referência ao nome do *morubixaba*, "ave grande", altamente respeitado por todos os outros chefes e que, ao longo dos anos, devido à sua importância, passou seu nome à comunidade, o que era um forte costume entre eles.

A envergadura da *gûyragûsuúna* podia chegar a 2,5 metros. Águia típica da Mata Atlântica, hoje em extinção, é também conhecida por gavião-real, gavião-de-penacho, uiruuetê e uiraçu. Quando se pode avistá-la, é facilmente reconhecível, pelo fato de ter uma espécie de penacho sobre a cabeça e um bico adunco e alto, que se assemelha à lâmina de um cutelo; é recoberta de preto na parte superior e tem no peito de uma combinação de branco com riscas pretas; possui patas compridas e amarelas. Quando voa, por seu tamanho, lembra um urubu, mas é distinguível pela cor branca nas extremidades das asas.

A harpia é rápida e potente em suas investidas, capaz de erguer uma ovelha sem maiores dificuldades. Ela voa alternando batidas de asa com planeio. Comunica-se logo ao amanhecer com um assobio longo e estridente que despertava as aldeias tupinambás. Nos dias quentes, costuma voar em círculos sobre florestas e campos próximos. As harpias esperam pacientemente pelas suas presas, guardando energia empoleiradas, apenas vendo e ouvindo por longos períodos. Elas caçam com curtas e rápidas investidas. As fêmeas são maiores e caçam presas mais pesadas. A harpia gosta de grandes presas, como a preguiça e os macacos.

Essa ave de rapina era tão admirada pelos nativos do Rio de Janeiro que seu nome ficou perpetuado nos primórdios da terra. O chefe Águia Grande intimidava com esse nome. Não devia ser fácil obter tal insígnia e ostentá-la frente aos demais guerreiros competidores. Entre os líderes, só era digno de tamanha honra aquele que arregimentasse um alto grau de prestígio. Para tanto era necessário ser um bom orador, dominando as reuniões dos anciões com seus argumentos lógicos e "mágicos". Também devia provar na guerra contra guerreiros inimigos, sejam os *gûaitakas*, maracajás ou outros, o porquê de possuir o nome de ave tão poderosa, de potentes garras que não deixavam escapar as presas.

Aquele que se chamava *gûyragûasu'unae* devia ser capaz de proezas e tinha que dar exemplo no campo de batalha, ou nas incursões de caça, agindo como uma ave de rapina oportunista no confronto com as presas, ou inimigos, sendo seguido por seus companheiros. A confirmação final da existência dessa aldeia ancestral está na impressão de seu nome em uma das primeiras cartas de sesmarias portuguesas do Rio de Janeiro datada do ano das batalhas definitivas, 1567. A referência a uma "*Juraaçumirim*" está anotada justamente na parte relativa ao litoral do atual centro da cidade. O que nos leva a *gûyragûasumirĩ*, que vem a ser o mesmo *gûyragûasu* acrescido de *mirĩ*, um qualificador para "coisa pequena" ou "homem de baixa estatura".

Ao que parece, depois da destruição da aldeia original de *Gûyragûasu'unae* durante as investidas portuguesas no período a partir de 1560, o *morubixaba* pode ter sido assassinado ou morto pelas doenças, e substituído por um filho ou irmão que manteve seu nome. Porém, não estando à altura do chefe anterior, acabou chamado de *gûyragûasu'mirĩ (mirim)*, o "sucessor de Gûyragûasu". Foi este o último líder dos sobreviventes da comunidade das águias. Sabemos disso porque esse cacique ainda tentou afastar-se de suas terras, deixando sua praia no centro e indo alojar-se para o interior do Recôncavo da Guanabara. Porque é Guiraguaçumirĩ justamente o nome da última aldeia descoberta por Abreu em seu estudo sobre as cartas de sesmarias portuguesas. O povo de Gûyrágûasu'unaê resistiu enquanto aldeia até o ano de 1638 quando suas terras foram tomadas. Viviam no atual bairro de Vaz Lobo, na Zona Norte do Rio, e foram de uma vez por todas absorvidos pela colonização.

Harpia do Centro do Rio

Jabebiracica, "a aldeia maracanã"

Um nome tão sonoro, bonito e misterioso, herança dos primeiros moradores da terra, merecia ser lembrado mais vezes nos enredos de Carnaval das escolas de samba, como fez a Portela no Carnaval de 2020. Infelizmente o processo de crescimento da cidade do Rio de Janeiro não deixou essa toponímia local chegar aos nossos dias de desfile na Marquês de Sapucaí. Foi escrita de tantas formas que seu significado caiu no esquecimento geral. No início quase não entendiam direito seus fonemas e vocalizações. Portugueses e franceses tiveram que adaptar sofrivelmente em suas articulações latinas palavra tão difícil quanto aquela; o resultado era um pior do que o outro.

Arraia

Jabebiracica era uma das mais importantes tabas tupinambás da Guanabara, senão a mais importante. Esse nome não deve ter agradado aos primeiros colonizadores portugueses. Sem falar que remetia a uma taba de "nativos não subjugados" vencidos em batalha. Por isso, talvez, convinha mesmo esquecê-lo de uma vez por todas. Assim, o termo "Jabebiracica", tão original e importante para a história da cidade, ficou guardado pelos séculos seguintes de tal forma que nem dicionários, enciclopédias ou mesmo a gigante da internet Google foram capazes de descrever nem fornecer mais informações acerca da ancestral aldeia tupinambá do Rio de Janeiro.

Jabebiracica tem um significado curioso que remete à descoberta de um personagem histórico completamente obscuro. Além disso, a etimologia da expressão em tupi antigo evidencia uma característica da fauna marinha da Baía de Guanabara quinhentista pouco conhecida. É o que restou no português da expressão *Îabebyra-asyka*, com sua semivogal inicial e fonemas guturais do "y". A primeira palavra *îabebyra* era como se chamava um peixe cartilaginoso que todos nós conhecemos hoje por arraia ou raia. As arraias são peixes achatados e podem ter forma de um losango ou de um círculo. Sua principal característica defensiva consiste em um venenoso ferrão escondido na cauda, cuja espetada pode até mesmo matar um homem. São animais muito perigosos e temidos por pescadores e banhistas, mas defendem-se somente quando agredidos.

A arraia era tão estimada pelos tupinambás que eles chegavam ao ponto de chamar-se com seu nome. A *îabebyra*, ou a arraia, possui características almejadas pelos grandes guerreiros, que utilizavam os ferrões desse animal como matéria-prima para a fabricação das pontas de certas flechas de objetivos especiais.

Interessante notar, contudo, que a carne das arraias era rejeitada para alimentação, uma vez que eles procuravam não abater animais que se deslocavam lentamente. Achavam que isso não apurava as técnicas de caça, não trazia benefícios mágicos, podendo ter o efeito contrário de deixá-los vagarosos. Regras ancestrais estipuladas pelo grande *karaíba*.

Já o termo *asyka* significa, literalmente, cortada, cotó. Pela etimologia da palavra o nome quer dizer arraia-cortada, como deviam chamar um determinado tipo de arraia muito comum na época. Supõe-se que esse vocábulo fizesse referência ao *morubixaba* dessa taba, o que era muito popular entre eles. Assim, Îabebyra-asyka seria o nome do chefe maioral dessa comunidade que durante anos dominou as terras e florestas que iam das margens do rio Comprido até as terras do atual bairro de São Cristóvão.

O maioral escolheu seu nome em uma relação direta com a natureza que o cercava. Provavelmente essa arraia era a que hoje conhecemos vulgarmente como peixe-guitarra e peixe-viola, devido à forma do corpo. Os peixes-viola encontram-se em águas tropicais de todos os oceanos, principalmente em águas costeiras, às vezes próximos aos estuários. O corpo tem uma semelhança entre o de um tubarão e o de uma arraia, com as barbatanas peitorais dando à cabeça a forma de um coração; o resto do corpo é alongado, com duas barbatanas dorsais bem desenvolvidas e uma cauda típica da classe, mas sem espinhos. São peixes que se alimentam de organismos do fundo do mar. Embora possam atingir até 3 metros de comprimento, não oferecem perigo ao homem, pois não possuem nenhuma defesa, diferentemente de outras espécies parecidas, que contêm um ferrão ao final da cauda. Daí o nome de arraia cortada ou arraia cotó, *îabebyra-asyka*. Sua única tática de sobrevivência é se esconder embaixo da areia, como faz o peixe linguado (que disfarça enterrando-se).

Surpreende, entretanto, o desconhecimento atual desse vocábulo tão importante nos primórdios da cidade, uma vez que o nome desta antiga taba tupinambá é um dos mais citados nos documentos históricos do século XVI. Nas fontes portuguesas pós-batalhas de 1567 aparecem, além da forma que decidimos utilizar – Jabebiracica (pois é a que melhor traduz a pronúncia original do tupi antigo) –, outras referências como: Gebiracica, Jabebirassiqua, Yabiricica, Jabiracica, Jaburacica, Ibiracica, Ibibuasiqua, Yabibirasiqua, Jeribiracica, Jabibirasiqua e Obiracica.[29] Todas essas formas referem-se à mesma aldeia.

A localização dessa aldeia ancestral dos nativos da Guanabara deve ser procurada nas áreas do lado direito da praia da enseada, chamada no século XVIII de Saco de São Cristóvão, praia de areias curtas, linda e pitoresca, hoje

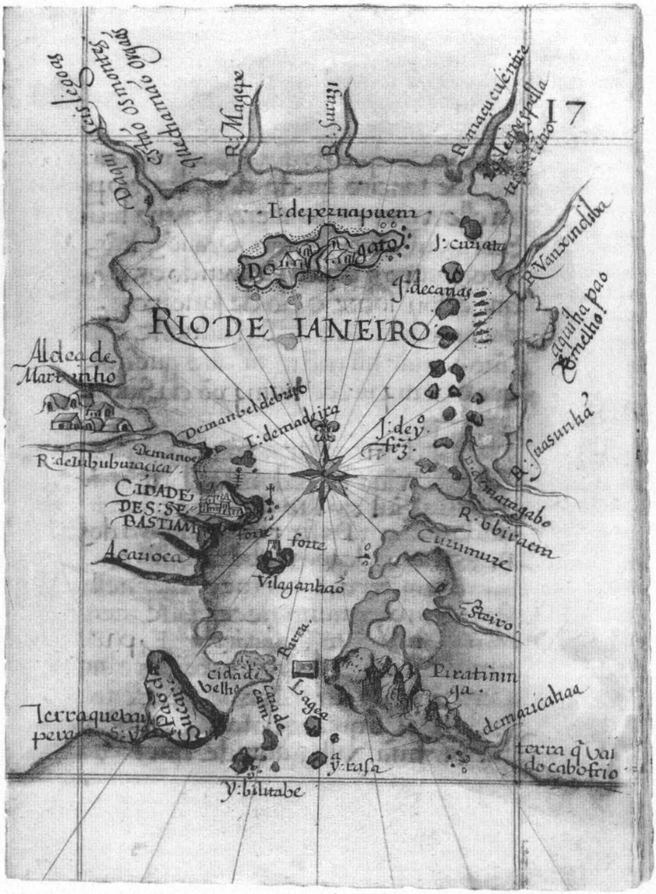

Mapa de Luís Teixeira Albernaz – c. 1574 –, primeiros anos pós-conquista da Guanabara

completamente aterrada pelo porto da cidade. Para imaginar essa parte do litoral carioca, basta olhar para o outro lado da baía, onde está o Saco de São Francisco em Niterói, sua bela enseada e praia com faixa de areia curta. Possivelmente tinha início nas proximidades da atual rodoviária Novo Rio, indo daquela ponta onde existia um extenso manguezal por onde a foz do rio Comprido passava. Seguindo o litoral havia uma longa praia até a outra ponta, onde começavam as terras da região do rio Inhaúma.[30] A taba de Jabebiracica servia-se de boa parte da praia dessa enseada, permanecendo nas terras que seguiam o curso do atual rio Comprido e seus afluentes.

Certamente ocupou as melhores áreas de parte da Zona Norte ao longo dos anos, sempre procurando uma posição equidistante entre a praia e o curso dos rios da região a partir dos bairros Rio Comprido, Tijuca, Maracanã e São Cristóvão. Não à toa, o rio do qual essa taba se servia de água potável também passou a ser denominado nos documentos antigos como rio de Iububuracica, de Jabebiracica e outros nomes similares. Um exemplo disso é o mapa de Luís Teixeira Albernaz, de 1574.

Ao exibir essa informação, o mapa esclarece que esse "Rio de Iububuracica" é uma corruptela do que era na verdade o Rio (da antiga taba) de Jabebiracica, e não o "Iguaçu", nome tupi do atual Rio Comprido. Ou seja, na parte onde existe a atual "Tijuca" no primeiro mapa quinhentista pós-fundação do Rio de Janeiro, quem aparece em sua importância maior é o rio da aldeia dos tupinambás, o que nos leva ao atual Rio Trapicheiros. Para a localização de Jabebiracica temos que olhar para os primórdios da ocpação dessa área. Em carta jesuítica de 1570, Gonçalo de Oliveira relatou haver uma ermida em homenagem a São Lourenço na então "aldeia do Martinho". Aldeia que sabemos então nesse ano estar localizada na região da Tijuca, ao lado do rio de Jabebiracica, e que havia sido antes a *Yabebira* dos tupinambás. Antes de se mudar definitivamente para Niterói, essa ermida primitiva de São Lourenço foi erguida primeiro em Gebiracica, como atestam fontes.

A atual Igreja de São Francisco Xavier, marco zero do bairro, tem sua criação estimada quando da posse das terras pelos jesuítas nos primeiros anos pós-fundação da cidade do Rio de Janeiro. Acontece que o jesuíta Francisco Xavier só viria a ser canonizado em 1622, tendo incorporado seu nome à atual igreja somente após essa data, bem distante de sua real fundação originária como ermida de São Lourenço. A atual Igreja de São Francisco Xavier é a melhor hipótese para a localização da aldeia inicial, uma vez que as igrejas jesuíticas eram construídas dentro ou próximas a aldeias.

Isso leva a crer que estamos falando da mesma construção, então erguida como uma ermida de São Lourenço na aldeia de Arariboia, a Jabebiracica dos tupinambás. Uma aldeia sempre era erguida ao lado de um rio de águas limpas e potável (atual Rio Trapicheiros); assim, essa aldeia existiu aos pés do "planaltinho" do Morro da Babilônia, onde os rios não alagam e se podia vigiar a costa. A aldeia ficava defronte à montanha na área que vai do Rio Trapicheiros à área do atual Colégio Militar. Quando você, tijucano ou carioca, passar por essa igreja de novo, veja a montanha que a emoldura por detrás, note o rio do outro lado da rua e perceba que tudo isso começou quando ali era uma terra indígena.

O nome ancestral de Jabebiracica ainda iria resistir por mais algum tempo no século XVI, sendo a toponímia progressivamente substituída por Iguaçu (Rio Grande) e Engenho dos Jesuítas. Era uma região belíssima, com praia de areias branquinhas e água cristalina, de onde se avistava o grande maciço da Tijuca ao longe. Uma bela visão do fundo da baía enternecia os visitantes. Nas águas calmas da praia os habitantes comuns eram os camarões, cavalos-marinhos, sardinhas, siris, tainhas, paratis, robalos, golfinhos e até mesmo baleias.

Podemos imaginar como o domínio do tupi e a amizade com os habitantes de Jabebiracica deviam ser estratégicos para qualquer ambição de colonização da Baía de Guanabara. Sua localização permitia amplo domínio do porto e era o ponto de partida para a exploração das terras para o interior do continente. Perto dali partiam alguns *peabirus*, entre eles os caminhos para o planalto de São Paulo e para as serras de Minas Gerais.

Jabebiracica era também um elemento central no complexo sistema de relações e solidariedade entre tabas da Guanabara, ponto de comunicação e encontro, assim como para o comércio de pau-brasil e outros produtos com os europeus. Ali era um dos locais de estocagem das toras de *ybyrapytanga*[31] enquanto os nativos aguardavam a chegada de novos navios dos comerciantes e feitores europeus.

Existem relatos de uma forte presença de *língoas* (bretões e normandos) entre os tupinambás dessa região. Essa aldeia era uma das primeiras a serem visitadas pelos capitães, comerciantes e intérpretes em rota para a Baía de Guanabara.

Nas várias versões do livro de Jean de Léry o nome dessa taba é transcrito com enorme dificuldade, aparecendo as formas de Jaburaci, Josy-yrasik, Joeyrasik, Yaboraci e Iaver-ur assic. Os franceses a conheciam tanto e tinham tanta dificuldade em pronunciar seu nome que deram um apelido para a localidade. Eles a chamavam de Pepin em homenagem ao mestre de um navio que ali desembarcara certa vez nos anos de 1540, cuja presença era manifestada pela amizade com que era tratado pelos habitantes dessa aldeia. Pepin acabou marcando seu nome entre os conterrâneos que vieram se aventurar nas terras do Rio Comprido por essa época.

Prova disso é o relato de Jean de Léry. Foi justamente a taba de Jabebiracica a primeira que ele visitou, após sua chegada, depois de três semanas enfurnado com seus compatriotas na ilha de Villegagnon. Partiu diretamente para a taba que conheciam como Pepin, onde alguns *truchements* já habitavam há mais de dez anos, muitos tendo filhos e mulheres, e atuavam como representantes comerciais em terra dos navios normandos que aportavam na Guanabara.

Em seu relato sobre a visita que fez a essa taba, Léry comenta sobre a cordialidade e a generosidade com que foi recebido e de certa forma adotado pelos tupinambás, entre eles, talvez o próprio *morubixaba* Îabebyra-asyka. Além disso, Léry documentou a distância que percorreu de barco a partir do forte Coligny até chegar essa taba: dizia ele que essa distância equivalia a duas léguas, aproximadamente 8 quilômetros. É um espaço bastante crível no século XVI entre a atual ilha da Escola Naval (também chamada de ilha de Villegagnon, atrás do aeroporto Santos Dumont), e a enseada onde havia a praia da taba de Jabebiracica.

Essa informação sugere igualmente que a localização da taba devia ser bem próxima à praia, o que em parte pode ser explicado pela atração que os europeus exerciam nessa época, com suas ferramentas de metal e apetrechos manufaturados, sobre os nativos. Esse fascínio Jean de Léry experimentou ao vivo assim que entrou nos cercados de Jabebiracica, quando foi imediatamente rodeado por dezenas de homens e mulheres em forte alarido. Um deles tomou seu chapéu e pôs na própria cabeça, outro se apossou da sua espada e do cinto brincando de esgrimir a arma, mas um tirou-lhe o casaco e imediatamente depois o vestiu, sendo Léry despido de quase todas as suas roupas. Faziam festa para um aturdido e impassível visitante com gritaria e música, correndo em volta da turba e envergando os trajes europeus, enquanto acompanhavam o estrangeiro para dentro da taba, possivelmente tendo como destino final a maloca do maioral Îabebyra.

Tentou o francês, possivelmente alertado pelo intérprete que o acompanhava, relevar toda a confusão que faziam com seus objetos tomados. Seguiu o conselho para que não criasse caso, uma vez que era dessa forma que os tupinambás de Jabebiracica costumeiramente davam as boas-vindas aos estrangeiros. Léry assim pôde constatar que não estava sendo vítima de um assalto, pois os tupinambás, depois "de se divertirem bastante com os objetos alheios, restituem-nos a seus donos".[32]

Curiosos, perguntavam-lhe diretamente: *Marapê-dererê, marapê-dererê?* [Como é o seu nome?]. O francês tentou dizer como se chamava, mas eles retiveram apenas a parte de "Léry" cuja sonoridade em tupi antigo era parecida com a palavra "ostra". No que o interlocutor sentiu que o reconheciam, mais uma vez com a ajuda do intérprete confirmou chamar-se mesmo Léry-assú, que ele sabia significar "Grande Ostra". Os tupinambás de Jabebiracica não devem ter entendido porque aquele estrangeiro se chamava ostra e riram um bocado da cara do europeu revelando ironicamente: "Em verdade, eis um bonito nome e ainda não vimos nenhum *mair* (francês) com nome igual".[33]

A afirmação anterior dá uma pista também de como os tupinambás deviam estar acostumados a receber *mairs* franceses nas suas malocas. Eram tantos que conseguiam comparar a natureza de seus nomes.

Jabebiracica deve ter fornecido parte da mão de obra responsável pelas construções do forte dos franceses na ilha de Villegagnon nos primeiros dias, assim como o abastecimento daqueles aliados em frutas, farinha e caça. Dessa taba deviam também ser alguns grupos guerreiros que tomariam parte nas batalhas contra os maracajás de Paranãpuã e contra os aliados portugueses na guerra da conquista da Guanabara.

A intensa solidariedade dos tupinambás de Jabebiracica com os franceses e a relação que ali havia sido construída entre os intérpretes e os nativos foi especialmente lembrada pelo padre José de Anchieta em *O auto de São Lourenço*. No momento em que fornece uma relação das tabas que haviam sido conquistadas pelos portugueses, menciona esta, destacando--a frente às demais. "E a tapera do pecado, a de Jabebiracica, não existe. E lado a lado a nação dos derrotados no fundo do rio fica. Os franceses seus amigos inutilmente trouxeram armas. Por nós combateram Lourenço, jamais vencido, e São Sebastião flecheiro."[34]

O padre Anchieta sabia da importância de Jabebiracica para os tupinambás da Baía de Guanabara. Os seus inimigos maracajás, mais ainda. Possivelmente como um ato de vingança e demonstração de superioridade, logo no ano seguinte às vitórias decisivas de Uruçumirim e Paranapucu de 1567, o líder temiminó Arariboia, mesmo já havendo recebido em sesmaria as terras da futura Niterói, toma a decisão de levar sua gente para as terras de Jabebiracica.

Ali, ele constrói uma grande aldeia que é claramente indicada no mapa de Luís Teixeira Albernaz como a Aldeia de Martinho, uma referência ao batismo cristão de Arariboia como Martim Afonso de Sousa. Outra referência a essa circunstância está no mapa do espião francês Jacques de Vau de Claye, de 1579, onde localiza o topônimo de Ararone justamente no lugar onde antes estava a aldeia de Jabebiracica.

Essas terras já haviam sido doadas em extensa sesmaria aos jesuítas, logo após a conquista da Guanabara, mas Arariboia e os temiminós contavam com regalias concedidas em virtude da sua colaboração. A presença do grande aliado maracajá nesse local também se justificava por uma necessidade defensiva. A localização de Jabebiracica era justamente a retaguarda da cidade que se iniciava no entorno do morro do Castelo depois de 1567. Os aliados temiminós posicionados naquela região seriam importantes para defender a insipiente cidade portuguesa das emboscadas e ataques das tabas tupinambás que ainda tentavam resistir terra adentro.

Em Jabebiracica ocorreu a derradeira batalha que selaria em definitivo a vitória luso-temiminó sobre os franco-tupinambás. Um último e decisivo combate que é totalmente esquecido.

Após as derrotas de Uruçumirim e Paranapucu em janeiro de 1567, alguns dos sobreviventes tupinambás mais aguerridos se reuniram na região do Cabo Frio, agora contando também com o reforço de novos contingentes das tabas daquela região. Além disso, conseguiram convencer os capitães de quatro naus francesas que ali haviam aportado para carregar pau-brasil e partir com eles com o objetivo de reconquistar as terras da Baía de Guanabara. Nos últimos meses de 1568, uma grande frota foi armada para uma contraofensiva; além das naus e da artilharia francesa, contavam com oito grandes lanchas de guerra e incontáveis canoas menores. "Entraram a som de guerra a barra do Rio de Janeiro, então sem forças, nem artilharia que impedisse o passo." O governador Mem de Sá e boa parte de seu contingente já haviam retornado aos seus lugares de origem, como Salvador e São Vicente.

Os portugueses, assustados, mandaram embaixadores aos navios franceses, e a resposta foi a de que estavam ali para ajudar seus aliados a vingarem-se de Arariboia, informando que nenhum mal queriam fazer aos portugueses. Mesmo assim correram para dar a notícia a esse *morubixaba* maracajá que ali havia se instalado com seus homens, onde se regozijavam com "as relíquias dos tamoyos vencidos".[35]

Salvador de Sá, o primeiro governador do Rio de Janeiro, a toda a pressa mandou um barco a São Vicente, em busca de socorro de canoas. Depois preparou trincheiras e ordenou que todos estivessem em armas. Contudo, a defesa da cidade dependia de Arariboia. O líder dos maracajás vencidos e expulsos anos antes da atual Ilha do Governador mandou logo sua gente construir "cerca de valos e estacada" em sua aldeia posta onde antes era Jabebiracica. Mandou aqueles que não eram de guerra para um lugar seguro "e esperou com grande coração, e esforço o inimigo".

Os tupinambás e os seus aliados franceses desembarcaram em terra e logo viram-se em maior número e em posição de extrema vantagem. Por algum motivo, talvez o medo dos franceses de encarar a batalha, ou por acharem que poderiam negociar a rendição de Arariboia com tal superioridade, não atacaram de imediato.

Durante aquela noite chegou reforço para os portugueses vindos de regiões próximas, e Arariboia, vendo que o momento propiciava alguma oportunidade, "no silêncio e escuro da noite, mandou romper as cercas" e, gritando o nome de Jesus e São Sebastião, atacou os tupinambás de improviso. Relata o historiador jesuíta Simão de Vasconcellos, em *Crônica da Companhia de Jesus*, publicado em meados do século XVII, que, na antiga Jabebiracica, muito provavelmente na praia da enseada de São Cristóvão, "travou-se uma bem ferida batalha". Os tupinambás e franceses surpreendidos na escuridão não conseguiram impor seu maior número de guerreiros, "porque os nossos, a voz e exemplo de seu capitão, pareciam leões; e como deram em corpo desconcertado, faziam no inimigo grande estrago".

Mesmo com a grande resistência dos tupinambás que "pelejavam fortemente os mais esforçados; mas como sem ordem", na confusão da noite alguns foram recuando e, quando deram-se conta, já estavam em debandada. Os maracajás de Arariboia seguiram os inimigos e "fizeram uma grande matança, castigando o atrevimento dos bárbaros, e desafrontando sua gente".[36] Para piorar, durante a noite a maré baixou, e as naus francesas encalharam na parte rasa da enseada. Como ficaram inclinadas, os normandos não podiam usar seus canhões. Os portugueses que tinham trazido um "falcão pedreiro" (espécie de pequeno canhão) aproveitaram para atirar sem que houvesse resposta nas naus francesas e mataram muitos dos normandos que estavam nos barcos. De manhã a vitória já estava selada, e os tupinambás, mais uma vez vencidos, voltaram para seus últimos redutos do Cabo Frio, sendo perseguidos depois ali por outras expedições portuguesas.

Eirámirĩ, abelha miúda guerreira, a aldeia de Manguinhos

Seguindo a praia da enseada do Saco de São Cristóvão no extremo oposto ao lugar onde ficava Jabebiracica, chegava-se a uma ponta de terra onde se situava a foz de outro rio, e a seguir o litoral era ocupado por extensos manguezais. Existia a partir dali um grande espaço ocupado por uma taba tupinambá de nome Eirámirĩ.

Conforme os relatos de Jean de Léry, alcançava-se essa comunidade a partir da taba do *morubixaba* Îabebyra-asyka em algumas horas de cami-

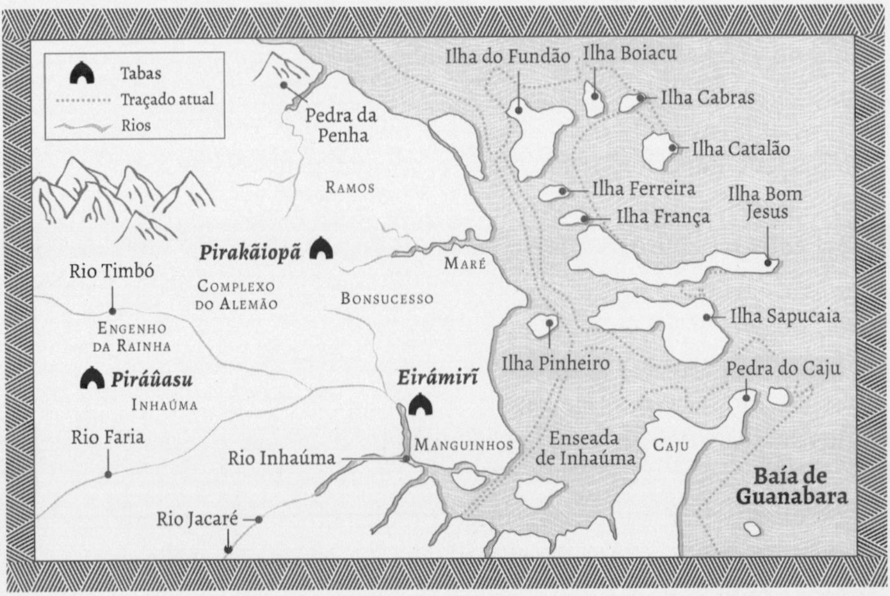

nhada. Depois de visitar Jabebiracica no mesmo dia, Léry partiu acompanhado do intérprete para Eirámirĩ, e lá chegou antes do pôr do sol. "Eu e o intérprete tocamos para adiante e fomos dormir na segunda aldeia chamada Eirámirĩ e que os nossos denominam Gosset." A partir da posição geral de Jabebiracica, que é bastante notória e conhecida, podemos tentar imaginar a posição da Eirámirĩ.

Referências históricas indicam que a aldeia de Jabebiracica estava junto à foz do rio Comprido, a partir da antiga "Bica dos Marinheiros" assentada com a praia da enseada de São Cristóvão à frente. Seguindo o corte do litoral, partindo da foz do rio Comprido e caminhando parte pela praia, parte por trilha na mata, chegava-se à foz do rio Inhaúma, o rio enlameado, uma referência ao terreno de mangue e pântanos que passava a predominar a partir desse ponto. Hoje esse rio outrora exuberante e cheio de vida jaz com o nome de Faria-Timbó porque, nesse ponto, o rio Faria já se juntou com o Timbó e deságua no canal do Cunha, um dos lugares mais poluídos da cidade.

Pela lógica, Eirámirĩ só poderia estar para além desse rio, em região mais afastada dos pântanos de mangue, depois da enseada que se formava junto à foz do antigo Inhaúma e atravessando para as terras na outra margem desse rio. Exatamente onde hoje se encontra o bairro de Manguinhos e a Fundação Oswaldo Cruz.

Eirámirĩ é uma das poucas tabas cariocas descobertas arqueologicamente. No final dos anos 1960, por conta da construção de uma rua dentro da Fundação Oswaldo Cruz, foi localizado "um sítio cerâmico contendo vários cacos visíveis no corte da estrada", além de conchas de búzios. Na camada superior da terra os arqueólogos encontraram vestígios de material europeu associado ao nativo. Como não havia dúvidas de que ali teria existido um aldeamento tupinambá, os pesquisadores deram nome ao local de aldeia de Manguinhos, salientado que as camadas superiores do sítio deveriam corresponder a um dos "aldeamentos tupinambás existentes na Baía de Guanabara e registrados por Léry em 1557".[37] Em 1966, chuvas torrenciais destruíram o barranco aberto pela estrada, o que impossibilitou que mais pesquisas pudessem ser feitas no local. De acordo com as evidências levantadas pela arqueologia, somadas às pistas que temos das fontes quinhentistas, Eirámirĩ é a mais provável candidata a ser a "Aldeia de Manguinhos" descoberta no século XX.

Cada taba e seus respectivos grupos guerreiros procuravam dominar um trecho de rio ou uma posição na praia correspondente, onde garantiam a pesca, tomavam banho, buscavam água e guardavam as canoas. Eirámirĩ dominava a foz do atual rio Faria-Timbó. As margens próximas às tabas eram lugares vigiados pelos nativos, como se fossem a porta de casa, com *kunumĩuasus* a postos para avisar aos guerreiros sobre quaisquer movimentações estranhas. Por isso, para tentarmos entender a localização das tabas do Rio de Janeiro foi preciso olhar para os traçados originais dos rios da cidade e o local onde desaguavam na Baía de Guanabara.

Eirámirĩ é listada na relação de aldeias visitadas pessoalmente por Léry e, de acordo com seu relato, localizava-se, seguindo pelo litoral, depois de Jabebiracica. A lista de Léry é uma fotografia instantânea, uma radiografia das tabas do Rio de Janeiro, com as quais os franceses tiveram contato nos meses finais do ano de 1557. Além disso, o protestante informou que lá vivia já há alguns anos o intérprete Gosset, provavelmente com mulheres e filhos mestiços. Como era costume entre essas pessoas, ele também devia ter adotado parte dos costumes tupinambás e da terra.

O intérprete com desenvoltura na antiga língua nativa teve que adaptar-se ao contexto local para sobreviver ao ser deixado naquela localidade, talvez ainda adolescente. Certamente em tempos sem tantos visitantes, teria andado pintado de jenipapo e urucum, sem roupas, o que era muito mais prático, e até mesmo aceitar carne humana animadamente enquanto papeava entre os anciões da taba de Eirámirĩ. Dormiria em redes e aprenderia inúmeras técnicas de caça com os seus anfitriões, além de visitar outras aldeias e explorar os caminhos da mata.

Sua função ali, além de fazer as vezes de intérprete para os enviados comerciais franceses, era garantir que os constantes carregamentos de pau-brasil, pimenta, tabaco, papagaios, macacos e outras curiosidades estivessem prontos para os navios mercantes das cidades francesas. Polos regionais da indústria têxtil, como os portos de Rouen, Dieppe e Honfleur, precisavam do pau-brasil para exportar seus tecidos da moda para o resto da Europa.

Gosset pode ter sido o líder da rebelião de *truchements* franceses contra as "ordens morais" de Villegagnon, que reprovava a união sem "casamento" com as nativas tupinambás. Esses comerciantes e intérpretes já viviam entre os tupinambás há muitos anos quando o cavaleiro templário Nicolas Villegagnon chegou ao Rio de Janeiro em 1555 com a intenção de fundar uma colônia chamada França Antártica. Uma de suas primeiras ordens foi determinar que os intérpretes franceses, que viviam adaptados entre os tupinambás, deviam se comportar como se estivessem na França. Proibiu-lhes expressamente de viver relação marital com as mulheres tupinambás, a menos que elas se batizassem e que eles se casassem religiosamente com apenas uma delas.

As ordens, claro, causaram a deserção de todos os intérpretes franceses do projeto de colonização da França Antártica e resultaram em sérios problemas para aqueles que ficaram dentro do forte. Existia, entre os revoltosos, um líder dos intérpretes que conseguiu escapar da morte fugindo a tempo quando um alcaguete os entregou aos guardas escoceses de Villegagnon. Pela proeminência que a menção histórica de seu nome enseja, não seria tão improvável que o articulador das relações entre os tupinambás e franceses fosse o mesmo Gosset de Eirámirĩ, sobretudo pela capacidade de entender e influenciar os nativos.

Notemos que os franceses chamavam Eirámirĩ de Gosset, e isso não poderia ter ocorrido se esse intérprete não fosse importante naquele contexto. A taba onde morava esse *truchement*, como mandava a tradição nesse tipo de aliança, cedeu alguma mulher em casamento ao estrangeiro. Possivelmente a irmã, a sobrinha, ou até mesmo algumas das mulheres do *morubixaba*, sendo por isso considerado um compadre, um membro da família. Por ter tal condição, devia arcar com obrigações ao *morubixaba*. Não existe fonte quinhentista com a indicação do nome do *morubixaba* de Eirámirĩ. Entretanto, um famoso líder guerreiro do Rio de Janeiro, Uruçumirĩ, comandante dos tupinambás nas batalhas de 1567 parece ter alguma relação com essa taba específica. Ele havia erguido uma grande paliçada de madeira que Mem de Sá chamou de "fortaleza de biraoaçu mirim" ao redor do atual Outeiro da Glória, fazendo questão de frisar na sequência que aquele oponente era "grande principal e muito guerreiro".[38]

A hipótese de este personagem histórico vir a ser o *morubixaba* de Eirámirĩ encontra uma pista concreta na localização dessa aldeia, no circuito de tabas ancestrais e mais ainda na similaridade etimológica e representativa dos dois termos. Eirámirĩ vem da conjugação das palavras *Eirá,* que tanto pode designar o mel de abelhas quando o próprio inseto que o produz, ou mesmo caracterizar "a abelha que produz mel", já *mirĩ* é *mirim,* ou seja, pequeno.

Eirámirĩ era a taba do "Abelha Pequena". O significado do nome da taba devia ter alguma relação com um tipo de abelha miúda que existia em muito mais abundância do que hoje. Ela produz um mel de ótima qualidade, muito apreciado pelos tupinambás, tanto para alimentação quanto como cola nos rituais. Hoje essa abelha ainda existe e é mais conhecida como "abelha cachorro". De cor negra azulada, faz as colmeias nos topos das árvores, sempre de forma arredondada, não tem ferrão e como defesa procura penetrar agressivamente nos orifícios do atacante, como boca, ouvidos e nariz.

A palavra que representa o nome de um dos últimos líderes guerreiros tupinambás, Uruçumirĩ, coincidentemente também faz menção ao nome de uma espécie de abelha. Esse termo é uma adaptação portuguesa da expressão *eirusu-mirĩ,* onde *eirusu* derivou para *iruçu* e *uruçu,* e significa um tipo de abelha que também não tem ferrão, mas que constrói colmeias diretamente no chão, erguendo as paredes a partir do solo. É uma espécie de abelha grande que possui coloração negra, com abdome frequentemente avermelhado e produz um mel tido como saboroso, porém em pequena quantidade. Hoje, esses insetos são conhecidos, principalmente em Minas Gerais e Goiás, como Iruçu-do-chão. *Mirĩ,* como já vimos, é um qualificativo de pequeno, baixo, provavelmente uma característica física ou moral do detentor do nome.

O líder da última tentativa de barrar o avanço dos portugueses na ofensiva final de Mem de Sá em 1567 tem seu nome citado pelas fontes com variações, além da forma mais aceita Uruçumirĩ (Uruçumirim), também existem outras grafias como Yraçu-mirim, Ibiraguaçu-mirim (*ybyra,* em tupi antigo, significa cerca, paliçada; também *guaçu* e *mirim* são qualitativos de "grande" e "pequeno") e Biraoaçumirim (uma corruptela do termo anterior). Os dois últimos termos mais parecem designar a "fortaleza" de paliçada do que o "grande principal" que a ergueu. Esse teria de ser mesmo Uruçumirĩ, o "pequeno Iruçu", que faz sua casa na terra.

Sabemos que frequentemente os nomes das tabas estavam associados ao nome do *morubixaba* da comunidade. A hipótese de Uruçumirĩ ter sido um guerreiro dessa taba e herdado a liderança de Eirámirĩ em algum momento nos últimos anos da década de 1560 – principalmente ao longo das batalhas contra os portugueses e temiminós, quando muitos chefes morreram – não parece ser tão absurda.

A quantidade de mortos crescia a cada embate já desde o final da década de 1550, quando os tupinambás atacaram São Vicente e depois defenderam ardorosamente o forte Coligny, construído pelos franceses na ilha onde hoje funciona a Escola Naval, atual ilha de Villegagnon. Os chefes davam o exemplo e morriam primeiro.

O francês Jean de Léry dormiu em Eirámirĩ em 1557 e, ao chegar no local próximo ao antigo rio Inhaúma, encontrou os nativos festejando, dançando e bebendo cauim. Apenas seis horas antes eles haviam realizado o longo e tradicional ritual de vingança ancestral contra um prisioneiro maracajá. As partes da vítima ainda estavam assando no moquém, fato que deixou Léry completamente estarrecido e assustado.

O calvinista e o intérprete foram para a maloca, onde passariam aquela noite, sendo recebidos pelo "principal" da casa, o anfitrião do intérprete, que lhes ofereceu redes para dormir. Logo as mulheres do lugar aproximaram-se e de cócoras começaram a chorar. Era um agradecimento à visita do estrangeiro. Falavam: "Tiveste tanto trabalho em vir nos ver. És bom. És valente".[39] À primeira vista não parecia, mas era o ritual de boas-vindas aos visitantes praticados pelas mulheres e principais da maloca. Fenômeno batizado pelos antropólogos como "saudação lacrimosa" e que era bastante comum na cultura de diversas comunidades indígenas sul-americanas.

Enquanto as mulheres choravam e se lamuriavam assim que o visitante deitava-se na rede, o chefe da casa discursava louvores de boas-vindas. O visitante também devia mostrar-se choroso, cansado e dar grandes suspiros de concordância com o que era dito.

Essa era a forma natural de agir em relação àqueles que ficavam pelo menos quatro dias distante da taba, fosse estrangeiro ou nativo. Todo membro que estivesse ausente por esse período também era chorado pelas mulheres da sua família. Era expressão sincera de saudade e polidez tupinambá.

Quando o recém-chegado era um europeu como Gosset ou Léry, as mulheres acrescentavam as qualidades deste já demonstrando interesse em futuras trocas. "Trouxeste coisas muito bonitas que não temos em nossa terra."[40] Depois do que o "principal" perguntava se os convidados estavam com fome e mandava trazer uma bonita vasilha de barro com um pouco de farinha e alguma carne de caça (veados, aves ou peixes, e "outros manjares"). Para beber serviam o "cauim que costumam ter preparado".[41]

Mesmo depois do banquete e da calorosa recepção, ainda desconhecedor dos costumes tupinambás, Léry passou a noite em claro, por causa da "bulha que faziam, dançando e assobiando e festejando a matança do prisioneiro". Uma terrível sensação de insegurança o tomou depois que um dos guerreiros lhe ofereceu um pedaço de um pé para comer. Imaginou que este o ameaçava com o mesmo destino. Começou a rezar e ficou completamente paralisado na rede, imaginando uma traição do intérprete que passara a noite com os tupinambás na festa.

Na manhã do dia seguinte, quando o *truchement* retornou, encontrou Jean de Léry pálido e febril. O protestante então contou que não havia dormido com medo de que os nativos o comessem. "Disse-me então o intérprete que não tivesse medo, pois os selvagens nada tinham contra nós, e contou-lhes o que me passara pela cabeça." Os tupinambás, entendendo a situação, declararam que não haviam percebido o medo e pediram desculpas, para logo depois, como são "galhofeiros", "desataram a rir de minhas atribulações".[42]

Assim como o intérprete que acompanhava Jean de Léry, o *morubixaba* Uruçumirĩ ou o anterior a ele teria igualmente acolhido o *truchement* Gosset há pelos menos dez anos. Eles tinham esperança de aproveitar as utilidades e conhecimentos que a presença desses estrangeiros proporcionavam. Principalmente ao fornecer as armas que tanto os impressionavam e que mais tarde alguns aprenderiam a manejar habilmente, empregando-as contra os soldados portugueses. Além disso, Gosset e os outros intérpretes arrumavam tudo mais que quisessem como: espelhos, facas, machados, anzóis, roupas e outras coisas, em troca do corte, estocagem e carregamento de pau-brasil, bem como carregamentos de pimenta, papagaios, bugios etc. Para Uruçumirĩ era vital tornar-se mais forte frente ao contexto negro que se avizinhava, assim como em relação às outras tabas tupinambás que disputavam os valiosos apetrechos que esses estrangeiros traziam. Com o aliado vivendo entre eles, os tupinambás de Eirámirĩ imaginavam ter chance de defenderem-se dos portugueses e manterem-se livres sobre a terra que lhes pertencia há centenas de anos. Tanto isso é verdade que esse *morubixaba* teve condições de liderar os tupinambás na resistência final, no combate decisivo para o destino do Rio de Janeiro, tendo sobrevivido à batalha da destruição do forte Coligny e aos cercos portugueses até pelo menos 1567.

É a histórica batalha de Uruçumirim, perto do atual morro do Outeiro da Glória, onde esse líder tupinambá viveu sua maior honra, e seu povo, sua maior derrota. O nome do oponente eternizou-se ao lado do português Estácio de Sá quando este recebeu uma potente flecha que penetrou milimetricamente a viseira de sua armadura. Um tiro certeiro que poderia muito bem ter partido do "grande principal e muito guerreiro", o Uruçumirĩ de Eirámirĩ.

Pirakãiopã, a tapera de Bonsucesso

Certas aldeias tiveram sua presença evidenciada de maneira marcante nas fontes históricas. Esse é o caso da pouco conhecida Pirakãiopã. Era um dos nomes ancestrais mais importantes do Rio de Janeiro, hoje ignorado pelos moradores dos bairros que atualmente ocupam sua área original.

Essa taba aparece na primeira sequência de aldeias do Rio de Janeiro fornecida no início do capítulo "Colóquio", na obra de Léry, no qual transcreve em tupi antigo e em francês o diálogo de chegada ao Rio de Janeiro entre um *truchement* normando com um guerreiro tupinambá. É, na verdade, uma espécie de guia prático da língua e que os pesquisadores acreditam tratar-se de um tipo de texto de instrução para os recém-chegados franceses.

Pirakãiopã é a quarta taba anotada na lista do intérprete e estava localizada a partir da margem esquerda da Baía de Guanabara. Seu nome estranho nada mais é do que a menção a um peixe de rio, abundante na época, mas hoje completamente extinto no ecossistema fluvial da cidade. Pirakãiopã é a forma histórica em português do nome dessa taba que também foi anotada pelos franceses como *"piracan-iu-pema"* ou *"piracanjupema"*. Onde *piracaiu* ou *piracanju* eram os nomes do peixe que conhecemos como piracanjuba.

Esse peixe de rio era uma espécie migratória de carne muito apreciada pelos tupinambás. Separando a palavra, chegamos ao significado real do termo, onde *pirá* é peixe, *acang/a* ou *akang/a* significa cabeça e *iu* ou *jub/a* em tupi é um sufixo qualitativo para a cor amarela. Portanto, o significado da palavra é uma característica da piracanjuba, "peixe de cabeça amarela". Adicionando o termo *pema* a esse conjunto, é possível reter o significado total do nome da taba de Pirakãiopã. O sufixo *pema* quer dizer anguloso, esquinado, arestoso, o que em relação a um peixe significa "arrepiado", "espinhoso", ou seja, uma piracanjuba dotada de fortes espinhas dorsais.

Pirakãiopã então era uma espécie nativa de piracanjuba com uma bela defesa de espinhas utilizada contra os predadores naturais. Os tupinambás adoravam e cultuavam essas características nos animais. Espinhas poderosas com diversas utilidades guerreiras. Além disso, piracanjuba era um peixe nobre de rio, podendo chegar a 80 centímetros de comprimento e pesar mais de 10 quilos. Habitavam os rios que hoje são conhecidos como Faria, Timbó e Jacaré, e que atravessam boa parte dos bairros da Zona Norte, bem como os baixios e lagoas que compunham o antigo ecossistema dessa região.

Acredita-se que o nome da taba era uma referência direta ao *morubixaba* que a comandava. O chefe dessa comunidade tupinambá era o Piracanjuba Arrepiado ou em um sentido mais verdadeiro o Piracanjuba Guerreiro, líder de guerra dos tupinambás que habitavam no litoral da atual Zona Norte da cidade. A taba de Inhaúma é uma das que mais fácil podemos localizar hoje, graças às fartas referências em documentos portugueses.

No caso de Pirakãiopã, é bem possível que esta taba tenha permanecido na mesma área desde que foi visitada nos tempos franceses até sua a destruição final pelos soldados de Mem de Sá. Franceses históricos como Jean de Léry, Thevet e Villegagnon certamente a visitaram e tiveram contato com o chefe Piracanjuba. Jean de Léry inclusive deixou-nos uma pista sobre sua passagem por essa aldeia. Depois de contar sobre a assombrosa experiência de pavor vivida em Eirámirĩ quando testemunhou uma festa antropofágica, Léry declarou ter seguido para outra aldeia à frente, deixando em suspense o nome da próxima taba do caminho que percorria e o que teria se passado lá. "Dali seguimos para outra aldeia, mas deixarei de referir o que aconteceu por considerar suficiente o exemplo dado (sobre o choque cultural que teve com a antropofagia ritual dos tupinambás)."[43]

Esse cronista francês pode até não a ter visitado pessoalmente como fizeram os *truchements*, que a anotaram na primeira lista, mas a presença de Pirakãiopã foi sentida pelos conquistadores portugueses dez anos mais tarde. Cartas de sesmarias portuguesas concedidas por Estácio de Sá ainda em 1565, quando aquelas terras ainda nem haviam sido de fato conquistadas, fazem menção à costa de "*Piraquanopã*",[44] como toponímia referencial das áreas concedidas hoje no litoral dos bairros do complexo da Maré, Bonsucesso, parte de Ramos e de Inhaúma.

Várias das primeiras cartas de sesmarias portuguesas usam como ponto referencial um local central nessa parte da costa denominado pelas autoridades lusas como a "tapera de Inhaúma". A palavra "*tapera*" é uma referência explícita à existência anterior de tabas nativas. A etimologia quinhentista de "*tapera*" quer dizer em tupi antigo "aldeia que foi"; em bom português "aldeia em ruínas", "aldeia extinta" ou, ainda, "aldeia que havia sido destruída". As grandes praças sem vegetação – as *okaras* –, que antes eram usadas de pátio de convívio das malocas tupinambás e eram dispostas circularmente, serviam, na medida em que iam sendo conquistadas, como abrigo e espaço para a construção das primeiras moradias, casas de engenho e igrejas.

As terras de Jabebiracica haviam sido doadas à Companhia de Jesus ainda em 1565 por Estácio de Sá. Essa sesmaria terminava na tapera de Inhaúma, razão pela qual nos anos seguintes os padres e a Câmara da cidade travaram uma verdadeira disputa pela medição do terreno, o que efetivamente só acabou em 1588. Dessa medição efetuada criteriosamente e fiscalizada pelas autoridades, verificou-se que do "litoral de Inhaúma, seguindo-se daí até a tapera do mesmo nome, que se soube agora estar localizada no interior, a 700 braças (1.540 metros) do mar".[45]

Essa distância ajuda a entender como as tabas se colocavam em relação ao litoral. O lugar apontado como a área onde a dita tapera de Inhaúma se localizava estava a apenas 1,5 quilômetro distante da margem da baía, onde no final do século XVI já existia um trapiche para o transporte dos produtos dos engenhos. É difícil apontar o local exato de Pirakãiopã, uma vez que seria necessário reconstituir o litoral dessa parte da baía sem levar em consideração os seguidos aterros e drenagens de mangue que modificaram completamente essa parte da margem.

Uma pista para esse mistério é seguir o curso do atual rio Faria-Timbó e que forneceu durante centenas de anos ótimas piracanjubas para os nativos da Zona Norte do Rio de Janeiro. Na foz, os tupinambás da "abelha pequena" de Eirámirĩ, na área atual da Fundação Oswaldo Cruz em Manguinhos, aproveitavam-se de suas águas, e no interior mais a oeste os de Pirakãiopã viviam da sua fartura, muito provavelmente habitando as terras entre os bairros de Bonsucesso, Inhaúma e Ramos.

De Pirakãiopã e do rio do qual viviam, seguia um antigo caminho que orientou a interiorização da conquista portuguesa. As doações de terra nos primeiros anos após a conquista balizaram-se ali por uma trilha, um *peabiru*, dos muitos que se entrecruzavam. Os documentos indicam este como sendo o "caminho que vai para a aldeia de Pindobuçu", que mais tarde se tornou, ao que tudo indica, a estrada real de Santa Cruz na época do Império (depois avenida Suburbana, atual Dom Helder Câmara). Esse antigo caminho ajuda a esclarecer boa parte das localizações das aldeias ancestrais do Rio de Janeiro.

Os portugueses se aproveitaram bem das toponímias indígenas para indicar as terras que pretendiam obter. Toda a costa da Baía de Guanabara recebeu por parte dos conquistadores os nomes que os tupinambás davam aos segmentos do litoral, em associação com as comunidades que ali residiam. Alguns desses nomes permaneceram vivos por boa parte do século XVII, mas depois desapareceram. Outros nomes ainda persistem como "fósseis culturais" de um tempo esquecido.

Pirakãiopã durante muitos anos foi referência de toda uma parte da costa ocidental da Baía de Guanabara, mas nos séculos seguintes foi caindo no esquecimento, ao longo do complexo processo de adensamento urbano da área. O nome se foi junto com a extinção dos piracanjubas guerreiros e das piracanjubas dos outrora limpos e férteis rios do complexo Faria-Timbó. Contudo, a lembrança dessa época, por incrível que pareça, permaneceu na cultura popular por meio de um dos mais conhecidos e tradicionais blocos de Carnaval da Zona Norte da cidade. O "principal" e a aldeia Piracanjuba resistem e "revivem" nos desfiles do Cacique de Ramos.

Piráûasu, a taba do peixe grande

Essa taba ancestral do Rio de Janeiro foi registrada apenas uma vez em fontes históricas. Está na segunda lista de Jean de Léry, entre aquelas tabas que ele teria visitado pessoalmente. *Pira-oussu* (grafia original francesa) segundo esse cronista localizava-se, por volta de 1557, entre as aldeias de Eirámirĩ e Sapopéma, sendo a quarta taba na ordem daquelas que se encontravam a partir da margem esquerda (tendo-se como referência a entrada das naus na Baía de Guanabara). Seu lugar teoricamente é o ocupado pela aldeia de Pirakãiopã na primeira lista do "Colóquio", que tem origem nas anotações dos primeiros *truchements* franceses que chegaram à região durante a década de 1540. A aldeia do cacique Piracanjuba, contudo, não é citada por Jean de Léry na lista de tabas que visitou.

São justamente as discrepâncias entre as duas listas apresentadas por Léry o principal argumento daqueles que imaginavam ser impossível a reconstituição do território tupinambá no entorno da Baía de Guanabara. Novas informações surgidas a partir de recentes pesquisas nas fontes disponíveis sobre os primeiros tempos da fundação da cidade permitiram, no entanto, identificar as prováveis áreas de boa parte das aldeias originais da terra, que haviam sido apontadas nos textos franceses.

Enquanto o feitor normando relaciona 19 aldeias no total, Jean de Léry menciona a existência de 22. Cinco novas toponímias de tabas são citadas a partir da margem esquerda na segunda lista de Léry. São elas: Piráûasu, Tantimã, Kotyuá, Payó e Sarigûé. Na verdade, como veremos mais à frente, essas aldeias foram anotadas durante uma caminhada pelo interior, partindo do litoral, em sua jornada de reconhecimento da terra. É por isso que, no seu depoimento final sobre as tabas da Guanabara, não existe uma relação das que estavam no interior. Ao contrário da primeira lista, estas são englobadas como as que podiam ser alcançadas a partir da margem ocidental. Com o conhecimento hoje disponível, é possível inclusive reproduzir grande parte dos trajetos das andanças de Léry.

Na sua lista pessoal de aldeias, o calvinista francês passa por três que estavam mais próximas do litoral. A primeira se localizava na foz do rio que pertencia à comunidade da Karióka, depois alcançava Jabebiracica na enseada de São Cristóvão. Assim, no mesmo dia foi possível chegar até Eirámĩrĩ, na região de Manguinhos.

Desse ponto, Jean de Léry começou a subir para o atual subúrbio do Rio de Janeiro. Piráûasu foi a próxima aldeia anotada, na qual ele fez uma parada, no caminho para as grandes comunidades do interior apontadas tanto na primeira quanto na segunda lista e que tinham milhares de moradores como Sapopéma e Okarantĩ.

Enquanto isso Pirakãiopã estava no mesmo lugar, muito provavelmente no bairro de Bonsucesso, local que no início da colonização era conhecido como a tapera de Inhaúma. O atalho que Léry pegou para chegar ao interior das terras a partir da aldeia de Eirámirĩ não permitiu que ele pudesse descrever fielmente as tabas que estavam na continuação do litoral. Tal descrição é feita pelo *truchement* na primeira listagem, pois essa lista diferencia as aldeias que estavam no interior daquelas que estavam próximas à margem.

Dessa forma a taba de Piráûasu se localizaria em algum lugar numa extensa área entre as atuais regiões de Manguinhos e Deodoro. Tomando como base uma equidistância entre essas duas aldeias, de Eirámirĩ e Sapopéma, e levando-se em conta também a presença de Pirakãiopã a 1,5 quilômetro da costa na altura de Bonsucesso, é possível estimar que a comunidade do *morubixaba* Peixe Grande ocupava os espaços onde hoje estão os bairros de Cavalcanti, Tomás Coelho, nas cabeceiras do riacho Timbó.

A explicação para a diferença entre as duas listas não reside apenas no fato de que são registros de épocas diferentes. Pirakãiopã está ausente da lista de Jean de Léry porque ele não a visitou. Fez o caminho para o interior a partir de Eirámirĩ seguindo o mais antigo e conhecido *peabiru* tupinambá da terra que cortava o imenso e rico vale entre os maciços da Tijuca e Pedra Branca de um lado e do Mendanha do outro. Além disso, como já vimos, o nome de Pirakãiopã é bastante citado como ponto referencial da posição das terras da costa de Bonsucesso nas primeiras cartas de sesmarias portuguesas emitidas ainda à época da conquista. Esse fato corrobora o entendimento de que essa taba ainda se localizava perto da mesma área indicada na primeira lista.

Já o nome de Piráûasu desaparece totalmente das fontes lusas posteriores. Tal indiferença parece indicar que essa aldeia ou não era a mais relevante entre as que ocupavam essa parte da baía, ou mesmo podia ser uma comunidade "aparentada" daqueles que pertenciam à Pirakãiopã que permaneceu na memória dos portugueses.

A similaridade entre as etimologias dos nomes dessas duas tabas ancestrais permite indicar que elas talvez tivessem alguma relação entre si. Enquanto Pirakãiopã faz referência a um *morubixaba* que se autointitulava como o Piracanjuba Espinhoso, o cacique da taba de Piráûasu também é a provável origem do nome da aldeia. A toponímia significa "Peixe Grande", onde *pirá*, como já vimos, é o termo para o animal, e *ûasu* uma das formas que designam em tupi algo como grande, forte e robusto.

O nome teria relação provavelmente com uma característica pessoal do "principal" dessa aldeia. Certamente uma menção ao seu porte físico ou mesmo um qualificativo de uma das principais habilidades desse *morubixaba*, ser tão bom pescador que costumeiramente apanhava os maiores peixes. O nome adotado de Piráûasu é também a denominação de uma espécie de peixe que hoje é impossível de se reconstituir, extinta antes de qualquer catalogação, e cuja captura devia ser motivo de honra entre os guerreiros tupinambás. Quanto mais difícil a presa, mais os determinados nativos do Rio de Janeiro se empenhavam e engenhosamente armavam estratégias para abatê-las.

Tupinambás capturavam grandes peixes flechando--os e depois mergulhando para apanhá-los

No caso da pescaria, sabe-se que as comunidades da Guanabara eram exímias nessa arte. As técnicas eram diversas: uns esperavam de arco e flecha em punho, em cima de pedras, canoas ou pequenos promontórios à beira-mar a passagem de cardumes ou da espécie desejada à flor d'água. Tainhas, paratis, anchovas, entre outros peixes então eram flechados violentamente ao passo que o atirador mergulhava em seguida na água (tarefa que muitas vezes era dispensada às mulheres) para buscar a presa ferida.

Também sabiam pescar com arremedos de anzóis feitos de certas espinhas de peixe presas a linhas trançadas de algodão ou embira. Tal artefato devia ter uma eficácia relativa, sendo utilizada apenas para os pequenos peixes. Isso explica por que o aparecimento dos anzóis de ferro trazidos pelos europeus causou uma verdadeira revolução na técnica de pescaria dos nativos do Brasil.

Outra estratégia também muito usada pelos tupinambás no Rio de Janeiro se aplicava aos rios menores e mais rasos, possíveis de serem cercados. Eles maceravam grande quantidade de uma planta chamada por eles de *timbó*, que, em contato com a água, soltava uma substância entorpecente para os peixes. Os pescadores por isso cercavam com redes um determinado trecho de rio enquanto outros jogavam na água grandes quantidades dos resíduos do timbó. Em poucos minutos os peixes que haviam ficado presos naquele trecho apareciam boiando intoxicados pelo *timbó* e eram facilmente apanhados à mão. Deixados na água, recuperam-se, podendo ser consumidos sem inconveniente. Na pesca em rios, a quantidade de timbó tinha de ser maior, devido à correnteza. Para evitar a rápida dispersão do veneno, ele era misturado com barro e colocado em cestos posicionados na montante do curso d'água.

Ainda hoje, comunidades indígenas amazônicas cercam trechos de *ygarapés*,[46] rios pequenos, para impedir que o *timbó* se espalhe demais e se dilua. Logo coletam primeiro os peixes menores e depois os maiores, mais resistentes.

Para pescar à noite, os peixes eram atraídos com tochas e logo sucumbiam também sob a ação do *timbó*. Os peixes das *piraîkés* – época da desova nos rios que desaguavam no mar – eram captados pelos nativos, na maré vazante, quando também utilizavam o *timbó* e os recolhiam com redes de até 3 metros de altura. O *morubixaba* Piráûasu, Peixe Grande, conhecia muito bem todas essas técnicas.

Eiraîá, o mel do Rio de Janeiro

Um dos bairros mais cariocas do Rio de Janeiro, berço de sambistas, é uma das mais fortes heranças culturais deixadas pelos nativos tupinambás. O Irajá é uma das regiões da cidade que permaneceram com a designação original de uma das tabas ancestrais da terra, já percebida nas fontes desde a época dos franceses. Eiraîá devia ser uma grande aldeia tupinambá, das mais importantes por estar incluída na primeira lista da principal fonte quinhentista francesa, ou seja, sendo anotada desde antes da década 1550.

Ao seguir a margem esquerda da Baía de Guanabara e passar pela foz do conjunto de rios e ribeiros que formam hoje o rio Faria-Timbó, do qual viviam os habitantes de Eirámirĩ, Pirakãiopã e, mais ao interior, Piráûasu, chega-se aos manguezais que caracterizavam essa parte do litoral. Percorre-se então esse trecho, que é paralelo às atuais Ilhas do Fundão e do

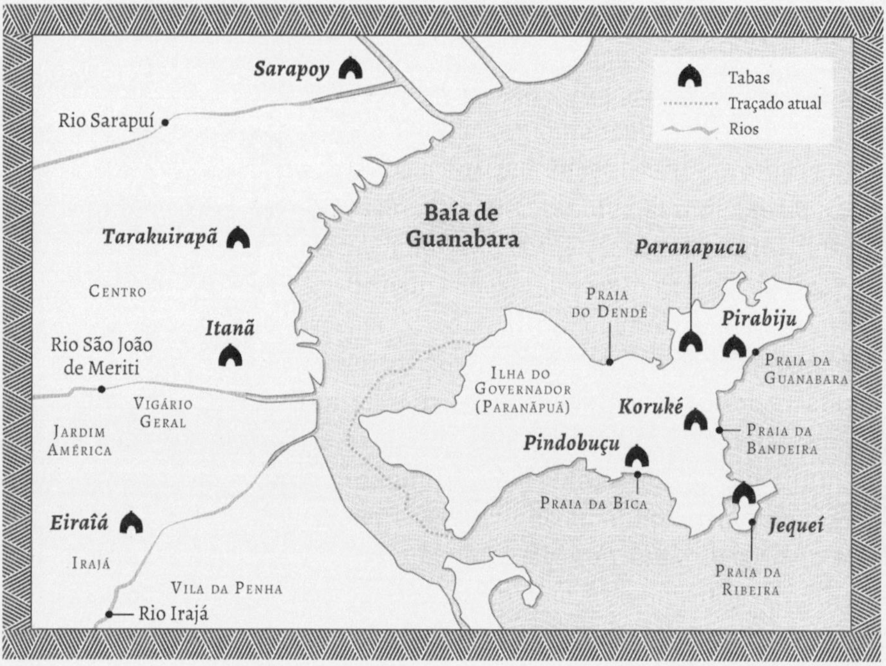

Governador, passando alguns córregos. Em seguida, surge outro grande estuário: do rio que, não por outra razão, os portugueses conheceram e denominaram como Irajá. O nome original deste rio, que perpetuou a designação daquelas terras, nada mais era do que o nome da taba dos tupinambás que habitavam aquela região desde tempos imemoriais.

O nome em tupi antigo é formado pela expressão *Eira-iá*, onde *Eirá*, como já vimos, é uma palavra que pode designar tanto o mel quanto a abelha e *iá* um sufixo que exprime totalidade, abundância, ou simplesmente "cheio". Eiráîá era sinônimo de fartura, era a taba "repleta de mel" dos tupinambás. Certamente fazia alusão a essa característica da região, onde a natureza e a fauna eram exuberantes, com fartura de pesca e caça. E, como o nome parece demonstrar inequivocamente grandes colmeias de abelha nativa (que chamamos de cachorro ou abelha-preta) em seu total esplendor que se aproveitavam da grande quantidade de néctar disponível na Mata Atlântica para fornecer mel em profusão aos seus vizinhos.

A etimologia da palavra em tupi antigo também permite uma interpretação poética alusiva ao fato de a taba tentar agir como uma colmeia "repleta de mel" ou "como as abelhas". O nome dos tupinambás dessa aldeia possivelmente também podia ser uma alusão à força de trabalho em equipe e à união das abelhas. Todas se esforçando pelo bem geral da comunidade. Isso devia servir como metáfora, nos estímulos ao trabalho e à guerra, feitos tradicionalmente pelo *morubixaba* da comunidade, nas alvoradas de cada dia importante.

Colmeia de abelhas cachorro

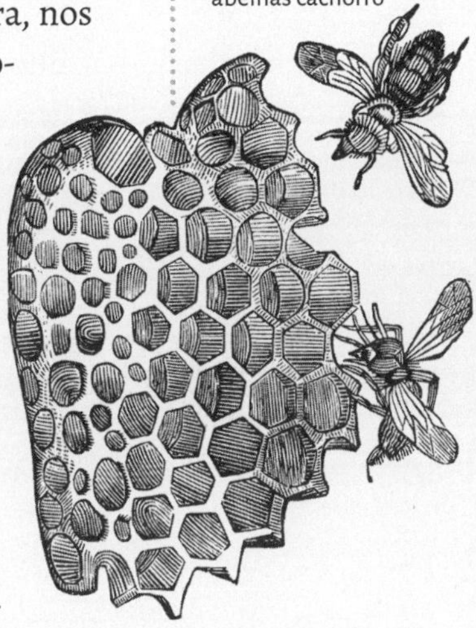

Tudo por causa dos significados possíveis do sufixo *ia* que, além de exprimir algo "cheio, repleto", também podia ser usado para exemplificar em tupi antigo uma expressão comparativa de "como, da mesma maneira, assim como", ou seja, alguma coisa ou alguém. Ainda existe outra possível interpretação etimológica: essa leva a uma conclusão completamente diferente da já apresentada e permite imaginar um personagem até então desconhecido da historiografia oficial do Rio de Janeiro.

Existe ainda uma chance de que o nome *eirá* seja uma contração de *eîrara*, uma conhecida palavra em tupi antigo usada para designar um animal da Mata Atlântica, conhecido como papa-mel e da família do furão. Seria o nome do *morubixaba* que, como de costume, transferia seu nome à comunidade, sendo então conhecida como a taba do (*morubixaba*) Eiraîá *(Eîrara)*.

O animal ainda hoje é conhecido como irara, e seu nome científico (*Eira barbara*) não deixa dúvida sobre sua origem. É um animal carnívoro predador, da família dos mustelídeos, mas que pode comer também outros tipos de alimentos. É a única espécie do gênero *eira* que vive em árvores e florestas. Tem um aspecto semelhante às martas, fuinhas e lontras e pode atingir um comprimento de até 60 centímetros (não incluindo a cauda). As iraras habitam as florestas tropicais da América Central e da América do Sul, sendo muito presentes nas matas do Rio de Janeiro no início do século XVI.

Irara

A *irara* é também conhecida no Brasil pelo nome de papa-mel, pois esse é um de seus alimentos preferidos. Os tupinambás deviam adorar as habilidades desse animal para conseguir superar as defesas das abelhas e seguir em busca de colmeias. Nos países de língua espanhola, que constituem uma grande parte de seus domínios, a irara é chamada "*cabeza de*

cejo", que significa "cabeça de velho". O animal tem a cabeça tomada de pelo acinzentado, grisalho, e seu corpo tem pelagem negra; suas orelhas curtas e arredondadas lhe conferem o aspecto de um rosto humano envelhecido. Seu corpo é esguio, o pescoço é alongado, e as pernas, compridas. É um escalador muito ágil, característica também muito apreciada pelos indígenas, que estavam acostumados a escalar grandes árvores para colher frutos, para obter a própria localização dentro da floresta, assim como para preparar emboscadas. As habilidades manuais desse animal ficam evidenciadas quando capturavam um de seus principais alimentos, o mamão. Sem dificuldade alguma, a irara chega à região dos frutos, prende-se ao alto da árvore com a cauda e as patas traseiras, e depois, com as patas dianteiras, alcança a fruta. As palmas de suas patas são lisas; as garras, parcialmente retráteis, e as articulações de suas pernas lhe permitem virar as patas para descer das árvores com a cabeça voltada para baixo. As iraras são ativas dia e noite, e descansam nas horas quentes do dia. São solitárias, mas podem ser vistas aos pares e costumam marcar território, nos galhos por onde passam, com o próprio cheiro.

Hoje é impossível saber se a nossa Eiraîá fazia menção ao mel (ou abelha) ou a um *morubixaba* que havia se inspirado na *eîrara*, o papa-mel. Os estudiosos preferem a primeira hipótese. Entretanto, não resta dúvidas sobre a origem do topônimo Irajá ser exclusivamente uma referência ao nome dessa taba ancestral, que deu nome ao rio e que acabou por se perpetuar em toda região até sobrar parte da área no bairro com o nome aportuguesado do tupi antigo. *Eirá* como corruptela transformou-se em Ira e a terminação *iá* – como de costume, o *i* fraco e nasalado do tupi foi substituído pelo *j* – em já. A aldeia de Eiraîá é, portanto, a origem do bairro Irajá, mais transparente do que as águas desse rio originário.

Atualmente ainda existem os que acreditam e reproduzem certa lenda de que o topônimo do bairro Irajá se explica a partir da chegada dos primeiros portugueses. Um mito que é semelhante ao do nome "carioca" e que acaba ocultando a existência desta taba ancestral "repleta de mel". Como em boa parte das tentativas de explicações "populares" sobre os nomes mais antigos do Rio, nota-se uma evidente tentativa de mistificação, com o objetivo de incorporar os conquistadores portugueses na origem do topônimo.

Diz-se desse mito que, quando os primeiros engenhos de açúcar começaram a ser introduzidos nessa parte da baía, os tupinambás escravizados ou aldeados que ali trabalhavam teriam se surpreendido com o melaço da cana, dizendo que aquele lugar era repleto de mel – ou seja, Eiraîá –, que nos ouvidos dos feitores lusos transformou-se em Irajá. Um engenho teria sido nomeado da mesma forma, daí a região e o bairro. Realmente, as terras do Irajá, que no século XVI compreendiam uma área muito maior do que o atual bairro, foram uma das mais precoces na proliferação dos engenhos de cana-de-açúcar na Baía de Guanabara. No entanto, a toponímia já era conhecida muitos anos antes da chegada das moendas de cana, como atesta Jean de Léry.

Documentos e mapas quinhentistas portugueses mencionam o rio Irajá. Além disso, Eiraîá é citada também na primeira relação de tabas, tendo sido identificada pelo *truchement* normando que havia vivido na Guanabara por mais de uma década. Essa lista localiza a taba na margem esquerda da baía, sendo a quinta aldeia enumerada entre aquelas que estavam mais próximas do litoral. Suas terras ficavam entre as de Pirakãiopã, que sabemos ter sido a tapera de Inhaúma e de Itanã, Tarakuirapã e Sarapoy mais acima. Sarapuí é o nome atual de um rio que percorre grande parte das terras de Duque de Caxias e de municípios vizinhos, e deságua junto ao rio Iguaçu, ao fundo da Baía de Guanabara. Por isso, estima-se que a localização de Eiraîá deve se encontrar logicamente ao longo do curso do atual rio Irajá, antes navegável e repleto de vida, e que abrange as terras dos atuais bairros de Cordovil, Brás de Pina, Vista Alegre, Vila da Penha e do próprio atual Irajá, antes de desaguar na Baía de Guanabara, à altura do fim da Ilha do Governador.

Toda essa região foi ocupada e devastada por imensos canaviais nos primeiros cem anos da colonização portuguesa. O nome curto e diferente caiu no gosto dos europeus, popularizando-se nos anos seguintes para designar a vasta área a partir daquele rio. Com o aumento do número de engenhos de cana, surgiu ali também um importante porto de escoamento da produção de açúcar. Um movimentado entreposto onde se embarcavam as caixas de açúcar e que ficou conhecido como o Paço do Irajá.

O local era diferente dos demais depósitos da época por ser um ponto de convergência dos caminhos que serviam aos inúmeros engenhos terra adentro, com um armazém imponente, construído com altos e baixos e casa de vivenda ao lado. Já existia formalmente como lugar de cobrança de impostos e armazenagem dos caixotes de derivados da cana, que dali seguiam em lanchas e pequenas embarcações, para os navios ancorados dentro da baía, desde pelo menos a década de 1660. Eiraîá é uma das aldeias que desapareceram misteriosamente na segunda lista de Jean de Léry, das tabas que ele teria visitado pessoalmente nos últimos meses de 1557. Para explicar a ausência de Eiraîá nessa segunda relação é possível aventar duas hipóteses plausíveis. A primeira e mais forte é a de que Eiraîá permaneceu no mesmo lugar ou mesmo migrou um pouco mais para o interior, mantendo o rio Irajá como referência de suas terras. Jean de Léry faz referência à presença de três aldeias visitadas por ele, nessa região, das quais ele disse não recordar o nome.

Essas tabas foram nomeadas pelos franceses, chamadas de *Pierre* (devido a uma pedra que marcava o caminho e que parecia com a roda de um moinho), *Ypék* (que Léry erroneamente diz significar um tipo de planta) e outra que os normandos apelidaram como "Aldeia das Flechas" (porque marcaram o caminho até ela fincando flechas dos nativos num tronco de árvore). Eiraîá poderia muito bem ser uma dessas tabas visitadas e não mencionadas pelo nome que as caracterizavam propriamente.

A segunda conjectura é que Léry, ao optar por caminhar pelo interior, simplesmente não visitou essa aldeia enquanto ela continuava a habitar a mesma região ao longo do curso do rio Irajá.

Frente à forte migração de outras tabas para Paranãpuã, a Ilha do Governador, sua presença se esmaeceu para os recém-chegados como Jean de Léry. Além disso – e reforçando a tese do não desaparecimento de Eiraîá –, está mais do que comprovada a presença do povo de Eiraîá nos documentos portugueses pós-batalhas de 1567. Em mapas e documentos de sesmarias nos séculos seguintes, ainda encontramos seu nome ancestral como toponímia de referência àquelas terras originais.[47]

A taba original de Eiraîá impôs sua herança cultural por meio da força construtiva do imaginário social que seu nome carrega. Um topônimo tão carioca, tão brasileiro, tão Irajá. De seu nome ancestral e de suas terras originárias hoje emerge uma parte da cidade que tanto caracteriza o Rio de Janeiro de raiz, do povo humilde e trabalhador, e que, como os tupinambás, são também exímios músicos e sabem como ninguém fazer uma festa regada a cerveja (o cauim de hoje).

Irajá chegou até mesmo a virar uma comenda de prestígio e valor na época do Império Brasileiro, que buscava nas origens pátrias, pré-portuguesas, promover o resgate dos nomes nativos e a valorização da cultura do país. Em 1845 inclusive houve, por isso, um conde de Irajá.[48] Esse cidadão provavelmente nem imaginava o que a insígnia realmente podia significar e mesmo assim carregou como *status* de autoglorificação o título nobiliárquico do *morubixaba* "Papa-mel do Rio de Janeiro".

Itanã, a misteriosa pedra tupinambá

Seguindo a linha do litoral esquerdo da Baía de Guanabara e passando pela foz do rio Irajá, apenas uma ponta de terra o separa do curso de outro rio, formando no mapa um grande V em relação ao curso do Irajá. Esse era um dos maiores rios da Guanabara quinhentista, o largo rio Meriti, que ao longo de seu curso se transforma no rio Pavuna e que abrigou importantes tabas nativas do Rio de Janeiro. A concentração de aldeias nessa região foi maior do que em qualquer outra área perto da virada da década de 1560. Essa situação pode explicar o fato de a toponímia desse rio não fazer menção a uma antiga taba, como ocorreu na maioria dos casos (Karióka, Jabebiracica e Eiraîá), e sim a uma característica da flora que se concentrava a partir desse rio.

Meriti é o nome de uma palmeira, em tupi antigo a *meriti'yba*, também chamada hoje em dia de Miriti, Buriti e Meriti, dependendo da região do Brasil. É uma árvore grande e que gosta de lugares alagados. Sua relação com a água não é à toa: a palmeira Meriti está sempre emoldurando veredas, riachos, cachoeiras, inserida nas margens dos rios, brejos e nascentes. Ao caírem nos riachos, os frutos de seus generosos cachos são transportados pela água, ajudando a dispersar toda a espécie. Os frutos também servem de alimento para a variada fauna de cutias, capivaras, antas e araras, que colaboram mais ainda para disseminar a planta.

A árvore Meriti era essencial na cultura tupinambá, e não por acaso esse importante rio era chamado pelo mesmo nome. Além de fornecer a principal matéria-prima das malocas, o fruto do Meriti era também para eles uma fonte de alimento privilegiado. Rico em vitaminas, cálcio, ferro e também proteínas, podia ser comido ao natural e também ser utilizado para a fabricação do cauim. O óleo extraído da fruta tem valor medicinal, informação que era de conhecimento dos tupinambás, podendo ser utilizado como vermífugo e cicatrizante.

Hoje o rio Meriti não é nem sombra do pujante rio de outrora, sendo mais parecido com um depósito de lama, com as águas negras da poluição gerada pelos diversos municípios que ele percorre desde o maciço do Mendanha até desaguar na Baía de Guanabara. Podemos verificar sua situação ecológica cruzando a autopista da Linha Vermelha em direção a Duque de Caxias, quando a estrada segue o curso do Meriti por quase 4 quilômetros e cruza a Ilha do Governador em direção à Baixada Fluminense. São justamente as terras originais de Itanã que podemos admirar. A palavra Itanã, apesar de pequena, não é uma das mais fáceis para se sugerir a etimologia correta. *Itá* significa "pedra". Seguindo a hipótese mais provável, sabe-se que o nome dessa aldeia deveria estar relacionado a alguma pedra, elevação característica ou monólito que marcava a aldeia e seus moradores. Observando-se o relevo hoje da região às margens do rio Meriti, encontram-se poucos morros, e os terrenos característicos das planícies litorâneas da Baixada Fluminense são diferentes das áreas próximas ao Maciço da Tijuca de Jabebiracica e Eirámirĩ. A primeira cadeia de montanhas que se ergue na paisagem está distante, bem no interior, no horizonte na serra do Mendanha, hoje um parque estadual.

Já o sufixo *na*, segundo o conhecimento atualmente disponível sobre os usos linguísticos no tupi antigo, quer exprimir "assim, deste modo, desta maneira". Seria assim Itanã referência a uma "pedra deste modo", uma pedra peculiar. No livro publicado por Léry, o intérprete que produz a primeira lista escreve em francês o nome desta aldeia como sendo a de *Itanen*, que, por comparação fonética, foi interpretada por Itanã por diversos pesquisadores.

Entretanto, a menção original do nome também permite outras possíveis interpretações etimológicas. Nesse caso teríamos que seguir o significado de "*nen*" na língua nativa, que exprimia o verbo "moderar". Convenhamos, não combina muito com o significado da primeira parte, a pedra, *Itá*. Outra opção fornecida pela forma francesa de *Itanen* seria uma contração do termo *Itã* com *nema*, o que nos leva à descoberta de uma "pedra malcheirosa" no município de Duque de Caxias do século XVI[49] como nome de uma das tabas ancestrais da região do rio Meriti.

Outra linha de pensamento sugere que a palavra possa igualmente ser uma contração de uma concepção maior. Por exemplo, Itanã seria uma corruptela a partir da observação europeia de *Itá anãma*, o que levaria a duas possibilidades: "pedra grossa" ou, ainda, "pedra da família", "pedra da nação". O que já faz um pouco mais de sentido para o nome de uma aldeia.

A taba Itanã surge na primeira lista do intérprete francês. Ela se localizava logo depois da aldeia Eiraîá, que, como vimos, estava no rio Irajá, adjacente ao Meriti. Itanã também não é citada diretamente na segunda relação de aldeias catalogadas pelo próprio Jean de Léry em 1557. Contudo ele nos fornece uma boa pista sobre o mistério de Itanã. Levando em consideração a posição de Itanã na primeira lista, sendo a antepenúltima aldeia da margem esquerda o que a colocava, como já dissemos, próximo à foz do atual rio Meriti, seguindo a posição já conhecida das outras comunidades. Mesmo não sendo mencionada diretamente na segunda relação feita pelo próprio Jean de Léry, essa aldeia se encaixa na descrição de uma das três que foram mencionadas nesta lista por seus apelidos franceses. Jean de Léry cita a existência de uma aldeia exatamente na mesma posição onde Itanã aparece na primeira lista: a antepenúltima do lado esquerdo. Descrevendo as aldeias que teria visitado naquela região, Léry afirma que uma era chamada de Pierre pelos *truchements*. Esse apelido se proliferou, explica o cronista, por causa de um pequeno, mas impressionante rochedo, parecido com a mó de um moinho e que marcava o caminho em direção a essa taba. Possivelmente o apelido de Pierre também tivesse relação com a forma como o nome original dessa taba marcou os primeiros franceses que por ali chegaram. Sabiam eles, por já estarem integrados há anos, que essa aldeia tinha o nome de uma pedra que marcava seu caminho, a aldeia chamada por eles de Itanã. Procurando ensinar os compatriotas recém-chegados como o próprio Léry, mencionavam apenas a sua tradução literal, *Pierre*.

Tamanha coincidência de informações não pode passar despercebida. Itanã tinha seu nome devido a essa pedra grande e redonda que servia como porta de entrada para a aldeia. A mó de um moinho na verdade são duas pedras duras, redondas e planas, com as quais se trituram grãos de trigo, cevada, centeio e outros, até que sejam reduzidos a farinha. Tal pedra plana e circular, perdida em meio à densa floresta como a porta de um elo perdido tupinambá, devia formar uma paisagem impressionante.

As últimas reminiscências históricas da existência e da permanência desta taba ancestral na história do Rio de Janeiro dizem respeito às primeiras cartas de sesmarias portuguesas que nomeavam a costa da Baía de Guanabara. A parte do litoral compreendido entre o rio Irajá e o atual rio Sarapuí era comumente mencionada como a "Costa de Itiúna ou Itaúna",[50] que parece ser visivelmente uma apropriação do nome original da famosa taba. O significado da palavra transformada pelos portugueses nos primeiros contatos permite ainda supor que essa pedra tivesse uma cor específica que a diferenciava das demais, Itaúna, que dizer a "pedra preta".

O lugar dessa antiga taba devia mesmo ser marcado por uma pedra bem característica e diferente. A caçada para os arqueólogos amadores está aberta. Mas, se essa pedra realmente tiver existido, possivelmente está agora demolida, ou a muitos metros abaixo da terra onde a cidade de Duque de Caxias foi erguida. Itanã, *Itanen*, ou mesmo *Itauna* era importante no sistema de relações solidárias entre as aldeias que habitavam e compartilhavam os rios e matas próximas. Mesmo com a presença de outras comunidades em áreas vizinhas, tais como Tarakuirapã, Jacutinga, Payó, Sarigûé e Sarapoy, foi mesmo esta primeira que acabou por marcar seu nome na costa do lado esquerdo ao fundo da Baía de Guanabara nos primeiros anos da ocupação portuguesa pós-1567, provavelmente por estar situada bem próxima à foz do Meriti.

Tarakuirapã, "a lagartixa veloz"

Essa taba ancestral do Rio de Janeiro revela, por meio da descoberta de sua verdadeira etimologia, mais um nome de origem tupinambá praticamente desconhecido até hoje. O nome originário de *taraguyra'apuan* pertencia ao *morubixaba'uasú* e depois passou a ser a toponímia de toda a taba, costume que acontecia com frequência entre os tupinambás, como mais um elemento da honra que o cargo conferia. Devia ser um chefe famoso que se gabava de sua rapidez e agilidade durante as incursões guerreiras, assim como na captura dos inimigos.

Tarakuirapã é a penúltima taba citada e localizada na margem esquerda da Baía de Guanabara na primeira lista. No original em francês, o intérprete que fez essas anotações escreveu captando o termo em francês "*taracouir apan*". A interpretação moderna do topônimo é bem transparente. No tupi antigo, a primeira palavra reflete o termo *taraguyra*. Trata-se de uma menção a uma espécie nativa de lagarto, não por mera coincidência hoje reconhecida como Taraguira, Tarauira ou Teraíra, dependendo da região do Brasil. Nativa da América do Sul, encontrada na Argentina, Bolívia, Brasil, Colômbia, Guiana Francesa, Guiana e Suriname. Mede cerca de 15 centímetros de comprimento, com duas faixas escuras longitudinais no dorso, além de manchas escuras. Ele vive e nidifica em lugares quentes, arenosos ou pedregosos. Atualmente pode ser encontrado também em áreas residenciais, onde gosta de subir nas paredes das casas. O macho da espécie é territorial. Os que são maiores e mais rápidos tendem a dominar os melhores territórios, com muitos esconderijos, luz solar abundante e maior disponibilidade de fêmeas.

Essas características combinavam com a cultura dos guerreiros tupinambás. A Taraguira devia ser um animalzinho estimado pela rapidez e dificuldade de ser apanhado, qualidades que o tornavam bem-vistos aos olhos dos nativos. Outro comportamento notável dessa espécie é locomoção bípede ocasional: a capacidade de correr utilizando apenas as patas traseiras por uma distância limitada. Ele carrega o seu corpo em posição oblíqua, levantando seus membros posteriores. É uma das espécies mais amplamente distribuídas do gênero *Tropidurus*. Provavelmente também era uma iguaria muito apreciada pelos tupinambás, que prezavam a dificuldade proporcionada na captura. Quanto mais difícil de ser apanhado, melhor efeito mágico e qualitativo sua carne fazia ao captor.

Os tupinambás eram reconhecidamente grandes apreciadores da carne de lagartos. O réptil preferido para alimentação deles, entretanto, não era a Taraguira, pequena e esguia, e que dava nome ao *morubixaba* e a aldeia. Era outra espécie de lagarto grande: os *teîúgûasus*. Segundo Jean de Léry, os *teîús* podiam medir até 2 metros de comprimento. Dizia ele que esses lagartos “não são verdes, como os nossos, mas cinzentos, de pele áspera como a das lagartixas. Embora tenham de 4 a 5 pés de comprimento e tenham aparência grosseira e repugnante, conservam-se em geral nas margens dos rios e lugares pantanosos, como as rãs, e não são em absoluto perigosos. Direi ainda que, destripados, lavados e bem cozidos, apresentam uma carne branca, tenra e saborosa, como o peito do capão, constituindo uma das boas viandas que comi na América. A princípio, em verdade, repugnava-me esse manjar, mas depois que provei, não cessei de pedir lagarto”.[51]

Hoje esse animal é conhecido por diversos nomes parecidos tais como: *teju, teiú, teiúguaçu*, entre outros. O gênero desse tipo de répteis tem o nome daqueles que mais os apreciavam, é o lagarto do gênero *Tupinambis* e abrange sete espécies, todas nativas da América do Sul. São predadores generalistas, podendo consumir desde vegetais e artrópodes até outros vertebrados e carniça.

A paixão dos tupinambás pela carne dos *teîús*, que encantou até o paladar de um europeu, dá a medida de como essas espécies faziam parte da vida dos nativos do Rio de Janeiro, que partiam em sua captura de tempos em tempos.

Taraguira

Por isso não é estranho que um *morubixaba* escolhesse o nome de uma lagartixa, para tentar captar magicamente as qualidades do animal. Imaginemos esse chefe tupinambá completamente ornado de penas e utilizando sua tradicional pintura corporal de jenipapo, imitando no próprio corpo as formas da pele rajada da lagartixa Taraguira.

Porém, resta um último detalhe para que completemos a etimologia total do topônimo quinhentista de Tarakuirapã. Falta o significado do termo "*apuan*", que nada mais é do que um adjetivo que usavam para exprimir "apressado, ligeiro ou veloz", uma qualidade peculiar desse animal. Desaparecer em um piscar de olhos do lugar onde estava e, como um *flash*, esgueirar-se entre os vãos de rochedos, árvores e plantas, escapando dos predadores e capturando presas com apenas um movimento. A taraguira também era, como todos os lagartos, mestre em disfarce, em imiscuir-se no ambiente, atacando repentinamente sua vítima de surpresa.

Certamente eram características das quais um guerreiro tupinambá e líder de taba carecia para chegar a um *status* tão importante, qualidades provadas diversas vezes no campo de batalha ao longo da sua vida, agindo como a lagartixa nos ataques de surpresa ao inimigo desprevenido e depois empreendendo uma fuga relâmpago para escapar de contra-ataques e perseguições inimigas. Portanto, Tarakuirapã era a aldeia do cacique Lagartixa Veloz, que dominava boas terras próximas à costa da Baía de Guanabara entre os rios Meriti e os atuais Iguaçu e Sarapuí.

Assim como Eiraîá e Itanã, também Tarakuirapã desaparece nominalmente na segunda relação apresentada por Léry, deixando no ar o destino desta taba original. Ele não se lembrou ou não havia conseguido absorver os nomes em tupi justamente das três últimas aldeias citadas em sua relação pessoal e que habitavam a margem esquerda da baía. Para confundir ainda mais os pesquisadores de sua obra, nessa mesma caótica relação – diferente da primeira – ele elencou também aldeias que estavam no interior e que provavelmente ainda localizavam-se na mesma região, generalizando sua localização como as que podiam ser alcançadas "a partir" da margem esquerda. Elas foram todas citadas, somadas e misturadas àquelas que ficavam mais próximas da costa. Léry as englobou em uma única referência como sendo as tabas "primeiras que se situam à esquerda de quem entra no referido rio".

Ao seguir a sequência de aldeias presente nas duas listas da margem esquerda, e aceitando como provável a hipótese de Itanã ser a taba que os franceses chamavam de Pierre, temos como consequência o fato de que Tarakuirapã muito provavelmente era a taba informada por Léry por seu nome em francês. Segundo ele, tinha como apelido "'das Flechas', porque, da primeira vez que fomos ali pelo mato, e para facilmente retornarmos, atiramos muitas flechas sobre uma árvore seca, as quais nela permaneceram encravadas".[52]

A aldeia "das Flechas" encerra a relação de tabas localizadas na margem esquerda da baía nesta segunda lista apresentada por Léry como as que ele teria visitado pessoalmente. Assim, Tarakuirapã seria a última aldeia desta margem que o cronista protestante francês conheceu pessoalmente no Rio de Janeiro. A taba do rio Sarapoy, que ficava bem ao fundo da baía e é relacionada após a aldeia do chefe lagarto, nessa hipótese não teria recebido uma visita pessoal do cronista. Talvez pela pronúncia complicada que Tarakuirapã soava aos portugueses, algumas outras toponímias tupinambás mais fáceis aos falantes do idioma tenham obscurecido nos primeiros anos a alcunha desse *morubixaba* guerreiro e a presença dos moradores dessa taba. Tarakuirapã desapareceu completamente no processo de conquista da Guanabara pelas tropas portuguesas, tupiniquins e temiminós. Essa toponímia não aparece em nenhum documento luso, assim como também não é citada por Anchieta.

A taba do *morubixaba* Lagartixa Veloz não deve ter resistido aos avanços dos homens com armaduras, montados em cavalos, portando armas de fogo e espadas de ferro afiado. Além deles, havia os batalhões de inimigos nativos, que igualavam as forças nas suas próprias formas de combate.

Outro fator pode ter levado ao esquecimento total da presença de Tarakuirapã nos primeiros anos de contato com os colonizadores portugueses: outras tabas próximas conseguirem, ao longo do processo, marcar sua presença de forma mais incisiva, permanecendo como toponímia por longos anos após a conquista. Outras aldeias permanecem até os nossos dias, em nomes de rios e até mesmo bairros, como Irajá, Sarapoí e Jacutinga, algumas das tabas vizinhas de Tarakuirapã.

Sarapoy, a taba do rio das Enguias

Taba ancestral dos tupinambás da Guanabara, Sarapoy é a última relacionada na primeira lista, no grupo daquelas que estavam próximas à costa do lado ocidental, a partir da atual cidade do Rio de Janeiro. Entre as dezenas de comunidades nativas tupinambás que existiam ao redor da baía, é atualmente uma das aldeias cuja localização podemos estimar com mais facilidade. Ela estava localizada junto ao rio *Sarapo-y*, ou *Sarapo-u* (no original em francês, segundo Léry), que também nomeou a comunidade que ali vivia em meados do século XVI.

A transparência das águas desse rio, com trechos encachoeirados e que corta a Baixada Fluminense de norte a sul, permitiu o desenvolvimento de muitas comunidades nativas tupinambás ao longo de seu curso. Mais de uma taba compartilhava esse enorme rio histórico, diferente das outras aldeias que dominavam com exclusividade outros ribeiros. Esse rio nasce nas serras do atual bairro de Bangu, na Zona Oeste do Rio de Janeiro, cruza o Parque Nacional de Gericinó e adentra pela Baixada Fluminense, passando pelos municípios de Nova Iguaçu, Nilópolis, Mesquita e Belford Roxo, desaguando na Baía de Guanabara, na altura de Duque de Caxias.

A aldeia Sarapoy habitava as margens do atual rio Sarapuí, hoje poluído e assoreado. O Sarapoy quinhentista tinha largura superior ao 10 metros em seu curso normal, que ia alargando-se até os 40 metros perto da sua foz na Baía de Guanabara. Largura bem superior aos outros ribeiros da época. Era um dos grandes rios da baía, sendo boa parte dele navegável e utilizado largamente como estrada fluvial pelos tupinambás em busca de terras no interior, o que depois foi também realizado pelos portugueses.

Era um rio tão importante para a subsistência dos povos nativos da região que a aldeia não deu origem ao seu nome. Aconteceu o contrário: a taba adotou o nome do rio que a servia, ou pelo menos assim foi identificada pelos *truchements* franceses. Por isso, a permanência de sua toponímia atual na forma de Sarapuí se diferencia dos outros casos de nomes de rios (como Karióka, Jabebiracica e Eiraîá) que foram "incorporados" pelos portugueses por causa das aldeias que ali antes viviam nos anos de 1560.

O Sarapoy era um rio que tinha um nome nativo próprio. Sarapó (também conhecido como carapó ou sarapó-tuvira) é até hoje um tipo de peixe, cujo *habitat* perfeito eram justamente as águas do atual Sarapuí. Característico de rios do bioma da Mata Atlântica, é confundido por muitas pessoas com uma cobra ou uma enguia. A semelhança com um réptil tem fundamento, pois o sarapó tem o corpo alongado e liso. A família desse tipo de peixe se chama *Gymnotida* e no Brasil compreende mais de trinta espécies. O representante mais conhecido do grupo é sem dúvida o poraquê, peixe elétrico encontrado na Bacia Amazônica. Os gimnotídeos possuem a nadadeira anal muito longa, mas não possuem as nadadeiras dorsais e ventrais,

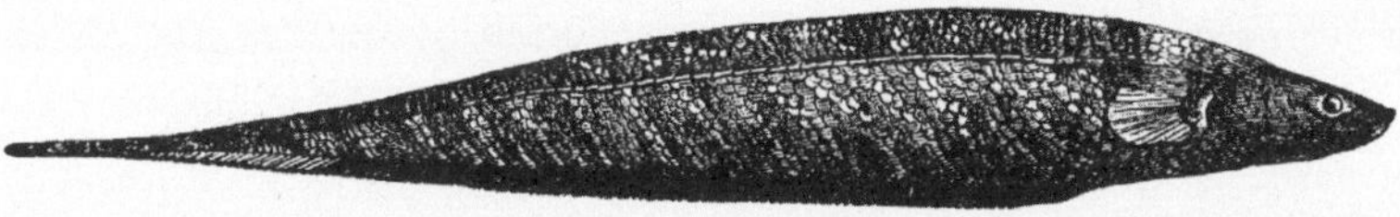

Sarapó

e deslocam-se na água por meio de movimentos ondulatórios. Por serem lentos e desengonçados, não estimulavam muito os pescadores tupinambás, que preferiam presas maiores e mais ágeis.

De hábitos noturnos, ele se esconde durante o dia e aproveita a escuridão da noite para reproduzir e procurar seu alimento preferido: os insetos aquáticos que vivem no espelho d'água. O sarapó quinhentista da Baía de Guanabara, assim como seu primo amazônico, também era capaz de produzir descargas elétricas. Esse engenhoso dispositivo natural de choque era utilizado para detectar objetos ou outros organismos presentes na água. Eles possuíam um aparelho receptor que captava qualquer modificação do campo elétrico criada ao redor do corpo. Como no escuro quase não se pode enxergar, ao perceber a presença de uma presa, o peixe produzia uma descarga elétrica que paralisava o alvo e o tornava fácil de capturar. O choque do sarapó é suficiente apenas para ajudá-lo a capturar os tais insetos aquáticos que costuma comer, e não chega a ser perceptível para o homem.

Além disso, sua forma o ajuda na hora de se esconder e de procurar alimentos entre rochas e troncos sob a vegetação debaixo d'água. Quando encontra correnteza mais forte do que consegue suportar com seu nado, o sarapó enterra seu corpo na areia para se proteger.

No que diz respeito à reprodução, a fêmea do sarapó coloca cerca de mil ovos de uma vez. E o rio Sarapuí era um dos preferidos dessa espécie. Para proteger os ovos, os pais mantêm todos juntos em um ninho e ficam sempre por perto. O sarapó tem preferência por águas frescas e calmas, sendo por isso um peixe muito suscetível às reduções das taxas de oxigênio na água. Quando retirados dela, costumam morrer rapidamente. A presença do sarapó em um rio é um atestado da pureza de suas águas. Portanto, quando ocorrem mudanças significativas, eles são um dos primeiros a morrerem, servindo assim como indicadores de que há um problema sério na água em que vivem.

O antigo rio Sarapoy assim foi nomeado pelos nativos justamente por ser um dos maiores viveiros de sarapós da Baía de Guanabara, fato que comprovava a qualidade e a pureza de suas águas quando por aqui os primeiros europeus chegaram. Infelizmente, hoje o rio Sarapuí se apresenta, sobretudo a partir de seu médio curso, quase que totalmente “morto”, com esgoto e despejos industriais e, consequentemente, com ausência de peixes. Sua aparência próxima à foz lembra um pântano, com águas correndo lentamente e de aparência viscosa. Límpido e cheio de sarapós há pouco mais de 450 anos, hoje é uma vala de esgoto a céu aberto, com sérios indicativos de poluição orgânica e metais pesados, como o níquel e o chumbo. O problema mais grave do grande Sarapuí ancestral é o lançamento de esgoto e lixo doméstico, um reflexo direto da ausência de uma infraestrutura adequada de saneamento básico.

Antes de desaguar na Baía de Guanabara, ele se encontra com outro grande rio, chamado Iguaçu. Esse encontro outrora foi um ponto importante para a pesca, mas hoje é um dos locais mais fétidos da Baía de Guanabara.

Cercado por comunidades muito pobres, o rio é foco de doenças e depósito da maior parte dos dejetos produzidos pelos cinco municípios que se cruzam em seu curso, desde Bangu até o escoamento na Baía de Guanabara. O seu assoreamento crônico é a causa de grandes enchentes na região. O sarapó, que tão honrosamente forneceu seu nome para o batismo do rio e de toda uma região, hoje já não se encontra mais ali, tendo sido completamente extinto de suas águas. Mas nem sempre foi assim: até o final dos anos 1950, este mesmo rio era limpo, navegável e considerado um meio de sobrevivência para centenas de pescadores da região, tão apreciável quando nos tempos dos nativos tupinambás.

Ainda falta explicar o papel da letra *y* em Sarapoy. Esse *y* – ou *u* no original escrito pelo *truchement* francês –, hoje o *í* agudo em nosso português contemporâneo, é a sinalização da presença de água, rio ou ribeiro. Era a forma característica no tupi antigo para designar a presença dos córregos e dos rios. Todos os nomes próprios de palavras originárias dos tupis que terminam com o característico *í* fazem menção específica exatamente a um rio. Icaraí, Itajaí, Araçaí, Piraí e Tatuí são alguns exemplos desses casos. Portanto, *Sarapó* + *y* era simplesmente o nome da água, do rio “das Enguias”, ou melhor, rio dos *sarapós*.

Não há dúvidas da existência de uma antiga taba tupinambá chamada Sarapoy. Tudo leva a crer que o nome serviu para designar primeiro o curso d’água e, depois, segundo se deduz de casos idênticos, o nome do rio passou a designar também a taba que durante essa época ficava em sua margem. A taba de Sarapoy era a aldeia do rio dos sarapós, do atual rio Sarapuí.

A aldeia de Sarapoy, segundo as informações dos intérpretes franceses que aqui viveram em meados do século XVI, estava localizada perto da costa, em algum lugar junto à foz desse rio. A localização exata é muito difícil de apontar, entretanto sabemos que essa taba ficava em terras vizinhas à costa. De barco, vindo da Baía de Guanabara à procura de seu curso, entra-se em uma foz de 1 quilômetro, e depois o rio bifurca-se em dois, momento em que o Sarapuí e o rio Iguaçu separam-se. As terras da margem esquerda eram mais ricas porque tinham acesso às águas da baía. Local onde hoje funciona o Aterro Sanitário de Jardim Gramacho, o antigo depósito de lixo da região metropolitana do Rio de Janeiro.

O seu nome original permaneceu depois da época dos franceses, atravessou a conquista portuguesa, os anos dos engenhos, os séculos de cada vez mais densa urbanização em torno do seu curso. O nome Sarapoy foi se transformando e passando por diversas formas aproximadas nos documentos antigos de sesmarias, tais como o rio Sururuí, por Gabriel Soares, e Serapuí, pelo Monsenhor Pizarro. No final de todo um complexo sistema de apropriação e modificação das palavras originais do tupinambá carioca antigo para o português – incrivelmente, uma das toponímias que menos mudanças sofreram durante os séculos –, a taba Sarapoy do tempo dos tupinambás e depois dos franceses é o mesmo rio Sarapuí de hoje.

TABAS NO INTERIOR DA BAÍA DE GUANABARA – LADO ESQUERDO (RIO DE JANEIRO)

Takûarusutyba e o engenho da Taquara

No "Colóquio de entrada entre um francês e um tupinambá", após se cumprimentarem amistosamente o nativo pergunta ao visitante o seu nome. Jean de Léry utiliza seu próprio nome "tupinambá" na resposta: *Réry usú*, "Ostra Grande". Hoje sabemos que esse diálogo foi adaptado, pois não era exatamente de sua autoria, e sim uma espécie de "texto de ajuda" que circulava entre as tripulações dos navios franceses com destino ao Rio de Janeiro pelos menos dez anos antes da chegada oficial de Villegagnon à Baía de Guanabara, em outubro de 1555.

Eram textos produzidos pelos primeiros *truchements* que aqui chegaram para aprender a língua. Convinha escrever todos os principais termos do tupi para que, em necessidade de comunicação, não dependessem única e exclusivamente da memória. Depois esses manuscritos foram copiados e repassados aos interessados, como uma espécie de manual de ensino do tupi para os normandos que na Guanabara se aventuravam. Era o perfil no qual se encaixava o calvinista francês Jean de Léry, que esteve no Rio de Janeiro em 1557 e que mais tarde publicou o manuscrito, incorporando o texto como um capítulo à parte de seu relato.

O diálogo então continua com os dois personagens fazendo perguntas mútuas em busca de informações. O tupinambá quer saber principalmente o que o normando carrega na sua bagagem, no que este responde trazer roupas, chapéus, espadas, arcabuzes e pólvora. O nativo logo quer saber quanto custa a pólvora, e o lado comerciante do europeu se revela inteiramente ao dizer *"Arúri"*, que se explica por "trouxe-os apenas" (como se dissesse: não tenho pressa em vender).

Imaginemos quantas árvores de pau-brasil cobraria o normando por seus apetrechos. Ele completa a fidelização do "cliente" ao revelar para o tupinambá que também havia trazido foices feitas por alguém especial. Observe a conversa entre o tupinambá e o forasteiro francês neste trecho:

> Tupinambá: *Ikatupé*? [São boas?]
> Forasteiro: *Guyrapár eté*. [Foices excelentes.]
> Tupinambá: *Abápe omoña?* [Quem as fez?]
> Forasteiro: *Pajé-uasú remimoñã*. [Foram feitas pelo grande Pajé.]

O francês continua a enumerar seus objetos, para o encanto do nativo. Diz ainda que traz facas de variados tipos de cabo, anzóis, furadores de couro, espelhos, pentes e infindáveis miçangas e contas. O tupinambá pede para ver tudo isso e espertamente o francês diz que não pode e que mostrará depois. O nativo entende o recado interpolando com astúcia:

> Tupinambá: *Narúri chépe irã mbaé?* [Não trarei coisas para ti?]
> Forasteiro: *Mbaépe rerú potá*? [Que queres trazer?]

É a deixa para o que guerreiro tupinambá descreva para o europeu todo o cardápio que estava à sua disposição quando assim desejasse. Ele oferece carne de caça, pássaros, peixes, farinha de mandioca, batatas, feijões grandes e pequenos, e maracujás. Prossegue enumerando o que pode trazer-lhe da fauna local, como carne de anta, veado, porco, cotia, paca, lebre;

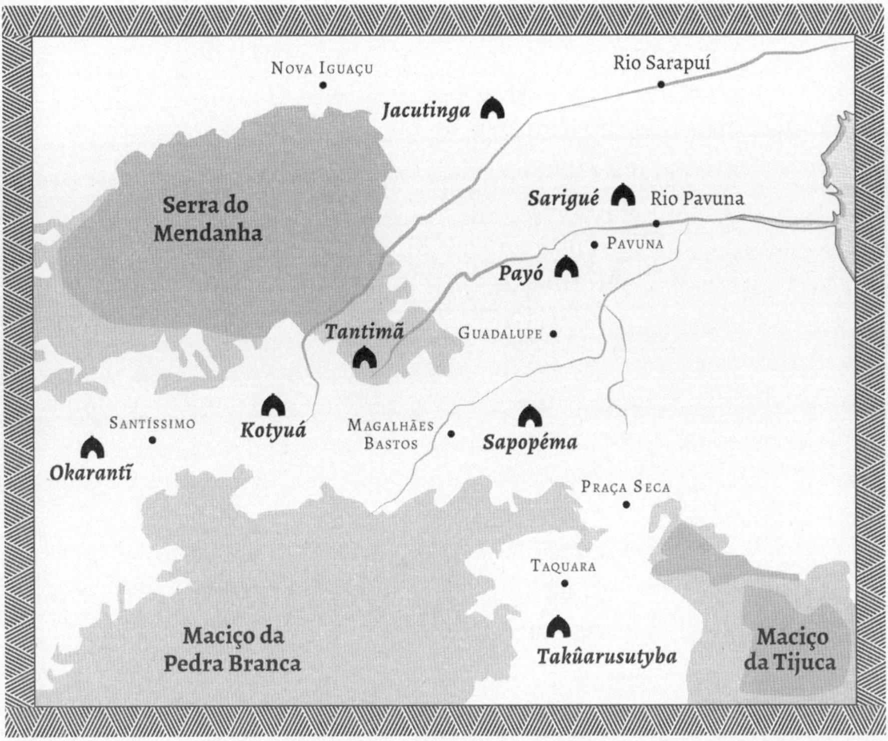

nomeia diversos pássaros e peixes da baía como opções de alimento. Ao invés de responder ao "garçom" quinhentista o que gostaria, o *truchement* muda de assunto e pergunta de repente:

Mamopénde retã? [Onde é tua moradia?]. – *Karióka-pe* [– Em Carioca].

É a primeira lista que nomeia 19 aldeias tupinambás da Baía de Guanabara. A resposta do aliado da terra é uma espécie de geografia das maiores aldeias da época.

Léry organiza a listagem dos nomes agrupando-as pela localização em relação à baía. Além das tabas à esquerda de quem entra pelo rio *"de Geneure"* e daquelas que estavam "sitas à margem direita do referido rio", ele enumera também as "maiores aldeias, dentro da terra, tanto de um, como do outro lado do rio", no caso a Baía de Guanabara. A primeira grande aldeia citada "dentro da terra", no interior da costa ocidental da baía, é a taba escrita como *Sacouarr-oussu-tuue* na grafia original da edição francesa da obra de Léry.

Esse nome foi identificado por pesquisadores modernos do tupi antigo como a palavra hoje resumida em *Takûar-usu-tyba* na versão moderna dos fonemas que o francês conseguiu identificar.[53] Isso é possível comparando todo o léxico apresentado em seus escritos com o que foi produzido depois pelos jesuítas responsáveis por unificar a língua e os termos tupis na forma escrita, para a catequese.

O nome é bem claro em sua etimologia, começando pela palavra *takûara* que se incorporou ao vocabulário português. Taquara é uma denominação comum a várias espécies de gramíneas nativas da América do Sul, a maioria com caules ocos e segmentados em gomos, em cujas interseções se prendem às folhas.

A taquara era conhecida e usada desde tempos imemoriais pelos povos nativos, que lhe davam as mais diversas utilidades, desde o uso de seus caules ocos para servir de pequenos recipientes, como canudos para diversas finalidades, inclusive zarabatanas. Extensões maiores da taquara eram utilizadas como vigas e travessas leves para a construção das malocas, cercados ou paliçadas leves para a contenção de aves ou outros animais pequenos. Decompostas em tiras, tornavam-se cestas dos mais diversos tamanhos para muitas utilidades.

A lasca da ponta da *takûara* também era usada para a fabricação de destrutivas flechas que podiam atravessar inclusive certos troncos de árvore. Os caules mais finos, ocos, eram ótimos para fazer os característicos pífanos (ou pifes) de sopro tupinambás para festas e cerimônias. No Nordeste brasileiro, esse instrumento persistiu em influência na música popular. A *takûara* é o bambu brasileiro. É a planta das primeiras melodias de sopro que ecoavam junto com o som dos pássaros e bugios pelas florestas ainda virginais dos primórdios do Rio de Janeiro.

Usu, assim como os sufixos nas formas de *uasú, guaçu, açú*, tão comuns na língua portuguesa falada no Brasil e originários do tupi antigo, significam a mesma coisa, "grande", e nesse caso também "grosso". Existia mesmo outra palavra derivada da *takûara* comum, usada pelos tupinambás para se referir a um tipo de maior: o *takûarusu*, ou taquaruçu, um "taquaral grosso-gigante" com colmos largos, ideais para a fabricação de cumbucas, vasos, copos e outros objetos e construções, com boa madeira.

Já *tyba*, que também é escrito em formas portuguesas como *tuba* ou *tiba* e foi apontado pelo jovem intérprete francês com um estranho *tuee*, é um sufixo de abundância, designa "grande quantidade". Um complemento muito característico ao nome de outras aldeias tupinambás, como Arasatyba e Ysypotyba, que ficavam do outro lado da baía. Era uma marca da abundância e da qualidade da flora local onde a aldeia habitava há centenas de anos.

Dessa forma, chegamos ao significado completo do nome dessa taba histórica do Rio de Janeiro, a aldeia do grande ajuntamento ou sítio dos *Takûarusus*; ou, em português, o Taquaraçuzal. Um lugar onde existiam muitos e grandes taquarais grossos, fonte inesgotável de bambus para as mais diversas atividades indígenas. A taba teria preferido aquele local justamente por ser próximo de tão preciosa árvore para a sobrevivência da comunidade. As aldeias aliadas e solidárias ao clã também deviam beneficiar-se desses grandes bambus com o consentimento do *morubixaba* de Takûarusutyba. O nome dessa aldeia é, não com surpresa, também citado em outra fonte extremamente importante dos textos quinhentistas. Takûarusutyba é um dos topônimos cariocas mais antigos, tendo sido publicado na Europa já em 1557. Trata-se do livro que contém o relato das duas viagens do alemão Hans Staden ao Brasil. Esse texto é uma confirmação fidedigna sobre a presença dessa aldeia nas terras do interior da Baía de Guanabara ainda em tempo anterior ao apontado por Jean de Léry.

Em sua segunda viagem ao Brasil, em 1549, Staden partiu de Sevilha rumo ao Rio da Prata em um navio espanhol, mas o navio veio a naufragar no ano seguinte, no litoral do atual estado brasileiro de Santa Catarina. Os sobreviventes da expedição, depois de passarem dois anos entre os carijós – onde Staden aprendeu rudimentos da língua tupi –, decidiram rumar para a cidade de Assunção: uma parte deles iria por terra, e outra parte, por navio. Staden se juntou ao segundo grupo rumo a São Vicente, onde tentariam fretar outro navio que fosse capaz de chegar a Assunção.

Antes de chegar a São Vicente, porém, mais uma vez a embarcação onde estava Staden naufragou, dessa vez próximo a Itanhaém, no litoral de São Paulo. Seus ocupantes conseguiram nadar até a praia e de lá foram a pé até o povoado português de São Vicente, que sofria com ataques de tupinambás que habitavam a Costa Verde e parte do atual litoral norte de São Paulo. Por necessidade e pedidos dos moradores do povoado, Staden aceitou a perigosa função de artilheiro do forte de São Filipe da Bertioga, que se localizava nas proximidades da cidade. Ninguém queria o cargo com medo de arriscar ali ser morto ou capturado pelos tupinambás.

Foi justamente o que acabou acontecendo com o alemão. Cercado e ferido por guerreiros tupinambás enquanto caçava sozinho fora dos limites do forte, Staden foi feito prisioneiro por um grupo que o conduziu à aldeia de Ubatuba[54] (*Uwattibi*, no texto original do relato de Staden). Desde o início, ficou claro que a intenção dos seus captores era devorá-lo em vingança às incursões escravagistas praticadas pelos portugueses.

Pouco tempo depois, os tupiniquins, aliados dos lusos de São Vicente, atacaram a aldeia onde ele era mantido prisioneiro. Staden lutou ao lado dos seus captores para demonstrar que não era português, mas seu desejo era tentar fugir para unir-se aos atacantes. Estes, porém, vendo a forte resistência dos guerreiros de Ubatuba, desistiram da luta e se retiraram. O alemão era tratado como um troféu de guerra pelos tupinambás e chegou a ser apresentado ao grande chefe tupinambá Kunhambeba[55] de Angra dos Reis. A narrativa de suas desventuras em companhia de seus "donos" tupinambás é um dos antigos textos mais elucidativos sobre os costumes e rituais desse povo nativo.

Staden tentou pedir ajuda a dois *truchements* franceses que visitavam regularmente aquelas aldeias. Ambos, porém, se recusaram a ajudá-lo por não desejarem entrar em conflito com os tupis. Aos poucos, como estratégia de sobrevivência, ele os convenceu de que tinha poderes sobrenaturais, que podia falar com "Tupã" e tentava fazer premonições como os *paîés*, ao mesmo tempo que afirmava não ser *peró*, português, e sim amigo dos *maires*, franceses. Para tirar essa dúvida, os tupinambás chamaram um *truchement* que vivia entre a Baía de Guanabara e a Baía de Angra dos Reis. O "moço" era um jovem com menos de 20 anos, e seu apelido entre os tupinambás era, segundo a grafia do alemão, Karwattuware,[56] o comedor de gravatás, o fruto saboroso das bromélias. Esse apelido não deixa dúvidas sobre as preferências gastronômicas desse francês.

O alemão é apresentado ao intérprete *Karagûatá'ûara*, que como teste o cumprimenta em francês. Sem obter resposta, Staden apela para o tupi antigo, que dominava, e o jovem francês o sentencia: "Matem-no e devorem-no, o celerado é português legítimo, vosso e meu inimigo". Depois disso, pensou o alemão estar com os dias contatos, mas a providência divina sempre o ajudava em sua narrativa. Uma dor de dente o fez emagrecer muito, um desgosto para aqueles nativos que esperavam comer sua carne. Isso adiou os planos de sacrificá-lo no ritual antropofágico. Mais tarde, teve sorte ao rogar uma praga para o *morubixaba* de Ubatuba, dizendo-lhe que a "lua estava zangada" e que "olhava para a cabana dele" por causa da injustiça que cometeriam se o devorassem.

Dias depois caíram doentes o irmão, a mãe e ainda as mulheres e os filhos do *morubixaba*, sendo que esses respectivos parentes estavam em outra aldeia. A epidemia logo se alastrou em Ubatuba. Em desespero, os tupinambás prometeram a Staden que não lhe fariam mal se o "Deus" dele os curasse a todos. Staden aproveitou para dizer que a doença era um aviso para que não o matassem.

Alguns meses depois o mesmo *truchement* chamado por eles de Karagûatá'ûara volta à aldeia e, para sua surpresa, encontra o estrangeiro vivo. Staden consegue então apelar à humanidade do intérprete normando e o convence a dizer aos "principais" da aldeia que ele, na verdade, era alemão, um aliado dos franceses que não havia sido reconhecido no primeiro encontro. Contudo, os tupinambás se negam a libertá-lo sem que sejam reparados com facas, espadas e muitos mais pela sua captura em terras inimigas. A situação se prolonga, mas agora já não mais com a ameaça constante de ser morto.

Depois de nove meses entre a vida e a morte nas mãos dos tupinambás de Ubatuba e mais algumas desventuras, estes finalmente decidem se livrar do problema. Resolvem dar o prisioneiro de presente para o *morubixaba-uasú* Abati Poçanga, o "Remédio de Milho"[57] (*Abbati Possange*, no original de Staden), que vem a ser justamente o grande "principal" da importante taba de Takûarusutyba no Rio de Janeiro. As palavras de Staden não deixam dúvidas: "Levaram-me para o lugar em que queriam fazer presente de mim, até um ponto chamado de *tackwara sutibi*".[58]

Os tupinambás de Ubatuba alertaram o grande *morubixaba* que não fizesse mal ao alemão, porque o "Deus dele ficava muito bravo quando o faziam". Hans Staden aproveitou a deixa para dizer que logo seus irmãos franceses haveriam de chegar com grande quantidade de mercadorias para agradecê-los pela boa acolhida e hospedagem. Isso fez com que o chefe Abati Poçanga ficasse alegre e passasse a tratá-lo como "filho", convidando-o sempre para caçarem juntos na mata ao redor da taba.

Na ancestral Takûarusutyba, o alemão permaneceu menos de três semanas, durante o mês de outubro de 1554, quando "alguns selvagens se dirigiram a mim e disseram que tinham ouvido tiros, o que devia ter sido em Iteronne,[59] cujo porto eles também chamam de Rio de Janeiro".[60] Era um navio francês que estava fazendo carga de pau-brasil, pimenta, algodão, papagaios e macacos dentro da baía. Esperançoso, o alemão pediu para que o levassem até a costa, o que evidencia a posição distante do litoral de Takûarusutyba, mas esses pediram que esperasse mais um pouco.

Alguns dias mais tarde, os próprios franceses ficaram sabendo pelos tupinambás sobre a situação do "preso" e foram até o seu encontro. O capitão do navio francês enviou dois dos seus compatriotas com outros nativos aliados até a Takûarusutyba, para saber o que poderiam fazer para livrá-lo do cativeiro. Staden identifica o nome de um deles. O intérprete, um *truchement* que sabia a língua dos tupinambás e que certamente vivia entre eles na Baía de Guanabara, chamava-se Perot. "Eu disse a um deles que se chamava Perot e sabia a língua dos selvagens que ele devia declarar que era meu irmão e que tinha trazido para mim uns caixões cheios de mercadoria e que eles me levassem a bordo para buscar os caixões."[61]

A estratégia deu certo. Abati Poçanga e seus guerreiros acompanharam o grupo de franceses até o porto na Baía de Guanabara, possivelmente em Jabebiracica, e embarcaram no navio francês. Staden e o capitão do navio os enrolaram durante mais de cinco dias esperando que todo o carregamento de pau-brasil e pimenta se completasse. Os nativos começaram a ficar impacientes, o chefe Abati Poçanga cobrava suas grandes caixas de mercadorias enquanto Staden o entretinha com palavras de amizade e agradecimento.

Quando o navio finalmente ficou pronto para zarpar, o capitão combinou com Staden e parte da tripulação uma encenação, na tentativa de enganar os nativos de Takûarusutyba. Vários homens cercaram e abraçaram Staden na hora da despedida afirmando que não desejavam separar-se, porque o pai dele era velho e quereria vê-lo uma última vez. Wilhelm de Moner (Guillaume de Moner) era como se chamava o salvador de Staden, capitão do navio francês Catherine de Vatteville. Foram a caridade e a engenhosidade desse comandante que salvaram o alemão de mais alguns anos entre os nativos do Rio de Janeiro.

O capitão mandou dizer, por meio do intérprete – o mesmo Perot que havia estado em Takûarusutyba –, "que ele era o superior do navio e que ele queria que" Staden voltasse com eles de novo para a terra. Mas, como ele estava só e os irmãos do alemão eram muitos, "nada podia fazer contra eles". Em seguida, como agradecimento, mandou entregar algumas caixas que continham facas, machados, espelhos e pentes. Abati Poçanga ficou finalmente satisfeito e, na despedida de Staden, convidou-o a voltar, porque o considerava já como um filho, e pediu desculpas pelo tratamento que recebera, pois "estava zangado com a gente de Ubatuba que o quis devorar".[62]

Tudo isso se passou exatamente três anos antes da chegada do protestante francês Jean de Léry à Baía de Guanabara. Este, mais tarde, escreveria no mesmo texto do "Colóquio" – onde a primeira lista é anunciada – o nome dessa comunidade nativa como *Sacouarr-oussu-tuue*, indicando que ela era uma das maiores tabas do interior da costa ocidental; mais à frente, sabemos que essa taba tinha mais de um "principal", pois o *truchement* pergunta o nome dos maiores chefes tupinambás do Rio de Janeiro, e o tupinambá da Karióka então informa que, em Takûarusutyba, o nome do principal *morubixaba* era Oyakã (ou *Ouakã*).[63] Também Hans Staden deixa como testemunho o nome de outro chefe desta aldeia, pois foi na maloca de *Sowarasú*, "o comilão" ou o "grande comedor de caça",[64] que primeiro os franceses foram procurá-lo quando chegaram a Takûarusutyba. Além desses dois, ainda reinava Abati Poçanga, o "pai" de Hans Staden. Uma aldeia com três grandes chefes maiorais que dispunham de bom número companheiros de guerra em cada bando.

Quanto à localização exata dessa taba no Recôncavo da Guanabara e o lugar onde Takûarusutyba se encontrava na década de 1550, no tempo da visita de Hans Staden, é possível conjecturar tomando como base o fato de ela ser a primeira taba citada como "no interior do continente a partir da costa ocidental". Estudando o mapa do Rio de Janeiro e levando-se em conta a posição de outras tabas cujas localizações são também relativamente conhecidas, podemos traçar algumas hipóteses.

Para o geógrafo Maurício de Almeida Abreu, um dos poucos pesquisadores a debruçar-se sobre esse tema, a localização de Takûarusutyba deve ser procurada em uma extensa área geográfica, no caminho entre os atuais bairros de Irajá e Campo Grande. Era onde se encontrava o trajeto para uma região conhecida na época como Urubupia, registrada em 1581 em uma carta de sesmaria em favor de Maria de Sá, filha de Salvador de Sá. As terras dela, como atesta a carta, situavam-se na tapera de Taquoarusutiba em bom português quinhentista.[65] Ou seja, a antiga aldeia de Takûarusutyba. Toda essa região entre Irajá e Campo Grande era ocupada por tabas tupinambás, como Sapopéma, Tantimã, Payó, Kotyuá, Okarantĩ e Sarigûé. Algumas dessas têm a localização bem definida nos primeiros documentos de sesmarias portugueses.

O nome ancestral continua no bairro da Taquara, na Zona Oeste. Chegava-se a Takûarusutyba seguindo pelo antigo *peabiru* nativo, que começava na antiga "costa de Inhaúma", hoje ocupada pelo conjunto de comunidades da Maré. Depois de passar por Eirámirĩ, atravessava-se a tapera de Pirakãiopã ou tomava-se outra direção ao interior do continente no caminho de Piráûasu, da mesma forma que hoje se segue a avenida Dom Helder Câmara. Depois de cruzar pelo vale do atual bairro de Cascadura, pegava-se outra trilha à esquerda em direção a outro vale, no lugar atualmente chamado de Praça Seca, e dali se continuava atravessando uma cadeia de montanhas mais baixas, justamente onde os maciços da Tijuca e da Pedra Branca se encontram. Finalmente chegava-se a outro imenso vale, como em um mundo perdido, cercado das mais belas montanhas de florestas e que tem início justamente no bairro que conhecemos hoje como Taquara.

Por exclusão, chegamos a uma hipótese de que essa aldeia se encontrava justamente no lugar onde ainda hoje prevalece uma das toponímias mais antigas do Rio de Janeiro quinhentista e que também pode ser considerado mais um "fóssil cultural" tupinambá que permaneceu entre nós.

Takûarusutyba era a maior aldeia dessa área, cujos domínios atravessavam todas as terras que estavam abaixo das serras que a circundavam, tais como os atuais bairros do Pechincha, Tanque, Freguesia, Curicica e as demais regiões banhadas pela lagoa de Jacarepaguá,[66] incluindo Barra da Tijuca e Recreio dos Bandeirantes. Os tupinambás ali viviam da grande fartura proporcionada pela bacia do rio Grande e seus afluentes que desaguavam nas enormes lagoas que separavam aqueles baixios do mar.

Sabe-se que, em 1569, isto é, apenas dois anos após a derrota dos tupinambás do Rio de Janeiro, toda essa região já estava de posse do primeiro governador-geral da cidade, Salvador Correia de Sá, que era primo de Estácio de Sá e ficou conhecido como "o velho". Ali, o então governador e desbravador colocou para funcionar um dos mais antigos engenhos de açúcar do Rio de Janeiro, que ficou conhecido anos mais tarde como o Engenho da Taquara. A história oral hoje propagada diz que o engenho e mais tarde a fazenda ganharam o nome de Taquara em virtude dos imensos taquarais que existiam na região, que é justamente a mesma explicação etimológica para a origem da taba de Takûarusutyba.

De acordo com a tradição dos lusos de se apropriar historicamente dos nomes tupinambás ao identificar as terras que iam conquistando, esse nome não foi uma criação europeia, e sim uma referência à antiga e importante taba que deu nome a toda essa região e que já era conhecida pelos nativos com essa toponímia. Também as taperas – os próprios lugares das aldeias destruídas, abandonadas – e suas clareiras – as *okaras* comunitárias, no meio da selva – serviam como ponto de partida para a construção de moradias, em torno dos grandes engenhos que surgiam no início da colonização portuguesa.

Em 1594, o próprio Salvador de Sá, mais uma vez como governador da capitania, fez a doação das terras da antiga Takûarusutyba, onde estava o Engenho da Taquara, para os filhos Martim de Sá e Gonçalo Correia de Sá. Nesse mesmo ato a sesmaria original – que se estendia da atual rua Edgard Werneck, passando pelo Largo do Tanque e projetando-se até a vertente oriental do maciço da Pedra Branca – foi ampliada de tal forma que passou a compreender toda a baixada de Jacarepaguá, estendendo-se da Joatinga ao pontal de Sernambetiba, alcançando os atuais bairros de Deodoro e Cascadura. Constituíam, na realidade, um imenso domínio territorial que os Correia de Sá iriam manter intacto como um grande "feudo carioca" até o segundo quartel do século seguinte.[67]

No século XVII, por compra, o domínio do território passou então dos descendentes primogênitos dos Correia de Sá para a família de Francisco Telles de Barreto de Menezes, o bisavô daquele que receberia do imperador Dom Pedro II o título nobiliárquico de Barão da Taquara.[68] A casa-grande do Engenho da Taquara foi reconstruída em 1738 e existe até hoje, podendo ser visitada, ao lado da capela da Exaltação da Santa Cruz, uma das mais antigas de Jacarepaguá.

O Engenho da Taquara foi tombado pelo Iphan em de 30 julho de 1938 no governo do então presidente Getulio Vargas, a pedido de Francisco José Telles Rudge, neto do Barão da Taquara. Na grande área verde preservada, finalmente em 2002 foi criado um parque de proteção ambiental, com cerca de 100.000 metros quadrados de mata nativa, com o objetivo de proteger todo entorno da casa-grande e anexos dos séculos XVII a XIX. A Fazenda da Taquara é uma grande área de floresta de Mata Atlântica cercada pela urbanização do bairro da Taquara. Aldeia do Tacuaruçuzal dos tupinambás, a taba de Takûarusutyba é um dos poucos lugares do Rio de Janeiro que ainda podem ser investigados arqueologicamente no intuito de revelar vestígios dos primórdios da cidade e da ocupação nativa que ali existia.

Okarantĩ, a bela aldeia do grande terreiro

Seguindo a primeira lista do "Colóquio" de Jean de Léry na relação das grandes tabas que se localizavam no interior da Baía de Guanabara, depois de Takûarusutyba aparece o nome da taba de *Ocarentin* (no original de Léry), também muitas vezes grafada como *Okarantin* ou *Okarantim*. O seu nome é bem claro: temos na primeira parte a palavra *okara* – como chamavam os tupinambás a área aberta entre as malocas das aldeias, o pátio, a praça, o grande terreiro de convivência das festas e rituais. Já o sufixo *tĩ* pode ter duas interpretações possíveis. A mais provável é que seja uma referência de beleza, expressando na sua tonalidade de cor, *ting(a)*, branco, alvo, uma característica própria da taba. O termo original de Jean de Léry, *Ocarantin*, remete a esse significado de maneira mais precisa. Nessa hipótese teríamos conhecimento da taba do Terreiro Alvo ou do Terreiro Branco.

Entretanto, *tĩ* também pode ter o significado de ponta, saliência, a proa de uma canoa (*yga-tĩ*). Sendo também possível que o nome original fizesse referência a alguma feição especial do terreiro, à sua forma. Como ocorre em muitas línguas, alguns termos no tupi também podiam expressar diferentes coisas, dependendo da construção das palavras e da frase. Por isso, independentemente da interpretação etimológica completa do nome ancestral dessa taba, o nome era uma alusão à sua grande ocara. O próprio Jean de Léry a visitou pessoalmente, deixando como adendo a citação de seu nome na segunda lista do "Colóquio", um elogio ao fato de ali ter passado bons momentos ou, mais provavelmente, por ter se encantado com a taba. Disse ele que Okarantĩ era um "*beau village*", ou seja, uma bela aldeia. Foi a única a receber tal elogio em toda a sua obra, onde em outra passagem Léry revela ser Okarantĩ uma "das maiores e mais povoadas do país".[69] Certamente era essa aldeia que ele se referia quando dizia que algumas tabas possuíam mais de 10 mil moradores, como relatou também André Thevet.

Nenhuma outra aldeia recebeu tamanhos qualitativos em toda a obra de Jean de Léry, o que nos permite afirmar que Okarantĩ, a taba do grande Terreiro Branco, era a maior do Rio de Janeiro no século XVI. Ele havia visitado e pernoitado lá em companhia de um amigo francês, cujo nome ele fez questão de indicar para a posteridade, Tiago Rousseau, e do intérprete que sempre o acompanhava e que já conhecia a terra há muitos anos. "Achava-me ceiando certa ocasião com alguns patrícios em uma aldeia chamada Ocarantin."[70] Essa é a introdução dos acontecimentos que esse grupo viveria na aldeia. Enquanto jantavam, eram cercados por crianças curiosas, dezenas de *kunumĩmirĩs* e *kunhãtaĩmirĩs*, admiradas com seu tom de pele, cabelos e roupas. Em 1557, na taba de Okarantĩ, estrangeiros eram objetos de estranhamento. Os tupinambás mais velhos, decerto já acostumados com esse tipo de presença, demonstravam-se orgulhosos em receber os visitantes franceses. Tentavam honrá-los com enorme cortesia e hospitalidade, ao ponto de tentar afastar a audiência infantil sobre repasto dos europeus, numa clara tentativa para que se sentissem mais à vontade. Com uma serra em forma de ossos de peixe, tentavam afugentar os meninos, ameaçando-os e dizendo: "Retirai-vos, criançalha, não sois dignos de chegar perto dessa gente".

Léry relata que, depois dessa providência, apesar de serem observados por muitos, não foram interrompidos por nenhuma palavra até o fim da refeição, quando então, como de costume, os franceses fizeram uma oração, agradecendo a Deus pelo alimento recebido. Quando terminaram, um dos anciões de Okarantĩ que passara todo o tempo da ceia acompanhando curiosamente as ações do grupo se aproximou e perguntou: "Que significa isso que acabais de fazer tirando o chapéu por duas vezes, em silêncio, enquanto um só fala? Essas palavras eram dirigidas a vós ou a alguém ausente?".[71]

Tais perguntas eram como música nos ouvidos de um pregador protestante frente a homens tidos por selvagens, ignorantes do conhecimento e das leis morais e religiosas que aquele considerava como verdadeiras e indiscutíveis. Jean de Léry sente finalmente o verdadeiro motivo de sua vinda ao Rio de Janeiro: pregar o evangelho de Deus aos incultos e inocentes para aumentar o rebanho do pastor. "Como essa aldeia de Ocarantin é das maiores e mais povoadas do país, aproveitamos a oportunidade para falar a esses selvagens do Deus verdadeiro".[72]

Pede então para o *truchement* que o acompanhava fazer a tradução em tempo real de uma prolongada palestra sobre o poder de Deus, sua onisciência e onipresença. Ainda discursou sobre a criação do mundo e contou o porquê de Deus ter feito o homem superior aos demais seres. Isso era somente "para que pudesse glorificar a Criação". Acrescentou que, por acreditarem nisso e louvarem a Deus todos os dias, os franceses estavam sempre livre dos perigos, tanto no mar quanto na terra.

Passou então ao segundo tópico favorito dos pregadores que visitavam os tupinambás. Fossem protestantes franceses ou jesuítas portugueses, o tema "as mentiras e trapaças" dos *paiés* e *karaíbas*, líderes espirituais, estava sempre na ordem do dia. Diziam que era por causa deles que caíam em perdição e tudo de ruim os acontecia. Por mais de duas horas o francês tentou argumentar com a plateia na linguagem mais fácil que encontrou, utilizando exemplos que acreditava serem do cotidiano dos nativos.

Todos ouviram em silêncio, com atenção e admiração. Os tupinambás conversavam com grande ordem e respeito e não se interrompiam por pura educação. Só quando o francês de fato terminou sua falação, outro ancião de Okarantĩ, provavelmente entre os mais respeitados da taba e que também acompanhava toda a cena desde o início, aproximou-se então e declarou perante a pequena multidão de nativos que cercava os três franceses:

> *É certo que dissestes coisas maravilhosas e bonitas que nunca ouvimos; vosso discurso entretanto nos lembra o que muitas vezes ouvimos de nossos avós, isto é, que há muito tempo, já não sei quantas luas, um mair como vós, e como vós vestido e barbado, veio a este país e com as mesmas palavras procurou persuadir-nos a obedecer a vosso Deus. Porém, conforme ouvimos de nossos antepassados, nele não acreditaram. Depois deste, veio outro e em sinal de maldição doou-nos o tacape com o qual nos matamos uns aos outros; e há tanto tempo já o usamos que se agora desistíssemos desse costume as outras nações vizinhas zombariam de nós.*[73]

Para Jean de Léry tal declaração soou como a comprovação da lenda de que São Tomé, um dos apóstolos de Jesus Cristo, teria visitado o Rio de Janeiro e por isso marcado sua presença na cultura oral tupinambá. Lembra ele que o salmo 19 diz que a voz de São Tomé "percorreu toda a terra e suas palavras chegaram às extremidades do mundo". Antropólogos acreditam ser essa apenas a confirmação da lenda de Maíramûana, da existência mitológica de um *paîé* profeta que lhes havia ensinado muitos costumes. Tal afirmação, de que as pregações religiosas feitas por um estrangeiro não eram novidade entre os nativos dos anos 1500, é bastante recorrente e citada por quase todos os cronistas.

A resposta do ancião não deixa de ser interessante, pois tenta desconcertar o estrangeiro, afirmando que aquilo que ele dizia não era nenhuma novidade. Na explanação em seguida, o ancião lembra ao europeu que ali eles acreditavam mesmo era na religião do "tacape" como forma de competir com as demais nações nativas, o que para eles era muito mais importante naquele momento do que simplesmente acreditar na religião do europeu.

Jean de Léry ainda tentou argumentar que, se acreditassem mesmo nas ideias que ele propagava, nenhum dos inimigos seria capaz de vencê-los nas batalhas. A afirmação impressionou tantos os nativos que chegaram até mesmo a prometer não comer mais carne humana e ajoelharam para uma última oração perante os convidados franceses antes do cair da noite.

Os tupinambás se mostravam hospitaleiros; levaram-nos para uma maloca e ofereceram-lhes redes de algodão para que repousassem. Antes que os franceses começassem a dormir, porém, Léry relata que "já os ouvíamos cantando todos juntos que, para se vingarem de seus inimigos, deviam aprisionar e comer o maior número possível deles".[74]

Na mesma Okarantĩ, Jean de Léry relata, em outra ocasião, um tipo inusitado de hospitalidade tupinambá: a prova de coragem pelo enfrentamento. Dessa vez, ele estava "na linda aldeia" para dormir com outros seis franceses que viviam no forte Coligny. Com fome, decidiram percorrer as redondezas das malocas em busca de alguma galinha. Um intérprete que Léry dizia ser "um desses rapazes franceses que havíamos trazido para aprender a língua" e que já habitava nessa época em Okarantĩ instou-o: "Aí está um bonito pato da Índia, matai-o e ficareis quites com o dono, pagando-o". Inadvertidamente o protestante seguiu o conselho do adolescente. Matou o pato e começou a procurar pelo dono, encontrando-o dentro de uma maloca a beber cauim com os demais moradores, já completamente alterado.

Os tupinambás não ligavam para patos, uma vez que não os comiam por acreditar que animais vagarosos os deixariam moles e preguiçosos. Entretanto, o velho já quase sem dentes que se apresentou como dono do animal trucidado teve um comportamento diferente do esperado. Jean de Léry perguntou o que ele queria.

> – Uma faca.
> Apresentei uma faca, mas ao vê-la o velho disse:
> – Quero outra mais bonita.
> Apresentei-lhe outra, mas ele declarou que não a queria tampouco.
> – Que queres que eu te dê?
> – Uma foice.

A situação ficou crítica, pois o cronista não contava com uma foice no meio daquela floresta. O pedido extorsivo criou um impasse de tal modo que Léry começou a ficar desesperado. O intérprete que intermediava a tradução da enrascada aconselhou o francês a se virar e arranjar uma foice de qualquer maneira.

Um dos seis franceses que estavam presentes, a pedidos, emprestou-lhe a foice que transportava, e Léry imediatamente a ofereceu ao ancião tupinambá que aguardava impaciente. Ao ver a foice, ele recusa também o instrumento. Léry então pergunta enfadado:

– Que queres de mim?

– Matar-te – replicou furioso –, matar-te como mataste meu pato, pois o pato foi de meu irmão falecido e eu o estimava acima de tudo.[75]

O ancião foi em busca de seu tacape, para a perplexidade de Léry. O velho, que ainda devia ser forte, chegou mesmo a voltear a maça de guerra em torno da cabeça do assombrado francês, ameaçando-o. O intérprete, que assistia à cena de uma rede próxima, decide então intervir e aconselha o novato: "Dizei-lhe, de espada em punho e mostrando-lhe vosso arco e flechas, que terá de lutar convosco, pois sois forte e valente e não vos deixareis matar tão facilmente assim".[76] Ninguém se meteu entre eles, e o francês precisou mostrar empenho em enfrentá-lo, xingando e mostrando que também poderia feri-lo. Minutos depois o velho desistiu e dentro em pouco voltou a beber com os outros.

O incauto cronista só descobriu o que tinha se passado, com efeito, no dia seguinte. Tudo que o ancião fizera não passara de mero gracejo. Ao despertar, um rapaz tupinambá disse-lhe que o velho o considerava como filho e que fizera aquilo simplesmente para experimentar-lhe o valor e a coragem, que haveria de ter contra seus inimigos comuns perós e maracajás. Furioso, o francês desagradou-se e foi reclamar com o senhor tupinambá que aquilo não era certo e, para acentuar o seu desgosto, presenteou com facas e anzóis todos da maloca, menos o ancião.

É uma passagem intrigante, pois apesar de Léry declarar que o ancião estava ébrio tudo o que se passou parece ter sido na mais perfeita sobriedade, não era uma brincadeira, como depois quis parecer o ancião. Matar um animal de estimação que pertencia a um desconhecido não era uma atitude muito educada de um visitante.

A irritação do velho era um aviso de que ali havia um pertencimento à terra, aos animais e às coisas, e também servia para lembrar aos europeus que eram convidados ali e precisavam se submeter à cultura dos "donos do lugar" representados na figura do ancião. É muito provável que o velho realmente não quisesse matá-lo, sabia os problemas que tal ato causaria com os aliados franceses, os quais eram necessários no enfrentamento que faziam aos projetos de escravização portuguesa.

Sobre a localização da taba de Okarantĩ, Léry afirma que, ao visitar essa aldeia, declarou que esta ficava distante cerca de "10 a 12 léguas" do forte dos franceses na atual ilha de Villegagnon. A légua francesa era equivalente a aproximadamente 4 quilômetros. Podemos tomar como base outro depoimento de Léry que se coaduna com essa distância. Ele afirma ser de apenas 2 léguas a distância entre o forte Coligny e a aldeia de Jabebiracica. Fazendo uma estimativa da distância por mar da ilha de Villegagnon, onde se encontrava. Se circundarmos as atuais terras do porto do Rio, adentrando a antiga enseada de São Cristóvão e andando em terra mais 1,5 quilômetro até a aldeia do cacique de Jabebiracica, teremos aproximadamente 8 quilômetros de trajeto. Se ficar curioso, o leitor pode fazer esse teste nos mapas disponíveis da internet.

Multiplicando por dez ou 12 esse número de 4 quilômetros por légua, que é a distância informada por Léry entre a taba de Okarantĩ e o forte Coligny, temos assim uma hipótese bastante plausível de 40 a 48 quilômetros de separação entre esses dois locais.

A segunda informação crucial fornecida por Léry está na descrição da primeira lista. Okarantĩ compõe a relação de tabas que se localizavam no interior "dos dois lados do rio (da baía)". A primeira dessa sequência é Takûarusutyba, e a segunda citada é Okarantĩ – isso confirma essa aldeia no interior e mais distante do que a primeira. Seguindo a hipótese da aldeia do Taquaruçuzal localizar-se no vale de Jacarepaguá, temos até ali uma distância de aproximadamente 20 quilômetros em linha reta a partir do forte, o que seria o meio do caminho até a distância de 40 quilômetros para encontrar Okarantĩ. Ou seja, ela estava localizada bem mais ao interior do território. A terceira informação de localização dessa taba está na ordem relatada na segunda lista de Jean de Léry: Okarantĩ é a sexta aldeia visitada por ele a partir do lado esquerdo da baía. Uma peculiaridade da segunda lista é que Léry teria conhecido mais detalhadamente as tabas do interior do Recôncavo da Guanabara do que as poucas relatadas pelo intérprete normando. Pela forma elogiosa como se refere a Okarantĩ em sua obra, Léry deixa pistas de que o objetivo final de suas andanças para o interior seria visitá-la antes de voltar à baía. Uma última informação complementa a relação de distâncias das tabas entre si. A taba da grande e linda *okara* ficava a apenas 2 léguas, ou 8 quilômetros, de outra aldeia chamada Kotyuá.

Mesmo com esse panorama fragmentado é possível estimar, embora sem maiores provas documentais, que Okarantĩ tenha sido a maior taba da região mais densamente povoada do Recôncavo da Guanabara. A área corresponde ao grande planalto alcançado após o imenso vale que se estende entre os maciços do Mendanha e da Pedra Branca. Ali, forma-se uma região mais alta entre duas grandes cadeias montanhosas de floresta verde e exuberante, em direção à baixada da baía de Sepetiba.

Naquele local os tupinambás teriam erguido uma grande taba que tinha vista para todo o vale onde habitava ao menos um conjunto de seis outras aldeias relativamente próximas pelo interior das terras da Guanabara (Takûarusutyba, Sapopéma, Kotyuá, Tantimã, Payó e Sarigûé). Os 40 quilômetros de distância descritos pelo cronista francês apontam para a região atual de interseção entre os bairros de Bangu, Santíssimo e Campo Grande, onde os cursos das nascentes mudam de direção para a baía de Sepetiba. Okarantĩ ficaria em algum lugar dessa área extensa,usufruindo de um grande complexo de ribeiros, a partir do atual rio Cabuçu.

Existe ali um estreitamento do vale entre essas duas cadeias de montanhas onde hoje percorre uma das principais vias da região, a estrada da Posse. A região central na topografia daquelas terras certamente não seria desprezada por conhecedores milenares daquelas paragens.

Nenhum documento português indica qualquer resquício dessa toponímia, fato que aponta que nem a sua grandeza foi capaz de produzir uma lembrança definitiva. A área que ela ocupava no interior só foi aproveitada muitas décadas após a conquista portuguesa. Os milhares habitantes da aldeia da "Grande Ocara Alva" podem ter sido aqueles que se refugiaram em uma única aldeia e que teriam fundado, segundo a tradição oral, o povoado de Sepetiba, quando as tropas de Salvador de Sá resolveram avançar no terreno.

Sapopéma, raiz da Guanabara

O nome de Sapopéma resistiu ao longo da história da urbanização da cidade pelo menos até o início do século XX quando nomeava toda uma grande região. Não há dúvidas de que era uma das principais tabas nativas do Rio de Janeiro do século XVI. Seu nome ancestral aparece nas duas listas da obra de Jean de Léry, assim como nas primeiras cartas de sesmarias portuguesas após a conquista de 1567. Isso permite identificar a exata posição dessa aldeia no território da cidade e também ajuda a entender a disposição de outras.

Na primeira lista, *Sapopem* (como no original em francês) é a terceira citada daquelas que estavam no interior das terras da baía, precedida pelas grandes tabas de Takûarusutyba e Okarantĩ, seguida das aldeias de

Nurukuy e de outras duas que estavam do outro lado da baía, no interior dos atuais municípios de São Gonçalo e Itaboraí, Arasatyba e Ysypotyba, respectivamente. Eram as cinco maiores e mais populosas comunidades nas terras afastadas do litoral. Fazem parte da primeira relação de aldeias tupinambás anotadas e visitadas no final da década de 1540 por algum dos primeiros *truchements* que chegaram e começaram a viver com nativos, explorando a terra em companhia dos próprios.

A importância de Sapopéma no Rio de Janeiro pré-conquista portuguesa é reafirmada com a repetição de seu nome na segunda lista de tabas apresentada por Jean de Léry, as que teria visitado pessoalmente em 1557. Sapopéma é a quinta aldeia anotada a partir da margem esquerda da baía. Antes delas são citadas as tabas de Karióka, Jabebiracica, Eirámirĩ e Piráûasu e, nessa lista, Okarantĩ vem logo depois dela, e não antes, como ocorre na primeira lista. Essas informações nos levam à conclusão de que essas duas aldeias, Okarantĩ e Sapopéma, estavam próximas uma da outra. São citadas sempre nas mesmas posições, alternando de lugar nas listas.

O que essa segunda lista descreve é um passeio pelas aldeias a partir da margem esquerda. Segundo a ordem apresentada pelo autor, é possível inclusive refazer seus passos pelas terras da cidade. Esse trajeto é na verdade a descrição das aldeias alcançadas a partir de uma marcha pelo antigo *peabiru* que levava ao interior, do litoral ocidental da baía em direção ao atual bairro de Campo Grande. Hoje podemos citar como exemplo a avenida Dom Helder Câmara, antiga avenida Suburbana, que refaz o mesmo caminho para o interior sul das terras onde hoje estão bairros da Zona Norte, depois Zona Oeste, assim como interligava-se com os caminhos que levavam à atual Baixada Fluminense. Um grande vale que se abria entre os maciços da Tijuca e da Pedra Branca de um lado e das montanhas de Gericinó e do Parque do Mendanha de outro, terras serpenteadas por bons rios e em cujos domínios existiam exuberantes florestas e muitas aldeias.

Para aqueles que, como o francês Jean de Léry, chegavam de barco pela baía e a partir do forte de Villegagnon buscavam acessar as terras pelo litoral de Jabebiracica na antiga enseada de São Cristóvão, era possível começar adentrando em geral por Pirakãiopã, no atual bairro de Bonsucesso. Depois passavam por Piráûasu e partiam em direção a Sapopéma. A segunda lista não é outra ordem de aldeias da margem esquerda, e sim a disposição espacial das aldeias que se localizavam atravessando terras em direção ao interior.

É possível dizer isso porque a posição de Sapopéma é bastante conhecida, e sobre esse fato existem fontes documentais portuguesas. Já no ano de 1567, muito provavelmente, ainda sem a posse definitiva sobre os terrenos dessa aldeia, autoridades lusas emitiram uma carta de sesmaria em favor de um colono de nome Clemente Peres Ferreira. O documento foi emitido em novembro daquele ano, dispondo sobre as terras de *Sapupema* ou Sapopéma, onde atualmente se encontram os bairros de Bento Ribeiro, Deodoro e Vila Militar.

Já em 1612 existia um Engenho Sapopemba, cujos canaviais se estendiam até os limites do Maciço de Gericinó em Bangu. O nome dessa taba ancestral dos nativos do Rio de Janeiro ainda permaneceu por quase quatrocentos anos como toponímia de referência principal do bairro. Quando a estrada de ferro Central do Brasil chegou àquela região, em 1859, a estação foi inaugurada com o nome de Sapopemba, passando a se chamar Deodoro nos primeiros anos do século XX, em homenagem ao proclamador da República Brasileira.

O nome de Sapopéma ainda permanece como herança cultural dos primeiros moradores daquelas terras, na existência quase imperceptível de uma rua Sapopemba, que corta o bairro de Bento Ribeiro e cuja atual localização é bastante próxima à área de influência histórica dessa grande taba, de presença tão antiga quanto a origem de seu nome.

Sapopéma não tem nada a ver com sapos, rãs ou qualquer outro tipo de anfíbio. A palavra é uma toponímia com significado bastante claro. Além disso, era um nome muito querido dos povos ancestrais do Brasil e, ao que parece, também dos colonizadores.

Existe um bairro da Zona Leste de São Paulo que se chama Sapopemba. No norte do Paraná, um município se chama Sapopéma, com grafia praticamente igual à da taba carioca citada nas duas listas de Jean de Léry. As "histórias oficiais" conhecidas desses dois lugares excluem a presença nativa da explicação sobre a origem de seus nomes, afirmando que a toponímia é inspirada na observação dos primeiros moradores "europeus" em relação à natureza que os cercava.

Sapó significa raiz, e *pem(a)* quer dizer anguloso, esquinado. Sapopéma era o nome que os tupinambás do Rio de Janeiro davam às grandes árvores dos arredores de sua taba, com imensas raízes de contraforte aparentes. Sapopéma não é "raiz chata" – essa "explicação" apresenta uma ideia errada sobre a real forma das raízes desses tipos de árvores. Elas são altas e estreitas, também chamadas de tabulares, e formam verdadeiras paredes que compartimentam os lados das árvores na parte baixa. São raízes características de algumas espécies das grandes árvores da Mata Atlântica e podem ultrapassar 20 metros de altura.

As raízes de Sapopéma ainda estão fincadas na terra original, esperando o reconhecimento que a República e a transformação feita nos antigos canaviais do Engenho de Sapopemba, na Vila Militar de Deodoro da Fonseca, acabaram por apagar. Entretanto, um reconhecimento mais do que especial à antiga Sapopéma originária não veio de nenhum governo, órgão público ou instituição cultural; partiu da alma popular e da memória histórica do povo, representada na arte musical mais identificada com os ritmos da nossa mistura: o samba de raiz. Wilson Moreira – também conhecido como Alicate – e Nei Lopes escreveram a letra; Zeca Pagodinho imortalizou em 1998 a canção que já nasceu antológica. Muitos cariocas sabem cantar "Sapopemba e Maxambomba" na ponta da língua, sobretudo os nascidos na Realengo de Alicate (bairro localizado nos domínios da taba Okarantĩ), no Irajá de Nei e Zeca (onde estava a ancestral Eiraîá) e, claro, em Deodoro. A música evoca as raízes de uma terra que mudou de nome, mas não perdeu a essência.

Assim, o sambista declama – abusando dos nomes em tupi, entre os toques dos pandeiros, tantãs e tamborins – aquilo que quase ninguém lembra mais: Deodoro já foi a Sapopéma do Rio de Janeiro, a raiz alta e forte de toda uma protocidade.

Tairetá hoje é Paracambi.
E a vizinha Japeri
um dia já se chamou Belém (final do trem).
E Magé, com a serra lá em riba.
Guia de Pacobaíba.
Um dia já foi também (tempo do vintém).
Deodoro já foi Sapopemba
E Nova Iguaçu, Maxambomba.

Kotyuá, a armadilha tupinambá

É impressionante a quantidade de nomes antigos relacionados à nossa terra desconhecidos tanto pelos nossos ouvidos como pela historiografia oficial. É o caso da aldeia de *Cotiva* ou *Kotiva* (grafias originais das edições francesa e brasileira do livro de Jean de Léry), mencionada por ele na segunda lista, em que registrou suas andanças pelas terras do entorno da Baía de Guanabara. "Certa vez percorremos o país, eu, outro francês, Tiago Rousseau, e um intérprete dormimos uma noite na aldeia de Cotiva..."[77]

Oitava aldeia citada a partir da margem esquerda, antes de Cotiva encontravam-se Okarantĩ, Gûyrágûaçu'unae (que havia emigrado da costa nessa época e estava perto dessas tabas) e Tantimã. Depois dela podiam-se alcançar as aldeias de Payó e Sarigûé em sequência. O cronista francês também afirma que Cotiva achava-se a 2 léguas de distância de Okarantĩ.

Entender a etimologia ligada a essa toponímia ancestral do Rio de Janeiro ajuda a identificar sua provável localização. *Koty*, em tupi antigo, pode ter até três significados, dependendo do contexto do que se pretende dizer. *Koty* pode ser "em direção a alguma coisa", o nome de um "quarto, aposento ou ambiente de uma casa", ou a que consideramos mais pertinente para a designação de uma aldeia tupinambá: *koty* era também o nome dado para uma "cilada, armadilha, ardil".

O final da palavra junto a *koty* é *"va"*, que na verdade era a representação do *"ûá"* tupi, de difícil entendimento para os europeus. O sufixo *ûá* reafirma a interpretação do nome de "cilada, armadilha" trazido por *koty*, pois significa o "canto" (como o de uma casa) ou "fundo" (por exemplo, de um vaso). Nessa interpretação Kotyuá seria "a taba da cilada do canto" ou ainda "a aldeia da armadilha funda".

A referência do nome de *Kotyuá* teria relação com alguma característica geográfica do lugar onde o *morubixaba* escolhera para os seus habitarem. Deveria ser uma decisão correta, na busca por uma posição topográfica muito peculiar que os colocassem em situação de vantagem de defesa perante uma invasão guerreira inimiga. A escolha do nome *Kotyuá* deve ter se sobreposto aos demais devido a algum incidente histórico ao longo da existência dessa comunidade. Podemos imaginar uma reviravolta empolgante em uma batalha que começou com um ataque surpresa de guerreiros inimigos. O estrito conhecimento da topografia ao redor pelos defensores acabou por ser determinante para o resultado final do combate, com a vitória ou invencibilidade dos que ali viviam.

Para o tupinólogo Frederico Edelweiss, um dos poucos estudiosos que se interessaram sobre a história e a etimologia das antigas aldeias do Rio de Janeiro, o *ûá* final de *Kotyuá* na realidade teria se originado por confusão de Jean de Léry da expressão em tupi *îá*, que é a forma antiga para se dizer que algo era "semelhante a, igual a, feito a". Segundo ele, *koty-iá* seria a "taba semelhante a cilada", "taba feita cilada", ou simplesmente "Taba Arapuca". Não há dúvidas, entretanto, sobre o fato de o nome dessa antiga aldeia dos tupinambás da Guanabara estar associado à sua característica guerreira de ser uma "armadilha" para os inimigos que porventura se atrevessem a espreitá-la, atacá-la.

Tomando como base a localização da aldeia de Okarantĩ, erguida em algum lugar do vale onde hoje se fundem os bairros de Santíssimo e Campo Grande, na Zona Oeste, temos um raio de busca a partir desse ponto de aproximadamente 8 quilômetros. São as 2 léguas apontadas por Jean de Léry que separavam Okarantĩ de Kotyuá.

Com base em fontes documentais quinhentistas portuguesas, as aldeias que estavam antes e depois dela na relação de Léry são as de Tantimã e de Payó – cuja localização sabemos ser respectivamente em Gericinó e Pavuna. Léry visitou Okarantĩ já próximo do atual bairro de Campo Grande e decidiu voltar, perfazendo outro caminho mais ao norte, em direção às férteis terras e florestas ancestrais das montanhas do Parque Estadual do Mendanha. Depois de Okarantĩ, perdia-se contato com a Baía de Guanabara e havia um longo trajeto até as margens da baía de Sepetiba.

Depois de avançar mais de 40 quilômetros terra adentro, Léry começa a voltar, guiado por seu intérprete. Em vez de retornar pelo mesmo caminho – o antigo *peabiru* que atravessa o Recôncavo da Guanabara em direção às comunidades tupinambás solidárias de Mangaratiba e Angra dos Reis –, decidem seguir explorando um caminho de volta paralelo ao de ida, ao norte do vale que antes haviam atravessado. Kotyuá se localizaria desse modo na atual área do bairro da Vila Kennedy, bastante próximo já da região de Gericinó.

Interessante notar que toda a região onde se localiza essa comunidade do Rio de Janeiro contemporâneo, cujo nome atual homenageia o presidente americano tragicamente assassinado, é cercada de montanhas. Na topografia dessa área cortada ao meio pela mais movimentada artéria da cidade, a avenida Brasil, de um lado está a monumental cadeia do Mendanha, e do outro um morro bem mais baixo, porém comprido, e que forma como que um U, circundando todo um relevo. Essa elevação termina mesmo por cercar toda outra parte, mais baixa. Analisando a formação do terreno ali ao redor, nota-se que esse morro forma uma barreira que podia muito bem ser utilizada como apoio para um ponto de defesa, observação ou de encurralamento de inimigos.

Além disso, a região de Kotyuá beneficiava-se da proximidade de algumas das nascentes do atual rio Sarapuí, que percorre a partir dali boa parte da Baixada Fluminense antes de desaguar na Baía de Guanabara ao norte de Duque de Caxias. Utilizavam o mesmo rio para sobreviver tabas como Tantimã, Jacutinga e Sarapoy, esta última perto da sua foz na Guanabara. Podemos imaginar a fartura de vida que esse longo curso de rio propiciava.

Jean de Léry, seu amigo Tiago Rousseau e o intérprete normando que os acompanhava, provavelmente tão jovem como o próprio cronista à época, então com 23 anos, viveram uma das experiências mais intensas de suas vidas em uma das noites que dormiram em Kotyuá. Léry afirma ainda ter estado ali, quando refugiado dos desmandos de Villegagnon, entre quatro e cinco meses, tendo feito amizade com os "bons velhos" da aldeia.

A descrição dessa noite e do que presenciaram ali rende quase um capítulo inteiro da obra do cronista francês. Um vivo relato de um "Carnaval" *kariòka* tupinambá. "Pela madrugada, ao retomarmos a marcha, vimos chegarem de todos os lados os selvagens das vizinhanças, os quais foram reunir-se em número de quinhentos a seiscentos numa grande praça."[78] Eles seriam alguns dos primeiros europeus e talvez os únicos a testemunharem uma cerimônia de bons presságios para uma incursão de guerra, conduzida por uma reunião de dez a 12 *karaíbas*. Léry, com seu espírito aventureiro, vai ficar tão encantado, espantado e curioso com o ritual que arriscará a vida para verificar com os próprios olhos todos os passos dos seus anfitriões.

Depois de se reunirem na grande *okara* de Kotyuá, os tupinambás subitamente se dividiram em três grupos. Crianças, mulheres e homens uniram-se e rumaram em separado para as malocas. Os grandes *paîés* coordenavam os trabalhos ornados com seus trançados mantos avermelhados das penas das aves *gûarás*. Braceletes e tornozeleiras com pequenos chocalhos e penas, além da pintura e de outros adornos, compunham a indumentária dos indígenas, que também portavam seus imponentes *marakás* de penas coloridas e desenhos misteriosos de rostos humanos. Pequenos orifícios eram feitos nesses instrumentos religiosos para exalar a fumaça da combustão da erva do tabaco soprada no *marakā* pelos profetas da floresta ancestral, que proibiam mulheres e crianças de saírem de suas malocas durante o ritual.

Junto às mulheres e crianças da taba, os franceses foram admoestados a permanecerem ali. Logo após, relata Léry, "os homens pouco a pouco erguiam a voz e ouvíamos distintamente repetir uma interjeição de encorajamento: – *He, he, he, he*".[79] Era o começo da cerimônia comandada pelos mais respeitados *paiés* em busca de bons presságios para os guerreiros daquela comunidade.

Da maloca onde estavam com os europeus visitantes, as mulheres também participavam, respondiam encenando – ou não – um profundo desespero à interjeição dos homens reunidos ao lado, com trêmulos: *he, he, he, he*. Durante 15 minutos os franceses presentes assistiram, espantados e com imensa vontade de fugir, às mulheres de Kotyuá urrarem, saltarem e até desmaiarem de medo e angústia. Meninos e meninas mais jovens pediam ajuda e conclamavam às forças espirituais, agitando-se e esperneando na maloca em que se encontravam.

Quando finalmente cessaram os ruídos e os urros que se misturavam uns aos outros em tremenda confusão, todos se calaram e, depois de um instante, em uníssono, voltaram a cantar de modo harmonioso e melódico. O medo de todos passou, e Léry então entendeu que aquela cena fazia parte de um ritual. Curioso, fez menção de sair da maloca para ir até os guerreiros, então reunidos com os *karaíbas* em outro pavilhão, no que foi impedido pelas atentas mulheres. O intérprete normando advertiu-o também de que nunca tivera coragem de romper as regras tupinambás.

Confiando no tempo e na amizade que já havia adquirido entre os *morubixabas* de Kotyuá, o protestante seguiu adiante, aproximou-se da maloca onde estavam reunidos e afastou com as mãos os ramos de palmeira que cobriam o teto até o chão. Olhou os homens perfilados curvados para frente, o braço e a mão esquerda pendentes e o braço direito acomodado na cintura. Dançavam movendo a perna e batendo com o pé direito no chão todos conjuntamente, circundando os *karaíbas* que marcavam a cadência dos passos ao som dos *marakás*. Verificando que os guerreiros não se importavam com aquela intrusão, fez sinal aos outros dois franceses que o acompanhavam, Tiago Rousseau e o intérprete, que decidiram entrar na maloca acomodando-se em um canto para não atrapalharem os trabalhos.

Os guerreiros tupinambás formavam três rodas dentro da maloca. Em cada uma havia "três ou quatro *karaíbas* ricamente adornados de plumas, cocares, máscaras e braceletes de diversas cores, cada qual com um *maraká*".[80]

Esses respeitados *païés* avançavam e recuavam, às vezes saltavam próximos aos guerreiros e de quando em quando aspiravam em uma piteira de mais de 1 metro de comprimento em cuja extremidade ardia um bom pedaço de *petyma*, o tabaco tupinambá. Desse cachimbo religioso os *karaíbas* sopravam a fumaça sobre os guerreiros, em transe melódico. Diziam com força, repetindo várias vezes, enquanto a fumaça envolvia o agraciado: "Para que vençais os vossos inimigos recebei o espírito da força".

Essas cerimônias duravam cerca de duas horas ininterruptas, e durante esse tempo todo a comunidade participava da cantoria e da dança ritmada de um modo tão harmonioso que a audiência francesa ficou impressionada. O intérprete que acompanhava Léry tratou de traduzir todos os significados dos estribilhos e refrãos dos poemas cantados de Kotyuá, a taba da "cilada". Lamentavam os antepassados mortos louvando o exemplo de sua valentia, consolavam-se em ir morar com eles, depois da morte, além das altas montanhas de paz e fartura eterna.

Durante os cantos, lembravam-se dos inimigos ancestrais mais detestados, até então os goitacazes, prometendo vingar-se dos seus ataques de outrora. Além disso recordavam as histórias míticas dos seus antepassados mais longínquos, os gêmeos Tamandûaré e Arikonta, que sobreviveram ao dilúvio subindo nas mais altas árvores.

O protestante francês tentou admoestar, na sua frustrada tentativa de evangelização dos tupinambás do Rio de Janeiro, a presença e o ritual dos *karaíbas*, chamando-os de feiticeiros e enganadores, assim como fizeram os severos jesuítas portugueses. Verificou, depois de tanto tempo convivendo com os nativos, que era a "mesma coisa que entre nós falar contra o Papa".[81] Os tupinambás não estavam nem aí para as doutrinas religiosas dos europeus. Kotyuá era uma armadilha, e eles estavam se preparando para a guerra.

O enigma de Tantimã

Chegamos a uma das tabas mais misteriosas daquelas que se apresentam nas fontes francesas. Tantimã, no ano de 1557, estava situada em algum lugar entre as aldeias Okarantĩ e Kotyuá. Ela é a nona comunidade citada entre aquelas que estavam nas terras à esquerda da baía. Jean de Léry a cita apenas na lista das tabas em que esteve pessoalmente.

A menção ao nome de Tantimã (*Tentimen* no original de Léry) é a comprovação de que essa taba existia antes da ocupação das forças lusas no

Rio de Janeiro. Por isso, não surpreende que sua presença milenar tenha sido notada pelos portugueses e registrada para a história com a grafia de *Taitimana* nas primeiras cartas de sesmarias. A referência à antiga Tantimã aparece em 1569, apenas dois anos após a conquista da Guanabara, para designar terras concedidas a dois sesmeiros chamados João de Bastos e Gonçalo de Aguiar. Essas terras, diz a carta, tinham como ponto de referência algum lugar perto de Gericinó,[82] o que desvenda a localização da *Tentimen* de Léry nessa área. A existência de Tantimã, como a conhecemos hoje, nas terras de Gericinó, corrobora com as hipóteses levantadas a respeito da localização das tabas ancestrais do Rio de Janeiro.

Gericinó servia para designar uma região muito mais vasta na segunda metade do século XVI do que o bairro atual, que é apenas uma parte das terras que permaneceu com esse nome originário. Na época, designava as terras próximas às atuais encostas da Serra do Mendanha, região por onde comprovadamente a aldeia de Tantimã deslocava-se. As fontes lusas captaram em seus registros o lugar onde ficou seu último reduto.

Jericinó, ou Jorisinom, Jorixinonga, Jorisinõnga, Joricinõga, que são grafias que também aparecem nas primeiras cartas de sesmarias e outros documentos antigos, era o nome pelo qual os tupinambás designavam o maciço montanhoso de origem vulcânica isolado na Baixada Fluminense. Atualmente é conhecido como Serra de Madureira, no município de Nova Iguaçu, e Serra do Mendanha ou do Gericinó, na cidade do Rio de Janeiro. Esse nome também é de origem tupi e sua etimologia é umas das mais complicadas de se reconstituir.

Para efeito do que pretendemos fazer com o topônimo da aldeia de Tantimã, tentaremos também decifrar o termo "Gericinó" atual. Partimos do princípio de que o nome fazia referência ao complexo montanhoso, assim espera-se que sua etimologia faça algum sentido no cumprimento daquilo a que se refere. Para encontrar alguma pista, devemos tentar decompor o nome a partir da forma gráfica mais antiga de que se tem notícia. A forma portuguesa *Jorisinõnga* parece conter todos os fonemas que fazem parte originalmente dessa palavra. O *j* não existe no tupi antigo, mas inúmeras palavras portuguesas com origem nessa língua foram inicialmente grafadas com *j*, e depois, pela modernização do léxico, se transformaram em *g*. É o caso de Gericinó, que na realidade exprime o î em semivogal do tupi antigo. Esse fonema faz um único som com a vogal posterior, como no caso de "*jandé*" (*iandé*), e que significa: "nós".

Portanto, o *Jorisiñonga* português na realidade carrega, na primeira parte, o termo *îori*, que significa em tupi antigo uma ação ordenada à segunda pessoa do singular, no imperativo. Por exemplo: *Saraûaî, îori ekagûa-bo* [Saravaia, venha para beber cauim].[83] Nesse caso, *îorî* era um imperativo, algo que acontecia como uma ordem, que sempre "vem", "acontece".

Também é possível identificar o fonema da terceira sílaba separando-a de *îori*. Assim temos o *ci, si, cy* ou *sy*, que é traduzido por uma das palavras que exprimia "mãe"; a outra era *a'i*. Essa palavra, *sy*, também pode designar "origem", "início", no tupi antigo. Por último, chegamos ao termo *nõnga*, que parece ser a forma *nong* da língua dos tupinambás. *Nong* pode ter três sentidos básicos, dependendo da sua construção na frase: pode significar os verbos "pôr, colocar", ou "fazer ser, fazer estar", ou ainda "deter".

A Jorisinonga antiga e a Gericinó atual fazem referência ao nome pelo qual os tupinambás chamavam uma de suas montanhas mais sagradas, local de onde partiam os rios, com abundante oferta de caça e do que precisavam para sobreviver. Desde frutos, mel, madeiras, plantas, animais e sementes. O termo então pode ser compreendido como o nome da montanha "mãe que vem fazer" (no sentido de natureza) ou da "origem que faz o ser". Ou, para ser mais imaginativo, Gericinó seria a "montanha da mãe geradora" que "faz a origem de tudo".

Voltando à misteriosa taba ancestral do Rio de Janeiro, é preciso explicar como *Tentimen* virou Tantimã. A toponímia foi grafada originalmente pelo cronista francês como *Tentimen*, mas sua correspondência em português foi decodificada por estudiosos do tupi antigo na forma aceita de Tantimã. Jean de Léry em sua obra produziu extenso léxico do tupi antigo, em especial o texto do "Colóquio" – o capítulo XX de sua obra em que foi possível realizar diversos estudos comparativos com outros trabalhos produzidos pelos portugueses sobre o tupi antigo, em especial o padre José de Anchieta, quase na mesma época. Por isso sabe-se que, em várias palavras, Léry trocava o *a* pelo *e*, como por exemplo na grafia da divindade tupinambá de Tupã. O francês anota em sua obra a grafia *toupen*. Portanto, o *Tentimen* seria a tentativa de caracterização por Jean de Léry de uma palavra que, em português, soaria como Tantimã. Entretanto, essa construção atual de Tantimã não favorece em nada os estudos para a descoberta de seu significado etimológico. Especialistas em tupi antigo simplesmente declararam que essa toponímia de Tantimã é um enigma e a reconstituição do seu significado primário, impossível.

É possível, porém, tentar encontrar alguma explicação para esse nome a bem da iluminação da nossa ancestralidade. O maior problema talvez seja mesmo ter que partir da palavra trazida e formatada ao português do original de Léry. Mas, se tentarmos decompor a grafia original exposta pelo francês, comparando-a depois com a forma como aparece nas cartas portuguesas, temos uma pista. Ao partir da grafia original do nome, tentar individualizar o *ten* de *Tentimen*. *Ten* é algo incrivelmente adaptado para o nome de uma aldeia tupinambá. É um adjetivo para algo "firme, fixo" (como um prego), ou melhor, como uma taba que fincava as estacas de suas malocas, marcando o seu lugar no território. Uma aldeia que estava fincada, firme na terra, assentada em seu lugar, e que quisesse ressaltar isso em seu nome, teria que usar o *ten*. A segunda sílaba se apresenta com um simples *ti*, ou *tĩ*, que tem muitos significados diferentes dependendo do contexto. Ambos podem ter relação com o nome de *Tentimen*: são eles os sentidos de nariz ou ponta. Firme como uma ponta, talvez a aldeia "fincada como uma flecha".

O sentido não estará completo sem antes decifrarmos o final da palavra. Ao tentarmos individualizar a sílaba *men* ou *mã*, de Tantimã, os estudiosos caem em um profundo vazio, pois esses dois termos não têm qualquer valor claro no tupi antigo. Mas se observarmos a forma da palavra que passou pela compreensão dos primeiros exploradores da colonização portuguesa, *Taitimana*, é possível que tenhamos decifrado esse enigma de mais de quatro séculos. Existe no tupi antigo o termo *maînan*, que parece ser a origem do *Taitimana* português. *Maînan* curiosamente tem um significado que cai como uma luva nas duas primeiras sílabas da palavra, que é vigiar, tomar conta, olhar. É possível que esse topônimo tenha sido originalmente pronunciado pelos tupinambás em contato com os intérpretes normandos e com Jean de Léry como *Tentimaînan*, que ele registrou como *Tentimen*. Qual seria a explicação para o surgimento de mais uma sílaba na forma portuguesa de *Taitimana*, se esta já não estivesse ali desde sempre?

Assim, na tentativa de iluminar um pouco o mistério de Tantimã, sugerimos como significado de seu nome ser esta a "taba da ponta firme vigilante", ou a "taba vigia da terra", o que para uma aldeia guerreira tupinambá não era nada mal.

No canto do Payó

O canto do *payó* é tão baixinho que mais parece um sussurro. No meio da floresta é preciso concentrar-se para ouvir seu grunhido grave, meio surdo, parecido com o do pombo urbano. Certa vez foi chamado de "ventríloquo da floresta". Na época do acasalamento, os machos dessa espécie determinam um tipo de arena onde se exibem na frente da fêmea, com belos movimentos. Na ocasião enchem o papo espichando as penas para demonstrar boa saúde e para cantar na mais alta potência certos sons específicos para a dama. É quando o seu canto grave de amor ecoa por toda a mata.

Esse animal extremamente arisco era bastante querido pelos tupinambás, a julgar que seu nome batizava a décima aldeia a partir da margem esquerda da baía. Seus hábitos e costumes deviam ser mesmo imitados por certos indivíduos. O *payó* só sai para campo aberto quando há um grande atrativo alimentar, como uma árvore frutífera carregada. Antes disso examina muito bem o local, tendo cuidado ao extremo com predadores. Na verdade é uma espécie rara e que habita florestas altas da Mata Atlântica, especialmente em regiões montanhosas. É de muito difícil observação e por isso mesmo é considerado um bicho misterioso. Vive solitário e só se reúne com outros da espécie na época do acasalamento.

Suas cores eram admiradas pelos nativos do Rio de Janeiro. O *payó* é um pássaro totalmente preto e carrega no papo uma grande mancha escarlate, justamente as cores do jenipapo e do urucum, que os tupinambás utilizavam nas pinturas corporais para rituais e festas. O *payó* era inspiração para a ornamentação corporal entre alguns dessa aldeia.

Jean de Léry cita duas vezes esta aldeia ancestral em seus relatos sobre o Rio de Janeiro no ano de 1557. Na lista de aldeias visitadas pessoalmente, ela aparece grafada como "*Pauo*". A toponímia aparece também no capítulo XVIII de sua obra, quando ele se lembra de um episódio que teria ocorrido com ele e outros franceses na hospitaleira aldeia de Pavo. As grafias são variações possíveis de uma representação fonética gutural que não existe nem em português nem em francês, e que é provocada pela presença do *y* nessa palavra. Um fonema que representa uma vogal média entre o *i* e o *u*, pronunciada com a língua na posição de *u* e os lábios estendidos para o *i*. Caso o leitor tenha interesse em testar esse fonema do tupi antigo, pode começar por pronunciar a letra *u* e, aos poucos, ir abrindo os lábios até fazer a pronúncia do *i*. Portanto, a aldeia *Pauo* ou *Pavo* apontada por Léry é a forma como os tupinambás designavam esse pássaro, no original em tupi antigo *payó*.

Essa é justamente e, não por coincidência, o nome da ave hoje chamada de pavó ou também conhecida como pavão-do-mato. A espécie ainda pode ser vista em zoológicos ou em alguns parques florestais de preservação da Mata Atlântica no Sudeste. No entanto, sua população encontra-se muito reduzida devido ao desmatamento e à perda do *habitat* natural. Na época, era uma das aves mais características da fauna do entorno da Guanabara.

Pavó da Pavuna

O pavó faz ninho com uma pequena e frágil plataforma de gravetos, com espaço suficiente para dois ovos amarelados com manchas marrom-avermelhadas. Costuma seguir bandos de tucanos, muito mais escandalosos e descuidados, o que evidencia ser um pássaro muito precavido, com uma inteligente estratégia de preservação. Podemos ver as duas espécies juntas na mesma árvore se alimentando – o pavó procura pelos frutos nos estratos mais altos da floresta, mas também pode descer até o chão atrás de insetos e pequenos anfíbios.

Léry não deve ter notado o significado do nome desta aldeia quando estava perdido na selva do Rio de Janeiro em companhia de seu amigo já mencionado, Tiago Rousseau, e do jovem intérprete normando que o ciceroneou por toda a viagem. Eles tentaram seguir o caminho depois de Kotyuá e Tantimã sem a ajuda de guias nativos tupinambás. O resultado da imprudência foi terem se perdido dentro da mata. O trio tentava encontrar o caminho certo ladeando um profundo vale, quando então foi surpreendido pelo "rumor de um bruto" aproximando-se rapidamente na direção deles.

Léry conta que então viu um lagarto do tamanho de um homem a trinta passos de distância, próximo à encosta da montanha. Seria um jacaré? Ele descreve o animal com escamas esbranquiçadas que pareciam cascas de ostras. O lagarto então ergueu uma pata como que a cumprimentá-los e fitou-os nos olhos. Os europeus ficaram imóveis; só traziam espadas e arco e flechas, e estavam tão próximos do bicho que, segundo Léry, podiam ouvir sua respiração. Depois de 15 minutos nesse impasse, a falta de ação dos homens deve ter entediado o lagarto que voltou a seus afazeres naturais, deixando espantados os franceses perdidos, e com um medo ainda maior de serem surpreendidos por outra fera, como a temida onça pintada.

Ainda demorariam, segundo ele, dois dias e duas noites passando fome e caminhando sem rumo dentro da floresta até finalmente encontrarem a taba ancestral de Payó, onde já haviam estado em outra ocasião. Quando os nativos tupinambás os viram arranhados de espinhos e exaustos depois desse grande aperto, receberam-nos "com grande carinho". Os franceses então contaram sobre o grande lagarto com que se depararam na mata e sobre os perigos pelos quais haviam passado perdidos na floresta, sendo atentamente acompanhados pelos anciões da aldeia, que demonstraram grande compaixão para com eles.

Trouxeram-lhes água fresca do rio que corria próximo dali, o qual herdou o nome dessa taba milenar. Depois lavaram-lhes cuidadosamente os pés e as pernas, o que fez com que o religioso Jean de Léry se lembrasse dos antigos costumes bíblicos. Ao lhes oferecerem o que comer, os anfitriões lembraram-se da preferência do cronista francês por "um bolo de farinha mole" que ele gostava de comer por ser parecido com o miolo de pão francês quente. As mulheres preocuparam-se em agradar, preparando o bolo especialmente para o convidado enfraquecido. Ainda serviram-lhes "boa carne de caça e de pesca e saborosas frutas que possuem sempre em abundância".[84] Uma verdadeira fartura tupinambá servida em 1557 para europeus que eles mal conheciam.

Na hora de dormir, Léry diz que "nosso velho hospedeiro mandou que os meninos se afastassem de nós para que repousássemos à vontade", tamanha era a preocupação com que estivessem acomodados da melhor forma que podiam oferecer. Na manhã seguinte o ancião que os hospedava continuava bastante preocupado com os convidados. "Então, '*atonô assat*', que quer dizer bons aliados, perguntou: 'Dormiste bem esta noite?'. E, diante da resposta afirmativa, acrescentou: 'Descansai ainda, meus filhos, pois bem vi ontem à tarde que estai exaustos'."[85]

A forma como foi recebido pelos nativos de Payó foi a deixa para que Jean de Léry derramasse sobre os tupinambás enormes elogios em agradecimento por sua bondade. Relato bastante diferente da maneira pela qual esses naturais da terra eram referidos pelos escritos portugueses, contra quem pelejavam. Léry diz que eles agiam com os franceses da mesma forma que os malteses no episódio bíblico do naufrágio do apóstolo Paulo, quando o salvaram. "É difícil contar tudo o que fizeram esses selvagens para nos servir."[86] Em retribuição, os franceses distribuíram, ao deixar a aldeia, facas, tesouras e pinças para os homens. As mulheres foram presenteadas com pentes, braceletes e miçangas para colares. Aos meninos, deixaram anzóis.

Os tupinambás adoravam os objetos feitos de ferro porque era um material extremamente novo e ainda desconhecido para eles. Os nativos acreditavam que esses objetos eram sinais de riqueza, e os franceses aproveitavam para se exibir, mostrando suas mercadorias. Os *truchements* normandos praticavam um escambo mais individualizado e pessoal com os tupinambás, ao contrário dos portugueses, que só queriam negociar com o *morubixaba*, considerado o "rei daquele gentio", extorquindo-o e, em geral, humilhando-o.

Não é à toa que algumas dezenas de franceses, mesmo sem qualquer perspectiva de vitória, lutaram e morreram com os tupinambás nas batalhas contra os portugueses no Rio de Janeiro. Esse fato inconteste demonstra não apenas uma aliança militar e política, mas principalmente um vínculo maior de amizade e compadrio que em quase trinta anos normandos e tupinambás haviam construído no Rio de Janeiro.

O reconhecimento mútuo de amizade parecia ser bem forte. Léry, em uma passagem em que ainda discorre sobre os nativos de Payó, declara: "Éramos amigos e aliados dos tupinambás e gozávamos portanto de plena segurança entre eles. Fiava-me neles e me considerava mais seguro no meio desse povo, que apelidamos de selvagem, do que em França entre muitos franceses desleais e degenerados".[87] Esse sentimento era compartilhado ainda mais fortemente pelo grupo de *truchements* que se integrou culturalmente entre eles, e foi capaz de se contrapor às ordens de Villegagnon, contra quem arquitetavam um plano para matá-lo, quando enfim abandonaram as leis oficiais normandas e passaram à total clandestinidade ao lado dos *morubixabas* tupinambás. Caso tivéssemos que escolher uma aldeia em que essa amizade era cultivada da melhor maneira, pelos relatos de Léry, Payó seria a escolhida.

A *Pauo* ou *Pavo* amiga dos franceses retratada por Jean de Léry é também uma das toponímias ancestrais do Rio de Janeiro que permaneceram entre nós como fósseis culturais de uma época. Apesar de a relação ser bastante clara, até hoje ainda não havia sido observada em nenhum estudo sobre nossas raízes. A taba *Pavo* ficava justamente no atual bairro da Pavuna, um dos locais mais antigos do Rio de Janeiro. O nome Pavuna é uma corruptela do nome da antiga taba de Payó. Como já vimos na própria obra do cronista francês, essa toponímia em tupi antigo era grafada por *Pavó*. O próprio nome da ave hoje se escreve com *v* e não com o *y* original da língua tupi, ou mesmo *u*.

O leitor deve estar se perguntando como *Pavó* virou Pavuna. A resposta para essa questão é mais simples do que parece. O termo *una* é bastante conhecido e significa um adjetivo para a cor negra, preta. Era aplicado sempre no final da palavra para expressar essa característica das coisas e dos animais, como em Itaúna, pedra preta, e graúna, pássaro preto (*guyrá+una*), ou mesmo Saracuruna (Saracura preta). Neste último exemplo também um nome de pássaro que se transformou em localidade. Portanto, Pavuna nada mais é do que a junção do nome da taba Payó com a cor característica daquele pássaro. O nome pode ter sido dito aos portugueses de forma a descrever a ave que dava nome ao lugar, o *payó una*, o *pauouna*, o *payó* negro, preto, que na junção para o português ficou apenas *pavuna*.

Assim, essa toponímia da região passou ao rio que servia a aldeia, quando na época da conquista era o caminho natural, percorrido de canoa, para adentrar o lugar. Os tupinambás não chamavam o rio com esse nome, e sim a aldeia, como bem mostraram Jean de Léry e as fontes lusas. Foram os portugueses que deram também ao rio o nome das terras que conheciam por *Pabuna*, pois o *b* e o *v* exprimiam muitas vezes o mesmo som. Além disso, os nomes de ribeiros e rios em tupi antigo eram formados com o característico *y*, que sinalizava a presença de "água", como em *Acara-y* e *Keri-y*.

Ainda hoje a tese mais aceita sobre a etimologia da palavra que nomeia o bairro da Pavuna é desprovida de sentido. Pavuna seria uma corruptela do termo *upaba + una*, que significa lagoa escura. O único problema para essa hipótese é que nunca existiu qualquer lagoa escura nessa região do Rio de Janeiro. Para emplacar como nome importante por tantos e tantos anos, a tal lagoa escura haveria de ser muito grande, o que não condiz com a topografia do lugar nem hoje nem há quase 460 anos. O nome *Pabuna*, assim anotado pelo tabelião português em 1569 em carta de sesmaria que beneficiava um homem identificado como Baltazar de Siqueira, era mesmo como chamavam uma antiga tapera, à beira desse rio, de onde começou a ocupação das terras ao redor e que se chamava, como bem diz o registro francês, Payó.

O nome que serviu de referência a toda uma região se estendia da atual localização desse bairro até as terras próximas ao Maciço do Mendanha, seguindo o curso daquele ribeiro. O nome do *payóuna* permaneceu graças ao rio que herdou o nome ancestral que designava a antiga taba presente naquelas terras. O rio recebeu o nome de São João da Pavuna nos anos posteriores. Depois veio ajudar também o fato de um engenho de açúcar adotar o nome da terra em que ficava, uma prática muito comum que colaborou para a permanência de diversos nomes de tabas tupinambás do Rio de Janeiro até nossos dias. Registra-se a existência, no século XVIII, da fazenda de Nossa Senhora da Conceição da Pavuna, cuja capela data de 1788.

O rio Pavuna nasce na serra do Mendanha e corre em direção à Baía de Guanabara, passa pelo atual bairro da Pavuna – a estação terminal da linha 2 do metrô carioca – e encontra-se com os rios Meriti e Acari antes de desaguar na altura do final da Ilha do Governador. O rio hoje é um marco dos limites da cidade do Rio de Janeiro com os municípios de Nilópolis, Nova Iguaçu e São João de Meriti. Anteriormente à fundação do Rio, a aldeia de Payó era um marco divisório na relação de franceses e portugueses pelo domínio da Guanabara.

Sarigûé a postos para a batalha

Seguindo adiante na lista de aldeias visitadas por Jean de Léry, chegava-se a *Sarigoy* (grafia original da edição francesa). Antes de encontrar essa aldeia passava-se por Tantimã, Kotyuá e Payó. As primeiras se encontravam mais próximas da serra do Mendanha. Payó, como vimos, ficava na região da Pavuna. Pela ordem descrita na relação de aldeias conhecida como a segunda lista feita por Léry em 1557, estimamos que a taba ancestral de Sarigûé localizava-se entre os atuais rios Pavuna e Sarapuí.

O nome dessa aldeia é o último relatado por sua toponímia original entre as tabas que podiam ser visitadas a partir da margem esquerda da baía na lista de Léry, sendo a 11ª naquela ordem. Depois de Sarigoy o cronista francês diz que existiam ainda mais três grandes tabas tupinambás, mas que não sabia o nome delas, informando apenas seus apelidos franceses.

A aldeia de Sarigoy localizava-se mais para o interior, já na região hoje compreendida pelos municípios da Baixada Fluminense. Infelizmente esse nome ancestral não é citado por nenhuma fonte cartorial portuguesa, sendo uma das razões para que a toponímia desaparecesse por completo da nossa história cultural. Esse vazio não permite uma identificação mais precisa das suas terras antes da conquista portuguesa. Entretanto, e provavelmente por conta do papel desempenhado pelos integrantes dessa comunidade na guerra contra os portugueses, José de Anchieta cita seu nome no rol das tabas que haviam lutado e perdido no campo de batalha para os portugueses a partir de 1565.

Em *O auto de São Lourenço*, de 1583, a Sarigueia citada pelo padre é a mesma Sarigoy anotada pelo protestante Jean de Léry de 1557. "Também São Sebastião, valente santo soldado que aos tamoios rebelados deu outrora uma lição, hoje está do vosso lado. E mais – Paranapucu, Jacutinga, Morói, Sarigueia, Guiriri, Pindoba, Pariguaçu, Curuça, Miapei. E a tapera do pecado, a de Jabebiracica, não existe. E lado a lado a nação dos derrotados no fundo do rio fica."

As informações deixadas por Jean de Léry confirmam o estado guerreiro dessa aldeia no fim de sua existência plena nas terras a partir da margem ocidental da Baía de Guanabara. O cronista relata uma cena bastante explícita da época em que viviam os tupinambás do Rio de Janeiro. O francês nos deixa saber que assistiu, ao longo ritual tupinambá de antropofagia coletiva de um prisioneiro inimigo, um guerreiro *margaiá*, maracajá.

Impressionou-o fortemente a cerimônia, em que os nativos deixavam que o cativo se provesse de pedras e objetos para atingir violentamente seus algozes. "Vi um prisioneiro lançar uma pedra com tanta violência na perna de uma mulher que supus havê-la quebrado."[88] É nessa aldeia que Léry testemunha o ritual de abate do cativo preso com a *muçurana* enquanto o carrasco ricamente adornado e incorporado ao espírito dos ancestrais o rodeia e ameaça com o *ybyrapema* nas mãos.

Em Sarigûé o francês pôde ouvir o diálogo entre a altiva vítima e seu implacável matador. A conversa reacendeu os motivos ancestrais de toda a cerimônia e do papel que a morte ritual em vingança exercia para os nativos do Rio de Janeiro. "Não és tu da nação dos *margaiás*, nossa inimiga? Não tens matado e devorado nossos pais e amigos?" No que o prisioneiro respondia no limiar da morte com coragem e honradez. "Sou, sou muito valente e realmente matei e comi muitos." Reafirma com veemência provocando o matador. "Eu não estou a fingir, fui com efeito valente, e assaltei e venci vossos pais e os comi." Continua a proferir insultos e afirmações confirmatórias de suas proezas sobre os parentes daqueles que estavam próximos. O carrasco, cada vez mais raivoso e insultado, aproxima-se e exclama antes de tentar desferir o golpe fatal no meio de sua cabeça. "Agora está em nosso poder e serás morto por mim e devorado por todos." No que a vítima, consciente de seu destino, detém-se ainda a tempo de dizer olhando nos olhos do matador: "Meus parentes me vingarão!". O jogo só termina quando o preso, amarrado e seguro, é abalroado de maneira certeira. A morte lhe é instantânea. A profecia do guerreiro *margaiá* não seria em vão.

Os guerreiros de Sarigûé estavam no campo de batalha contra as pretensões lusas à posse da terra e à escravização. Provavelmente seguiam um *morubixaba* que, por algum motivo especial, havia adotado o nome de um marsupial bastante marcante nas terras do Rio de Janeiro do século XVI. Esse bicho ainda hoje pode ser encontrado tanto nas florestas quanto no meio urbano, quando geralmente é acossado por cães e seres humanos. Nas estradas são frequentemente atropelados por terem a visão ofuscada pelos faróis e por sua pouca mobilidade, exceto nas árvores. Trata-se do inofensivo gambá, que era chamado pelos tupinambás justamente de *sarigûé* ou, na forma deixada por Anchieta, Sarigueia.

Gambá da Guanabara

O próprio Jean de Léry confirma inconscientemente a relação entre esse animal e o nome da taba. Diz ele, no capítulo onde descreve os "animais, veação, lagartos, serpentes e outros animais monstruosos da América", que os tupinambás não gostavam muito de comer o *sarigoy* (a mesma grafia apresentada para o nome da taba). O bicho é "do feitio de uma doninha e de pelo pardacento" e tem mau cheiro. Continua a revelar seus descobrimentos ao esfolar alguns desses animais "verificando estar na gordura dos rins o mau odor, tirando-lhe essa víscera a carne é tenra e boa".[89] Os tupinambás não gostavam de saborear sua carne por considerar esse animal lento. Uma explicação pode ser o caráter sagrado do animal evidenciado pela homenagem prestada a ele pela aldeia de Sarigûé. O pai de Arikonta, considerado um de seus ancestrais, é um homem que depois se transforma em Gambá.

Até hoje esse animal é conhecido em algumas regiões do Brasil, especialmente no Sudeste e no Sul, como *sarigué*, *sariguê*, *saruê* ou *sarigueia*. Os gambás *sarigûé* medem de 40 a 50 centímetros de comprimento, sem contar a cauda, que chega a medir outros 40 centímetros. Ele tem um corpo parecido com o de um rato, incluindo a cabeça alongada. A cauda é escamosa na extremidade e enrola-se a um suporte, como o ramo de árvore. As patas são curtas e em cada uma há cinco dedos com garras. Por comerem de tudo, atacam lixeiras com frequência. Vivem de raízes, frutas, vermes, insetos, moluscos, crustáceos (caranguejos encontrados em zonas de manguezais), anfíbios, serpentes, lagartos e aves.

Os gambás não vivem em grupos, mas, na época da reprodução, formam casais e constroem ninhos com folhas e galhos secos em buracos de árvores. Como têm hábitos noturnos, ao escurecer, os gambás saem de seu abrigo para caçar e coletar alimentos. A espécie característica da Mata Atlântica da região Sudeste é o gambá-de-orelha-preta, certamente o inspirador dos tupinambás da aldeia Sarigûé. São considerados ótimos controladores de populações de roedores e dispersores de sementes. Habitam florestas, regiões cultivadas e áreas urbanas em toda a Mata Atlântica brasileira. O grande Sarigûé, o chefe Gambá do Rio de Janeiro, inspirava-se nesse animal porque eram exímios conhecedores da fauna da mata e apreciadores de suas habilidades especiais, que deviam encantar os guerreiros tupinambás. Por exemplo, em uma guerra pela sobrevivência entre uma cobra peçonhenta e o *sarigûé*, a cobra leva a pior ao dar o bote no gambá, que é imune ao veneno de serpentes. Ao ser picado, o gambá pode atacar a cobra pela cabeça, o que a torna presa, em vez de predadora.

Ao enfrentar cobras e vencê-las, mesmo sendo um animal pequeno e lento, o *sarigûé* despertava a admiração dos tupinambás. Além disso, o gambá ainda possui uma famosa arma de defesa: uma glândula que exala odor desagradável na região do ânus. Outra estratégia para escapar dos perigos é o comportamento de fingir-se de morto até que o predador desista. Na natureza, coincidentemente, o gambá tem como principal predador o gato-do-mato, o mesmo animal que designava seus derradeiros inimigos maracajás da Ilha do Governador.

Îakutinga, a taba desaparecida

Essa foi a primeira aldeia ancestral do Rio de Janeiro anterior à conquista portuguesa que não foi citada diretamente nos relatos de Jean de Léry. Pelo menos não com o nome próprio pelo qual os nativos dessa aldeia a reconheciam. Temos suspeitas de que essa aldeia era a que os franceses apelidaram de *Ypec*. Entretanto, a taba dos îakutingas foi fartamente documentada nas primeiras cartas de sesmarias portuguesas do século XVI. Sua importância na resistência aos lusos na Guanabara também pode ser medida na citação de seu nome pelo padre José de Anchieta, em *O auto de São Lourenço*.

O texto de catequese é específico para os poucos sobreviventes nativos das batalhas, vencedores e vencidos, aldeados em Niterói. Na peça com fundo histórico, Anchieta fala da lição que São Sebastião, o "santo guerreiro" que representava o lado português do conflito, deu aos "tamoios rebelados". Îakutinga, Sarigûé, Pindobuçu e Jabebiracica estão entre as tabas que enfrentaram os lusos pelo domínio das terras da Guanabara. O jesuíta anuncia o resultado do confronto entre São Sebastião e os rebelados com uma expressão que representa seu total esquecimento. "Lado a lado a nação dos derrotados no fundo do rio fica."

O nome dessa taba derrotada pelos conquistadores portugueses é claro: a designação era uma homenagem a um dos animais mais abundantes da região – uma ave que eles chamavam de *îaku*, hoje conhecida no português como *jacu*, nome genérico de aves galiformes da família dos cracídeos. Os portugueses a chamavam de galinha-do-mato, porque eram do tamanho das galinhas domésticas, só que completamente pretas. Chegavam a pesar até 1,5 quilo. Eram monogâmicas e os machos alimentavam as fêmeas enquanto cada uma delas chocava os três ou quatro grandes ovos brancos do casal. Segundo Jean de Léry existiam três espécies de *îakus* no ano de 1557, eram elas: o *jacoutin, jacoupem* e *jacou-ouassou* (grafia original do autor na edição francesa). São nitidamente os mesmos animais que a biologia conhece hoje como jacutinga, jacupema e jacuaçu (*îakutinga, îakupema, îakuasú*).

Os *îakus* eram aves silvestres abundantes das florestas do Rio de Janeiro. Viviam nas matas das montanhas do Mendanha, Pedra Branca e Tijuca, migrando de altitude até as regiões mais baixas dos vales e acompanhando a frutificação das árvores preferidas, como os araçazeiros e palmiteiros. Os *îakus* ajudavam a dispersar sementes e por isso eram importantíssimos para a biodiversidade da terra. Costumavam viver em bandos de até 15 jacus e habitar a copa das árvores, no auge da frutificação. Os *îakuasús* (jacuaçus, jacu grande), que eram bem maiores do que as outras duas espécies e mais parecidos com faisões do que com galinhas, buscavam rios e lagoas para beber água e se alimentar de peixes.

Para os nativos da aldeia de Îakutinga, essas aves eram animais especiais e tratados com alguma reverência. O termo *tinga* ou simplesmente *tim* era um adjetivo para designar a cor branca. Portanto, a *îakutinga* ou *îakutim* era o "*îaku* branco". Na verdade esse pássaro tem o corpo todo com plumagem negra, mas carrega penas brancas na cabeça e na crista, assim como na ponta das asas, característica que distingue essa espécie das demais.

A abundância da espécie de cabeça e crista branca nas terras que circundavam aquela comunidade era tão milenar que em algum momento, quase naturalmente, aqueles tupinambás teriam adotado o nome da ave. Enquanto ali eles viveram, as *îakutingas* nunca desapareceram. Certamente eles conheciam todo o ciclo de vida do animal, sabendo escolher os que poderiam ser abatidos ou não, dependendo da época do ano e da presença ou não de filhotes entre os casais.

Léry ainda acrescenta, na sua descrição de 1557, que todos os três tipos *îakus* eram bons de comer: "Posso assegurar que não há carne melhor". Qualidade essa que vai praticamente levar a uma caça desenfreada nos séculos seguintes de colonização europeia. A espécie é uma das mais ameaçadas de extinção da Mata Atlântica. Desapareceu na maioria dos lugares onde era comum e abundante, como no próprio Rio de Janeiro, no Espírito Santo e no sul da Bahia.

Depois de passar por Payó, Sarigûé e uma taba que os normandos apelidaram de *Pierre* (possivelmente Itanã), o cronista francês revela que era possível chegar à penúltima aldeia a partir da margem esquerda de quem entrava na baía. Os franceses haviam também apelidado essa aldeia de *Ypék* ou *Upec*, que segundo se sabe significava o nome do pato selvagem brasileiro.

O *ypeka* é preto nas costas, pardo na barriga e tem as asas pintadas de branco. Deviam ser tantos vivendo em numerosos grupos entre os tupinambás que os europeus se impressionaram, principalmente por terem percebido que os nativos não os comiam com frequência, por serem animais vagarosos. Eram ensinamentos ancestrais do mito de Maíramûana, ou se preferirmos o mote tão atual "você é o que você come". Os patos então eram abatidos apenas em casos de extrema necessidade e escassez de víveres.

Na aldeia de *Ypék* o cronista francês presenciou a mais profunda relação que os tupinambás mantinham com os elementos da natureza e da fauna. Menciona uma cena verídica sobre o amor que nutriam ainda por outro tipo de ave que "muito se penalizariam se alguém lhe fizesse mal e ai de quem a matasse".

É um pássaro cinzento um pouco maior do que o pombo, com um canto agudo parecido com um lamento choroso. Quando esse pássaro punha-se a cantar ficavam os tupinambás em silêncio escutando os "recados" dos antepassados mortos, de quem imaginavam ser essa ave a mensageira. Seu canto triste era a voz dos espíritos dos amigos e parentes, que enviavam através dela um "sinal de boa fortuna, para animá-los a guerra".

Ouvir o canto do "matinta-pereira" (nome científico *tapera naevia*), popular e espirituosamente conhecido como pássaro "saci", era precioso para os nativos do Rio de Janeiro, pois se observassem firmemente o que lhes indicava o canto da ave não só "venceriam os inimigos nesta terra, mas ainda, depois da morte, o que é mais importante, irão dançar com seus ancestrais além das montanhas".

Quis mesmo o cronista francês, cheio de seu racionalismo europeu, interromper a audiência que jazia entretida com o canto da ave. Levantou a voz para discursar contra a crença dos tupinambás no que foi interrompido drasticamente por um dos anciões: "Cala-te! Não nos impeça de ouvir as boas novas que nos enviam nossos avós".

O pássaro dos recados das almas tem um rajado nas costas, com linhas negras e faixas marrons que se misturam, uma camuflagem perfeita. A barriga e o peito são brancos ou creme, e na cabeça há uma risca branca que circunda o olho e vai até a nuca. As penas da crista estão sempre eriçadas. Embora seja fácil de identificar seu canto na floresta, é de difícil observação. Vive solitário escondido dentro da mata e alimenta-se de insetos e lagartas. Como o cuco europeu e outras aves de sua família, o matinta não faz ninhos próprios – ele coloca ovos em ninhos de outras espécies, enganando "pais adotivos" que se desdobram para criar seus filhotes.

A pista de que a aldeia citada por Léry com o apelido de *Ypék* era a comunidade que anos mais tarde foi anotada pelos lusos como Îakutinga é tênue. Faltam elementos mais fortes para a confirmação dessa hipótese, e temos apenas a similaridade dos nomes de aves que não diferiam tanto assim uma das outras, fato que pode ter sido a causa de alguma confusão de nomenclaturas por parte dos franceses.

Há também uma orientação espacial entre a posição revelada de *Ypék* na lista de Léry: 13ª a partir da margem esquerda e a referência de Jacutinga nas primeiras cartas de sesmarias portuguesas. Certamente a *Ypék* dos normandos ficava no interior, entre os atuais rios Meriti e Sarapuí. Qual outra taba tupinambá se relaciona nas fontes com tantas aves diferentes? Seriam esses tupinambás nativos os que mais estimavam as aves, a ponto de denominarem-se de îakutingas, possuírem enorme quantidade de *ypéks* (patos selvagens) domesticados, e emocionarem com o canto do matinta? São pistas que não podem ser desprezadas, assim como a localização precisa dessa aldeia.

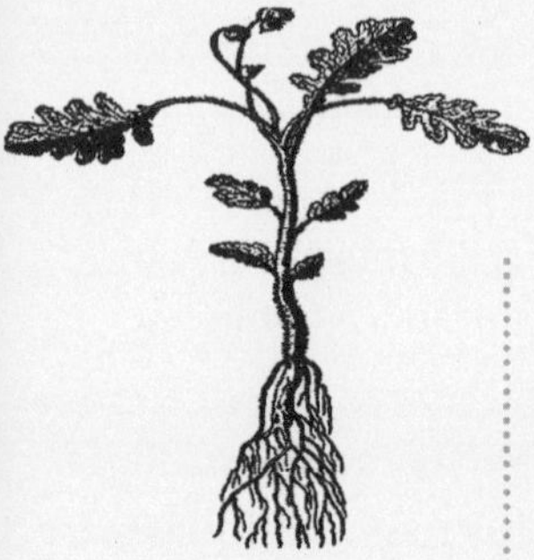

Nhambi

Sabe-se comprovadamente que nas terras do atual município de Belford Roxo existia uma pequena igreja erguida ainda no século XVII, junto a um pequeno povoado, em louvor de Santo Antônio (da antiga aldeia) de Jacutinga. Ela ficava a 750 metros da margem do atual Sarapuí, próxima a uma colina. O nome da aldeia Îakutinga também passou para um engenho de cana-de-açúcar e depois como toponímia de toda uma antiga freguesia, exatamente a de Santo Antônio de Jacutinga, em Belford Roxo.

O lugar dessa taba ancestral na época da conquista foi marcado pelo nome de um lugar chamado Jambuí, que vem do tupi *îamby* (*nhamby*) ou o Rio do Jambuí (*Nhamby* + *y*). Era o nome de uma erva que dava no mato, parecida com o coentro e muito apreciada pelos nativos para ser comida crua ou como tempero dos seus manjares. Além de Jacutinga, a região também devia ser bem servida dessa erva do paladar. A toponímia de *Jambuí* desapareceu e hoje se tem apenas sua reminiscência em uma rua de Belford Roxo que continua a ser chamada de "Caminho (de) Jambuí", próxima ao centro da cidade.

A ancestral taba dos jacutingas, entretanto, permaneceu como denominação regional dessa área e se espalhou por vários lugares da Baixada Fluminense. Contribuiu, para isso, a mudança de lugar da matriz da igreja de Santo Antônio de Jacutinga, que foi transferida duas vezes e hoje está no centro de Nova Iguaçu.

Ainda é possível dizer que essa taba devia ser constituída de outras comunidades solidárias, formando uma parte maior. Dominavam vastas áreas da Baixada Fluminense, desde o sopé da Serra do Mar até as bacias interiores do rio Iguaçu, Sarapuí e Meriti. Isso explica as várias associações ao nome dos antigos nativos jacutingas em diversas sesmarias a partir dessas referências fluviais. As terras desses tupinambás serviram para designar uma enorme região do que só especificamente a taba central de onde o nome derivava.

Uma vez ocupados pelos portugueses, os antigos *peabirus* ancestrais que ligavam as aldeias ao longo do tempo tornaram-se estradas. Uma longa trilha conhecida como dos "jacutingas" foi transformada no decorrer dos anos na estrada geral que ligava a freguesia de Marapicu (bairro de Nova Iguaçu) à freguesia de Jacutinga (em Belford Roxo), parecida com o atual o traçado da RJ-105. Desse ponto seguia em direção à atual cidade do Rio de Janeiro, passando pelos bairros de Pavuna, Irajá e Inhaúma, onde se interligava com outros importantes *peabirus*.

Esses antigos caminhos foram por muito tempo a única e melhor opção terrestre para adentrar o Recôncavo da Baixada Fluminense na exploração do território. Além de ocuparem as antigas taperas tupinambás, os portugueses se beneficiaram das antigas infraestruturas deixadas como legado pelos nativos originais da nossa terra. São nossas primeiras ruas e avenidas.

Quando a rodovia Presidente Dutra, que liga a cidade do Rio a São Paulo, começou a ser construída no fim dos anos 1940, cortando da altura do bairro de Irajá e os municípios de São João de Meriti, Belford Roxo e Nova Iguaçu – justamente as ancestrais terras jacutingas –, testemunhas como o folclorista Francisco Manuel Brandão[90] relataram o surgimento de "urnas funerárias" nas lâminas das máquinas de terraplanagem.

O cabeça Nurukuy

As informações sobre essa aldeia são escassas, mas não menos interessantes. O nome dessa taba está apontado na primeira lista como pertencente ao grupo das comunidades que habitavam nas terras do interior da baía (de ambos os lados, sem especificar qual). Essa lista, oriunda do final da década de 1540, informa que as maiores aldeias no interior eram seis: as de Takûarusutyba, Sapopéma, Okarantĩ, Nurukuy, Arasatyva e Ycipotyva. As três primeiras, como já vimos, estavam respectivamente próximas aos atuais bairros da Taquara, de Deodoro e Campo Grande. As duas últimas eram aldeias no interior da margem direita, a partir dos atuais municípios de São Gonçalo e Itaboraí. Onde, então, se localizava a grande taba de *Nouroucuve* (segundo grafia original francesa)?

Léry não visitou essa aldeia e seu registro desaparece por completo nos documentos portugueses. Com os dados de que dispomos hoje, não há como afirmar o local que essa aldeia ocupava, o que é um sinal de que ou todos partiram em fuga ante o terror da destruição e dos massacres portugueses, não deixando rastro de sua milenar presença, ou foram mesmo desmantelados com tal violência que sua presença se apagou na história. Por constar da relação entre aldeias pares de cada lado da baía, sugerimos a localização de Nurukuy justamente entre as duas margens, ao fundo da baía, nas atuais terras do município de Magé. Sobre o significado de seu nome, é bem possível que o *Nouroucove* escrito pelo *tru-*

chement seja uma tentativa de grafar o termo em tupi antigo *Ndurukyba,*[91] como já decodificado por especialistas da língua tupi antiga. Com a separação das palavras, chegamos aos termos fundamentais de *nduruk(a)* e *ybá*. A primeira palavra significa uma ação como agitar-se, apressar-se ou mesmo precipitar-se com rapidez, e *ybá* é simplesmente mestre, cabeça, guia, dirigente, comandante, líder. Isso leva à interpretação de que o nome corresponderia ao do *morubixaba* desta taba, um cacique que gostava de ser chamado de "O Chefe do Agito" no sentido de sempre permanecer na linha de frente, dando o exemplo durante as ações no campo de batalha. Em uma interpretação livre podemos chamar esse personagem da nossa historiografia de "O Líder da Ação" ou "O Cabeça da Guerra".

Para adotar esse nome, devia ser um "principal" dos mais respeitados e com um histórico de vida que se coadunava com a nomenclatura, havendo participado e vencido vários inimigos durante as incursões guerreiras de seu grupo bélico. Outra interpretação possível é o nome da aldeia fazer menção a um rio se dividirmos a palavra em *nduruk – y*, a aldeia do "rio do tumulto". Ao longo da história mais nenhuma menção a essa toponímia foi encontrada, ainda que tenha sido uma das maiores aldeias de seu tempo.

NA ILHA DO GOVERNADOR

Os maracajás da ilha de Paranãpuã

As primeiras tabas da Guanabara a serem visitadas ou a manterem relações com os europeus foram provavelmente as dos *marakaîas* ou temiminós da ilha de Paranãpuã. Ou, como a chamariam os primeiros portugueses, a ilha do Gato (dos índios gatos), e muitos anos mais tarde, Ilha do Governador Salvador Correia de Sá, "o velho".

O significado do nome tupi *paranãpuã* foi durante muito tempo explicado como "o que se ergue no seio do mar" ou "rio grande redondo".[92] Entretanto, estudos mais recentes modificaram e unificaram o entendimento sobre tupi antigo. Por isso sugerirmos outra interpretação a partir das duas palavras que formam o nome *paranã*, mar, e *pûan (puã)*: significa "passar à frente de", "ultrapassar" e "passar".

Isso nos leva à ideia de "(ilha) à frente do mar" ou "(ilha) com o mar em frente", ou, numa interpretação livre, a "Ilha do Mar", tem tudo a ver com a posição da Ilha do Governador em relação à Baía de Guanabara, sendo a maior e de frente para toda a baía. Além da grafia Paranãpuã, que se aceita como a forma original pronunciada pelos tupinambás, existem também em textos quinhentistas outros termos para designar a Ilha do Governador: *Pernapuem, Parnapocú, Parnapicú, Paranapucu, Paranapucuhy*, além do português ilha do Gato e dos termos franceses *Le Grande Isle* e *Le Isle des Margaiatz.*

O *morubixaba'uasú* dessa taba foi imortalizado como grande amigo dos portugueses. Seu nome era Marakaîágûasu (Maracajaguaçu), o Grande Gato, antecessor do líder temiminó Arariboia, que tinha esse nome por causa de uma cobra verde-esmeralda que atualmente pode ser chamada de araramboia, cobra-papagaio, jiboia-verde, periquitamboia, e píton-verde-da-árvore. Uma serpente de hábitos noturnos, considerada um dos mais exuberantes ofídios do mundo, podendo medir mais de 1,5 metro de comprimento. A espécie possui dorso verde com barras transversais branco-amareladas e região ventral amarela, encontrada também na coloração verde ou com pigmentações pretas. É uma cobra que mata a presa por sufocamento, passa um grande período de tempo enrolada em troncos de árvores e alimenta-se basicamente de roedores, pequenas aves e répteis.

Já os *marakaîás* (maracajás), grupo a que pertencia originalmente Arariboia, têm seu nome exatamente igual a um felino, também conhecido como gato-pintado-do-mato, aparentado da jaguatirica e abundante na ilha. Até a década de 1970, ainda existiam alguns representantes desses animais em alguns lugares da Ilha do Governador. Em Paranãpuã vivia também a temida onça da Guanabara, que não raro atacava e, se pudesse, comia transeuntes desavisados.

Poderia ser um inconveniente, mas esses nativos sabiam como ninguém lidar com a fera, chegando até mesmo a cultuar os dotes caçadores e guerreiros desse animal. Os grupos guerreiros e familiares buscavam nos animais e na natureza a sua diferenciação das outras comunidades. O seu mundo era formado pelos elementos naturais. Ao escolher o *marakaîá*, um gato sorrateiro, bom caçador, rápido, certeiro no bote e veloz na fuga, um comportamento almejado de predador que pode ter contribuído de alguma forma ao longo da história para o sucesso alcançado pelos temiminós em ocupar as disputadas terras da maior ilha da Baía de Guanabara.

Esse grupo de nativos teria um papel preponderante na fundação da cidade do Rio de Janeiro ao aliarem-se aos portugueses na grande guerra da Guanabara contra seus inimigos, os tupinambás do continente. Essa tomada de posição a favor dos lusos tem relação direta com os primeiros contatos.

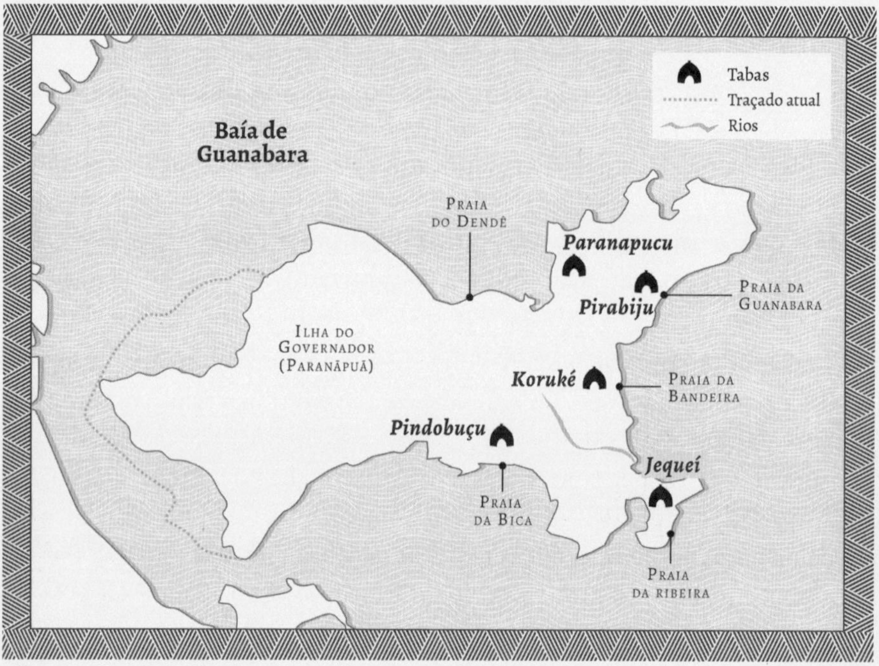

Acredita-se hoje que, antes da chegada dos europeus, os *marakaîás* não tivessem tamanha beligerância com os tupinambás da costa. Alguns poderiam até mesmo ser parentes distantes, uma vez que se autodenominavam como *temiminõs*, que em tupi significa "os descendentes". O termo *(t)emiminõ* também podia ser usado para neto ou *tupiminó*, que queria dizer *tupi+emiminõ*, ou seja, os "descendentes dos tupis". Os temiminós *marakaîás* seriam assim netos descendentes daqueles que mais tarde se agrupariam confederados contra a dominação portuguesa, bradando o nome de tamoios, ou simplesmente "os avós" ou "os mais velhos" da terra. Os antropólogos consideram que os *temiminõs* eram mesmo um subgrupo dos tupinambás do resto da baía e que quase assumiram *status* de uma etnia específica nos registros históricos em virtude das alianças feitas com os portugueses, autores desses registros. Seus costumes e rituais em nada se diferenciavam dos demais tupinambás da baía e do restante do Brasil. Bebiam cauim, dormiam em redes, construíam malocas, plantavam mandioca, faziam cerâmicas, tinham as mesmas crenças e praticavam os mesmos rituais antropofágicos dos seus compatriotas do continente "guanabarino". Os inimigos históricos dos tupinambás da Guanabara invocados nos rituais de vingança descritos por Léry eram os "tapuias"

guaîtakás (goitacazes) que se situavam junto à foz do rio Paraíba do Sul e na atual região de Campos dos Goitacazes.

Os maracajás temiminós de Paranãpuã surgem como inimigos preferenciais dos tupinambás do recôncavo já dentro do contexto do conflito luso-francês-tupinambá a partir dos anos de 1530 e que acabaria com a conquista definitiva das terras pela coroa portuguesa. Um processo destrutivo que se intensificou à medida que as tabas começaram a escolher os aliados europeus de sua preferência e amizade, ou viam-se obrigadas a participar do jogo político e de guerra entre portugueses e franceses, sob o risco da escravização em massa.

O estudo da toponímia histórica do Rio de Janeiro reforça a crença num papel importante dos *marakaîás* e da ilha de Paranãpuã como ponto de fixação dos primeiros europeus, sobretudo os portugueses. O primeiro lugar a receber um nome português no Rio de Janeiro foi justamente a ilha do Gato ou ilha dos Índios Gatos, grafado desta forma em documentos quinhentistas portugueses anteriores e contemporâneos à conquista. O gato era uma lógica referência aos seus habitantes, sobre os quais o *morubixaba'uasú* Marakaîágûaçu exercia a liderança. Os índios gatos receberam bem os primeiros navegantes que aqui chegaram entusiasmados com a novidade que a visita proporcionava.

Existia um inconveniente em boa parte da costa do Rio de Janeiro, onde apenas em alguns lugares específicos era possível ter acesso à água doce ainda nos limites da praia. Esses lugares já estavam ocupados por aldeias que se espalhavam seguindo o curso dos principais rios da região, tais como o Carioca, rio Comprido, Inhaúma, Irajá, Meriti e Iguaçu, todos com foz direta dentro da baía.

Os dois principais ribeiros, mais próximos da barra, onde os primeiros navegantes se aproximavam em busca de água para as naus, eram justamente onde habitava a gente das tabas da Karióka e de Jabebiracica. Nesses dois riachos mais acessíveis o contato com os nativos devia ser inevitável a qualquer um que fosse se abastecer na praia. A numerosa presença humana nativa devia amedrontar a fixação dos primeiros núcleos de habitantes europeus na área do continente. Mesmo os franceses, aliados dos tupinambás, quando tentaram permanecer na Guanabara, escolheram se abrigar em uma ilha para construir uma fortaleza com manifesta intenção de se proteger principalmente dos portugueses, mas antes dos tupinambás.

Por isso mesmo, os diminutos grupos de estrangeiros que aqui chegavam no início do século XVI para estabelecer pequenas feitorias organizadas, frente ao convívio com grupos humanos tão diferentes da cultura europeia da época, preferiam num primeiro momento estabelecer-se em ilhas isoladas, para a partir de um lugar mais seguro efetuar o comércio com os nativos. Diferentemente de náufragos e degredados que tinham como opção mais inteligente a total integração com a comunidade tupinambá, onde tempos depois começavam a ser empregados como "línguas da terra". Esse método também era utilizado por franceses, incrementado com a inserção de jovens órfãos, para que aprendessem a língua, os costumes e conquistassem a amizade dos nativos da Guanabara desde a mais tenra idade.

Antes da chegada dos primeiros europeus, a relação entre os índios gatos da Ilha do Governador e os tupinambás do resto do continente não devia ser a exagerada beligerância que visou mesmo o extermínio temiminó na fase mais aguda dos combates a partir da década de 1540. Os combates indígenas tradicionais não tinham esse objetivo. Na frente da *Grand Isle* existia um arquipélago formado por oito ilhotas que eram usadas para o cultivo de mandioca e outras culturas, e que muito possivelmente deviam ser compartilhadas por tabas tanto da ilha quanto do continente. Em meados do século XX essas ilhas seriam aterradas para dar origem à Ilha do Fundão.[93]

De Paranãpuã ao continente pelo lado da costa ocidental apenas um braço de mar separava os *marakaîas* das tabas tupinambás de Eirámirĩ, Pirakãiopã, Eiraîá, Itanã e da taba do *morubixaba* Tarakuirapã, entre outras da atual Zona Norte da cidade do Rio de Janeiro a partir do complexo de rios Inhaúma-Irajá-Meriti.

Também de Paranãpuã partia o antigo *peabiru karióka*, que interligava a rede de tabas tupinambás situadas no interior do Recôncavo da Guanabara, nas atuais Zonas Norte e Oeste da cidade e da Baixada Fluminense, seguindo depois para as serras e o planalto paulista. Essa rede de *peabirus* era composta por antigos atalhos conhecidos pelos nativos desde muito antes do "descobrimento" e que ligavam o litoral não só ao interior do continente, mas a todos os lugares, inclusive às terras de inimigos. Foi por ele que os mensageiros de Martim Afonso de Sousa conseguiram chegar até as aldeias tupinambás do alto curso do Paraíba do Sul em 1531 e de lá trazer um *morubixaba* que deu notícias de ouro terra adentro.

Esses caminhos, segundo a tradição dos tupinambás, teriam sido abertos por seu ancestral civilizador, Maíramûana. Serviam como um complexo de trilhas que se ligavam e bifurcavam, das tabas aos seus acampamentos de pesca e de roça, assim como também a outras aldeias localizadas de norte a sul do Rio de Janeiro. Partia da ilha de Paranãpuã e levava à atual região de Sepetiba e Pedra de Guaratiba, através do grande vale entre os maciços da Pedra Branca e Mendanha. De Sepetiba os caminhos partiam em direção à região de Angra dos Reis e do planalto paulista.

As trilhas ancestrais foram abertas no meio da densa floresta exatamente para servir como estradas, possuindo cerca de 1,50 metro de largura e leito rebaixado em cerca de 40 centímetros em relação ao nível atual do solo, recoberto, em alguns casos, por gramínea ou pedra.[94]

Ponto de partida ou chegada do *peabiru* ancestral, os *marakaîás* deviam sentir orgulho da terra que habitavam. Viviam em um dos melhores sítios da Baía de Guanabara e em rios localizados ao fundo da baía, tais como Inhomirim, Saracuruna e Guapimirim, que abrangem as atuais áreas dos municípios de Magé, Duque de Caxias, Xerém e Guapimirim. Os *marakáîas* poderiam receber reforços de aldeias de parentes como as de Paranaguape, Jaguaraé e Jagaraypó, dos territórios que dominavam no fundo da Baía de Guanabara, facilmente em comunicação com a Ilha do Governador.

Os tupinambás e temiminós procuravam viver próximo a áreas pesqueiras e de fácil acesso à água potável. Por isso, é muito importante, ao tentar localizar as tabas dos nativos da Guanabara, observar os rios e as fontes de água doce. Na ilha de Paranãpuã, por incrível que pareça, era mais fácil o acesso à água, pois ao longo da ilha, jorravam fontes naturais dos morros diretamente para a praia.

O grande ribeiro que cortava boa parte da extensão da ilha é um exemplo. O outrora calmo riacho Jequiá ainda existe, mas infelizmente não passa de uma vala de esgoto a céu aberto. Nos tempos das primeiras naus europeias na Baía de Guanabara, o rio Îeke'a e a enseada que se abre na Ponta do Matoso, na antiga Paranãpuã, deveriam ser bons lugares para se pescar e se aportar. O nome em tupi antigo significa "cesta de apanhar peixes". De tantas que eles usavam nas *piraîkés*, o nome de *jequiá* certamente é uma lembrança do tempo em que esse rio servia aos primeiros habitantes da terra. Também havia muita caça de tatus, pacas, gambás e lagartos.

Como o sistema social de classificação dos homens tupinambás se baseava nos rituais de eterna vingança e nos sucessos das incursões guerreiras, alguma inimizade pode ter surgido ao longo dos anos entre os grupos tupinambás do continente e de Paranãpuã. Os *marakaîás* e os tupinambás localizavam-se extremamente próximos uns dos outros e, com a chegada dos europeus, em poucos anos se tornariam inimigos implacáveis.

A dissensão dos grupos tupinambás da Guanabara não foi imediata. Durante muito tempo, todas as tabas mediram os gestos e ações dos estrangeiros e colheram algum fruto desse contato. Ao que tudo indica, houve uma corrida em busca desse contato e escambo. Instrumentos de ferro e outros produtos europeus despertaram enormemente a curiosidade dos nativos e chegaram a atrair diversas tabas tupinambás para áreas próximas ao litoral, como verificado nos escritos de Jean de Léry.

O começo das plantações de cana-de-açúcar na capitania de São Vicente a partir da década de 1530 ocasionou uma busca por mão de obra e um reforço na aliança com os tupiniquins do atual litoral paulista. Esse fato acabou por ocasionar a perseguição, pelos portugueses, dos tupinambás da Guanabara e de Angra dos Reis, inimigos dos primeiros, para efeito de escravização.

Os *marakaîás* da ilha de Paranãpuã ajudavam os portugueses já havia muito tempo, tinham relações com eles e ficavam, até certo ponto, livres das trapaças e ataques. Restou aos nativos do continente que estavam sendo perseguidos aliar-se e pedir ajuda aos comerciantes franceses que começaram a visitá-los pela mesma época.

Nessa guerra que se avizinhava havia apenas um problema: os temiminós se encontravam em franca minoria. Podemos estimá-los em não mais de 10 mil pessoas ocupando cinco ou seis grandes tabas em Paranãpuã e outras nas terras do fundo da baía contra pelo menos vinte vezes mais do lado tupinambá.

Pindobuçu, o grande

A guerra de vida ou morte total entre os tupinambás e seus compatriotas maracajás da atual Ilha do Governador teve início após os primeiros assaltos e escravizações feitas por donos de engenho estabelecidos em São Vicente e Santos. De bons amigos, os portugueses passaram em poucos anos à categoria dos mais odiados dos numerosos grupos tupinambás que habitavam desde Cabo Frio até São Sebastião. Em represália pela amizade de longa data com os portugueses, os temiminós passaram a ser atacados pesadamente pelos tupinambás da costa.

Não eram batalhas fáceis nem decisivas. A estratégia dos dois adversários buscava sempre a surpresa; o ataque era iniciado em um momento no qual o inimigo estivesse totalmente despreparado. Assim, aprisionavam e trucidavam o maior número possível de adversários. Os tupinambás teriam vencido os maracajás por volta de 1535, como menciona Jean de Léry em seus relatos.

Subjugados, os da Ilha do Governador ainda permaneceriam nas terras de Paranãpuã resistindo a outros assaltos por pelo menos mais vinte anos. Durante esse tempo, o contato dos portugueses com os nativos maracajás não cessou. Em 1555, com a chegada da expedição de colonização francesa, a pressão se acirrou. Queriam escravizados para a construção do forte de Villegagnon. Os aliados normandos também buscavam as mesmas facilidades de "trabalho" almejadas pelos portugueses do litoral de São Paulo, na relação que construíam com os tupinambás do Rio de Janeiro.

Vendo-se em tremendo aperto, o *morubixaba* Marakaîagûaçu, "Gato Grande", decide enviar um filho seu à capitania do Espírito Santo em busca do socorro de seus amigos lusos.

Em uma escrita em Vitória, Espírito Santo, no ano de 1555, o jesuíta Luís da Grã relata a situação em que se encontravam os quatros navios portugueses enviados à Baía de Guanabara em socorro aos *marakaîas*, ao aproximarem-se de uma das praias da "Ilha dos Gatos": "Chegando lá os navios, estando já com casas de fato queimado, dentro em dia e meio se embarcaram com tanta pressa, que havia pais que deixavam na praia seus filhos, e dois que ficavam na praia para expirar, já de fome, batizaram logo, e no-los deram".[95] Provavelmente o líder guerreiro tupinambá propulsor das vitórias massacrantes sobre os inimigos maracajás tenha sido o cacique Pindobuçu, o "Pindoba Grande", tão influente entre os seus que a aldeia onde habitava guardava seu nome. Pindobuçu é citado ao lado do espalhafatoso e temido Kunhambeba de Angra do Reis, os únicos nomes de *morubixabas* do Rio de Janeiro mencionados por André Thevet no longo relato de sua curta passagem pela Baía de Guanabara. O frade francês deixa transparecer que o cacique Pindobuçu era um aliado importante, braço direito do capitão francês Nicolas Villegagnon. O nome de Pindobuçu dá mesmo o grau de sua importância entre aqueles mais velhos, guerreiros experientes, que tinha voz ativa e persuasiva nos conselhos de sua aldeia. A *pindoba* era o nome comum a diversas espécies de palmeiras, cujas folhas eram a matéria-prima básica das malocas – as casas coletivas dos tupinambás –, especialmente as maiores, que eles chamavam de Pindobuçu. Pindoba Grande era um cacique tão respeitado quanto a árvore da qual dependiam para morar. Alguns autores refinam a etimologia da palavra e afirmam, como diz poeticamente Anchieta, que Pindobuçu era a "folha grande da palma".[96]

A epidemia de febres que se abateu sobre Baía da Guanabara após a chegada de centenas de franceses em 1555 quase matou Pindobuçu, ainda inebriado com a recém-conquista de Paranãpuã e depois de levar sua gente para morar nas antigas terras *marakaîás*. Villegagnon e Thevet vão até a Ilha do Governador visitá-lo em sua taba. "Tendo ido visitar outro chefe indígena chamado *Pindahoufou* e encontrando-o em sua rede acometido de uma febre rebelde", decide o próprio cacique temeroso perguntar ao frade francês sobre a doença e os mistérios de Deus.

A principal questão de Pindobuçu naquele momento era saber o que acontecia com a alma dos *maires* (franceses) depois da morte, no que Thevet responde que iam para o lado de Tupã (no sentido de Deus, mas para os tupinambás Tupã era um espírito da natureza que regia a chuva e o trovão). Sem ter ajudado muito o pobre Pindobuçu, resignado ele pede para que interceda por sua vida: "Vem cá: ouvi tuas belas palavras acerca de Tupã. Tu dizes que ele pode fazer qualquer coisa. Fala com ele por mim. Pede-lhe que me cure. Se eu sarar, darei a ti muitos presentes maravilhosos. Usarei roupas, deixarei a barba crescer e honrarei a Tupã, do mesmo modo que tu".

Palmeira

Nem era preciso fazer tantas promessas; a robustez do físico de um guerreiro altaneiro como Pindobuçu foi suficiente para que resistisse bem à febre e, após alguns dias, restabeleceu-se. O "Senhor de Villegagnon resolveu batizá-lo e conservá-lo ali com ele".[97] Ou seja, no forte, em posição de destaque entre os caciques do Rio de Janeiro que desfrutavam do convívio com os normandos. Por essa informação de Thevet, é possível crer que Pindobuçu e seu grupo de guerreiros tenham participado ativamente da defesa do forte francês contra as tropas portuguesas de Mem de Sá em 1560, e ainda, após o infortúnio, investido em ataques rápidos contra as capitanias do Espírito Santo e São Vicente, e em especial contra a vila de Piratininga.

Notícias mais sólidas desse *morubixaba* carioca foram deixadas fartamente pelo padre José de Anchieta nos seus relatos sobre as discussões de paz feitas com os tupinambás no ano de 1563. Revela o padre que, ao chegar em Ubatuba junto de Manuel da Nóbrega para tentar conter os ataques tupinambás que estavam causando a ruína dos portugueses em São Vicente, os nativos dali foram à Baía de Guanabara, "onde está a maior força dos seus, e o contrato dos Franceses para acabar as pazes com eles, dando testemunho como já ficávamos de assento em suas terras".[98] Um mês depois, chegaram duas canoas vindas do Rio de Janeiro. Em uma delas "vinha um grande principal da mesma aldeia em que estávamos, que chamavam Pindobuçu". O primeiro *morubixaba* a chegar em Iperoig para conversar com os padres era o mesmo influente Pindoba Grande, braço direito dos franceses de Villegagnon, ainda em posição de liderança entre os tupinambás tanto da atual Costa Verde quando da cidade do Rio de Janeiro. Além de manter uma taba de proeminência na antiga ilha dos Maracajás, Pindobuçu comandava ações de outras aldeias, certamente de parentes, perto de Ubatuba na fronteira com os inimigos portugueses.

Quando tudo levava a crer que Pindobuçu seria implacável contra os jesuítas portugueses, a experiência de quase morte na febre, as sangrentas batalhas recentemente vividas e, sobretudo, as conversas sobre Tupã com André Thevet e outros franceses fizeram-no respeitar aqueles que falavam diretamente com o divino. Era o caso de Anchieta e de Nóbrega, período em que calejaram a alma daquele velho guerreiro em busca de sossego.

Após conversa, Pindobuçu externava aos padres "grande prazer das pazes, dizendo que muito tempo havia que as desejava, e queria que durassem para sempre". Pindobuçu, um dos mais destacados inimigos dos portugueses na Baía de Guanabara cinco anos antes, depois de alguns diálogos com Anchieta em sua própria língua, transformou-se no anjo da guarda dos jesuítas, protegendo-os de outros "maiorais" que apareciam com o intuito de assassiná-los. Mandou inclusive que alguns insatisfeitos devolvessem a campainha com a qual os jesuítas aturdiam os nativos para a falação da missa. "Pindobuçu começou a pregar pelas casas que descobrissem logo a campainha, e não fizessem cousa por onde lhes viesse algum mal, dizendo: 'Se nós outros temos medo de nossos feiticeiros, quanto mais o devemos de ter dos padres, que devem ser santos verdadeiros, e teriam poder para nos fazer vir câmaras de sangue, tosse, dor de cabeça', das quais palavras o outro ficou tão espantado, que logo descobriu que ele tinha a campainha".[99]

Pindobuçu e a sua conversão à causa da paz com os portugueses é a principal razão pela qual os jesuítas não foram mortos pelos tupinambás do Rio de Janeiro, que iam a Iperoig acertar contas com os enviados portugueses.

Foi com muito custo e impondo o seu *status* de *morubixaba-uasú* que Pindoba Grande resguardou a vida dos padres. O cacique, outrora íntimo de Villegagnon, agiu em causa própria em virtude da aldeia fronteiriça de sua família, rogando aos maiorais do Rio que voltassem para a Guanabara sem fazer gesto que pudesse desfazer as pazes.

Certa vez, vendo que um grupo guerreiro aproximava-se de suas aldeias com intenção de fazer mal aos religiosos, tomou seu tacape na mão e em alto e bom som lhes disse, dando palmadas em si, como fazem em som de guerrear: "Não quero que ninguém bula em minha aldeia; os Cristãos fazem pazes comigo que estou fronteiro, e os meus não me vêm a defender, não querem estes meus parentes senão cabeças de fora dos Cristãos e não de seus contrários; não o hei de consentir".[100]

Os outros calaram-se e aceitaram resignados as ordens do *morubixaba'ûasu* Pindoba Grande com o tacape em punho.

Pindobuçu havia sido seduzido pelos eloquentes e articulados discursos do padre Anchieta, afeiçoado e temeroso do poder que aquele homem tinha com Tupã. O velho jesuíta Manuel da Nóbrega, além de não saber falar senão rudimentarmente a língua tupi, era gago, vivia sempre doente e alquebrado. Anchieta era quem liderava as conversações com os líderes tupinambás do Rio e da Costa Verde, e conseguiria a neutralidade dos últimos. Tal fato foi essencial para a organização da ofensiva portuguesa aos nativos da Guanabara.

Em última análise era Pindobuçu o principal cacique que advogava a favor dos jesuítas, avisando aos outros tupinambás quem era o mais relevante entre os dois "feiticeiros" portugueses que se encontravam entre eles. Referindo-se a Anchieta, dizia: "Este é o que trata das cousas de Deus e o verdadeiro mestre dos Cristãos; se lhe fazem algum mal, logo nos há Deus de destruir a todos". Tratava-o carinhosamente como "filho José" e lhe prometia que "ainda que os teus matem todos os meus parentes, que estão em tua terra, eu não hei de consentir que te matem porque bem sei que falas a verdade". Tudo para que no fim pedisse a

Anchieta que se lembrasse de seu nome durante as orações a Tupã. "Bem vês como sempre te defendo e falo por ti, por isso olhe Deus por mim e dê-me longa vida."[101]

Uma pista que leva à localização original de sua taba no continente antes das conquistas territoriais nas batalhas de Paranãpuã está no fato de um *peabiru* tupinambá, que percorria desde a costa de Bonsucesso às tabas do interior da terra, como Sapopéma e Takûarusutyba, ter permanecido por algumas décadas com a toponímia portuguesa de antigo "caminho de Pindobuçu ou Pindelo". Eram ao todo cinco as aldeias tupinambás que passaram a habitar nas terras dos *marakaîás* a partir da década de 1550.

Como informa a segunda lista de aldeias do Rio de Janeiro, das visitadas pessoalmente por Jean de Léry em 1557, na *Grand Isle* estavam as tabas de Pindobuçu, Koruké, Pirabiju e mais outras duas das quais ele não sabia, ou não se recordava do nome. Diz apenas que uma localizava-se entre as tabas de Pindobuçu e Pirabiju, e a outra, entre Pindobuçu e Koruké.

O atual contorno da Ilha do Governador é bastante diferente do original. Sucessivos aterros foram feitos principalmente para construir o Aeroporto Internacional Tom Jobim, mais conhecido como Galeão, nome devido à construção de navios desse porte na ponta sul da ilha, na época em que o governador do Rio de Janeiro era Salvador de Sá e Benevides, neto do primeiro governador, Salvador de Sá, o velho. Em meados de 1600 ali teria sido construído o Galeão "Padre Eterno", então tido pelos portugueses como o "maior do mundo", com grande devastação da madeira local.

É preciso desconsiderar essa parte moderna da ilha para tentar reconstruir a localização das antigas cinco tabas tupinambás que para ali haviam migrado na década de 1550.

Pindobuçu é a primeira aldeia na lista de Léry, de 1557, referente a *Grand Isle* e por isso certamente estava em lugar de porto privilegiado, posicionada estrategicamente de frente para a boca da baía, com malocas construídas próximas a uma praia de areias curtas e águas de lagoa. Pindobuçu era um ponto de chegada, como se pode entender a partir das informações que Jean de Léry dá sobre o esquecimento do nome de duas aldeias do lugar. Tabas que ficavam nos caminhos percorridos ora para ir de Pindobuçu para Pirabiju, ora para ir de Pindobuçu a Koruké. Felizmente a Ilha do Governador, por sua importância histórica no contexto da fundação do Rio de Janeiro, é provavelmente uma das áreas mais estudadas do ponto de vista da arqueologia no Brasil.[102] Pesquisas indicaram vestígios da presença tupi, como cacos de cerâmicas pintados em vermelho e preto, vértebras entalhadas que eram usadas como adorno, conchas furadas de colares e cortadas para servirem como facas, diversos ossos usados como utensílios domésticos, em pelo menos dez pontos de interesse entre "sambaquis", "aldeias", "aldeamentos" e "ateliês".

Para nosso trabalho, seria fundamental identificar as áreas estimadas onde foram encontradas fortes provas da presença de aldeias e aldeamentos. *Okaras*, onde primeiro habitaram os nativos maracajás, passaram depois aos guerreiros tupinambás da costa, para por último serem usadas como sede dos primeiros engenhos portugueses da Ilha.

Em sua maioria, os vestígios arqueológicos encontrados pelos pesquisadores nos últimos cinquenta anos estão ao longo de toda a faixa de litoral. Vão desde a ponta do bairro de Troia, passando pelo Jardim Guanabara, pela enseada da Ponta de Matoso na foz do rio Jequiá, seguindo pelos bairros de Pitangueiras e Praia da Bandeira – originalmente Praia da Tapera –,[103] chegando ao Cocotá e com fortes evidências da presença tupinambá também no bairro da Freguesia e no morro de Pixunas,[104] em área da Marinha.

Na falta de quaisquer provas documentais para afirmar onde se localizavam as cinco tabas ancestrais dos tupinambás (que corresponderiam à localização das aldeias maracajás originais) no espaço da Ilha do Governador, conjecturamos tendo como base a disposição do litoral e as noções de distâncias entre as toponímias, separadas por tabas sem nome, o provável lugar onde elas poderiam estar.

É possível estimar que Pindobuçu – pela importância do *morubixaba* e por ser a primeira citada na lista de Léry, transformada como ponto de referência para aqueles que chegavam à ilha navegando desde o forte de Villegagnon – estava posicionada na praia da Bica e sua linda vista da entrada da Baía de Guanabara, nas terras do atual bairro Jardim Guanabara. Ou mais para a esquerda, na região acima da antiga enseada onde hoje está o Iate Clube. Foi o lugar onde o governador Salvador de Sá ocupou e rapidamente transformou em engenho de açúcar, conhecido como praia do Engelho Velho (atual praia da Bica). A aldeia de Pindobuçu provavelmente abastecia-se do límpido riacho do Jequiá que passava por dentro da terra e que ainda mantém esse nome por causa de outra aldeia que existia na sua foz mais adiante.

Koruké, os guerreiros cocorocas na batalha final

Logo depois de Pindobuçu, Jean de Léry anotou o nome de Koruké como a segunda aldeia em importância na *Grand Isle*. Durante muito tempo, errôneas interpretações da toponímia de grafia original *Corouque* (na edição francesa) acreditavam que o termo advinha de *Kuru-kié*, cujo significado seria "ao pé dos seixos" ou então "ao lado dos cascalhos", explicação usada como provável etimologia para esse estranho nome.

As aldeias faziam referência aos bichos que estimavam e que eram nomes dos maiorais, como também a características de relevos ou da fauna. Pouquíssimas toponímias "abstratas" são encontradas. *Koruké* ou *Corouque* é de apreensão mais fácil do que parece.

O termo *korokoró* é bem conhecido dos estudiosos do tupi antigo, codificado a partir da junção do que sobrou dos muitos sotaques da terra e designa ainda hoje um peixe farto na Baía de Guanabara e que, apesar de delicioso, muitas vezes é ignorado por pescadores mais exigentes. O peixe é da família dos percídeos, chamado de *corocoró* ou vulgarmente de *cocoroca* (a *cororoca*), e, para os mais íntimos, de "peixe-roncador", cuja sonoridade a palavra *korokoró* busca expressar.

O *Corouque* ou *Koruké* tupinambá é apenas uma variação de um peixe nativo dos corós da Baía de Guanabara, cuja abundância devia provocar admiração nos tupinambás, principalmente pelas grandes espinhais dorsais de defesa. *Koruké* deve ter se originado a partir do epíteto do *morubixaba* dessa comunidade. Por ter migrado junto de Pindobuçu para a Ilha do Governador, é possível entrever que houvesse entre os dois uma relação de parentesco ou de solidariedade.

Koruké era o líder Cocoroca dos tupinambás, roncador da guerra, que podia ferir com suas defesas pontiagudas e que não se dava facilmente por vencido. O *coró* ataca violentamente a isca, sendo bom de briga com o pescador, apesar do pequeno tamanho. Esse peixe vive em grandes cardumes no fundo do mar e é encontrado em quase todo o litoral do Brasil.

Koruké e seu grupo de guerreiros certamente atuaram nas batalhas contra os *marakaîás* pela conquista da Ilha do Governador, garantindo à força seu espaço nas férteis terras do lugar e ocupando outrora a *okara* da aldeia *temininõ*, que mantinha boas relações com os portugueses, acolhendo-os de todas as formas.

Para tentar situar a aldeia do cacique Koruké, traçamos um painel mais amplo e detalhado do lugar de origem dessas comunidades naturais do

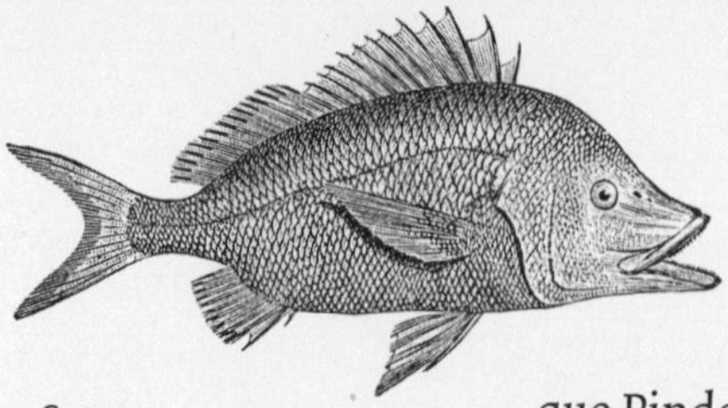
Cocoroca

Rio de Janeiro. Ao analisarmos o discurso de Jean de Léry, de que entre essas duas aldeias existia outra de cujo nome não se lembrava, pressupõe-se que Pindobuçu e Koruké não estavam lado a lado nem ficam tão próximas.

Ao localizarmos como muito provável a presença de Pindobuçu pelos arredores do atual bairro Jardim Guanabara, podemos estimar que Koruké, pela disposição das descobertas arqueológicas e toponímicas da Ilha do Governador, poderia ser então a tapera referenciada no antigo nome da atual praia da Bandeira, onde devia habitar na altura da estrada do Cacuia.

O caminho entre o Jardim Guanabara e antiga "praia da Tapera", além de ser um antigo *peabiru* (onde hoje segue como o traçado da estrada do Galeão), possui pelo menos mais dois pontos de vestígios arqueológicos que naturalmente estariam no caminho entre essas duas tabas. Um dos sítios de pesquisa arqueológica que se encontra entre Pindobuçu e Koruké comprova a localização de uma aldeia tupinambá próximo à foz do rio Jequiá, que é justamente o nome de uma aldeia legada por Anchieta no texto *O auto de São Lourenço*.

Esse antigo *peabiru* em determinado momento bifurcava-se em dois: um caminho seguia para a praia da Tapera, e outro, para o bairro da Freguesia (como hoje é o trajeto da estrada do Dendê). Os tupinambás de Koruké estariam entre aqueles últimos que ainda resistiram por três dias, ao lado de um grupo de franceses, aos ataques das forças de Mem de Sá entre as paliçadas de Paranapucu, após a queda da fortaleza de Uruçumirĩ, em fevereiro de 1567. "Havia mais de mil homens de guerra e muita artilharia e três dias a combateram continuamente até que entraram com muito trabalho e maior risco e morte de alguns brancos."[105]

O implacável Pirabiju

A última aldeia citada por Jean de Léry na Ilha do Governador em 1557 foi grafada como *Piravijou* (na edição original francesa). Existem duas principais interpretações para a toponímia: na primeira, temos o nome *pira*, peixe, com *vijou*, que seria a expressão *(m)beîu*, origem do biju ou beiju – a massa da tapioca. De acordo com os professores modernos de tupi antigo, o som do *mb* tupinambá começa nasal *m* e termina oral com *b*, devendo-se encostar os lábios para pronunciá-lo. Sonoridade bastante semelhante à compreensão do *v* em *vijou* por Jean de Léry.

O pirabiju, ou beiju-pirá, ainda hoje é reconhecido como um prato nativo indígena, um filé de peixe bem grelhado e enrolado em uma crocante massa de tapioca. Certamente uma iguaria quinhentista. O *mbêiu* era o prato preferido do francês Jean de Léry quando chegou em Payó. Durante muito tempo essa etimologia da antiga taba tupinambá de Pirabiju da Ilha do Governador anotada por Jean de Léry ficou consagrada. Entretanto, a explicação carece de coerência, pois destoa da forma como normalmente eram aplicados os nomes das tabas. Seria esse o único caso de aldeia com nome de um prato de comida, de um bolinho de peixe? O tupinólogo Frederico Edelweiss considera que o termo também poderia designar outras substâncias comestíveis como "azeite de peixe" ou "farinha de peixe amarela".

Nesse sentido, vale a pena continuar pesquisando o antigo nome de *piravijou*. Um sinônimo para essa palavra curiosamente permanece até hoje como o nome de um peixe nativo do litoral brasileiro e de carne muito apreciada, tratado como o salmão de nossas águas, trata-se do peixe conhecido como *bijupirá*, o cação de escamas.[106] Atualmente, empresas e universidade estão desenvolvendo o cultivo dessa espécie em cativeiro para exploração comercial. É um peixe que pode chegar a pesar até 80 quilos na fase adulta. Contudo, embora não seja considerada uma espécie ameaçada, é um peixe raro de se capturar. Tem a aparência de um pequeno tubarão. É predador, alimenta-se de outros peixes, de lulas e crustáceos, possui carne branca com pouquíssimas espinhas, permitindo cortes de filés de mais de 1 quilo. O nome nada teria a ver, porém, com a consistência de sua carne ou com o recheio do bolinho de tapioca, mas com a característica de ter pele, também designada como *pira, abîiu,* que quer dizer "áspero". Pirabiju seria então uma alcunha inspirada nesse peixe grande e parecido com o tubarão, chamado de peixe de "pele áspera".

Grande, violento e forte, era tudo o que um *morubixaba* tupinambá gostaria para apresentar como suas qualidades, assim como glorificar seu nome de bom pescador. Por isso, tomava para si magicamente, depois de ser "renomeado" nas cerimônias de execução ritual dos inimigos, as qualidades e características de uma grande espécie que habitava as águas da Baía de Guanabara. Em épocas de fartura e de guerra, a captura de um pirabiju deveria significar um bom presságio. Nesse sentido, é bastante

Pirabiju

coerente que Pirabiju, da mesma forma que muitas outras tabas, também tivesse herdado o nome do "principal" que os conduzia e dava o exemplo na guerra. O clã do cacique Peixe-cação não poderia também deixar de ser aparentado mais intimamente aos outros grupos guerreiros que haviam migrado para a Ilha do Governador na mesma época, como o Pindoba Grande e Cocoroca.

Cenas chocantes são contadas por Léry em suas passagens pela antiga aldeia do *morubixaba* Pirabiju. Ele testemunha, nas duas vezes em que ali esteve, a presença de cativos que estavam esperando a realização das cerimônias de sacrifício. "Achando-me certo dia em uma aldeia da Grande Ilha chamada Piravijou, deparei com uma mulher prisioneira prestes a ser morta." Comovido, o cronista aproximou-se da vítima, certamente dos *marakaîás*, e tentou explicar que recomendaria a alma dela a Tupã, por caridade. Convidou-a então a rezar com ele, tentando fazê-la repetir suas pausadas e incompreensíveis palavras, no que ela se negou com a cabeça e com desdém respondeu: "O que me darás para que eu faça o que dizes?". O incrédulo francês sentiu pena de a mulher *marakaîá* crer "na alma imortal" e recomendou a moça pensar "no que vai lhe suceder depois de sua morte". Ela riu dele e depois foi "morta de acordo com o ritual" dos tupinambás.[107]

Tempos difíceis aqueles na Ilha do Governador: os tupinambás confederados em pé de guerra, aliados aos normandos, que traziam armas e conhecimento, à espera dos navios portugueses que chegariam três anos depois para medir forças na batalha do forte Coligny em 1560. Em outros momentos a mulher cativa seria preservada por um período bem maior, tornada esposa de um dos *morubixabas* ou de outros homens da comunidade, podendo gerar seus filhos legítimos e viver em liberdade até a sua morte natural, ou até um pouco antes disso, quando, por hábito cultural, lembravam-se de sua condição, e procuravam quebrar-lhe os ossos do crânio.

Como se pode perceber no relato da prisioneira, nem as mulheres temiam a morte ritual, acreditando haver nesse destino a honra e a decência como passaporte para o lado de seus queridos antepassados e familiares mortos. Outros nativos já em contato com os europeus não mais compartilhavam dessa crença.

Em outra ocasião, na mesma Pirabiju, em companhia de mais "quatro ou cinco franceses", Jean de Léry conheceu um prisioneiro "belo e robusto, metido em ferros adquiridos pelos selvagens aos cristãos". O rapaz era filho de português como uma *marakaîá* que falava perfeitamente a língua do pai, tendo inclusive estado em Portugal por alguns anos, sendo um cristão batizado, chamado Antônio.

Esse personagem é um dos maiores exemplos da antiga ligação dos *marakaîás* da Ilha do Governador com os primeiros portugueses que exploraram a Baía de Guanabara. Antônio tanto era *marakaîá* quanto português e é considerado um dos primeiros nativos do Rio de Janeiro a ter visitado a Europa. Seu regresso pode ser explicado pelo desejo de participar dos negócios do pai e, provavelmente, de seu próprio povo. Talvez estivesse ali para tentar proteger e salvar os parentes que ainda restavam quando das últimas investidas de Pindobuçu, Koruké e Pirabiju.

Um dos franceses do grupo entendia espanhol e tratou de fazer as traduções. Eles apiedaram-se do jovem mestiço e combinaram então uma estratégia para libertá-lo na manhã seguinte, quando trariam uma lixa para serrar os grilhões que o prendiam. O plano estava milimetricamente combinado. Após desvencilhar-se dos ferros, Antônio devia esconder-se na mata e embarcar sorrateiramente na barca dos franceses, enquanto estes últimos distrairiam os guerreiros de Pirabiju. Caso o plano desse certo, Antônio seria mantido junto deles na fortaleza de Villegagnon enquanto procurariam negociar sua vida com os nativos. A esperança sorriu para o pobre quando seu destino parecia já traçado; agradecido, ele prometeu seguir o combinado à risca.

No entanto, os tupinambás do Rio de Janeiro a essa altura já haviam perdido bastante de sua inocência, e a confiança nos europeus, mesmo que fossem franceses aliados, era medida e estudada. Com tanto bate-papo em torno do prisioneiro que era duplamente odiado por ser *marakaîá* e também peró, os tupinambás desconfiaram de que os brancos estivessem tramando libertar o cativo tão duramente conquistado – para ser preso e amarrado, sua prisão talvez tenha até mesmo custado a vida de alguns tupinambás, atirando com seu arcabuz. "Apenas deixamos a aldeia e chamaram os vizinhos (Koruké e Pindobuçu) mais próximos e sacrificaram o coitado." Sem saber de nada, no dia seguinte o grupo de franceses voltou com a lima "a pretexto de buscar farinha e outros víveres" e, ávidos por salvar Antônio, perguntaram sobre o prisioneiro. Sarcasticamente, como se a pergunta angustiada confirmasse as suspeitas dos de Pirabiju, levaram os visitantes para dentro de uma maloca e apontaram para o *móquem* onde os pedaços do *marakaîá*-português estavam postos, "e como sabiam que nos tinha enganado mostravam-nos a cabeça com grandes gargalhadas".[108]

A localização precisa da antiga taba de Pirabiju, por falta de fontes documentais, não é de fácil apontamento. Restam, para análise deste tema, apenas as informações relativas à sua posição na lista de Jean de Léry. A *Piravijou* francesa era a terceira da lista, após Pindobuçu e Koruké. A primeira constatação é de que se localizava mais longe de Pindobuçu do que da aldeia de Koruké. Além disso, existiam mais duas tabas tupinambás na Ilha: uma ficava no caminho de Pindobuçu a Koruké, e a outra no trajeto que era preciso fazer de Pindobuçu para alcançar a aldeia do Peixe-cação, o Pirabiju. Isso significa que entre Koruké e Pirabiju não existia nenhuma aldeia.

Podemos tomar como ponto de partida os locais onde foram encontrados e estudados os vários sítios arqueológicos da Ilha do Governador, desde a década de 1960,[109] assim como a permanência dos antigos *peabirus* tupinambás.

A rua Cambaúba era uma antiga trilha que ligava a taba de Pindobuçu à área central da ilha, onde se conectava com outro caminho, hoje estrada do Galeão, que levava a Koruké, na praia da Bandeira, antiga praia da Tapera. Em algum ponto esse *peabiru* dividia-se em dois e seguia também à esquerda para a parte do fundo da Ilha, onde haveria de estar a última das tabas desconhecidas de Léry. Depois, seguia pelo mesmo trajeto por onde hoje passa a rua Paranãpuã, que leva à ponta extrema da Ilha, atualmente bairro da Freguesia. O morro das Pixunas e a praia Grande também são pontos centrais de evidências arqueológicas de intensa ocupação nativa. Os guerreiros de *Pirabijou* neste ponto teriam duas praias como opção de ancoradouro e fuga. Uma delas era a agradável praia da Freguesia, com destino à barra da baía, e a outra a praia Grande, hoje localizada dentro de uma base da Marinha.

Jequeí, a aldeia de apanhar peixe

O nome dessa aldeia tupinambá foi deixado para a posteridade por ninguém menos do que José de Anchieta. Na sua obra de catequese dos nativos do Brasil, em especial do Rio de Janeiro, trilíngue – em português, espanhol e tupi – e encenada pela primeira vez em 1583, Anchieta anotou o nome de 22 aldeias tupinambás que "foram jazer no inferno". Em outras palavras, aldeias que se opuseram ao domínio absoluto português sobre suas vidas e terras.

A lista de Anchieta não tinha o propósito de inventário geográfico, por isso não existe uma ordem clara. O padre jesuíta também não fez questão de revelar quaisquer informações das antigas localizações daquelas aldeias. A única certeza que ele divide é a de que elas não existiam mais naquele ano de 1583.

O nome de Jequeí está presente, nesse texto, entre as aldeias de Moçupiroca e Guatapityba, também destruídas. Esse termo tupinambá originalmente descrito como *Îeke'í* designa uma palavra que passou ao português nas variações *Jequiá*, *Jequeí* e *Jiqui*, que significava o covo de pescar dos nativos do Rio de Janeiro. Esse objeto era feito com as ripas da taquara (bambu) entrelaçadas em um sistema de dois cestos superpostos. O que fica por dentro é menor e tem uma abertura que permite a passagem do peixe, mas impede que ele consiga sair depois da armadilha do cesto maior onde fica a isca. Uma tecnologia incrivelmente simples e engenhosa que até hoje se mostra muito funcional em qualquer rio, principalmente de águas calmas, como nas águas da Guanabara e dos rios do recôncavo e da Baixada Fluminense, naquele tempo.

Vários *jequiás* podiam ser espalhados pelos rios, visitados diariamente, em busca dos peixes que entravam neles. Permitiam que os tupinambás pudessem dedicar-se a outras atividades, além da pescaria diária. O objeto era importante para a cultura nativa e poderia servir como nome de uma aldeia na forma de homenagem à engenhoca que proporcionava estoques de peixes à comunidade.

A única pista consistente sobre a localização dessa antiga aldeia ancestral do Rio de Janeiro é a existência de um antigo riacho, hoje poluído, que cortava uma boa parte da Ilha do Governador. Seu nome permaneceu inalterado desde os tempos imemoriais, anteriores à fundação da cidade, como rio Jequiá. A toponímia indica a fartura de peixes que outrora esse rio devia ostentar, sendo muito proveitoso para a utilização dos *îeke'ís*.

A enseada de sua foz entre os morros do Matoso e Cabaceiro, nas duas margens, é apontada como local de ocupação extremamente antiga, pré-tupinambá. Na década de 1960, foi descoberto um sítio com características de *sambaqui*, e outro próximo com sinais de um antigo "aldeamento tupi". Tais descobertas reforçam a tese de que aquele lugar foi originalmente habitado por uma comunidade de povos coletores. Depois das migrações tupinambás vieram os *marakaîás*, que residiam nos locais posteriormente conquistados pelos nativos da costa, como Pindobuçu, Koruké e Pirabiju e, por fim, redutos das primeiras casas e vilas dos colonizadores europeus.

A aldeia que ali se instalou possuía posição privilegiada na Baía de Guanabara, além de domínio sobre um rio favorável à pescaria de armadilhas, o que garantia a subsistência diária de dezenas de pessoas sem o menor esforço. Infelizmente, a aldeia Jequiá não é mencionada nas cartas de sesmarias portuguesas nem em qualquer outra fonte de origem francesa. A confiar nas palavras de José de Anchieta, estamos diante do milagre do ressurgimento de algumas tabas que, lado a lado "no fundo do rio", ficou junto à "nação dos derrotados".[110] O cesto emerge das águas calmas do Jequiá e entre suas ripas numerosos peixes mal podem se conter.

Paranapucu, o filho de Pindobuçu

O velho Pindobuçu tinha muitos filhos, entre eles Paranapucu, seu primogênito, que caminhava a passos largos para suceder o pai em liderança e *status*.[111] Era ele o "principal", que por pouco não encomendou a alma dos jesuítas Manuel da Nóbrega e José de Anchieta ao *Gûaîupîá* português quando tudo já se encaminhava para o acerto de paz entre os nativos, de Ubatuba e Angra dos Reis, com os portugueses de São Vicente, durante as negociações de paz estratégicas para o reagrupamento português em episódio que ficou conhecido como a Paz de Iperoig.

Os religiosos estavam andando tranquilamente pela praia de Ubatuba quando viram uma grande canoa com mais de trinta tupinambás provenientes do Rio de Janeiro, remando a toda em sua direção. Os dois não tinham o que fazer senão correr um longo trecho até conseguir abrigo na maloca do *morubixaba* Pindoba Grande, que os protegia de grupos guerreiros independentes. O líder desse pelotão era Paranapucu, que quer dizer *paraná*, mar, e *puku*, comprido ou grande. Talvez o nome "mar comprido" fosse uma sugestão à sua altura.[112] Paranapucu tinha a intenção de acabar com a vida dos intrometidos padres portugueses que tentavam tratar das pazes com os tupinambás. Líderes nativos do Rio de Janeiro, assim como Aimberê, desconfiavam de que os jesuítas queriam mesmo era garantir tempo para que os portugueses pudessem se organizar e massacrar os tupinambás. O futuro mostrou que estavam certos. Enquanto Anchieta entretinha os *morubixabas* com palavras de paz e Tupã, grandes caravelas portuguesas eram preparadas em Lisboa, sob o comando de Estácio de Sá, para dar fim aos nativos e franceses da Guanabara.

Paranapucu vem a ser uma das mais conhecidas primeiras toponímias da Ilha do Governador, a ilha de Paranapucu. Esse era também o nome da fortaleza que existia na Ilha do Governador. Foi mencionada por Mem de Sá após a conquista da Guanabara, numa carta enviada à rainha Catarina com os relatos das batalhas, conhecidos como "Instrumentos de Serviços". Para ocupar a ilha do filho de Pindobuçu os portugueses tiveram que enfrentar e vencer uma batalha muito mais dura do que a de Uruçumirim e que durou três dias com muitas mortes de portugueses e tupinambás.

A fortaleza de Paranapucu virou uma toponímia nova pós-batalhas de 1567. A etimologia é a mesma do filho de Pindobuçu, que significa "mar comprido". Os nomes do filho e da ilha parecem se confundir, em uma pista indicativa de que existia alguma relação entre o filho de Pindobuçu e a ilha. O termo deu origem a algumas variações, como *Paranapicu, Parapecu, Parnapicu, Parnapocu* em documentos portugueses posteriores.[113]

Não seria incoerente que, a essa altura, considerando a desenvoltura independente com que agia, Paranapucu fosse o *morubixaba* de sua própria aldeia. As aldeias de parentes ficavam próximas umas das outras, para agir solidariamente em caso de guerras ou de escassez. É o próprio Jean de Léry que menciona a existência de uma segunda aldeia além da que identificamos ser Jequiá, da qual não se recordava do nome. Esta só podia ser a aldeia do filho de Pindobuçu. Mais uma vez *O auto de São Lourenço* fornece informações valiosas. Por meio dele, sabemos que São Sebastião "deu outrora uma lição aos tamoios rebelados" às aldeias de "Paranapucu, Jacutinga, Morói, Sarigueia...". Juntavam-se também à "nação dos derrotados".

Segundo Anchieta, Paranapucu deu mesmo um grande susto nos portugueses, "era um dos mais insignes em maldade que há entre aquela gente". De canoa, ele se aproximava da praia de Ubatuba com seus guerreiros. Para fugir de Paranapucu e seu bando, Anchieta precisou carregar padre Manuel da Nóbrega nas costas. Tiveram que atravessar um riacho no fim da praia, cuja profundidade vinha na cintura. Sem tempo de tirar as roupas e no desespero, tudo ficou mais pesado para o pobre Anchieta, e os dois caíram com tudo dentro do rio. Esgueiraram-se na mata e trataram de tirar as batinas, ficando descalços e apenas com as roupas de baixo. O caminho de volta para a aldeia era íngreme, e o velho e frágil Nóbrega, todo ensopado, quase não conseguia subir a trilha.

Os guerreiros de Paranapucu gritavam e assobiavam cada vez mais próximos batendo com os remos n'água a toda velocidade. Sentindo que não havia como escapar, resolveram se esconder no meio do mato a rezar, quando sentiram a presença de alguém próximo deles: era um nativo da aldeia. O padre Anchieta "com muitos rogos" e algumas "promessas de recompensa" convenceu o tupinambá a carregar Nóbrega "às costas, agora puxando pelo bordão" até a entrada da maloca de Pindobuçu.

O pai de Paranapucu não se encontrava na aldeia naquele momento. Os padres estavam de joelhos rezando no momento em que a turba do Rio de Janeiro avançou para o interior da maloca. Foram salvos por um irmão de Pindobuçu que ali estava e contou ao sobrinho as ordens do pai para que não mexessem com os padres. Contudo, receberam muitas ameaças desse grupo. Paranapucu perguntava diretamente em seus olhos, segurando seu tacape como quem mostrava ao interlocutor: "É certo que tratai verdades nestas pazes? Olhai que os franceses nos dizem que não pretendeis senão que vamos muitos juntos a vossas terras, e matar-nos, e que vós haveis de fugir e deixar-nos em branco".

O domínio da língua tupinambá de José de Anchieta e a eloquência com a qual discursava fizeram com que aos poucos aqueles se abrandassem, chegando mesmo a abrir os sentimentos aos velhos jesuítas, a tal ponto que fez Paranapucu confessar sem qualquer cerimônia ou constrangimento: "Eu vinha a fazer isto e aquilo, mas quando entrei a ver os padres e lhes falei, caiu-me o coração e fiquei todo mudado e fraco, e pois eu não os matei, que vinha tão furioso, já nenhum os há de matar, ainda que todos os que vierem hão de vir com o mesmo propósito e vontade".

A taba ancestral de Paranapucu registrada por Anchieta em seus escritos só pode ter sido a comandada pelo filho de Pindobuçu, que já velho preferiu se retirar para o interior após a partida dos padres. O jovem líder guerreiro tomou a decisão oposta: voltou ao seu Rio de Janeiro e lutou até o final, sendo responsável pela montagem da paliçada em forma de fortaleza, que herdou seu nome e de sua aldeia, e que deu tanto trabalho para os portugueses no campo de batalha da Ilha do Governador.

DO OUTRO LADO DA BAÍA

O outro lado da Baía de Guanabara naturalmente também fazia parte da rede de aldeias do Rio de Janeiro. Os domínios tupinambás estendiam-se desde a atual cidade de São Sebastião, no litoral de São Paulo, até o cabo de

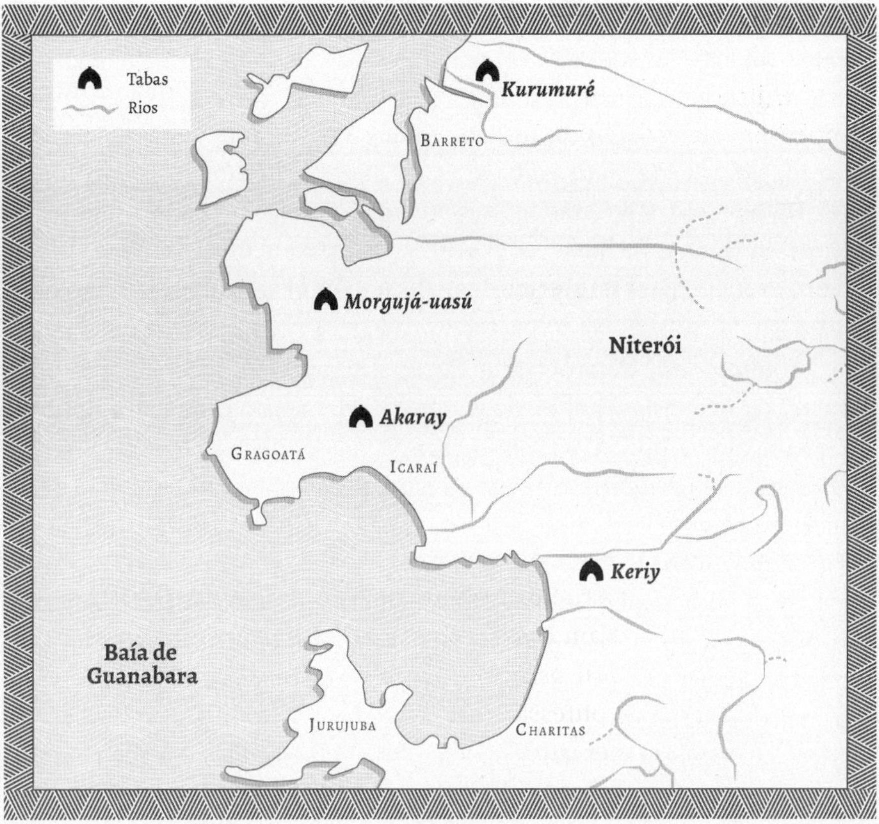

São Tomé, próximo à foz do rio Paraíba do Sul, no município de Campos do Goitacazes. A Baía de Guanabara era ponto de grande concentração e difusão populacionais tupinambás.

Nas fontes históricas quinhentistas, principalmente Léry, foi possível identificar ao menos nove grandes tabas centrais que habitavam as terras do lado direito da baía, seis delas localizadas próximo à costa. Certamente existiam muitas outras aldeias em todo o vasto território a partir da costa de Niterói, São Gonçalo e Itaboraí, assim como por todo o interior e, principalmente, na região de Cabo Frio, Arraial do Cabo e Búzios. Essa última região foi o destino das tropas direcionadas em 1575 pelo governador Antônio Salema para aplicação de uma "solução final" sobre os últimos tupinambás rebeldes sobreviventes das guerras no Rio de Janeiro.

A partir de agora enumeramos essas nove tabas ancestrais, que também são cenários de decisivos acontecimentos anteriores à fundação da cidade do Rio de Janeiro.

Na margem direita

A KERIY NO SACO DE SÃO FRANCISCO

Tanto na primeira lista apresentada no "Colóquio" – originada nos relatos dos intérpretes franceses que moravam no Rio de Janeiro pelo menos desde o final da década de 1540 – quanto na segunda lista, gerada pela observação direta anos depois, o nome de *Keri-u* (no original da edição francesa) aparece na mesma posição.

A primeira aldeia ficava à direita de quem entrava na baía, e suas terras ancestrais são de fácil localização: a calma enseada do atual Saco de São Francisco, em Niterói. Analisando a topografia e o relevo de toda essa região, é possível considerar que havia apenas uma grande área onde essa aldeia podia habitar: o grande vale onde hoje está o bairro de São Francisco. O ribeiro, hoje canalizado, percorre toda a extensão desse vale e certamente serviu como fonte de água e peixes para a antiga comunidade de *Keri-y*.

Hoje escondido pelo trânsito da principal avenida do bairro, é o mesmo que originou a toponímia desta taba. O nome *Keri-u*, escrito assim pelo cronista francês, não tem mistério, pois as informações sobre o nome estão na própria obra de Léry.

Ao se apresentar para os tupinambás de Jabebiracica, ele diz chamar-se *Léry-oussou* (*Léry-açú*) e explica que seu nome é igual ao que eles chamavam "ostra" e que por isso significava "Ostra Grande". O curioso é que o cronista comete um erro, compreensível pelo pouco tempo que esteve no Rio de Janeiro, mais preocupado em sobreviver do que aprender as minúcias do tupi antigo. Acontece que a letra *l* não fazia parte dos fonemas do tupi.

Sabe-se que o real nome dos tupinambás para a ostra era o termo *reri*, com o *r* sendo falado de forma branda. A pronúncia dessa palavra pelos nativos gerou dúvida nos franceses e portugueses, que a confundiam com o *l* e também com o *k*.

É justamente o caso do nome apontado por Léry para a primeira aldeia situada do lado direito da baía, a *Keri-u*. Basta pronunciar as duas formas seguidamente para perceber a pouca diferença que existe entre *reri* e *keri*. No caso do português, por exemplo, parte do litoral do atual bairro do Flamengo tinha como nome original quinhentista a forma aportuguesada de "costa do *Leripe*", originado do termo *Reri'pê*, "lugar de ostra".

Portanto, o termo *keri* grafado por Léry é o original *reri*, ostra, abundante nas pedras que circundavam boa parte dessa enseada de águas calmas, ideais para a proliferação desse tipo de molusco apreciado pelos nativos locais. Léry chega mesmo a revelar em seu livro que ao longo da Baía de Guanabara existia grande fartura delas, que coletavam e ferviam para comer, um deleite para os europeus. "Os selvagens mergulham trazendo grandes pedras com uma infinidade de ostras a que chamam de *leripés*". *Leripés* é mesmo nome para ostra, utilizado também pelos portugueses, o que confirma a apreensão original do sotaque tupinambá pelos viajantes europeus.

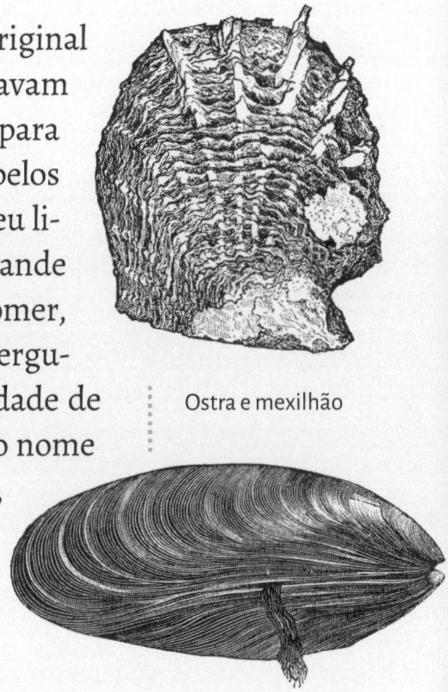

Ostra e mexilhão

Nos mangues e nos locais onde a vegetação se encontrava com o mar, as ostras chegavam até mesmo a colonizar as folhas e caules dessas plantas. Não havia grande trabalho para tirá-las, como devia ser também o caso da região do Saco de São Francisco, onde estava a "aldeia da ostra", Reriy. É preciso explicar ainda o significado do *u* do nome de *Keri-u*. Esse fonema gutural, que não existe no português e no francês, era uma característica indicativa do nome de algum rio ou "água" e também era o fonema em tupi transcrito hoje em dia com um *y*. Em transcrições fonéticas geralmente aparece descrito como um *i* cortado ao meio. Representa uma vogal média entre o *i* e o *u*, como no caso do *umlaut* da língua alemã representado pelo *ü*, uma mudança do som original. Sempre que os tupinambás falavam o nome de alguma coisa com esse som representado como um *y* em separado da palavra, era para designar um rio ou um ribeiro. Assim, o significado completo do termo *Keri-u* legado pelo francês Jean de Léry era o *Reri-y*, a aldeia do "Rio das Ostras".

A toponímia aparece nos primeiros registros históricos portugueses, na indicação da parte inicial da costa niteroiense, a Costa do Leri. A Reri-y ancestral niteroiense encontrava-se em um grande vale entre as montanhas da primeira grande enseada que se abria à direita da baía. Isolada das outras pelo relevo, acabou sendo um alvo fácil quando dos ataques portugueses. A taba de Acara-u, a mais próxima, era separada pelo atual morro do Cavalão. O melhor caminho para sair de Reri-u era colocar a canoa no mar ou seguir por terra até Arasatyba.

AKARAY, A TABA DE NITERÓI

A segunda aldeia citada à margem direita da baía nas duas listas de Jean de Léry é a de nome *Acara-u* (no original da edição francesa). O nome é um dos mais reconhecíveis fósseis culturais da história da Baía da Guanabara. A prova mais do que irrefutável da permanência do nome dessa taba tupinambá ancestral é o bairro da atual cidade de Niterói: o requintado recanto à beira-mar, Icaraí. Na época anterior à fundação da cidade do Rio de Janeiro, toda a região desse bairro era um vasto areal que se estendia desde o mar até as proximidades da atual rua Santa Rosa, 1,5 quilômetro distante da costa. O areal era coberto por pitangueiras, cajueiros, cactos e vegetação típica de restinga.

A taba de *Acara-u* vivia nos limites desse areal e beneficiava-se do rio hoje canalizado, de nome Jacaré ou Icaraí, cuja foz fica no fim da praia. É esse mesmo rio que deve ter dado origem ao nome da aldeia milenar ao longo de suas margens, dominando as matas e florestas das montanhas ao redor.

A toponímia *Acara-u* nada tem a ver como o significado de "rio sagrado". O bairro de Icaraí de hoje tem origem na *Acara-u* anotada tanto pelos *truchements* na década de 1540 quanto pessoalmente pelo próprio Jean de Léry, em 1557. É um dos nomes mais evidentes que existem entre as tabas tupinambás da Guanabara.

Akará (ou *Kará*) é o nome que os tupinambás davam para um tipo específico de peixe, ainda hoje conhecido com o nome de acará ou cará. Típico de água doce, da família dos ciclídeos, vive em água lodosa. Quem já criou peixes de estimação em aquário irá se lembrar do acará-bandeira, peixe listrado de preto e branco, alongado e de corpo achatado, como se tivesse sido esmagado por uma chapa. É um parente distante dos *akarás* dos rios que desaguavam na baía, peixe cujo nome científico é *Geophagus brasiliensis.*

O acará gosta de viver em ambientes de águas paradas, especialmente nos remansos dos rios ou em suas margens de vegetação abundante. É uma espécie que se alimenta de uma ampla variedade de alimentos (pequenos crustáceos, peixes, insetos, larvas, folhas, frutos e outras matérias orgânicas). Na época de reprodução, o casal limpa uma área de fundo arenoso, onde deposita poucos ovos. Assim que nascem, os filhotes são protegidos pelo macho, que os recolhe na sua cavidade bucal.

Com escamas resistentes, quando bem aclimatado e alimentado, o peixe apresenta pontos fosforescentes e coloração vermelha, azul-petróleo e cinza. Suas barbatanas são em tons de castanho e exibe uma pinta preta no meio do corpo.

Portanto, não há margem de dúvida sobre a origem do nome do famoso bairro de Icaraí ser o peixe acará, tão conceituado entre os tupinambás e encontrado em abundância no rio que corta o bairro. O nome do rio passou à taba pelo *u* presente no termo de *Acara-u*. Como já vimos no caso do nome da aldeia que se situava no Saco de São Francisco – a *Reri-y* –, o *u* era a forma francesa para o fonema gutural simbolizado hoje pelo *y*, e um sinal característico da toponímia tupinambá para os nomes de rios e ribeiros. *Akará-y* é então simplesmente a aldeia do antigo "rio dos Acarás".

A origem do bairro remonta à Freguesia de São João de Carahy e depois com a presença de duas grandes fazendas, conhecidas como Fazenda de Icaraí e Fazenda do Cavalão. Na área hoje chamada de Campo de São Bento, foi erigido um outeiro dedicado a São João de Icaraí. A denominação das primeiras freguesias, engenhos e igrejas portuguesas do entorno da Guanabara costumava caracterizar a região pelo nome nativo. É a partir dessa característica cultural que conhecemos a maioria dos termos modernos do tupi antigo. Todas essas apropriações de nomes ancestrais de aldeias tupinambás marcaram a memória "portuguesa" dos lugares e serviram de estímulo ao longo dos anos para a perpetuação dessas toponímias.

MORGUJÁ-UASÚ, A TABA MAIS GOSTOSA

O nome dessa curiosa aldeia de Niterói, *Morgouja-ouassu* (no original da edição francesa), é um dos mais pitorescos entre as toponímias quinhentistas das áreas no entorno da baía. A toponímia aparece apenas uma vez na obra de Jean de Léry. Está em sua lista pessoal, como a terceira taba visitada por esse cronista, depois de Keriy e Akaray, na costa direita da baía.

O termo *Morgoujá* ou *Morgouia* aparece três vezes nos relatos de Léry. No capítulo onde descreve os frutos do Brasil, diz que era uma planta abundante nas áreas próximas à costa e nas margens dos rios que produziam "laranjas" doces e grossas do tamanho de "dois punhos", chamadas pelos tupinambás de *morgouja*. Léry afirma ainda que havia outros frutos cítricos "maiores e em grande abundância".

A laranja não existia no Brasil e na Europa até o início do século XVI. Ela foi trazida da Índia e da China pelos portugueses nas primeiras viagens à Ásia e se multiplicou velozmente pelo mundo. O cronista francês nessa parte do seu livro credita a origem da fruta no Rio de Janeiro aos feitores portugueses que a teriam plantado assim que se estabeleceram. O mesmo teriam feito com limões e outras frutas europeias, importantes para a recuperação dos marinheiros vítimas de escorbuto.

Não é razoável acreditar que os tupinambás nomeassem uma de suas grandes tabas comunitárias com o nome de uma fruta que mal conheciam. Na falta de um nome para laranja, usaram a palavra que conheciam para designar outro fruto cítrico, o maracujá, chamado de *morgoujá'uasú* (maracujá grande).

Ainda na obra de Jean de Léry, no texto do "Colóquio" entre um francês e um tupinambá, em um determinado momento o nativo oferece frutas da terra para o comerciante francês e diz textualmente que poderia trazer-lhe alguns *morguia-ouassous*. O termo descreve claramente a forma como esse cronista francês entendeu o nome antigo tupinambá para a fruta que todos hoje conhecemos por maracujá. O termo original *morguîa*, com sotaque tupinambá *kariók*a, destoa da grafia atualmente aceita desta palavra na língua tupi antiga, *murukuîa*. Os termos em tupi, apesar de parecidos, nem sempre eram falados da mesma forma por todos os grupos espalhados pelo litoral brasileiro.

No mais, o sufixo *ouassu* é uma das muitas formas de dizer "grande", "enorme", "robusto". *Guaçu, açu, uasú* eram sinônimos para esse efeito. Portanto a aldeia de *Morgoujá-ouassu* relatada por Léry era a do "Maracujá-grande ou Maracujá-melão". A hipótese mais provável é que tamanha era a abundância desse grande fruto que caracterizava as terras milenares pertencentes a essa taba que acharam por bem batizar a comunidade com a característica da flora das terras que ocupavam. Tal fruta teria mesmo encantado o próprio *morubixaba* da aldeia, que também adotou esse nome como alcunha: o cacique Grande Maracujá, tal como relatado pelo nativo da Karióka no diálogo do "Colóquio", era um dos mais respeitados da região.

O maracujá era um fruto completamente desconhecido dos europeus; seu plantio e colheita eram de domínio dos tupinambás. O nome da aldeia é uma evidência segura da domesticação dessa planta pelos primeiros moradores do Rio de Janeiro. Não é de se surpreender, pois a planta é nativa do sul das Américas, e o Brasil é até hoje o maior produtor e consumidor mundial desse fruto. Um conhecimento e uma herança secular dos nativos do Brasil que passou diretamente para a exploração pelos colonos portugueses recém-chegados, sendo os indígenas seus maiores professores de botânica.

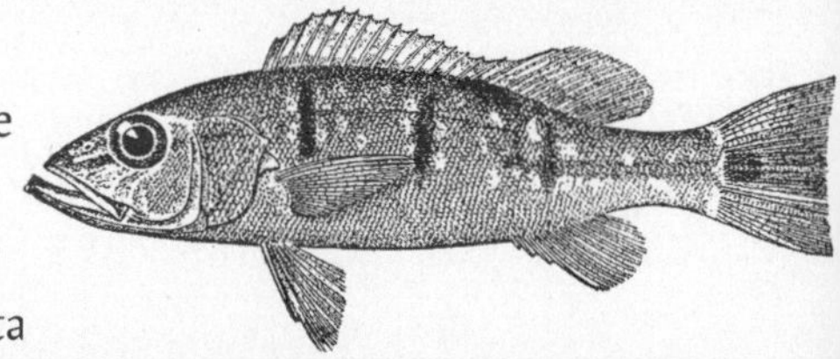

Acará

Ainda hoje a planta do maracujá, de nome científico *Passiflora edulis*, é uma ótima opção para quem quer praticar uma agricultura doméstica, aquela feita fundos do quintal ou mesmo em vasos, por ser de fácil cultivo. É popularmente conhecida como a fruta da tranquilidade, fonte de vitaminas A, C, complexo B e sais minerais (como ferro, sódio, cálcio e fósforo). Os tupinambás podiam sentir os efeitos revigorantes dessa fruta em seu organismo. A região dessa taba era certamente um dos lugares onde se podiam encontrar os maiores *morgouîas-uasús* da Baía de Guanabara.

A lista de aldeias visitadas por Jean de Léry é bastante curiosa. Ao mesmo tempo que mantém algumas aldeias que estavam na primeira lista – caso das duas primeiras do lado direito, Keriy e Akaray –, ele introduz nomes novos como se desejasse completar um quadro, apenas parcialmente mostrado pela primeira relação. A lista daquelas comunidades que se situavam a partir da margem oriental da baía é a que mais nos permite conhecer a localização aproximada das tabas ao longo da costa.

Seguindo a lógica já identificada em relação a Keriy e Akaray quanto à sua posição territorial, temos que a antiga aldeia do "Grande Maracujá" estaria nas terras do atual centro de Niterói. Isso é possível pelo fato de sabermos que a aldeia de Kurumuré dominava todo atual litoral do trecho hoje conhecido como Maruí-Neves, entre Niterói e São Gonçalo. Itaóka era a principal taba do litoral entre São Gonçalo e Itaboraí, o que coloca a aldeia de *Murukuîa-uasú* no único espaço livre entre estas já identificadas: o atual centro da cidade de Niterói. Ali, existiam enormes maracujás nativos, casa dos tupinambás desta aldeia.

KURUMURÉ, A ALDEIA DA TAINHA

A aldeia de *Kouroumouré* (no original da edição francesa) é citada na primeira lista de aldeias produzida pelos *truchements* franceses, por volta do final da década de 1540. Essa relação de aldeias é mais extensa do que a posterior de Jean de Léry. Nela estão apontadas não apenas as tabas de Keriy e Akaray, como também as comunidades que se situavam a partir das terras do litoral do atual município de São Gonçalo, Itaboraí e na foz do rio Macacu.

Essa aldeia é citada em documentos quinhentistas portugueses como referência para as terras que estavam situadas na costa de Curumuré a partir do litoral onde hoje deságua o rio Maruí. O nome desse ribeiro, hoje completamente poluído, tem a ver com um mosquito muito incômodo que os tupinambás chamavam de *maruim, marigûi, meruí*. Também era conhecido como mosquito-do-mangue, ecossistema que predominava em partes da região, marcada por pontas de terras e pequenas ilhas dispersas. Pode-se verificar o relevo dessa área ao passar pela conhecida e congestionada estrada do Contorno, que liga Niterói aos municípios de São Gonçalo e Itaboraí.

As fêmeas desse inseto são adaptadas para sugar sangue, picam o homem e os animais domésticos, produzindo coceira e inchaço na pele. Os vergões vermelhos podem durar mais do que uma semana. O *maruim* também é vetor de doenças e, para se saciar do sangue alheio, penetra entre os cabelos e atravessa as roupas. O nome do rio que marcava os domínios de Kurumuré era por si só um aviso de que a situação podia ser tensa, dependendo da hora do dia que se quisesse atravessar por ali. No Maruí, o rio dos mosquitos, esses insetos gostavam mesmo era de sangue novo.

Apesar de ser conhecido tanto pelas fontes francesas como pelas portuguesas, *Kouroumouré*, ou *Curumuré*, é uma das toponímias mais intrigantes da relação de nomes antigos do entorno da Baía de Guanabara. Até hoje nenhum estudioso ou especialista em tupi antigo arriscou-se em sugerir uma interpretação para esse nome ancestral.[114]

Analisando o termo, pode-se entrever que essa palavra talvez partisse da grafia hoje aceita para essa língua como *Kyrymuré*[115] ou por sua variante, *Kerymuré*.

Antes de qualquer hipótese devemos considerar a informação de que a maior parte das tabas tinha seus nomes derivados da relação das comunidades com o meio ambiente ao redor. Seja na presença de animais característicos, como abelhas, lagartos, gambás, caso de Eiraîá, Tarakuirapã e Sarigûé, seja por pontos geográficos específicos, como montanhas e rios, presente nos nomes de Itanã, Itaóka e Sarapoy.

A única palavra conhecida do léxico tupinambá que mais se aproxima da sonoridade dessa indecifrável toponímia é *kurimuré*, nome de um determinado tipo de peixe natural da Baía de Guanabara, certamente da família dos *kurimãs* e *kurimãuasús*. Conhecido também como "tainha", é um peixe bastante apreciado.

Na descrição dos peixes da Baía de Guanabara, Jean de Léry relata os tipos de *"pirás"*, nome genérico de peixe em tupi, disponíveis nos mares e rios da região. Sua relação se inicia justamente pelos *kuremas* (*kyremas*) e *paratis*. Segundo Léry, são tipos de sargos que "assados ou cozidos são muito saborosos, principalmente os segundos",[116] o que é uma verdade irrefutável de mais de quatro séculos e meio, e pode ser comprovada nos dias de hoje. Em certas partes do litoral esse nome ancestral permaneceu com esse peixe, podendo encontrar ainda hoje quem os chame de *curimã* e *curumã*.

As tainhas e os paratis eram essenciais na cultura dos nativos do Rio de Janeiro. São peixes que nadam em cardume na superfície da água e são facilmente confundidos entre si. Só pescadores experientes sabem diferenciar um do outro, sendo que os dois pertencem à mesma família, dos *mugilídios*. Em geral, a tainha é maior do que o parati na fase adulta e tem a cabeça mais achatada. Onde existem cardumes de tainhas e paratis também costuma haver outros peixes predadores, como robalos, camurupis, cavalas, anchovas e xaréus.

Os tupinambás pescavam avistando o cardume à flor d'água e preparando as flechas. Quando feridas, as tainhas não conseguem afundar e assim eram facilmente pegas a nado. "Em poucos momentos fisgam muitos peixes".[117] Os tupinambás e os diversos grupos guerreiros solidários esperavam ansiosamente o movimento de *piraîké* dos *kuremãs* e *paratis* nos rios da Guanabara. Nessa época de desova, que acontecia uma vez por ano, esses animais procuravam águas rasas e salobras em mangues e na foz dos rios, para se acasalar e reproduzir. Eram esses peixes que serviam para a produção da "farinha de guerra", iguaria com grande durabilidade e utilizada como principal mantimento durante as longas viagens em busca dos inimigos distantes.

Nesse período, todos os homens guerreiros ficavam mais aguerridos, buscando proteger e preservar o domínio sobre os principais rios onde esses peixes se concentravam. Sua carne "é muito esfacelada, por isso, quando pescam em grande quantidade, costumam moqueá-los e reduzi-los a farinha."[118]

Pela importância que esses peixes tinham na cultura de guerra tupinambás é até estranho que seu nome não apareça como homenagem de alguma comunidade. A semelhança entre o nome de uma

Tainha

tainha específica da baía, chamada *kurimuré*, e o nome desta taba ancestral, Kouroumouré, é muito clara. Nessa hipótese, a *Curumuré* adotada pelos portugueses como nome de parte da costa da atual Niterói significaria a taba da Tainha, do *Kurimuré*. A informação pode ser explicada pela abundância desse peixe no limpo litoral quinhentista entre o atual rio Maruí e o bairro de Neves, em Niterói.

Existe ainda uma última pista sobre essa toponímia. Eram *Quyrymuré* (*kirimuré* ou *kyrymuré*) – um termo praticamente idêntico ao nome desta aldeia de Niterói – e Paraguaçu as designações que os primeiros jesuítas portugueses anotaram como o que os tupinambás chamavam ancestralmente a Baía de Todos os Santos. Outros nativos "chamam *quirymã*; estes foram senhores das terras da Bahia e por isso se chama a Bahia *Quyrymuré*."[119] Pela interpretação do texto de Fernão Cardim, existiria uma nação mais antiga de tupinambás, e estes chamavam aquela baía de *Quyrymuré*. Os nativos da Bahia também eram tupinambás, e lá também havia tainha em abundância.

Os nativos *quirymãs* são uma clara referência à palavra que em tupi antigo conhecemos para a tainha, *kurimã*. O nome da Baía de Todos os Santos, assim, certamente é uma nomenclatura que teve como origem a menção ao *quirymã*. Mesmo assim, o significado tupinambá "baiano" para esse nome ancestral até hoje nunca foi satisfatoriamente desvendado pelos especialistas e muitas vezes foi confundido com a explicação sobre a origem de Paraguaçu (esse termo, sim, é facilmente decifrado como "mar grande", *paranã* + *guaçu*, toponímia que se encaixa perfeitamente na ideia do nome de uma grande baía).

O nome moderno de *Kirimuré* caiu no gosto popular e foi eternizado na voz de Maria Bethânia com uma canção de mesmo nome. "Dos rios que correm aqui, rendeira da beira da terra, com a espuma da esperança, 'Kirimurê' linda varanda, de águas salgadas mansas..." No refrão: "Eu sou tupinambá que vigia, eu sou caboclo daqui". Os artistas baianos podem não saber, mas homenagearam também a aldeia de Kurumuré, a do *morubixaba* "Tainha", do Rio de Janeiro.

A ITAÓKA DE SÃO GONÇALO

Apontada na primeira lista dos feitores normandos, a *Ita-ave* (grafia original da edição francesa) ou *Ita-auh* (primeira edição latina) era a quarta na ordem dessa relação, sendo precedida das aldeias de Keriy, Akaray,

Morgujá-uasú e Kurumuré ao longo da costa do lado direito da baía. Seu nome ancestral é de fácil entendimento, assim como a descoberta da área aproximada de localização. Seu nome se manteve completamente intacto na designação das antigas terras sobre seu domínio.

As grafias *Ita-ave* ou *Ita-auh*, deixadas por Léry em comparação com outras formas do tupi que ele transcreveu, são possíveis de identificar, ao se tomar como exemplo a forma grafada originalmente da aldeia Karióka, escrita por Léry como *Kariauh* em uma das suas versões. Por similaridade a *Ita-auh* só pode ser mesmo *Itá-oka* ou *Itá-ok*, ou seja, *ita*, pedra, unida a *oca*, casa. A aldeia da "Casa da Pedra".

Possivelmente essa taba ancestral dos nativos da Guanabara tinha como referência alguma pedra grande. Talvez tivesse mesmo suas malocas encostadas em algum relevo de granito. Outra razão para o nome seria uma característica da costa do lugar, onde se destacam conjuntos de pedras redondas à beira-mar.

A toponímia de Itaóka continua lá, hoje como nome de um bairro e ilha do município de São Gonçalo, já bem próximo dos sinuosos rios que deságuam a partir do fundo da baía em direção a Guapimirim e Macacu, no sopé das montanhas. É uma das regiões mais humildes do município, com poucas ruas asfaltadas. Foi Itaoca o lugar das terras da primeira carta de sesmaria emitida por Estácio de Sá entre os anos de 1564 e 1565,[120] quando muito provavelmente ainda por lá estavam seus originais moradores, os tupinambás de Itaoca.

Como os territórios do Rio de Janeiro só passaram a ser definitivamente ocupados após as batalhas de 1567, essas primeiras sesmarias concedidas funcionavam mais como um encorajamento à conquista do que efetivamente como uma ocupação imediata do território. Foi por Itaóka que os sobreviventes da batalha de Paranapucu fugiram depois da derrota, principalmente franceses, abandonando ali também outra fortaleza construída para o enfrentamento com os lusos.

Toda essa parte do litoral de Itaoca era chamada nos primeiros anos pelos lusos de Costa de Suaçuna, como deixa bem claro o relato de Gabriel Soares de Sousa. "De *Baxindiba* (atual *Guaxindiba*) se torna a afastar a terra para dentro fazendo outra enseada, com muitos mangues no meio, em a qual se mete outro rio, que se diz *Suaçuna*, e haverá de ponta a ponta duas léguas. E no meio bem em direito das pontas está outra ilha cheia de arvoredo."[121] O nome revela uma peculiaridade da fauna, uma vez que o termo vem de *sûasu*, denominação tupinambá para o cervo, veado e vários animais da família dos cervídeos.

Nas florestas de Mata Atlântica existiam em grande quantidade veados menores do que seus parentes europeus, com chifres menos desenvolvidos e de cor negra ou parda. Hoje um animal muito parecido seria o veado-mateiro da Amazônia. O significado completo de *Suaçunhã* era o nome da espécie de cor negra, o *sûasu* + *una* (negro). A toponímia acabou sendo culturalmente incorporada à língua portuguesa e passou a ser utilizada em sobrenomes de famílias da terra, como demonstra a grafia Suassuna, sobrenome do grande escritor paraibano, Ariano.

No local ainda existe uma antiga capela portuguesa, a de Nossa Senhora da Luz, erguida no ano de 1647. Hoje é a única *Itaoca*, casa de pedra, que pode ser vista na região.

JOIRARUANÃ, A ALDEIA DAS RÃS

A última aldeia citada à margem direita da Baía de Guanabara é originalmente grafada por *Îoirârouen* na primeira lista. Era a última taba próxima à costa oriental, sendo precedida de Keriy, Akaray, Morguja-uasú, Kurumuré e Itaóka. A posição dessa aldeia na lista a coloca em algum lugar da foz dos rios da bacia do Macacu. Nessa região deságuam caudalosos rios que descem das serras ao norte e serpenteiam a baixada do Recôncavo da Guanabara por dentro de espessos mangues e baixas terras que perfaziam o caminho de canoa para essa localidade tupinambá. Todos esses rios guardaram suas toponímias ancestrais desde a época dos nativos tupinambás, e essa é uma das regiões mais preservadas da Baía de Guanabara. Junto à foz do rio Guapimirim e Guaxindiba desce também outro curso d'água, considerado o maior de todos os que deságuam na Baía de Guanabara: o rio Macacu. Ele tem esse nome devido a uma palmeira que, assim como o pau-brasil, também servia para se extrair tinta. Os nativos o chamavam de *Macacu* por causa da enorme quantidade dessa árvore ao longo do curso desse rio. Essa planta encontra-se praticamente extinta, tamanha a exploração a que foi submetida.

Rã

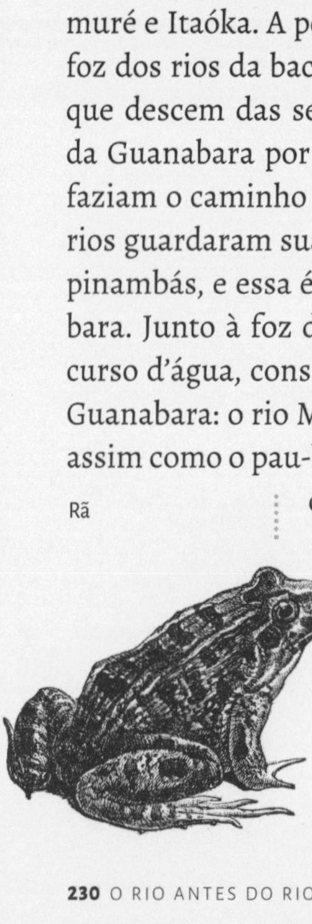

O longo rio Macacu tem mais de 70 quilômetros e nasce na serra do Mar, próximo ao pico da Caledônia, em Nova Friburgo. Já foi navegável no passado, tendo sido um importante caminho para a exploração e conquista de toda a região. Pelo rio Macacu podiam-se alcançar as grandes tabas que se localizavam no interior da terra a partir da margem esquerda da baía, como Papucaia e Ycypotyba.

Guaxinim

Ao longo de suas águas, foram fundadas algumas vilas e sedes de fazendas que abasteciam a cidade do Rio de Janeiro. Foi navegando por suas águas que os imigrantes suíços e alemães chegaram às serras de Nova Friburgo no começo do século XIX. Esse rio era tão caudaloso que houve algumas mortes nessas travessias.

Existem ainda outros dois nomes de rios que deságuam na mesma parte do litoral: o rio Cacerebu e o já listado Guaxindiba. Este último rio tem esse nome por causa de um animal, o *gûasunĩ* tupinambá, em português, guaxinim. O nome do rio é *gûasunĩ* + *tyba*, o rio do "sítio" ou "ajuntamento dos guaxinins", ou ainda o "rio do lugar dos guaxinins".

Esse animal também é muito conhecido como "mão pelada", devido à mão sem pelos, que deixa pegadas parecidas com as de uma criança. Eles têm cinco dedos nos pés e nas mãos e vivem o tempo todo nas árvores. De porte médio, podem pesar de 1 a 8 quilos; possuem focinhos pontudos e olhos voltados para frente, com cabeças pequenas e orelhas arredondadas. Têm boa visão noturna, boa audição e excelente olfato, usado para encontrar alimentos e para se comunicar com outros da sua espécie. Comem de tudo, e algumas espécies se alimentam de lixo em áreas urbanas. São importantes como dispersores de sementes, como controladores de populações de insetos e roedores, além de serem presas para predadores de grande porte.

Guaxinins dependem de suas mãos sensíveis para localizar e manipular alimentos, mesmo debaixo da água e no escuro, usando as duas mãos para isso. São identificados pela mancha preta em formato de máscara em volta de seus olhos. Normalmente descansam em árvores e buracos no meio das árvores. Vivem em pares ou sozinhos e têm hábitos noturnos. Alimentam-se de caranguejos, moluscos, peixes, sapos, outros pequenos vertebrados, insetos e frutas, lavando sempre os alimentos antes de comer.

A antiga taba tupinambá de Îoirârouen, apontada na primeira lista como a última daquelas que se podiam alcançar perto da costa do lado direito da baía, deu muita dor de cabeça aos nossos etimologistas ao longo dos séculos. Existem nitidamente dois termos: o primeiro, *îoi*, e o segundo, *rârouen*. São duas palavras facilmente identificáveis nos dicionários da língua tupi. *Îoi* é na verdade *îu'i* (juí), nome comum a certas rãs do gênero (*leptodactilus*), comestíveis, que vivem sempre à beira de lagos ou outros lugares úmidos. Como outros anuros, sua respiração se dá principalmente pela pele. Alimentam-se de insetos, vermes e outros pequenos animais, sendo quase sempre carnívoras; capturam com a língua, inserida na frente da boca. Emitem sons variados que servem para diferentes propósitos, como atração da fêmea e delimitação da territorialidade com outros machos. Algumas poucas espécies possuem glândulas produtoras de veneno, que no entanto funcionam como uma proteção passiva, já que não possuem mecanismos de inoculação e só têm efeito quando em contato com mucosas.

Por último, o termo *rârouen* seria a forma como os franceses compreenderam o termo *raroã*, uma variante do termo oficial em tupi *arôana*, que significa "guarda". A aldeia *Ioirârouen* de Léry, a Joirarunã ou Joiraruãnã na modernização do topônimo para os nossos dias, tem como significado a ideia de "Guarda das rãs" explica-se positivamente pela área habitada por essa comunidade, ou talvez pela alcunha que o *morubixaba* dessa comunidade possa ter se atribuído. As terras do fundo direito da Baía de Guanabara, repletas de charco, mangues e lagoas, eram um *habitat* natural para os mais diversos tipos de anfíbios, principalmente as rãs.

Apreciadas pelos nativos, em certas épocas do ano, as rãs constituíam uma parte importante de sua alimentação. O nome era motivo de orgulho para a comunidade e denotava a fartura de suas extensões de terra e recursos naturais, só existentes em determinadas regiões. O nome visava, de certa forma, assegurar o domínio sobre esses recursos animais ou por ser justamente na área em que os tupinambás costumavam caçar essa iguaria quinhentista.

NO INTERIOR DA MARGEM DIREITA

Arasatyba de São Gonçalo

Essa importante taba ancestral das terras da Guanabara é a mais documentada de todas as aldeias que existiram antes da fundação da cidade do Rio de Janeiro e da colonização portuguesa da região. A grande taba de

Arasatyba ou Araçatiba é citada na primeira lista fornecida ao francês Jean de Léry pelos *truchements*. Também foi eternizada como uma das grandes aldeias destruídas durante a conquista portuguesa, no texto teatral do jesuíta José de Anchieta. A comunidade do "sítio de araçá" ou "araçazal" foi referência territorial nos primeiros documentos da burocracia portuguesa.

Na primeira menção a essa aldeia nas fontes históricas, seu nome é grafado pelos *truchements* que aqui chegaram no final da década de 1540 como *Arasa-tuve* (no original da edição francesa). O nome aparece entre as seis maiores aldeias que estavam no interior da terra, "tanto numa costa como na outra". Essa lista menciona Takûarusutyba, Okarantĩ, Sapopéma (tabas que estavam no interior do lado esquerdo), Nurukuy (provavelmente ao fundo da baía) e depois eram citadas as de Arasatyba e Ycipotyba, que documentos portugueses posteriores comprovaram estarem nas terras do interior da margem direita.

Ao terminar a citação dessas aldeias, Jean de Léry ressaltou que ainda existiam várias outras tabas que poderiam ser conhecidas por intermédio dos nativos, passando a ideia de que, por conta disso, citara apenas as principais, as maiores da terra. Esse fato explica a ocorrência de nomes que não estavam nas listas francesas e que surgiram em documentos de sesmarias durante o processo de conquista e ocupação lusa nos anos seguintes à década de 1560.

A *Arasa-tuve* original dos franceses é bastante clara em seu significado, expresso hoje no termo *Arasa-tyba*. Aqui, temos *araçá*, nome de uma planta, com *tyba*, um sufixo de abundância representativo da grande quantidade de araçá que cercava as terras dessa comunidade original. A taba do araçazal, ou como o nome passou para o português, a aldeia do "araçazeiro".

A árvore do araçá é pequena, de copa esparsa, parecida na maioria das vezes com um arbusto. A espécie é nativa da Mata Atlântica, originalmente presente ao longo de quase toda a costa brasileira, da Amazônia ao Rio Grande do Sul. São plantas que gostam de crescer próximas às margens e nascentes de rios, ajudando a protegê-los contra a erosão. Também estão presentes em regiões de restinga litorâneas, principalmente em terrenos úmidos e várzeas alagadiças. Nas serras também são encontradas de maneira mais esparsa em matas úmidas.

Seu tronco cinza e marrom avermelhado é tortuoso, e seus ramos crescem dentro de folhas opostas. De junho a dezembro, abrem-se solitárias flores de cor branca, delicadas e com longos estames de androceu.

Frutifica entre o verão e a primavera pequenos glóbulos de casca vermelha ou amarela, com polpa esbranquiçada. O sabor da fruta lembra o da goiaba, porém um pouco mais azedo e com numerosas sementes. Consumida tanto pelo homem quando por uma infinidade de pássaros e outros animais, o araçá tem longo ciclo de vida. Possui três vezes mais vitamina C do que uma laranja, além de vitamina A, do complexo B e de sais minerais como cálcio, fósforo e ferro.

O conhecimento empírico sobre o poder revitalizante dessa fruta era da ciência dos tupinambás, que homenagearam uma de suas grandes comunidades com o seu nome. Eles estimavam a variedade mais comum do *arasá*, gostavam mais ainda do *araságûasu* (araçá grande), cujo apelido era "goiaba", sem desmerecer o *arasamirĩ* (araçá pequeno) como degustação. Além disso, estudos contemporâneos revelaram que o araçá tem aplicações medicinais como antidiarreico e anti-hemorrágico, e seu óleo também pode ser usado como antibiótico.

Apesar de todas as evidências sobre os benefícios do araçá, não existem plantios comerciais dessa fruta no Rio de Janeiro. Os sucos, licores, sorvetes, doces e geleias confeccionados a partir de sua polpa são derivados em sua maioria de pequenas unidades artesanais de base familiar. Sem investimentos comerciais de larga escala, os poderes dos *arasatybas*, dos araçazeiros, são conhecidos e comercializados apenas nas localidades próximas às regiões produtoras de ocorrência natural dessa árvore.

Araçá

A resistência da grande aldeia ancestral de Arasatyba consta nos documentos portugueses, como na peça de catequese de Anchieta, escrita para os nativos então aldeados em São Lourenço e São Barnabé, e encenada em 1583. A região das terras do interior da margem direita da baía, que corresponde hoje aos municípios de Itaboraí, Rio Bonito, São Gonçalo, Cachoeiras de Macacu, Casimiro de Abreu, Maricá, Saquarema e Cabo Frio, só foi de fato conquistada pelo implacável governador

Antonio Salema, responsável por concluir o extermínio dos tupinambás do Rio de Janeiro e Cabo Frio, no final da década de 1570.

O aldeamento de São Barnabé era a própria Arasatyba. Assim relata Anchieta em seu texto, entre a constatação e a ameaça àqueles que na plateia assistiam à luta entre São Lourenço e São Sebastião contra os líderes nativos Aimberê e Guaixará. "Tomamos Moçupiroca, Jequeí, Guatapitiba, Niterói e Paraíba, Guajajó, Carijó-oca, Pacucaia, Araçatiba. Todos os tamoios foram jazer queimando no inferno, mas há alguns que ao Padre Eterno, fiéis, nesta aldeia moram, livres do nosso caderno."[122] Em suma, aqueles que desobedecessem aos jesuítas e aos portugueses queimariam no inferno; já os que se entregavam aos "aldeamentos" coletivos estavam "livres do caderno" dos padres.

As primeiras cartas de sesmarias portuguesas para as terras no interior da margem direita só começaram a ser emitidas a partir 1578. A aldeia de Araçatiba é mencionada em um desses documentos junto às "terras que Dom Miguel de Moura doou aos jesuítas" perto de Ipiíba[123] em 1579. Os padres viam necessidade urgente de terras para que os indígenas do interior, alvo dos "descimentos", e os remanescentes das aldeias conquistadas pudessem possuir terras para viver aldeados sob a supervisão dos religiosos.

Por isso, uma carta de 1578 dos nativos "das aldeias desta cidade", tendo como procurador o padre Martim da Rocha, pedia terras às autoridades portuguesas. Alguns seriam sobreviventes das investidas lusas e, em nome da paz, pediam para ficar ao lado dos padres nas suas terras ancestrais, agora "aldeados" em comunidades jesuíticas, seguindo a política oficial da época.

Foi o que aconteceu com aqueles que restavam da grande aldeia de Araçatiba, quando em 23 de agosto de 1579, o então novamente governador Salvador Correia de Sá doou aos indígenas "das aldeias desta cidade de São Sebastião do Rio de Janeiro" terras que começavam "detrás da tapera de Araçatiba, onde as terras dos padres fazem canto, correndo pelo mesmo rumo dos padres, nordeste a quarta de leste, até se encherem as duas léguas"[124] (aproximadamente 10 quilômetros).

O nome Ipiíba pertence hoje em dia a um bairro no interior do município de São Gonçalo e servia como designação de uma árvore de madeira dura chamada pelos tupinambás de Ipeúba, abundante por ali. Na época, as áreas denominadas como *Ipiíba* tinham extensão maior do que o bairro que acabou por herdar essa toponímia quinhentista. Pode-se ainda refinar essa localização se levarmos em conta que, após a doação das terras

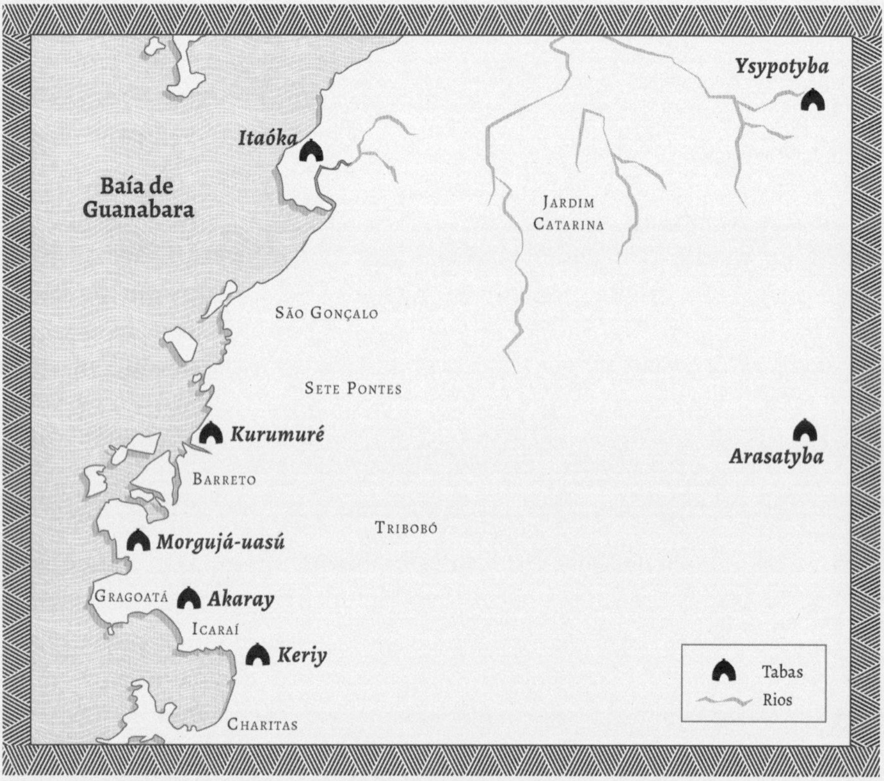

realizada por Salvador Correia de Sá, os jesuítas – aos quais cabiam a tutoria sobre os indígenas "cristãos" – fundaram um dos aldeamentos mais importantes da história do Rio de Janeiro, o de São Barnabé.

Os "aldeamentos" jesuíticos foram significativos para a defesa da cidade durante os primeiros anos de povoação portuguesa. Sob o controle dos padres, centenas de grupos indígenas eram obrigados a morar em uma mesma aldeia, medida que fez com que perdessem seus traços culturais, enquanto aprendiam a cantar e rezar. Na maior parte do tempo, eram empregados em trabalhos a serviço dos interesses portugueses. Além disso, eram os primeiros "soldados" a serem chamados para a batalha frente a qualquer ameaça durante os primeiros 150 anos da cidade do Rio de Janeiro. Portanto, esses lugares serviam como grandes depósitos de mão de obra para governantes e colonizadores. No início chegaram a reunir centenas de nativos, mas aos poucos esses núcleos foram decaindo, principalmente por causa de fugas e grandes epidemias, até desaparecerem por completo em meados dos Setecentos.

O aldeamento de São Barnabé foi fundado justamente nas antigas terras da grande Arasatyba, na velha tapera dos tupinambás localizada nas margens do pequeno rio Cabuçu.[125] O historiador jesuíta Serafim Leite informa que o nome do lugar onde primeiro se fundou a aldeia de São Barnabé era "*Itaitendiba*, no caminho para Maricá".[126] O lugar ainda hoje é identificado como sendo perto de Ipiíba, segundo a carta de sesmaria dada aos jesuítas, em nome daqueles nativos. Ali se encontra um lugar que ainda é reconhecido pelo nome de Itaitindiba, no bairro de Santa Isabel, em São Gonçalo, nos limites com os municípios de Maricá e Itaboraí. O nome teria permanecido por causa da antiga fazenda Itaitindiba, outrora grande engenho de açúcar que manteve o nome original chamado pelos tupinambás.

A toponímia hoje é conhecida como serra de Itaitindiba, cujas montanhas partem dali e exibem grandes formações graníticas. O nome está relacionado a essas montanhas e com a reunião extemporânea desse tipo de grandes pedras: *Ita*, pedra + *y*, rio + *tin* ou *ten*, *tinga*, no sentido de claro ou branco, e *tyba*, reunião. Pode-se ver no nome o significado de "Pedras brancas (montanhas) do rio", no sentido literal que tanto agradava aos tupinambás e que permaneceu até hoje.

Esse aldeamento jesuítico fundado a partir da grande tapera de Arasatyba em 1579 permanecerá poucos anos em suas antigas terras ancestrais no sopé da serra de Itaitindiba. Já em 1584 os padres transferiram os moradores dali para as "margens do Macacu", nas proximidades das terras que pertenciam à Companhia de Jesus. Para "a unidade de direção e catequese"[127] convinha aos padres unir os nativos da recém-criada São Barnabé com outros também numerosos que habitavam mais a noroeste, também em suas terras, na bacia do rio Macacu, onde estava a última grande taba do lado direito, a Ysypotyba.

Entretanto, a antiga aldeia de Arasatyba, mesmo diminuta, ainda continuou a existir pelo menos até o início dos anos 1600 sendo administrada pelos padres, ciosos do controle sobre aquelas terras. Há registros da presença de Araçatiba em 1584, quando Anchieta teria passado ali para descansar "de volta das pescarias de Maricá".[128] A última referência à tapera de Arasatyba é datada de 1621, e seu nome está em uma carta que pertenceu a Diogo Martins Mourão, comprador de parte das terras daquela grande aldeia tupinambá, vendidas pelos jesuítas em nome de seus verdadeiros donos.

A Ysypotyba de Itaboraí

Essa última grande aldeia citada na "primeira lista" é originalmente grafada como *Usu-potuve* (edição francesa). O termo foi malcompreendido pelos normandos porque aparece dividido erroneamente. O certo seria *Usupo-tuve*, que pode ser facilmente reconstituído por *ycypó*, que passou para o português como "cipó". O nome dessa planta, junto ao sufixo indicativo de abundância que o *tuve* tenta expressar na língua francesa, significa o *tyba* (*tiba/tuba/tiva*) no português, explicado então por dar nome à aldeia do "Cipoal".

Os cipós são plantas trepadeiras lenhosas que germinam no solo e necessitam de um suporte para manterem-se eretas e crescerem em direção à luz. Não possuem folhas e podem moldar-se à superfície de outras árvores, enrolando-se e prendendo-se a elas. Muitas espécies de cipós possuem estruturas especializadas para se agarrar nos suportes, órgãos de fixação conhecido como "gavinhas".

Essa característica permite que o caule do *ycypó* seja flexível, com grande capacidade de crescimento em altura e comprimento. Para que essa planta se desenvolva, é necessário que ela encontre e alcance, desde a proximidade do solo até a copa das árvores, apoios em outras plantas. Por isso, o desmatamento é o principal fator de limitação para a proliferação dos cipós. Na densa vegetação da floresta existe uma profusão de suportes em potencial, fato que explica por que as trepadeiras, em especial os cipós, são tão abundantes em florestas preservadas.

Quando cresce, o broto do cipó procura um grande tronco de árvore para subir. O cipó cresce a partir do chão da floresta e, quando atinge o topo de seu hospedeiro, só crescerá caso encontre outro suporte mais alto. Brotos surgirão de todos os lados com o intuito de vasculhar, varrer, a área em busca de novos "agarres". Uma vez que se encontram no dossel das árvores, os cipós geralmente crescem entre as copas, tornando-se meio de locomoção de animais que não conseguem voar ou planar por grandes distâncias, como macacos, preguiças, saguis e gambás.

Os cipós eram usados de diversas maneiras pelos tupinambás, que conheciam as propriedades de cada espécie presente nas suas matas. Um exemplo clássico era o uso que faziam do cipó-timbó, planta que, macerada e adicionada em pequenos trechos de rio, intoxicava os peixes, que acabavam por boiar até a superfície, tornando-se presas fáceis. Podemos imaginar como era o cenário onde Ycypotyba habitava, eivado de cipós pelos antigos caminhos que levavam a essa grande aldeia.

Sua localização deve ser pesquisada também na história do aldeamento jesuítico de São Barnabé. São conhecidos documentos seiscentistas que falam dos indígenas "de Cipotiva/Cipotiba/Sipotiva" e que se referem claramente aos nativos aldeados naquela missão jesuíta do Rio de Janeiro. Depois de ser transferida oficialmente da antiga tapera de Arasatyba para as "margens do Macacu" no final do século XVI, os documentos esquecem o nome da taba do araçazal e passam a denominar o aldeamento de São Barnabé fazendo referência à antiga aldeia tupinambá, a *Usupotuve* de Jean de Léry, agora chamada de *Cipotiba* pelos portugueses.

Os nomes se intercambiavam e serviam de referência para designar a localização de terras de sesmarias. A permanência do nome de *Cipotiba* durante mais de sessenta anos após a conquista da Guanabara pelos portugueses – designada então como aldeamento de São Barnabé – só corrobora a informação legada pelos franceses sobre a grandeza dessa aldeia ancestral tupinambá.

Em 1611, Diogo de Carvalho escreve para seu filho, João de Caravlho, uma carta intitulada "Moradores na cidade de São Sebastião", que orientava sobre uma sesmaria de 2 léguas nos limites "do Cabo Frio, indo da aldeia dos nativos de *Sipotiva* e pelo caminho do gentio que vai pelo *Tapocurá...*", indicando o que o herdeiro devia fazer.[129]

Sabemos da localização estimada dessa grande taba por meio de uma carta de venda de algumas terras, datada de 28 de novembro de 1624. Nela, o reverendo padre Inácio de Siqueira – então responsável pela aldeia de São Barnabé e pelos "principais e cabeças da aldeia de Cipotiba" – vendia, convenientemente, parte de suas terras a Francisco Carneiro, também padre e reitor do Colégio de Jesus. Diz-se ali que essas terras ficavam "no rio Cipotiva, que está junto a Tapera Velha, e daí correndo para o rio acima até a banda do mar, e daí para baixo, correndo o mesmo rio até uma ponta em que está o mesmo rio Cipotiva".[130]

O nome dessa grande aldeia tupinambá ainda duraria muitos anos após o seu desaparecimento total como o nome do rio em que habitava. O rio Cipotiva mais tarde mudaria o seu nome para "rio da Aldeia". Hoje praticamente extinto e reduzido a trechos de valões negros, no início da colonização esse rio foi uma rota de escoamento dos produtos das fazendas e engenhos de cana-de-açúcar.

Foi em torno do antigo rio de Cipotiva que se desenvolveram mais tarde os primeiros bairros do município de Itaboraí.[131] Ele parece ter sido o nome original dos tupinambás para esse rio e acabou batizando toda a região, segundo a etimologia ("rio das pedras brilhantes"). O aldeamento de São Barnabé ainda permaneceu por várias décadas na antiga tapera de Ysypotyba, na velha aldeia de Itaboraí. Antes de terminar o século XVII, o aldeamento jesuítico foi pela última vez transferido para terras próximas, mas de propriedade da Companhia de Jesus.

Hoje a lembrança dos últimos anos da aldeia de São Barnabé, que recolheu os sobreviventes das grandes e populosas tabas de Arasatyba e Ysypotyba, continua com a pequena igreja erguida próximo à foz da bacia do Macacu, na altura do delta do rio Guaxindiba, no atual município de Itaboraí. Em 1630 os portugueses precisaram dos nativos aldeados em São Barnabé para promover a defesa da cidade contra uma invasão holandesa. Dos 266 moradores do aldeamento jesuítico, apenas um foi identificado como tupinambá nativo do Rio de Janeiro.

OUTRAS ALDEIAS DO LADO DIREITO DA BAÍA: AS 14 TABAS ATÉ O CABO FRIO

A partir das fontes e documentos portugueses redigidos após a conquista definitiva da Baía de Guanabara em 1567, foi possível identificar os nomes de mais 14 aldeias que habitavam as terras a partir do lado direito para o interior do continente. Ao que parece, os *truchements* não tiveram tempo para conhecer a fundo essa enorme região. Eles já estavam bem-acomodados nas grandes e desenvolvidas aldeias da costa ocidental, onde hoje se localiza a cidade do Rio de Janeiro.

A discrepância do número de aldeias presentes nas duas margens sempre foi motivo de muitas interpretações, inclusive com a hipótese de que a costa do lado esquerdo seria densamente mais povoada do que a costa do lado direito. Mas percebemos que a ocupação tupinambá nas duas margens era bastante proporcional.

As fontes francesas indicam, no somatório das duas listas de tabas ancestrais, 25 aldeias nas terras próximas à costa, na Ilha do Governador e pelo interior a partir da margem esquerda. Desde a margem direita, são indicadas apenas oito aldeias no total. Com a descoberta de pelo menos mais 14 novas toponímias de antigas taperas da região da costa direita, agora apontados como pontos de referência nos primeiros documentos portugueses sobre essas terras,[132] temos uma contagem mais equilibrada: de 25 e 22 aldeias para cada lado.

Estudos recentes levados a cabo por Abreu desvendaram os nomes de "muitas outras aldeias", como dizia Jean de Léry, que podiam ser visitadas em companhia dos nativos da terra. São elas as comunidades ancestrais de Tacoaritiba, Paratigi, Jacupitimaçu, Pacacaia, Guajajuba, Guaiayô, Tapocurá, Ybirapocã, Moroabassi, Mutuá, Tambeí, Uratimbu, Quaguatiba e Garipa. Possivelmente ainda existiram muitas outras que, por inúmeras razões, não chegaram a marcar suas presenças quando da chegada dos primeiros soldados. As que em algum momento trouxeram embaraços aos conquistadores portugueses certamente foram as mais marcantes por terem enfrentado as entradas bélicas lusas.

Na área mais próxima à costa, na região onde estava a foz do rio Guaxindiba, desde antes de 1567 os portugueses identificaram terras de pelos menos três aldeias. Em 1566 aparecem as toponímias das tabas de Tambeí e Uratimbu para designar terras que foram identificadas como pertencentes à região conhecida hoje como Itambi-Guaxindiba. Esses registros aparecem nas cartas de sesmarias doadas a Jacome Pinheiro, natural de São Vicente, alfaiate e escrivão da armada de conquista da Guanabara, um comandado de Estácio de Sá.

Tambeí significa o "rio das pedras afiadas", sendo composto por *ita*, pedra + *aeîmbé*, afiadas + *y*, sinal característico para rio. A toponímia dessa antiga aldeia tupinambá permaneceu como nome das terras que dominavam a área, conhecida como Itambi, um bairro do município de Itaboraí, próximo da costa da baía, justamente onde serpenteia o rio Guaxindiba rumo à foz.

No mesmo ano de 1566, quando o destacamento de Estácio de Sá ainda encontrava-se isolado na entrada da baía entre o morro Cara de Cão e o Pão de Açúcar, entre uma escaramuça e outra, aproveitavam para reconhecer a terra. No lado direito, ao fundo da baía, longe dos beligerantes nativos da costa da atual cidade do Rio de Janeiro, chegaram a averiguar algumas das tabas que passavam pelos rios. Seus nomes eram usados como marcos das futuras sesmarias, e essas, durante o período de embates, eram distribuídas aos mais importantes companheiros como um seguro-prêmio que remediava os apuros pelos quais vinham passando, ao mesmo tempo que encorajava as batalha que se seguiriam.

Além de receber as terras de Tambeí, Jacome Pinheiro foi agraciado com outro lote da mesma região, chamado nos documentos de Uratimbu, uma taba que também se servia das margens do atual rio Guaxindiba.[133]

Uratimbu estava ali em 1566, uma vez que as terras ao fundo da baía do lado direito – bacia do Macacu, Cacerebu[134] e Guaxindiba – demorariam pelo menos mais 15 anos para começarem a ser povoadas pelos primeiros colonizadores portugueses. A toponímia da aldeia de Uratimbu parece ser a junção de *îura*, *ura* ou mesmo *yura*, acrescido do termo *timbu*.

Îura tem o significado tanto de "casa colocada no cume das árvores" como de "estrado, grelha". Já *urá*, se considerarmos que essa toponímia tenha sido transcrita corretamente pelos portugueses, representa algo estranho ao nome de uma aldeia. Significa "verme de carne ou peixe podre". Por fim, em *yura*, iniciando o termo com o fonema gutural entre o *i* e *u* característico do tupi antigo, temos "água que vem", em relação à maré do mar. É preciso acreditar que a terminação *timbu* tenha relação com o *cipó-timbó*, o que torna ainda mais desafiador decifrar o termo real.

Como prova de que essa extensa região ainda demorou a se tornar residência dos primeiros povoadores europeus, outro nome de aldeia tupinambá aparece em documentos para designar as áreas recém-ocupadas no rio Guaxindiba em 1616. Cinquenta anos após as primeiras cartas de sesmarias de Jacome Pinheiro, as terras passaram a se chamar Mutuá, outra antiga aldeia localizada na Guaxindiba.

Pequenos núcleos indígenas persistiam em áreas ainda não exploradas pelos colonos e aos poucos foram sendo dominados e finalmente expulsos ou aldeados nos campos jesuíticos. A taba Mutuá, percebida pelos portugueses em alguma área da foz do rio Guaxindiba, segue como nome de um pequeno bairro de São Gonçalo, localizado nos limites de Itaboraí, um território que pode ser enquadrado no conceito amplo quinhentista de Guaxindiba. Os rios eram importantes demarcadores, pois geralmente se adentrava por eles em terra e não pela costa.

O nome de Mutuá muito possivelmente faz referência ao mutum, ave muito comum à época ancestral e hoje raríssima de se encontrar. Conhecida no tupi antigo como *mutũ*, na Mata Atlântica do Rio de Janeiro de antes da fundação da cidade, uma espécie de mutum se destacava por ser de grande porte, podendo pesar até 3,5 quilos. Da família das galinhas, com sua longa cauda preta parece mais uma perdiz. É popular das baixadas da Mata Atlântica, com forte presença nos recôncavos baiano e carioca. O *mutũ* passa a maior parte do tempo no solo à procura de frutos, sementes, folhas, brotos, caramujos, gafanhotos, lagartixas e até mesmo pererecas. Empoleira-se apenas de noite para dormir em segurança de predadores. O ninho é construído pelo macho a 20 metros de altura e se parece com um cesto trançado, feito de galhos e outros similares vegetais. Cada casal cuida de apenas dois ovos por vez. Os filhotes nascem depois de trinta dias já de olhos abertos e ágeis.

As aves eram frequentes no cardápio dos nativos. Espertas e velozes, eram alvos dos caçadores tupinambás. Pássaro elegante, o mutum foi largamente caçado e dizimado, e se encontra ameaçado de extinção.

Os documentos quinhentistas portugueses também deixaram de lembrança o nome da taba de Jacupitimaçu. Foi anotada no ano de 1579. A localização de suas terras é apontada na região entre os rios Macacu e Tambeí (também nome de uma aldeia), e tem como referência ainda outra aldeia chamada Tapocurá.

De acordo com a descrição, fazia parte do mesmo circuito de aldeias localizadas a partir da bacia do Macacu, em algum lugar das terras ao oeste de Itaboraí. O nome é uma referência explícita à ave *îaku*, o jacu. O nome de Jacupitimaçu parece designar uma espécie de *îakus* grandes, maiores que os outros, de coloração mais escura que o jacu padrão. Além de fazer alusão à presença desse pássaro nas matas que habitava, era o nome do *morubixaba* mais respeitado entre aqueles. Assim, ele teria passado o nome à sua aldeia.

As tabas se faziam presentes na resistência à dominação lusa, na organização de emboscadas ou de ataques quase que suicidas, quando seus guerreiros sentiam-se confrontados em uma luta aberta. Esse é o caso da aldeia tupinambá de Guajajuba, cujo nome significa um tipo específico de caranguejo. De carne saborosa apreciada como iguaria pelos tupinambás dessa aldeia, esse animal devia ser abundante nos mangues e rios próximos. O Guajajuba que deu nome a essa antiga taba tinha possivelmente cor amarela, pois no termo é formado por *guaîás* (guajás), caranguejos + *îuba* (juba), amarelo.

Mutum

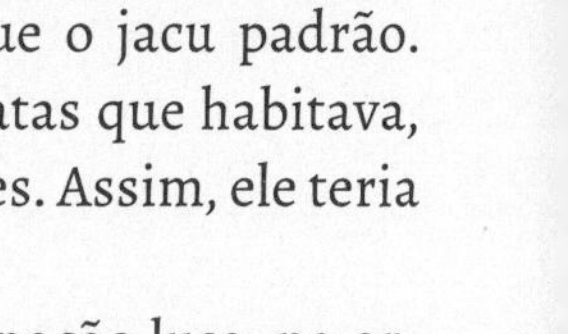

Ainda hoje em alguns lugares esse caranguejo do mar, de grandes pinças, é conhecido popularmente como *guajá* (*Calappa ocellata*) e encontrado na costa brasileira, do litoral norte até o estado do Rio de Janeiro. Tal espécie chega a medir até 10 centímetros de comprimento, tem uma carne muito apreciada e também é conhecida pelos nomes de goiá, guaiá-apará e uacapará. Inspirados pela farta oferta do caranguejo tão estimado e adaptado ao local onde a taba havia sido estabelecida, a aldeia Guaîáîuba fez tudo o que pôde para se manter na terra onde seus antepassados se encontravam enterrados.

Apesar de as cartas de sesmarias terem sido expedidas já desde 1567 pelas autoridades portuguesas, doando vastas extensões de terras na região da bacia do rio Macacu, foi apenas depois do ano de 1579 que os portugueses conseguiram de fato tomar posse dessa área. Os colonos que tentavam adentrar essas terras acabavam mortos nas resistências preparadas pelos tupinambás. Foi o caso de Baltazar Fernandes Magalhães, tabelião público promovido ao cargo por Mem de Sá em 22 de fevereiro de 1567. O homem era importante entre os designados a conquistar a região e recebeu terras ao longo do rio Macacu em setembro daquele ano. Mesmo sabendo dos riscos, preparou gente armada e alguns meses depois subiu o rio à procura da sua terra.

Uma impressionante emboscada tupinambá envolveu sua trupe, e o tabelião acabou morto quando tentava tomar posse de uma sesmaria.[135] Existia de fato uma fronteira tácita que separava os territórios lusos e tupinambás ainda durante a década de 1570. Essa linha imaginária se estendia pelo vale do rio Guaxindiba acima e chegava até a lagoa de Itaipu, barrando todo o avanço da expansão portuguesa rumo ao interior na direção do Cabo Frio.

Os registros históricos contemplam a resistência final: a da aldeia de Guajajuba, situada no morro de Pucurapicu, contra a qual o governador Salvador Correia de Sá organizou a "primeira entrada" no final do ano de 1578 "e a despovoou e desbaratou".[136] Os documentos históricos registram a localização de Guajajuba como pertencente ao vale dos rios Macacu e Cacerebu, onde hoje está sendo construído o polo petroquímico conhecido como Comperj. A derrota das aldeias tupinambás, cuja memória da resistência daqueles de Guajajuba mereceu anotação especial dos portugueses, abriu caminho para a interiorização definitiva dessa região do lado direito da baía em direção ao Cabo Frio. Primeiramente pelo litoral, rota de acesso mais segura e fácil, e mais tarde também pelo interior, onde hoje passa a BR-101 e, quase paralelamente, a autopista conhecida como Via Lagos. Nada menos do que 145 cartas de sesmarias foram expedidas nos últimos 25 anos do século XVI, atestando o quanto as tentativas de resistência tupinambá nessa parte do Estado do Rio de Janeiro frearam a expansão da colonização europeia.

Quando caiu o último bastião guarnecido pelos guerreiros do *morubixaba* de Guajajuba, o Caranguejo Amarelo, entre o Macacu e o Cacerebu em 1578, todas as demais tabas solidárias também foram caindo, como uma fileira de dominós. O governador Salvador Correia de Sá fez com essa região o que já havia feito alguns anos antes ao "limpar" a cidade de São Sebastião, preparando-a para a ocupação portuguesa e "conferindo ou diferindo as pazes, como julgasse mais útil".[137]

Outras duas aldeias dessa região são mencionadas pelo padre José de Anchieta em *O auto de São Lourenço* como representativas do tipo de derrota que os portugueses impunham a quem ousasse confrontá-los. São mencionadas no trecho: "Tomamos Moçupiroca, Jequeí, Guatapitiba, Niterói e Paraíba, Guajajó, Carijó-oca, Pacucaia, Araçatiba. Todos os tamoios foram jazer queimando no inferno, mas há alguns que ao Padre Eterno fiéis, nesta aldeia mora, livres do nosso caderno". Guaîaio e Pakukaîa são comprovadamente nomes de mais duas aldeias que se localizavam onde estavam Ysypotyba e Arasatyba. Pakukaîa, nas margens do rio Macacu, e Guaîaîo, entre Tanguá e Rio Bonito.

A ancestral taba de Pakukaîa foi destruída muito provavelmente na mesma "entrada" de 1578, promovida pelo governador Salvador Correia de Sá, que seguiu adiante após "desbaratar" e "despovoar" a comunidade de Guaîaîuba, ao sul no rio Cacerebu. Já no ano de 1579, a antiga tapera de Pacacaia foi citada nos documentos portugueses para indicar a doação de terras na localidade hoje conhecida como Papucaia, distrito do município de Cachoeiras de Macacu.

A Pakukaîa dos tupinambás beneficiava-se de uma posição privilegiada entre as demais tabas, dominando as límpidas águas nas terras do interior do maior rio da região, o grande Macacu. Seu nome tem a ver com a abundância que esse ribeirão proporcionava, homenageando um peixe que devia ser muito comum à época e que pode também ter sido o nome de um importante *morubixaba* que a comandara certa vez.

O *paku* em tupi antigo é o que conhecemos como pacu, um peixe de rio tipicamente brasileiro, parente das piranhas (peixes caracídeos), localizado no Pantanal sul-mato-grossense, nos rios da Amazônia e também na bacia do Prata, nos rios Paraná, Paraguai e Uruguai. Alimenta-se de frutos, caranguejos e quaisquer outros

Caranguejo guajá

detritos orgânicos encontrados na água. Pode atingir até 25 quilos, sendo mais comuns os de até 8 quilos.

O *paku* de Pakukaîa tinha uma característica própria que o distinguia dos outros da sua espécie, como o próprio nome designa. Em *Paku* + *kaîa*, a última palavra significa "arder, pegar fogo, queimar-se". Esse vocábulo é aqui empregado para atribuir uma qualidade como "esbraseado, vermelhaço", o que nos leva à conclusão de a etimologia de Pakukaîa significar a aldeia do *morubixaba* conhecido por Pacu Vermelhaço (como o fogo), termo que também caracterizava um dos peixes mais numerosos do rio Macacu.

Guajajó, também citada por Anchieta em *O auto de São Lourenço*, estava localizada em uma área diferente de onde se encontrava Pakukaîa. É o que atesta uma carta de 1611 de Diogo Teixeira para seu filho. Nela, ele explica onde ficava a tapera dos tupinambás de Guaîaîó, lugar de referência para encontrar as terras a eles doadas em sesmaria, nos "limites do Cabo Frio". Em um mesmo trecho da carta, três aldeias são citadas: "Indo da aldeia dos índios de *Sipotiva*, e pelo caminho do gentio que vai pelo *Tapoeura* (Tapocurá) e vai ter no rio *Baocalha* (Bacaxá), entre um outeiro que se chama Aqui [...] e a outro de Tabaí [...] pela banda da direita a tapera de *Guaiayo*, e mais taperas do gentio".[138]

A aldeia Ysypotyba, como já vimos, ficava nas atuais terras de Itaboraí, próximo ao rio da Aldeia. Tapocurá ou Tapacorá, também citada por ser ponto de referência para se prosseguir no caminho ao Cabo Frio, estava um pouco depois, como indica o documento anterior. A partir de Tapocurá a trilha seguia reta por Itaboraí, passando pelo atual município de Rio Bonito, onde ficava o curso do antigo rio Bacaxá, que não deve ser confundido com o município de mesmo nome perto de Saquarema.

Esse rio nasce nas montanhas do atual Parque Natural Municipal da Morada dos Correâs, a 800 metros de altitude e ao norte de Rio Bonito. Dali, parte para ocupar as terras do interior do município de Araruama, onde faz uma curva e volta para Silva Jardim. O rio serve de limite entre esses dois municípios a partir de metade de seu percurso, que se desenvolve por 33,7 quilômetros entre as nascentes e a represa artificial de Juturnaíba,[139] alternando estirões retificados e separados por curvas ora suaves ora fechadas, sempre na direção de Cabo Frio.

Depois de passar por essa represa, o Bacaxá segue seu antigo curso, agora com o nome atual de São João, e deságua entre Armação de Búzios e Rio das Ostras, no município de Barra de São João. Como podemos perceber, o rio Bacaxá era um *peabiru* tupinambá que utilizava o rio como referência para se alcançar a região do Cabo Frio. As aldeias registradas além de Tapakura situavam-se entre os atuais municípios de Itaboraí, de Tanguá e Rio Bonito na direção do rio Bacaxá.

Entre Tapocurá – cujo nome é de fácil identificação etimológica, pois o *tapakurá* era um tipo de liga feita de algodão e usada pelos tupinambás como adorno e amarrada circundando as pernas – e o curso do rio Bacaxá existiam muitas aldeias "do gentio". A alcunha dessa antiga taba do interior entre a Guanabara e o Cabo Frio talvez exprima uma característica cultural e estética mais refinada e própria. Diferentemente das demais, que tinham origem do nome inspirada na natureza ou nos *morubixabas*, a aldeia de Tapakurá foi assim nomeada a partir de uma peça de ornamentação muito utilizada por eles.

Entre as aldeias que estavam entre Tapakurá e o rio Bacaxá, a partir do qual se adentrava para a Região dos Lagos por Araruama, a principal era a de Guaîaîó, citada por Anchieta no seu equivalente em português como Guajajó. *Guaîá*, como já vimos, era o nome genérico para caranguejo, já usado na toponímia da guerreira Guajajuba.

Apreciado pelos nativos, o caranguejo é novamente eleito para nomear um aldeamento. Eram tantos e tão fartos nos rios dessa região que os nativos precisavam fabricar um tipo de bolsa, saco ou alforje para guardá-los. É o significado de *Guaîa + aîó*: aldeia do "Saco de Caranguejos", morada daqueles que andavam com seus *guaîaîós* a postos, metendo os braços nos buracos dos mangues e margens de rio lamacentas onde esses animais costumavam fazer ninho.

No mesmo ano de 1579, outras sesmarias foram emitidas, resultado da campanha empreendida no ano anterior por Salvador Correia de Sá com as "entradas" para acabar de vez com as resistências à ocupação europeia naquelas terras. Além disso, interessava a captura de novos contingentes nativos, mão-de-obra escravizada para um número cada vez maior de colonos que chegavam para os engenhos de cana-de-açúcar. Aparecem assim outras tabas das quais temos apenas o nome e a localização estimada como informações básicas.

A aldeia de Ybirapocã surge no mesmo ano, com localização próxima à de *Guaîaîo*. Uma grande área reconhecida sob o epíteto de "além da tapera de Tapakurá". O nome dessa aldeia faz referência a um tipo de madeira ou árvore, *ybirá*, onde *pocã* provavelmente vem de *pokang(a)*, que significa "raro, precioso, difícil de encontrar".

Uma "madeira rara" que era própria da região e que fornecia um tipo de matéria-prima de fazer inveja ao resto das tabas solidárias, a ponto de reconhecerem sua particularidade nela. Ainda podemos imaginar o nome de um maioral que com seu tacape *ybirá*, uma *ybyrapema* feita com a madeira do *ybirápocã*, estourasse os miolos de seus inimigos com apenas um golpe a partir dessa poderosa madeira. O Ybirápocã podia bem ser a taba do cacique do Tacape Precioso.

Próximo à Tapakurá dos fios de algodão estava outra aldeia identificada com o nome de Moroabassi, também oficialmente com suas terras doadas a partir de 1579. Estava ainda mais perto do que Ybirápocã, pois é identificada como "junto da aldeia de Tapocurá".[140] Podemos tentar reconstituir sua etimologia a partir da corruptela registrada pelas autoridades portuguesas. *Moro*, pelo que se conhece dos termos na língua antiga dos tupinambás, era a forma anasalada do prefixo *poro*, que se traduz como indicação de plural, ou sentido indeterminado, de "gente, pessoas". A segunda parte da toponímia *abassi* parece advir de duas palavras: *aba* (ou *ava/aua*) e *sy* (ou *cy*), homem e mulher (mãe). Talvez o sentido de *Moroabassi* fosse como os tupinambás esperavam ser tratados: "Gente de pai e mãe". Não é possível afirmar categoricamente, mas podia ser um nome que exprimia uma noção própria de coletividade para os moradores daquela comunidade ancestral.

Também eram conhecidos os nomes de outras quatro aldeias que seguiam o curso do rio Bacaxá adentro e dividiam seus campos, e que foram usadas como referências de suas terras originais. Eram as últimas comunidades que resistiram ao avanço da colonização portuguesa, de 1576 a 1634. Muitas expedições de "entradas" foram feitas aos campos do rio Bacaxá para dar conta de desbaratar essas tabas mais longínquas. As primeiras alcançadas pelas tropas lusas foram as tabas de Tacoaritiba e Paratigi.

Tacoaritiba localizava-se perto de um ribeiro de nome Tapirema e foi destruída por Salema em 1576.[141] Seu nome significa *takûari*, em português "taquarinha". Planta de espécie menor do que as taquaras comuns, era usada para confecções de cestos, covos de pescar, e uma série de outros objetos artesanais obtidos por meio do entrelaçamento desse tipo de madeira flexível. Takûarityba é o sítio "das taquarinhas" ou "ajuntamento de taquaris", uma característica peculiar dos campos do rio Bacaxá, no interior do atual município de Araruama.

Paratigi é o nome da aldeia irmã de Takûarityba que habitava em terras próximas. A um primeiro olhar a toponímia parece incoerente, pois tem o nome de um peixe de água salgada – o *parati* – e não se localizava próximo à costa. Servia-se principalmente dos ribeiros afluentes do rio Bacaxá. Por isso é possível que o *parati* presente no nome dessa taba fizesse referência a uma variedade de mandioca adaptada para cultivo em terras pouco férteis, chamada por eles de *mandi'yparati*. O nome assim faz muito mais sentido, pois temos *parati*, um tipo de mandioca + *gi*, que é originalmente o fonema *y*, que designa água ou ribeiro. A aldeia de Paratigi, próxima ao rio Bacaxá, herdou o nome do afluente chamado de "o rio da mandioca".

As aldeias de Quaguatiba e Garipa foram atacadas pela mesma "entrada" que permitiu a desocupação de suas terras originais no caminho do Cabo Frio, já pela terceira década dos anos 1600. *Quaguatiba* parece ser uma corruptela de *Ka'agûa* + *tyba*, o que hipoteticamente significaria o sítio de um tipo de mato denso e cerrado, uma característica do lugar, a aldeia do "Mato Alto".

Já *Garipa* parece ser também o nome em português para a palavra *gûariba*, como os tupinambás chamavam um bugio das florestas da Mata Atlântica (do Rio Grande do Sul ao Espírito Santo), da espécie *Alouatta guariba clamitans*, cuja principal particularidade é o corpo todo avermelhado.

Os bugios ocupam todos os estratos da floresta, principalmente as partes mais altas e não necessitam viver em áreas próximas a rios. Por sua capacidade de adaptação, frequentemente são os únicos primatas restantes em áreas alteradas pelo homem, cercadas por pastagens e campos cultivados sem pressão de caça. São animais maciços, de maior porte em relação aos outros primatas sul-americanos (pesam em média 7 quilos) e possuem uma longa pelagem, maior na mandíbula e lados da face, formando uma barba. Podem ser ouvidos a quilômetros de distância. Os sons que emitem para conquistar a fêmea ou para comandar seus grupos deviam impressionar os tupinambás, exímios conhecedores da fauna do lugar onde habitavam.

Bugio

Os bugios são primatas que comem principalmente brotos e folhas jovens. Não é raro frutos terem uma porcentagem maior na dieta; são animais que se alimentam de poucas espécies de plantas. A pouca exigência em relação à alimentação e a ampla distribuição geográfica faz com que somente perturbações muito drásticas do ambiente, como o total desmatamento de uma área ou a construção de uma usina hidrelétrica, além da caça desenfreada, ameaçassem sua existência na natureza.

A aldeia de Garipa resistiu o quanto pôde, assim como o bugio, mas ao final sucumbiu à expansão portuguesa em direção às terras do Cabo Frio, onde existiam também muitas aldeias tupinambás, as quais deixaremos para relatar em um próximo estudo.

ALDEIAS DA BAÍA DE SEPETIBA: SAPÉAGOERA, SEPETIBA, GUARATIBA E GERUSSABA

Muitos são os rastros de antigas aldeias indígenas no Recôncavo da Guanabara e nas terras próximas, áreas de influência e ligadas ao grande conjunto de tabas nativas que se espalhavam por todo o território. Seria demais extenso para este livro esmiuçá-las por completo. Deixamos, assim, breves informações.

O bairro de Sepetiba talvez seja um dos exemplos mais importantes da permanência dos nomes originais da terra, pois é idêntico ao da aldeia tupinambá que ali habitava desde tempos imemoriais. A história oral e oficial da toponímia diz que a vila de Sepetiba teria sido fundada no ano de 1567, com a debandada dos nativos das numerosas aldeias do Recôncavo da Guanabara, em especial daquelas que estavam nas terras da atual cidade do Rio de Janeiro.

A lenda sobre a fundação de Sepetiba conta que, na fuga, parte dos tupinambás – homens, mulheres, velhos e crianças – teria chegado a esse lugar que dava para outra baía. Os baixios eram cheios de *sapé* ou *sapê*, um tipo de mato grosso que não atraía o apetite dos animais, mas que lhes era útil para uma série de coisas, como a cobertura de pequenos acampamentos.

Daí eles teriam fundado uma comunidade naquele local e a teriam chamado, por isso, de *Sapê + tyba*, a aldeia do Sapezal. O nome depois foi adotado pelas autoridades portuguesas e caiu no gosto do povo, mantendo-se até os dias de hoje. Entretanto, é bem difícil acreditar que os tupinambás não conhecessem suas terras por completo. Além disso, a região de Guaratiba e Sepetiba eram pontos de passagem para os *peabirus* que seguiam para as numerosas aldeias localizadas na Costa Verde e na baía de Angra dos Reis, e também para o planalto de São Paulo.

Muito mais certo é que a aldeia de Sepetiba já existisse por ali, migrando no próprio litoral daquela fértil região, desde tempos imemoriais, antes mesmo da chegada dos portugueses, quiçá da chegada dos parentes fugidos dos massacres lusos. Ali teriam sido acolhidos enquanto encaminhavam pedidos de paz. É bem provável que os assaltos portugueses, ataques e escravizações tenham continuado, oficialmente ou não, fazendo-os fugir para ainda mais longe. Os jesuítas chegaram anos mais tarde e teriam auxiliado e albergado os que sobreviviam por ali, levando-os para os aldeamentos jesuíticos.

Bem próximo de Sepetiba também está outro bairro do Rio de Janeiro cuja ancestralidade tupinambá não pode ser ignorada. Guaratiba fica no meio do caminho entre a baía de Sepetiba e os demais bairros da Zona Oeste, tais como Campo Grande, Bangu e Deodoro, onde se localizavam Okarantĩ e Sapopéma.

A região tem uma das maiores concentrações de sambaquis e sítios arqueológicos por metro quadrado da cidade. O nome é de fácil compreensão: *gûara + tyba*, ajuntamento ou sítio dos Guarás.

Ave exuberante de penas avermelhadas, o guará habita regiões alagadiças como os mangues abundantes da região. O vermelho de suas penas provém de sua alimentação à base de um caranguejo cujo pigmento tinge suas plumas. Em cativeiro, suas penas tristemente se empalidecem num cor-de-rosa apagado. Também conhecido como *Íbis rubra*, o guará pode medir até 60 centímetros, possui bico fino, longo e levemente curvado para baixo.

Das penas do guará os nativos faziam muitos tipos de adornos, e principalmente os *paîés* faziam enormes mantos tupinambás. O manto era um componente sagrado e ritualístico desse grupo indígena, e chegava a arrastar no chão, como uma capa. Alguns exemplares desses mantos ainda podem ser vistos em museus da Europa. Eles o chamavam de *gûaraabuku* e na parte superior havia um capuz. O uso das penas do guará na confecção do manto tupinambá revela a importância que essa ave tinha para sua cultura. Faz sentido ali ter existido uma grande aldeia tupinambá, eixo das demais, chamada de Guaratiba. Infelizmente hoje o guará encontra-se em extinção.

Guará

Por último, temos mais duas aldeias que faziam parte daquelas localizadas na baía de Sepetiba. A primeira foi identificada pelos portugueses ainda em 1566; seu nome era Sapéagoera (ou Copiagouera, ÇupyaYgouera, Sapuagoera). Ela foi doada em sesmaria no mesmo ano a um certo Cristóvão Monteiro, natural de São Vicente e participante da expedição de conquista comandada por Estácio de Sá. Nesse ano, os portugueses ainda passavam por apertos na Baía de Guanabara. Essa área certamente foi doada como forma de incentivar os homens à batalha.

A aldeia de Sapéagoera ficava em Itacuruçá,[142] atual distrito de Mangaratiba.[143] Era a última taba próxima à constelação de comunidades ligadas ao Rio de Janeiro, por onde se alcançavam as aldeias da atual Costa Verde, terras do *morubixaba* Kunhambeba, entre elas a Tipiré,[144] indicada por Thevet, e a Ariró,[145] anotada por Hans Staden. A etimologia da taba ancestral de Itacuruçá parece ter seu nome associado também ao mesmo *sapê*, mato grosso, que deu origem ao nome de Sepetiba. *Sapê* + *ygûara* tem o significado de "o que é de, o que está em, o habitante" da aldeia do Sapê ou ainda uma forma de indicar localização anterior da própria Sepetiba (*Sapê* + *gouera* "que era antiga"). Por último, encontramos o nome da aldeia de Gerussaba (ou Genipaíba), que dominava as águas da foz do atual rio Guandu, hoje responsável por boa parte do abastecimento de água da cidade do Rio de Janeiro. Ela se localizava justamente entre as tabas de Sapéygouera e Sepetiba. O rio Guandu tem sua etimologia ligada a um bichinho que os tupinambás chamavam de *kûandu* (ou cuanduas), conhecidos hoje por ouriços-cacheiros.

Os ouriços são facilmente reconhecíveis por seus espinhos, que revestem todo o corpo, exceto o rosto e o ventre. O ouriço-cacheiro tem cerca de 6 mil espinhos de 2 a 3 centímetros. São eriçados, de tom castanho, porém o pelo da barriga é esbranquiçado. Quando se sente ameaçado, o ouriço-cacheiro enrola-se sobre si próprio, ocultando as partes desprotegidas do seu corpo – como o ventre, os membros e a cabeça –, transformando-se em uma "bola com espinhos", bastante difícil de penetrar.

Ouriço-cacheiro

Os moradores de Gerussaba (ou Genipaíba) conheciam muito bem esse animal, que era encontrado facilmente no curso do rio que habitavam. Contudo, preferiam um outro pelo qual eram muito afeiçoados para dar nome à aldeia. *Geru* foi a forma como os portugueses codificaram o *aîuru (juru)* tupinambá, como chamavam os papagaios e as demais espécies dos psitacídeos, que tão bem imitam a voz humana. Existiam diversos tipos de *aîurus* como o *aîurûasu* (*Iajuruaçu*), o papagaio grande, o *aîurueté (ajuruetê)*, o papagaio verdadeiro, de cor verde e cabeça amarela, o *aîuruîuba* (aiurujuba), o papagaio amarelo, entre outros. O papagaio, *aîuru*, com adição do sufixo *saba*, que se explica como um complemento circunstancial de "tempo, lugar, companhia".[146] Revela-se enfim o belo epíteto de Gerussaba como o "lugar dos papagaios", o que condiz totalmente com o que se pode imaginar da paisagem da baía de Sepetiba no século XVI.

Toda essa região dos papagaios foi doada em sesmaria em junho de 1618 para três colonos: Manoel Correia e os irmãos Antonio e Francisco de Alvarenga.[147] Além de Gerussaba, o documento menciona parte daquelas terras com a toponímia de *Genipaíba*, que tanto pode significar a mesma taba quanto outra diferente. Não é difícil reconstituir o significado deste novo nome onde *genipa* parece vir de *îanypaba*, a forma como chamavam o tão estimado jenipapo, do qual faziam o cauim e cujo pigmento extraíam para escurecer a pele. Já o sufixo *íba* indica que esse jenipapo não devia ter um gosto bom, agradável, uma vez que essa terminação é empregada para designar o sentido de "ruim, mau", sendo então o topônimo *Genipaíba* também conhecido por "jenipapo ruim". A etimologia nos faz acreditar na hipótese de Gerussaba vir a ser o nome da taba ancestral que ocupava as lindas terras de revoadas de papagaios na foz do rio dos Kûandus (Guandu), e Genipaíba remeter ao nome do *morubixaba* daquela comunidade, chamado por seus companheiros de "jenipapo ruim".

NO FUNDO DA BAÍA: AS 12 ALDEIAS DO RIO IGUAÇU, INHOMIRĨ E GUAPIMIRĨ

Existem ainda outras toponímias, identificadas nas primeiras cartas de sesmarias portuguesas para uma série de localidades mais distantes no recôncavo. Encontravam-se próximas a rios que seguiam em direção à serra dos Órgãos, tais como Iguaçu, Inhomirim e Guapimirim, localizados ao fundo da baía e de ocupação mais tardia do que o resto das terras mais próximas à barra. Essas aldeias não apareceram nos relatos franceses, que nessa região só apontam a provável existência da grande taba de *Nurukuy*.

À medida que as ocupações portuguesas no entorno da Baía de Guanabara vão se solidificando, o fundo da baía começa a ser explorado de maneira mais consistente por meio dos rios da região.

Iguaçu significa "água grande", *y + guaçu.* Inhomirĩ pode ter duas interpretações: a primeira é a mesma do termo Inhaúma do Rio de Janeiro, *y + nha'uma*, "o rio enlameado". Nesse caso, o termo seria *y + nha'uma + mirĩ*, "rio pequeno enlameado". Acontece que esse rio não é pequeno; pelo contrário, é largo e profundo, navegado por embarcações de grande porte desde a época dos primeiros contatos. Por isso o nome desse rio pode vir de uma ave chamada de *anhyma*, cuja grafia aportuguesada é Anhuma.

Esse pássaro é de plumagem preta, exceto no ventre, onde é branco. Sua característica mais singular é a presença de um espinho córneo e curvo de 7 a 12 centímetros na cabeça. Ele também possui dois esporões em cada asa, um maior e outro menor. O bico é curto e escuro, com a ponta esbranquiçada. As patas são grossas e possuem grandes dedos. Habita pantanais, beiras de lagoas e rios com margens florestadas ou com vegetação rasteira. Vive em casais e formam grupos familiares, às vezes bandos maiores. Sua alimentação consiste de plantas flutuantes e gramíneas. Nesse caso, o rio seria como um berçário dessa espécie abundante no local, daí o rio ser Inhomirim, *y + anhyma + mirĩ*, "rio das pequenas inhaúmas".

O rio Guapimirim passou sua toponímia ancestral à cidade de mesmo nome. O primeiro nome português dessa localidade fundada em 1674 foi Nossa Senhora D'Ajuda de Aguapeí Mirim. A antiga forma do Guapimirim moderno e popular ajuda bastante a desvendar a origem dessa palavra: trata-se da junção de *agûapé + y + mirĩ*, significa o "rio pequeno dos aguapés". O aguapé é uma planta aquática também conhecida como "jacinto da água", "dama do lago", "orquídea d'água" e "orelha de cavalo" (*Eichhornia crassipes*), que possui longas raízes. A flor do aguapé é lindamente composta de pequenas pétalas azuis arroxeadas, e a parte que fica fora d'água pode crescer até 1 metro de altura. O aguapé se apresenta em suspenso, flutuando livremente e se enroscando em obstáculos. Em locais de água rasa, procura ficar preso enraizando-se ao solo, mesmo em áreas secas. O aguapé, ao que parece, era uma planta usada pelas comunidades tupinambás do Rio de Janeiro para diversos tratamentos medicinais e reconhecidamente útil para tratar febres e crises nervosas.

Anhuma

Essa planta também tem o poder de atuar como um filtro nas águas em que vive, pois incorpora em seus tecidos uma quantidade significativa de nutrientes. Suas raízes longas e finas possuem bactérias e fungos que agem na quebra de componentes tóxicos. A presença do aguapé no ecossistema ajuda na proteção de ovos de peixes, e suas raízes servem de alimento aos alevinos. Também funciona como abrigo natural a diversos tipos de seres, como micro-organismos, moluscos, insetos, peixes, anfíbios, répteis e até aves, o que cria um *habitat* de rica fauna.

As aldeias nesses três rios, hoje em boa parte nos municípios de Nova Iguaçu, Duque de Caxias, Magé e Guapimirim, começaram a ser registradas nos documentos portugueses a partir de 1566, mas ocupadas muitos anos depois.

Os nomes das últimas aldeias que ficavam nas cabeceiras do rio Iguaçu só apareceram em documentos emitidos mais de cinquenta anos após a conquista de 1567. Na lista das comunidades que ficavam ao longo do rio Iguaçu estão assinaladas mais oito toponímias de tabas tupinambás originais dessa região. São elas as de Piraquaim (ou Piraquaem), Quuatimgaa, Guatiguaba, Marambaia, Jacutinga, Tucanuçu, Tucanu e Tacuruçu.

Algumas dessas toponímias têm significados evidentes. Comecemos pelo nome da aldeia de Piraquaim, cujas terras foram identificadas a partir do rio Iguaçu e doadas em documento de 1566 a André Fernandes, serrador da expedição de Estácio de Sá. Piraquaim fazia parte das famosas doações de guerra com o objetivo de motivar os soldados à conquista. Muito provavelmente André Fernandes nunca ocupou seu pedaço de chão tupinambá, pois em 1592 as mesmas terras, sem uso, foram repassadas a outro colono de nome Duarte Nunes. O nome tem a ver com peixe, de *pirá*, sendo o restante do termo de difícil interpretação. *Quaim*, parece ser *kûa* + *y*, que não tem significado claro, uma vez que o fonema *kûa* pode ter até seis possibilidades: nas formas *ku'a* (meio, metade, cintura ou grossura) e *kûá* (enseada, baía ou lagoa). A melhor hipótese parece ser a reconstituição original em *Pirakûáî*, "do rio da enseada dos peixes". Ou então se tratava de uma espécie de peixe difícil de identificar em nossos dias.

Passamos agora à taba Quuatimgaa no mesmo Iguaçu, anotada de maneira bastante exótica, cujas terras foram doadas a um certo Francisco de Barbuda no primeiro dia do ano de 1568. A etimologia do nome dessa antiga taba parece ter a ver com o *kûati*, um parente dos guaxinins. Ele tem o nariz mais comprido e um corpo mais alongado que seu primo. Escala muito bem árvores e vive em bandos de até vinte habitantes. Come de tudo, desde minhocas, insetos, frutas, ovos, legumes e até lagartos. São animais de intensa atividade durante o dia e, quando chega a noite, dormem enrolados no topo das árvores como se fossem uma bola.

O restante do nome dessa taba é de difícil reconstituição. *Kûati + ka'a*, "Quati do mato", seria uma redundância. Poderia ser *kûá + tinga*, o que levaria a "enseada branca". Também não muito convincente. Isso nos faz voltar à primeira opção, que sugere que a toponímia tem a ver com o *kûati*, numeroso em nossas matas quinhentistas, até porque a aldeia mais próxima também louvava a enorme quantidade desse bicho: a taba de Guatiguaba, entregue a um certo Tomé de Alvarenga em 1570.

No século XVII a antiga "Quatiguaba" já era o maior porto do interior desse rio, escoando todo tipo de produtos da terra, além, é claro, da cana-de-açúcar dos engenhos. Tal fato lhe conferiu, anos mais tarde, o nome de porto da Tipueira (Tapera) ou da Cana.[148] Depois transformou-se no porto de Piedade do Iguaçu, o mais importante atracadouro fluvial da região, onde uma variada produção agrícola era embarcada, principalmente o ouro vindo de Minas Gerais e Goiás, transportados pela Estrada Real. As ruínas do porto atualmente pertencem a uma fazenda no sítio arqueológico do Iguaçu Velho, próximo à torre sineira da igreja matriz de Nossa Senhora da Piedade.

Existe mesmo um município no Ceará cujo nome é quase uma cópia dessa antiga aldeia do rio Iguaçu: Quatiguaba, distante 330 quilômetros de Fortaleza. A toponímia é reconstituída por *kûati + y + 'u + aba*, a aldeia do "rio em que os quatis bebem água".

É possível localizar essas duas primeiras tabas antes do porto de Guatiguaba; as demais estão cada vez mais próximas às cabeceiras das serras e das cachoeiras.

A Marambaia do rio Iguaçu foi doada ao colono Francisco Raposo em 1574. O termo tupinambá é bastante familiar aos ouvidos, uma vez que foi incorporado ao léxico português para designar uma restinga, a da Marambaia, na baía de Sepetiba, hoje reserva ambiental e área militar.

Quati

O termo vem de *kamaram + baîa* ou *camarambaias*, plantas da família das verbenáceas, árvores, arbustos e ervas cuja principal característica é a presença de flores bem pequenas. A verbena é o exemplo mais conhecido. Eram plantas usadas com fins medicinais. Muito provavelmente essa erva deu seu nome para a comunidade ou para designar a abundância dessa planta no lugar onde habitavam ao longo do rio Iguaçu. O nome permaneceu como toponímia de localidades de Nova Iguaçu: Jardim Marambaia e Recreio Paço da Marambaia, marcas indeléveis da presença dessa antiga aldeia naquelas terras. O mesmo acontece com a próxima aldeia analisada, também nome de bairro do mesmo município, mais um fóssil cultural.

A citação às tabas de nome Jacutinga, no interior da Baixada Fluminense, é bastante comum. A explicação se dá pela existência de mais de uma aldeia de uma mesma comunidade, que se reconhecia provavelmente como um subgrupo tupinambá, os jacutingas. Seu nome é derivado de uma ave, o jacu branco, *îuku + tinga*. Os jacutingas tinham ampla influência na Baixada Fluminense, com domínio sob variados trechos de rios como o Meriti, Sarapuí e Iguaçu. As terras dos jacutingas deste último rio foram doadas a Francisco Carrasco em 1579. O que pertencia a centenas de donos tornou-se propriedade de apenas um.

As últimas três tabas identificadas como pertencentes ao rio Iguaçu eram as mais afastadas da costa, próximas às serras, nas cabeceiras desse rio, perto das cachoeiras e corredeiras: Tucanuçu, Tucano e Tacuruçu. As terras de Tucanuçu foram doadas ao mesmo sesmeiro de Jacutinga. Deduz-se que ficavam próximas. *Tukanusu* é o "grande tucano" e certamente fazia referência ao *morubixaba* dessa aldeia.

Os tucanos são uma das aves que mais representam o Brasil, junto com as araras e os papagaios. Chamam a atenção por causa do formato e do tamanho do seu bico, que é alaranjado com uma mancha negra na ponta. Ele é todo preto, mas tem o papo branco com detalhes vermelhos. O da espécie *tucanuçu* é o maior deles, muito presente na Mata Atlântica ainda intocada. Hoje existe no Pantanal e na Amazônia, podendo ser esporadicamente encontrado em outras regiões.

Destaca-se também a área ao redor dos olhos, de pele nua, alaranjada e com pálpebras azuis. O bico é duro e cortante, com bordas serrilhadas, mas leve, e mede cerca de 20 centímetros, sendo usado como uma pinça para capturar alimentos e presas. A força do tucano corresponde a seu tamanho. Para ingerir o alimento, lança-o para trás e para cima, em direção à garganta, enquanto abre o bico para o alto. Come frutas, sementes, insetos e artrópodes, além de ser contumaz saqueador de ninhos de outras aves. Fazem os seus próprios em árvores ocas, buracos em barrancos ou em cupinzeiros. Seus predadores são os macacos e os gaviões.

Menos sociáveis que as demais espécies de tucanos, os *tucanuçus* voam em fila indiana com o bico reto na linha do pescoço, alternando curtas batidas de asas com um planar mais demorado. Quando dormem, viram a cabeça para descansar o bico em cima das costas, cobrindo-o com a cauda. Trata-se de uma espécie menos sociável do que outros tucanos. *Tucanuçus* são grandes e se impõem sobre as outras aves, talvez por isso fossem admirados pelos tupinambás. Essas características certamente estimularam os nativos a nomear também a outra aldeia próxima.

A Tucano era uma aldeia relacionada a *Tukanusu* por parentesco e solidariedade, cuja relação era ainda mais clara por estarem bem próximas entre si, nas cabeceiras do Iguaçu. O lugar onde ficava a aldeia Tucano foi doado para Pedro Luiz Ferreira em 1621, mesmo ano em que foi identificada a última remanescente tupinambá no Iguaçu ancestral.[149] A taba de Tacuruçu devia estar já na serra do Tinguá, onde as nascentes do Iguaçu iniciam o percurso de 37 quilômetros até a foz na Baía de Guanabara. O nome deve ser também uma referência ao cacique de guerra "O Grande Taquara", o *takûara + usu.*

No rio Inhomirim, e também por seu afluente mais importante, rio Saracuruna – que abrange as áreas de Magé, Duque de Caxias e Xerém – as primeiras cartas de sesmarias relacionam mais três antigas taperas como referências espaciais da terra. Eram elas as tabas de "Aldeia das Velhas", Paranaguape e Jaguaraé.

A primeira toponímia é uma das poucas que não foi reproduzida pela sua fonética original. Os portugueses preferiram nomear o lugar devido ao elevado número de idosos que o habitavam. Tal fato os impressionou tanto que assim nomearam as matas circundantes dessa taba ancestral.

A explicação para tantos idosos no mesmo lugar, sobretudo senhoras, reside na urgente necessidade de os mais jovens e ainda fortes o bastante seguirem em frente. Os idosos foram abandonados porque não poderiam participar das cruzadas migracionais rumo ao interior e paragens desconhecidas que muitas comunidades nativas do Rio de Janeiro empreenderam após a conquista portuguesa em 1567 e também nos vinte anos seguintes.

A "Aldeia das Velhas" foi doada pela primeira vez oficialmente em julho de 1568 a um soldado das tropas de Estácio de Sá, chamado Tomé Rodrigues.[150] Pouco mais de um ano depois das batalhas decisivas de Uruçumirim e Paranapucu, na primeira aldeia acessada pelo rio Inhomirim, só viviam nativos "idosos", tamanha a devastação e o despovoamento que os conflitos provocaram. Os conquistadores devem ter ficado tristes ao constatar que ali era só uma "aldeia das velhas".

As informações documentais portuguesas registram que Paranaguape também era chamada de "tapera do Gato", comprovando assim uma hipótese que sempre se aventou. Existiam mesmo outros de maracajás que viviam, no meio de outros tupinambás, também pelo interior da terra, e não somente na Ilha do Governador.

A verdade é que, observando língua e costumes idênticos, os maracajás eram também tupinambás. É possível incluí-los na mesma ordem de individualidade dos vários subgrupos que viviam a Guanabara, como os jacutingas e suas várias tabas pela Baixada Fluminense. O nome de Paranaguape vem de *paranã*, mar + *kûá*, enseada, baía + *pé*, caminho, sendo o nome desta taba lindamente poético: "O caminho da enseada do mar". O lugar desse antigo aldeamento foi passado pela primeira vez em 1573 a Antonio de Sampaio, um português natural de São Vicente que integrou as forças de Estácio de Sá.[151] As terras localizavam-se entre os rios Inhomirim e Saracuruna.

Ao longo dos mesmos rios encontrava-se a última das tabas dessa região que chegou ao nosso conhecimento. O nome da aldeia era forte: Jaguaraé. Foi mencionada na carta de sesmaria de um certo Manuel Albernaz no ano de 1578.[152] O nome é de fácil reconstituição e também é daqueles que revelam personagens, os mais antigos da história do Rio de Janeiro, em especial da Baixada Fluminense. Era o *morubixaba* guerreiro, cujo nome visava impor respeito e medo. Que tal enfrentar em uma contenda o cacique Onça Fedorenta? *Îagûara*, onça + *rem*, fedorento, malcheiroso.

O nome do emblemático líder passou a designar a taba que impunha respeito aos grupos guerreiros. Fazia referência certamente às onças pardas tanto temidas quanto estimadas como predadoras natas. Atacantes ferozes, não deixavam a presa escapar, quebrando-lhe o pescoço e suspendendo-a até um galho de árvore mais alto. A *îagûara* ocupava o topo da cadeia alimentar da Mata Atlântica quinhentista. O europeu que quisesse explorar essa terra era logo prevenido do perigo de ser surpreendido pelo ataque assassino desse animal selvagem. Para conquistar a terra era preciso enfrentar a *jaguara* e o temido *jaguaraé* do rio Inhomirim.

Existiu ainda uma aldeia que também fazia parte do grupo dos îaguaras. Em 1579 o nome de Jagaraypó aparece em uma carta de sesmaria. Tem como localização a bacia do rio Guapimirim. A carta informa que Jagaraypó era uma "aldeia que foi dos temiminós".[153]

Esse detalhe levanta uma questão interessante: no rio Inhomirim também existia uma "aldeia do Gato", chamada de Paranaguape. No mesmo rio também situava-se outra comunidade chamada Jaguaraé. O nome por si só já leva à suspeita da marca dos maracajás da Ilha do Governador. Uma característica desse clã era o culto à ferocidade e à estratégica predadora da onça, o maior felino da Guanabara. Com a confirmação de que Jagaraypó era uma taba dos temiminós, fica claro que esse clã tupinambá também dominava boa parte das terras ao fundo da Baía de Guanabara, facilmente em comunicação com a Ilha do Governador. Sobretudo as regiões por onde passavam os afluentes e principais fluxos dos rios Inhomirim e Guapimirim.

Assim, entende-se melhor o porquê dos maracajás, tão decisivos para a fundação do Rio de Janeiro, terem o melhor pedaço da baía. Dominavam terras férteis, dos baixios às serras, ao fundo da Guanabara. O clã dos îaguaras temiminós certamente era solidário e tinha alguma relação familiar com os irmãos maracajás da ilha de Paranãpuã. Ambos apoiavam-se durante incursões guerreiras ou enviando ajuda em caso de sítio inimigo.

O nome de Jagaraypó a princípio é claro na sua expressão indicativa de onça, *jagara, iaguara*, sendo que onça é também chamada de jaguar. Resta tentar entender o que falta em *ypó* para reconstituirmos o sentido original. O *y* em palavras no tupinambá serve para caracterizar a existência de rio, ribeiro ou água, mas geralmente aparece no final da palavra, e não no meio. Da forma como está grafado nesse topônimo, é possível que o *y* exerça sua outra função no tupi antigo, uma vogal de ligação entre duas palavras, dando ideia de pronome, *que* etc. Nesse caso faltaria descobrir o que deriva de *pó* em Jaragaypó.

O termo dicionarizado mais próximo desse fonema é *po'o*, usado para exprimir os verbos "arrancar", "pelar", "desfolhar". Supondo que esse caminho esteja correto, chegamos ao nome de outro personagem desconhecido de nossa história antiga, cacique *morubixaba* dos temiminós de Guapimirim, "Onça que Arranca", ou talvez num sentido mais natural, "Onça Feroz". Uma ideia que carrega em seu nome o modo de agir no campo de batalha é exatamente como um tupinambá gostaria de ser conhecido e chamado. Jaragaypó é um nome que amedrontaria qualquer inimigo.

AS OUTRAS 12 ALDEIAS PERDIDAS DE JOSÉ DE ANCHIETA

Na tentativa de incutir o temor em seus gentios nativos da terra que os portugueses haviam conquistado e amansar aqueles que outrora eram tão bravios, Anchieta recorreu a uma didática explícita e direta para mostrar o tamanho da derrota que eles e seus parentes recentemente mortos haviam sofrido. *O auto de São Lourenço* é uma peça escrita por José de Anchieta e foi encenada pela primeira vez em 1583 na missão de mesmo nome, de maioria maracajá. É a história de São Francisco e São Lourenço contra Aimberê e Guaixará.

No meio da batalha entre guerreiros tupinambás e santos católicos, José de Anchieta cita o nome de 22 aldeias nativas que teriam sucumbido frente aos poderes das santidades lusas. Dez aldeias citadas por ele em sua peça teatral religiosa já foram esmiuçadas neste livro porque também haviam tido seus nomes impressos em outros documentos. Tal diversidade comprova a verossimilhança das informações acerca das tabas nativas: as fornecidas pelos relatos franceses antes da fundação da cidade do Rio de Janeiro coincidem com aquelas aldeias que aparecem também nas primeiras cartas de sesmarias do Rio de Janeiro compiladas por Monsenhor Pizarro e estudadas pelo geógrafo Maurício de Almeida Abreu.

Anchieta comprova a importância dessas comunidades nos confrontos da Baía de Guanabara pelo controle e autonomia da terra, de 1560 a 1570. As aldeias de Guaiaiô, Cariiô-oca, Pacucaia, Arasatyba, Paranapucu, Jequeí, Jacutinga, Sarigueia, Pindoba e Jabebiracica permaneceram no imaginário de Anchieta, assim como também dos nativos, mesmo depois de passados mais de 15 anos dos doloridos acontecimentos que resultaram no total desaparecimento dessas comunidades ancestrais.

Foi possível identificar as principais áreas ocupadas pelas tabas mencionadas. Anchieta nos legou ainda outros 12 nomes de antigas tabas tupinambás do Rio de Janeiro que também haviam sucumbido aos contingentes portugueses. Esses avançavam queimando, matando homens adultos e idosos, e preservando jovens, mulheres e crianças para a escravidão, despovoando completamente essas localidades para o futuro assentamento de colonos.

Esses nomes fazem parte da história do Rio de Janeiro, mas não sabemos quase nada a respeito deles, a não ser seus significados. Às vezes, nem isso. São as toponímias de Maratuauã, Mangueá, Paraguaçu, Moçupiroca, Guatapytyba, Nheteroia, Paraíba, Morói, Guiriri, Pariguaçu,

Curuçá, Miapeí. Revelam pistas do passado ancestral da nossa cidade. Padre Anchieta é até hoje o maior conhecedor que já existiu da língua tupi antiga, sendo falante fluente e catalogador de sua própria gramática. Seu testemunho é de extrema valia, principalmente por seus conhecimentos sobre as derrotas tupinambás na Baía de Guanabara e sobre a língua nativa. Um dos termos mais reconhecíveis é o de *Nheterõiá*. A permanência da toponímia da cidade-irmã do Rio de Janeiro, parte de nossa metrópole, está explicitada no testemunho do padre ao apontar a designação também como uma importante aldeia tupinambá derrotada. O mesmo nome, entretanto, também era largamente utilizado pelos tupinambás da costa para designar a Baía de Guanabara.

O alemão Hans Staden em 1554 ouviu dos próprios nativos algo como *iteronne* quando apontavam a grande baía do Rio de Janeiro. *Nheterõiá* também aparece no jesuítico Vocábulo da Língua Brasílica do início do século XVII como o único nome tupi para a baía fluminense, o que, por certo, antigamente devia servir para nomear parte ou toda a costa de maneira geral.

O certo, porém, é que a etimologia original da evolução linguística que resultou na moderna Niterói dos nossos dias resida em *nheterõ* e *iá*. O primeiro é uma construção comum no tupi antigo, que exprimia a continuidade de uma ação, particularmente no fonema nasal *nhê*, enquanto *terõ* representa um adjetivo de "torto, sinuoso". Assim, a interpretação para *nheterõ* é "entortar-se", "ser sinuoso", "serpenteante", e dá a noção de algo em permanente movimento. Ao incorporarmos o *iá*, uma partícula que servia para indicar o hábito, o traço costumeiro, persistente, chegamos à verdadeira poesia do nome de *Nheterõiá*, que na língua antiga parece incorporar o "saltitar das ondas" das praias, enseadas e pequenas reentrâncias por todo o litoral. Outros autores preferem crer que a etimologia seja "água escondida".

Hoje é impossível saber se padre Anchieta quis individualizar uma antiga aldeia ou se representava no nome o desaparecimento das tabas tupinambás da costa de *Nheterõiá*. Nas parcas fontes francesas das décadas de 1540 a 1560, seu nome não aparece, talvez porque os normandos tivessem relações muito mais íntimas com as grandes tabas do lado da costa esquerda e desconhecessem algumas que se situavam do outro lado. A maioria dos nomes das comunidades ancestrais dessa parte da terra só veio à tona a partir dos estudos sobre as primeiras cartas de sesmarias portuguesas.

Além disso, dez outras aldeias citadas pelo jesuíta na mesma obra foram confirmadas, porque em outras fontes constituíam comunidades próprias, aldeias unitárias. É o caso de Arasatyba, Karióka e Jabebiracica. Por isso, podemos inferir positivamente que *Nheterõiá* haveria de ser também o nome de uma antiga taba tupinambá que passou à costa ou vice-versa, e que faria parte da rede que englobava as tabas da Ostra, Keriy, do *Kará*, Akaray e do Maracujá, Morgûiá-uasú. A partir da permanência da toponímia de Niterói até nossos dias, e por simples lógica, a aldeia de nome *Nheterõiá* teria ocupado algum lugar da margem direita da baía, nas terras mais próximas à barra.

O nome do antigo povo tupinambá paraíba caminha na mesma equação de Niterói, entre a designação de uma região e de uma aldeia principal. O nome do rio em que esse clã vivia permaneceu entre nós como o grande Paraíba do Sul, que nasce em São Paulo e cruza todo o estado do Rio de Janeiro, até sua foz em São João da Barra. O curso do rio Paraíba foi durante muitos séculos o caminho natural por onde seguiam os antigos *peabirus* que ligavam a baía do Rio de Janeiro aos campos de Piratininga de São Paulo. Em Paraíba, temos *pará*, rio extenso, caudaloso + *aíb* + *a*, que vem a ser rio ruim, impraticável. Os rios *paraíbas* do Brasil têm essa característica de serem baixios e encachoeirados, impondo dificuldades nas viagens de canoa. É o próprio Anchieta que nos explica quem eram os *paraíbas*, em uma carta escrita ao Superior da Companhia de Jesus, Diogo Lainez, em 1565. Nessa carta, o padre detalha as negociações da Paz de Iperoig, um tratado de não agressão firmado entre os tupinambás da costa de Ubatuba a Angra dos Reis e os portugueses que moravam em São Vicente. Em certo momento, ele diz ter recebido a visita de um capitão para tratar "de pazes", de um grupo de trezentos "tamujos" (tamoios, tupinambás) "moradores no campo, em um rio, mui nomeado, chamado Paraíba".[154] São os mesmos que no decorrer da encenação de *O auto de São Lourenço* são chamados de *Paraibiguaras*.Assim sabemos que essa aldeia ficava nos campos do Paraíba do Sul, provavelmente nos planaltos ao longo do curso desse rio, entre os estados de São Paulo e Rio de Janeiro. O nome do rio acabou por designar também esse subgrupo tupinambá, que teve participação ativa nos acontecimentos da década de 1560.

No texto de *O auto de São Lourenço* aparece também o nome de Paraguaçu, que em todas as fontes históricas quinhentistas era a toponímia dos tupinambás do recôncavo baiano para a Baía de Todos os Santos, onde em 1549 os portugueses fundaram a primeira cidade do Brasil. O nome também faz referência a um *pará*, "rio caudaloso", *guaçu*, "grande", ainda hoje preservado no maior rio a desaguar nessa baía. É talvez uma das menções que mais podemos desconfiar se tratar de um recurso memorialístico de Anchieta. Paraguaçu não aparece ao lado dos nomes das aldeias que haviam sido derrotadas, e sim no meio do texto, para exemplificar a própria Baía de Guanabara, ou então a Baía de Todos os Santos. "O povo tupinambá que em Paraguaçu morava e que de Deus se afastava, deles hoje um só não há, todos a nós se entregaram."[155] Essa menção faz sentido no texto para relembrar aos derrotados tupinambás do Rio de Janeiro a também sangrenta Guerra do Paraguaçu empreendida pelos portugueses aos seus "parentes" da Bahia em 1559.

É também Anchieta quem fornece detalhes desse episódio em seu livro de glorificação ao governador Mem de Sá, chamado de *De Gestis Mendi de Saa* [Os feitos de Mem de Sá], publicado em Coimbra em 1563, antes da conquista final da Baía de Guanabara em 1567. As aldeias tupinambás da Bahia começaram a rebelar-se quando perceberam que estavam perdendo suas terras e que nas negociações de escambo eram invariavelmente enganadas e trapaceadas por colonos portugueses.

Os lusos reagiram às escaramuças nativas com massacres que, no resultado do ataque final, encharcaram "as matas de muita sangueira". Continua o padre a relatar a cena final dos combates: "Aqui e ali corpos nus e sem vida jazem nos caminhos e fundos recessos nos bosques". E finalmente resume o tenebroso saldo de "160 aldeias incendiadas, mil casas arruinadas pela chama devoradora, assolados pelos campos, com suas riquezas, passado tudo ao fio da espada! Choraram a perda dos pais os filhos queridos, carpiram as mães inconsoláveis a perda dos filhos". Os tupinambás do Rio de Janeiro também passariam por semelhante terror menos de uma década depois, quando se repetiriam as mesmas cenas e estratégias de guerra, como o uso de pequenos pelotões de cavalaria e o massacre de todos os homens tupinambás que eram aprisionados. O Paraguaçu baiano foi o exemplo do *modus operandi* conquistador português.

Uma das toponímias mais curiosas deixadas pelo padre Anchieta como o nome de uma antiga taba tupinambá "carioca" é a de Moçupiroca. O termo, que pela sonoridade popular de hoje em dia pode provocar certo constrangimento e risos aos que escutam, logicamente nada tem a ver com o que o leitor está pensando agora. Vem de *musu* ou *musũ*, nome de um tipo de peixe da família dos simbrânquios, de água salgada ou doce, de hábitos noturnos. Ele é facilmente reconhecível porque seu corpo lembra o de uma serpente, sem nadadeiras e sem escamas. Em português transformou-se em muçu ou muçum, também conhecido como peixe-cobra ou enguia de água doce. Em períodos de seca, pode viver durante meses enterrado em túneis, possuindo ainda a capacidade de sofrer reversão sexual. Alimenta-se de vermes, pequenos peixes, lodo, larvas e vegetais.

Já *piroka* é a junção de *pira*, pele + *ok(a)*, tirar, no sentido de *pirok*, "tirar a pele", "esfolar", "esfolado". É este o sentido de *Musũpiroka*, "o muçum esfolado", ou mesmo o "*Musũ* arranca-pele", que provavelmente teve origem em um importante *morubixaba* dessa aldeia. O personagem da nossa história antiga adquiriu esse estranho epíteto com o objetivo de impressionar os seus e os inimigos. Nomes próprios assim eram muito comuns entre os tupinambás. Para efeito de curiosidade, o termo *piroka* também era utilizado pelos nativos para designar o pênis, o "arranca-pele" (isto é, o hímen feminino) ou, como no sentido que tinha no *nhengatu*, a língua geral do século XVII, pelado, depenado, a "glande". Como vemos, o sentido tupinambá permanece até hoje muito presente no vocabulário popular do brasileiro.

Passamos agora ao aparecimento do nome da aldeia ancestral de Guatapytyba cuja única referência aparece em *O auto de São Lourenço*. O nome é facilmente reconhecível em *Guatapy*, a designação de um búzio marinho muito grande que possui uma concha em forma de espiral e serve de residência para certos moluscos gastrópodes, como o caramujo. Esses búzios eram usados pelos tupinambás como instrumentos musicais, e as conchas menores adornavam seus colares e braceletes. Ainda hoje em determinados lugares é conhecido como *guatapi* (e ainda *vatapu* ou *uatapu*). Com o *tyba*, que era um sufixo de abundância, no sentido de haver "grande quantidade", chegamos ao nome original dessa aldeia chamada "Caramujal", cujo nome evidencia uma característica do local que habitava. A localização é comprovada no texto do Vocábulo da Língua Brasília, que dá conta de que Gûatapytyba era um dos antigos nomes da cidade de Cabo Frio, cuja conquista final ocorreu somente em 1575, no derradeiro ato final do genocídio efetuado pelo govenador Antônio Salema. O nome dessa taba ainda estava bem fresco na memória de Anchieta, e foi colocado no texto de *O auto de São Lourenço* como forma de exemplificar derrotas dos tupinambás de toda aquela região.

O mesmo parece também acontecer com a taba de Guiriri, cujo nome só pode ser explicado como uma homenagem à pequena palmeira conhecida hoje em dia como guriri. É uma espécie característica de restinga que pode germinar em areia desnuda. Importantíssima para o desenvolvimento da flora ao redor, cria depósitos de matéria orgânica e favorece um ambiente para o desenvolvimento de outras plantas. Seu caule é subterrâneo, e as folhas medem até 1,5 metro. Os frutos são chamados "coquinhos da praia" ou "coquinhos guriri", de coloração alaranjada quando maduro. Exalam um forte aroma que atrai toda a fauna. Sua polpa é carnosa, adocicada e pode ser consumida ao natural. Era palmeira de extrema importância para todo o ecossistema original, principalmente do sul da Bahia, Espírito Santo e litoral norte do Rio de Janeiro. A Guiriri de Anchieta habitava justamente essa região, possivelmente no interior, onde ainda hoje existe uma localidade de nome Guriri, distrito do município de Campos dos Goytacazes, nas margens da lagoa Feia.

Ao tentar extrair dessas toponímias antigas algumas informações, a mais desafiadora é a da aldeia de Maratuauã. Esse nome não tem similar em dicionários, e as partes que o compõem são de difícil identificação. Talvez seja a junção dos termos *mara*, no sentido de "labuta, trabalho, esforço", com o irreconhecível de *tuauã*. Ainda pode ter sido derivado inicialmente da palavra *marata*, que significava "profeta, apóstolo". Na peça, o nome dessa taba é colocado por Anchieta na fala de seu personagem mais famoso, o líder guerreiro tupinambá Aimberê, que revela ter visitado "gente de Maratuauã" para convencê-los a lutar contra os lusos. Na estrofe seguinte, insinua que moravam em ilhas. "No que eu disse acreditaram, os das ilhas, nestas mãos, deram alma e coração." Seriam os moradores dessa aldeia de alguma ilha na Baía de Guanabara, talvez Paquetá? Ou então das ilhas de Angra dos Reis? Não é possível saber, por falta de mais elementos. A primar pela inclusão de Maratuauã na lista de Anchieta, o Aimberê da vida real deve mesmo ter conseguido o seu intento.

A toponímia de Mangueá também não está junta às outras aldeias, sendo colhida isoladamente no decorrer da peça de Anchieta em uma declaração de Aimberê, quando reclama do trabalho dos jesuítas que o afasta "dos seus". "É certo que algum perdi, que os missionários levaram a *Mangueá*. Me irritaram. Raivo de ver os tupis que do meu laço escaparam." O nome parece ser o de uma aldeia tupinambá próxima ao tipo de terreno ainda hoje chamado "mangue", cuja palavra possivelmente é de origem tupi. A única referência dessa aldeia é o fato de ela ser próxima a um grande mangue. Visto a profusão desse ecossistema em nosso litoral, qualquer sugestão torna-se inviável.

Sobre Mangueá ainda pode existir a hipótese tênue de o nome ser derivado de outro parecido, registrado por diversas fontes portuguesas à época da conquista, que também significa ser provido de imensos manguezais. Trata-se do litoral ao fundo da Baía de Guanabara, inicialmente chamado pelos desbravadores europeus como a "Costa do Magepe", origem do nome do atual município de Magé. Em tupinambá, é uma expressão *magé* + *pe* (o lugar do Pajé). O termo *magé* significa o antigo nome mítico e sagrado de *Irin-Magé* – o antepassado digno de ser salvo da destruição do mundo por *Monan* e que repovoou o mundo, e "*pe*", que dava o significado de "há, estar, para, em". No tupi antigo, as preposições são aplicadas no fim da palavra. Assim, o nome exprimia que aquele era o lugar do *karaíba*, "o lugar do profeta, de Magé" ou, ainda em outra forma de interpretação, Magé seria "o lugar divino". O nome era mesmo a origem da palavra que para o português tornou-se "pajé", mas originalmente era *maîé*, o feiticeiro, xamã, curandeiro e visionário. Também haveria a hipótese de Anchieta ter apreendido *Magéa* por *Mangueá*. Mas qualquer explicação mais precisa é carente de comprovação em fontes históricas.

A última das toponímias legadas por Anchieta e cuja etimologia parece ter uma recomposição possível é a de Pariguaçu. *Pari* era o nome dado a uma técnica de pesca que consistia em bloquear com varas e talas um canal do rio, de forma que os peixes ficassem presos. Hoje é conhecida também como *pari*, *paritá* ou *camboa*, técnica tão predatória que foi banida de quase todo o Brasil. A taba de Pariguaçu devia ser reconhecida como especialista nesse tipo de pescaria, dedicada especialmente aos peixes que mais apreciavam: a tainha e o parati na época da desova do *piraîké* (piraquê), a entrada dos peixes. Era a aldeia "do grande Pari" ou "da grande cerca", que se gabava de pegar os inimigos do mesmo modo como apanhava os peixes, em grandes armadilhas preparadas com astúcia e inteligência. Esse é um conhecimento ancestral que seria largamente utilizado pelos colonos europeus nos séculos seguintes, trazendo resultados desastrosos para a fauna dos rios brasileiros.

A toponímia de Curuçá apresentada por Anchieta revela por meio de sua etimologia relações talvez antes impensadas entre uma taba tupinambá e visitantes europeus. O termo *kurusá* era usado pelos tupinambás para designar a cruz católica, usada com a mesma finalidade pelos jesuítas ao longo da costa brasileira. É possível que também tenha expressado em determinado momento a forma como chamavam a cruz católica no Rio de Janeiro. Entretanto, a palavra originalmente não parece ser nova. Talvez a origem do termo exemplificasse um lugar "central", onde *peabirus* se encontravam ou se repartiam, como um cruzamento de trilhas, e que depois tenha sido a melhor palavra encontrada para descrever aqueles paus cruzados montados e empunhados pelos religiosos brancos que conheceram. Não é muito lógico que o nome de uma aldeia tupinambá tenha sido originado da "Cruz", o que demandaria um grau de influência religiosa e de catequese, seja portuguesa ou francesa, que certamente nas tabas do Rio de Janeiro era pequeno.

Por fim, sobram as toponímias de Miapeí e Morói, as duas últimas tabas desaparecidas de José de Anchieta. Os dois nomes parecem designar, em tese, a proximidade de nomes de ribeiros dos quais teriam extraído suas origens, *Miape-y* e *Moro-y*. Assim descobrimos que *miapé* era o nome pelo qual chamavam o pão de mandioca ou bolo feito com qualquer tipo de farinha. A aldeia teria seu nome no "rio do pão", em uma clássica ideia da fartura da terra em que viviam, o que é bastante comum nos topônimos tupinambás. Seria então a terra boa para o plantio pelos enxertos de raízes.

Para Morói, a hipótese de também ter seu nome derivado do nome de rio é possível, mas um tanto arriscada. Não é tão claro que o termo tenha esse significado pelo fato de o *i* não ser tônico na palavra, como em Miapeí. Na hipótese de *moro (poro)* ser o termo do *y*, sinal característico dos ribeiros e rios tupinambás, teríamos o "rio da gente". Outra hipótese é fazer referência à região de Maruí em Niterói (o Rio do Maruim). O que nos levaria a uma outra aldeia nessa área, além das já relatadas. Então, Morói pode ter sido o nome de outra aldeia ancestral que tentou resistir aos avanços portugueses de forma tão consistente e que não deixou de ser lembrada por José de Anchieta, ao escrever uma peça sobre as batalhas e "entradas" de que teve conhecimento até 1583.

NOTAS

1. Relato de Hans Staden (1900, p. 156), que tão bem conheceu o interior das aldeias tupinambás.
2. Testemunho de André Thevet (1978, p. 143) ao visitar uma maloca no Rio de Janeiro.
3. Relato do padre Fernão Cardim, 1925, p. 272.
4. "No Rio de Janeiro [as tabas] chegavam a ter 500 metros de diâmetro" (BELTRÃO, 1978, p. 129).
5. Os mais importantes são os antagonistas religiosos André Thevet e Jean de Léry, que conviveram com os tupinambás do Rio de Janeiro na década de 1550.
6. Léry, 1941, p. 209.
7. Thevet, 1558, p. 265, apud FERNANDES, 1963, p. 63.
8. Carta de Pero Vaz de Caminha ao rei Dom Manuel I dando notícia do descobrimento da Terra de Vera Cruz, p. 9. Disponível em: <http://objdigital.bn.br/Acervo_Digital/livros_eletronicos/carta.pdf>.
9. Cartas de Américo Vespúcio (1878, p. 8).
10. Tomé de Sousa, apud PRADO, 1957, 1: 90.
11. Varnhagen, 1844, p. 422.
12. Carvajal, 1934, p. 202, apud HEMMING, 2007, p. 216.
13. Léry, 1941, p. 116.
14. *Pindoba*: nome comum a diversas palmeiras do

gênero *Attalea*, planta de belo porte encontrada em amplos palmeirais em grande parte do Brasil.

15. "et plusieurs autres, dont avec les gens de la terre ayant communication" (LÉRY, 2008, p. 486). "E várias outras das quais poder-se-á ter amplo conhecimento por intermédio dos naturais" (LÉRY, 1941, p. 255).

16. Thevet, 1575, p. 923v (apud ABREU, 2010, v. I, p. 84).

17. Anchieta, 2010, p. 49.

18. Trinta e cinco tabas citadas por Léry e 18 (novas tabas) por Anchieta.

19. Abreu, 2010, p. 230.

20. Aldeias indígenas do Recôncavo da Guanabara existentes no terço final do século XVI, com indicação de sua localização aproximada (ABREU, 2010, p. 231).

21. Varnhagen, 1854, p. 415.

22. Léry, 1941, p. 255.

23. "É evidente que os tupinambás nunca chamariam de 'casa dos carijós' a um ribeiro" (EDELWEISS, 1967, p. 99). O prefixo *y* ou *i* designava água, rio, lago, como em *Acara-í* e *Sarapo-í*, que eram nomes tupinambás de riachos no Rio de Janeiro quinhentista.

24. Maria Beltrão, Cybelle Ipanema e Fernando Lourenço são alguns dos estudiosos defensores desta tese. Maurício de Almeida Abreu não chega a concordar, mas admite a hipótese como provável. Maria Beltrão realizou pesquisas arqueológicas na Ilha do Governador que apontam nessa direção.

25. Anchieta, 2010, p. 22.

26. Thevet, 1944, p. 93.

27. Hipótese levantada pelo tupinólogo Frederico Edelweiss, 1967, p. 99.

28. Segundo a etimologia moderna do termo em tupi antigo, a palavra seria *ka'a (mato) + puer + a (que foi, antigo) + uasú (grande)*. Caminho que passava pelo "antigo terreno usado para o plantio" ou ainda o caminho que passava pela "grande roça" (SOUSA, 1879, p. 241).

29. Abreu, 2010, v. I, p. 323. Este autor prefere a forma *Gebiracica*, sendo a mais comum nos documentos portugueses.

30. *Inhaúma*: rio enlameado (*y + nhaúma*). Outra teoria para a etimologia de Inhaúma é fazer referência à quantidade de pássaros existentes nesse rio (Anhumas).

31. *Ybyrapytanga, ibirapitanga, arabutã*: pau-brasil, pau-rosado, árvore pesada e dura da família das leguminosas de madeira vermelha, vermelho-alaranjada e, depois, vermelho violácea.

32. Léry, 1941, p. 212.

33. Léry, id., ib.

34. Anchieta, 2010, p. 28.

35. Vasconcellos, v. II, 1931, 9 p. (131) 71.

36. Id., ib., (134) 73.

37. Beltrão, 1978, p. 55.

38. *Instrumento dos serviços prestados por Mem de Sá*, 1570, p. 67, apud SERRÃO, 1965, v. II.

39. Léry, 1941, p. 214.

40. Léry, id., ib.

41. Léry, id., ib., p. 215.

42. Léry, id., ib., p. 214.

43. Léry, id., ib. Pela ordem da lista das aldeias visitadas por Léry, ele teria ido para o interior depois de passar por Eirámirĩ, alcançando assim Piráûasu.

44. Abreu, 2010, v. I, p. 214.

45. Abreu, id., ib., p. 325.

46. *Ygarapé*: caminho das canoas; pequeno rio da Bacia Amazônica, canal natural que une dois trechos de um mesmo rio; rio pequeno que se aparta dos grandes, retalhando terras e florestas.

47. Vide o Mapa de João Teixeira Albernaz (ABREU, 2010, v. I, p. 192).

48. Manuel do Monte Rodrigues de Araújo, primeiro e único conde de Irajá, nasceu em Recife no ano de 1798. Foi um político e religioso católico brasileiro. Capelão-mor do imperador Dom Pedro I e de Dom Pedro II. Nono bispo do Rio de Janeiro, membro do Instituto Histórico e Geográfico Brasileiro (IHGB) e da Academia de Ciências e Artes de Roma. Foi agraciado com o título nobiliárquico de conde de Irajá, por meio do decreto imperial de 25 de março de 1845.

49. "Não queremos pronunciar-nos sobre a maior ou menor admissibilidade de qualquer desses étimos, mas apenas mostrar umas das dificuldades em tais cometimentos, quando não se dispõe de qualquer outra indicação orientadora" (EDELWEISS, 1964, p. 90). Comentário acerca da dificuldade de se reconstruir a etimologia de certos nomes em tupi antigo.

50. Abreu, 2010, v. I, p. 215. Sobre os topônimos da costa quinhentista a partir dos documentos portugueses.

51. Léry, 1941, p. 128.

52. Léry, 1941, p. 268.

53. Trabalho magnífico do professor, tupinólogo e historiador Frederico Edelweiss, 1964, p. 129.

54. A etimologia mais aceita de Ubatuba é *u'uba*: espécie de cana que os tupinambás usavam para fazer as flechas. E *tuba/tiba/ttibi*: sufixo de abundância. Seria uma referência à quantidade dessa espécie de planta, como um bambuzal.

55. A etimologia do nome desse personagem histórico é bem curiosa. Seria a junção de *kunhã*, mulher, com *mbebe* (forma nasalizada de *peb + a*); achatada. *Kunhambeba* seria uma mulher achatada, ou sem seios. Pesquisadores concluem que o "apelido" fazia referência a seu peito musculoso e desenvolvido, típico de um guerreiro muito temido por todos os demais. Contudo, existem outras interpretações.

56. *Karagûatá'uara*, onde *karagûatá* (ou *karagûatá* ou *karûatá*): Caraguatá, craguatá, gravatá é nome comum a várias plantas bromeliáceas de diversos gêneros. E *ûara*, comedor.

57. *Abati* ou *avati*, *auati*: milho. *Posanga*: há três possibilidades — pode ser remédio, enfeite ou feitiço. Nesse caso, acredita-se na primeira opção. O remédio de milho provavelmente era o cauim.

58. Staden, 1900, p. 107.

59. Staden, 1900, p. 108.

60. O nome primitivo da costa oriental da baía grafado por Staden como *Iteronne* é na verdade o nome *Nheteróia* anotado por Anchieta, que mais tarde se consolidou em português como Niterói. Alguns estudiosos acreditam que o termo também podia designar a própria Baía de Guanabara.

61. Staden, 1900, p. 109.

62. Staden, 1900, p. 111.

63. Léry, 1941, p. 255. Não foi possível identificar a etimologia.

64. *Sowarasu* (grafia original de Staden), ou *so'ogûasu'ûara*: onde *so'o* é caça de carne vermelha, *gûasu*, grande e *ûara*, comedor, o "grande comedor de caça".

65. Abreu, 2010, p. 233.

66. "Jacarepaguá" significa "enseada ou lagoa dos jacarés", através da junção dos termos *îakaré* (jacaré), *pá* (todo, completamente) e *kûá* (enseada, lagoa).

67. Abreu, 2010, p. 221 e 222.

68. Francisco Pinto da Fonseca Telles, o barão da Taquara, era afilhado de Dom Pedro II, que lhe conferiu esse título em 21 de outubro de 1882. Serviu no corpo de cavalaria da Guarda Nacional, onde participou da Guerra do Paraguai. Por seus relevantes serviços nessa ocasião, foi nomeado comendador da Ordem da Rosa.

69. Léry, 1941, p. 197.

70. Léry, 1941, p. 197.

71. Léry, 1941, p. 197.

72. Léry, 1941, p. 197.

73. Léry, 1941, p. 198.

74. Léry, 1941, p. 198.

75. Léry, 1941, p. 219.

76. Léry, 1941, p. 220.

77. Léry, 1941, p. 191.

78. Léry, 1941, p. 192.

79. Léry, 1941, p. 192.

80. Léry, 1941, p. 193.

81. Léry, 1941, p. 197.

82. Abreu, 2010, v. I, p. 231. Ver a lista de aldeias de Maurício de Almeida Abreu informada neste capítulo.

83. Anchieta, 2010, p. 28.

84. Léry, 1941, p. 217.

85. Léry, 1941, p. 218.

86. Léry, id., ib.

87. Léry, id., ib.

88. Léry, 1941, p. 178.

89. Léry, 1941, p. 126.

90. Francisco Manuel Brandão foi poeta, advogado, folclorista, escritor, ensaísta, professor, compositor e fotógrafo. Nasceu em 10 de abril de 1907, em Óbidos, Pará. Sua infância de curumim da beira do rio Amazonas está parcialmente contada no seu livro *Terra Pauxi* (1955). Participou da expedição do general Rondon para implementar o telégrafo nas remotas regiões do Norte e Centro-Oeste. Trabalhou estreitamente com o general Rondon no Serviço de Proteção aos Índios, o que lhe valeu o precioso legado do conhecimento do território nacional e lhe reforçou o respeito e amor à cultura indígena brasileira, uma herança que já trazia em sua alma amazônica. Uma boa descrição dos sítios arqueológicos da Baixada Fluminense está no artigo "O índio no Recôncavo da Guanabara" de Ondemar Dias (*RIHGB*, abr.–jun. 1998, p. 399).

91. Edelweiss, 1964, p. 114.

92. Silva, 1961, apud IPANEMA, 2013, p. 65.

93. Essas ilhas eram, além da do Fundão, Bom Jesus, Baiacu, Cabras, Catalão, Sapucaia, Pindaí do França e Pindaí do Ferreira.

94. *Peabirus*, Maria Beltrão. Para os pesquisadores, os *peabirus* interligavam o Brasil inteiro, inclusive com conexões para o restante da América do Sul. Esses caminhos foram abertos pelos tupinambás na sua busca da mitológica do *Guajupiá*, a "Terra sem males". Território mágico, morada dos ancestrais, lugar da eterna fartura, é descrito como o local onde as roças cresciam sem serem plantadas e a morte era ignorada. Muitos desses *peabirus* partiam, ou terminavam, na Baía de Guanabara.

95. Leite, 1940. p. 181.

96. Anchieta, 1933, p. 204.

97. Thevet, 1978, p. 121 e 122.

98. Anchieta, 1933, p. 203.

99. Anchieta, 1933, p. 205.

100. Anchieta, 1933, p. 222.

101. Anchieta, 1933, p. 223.
102. Beltrão, 1978.
103. Ipanema, 2013, p. 45.
104. Beltrão, 1978, p. 58-62.
105. *Instrumento de serviços prestados por Mem de Sá*, 1570, p. 67, apud SERRÃO, 1965, v. II.
106. Também conhecido por pirambiju, beijo-pirá, peixe-rei e *pirapiiú*.
107. Léry, 1941, p. 179.
108. Léry, 1941, p. 184.
109. Ver Beltrão, 1978. São pelo menos dez sítios.
110. Anchieta, 2010, p. 49.
111. Vasconcellos, 1931, livro III, p. 11. Na grafia do autor, *Paranapuçu*.
112. Navarro, 2013, p. 591. Para Simão de Vasconcellos o nome significava "mar espaçoso".
113. Ipanema, 2013, p. 66.
114. "*Kurumuré* é suscetível de várias interpretações mas falta tudo quanto possa servir de indicação do que quer dizer e então seria arbitrário dizer" (EDELWEISS, 1963, p. 91, e Plinio Ayrosa, apud LÉRY, 1941, p. 273).
115. Edelweiss, 1963, p. 91.
116. Léry, 1941, p. 146.
117. Léry, 1941, p. 146.
118. Léry, 1941, p. 147.
119. Cardim (apud EDELWEISS, 1963, p. 46).
120. Abreu, 2010, v. I. p. 231.
121. Sousa, 1879, p. 75.
122. Anchieta, 2010, p. 22.
123. Abreu, 2010, v. I, p. 232.
124. Abreu, 2010, p. 172.
125. *Cabuçu*: de *kaba* + *usu/uçu*, vespas grandes. Rio das "grandes vespas".
126. Leite, 1940 (apud ABREU, 2010, v. I, p. 172).
127. Leite, op. cit. (apud ABREU, p. 172).
128. Vasconcellos, 1931 (apud ABREU, 2010, v. I, p. 173).
129. Abreu, 2010, v. I, p. 173.
130. Abreu, id., ib.
131. *Itaboraí*: de *itá* + *berab*(a) + *y*. Rio das pedras brilhantes, segundo Navarro, 2013.
132. "Muitas foram as denominações que os indígenas que habitavam o Recôncavo da Guanabara deixaram de herança aos conquistadores" (ABREU, 2010, v. I, p. 231).
133. Abreu, 2010, v. I, p. 231.
134. Possível etimologia de *Caceribu*: rio de "*casira-bu*", a vespa escura ou o marimbondo negro.
135. Abreu, 2010, p. 217.
136. Abreu, 2010, p. 223.
137. "Carta do padre Gonçalo de Oliveira ao padre Francisco de Borja, por comissão do padre Manuel da Nóbrega". Rio de Janeiro, 21 de maio de 1570 (ARSI, Brasília 15, Brasiliae Historia 1549-1575, f. 203, apud ABREU, 2010, p. 217).
138. Abreu, 2010, v. I, p. 173.
139. Possível etimologia de *Juturnaíba* – corruptela de *yuturutunhã-y(ba)*: o rio das corujas.
140. Abreu, 2010, v. I, p. 232.
141. Abreu, id., ib.
142. *Itacuruça, itá* + *kurusá*: "Cruz de pedra". Nome que tem origem na cruz de pedra erguida pelos jesuítas naquela enseada após a conquista daquelas terras pelos portugueses.
143. *Mangaratiba*: vem de *mangarás*, plantas aráceas (lindas plantas cuja a flor é igual a um copo, como os antúrios) + *tyba*, ajuntamento, ocorrência ou sítio "das *mangarás*".
144. Thevet, 1575, p. 923, apud ABREU, 2010, V. I, p. 84. *Tipiré* para ter relação com os *tipis* ou *pipis* plantas fitoláceas (NAVARRO, 2013, p. 603). *Tipiré* seria "o lugar dos tipis".
145. *Ariróba ou ariró*: variante da *araroba*, *araruba*, planta da família das leguminosas. Era uma das aldeias de Kunhambeba e fica junto ao rio Ariró, na região de Angra dos Reis. Menção a *Ararib* em Hans Staden, 1900, p. 79.
146. Esse sufixo aparece em inúmeros nomes de lugares do Brasil: Caçapava, Guarapuava, Guaraqueçaba, Guarapuava, Pindamonhangaba, entre outros (NAVARRO, 2013, p. 435).
147. Abreu, 2010, v. I, p. 233.
148. Abreu, 2010, v. I, p. 231.
149. Abreu, 2010, v. I, p. 233.
150. Abreu, 2010, v. I, p. 231.
151. Abreu, 2010, v. I, p. 232.
152. Abreu, 2010, v. I, p. 232.
153. Abreu, 2010, v. I, p. 232.
154. Anchieta, 1933, *Cartas*, p. 224.
155. Anchieta, 2010, p. 20.

Tabula hec Regionis magni brasilis est et ad partem occidentalez
Antilias castelle regis obtinet. Gens uero eius nigrescentis coloris.
fera et immanissima carnibus humanis uescitur. Hec eadem gens arcu
et sagittis egregie utitur. hic psytaci versicolores aliaque innumere a-
ues fereque monstruose. et Simiarum plura genera reperiuntur plu-
rimaque arbor nascitur que brasil nuncupata uestibus purpureo colo-
re tingendis opportuna censetur.
CV
LV
BRASILIS
CLIMA
C LIMA

CAPÍTULO 3

NO TEMPO DO KARAIUBÊ

1500 PEDRO NÃO DESCOBRIU O RIO

Mapa Terra Brasilis, de Lopo Homem, 1515–1519

Pedro Álvares Cabral aportou no Brasil na altura de Porto Seguro, Bahia, em abril de 1500. Na baía de Cabrália entrou em contato com os nativos *tupinikyîas,*[1] que os receberam muito bem. Os *tupinikyîas* tinham os mesmos costumes, rituais e língua dos outros grupos tupis da costa, como os tupinambás do Rio de Janeiro. A expedição de Cabral rumo às Índias tinha como missão explorar a porção de terra que cabia ao reino de Portugal com base no Tratado de Tordesilhas, assinado com a Espanha em 1494. Os espanhóis já haviam aportado pelas bandas do Caribe e América Central dois anos antes, ao acreditar nas ideias de Cristóvão Colombo, que afirmara ser possível chegar às Índias pelo Atlântico.

O rei de Portugal Dom Manuel continuava a priorizar a descoberta daquela rota marítima cruzando o Cabo da Boa Esperança, pelo sul do continente africano, de onde se seguia para a tão sonhada terra das riquezas e especiarias do Oriente. A proeza foi alcançada pelo navegador Vasco da Gama, quando este conseguiu finalmente chegar às Índias e retornar a

Lisboa para contar a história. Percorrendo mares até então desconhecidos dos europeus, partiu com quatro navios e 170 homens, voltou com dois barcos e menos de um terço dos que partiram – 55 homens. Foi o grande acontecimento de 1499 em Lisboa e inaugurou um novo tempo nas navegações portuguesas. A notícia tão esperada fez o rei de Portugal atentar para outras demandas e mudou os planos da próxima expedição às Índias.

Sob o comando de Pedro Álvares Cabral, em março de 1500 partiu uma frota com 13 naus e mais de 1.500 homens, entre nobres, marinheiros, religiosos e soldados. O objetivo permanecia rumar para as Índias e subjugar de qualquer maneira os reinos do Oriente. Contudo, tinha também como tarefa explorar aquela rota mais a leste e abrir o caminho ao sul para encontrar a extensão daquelas terras que os navegadores espanhóis já haviam aportado oito anos antes. Com a chegada de Vasco da Gama, descobriu-se de vez que não eram mesmo as Índias Orientais. No mesmo ano de 1500 outro navegador português, Gaspar Corte Real, partiu na mesma direção que a frota de Cabral, só que para o norte, rumo à costa do Canadá. Havia forte suspeita da presença de terra cruzando o Atlântico.

A expedição de Cabral chegou ao Brasil em abril de 1500 e encontrou um povo amável, adaptado às condições do clima e da terra, vivendo em costumes que lhes eram completamente inacreditáveis, a começar pela falta de pudor em relação à nudez.

Pero Vaz de Caminha escreveu ao rei Dom Manuel I e ocupou boa parte do seu texto a relatar as belezas femininas do lugar, atiçando a imaginação de sua majestade com frases como: "[...] e certo era tão bem-feita e tão redonda, e sua vergonha (que ela não tinha!) tão graciosa que a muitas mulheres de nossa terra, vendo-lhe tais feições, envergonharia, por não terem as suas como ela".[2] Esses primeiros dias de contatos entre os portugueses e os nativos do Brasil resultaram em um enorme choque cultural para os europeus. Os nativos aceitaram a súbita aparição daquelas figuras estranhas com a maior calma, apesar dos trajes, barbas e notáveis bens dos europeus.

A novidade deixou um clima de felicidade no ar. Com tanta fartura de comida, clima tropical, gente hospitaleira e mulheres nuas e lindas, alguns portugueses achavam mesmo que haviam chegado a algum lugar bem próximo do que acreditaram ser o paraíso na terra. Pelo menos cinco grumetes da frota desertaram quando a armada partiu no mês seguinte. Antes disso, Diogo Dias, um dos pilotos mais experiente da frota, irmão de Bartolomeu Dias, quase teve uma epifania ao divertir-se com os *tupinikyîas* em uma praia de Porto Seguro:

É homem gracioso e de prazer. E levou consigo um gaiteiro nosso com sua gaita. E meteu-se a dançar com eles, tomando-os pelas mãos; e eles folgavam e riam e andavam com ele muito bem ao som da gaita. Depois de dançarem fez-lhes muitas voltas ligeiras, andando no chão, e salto real, de que se eles espantaram e riam e folgavam muito.[3]

Ainda um outro grupo de portugueses passou o dia todo com os nativos, durante o qual "dançaram e bailaram sempre com os nossos, ao som de um tamboril nosso, como se fossem mais amigos nossos do que nós seus".

Durante a estada pelo litoral da Bahia, os portugueses não encontraram nem ouro nem especiarias. De valor comercial havia apenas a madeira do pau-brasil, da qual coletaram várias toras como amostra. O interior dessa árvore era macerado para produzir uma tintura vermelha forte, com a qual pintavam os tecidos para a nobreza europeia, já que o escarlate estava na moda. Ao se interessarem pela árvore, apresentaram quase sem querer machados de ferro aos nativos. Puderam então perceber a enorme surpresa que estes tiveram ao ver que a ferramenta dos visitantes era infinitamente superior aos seus utensílios feitos de pedra afiada.

Mais do que miçangas, espelhos ou roupas, os nativos encantaram-se mesmo com as peças de metal, em especial machados, facas, cutelos, pás, pinças, anzóis, espadas. Esses materiais facilitariam bastante as tarefas, antes extremamente penosas para eles. As ferramentas de metal pareciam miraculosas para uma gente que passava boa parte do ano tentando derrubar, com paus e pedras, a densa mata para as plantações de subsistência. Com um machado feito engenhosamente de pedra polida e afiada, os *tupinikyîas* levavam cerca de três horas extenuantes para cortar uma grande árvore. Com o de metal, o tempo era reduzido para 15 minutos ou menos. Foi o fascínio por esses instrumentos de ferro a maior fraqueza dos nativos da terra, fazendo com que ansiassem pelos estrangeiros, oferecendo-lhes tudo o que estava ao seu alcance em troca de um bem tão útil. Para eles o machado tinha um valor incalculável, era uma revolução sem precedentes na forma como viviam.

No começo de maio de 1500, a armada de Pedro Álvares Cabral levantou âncora para continuar a viagem rumo às Índias. Despachou uma nau menor a Lisboa, usada como armazém de mantimentos e recheada de cartas com boas-novas e amostras dos produtos de "Vera Cruz": toras de pau-brasil, frutas, penas, arcos, flechas, papagaios, macacos e um rapaz *tupinikyîa*, voluntário para a viagem que causou grande alvoroço na corte lisboeta. As cartas davam os detalhes da "descoberta" ao rei de Portugal. Cabral deixou na Bahia dois degredados para que aprendessem a língua dos nativos e conhecessem seus costumes, prática recorrente dos lusos, e depois seguiu para o sul emparedando o litoral brasileiro por mais 1.000 quilômetros. Quando chegou à altura do Cabo Frio, separou-se do litoral, seguindo rumo ao Cabo da Boa Esperança na África do Sul. Por isso não teria chegado a ver a barra da Baía de Guanabara. Cabral "descobriu o Brasil", mas não o Rio de Janeiro.

1501–1502 **UM ITALIANO NO RIO**

As primeiras caravelas a adentrarem a Baía de Guanabara tinham como piloto-mor não um português, mas um italiano, o florentino Américo Vespúcio, célebre e polêmico navegador que acabou dando nome a todo o continente. Os relatos de suas duas viagens ao Brasil a soldo de Portugal acabariam sendo a principal causa disso.

Vespúcio era apenas um culto burocrata até 1499. Trabalhava em Sevilha, cidade-mãe do porto de Cádiz, de onde partiam os navios espanhóis. Como representante comercial dos negócios da dinastia Médici de Florença, participou do financiamento e da construção de caravelas aos reis da Espanha, entre elas as que Colombo usaria na sua terceira viagem à América em 1498. Convivendo ativamente com a excitação que tomava conta dos portos da época a cada novo regresso dos que partiam e cansado da vida burocrática que levava, decidiu viajar no ano seguinte junto com o violento navegador espanhol Alonso de Hojeda, em direção às terras de Colombo, aos 45 anos.

Viajou até a ilha de Hispaniola (hoje Haiti e República Dominicana) e depois desceu até vislumbrar parte do Caribe e o litoral da Venezuela, entrando pelo golfo de Pária. Regressou a Sevilha nos primeiros dias de junho de 1500. Um mês depois, redigiu uma carta de 15 páginas a seu patrão Lorenzo de Médici, em Florença, detalhando minuciosamente as aventuras da viagem que acabara de fazer afirmando estar no comando de sua própria caravela. Foi a primeira das cartas e impressos que fariam a fama do navegador florentino transcender a de outros grandes desbravadores dos mares.

Em fins de 1500 essa carta foi parar nas mãos do rei de Portugal, Dom Manuel I, que então mandou emissários à Espanha com uma proposta de contrato para o florentino: ser o "cosmógrafo" na próxima expedição portuguesa ao Brasil e fazer um relatório comercial do que pudesse encontrar de valor nessa terra. Faltavam, naquele ano, navegantes portugueses experientes disponíveis no reino. Uns, como Vasco da Gama, já estavam comprometidos com outras missões mais importantes. Ele mesmo preparava-se para voltar às Índias, e outros como Pedro Álvares Cabral ainda estavam no mar sem que se tivessem notícias suas.

Além disso, é provável que o rei de Portugal também pensasse em produzir provas "independentes" para a medição das terras que em tese lhe cabiam em virtude do Tratado de Tordesilhas. Nada melhor do que a presença de um renomado "cosmógrafo", considerado neutro e respeitado na Espanha, para reafirmar as medições lusas. Vespúcio, além de "cosmógrafo", serviria como testemunha das descobertas portuguesas, que assim teriam a confirmação de uma "auditoria externa".

O italiano a princípio negou o convite, mas deve ter ficado balançado com as recompensas oferecidas, pois voltou atrás e o aceitou e chegou a Lisboa em fevereiro de 1501. As três naus já estavam prontas e partiram poucos dias depois da chegada do florentino com a missão de reconhecer a costa do Brasil. Existia ao que parece também um comandante português de toda a frota, mas nem Vespúcio nem as outras raras fontes históricas relativas a essa viagem citam seu nome. É certo que o convite do rei Dom Manuel a Américo Vespúcio o deixava em uma situação de autoridade para com a pequena frota. O historiador Adolfo Varnhagen sugeriu o nome do nobre Dom Nuno Manuel, o que mais tarde não se comprovou, pois outras fontes indicavam que ele estava em terra firme nesse período.[4] Uns afirmam que seria o piloto do navio de mantimentos da esquadra de Cabral que voltou ao reino com a boa-nova. Por já terem percorrido o caminho de ida e volta, os nomes mais aceitos para esse cargo são os de Gaspar de Lemos e André Gonçalves. A maioria dos estudiosos prefere acreditar, contudo, que o comandante português de 1501 era Gonçalo Coelho, nobre português que comprovadamente capitaneou a expedição posterior de 1503. O historiador Moacyr Soares Pereira acredita em outra tese, a de que o nome correto do capitão fosse André Afonso Gonçalves. O próprio, porém, explica que "no presente estágio de conhecimento das fontes quinhentistas, a ideia acima não vai além de uma especulação teórica, a que se permitem os intérpretes de fatos obscuros".[5] Trata-se de uma discussão infinita, uma vez que não existem informações fidedignas para acabar com as dúvidas e hipóteses.

O certo mesmo é que foi por meio de Vespúcio que descobrimos o que aconteceu na viagem que pela primeira vez levou europeus a descortinarem a Baía de Guanabara. Suas cartas manuscritas e principalmente o impresso *Mundus Novus* publicado em Paris já em 1503, um dos primeiros sucessos editoriais de que se tem registro, constituem os relatos mais completos disponíveis sobre a primeira expedição exploradora portuguesa ao Brasil. Esse libreto de 15 páginas atribuído a Américo Vespúcio é basicamente uma cópia extravagante da "Carta de Lisboa" escrita nos últimos meses de 1502 quando este regressou da primeira viagem ao litoral brasileiro.

A "Carta de Lisboa" foi endereçada ao rei florentino Lorenzo de Médici. No entanto, a publicação impressa *Mundus Novus* apresenta-se mais detalhada e comentada, principalmente no intuito de ressaltar os aspectos "escandalosos" dos costumes dos tupinambás do litoral brasileiro aos olhos europeus. Na carta manuscrita ao rei de Florença, Vespúcio revela a intenção de publicar um "opúsculo" para "deixar alguma fama de mim após a morte". A publicação provocou enorme curiosidade e teve sucessivas reedições e traduções em poucos anos. A descrição viva de um "novo mundo" exótico, erótico e cruel era o tempero deste *best-seller* quinhentista. Os relatos das belezas e farturas do Brasil, dos costumes naturais, da terra sem rei, lei ou igreja, o sexo e a nudez seriam o passaporte da eternidade para o egocêntrico Américo.

Depois de zarparem de Lisboa em 10 de março de 1501, as três caravelas seguiram rumo à costa da África antes de guinar em direção ao Brasil. No porto de Dakar, em frente ao arquipélago de Cabo Verde, reabasteceram os navios para a travessia do Atlântico. Ali depararam-se com os três navios que restavam da frota de 13 de Pedro Álvares Cabral. O trio retornava a duras penas de Calicute. O encontro fortuito acabou se revelando de grande importância. Durante as duas semanas que ali descansaram, os capitães das duas expedições puderam compartilhar informações cartográficas e de navegação.

Américo Vespúcio estivera no Caribe e na Venezuela com os espanhóis. Cabral percorreu grande extensão da costa brasileira no ano anterior. Também em 1501 Gaspar Corte Leal havia acabado de voltar de sua primeira expedição ao Canadá, descobrindo as terras ao norte. Naquele por-

Gravura das Terras do Brasil no libreto *Mundus Novus*, de Américo Vespúcio

to africano os portugueses e principalmente Vespúcio ligaram os fatos e realizaram que aquela vasta região além do Atlântico, de norte a sul, era mesmo uma nova terra, um imenso continente, um mundo novo, o *Mundus Novus* que Vespúcio publicaria, ao retornar, para o conhecimento do grande público.

Em 17 de agosto, depois de dois meses de uma penosa travessia do Atlântico, as três naus portuguesas com Vespúcio tocaram o litoral do Rio Grande do Norte. Não era a primeira vez que navios europeus encostavam naquela parte da costa.

Hoje é aceita a tese de que uma expedição espanhola comandada por Vicente Pinzón, companheiro de Colombo, havia estado naquela mesma região do litoral quase dois anos antes, em janeiro de 1500, tendo assim "descoberto" o Brasil antes de Pedro Álvares Cabral e sua frota. Os espanhóis nessa época ainda buscavam alguma passagem para as Índias e exploravam o litoral a partir do Caribe, e foram parar na costa brasileira. Percorreram as praias do Ceará até a foz de um rio, que seria o Curu, distante 80 quilômetros ao norte de Fortaleza. Ali os espanhóis toparam com nativos nas margens. Eram tupinambás *potigûaras, potĩ + gûara,* "comedor de camarões", em virtude da farta presença desse crustáceo naqueles rios e mares; e de sua habilidade para capturá-los, grandes pescadores.

Os espanhóis desceram quatro escaleres e foram até eles para tentar estabelecer contato. O que aconteceu nesse primeiro encontro não é relatado, sabe-se apenas que houve algum desentendimento. Historiadores acreditam que os castelhanos podem ter tentado aprisionar alguns *potigûaras* para vendê-los como escravizados em outro porto, procedimento que era bastante usual entre os capitães daquela nacionalidade. A briga foi feia entre cerca de vinte marinheiros europeus armados de espadas e escudos contra quarenta nativos portando porretes e arco e flechas.

O primeiro marujo a ser alcançado pelos guerreiros foi abatido com um golpe de tacape na cabeça. Os outros espanhóis recuaram até os botes enquanto os *potigûaras* avançavam sobre eles agarrando-se aos escaleres. Enquanto alguns nativos nus eram retalhados pelas espadas espanholas, outros despejavam sobre os europeus, em um ritmo alucinante, potentes setas que transpassavam seus corpos. Dos quatro barcos que vieram à margem, os "tupinambás" *potigûaras* conseguiram dominar um, matando todos os ocupantes, em um total de oito mortos entre os espanhóis naquele primeiro encontro. Os outros 12 ficaram bastante feridos com as flechas. Os tupinambás certamente também tiveram mortos e feridos. Os acontecimentos daquele primeiro encontro repercutiriam nas próximas visitas europeias, e na relação guerreira que os *potigûaras* manteriam com os portugueses por muitos anos.

Quando a expedição de Vespúcio chegou à costa do Rio Grande do Norte, também terra dos *potigûaras*, os portugueses imaginavam que receberiam a mesma acolhida oferecida pelos *tupinikyîas* de Porto Seguro. Acredita-se que o local onde as três naus de 1501 aportaram tenha sido a Praia dos Marcos, quase na divisa com o Ceará. Os lusos permaneceram ali durante uma semana e tentaram de todas as formas fazer contato com os nativos que os observavam de longe, em cima de um monte, quando iam à praia buscar água e lenha. Gritavam e faziam gestos de paz e de que traziam presentes. Desconfiados, os nativos reagiam, mas sem se mover de onde estavam. Ao retornar para os navios resolveram então deixar sinos, espelhos e outros objetos na areia da praia, à vista dos nativos, como prova de amizade. Das caravelas puderam ver a surpresa que aquelas ofertas produziam sobre os indígenas.

No dia seguinte de manhã, os portugueses viram sinais de uma grande fogueira e acharam que era uma forma de comunicação dos nativos. Dois marujos ofereceram-se para se aproximar, levando tudo o que podiam negociar e entraram terra adentro em busca da aldeia. O relato de Vespúcio revela como eram feitos os primeiros contatos com as comunidades do litoral brasileiro.

Seis dias se passaram e nenhum dos portugueses voltou à praia. No sétimo dia de espera, a praia se encheu de mulheres que acenavam para os navios. O capitão português decidiu enviar dois barcos com alguns homens ao encontro das nativas. Um grumete "ágil e valente" foi escolhido para desembarcar; os outros permaneceram nos escaleres como prova de boas intenções aos nativos. Ele avançou até as mulheres e foi cercado por elas, que o apalpavam com curiosidade. Era uma cilada. De repente, de um monte próximo, uma outra mulher surgiu com um tacape na mão. Ao se aproximar da algazarra, desceram o porrete sobre a cabeça do marujo, sendo o corpo em seguida arrastado por elas, pelos pés, ao interior da terra.

Nesse exato momento a emboscada se revelou, e guerreiros *potigûaras* precipitaram-se sobre a praia, crivando de setas os portugueses que, incrédulos e desesperados na beira da praia, não conseguiram armar os arcabuzes nem desgarrar os barcos da areia. Das naus os comandantes tentaram fazer alguma coisa: deram quatro tiros de canhão sobre a turba. Conseguiram assustar os nativos, que se refugiaram para um monte. Dali, acenavam, mostrando membros daqueles que haviam sido capturados, zombando e ameaçando os que estavam nas naus, da mesma forma que agiam com os inimigos de outros grupos.

Os portugueses ficaram ultrajados com a selvageria dos nativos, sem saber que a ideia era mesmo essa: causar temor nos inimigos era a principal tática de guerra dos tupis. Talvez pensassem que se tratava do mesmo grupo de homens estranhos que os havia atacado um ano e meio antes, no trágico encontro que repercutiu por toda aquela parte do litoral.

Consternados e indignados, os portugueses decidiram não retaliar a agressão e prosseguiram com a missão de reconhecer a costa, descendo para o sul, costeando, parando e explorando. Nesse momento entra em ação a tese de que é a partir dessa viagem que alguns dos grandes acidentes geográficos da costa brasileira foram reconhecidos e nomeados de acordo com o calendário litúrgico, seguindo antiga tradição lusa e castelhana.

O trajeto foi assim reconstituído pelo historiador Francisco Varnhagen.[6] No dia 28 de agosto teriam passado por um cabo e deram o nome de Santo Agostinho, no sul do litoral de Pernambuco. No dia 29 de setembro passaram por um rio, batizando-o de São Miguel, em Alagoas. No dia

4 de outubro foi a vez de outro rio, nomeado de São Francisco, na divisa de Sergipe com a Bahia. Em 10 de novembro chegaram a uma grande baía, por isso nomeada de Todos dos Santos, local da futura cidade de Salvador. Prosseguiram viagem e na altura de Porto Seguro recolheram os dois degredados[7] que haviam sido deixados pela esquadra de Pedro Álvares Cabral para aprender os costumes e a língua dos locais. Vespúcio relata ter ficado ali por 27 dias, e que aproveitaram para embarcar o pau-brasil que já vinha sendo negociado por aqueles exilados que ali ficaram. Na volta, esses dois homens foram obrigados a relatar toda a experiência a um tabelião real e muito possivelmente seguiram viajando como intérpretes em outras expedições rumo ao Brasil.

Em 13 de dezembro, dia de Santa Luzia, passam por outra foz de rio assim batizado, hoje conhecido como rio Doce, cerca de 100 quilômetros ao norte de Vitória, no Espírito Santo. No dia 21 do mesmo mês, avistam outro cabo nomeado de São Tomé, já no litoral norte do Rio de Janeiro. Em quatro dias alcançam uma pequena baía, entre Búzios e Cabo Frio, que nomeiam de Salvador no dia de Natal. Ao vislumbrar o litoral da Região dos Lagos, os cartógrafos portugueses que iam fazendo anotações sobre o litoral começaram a notar que a costa havia mudado de direção, sendo o rumo de navegação agora para o sudoeste e não mais norte-sul. Isso causava uma mudança de direção ao poente que deixava aquela terra cada vez mais próxima dos limites estipulados pelo Tratado de Tordesilhas. Em algum ponto daquele vasto litoral, as terras passariam a ser da Coroa Espanhola.

Finalmente, no dia 1º de janeiro, como se marcado pela interferência divina, Vespúcio e a tripulação portuguesa se depararam com a entrada da Baía de Guanabara e seu relevo que descortinava à frente, os imensos blocos graníticos à beira-mar, a cadeia de serras verdes terra adentro, as lagoas cheias de vida e o fantástico porto que propiciava àquela baía águas calmas como um lago. Dos navios se destacavam, como pontos de referência absolutos da terra vista a distância, o Corcovado e a pedra da Gávea. A incrível pequena barra daquele inusitado "rio" era ladeada por imponentes monólitos diferentes de tudo o que já tinham visto. No meio daquela "foz", uma pequena ilha de pedra na altura da maré deixava a missão de atravessá-la para pilotos que gostavam de adrenalina.

O nome "pagão" de Rio de Janeiro seria assim explicado pelo fato de casualmente a entrada da Baía de Guanabara ter sido avistada no primeiro dia do ano de 1502, confundida a baía então com um grande rio, por sua reduzida entrada. Era o rio que eles haviam visto em janeiro e que marcou a memória dos marinheiros. Que bonito era aquele "Rio de Janeiro"! Não se sabe se a frota onde viajava Vespúcio tentou explorar o lugar ou se manteve algum contato com os tupinambás da Guanabara. Dos barcos não seria difícil ver que a terra era habitada. Pela baía algumas canoas deviam estar presentes. Pessoas pescando e rastros de fumaça continente adentro deixariam evidente o volume de ocupação daquela terra, de todos os lados das margens daquele "rio". A julgar pelo destino da expedição seguinte ao Brasil, realizada a partir de 1503 – da qual Vespúcio também tomaria parte –, esse ponto da costa deve ter sido especialmente notado, talvez pelo excelente porto, pela grande fartura de pau-brasil, pela terra e também nas ilhas.

De acordo com a tese varnhageriana, os portugueses teriam demorado no máximo dois dias explorando o "rio do ano novo", o "rio de janeiro", pois já no dia 6 os mesmos teriam chegado a uma grandiosa baía, a qual batizaram de Angra dos Reis, em homenagem ao Dia de Reis.

A expedição desbravadora de 1501 continuaria a descer rumo àquela terra que, pelas próprias palavras do florentino,"não tinham fim". Cada vez mais ao sul, no dia 22 de janeiro aportaram em um lugar batizado por eles de São Vicente e em fins de janeiro chegaram a Cananeia. Nesse lugar, pelas regras do Tratado de Tordesilhas, terminavam as terras portuguesas; talvez por isso o capitão português tenha deixado ali outro degredado – um jovem culto, provavelmente um judeu que não aceitou o cristianismo. Mais tarde tornou-se o Bacharel de Cananeia, o primeiro europeu a morar permanentemente no Brasil, sendo bem acolhido por grupos carijós do litoral sul de São Paulo e atuando nos anos seguintes como facilitador do contato com os nativos. Tornou-se um reconhecido mercador de escravizados, desfechando ataques contra outros grupos, como os tupinambás do litoral de São Paulo e Rio de Janeiro.

No início de março de 1502 a flotilha começou a afastar-se do litoral e seguiu o rumo sudeste empreendendo uma profunda imersão em mares austrais, chegando próximo do Polo Ártico, não sem antes enfrentar violentas tempestades, frio intenso e ilhas de gelo. A viagem de regresso a Lisboa durou aproximadamente sete meses e atracou no Tejo no dia 7 de setembro de 1502. Enquanto repassava um relatório para as autoridades portuguesas, Vespúcio encontrou tempo, nos meses finais de 1502, para escrever ao "Magnífico Lorenzo", seu patrão, um resumo da viagem. Essa é a origem da *Carta de Lisboa* de 1502, cujo manuscrito ficou desconhecido até 1789, quando foi encontrada por um estudioso italiano.

A *Carta* é um resumo do libreto *Mundus Novus*, dando grandeza ao que já era comentado pelos marinheiros portugueses nos arredores da Torre de Belém. Aquelas terras não eram a Ásia, como acreditava Cristóvão Colombo, e sim a "quarta parte" do mundo, "terra dos antípodas", escreveu Vespúcio. Para maravilhar "seu patrão", passou a descrever "a terra, os habitantes, os animais, as plantas e outras coisas úteis e comuns, que naqueles lugares encontramos, para a vida humana".

Era uma terra cheia de árvores verdes que nunca perdiam as folhas. Os frutos eram saborosos; os odores, aromáticos; os campos produziam muitas ervas, flores e raízes suaves e boas. Era tudo tão gostoso que Vespúcio confessou que imaginava estar no "paraíso terrestre: em meio àqueles alimentos". Relatou a enorme quantidade de pássaros multicoloridos de muita beleza, a "infinita série de animais silvestres" que não caberiam na "na arca de Noé". Dizia ainda que a terra era habitada por "gente nua, tanto os homens como as mulheres", que não tinham lei nem fé. Descreveu as malocas coletivas, em uma das quais "estavam quinhentas ou seiscentas pessoas", as redes de dormir, as refeições de "raízes, ervas e frutas muito saborosas, peixes sem limite, grande abundância de frutos do mar, ouriços, caranguejos, ostras, lagostas, camarões". O relato de Vespúcio é um dos pioneiros sobre os nativos da costa do Brasil. É a primeira descrição das principais características comuns a praticamente todos os indígenas.

Os homens tinham "por hábito furar os lábios e as faces, colocando depois nos buracos ossos ou pedras". Abordou a questão da antropofagia de maneira mais sóbria na *Carta* do que em *Mundus Novus*. Dizia que eram "belicosos e muito cruéis entre si". Afirmou ter ficado espantado com o motivo de tanta guerra entre eles, pois "não sabiam dar outra razão senão afirmar que desde tempos antigos começou entre eles essa maldição e que queriam vingar a morte de seus pais antepassados".

Entretanto, o que ficou de mais relevante para as autoridades portuguesas foi o relatório comercial que o florentino produziu e que foi resumido nas linhas finais da carta a Lorenzo de Médici.

> *Porque viajamos para descobrir e com este objetivo partimos de Lisboa, e não para obter qualquer proveito, não nos demorarmos a procurar terra, nem a buscar*

nenhuma riqueza, de modo que não vimos ali coisa de alguma utilidade. Achamos enorme quantidade de madeira verzina e de ótima qualidade para carregar sem nenhuma despesa quantas naus estejam hoje no mar, como também canafístula [cássia]. Vimos cristal e infinitos sabores e odores de especiarias e drogas que não se conheciam. Os homens do país falam de ouro e de outros metais e drogas miraculosas, mas eu sou seguidor de São Tomé: o tempo tudo fará.

Vespúcio queria ver mais e em 1503 embarcou de novo, dessa vez com destino ao Rio de Janeiro.

1503–1504 A FEITORIA DE VESPÚCIO NA ILHA DE PARANÃPUÃ

Poucos meses depois de voltar da primeira expedição, Américo Vespúcio partiu de novo na frota de seis navios sob o comando do nobre Gonçalo Coelho no dia 10 de maio de 1503. Também teriam participado dessa expedição os pilotos João Lopes Carvalho e João de Solis, que retornarão à mesma costa outras vezes. Mais uma vez é apenas pelos relatos do florentino que conhecemos parte do que aconteceu nessa expedição. A respeito dessa viagem, pouco se sabe. Por fontes portuguesas, é possível acessar os registros apenas sobre o número de embarcações, o nome do comandante, o porto, a data de partida, o retorno com perda de quatro embarcações e a informação da carga de pau-brasil, macacos e papagaios.

Após a chegada dos exploradores de 1501, o rei Dom Manuel decidiu arrendar o comércio com a "Terra de Santa Cruz" para uma associação de mercadores, comandados por Fernão de Noronha. O contrato de exploração previa o envio regular de embarcações ao Brasil, cujo principal interesse era o comércio de pau-brasil para a manufatura tecelã europeia. Como era muito demorado, e consequentemente pouco lucrativo o aprovisionamento de toras durante a permanência dos navios no Brasil, chegaram à conclusão de que era mais rentável edificar uma feitoria, um entreposto comercial cuja guarnição deveria conseguir a colaboração dos nativos para o abate e a preparação da madeira enquanto se aguardava a chegada das naus. Era esse o principal objetivo da nova expedição: fundar a primeira feitoria em terras brasileiras. Além disso, algumas das naus deviam continuar explorando a costa em busca de um estreito que poderia levá-los para as Índias em um caminho mais fácil do que na longa viagem que dobrava o Cabo das Tormentas, na África.

As seis caravelas, uma das quais sob o comando de Vespúcio, aportaram primeiro nas ilhas de Cabo Verde, onde demoraram trinta dias carregando víveres e água. Gonçalo Coelho, o comandante português dessa expedição, é descrito como presunçoso e cabeça-dura por Vespúcio. Apesar da contrariedade dos demais pilotos, relata Vespúcio, Coelho manteve o rumo das naus para o sul da costa africana até Serra Leoa, apenas "para mostrar quem estava no comando". Depois finalmente mudam a rota para cruzar o Atlântico sem dificuldades.

Quando essa frota aproximou-se de uma pequena ilha em pleno mar[8] nunca antes habitada, durante a noite, a nau capitânia de Gonçalo Coelho, a maior da expedição e de carga mais preciosa, chocou-se contra um banco de corais, encalhou e começou a afundar. Vespúcio resgatou os tripulantes da nau do comandante português, mas este preferiu embarcar em outra caravela. Todos tentaram salvar a embarcação infrutiferamente. Gonçalo ordenou ao italiano que fosse procurar um bom porto naquela ilha. No desespero da situação, Vespúcio deixa o batel e metade de seus homens no socorro à nau capitânia. Vespúcio o atendeu prontamente e navegou até aportar dentro da enseada da ilha que ficou conhecida depois por Fernando de Noronha. Ficou ali por oito dias, esperando o restante dos barcos da frota. No oitavo dia de espera, uma das caravelas da frota chegou ao porto onde estava ele e informou que o capitão já havia partido em direção ao litoral.

Não se sabe o que aconteceu com as três naus que partiram com Gonçalo Coelho, deixando para trás um Américo Vespúcio indignado. O desaparecimento de Gonçalo Coelho permitiu que fossem traçadas variadas hipóteses do que teria lhe acontecido no restante da viagem. Daí a tese do historiador Francisco Varnhagen de que Gonçalo Coelho teria ido parar justamente na Baía de Guanabara e permanecido no Rio de Janeiro por dois ou três anos, explorando a costa sul além de Cananeia, em busca da passagem para "as Molucas". Segundo essa elaboração, Gonçalo ainda teria fundado uma feitoria na foz do rio Carioca – de onde parte a tese sobre carioca significar "casa de branco".

Segundo o historiador Joaquim Serrão Veríssimo, especialista nos arquivos portugueses quinhentistas, não se conhece a data de retorno das naus de Gonçalo a Portugal nem o que aconteceu no resto da sua viagem, sendo mera conjectura o que poderia ter ocorrido com as naus do capitão português.

Pelo regimento da expedição, em caso de falta de contato de algum dos barcos durante a travessia, este devia seguir para um ponto de encontro acordado previamente na grande baía descoberta na viagem de 1501. Foi o que Vespúcio fez depois de prosseguir viagem a partir de Fernando de Noronha: encontrou a terra na altura de Pernambuco e desceu o litoral até a Baía de Todos os Santos. Aguardou mais uma vez que chegasse o restante das embarcações que estavam com Gonçalo Coelho, "mas esperamos ali bem dois meses e quatro dias e nada aconteceu". Vespúcio e o outro capitão português que o acompanhava resolveram seguir com a missão e zarparam da Bahia em direção ao litoral sul.

Diz que navegaram por mais "260 léguas", até alcançarem um porto no qual concordaram em erguer uma "fortaleza" (*fare la forteza*). Mas, na verdade, construíram apenas uma simples feitoria, com uma torre de observação, alguns casebres e roças, cercados por uma defesa de paus. Para poder ficar em terra e construir essa habitação teriam de receber a anuência dos nativos, quando devem ter usado – mas dessa vez com sucesso – as mesmas táticas de aproximação.

Os tripulantes das duas naus ficaram cinco meses nesse porto construindo a feitoria e enchendo as naus com pau-brasil. Segundo Américo Vespúcio, eles "fizeram amizade com todos os nativos em volta", certamente entregando-lhes muitas peças de metal, sobretudo facas e machados. Conseguiram convencer os nativos a guiá-los em uma incursão pela terra, da qual participaram trinta homens da frota, que percorreram uma distância de 40 léguas e encontraram apenas mais "broncas tribos nômades". Por fim, teriam deixado na feitoria recém-construída 24 cristãos, provavelmente sobreviventes do naufrágio da nau de Gonçalo Coelho, com 12 tiros de canhão e mantimentos para seis meses. Vespúcio retorna e chega em Lisboa com o restante dos homens no dia 12 de junho de 1504.

Por muito tempo acreditou-se que essa feitoria teria sido erguida em Cabo Frio, principalmente pelo fato de documentos posteriores indicarem a existência de uma feitoria com essa referência. Além disso, é a partir desse ponto da costa que há maior ocorrência da árvore de pau-brasil. Entretanto, hoje se considera mais provável que o local da primeira feitoria portuguesa tenha sido a Baía de Guanabara, na Ilha do Governador, porto reconhecidamente mais propício que o do Cabo Frio.

O historiador uruguaio Rolando Laguarda Trias foi o responsável por apontar o erro da localização da feitoria de Vespúcio no Cabo Frio. Ele provou que esse nome era apenas a referência para a navegação à Baía de Guanabara nos primórdios da exploração europeia da costa brasileira. O ponto exato era ocultado das informações oficiais e mapas por questões estratégicas e comerciais. Não cabia aos lusos fornecer detalhes nos seus mapas, principalmente nas duas primeiras décadas de 1500, que mostrassem o caminho de seu melhor porto para navios estrangeiros.

Essa tese foi defendida e aprimorada por Fernando Lourenço Fernandes, no artigo "A Feitoria do Rio de Janeiro", que identifica esse local como a Ilha do Governador. Ele se apoia nas pesquisas arqueológicas de Maria Beltrão, que comprovou a presença de vestígios de ocupação estimada para o início dos anos 1500. O local exato da feitoria de Vespúcio seria uma área que atualmente pertence à Marinha, conhecida como Ponta do Matoso, na Ilha do Governador.

Antes, porém, que quaisquer estudos mais aprofundados fossem realizados naquele sítio arqueológico, em 1963, tratores da Marinha remexeram toda a região da Ponta do Matoso, e aqueles vestígios se perderam, talvez para sempre. Atualmente área de proteção ambiental, essa área da Ilha do Governador fica de frente para a barra da Baía de Guanabara. De um lado existe uma pequena enseada formada pela foz do rio Jequiá – muito degradado atualmente, mas que deve ter facilitado a ancoragem das naus nos tempos dos primeiros contatos –, e do outro a tranquila praia da Bica, que tem esse nome em virtude de uma fonte de água doce permanente que ali jorrava, ou seja, ideal para moradores próximos.

A ilha de Paranãpuã apresentava-se como ótimo porto, tinha acesso facilitado pelas praias de águas calmas e enseadas aprazíveis, era extensa e repleta de pau-brasil. Nela abundavam as fontes d'água, e o mais importante: ali existia uma comunidade de nativos disposta a comerciar com os navegantes. Além do mais, o lugar tinha localização estratégica, fornecendo ampla visão sobre a movimentação de barcos e canoas dentro da baía. E, por ser uma ponta de terra, permitia também uma maior capacidade de defesa para seus moradores.

A partir da praia da Bica entrava-se nas terras da maior aldeia dos maracajás *(marakaîas)*, talvez a taba do líder Maracajá-uasú, local que depois da guerra contra as aldeias do continente passaria a pertencer à taba guerreira de Pindobuçu. Os nativos da Ilha do Governador logo fizeram amizade com aqueles que desciam das *ygarasús* (canoas grandes). Os lusos naqueles primeiros momentos devem ter presenteado fartamente os habitantes daquelas comunidades que os cercavam. Os portugueses levavam objetos pelos quais tinham pouco apreço, especialmente os de pouco valor como anzóis, espelhinhos, miçangas, sininhos, alguns tecidos. Logo perceberam, porém, que facas e machados deviam ser bem negociados. Quantas árvores os nativos não devem ter cortado em troca de um machado?

Em pouco tempo, já pediam permissão para erguer ali uma casa e deixar homens para armazenarem as toras, e claro, continuar aquela amizade. Mulheres maracajás solteiras eram cedidas para que a aliança fosse perpetuada. Já na terceira expedição, era de se esperar que houvesse um intérprete entre os portugueses. Podia ser um dos degredados da expedição de Cabral, ou algum dos outros nativos que haviam embarcado pelo caminho, ou nas outras duas expedições. Um documento espanhol quinhentista testemunha claramente a favor da existência dessa feitoria na Baía de Guanabara. Trata-se da enciclopédia escrita por volta de 1550 pelo historiador oficial espanhol Alonso de Santa Cruz. Na parte relativa à descrição do litoral do Cabo Frio, ele diz ter sido naquele ponto que Américo Vespúcio havia fundado uma feitoria e confirma terem sido lá deixadas 24 pessoas. Contudo, a descrição que segue é da Baía de Guanabara.

> *E antes desse cabo que dissemos chamar-se Frio, sai um rio ao mar muito grande e antes da sua saída faz uma baía muito grande com mais de 10 léguas de largura e 4 de comprimento dentro da qual existem muitas ilhotas algumas desabitadas e outras que os índios usam para semear, junto a esta baía foi onde Américo Vespúcio, na última viagem que fez, fundou uma casa onde deixou 24 cristãos com armas e tiros de artilharia e mantimentos por seis meses para todas as coisas necessárias.*[9]

A mesma feitoria é citada em outro importante documento datado apenas oito anos depois de seu estabelecimento. Aparece no relatório da nau Bretoa,[10] de 1511, que partiu de Lisboa e recebeu instruções para entregar mercadorias ao feitor do dito entreposto, situado em uma grande ilha e vizinho a uma taba de amigos da terra. No litoral do Cabo Frio não existe nenhuma ilha de grandes dimensões como consta em diversas fontes sobre a "feitoria do Cabo Frio".

A ESPERANÇA FRANCESA

Enquanto os portugueses avançavam nos contatos com os nativos da Guanabara em 1504, os franceses também começavam a seguir os ventos do Atlântico. Os rumores da nova terra logo se espalharam pelos portos de Rouen, Dieppe e por toda Normandia.

Alguns comerciantes de Honfleur, um porto normando nas margens do rio Sena, bancaram a aventura de seus compatriotas, interessados nos ganhos futuros que a expedição proporcionaria. Uma grande nau foi comprada, armada e batizada com um nome bem sugestivo: L'Espoir, "a Esperança". No seu interior, além de canhões e armas, levavam uma série de mercadorias. Trezentos cortes de vários tecidos, 4 mil machados, pás, foices, cutelos, forcados, 2 mil lanças, seiscentos espelhinhos, quase 3 mil facões e garfos, infindáveis agulhas e contas de vidro para colares e braceletes, entre outras coisas não muito úteis.

Apenas duas semanas depois de Gonçalo Coelho e Américo Vespúcio terem partido para a segunda expedição ao Brasil, sessenta franceses entre marinheiros e oficiais partiram de Honfleur sob o comando de um aventureiro burguês chamado Binot Paulmier de Gonneville, em 23 de junho de 1503, rumo às especiarias do Oriente contornando o Cabo da Boa Esperança. Para garantir o sucesso da empreitada francesa, foram contratados por um bom preço Bastião de Moura e Diego Coutinho, pilotos portugueses que haviam participado da tripulação de Vasco da Gama.

No dia 12 de julho o L'Espoir passa pelas as Ilhas Canárias, na costa do atual Marrocos e, no dia 30 do mesmo mês, aportam no arquipélago de Cabo Verde. Para evitar as caravelas portuguesas, decidem permanecer na rota para o sul, seguindo a linha do litoral africano, onde grandes calmarias retardaram a viagem. Os portugueses costumavam navegar ao largo daquela parte do litoral africano para evitar a falta de ventos.

Ao passar pela linha do Equador uma grande tempestade começou e foram dez dias de desespero. Quando o tempo abriu, não sabiam onde estavam. Depois de quarenta dias no mar, o escorbuto, doença causada pela falta de vitamina C no corpo, começou a afetar seriamente a saúde da tripulação. Em poucos dias seis tripulantes faleceram enquanto continuavam a rumar para sul em busca do fim do continente africano. Estavam tão perdidos ao sul do Atlântico que encontraram uma ilha a caminho da Antártida. Dois anos mais tarde, o navegador português Tristão da Cunha passaria pelo mesmo lugar, que ganharia oficialmente o nome do navegador.

Nesse local inóspito, Binot de Gonneville deve ter rediscutido o futuro da viagem com os pilotos portugueses, contratados literalmente a peso de ouro, e outros companheiros franceses que o acompanhavam. Do jeito que as coisas iam não teriam condições de continuar a longa e penosa viagem às Índias Orientais. Ali optaram pelo plano B: encontrar as novas terras descobertas pelos portugueses cruzando o Atlântico. Foram precisos mais dois meses de viagem para, no dia 5 de janeiro de 1504, os franceses chegarem ao atual litoral de Santa Catarina, mesma época em que provavelmente Vespúcio chegava à Guanabara na sua segunda viagem.

Os normandos desembarcam em um rio que para eles era muito parecido com o calmo rio L'Orne da costa norte da França. Estima-se que era o São Francisco do Sul no litoral norte de Santa Catarina, na atual divisa com o Paraná. Nesse local fizeram contato com os *kariós* (carijós), que os receberam com muita cordialidade.

Os carijós ocupavam o território que ia de Cananeia, no estado de São Paulo, até a Lagoa dos Patos, no Rio Grande do Sul. Notabilizaram-se por serem os nativos do litoral brasileiro mais receptivos ao contato europeu e também à catequese cristã. Os colonizadores portugueses os consideravam dóceis, trabalhadores e bem-intencionados. Foram praticamente dizimados no fim do século XVI, muitos deles escravizados pelos portugueses de São Vicente.

Na época dos primeiros contatos, mantinham relações nada amistosas com os *tupinikyîas* da costa de São Paulo e com os tupinambás da Costa Verde e da Baía de Guanabara. Falavam praticamente a mesma língua, não fossem os sotaques e regionalismos, e praticavam os mesmos rituais. Hans Staden registra um cativo carijó entre os tupinambás de Ubatuba. Estes o tratavam bem. No Rio de Janeiro, uma das principais tabas homenageava esse grupo ancestral do Brasil, uma aldeia genuinamente tupinambá chamada Karióka: *kariós + ok(a)*, "a casa dos carijós", que permaneceria como topônimo do rio Carioca e depois como gentílico daqueles nascidos nesta cidade. Como os carijós viviam em regiões mais frias, haviam desenvolvido técnicas de manufatura de roupas e mantas feitas de algodão ou pele de animais, especialmente para essas épocas.

Os franceses, fatigados da longa e mortífera travessia, finalmente descansaram e se recuperaram aos cuidados dos carijós. Encantaram-se com a profusão de papagaios e pássaros coloridos enquanto repousavam admirando "as belezas naturais do sol e a doçura do clima".[11] Com muitos presentes, fizeram amizade com o líder da região, chamado Arosca. Ele tinha 60 anos, estatura média, jeito sério e grosseiro. Os principais da aldeia logo perceberam os benefícios de uma aliança com aqueles estranhos visitantes que pareciam ter vindo do além. Os estrangeiros mostravam-lhes os utensílios de metal, como facões e foices, além dos espelhinhos e demais objetos trazidos.

Os carijós queriam a ajuda dos franceses na guerra que travavam contra seus inimigos *tupinikyîas* e também os tupinambás, mas os normandos preferiam manter-se estrategicamente neutros. Desculpavam-se por não poderem auxiliá-los naquele momento, enquanto procuravam de todas as formas trocar plumas, peles, pássaros, macacos e tudo que fosse interessante, por quaisquer objetos que os carijós quisessem.

Pelos relatos existentes dessa expedição e a surpresa com que os nativos manifestavam frente a eles e aos objetos que possuíam, notaram que se tratava dos primeiros contatos desses indígenas com naus europeias. Permaneceram seis meses entre os pacíficos carijós.

Felizes com a boa relação e com a aliança que construíam no local, os normandos, assim como os portugueses em Porto Seguro, decidiram construir uma grande cruz para marcar, como um sinal visto do mar, a posse daquelas terras. O carpinteiro da nau Esperança entalhou uma cruz de "35 pés" e gravou, de um lado, o nome do papa reinante, Alexandre VI, e do outro, o nome do rei da França, Luís XII, do capitão Gonneville e de toda a tripulação que havia sobrevivido até aquele momento da expedição. No domingo de Páscoa de 1504, enquanto no Rio de Janeiro a feitoria portuguesa era fortificada, realizaram uma cerimônia para a colocação do monumento em um promontório à vista do mar.

O capitão e os principais homens do navio, descalços, ajudados por Arosca, seus filhos e outros maiorais, fincaram a cruz em meio à grande festa de nativos que os acompanhava. Os normandos descarregaram tiros de escopeta e de artilharia em comemoração à ocasião, de forma a demonstrar aos nativos o quanto estimavam aquele símbolo que eles deviam conservar. A exibição de poder se revelara oportuna para convencer o cacique Arosca a confiar um de seus seis filhos, Essomericq, para acompanhar os franceses na viagem de retorno que se aproximava.

PÁGINAS 296-297
Porto de Honfleur

A principal missão de Essomericq, então com apenas 15 anos, era aprender a disparar com as armas daqueles estrangeiros, para que pudessem dizimar seus inimigos quando retornasse. Também devia tentar absorver tudo o que pudesse de útil com aqueles novos aliados europeus. Como protetor e companheiro do filho de Arosca, também embarcou um outro carijó de nome Namoa, com idade de 35 a 40 anos.[12] Paulmier de Gonneville promete a Arosca voltar com os dois em "no mais tardar vinte luas", ou em um ano e meio.

O navio L'Espoir foi reparado e carregado de madeiras e todo o tipo de mercadorias exóticas que tivesse possibilidade de serem vendidas na França, principalmente animais e plumas. Os normandos de Honfleur partiram no dia 3 de julho de 1504 e procuraram o caminho de volta à Europa, atravessando o Atlântico rumo ao nordeste. Enfrentaram grandes dificuldades de navegação por conta de correntes marinhas contrárias e tempestades do inverno meridional naquela parte do oceano e avançaram lentamente.

Em alguns dias o escorbuto voltou a assombrar a tripulação e, com o passar do tempo, um após o outro morrem: o médico da expedição, um soldado, um ajudante do capitão Gonneville e o nativo carijó Namoa. O filho de Arosca também foi acometido pela doença, mas talvez pela idade, se recuperou aos poucos e sobreviveu. Devido à extrema escassez de alimentos frescos e água, Gonneville decidiu abortar a travessia do Atlântico, alterando a rota para sudoeste, de volta a algum lugar da terra de onde haviam partido.

Estavam agora mais ao norte e no dia 10 de outubro vislumbraram um "país montanhoso e coberto de florestas".[13] Logo encontraram os nativos daquele lugar. Diferentes dos carijós que conheceram, eram mais rústicos, mostravam-se totalmente nus, tanto homens quanto as mulheres, pintavam os corpos, particularmente de preto, e os homens ostentavam pedras verdes polidas nas faces e nos lábios. A descrição é similar à de outros cronistas sobre os tupinambás do litoral do Rio de Janeiro. Contudo, aqueles nativos não eram tão amigáveis quanto os carijós do Sul. Para os franceses, ficou a sensação de que eles já tinham uma má impressão dos europeus. Conheciam a utilidade de alguns dos utensílios que lhes foram apresentados e demonstraram grande terror pelas armas que os normandos carregavam. Mostravam-se desconfiados, fazendo comunicação com os viajantes de longe.

Ainda afetados pelas boas relações que mantiveram com os carijós e extremamente necessitados de mantimentos e água, alguns franceses se aproximaram mais do que deviam daqueles nativos pintados de preto e com pedras verdes fincadas em buracos na boca e face.

Assustados com a investida amistosa daqueles estranhos do mar, os tupinambás atacaram o grupo que vinha na dianteira normanda e que se aproximava, provavelmente fazendo gestos de paz e oferecendo presentes. Cinco franceses foram feridos, um fatalmente. Outros dois foram aprisionados e levados para dentro da floresta: seus nomes eram Jacques L'Homme, cujo apelido era "La Fortuna", e Colas Mancel.[14] São os primeiros franceses a "conviver" com os tupinambás que habitavam a costa do Rio de Janeiro. Nem os normandos nem mais ninguém obtiveram notícias deles. Imagina-se que os dois tenham sido tratados como inimigos por um tempo e depois mortos nos rituais antropofágicos.

O capitão Paulmier de Gonneville, sem poder expor seus poucos homens a mais perigos no resgate dos que ficaram em poder dos nativos, decidiu seguir viagem, mesmo sem conseguir mais suprimentos. Alguns meses depois finalmente encontraram o porto da Baía de Todos os Santos, atracando no rio Paraguaçu e sendo bem recebidos pelos tupinambás da Bahia, já de certa forma não tão surpresos, uma vez que haviam recebido visitas portuguesas anteriormente.

A nau Esperança foi mais uma vez consertada, carregada de mantimentos, e mais mercadorias trocadas com os nativos foram embarcadas. Pela terceira vez tentaram cruzar o Atlântico e, em janeiro de 1505, passaram pelas inabitadas ilhas de Fernando de Noronha. Prosseguiram viagem e finalmente alcançaram as ilhas de Açores. Depois rumaram em direção à Irlanda, quando conseguiram a referência da ilha Jersey no canal da Mancha.

A poucas horas da glória do retorno da expedição e da fortuna que receberiam com as mercadorias exóticas, foram atacados por corsários ingleses e bretões, já bem próximos do porto de Honfleur na costa da França. A tripulação se defendeu desesperadamente, e 16 foram mortos durante um desigual combate contra os piratas. Gonneville atirou a L'Espoir contra recifes de uma ilha para dar a oportunidade de fuga a seus marinheiros.

A preciosa carga do navio foi saqueada, não restando nada aos tripulantes. Apenas 28 homens, dos sessenta que haviam partido, retornaram a pé pela estrada a Honfleur. Entre os sobreviventes estavam o próprio capitão e seu "afilhado" carijó, Essomericq. Os armadores que investiram na expedição de Binot Paulmier de Gonneville amargaram um grande prejuízo, restando apenas ao capitão o registro da ocorrência às autoridades locais.

Como saldo da aventura, o capitão francês ficou com a companhia do jovem "príncipe" carijó Essomericq na França, "o primeiro brasileiro" a visitar aquele país. Sem contar com novos investidores para outra viagem, Gonneville não pôde cumprir a promessa de retornar com o filho de Arosca. Restou cumprir o desejo do pai de dar-lhe uma boa educação. Na França, o rapaz foi "bem acolhido em Honfleur e em todos os lugares; pois nunca surgira uma pessoa vinda de um país tão distante".[15]

Essomericq em pouco tempo tornou-se fluente na língua francesa e foi batizado com o nome de seu tutor, Binot, que em 1521 permitiu que ele se casasse com uma de suas filhas, de nome Suzanne, tornando-se herdeiro de parte de seus bens e do brasão da família. Viveu 94 anos, quando falece – no ano de 1583 –, deixando muitos descendentes. Um de seus bisnetos, Jean Paulmier, tornou-se abade em 1658 e solicitou ao papa Alexandre VII o envio de missionários ao sul do Brasil para contar os carijós, já quase extintos.

Os portugueses estavam na frente, aprofundando relações da primeira feitoria com os nativos na Ilha do Governador, progredindo no lucrativo negócio de pau-brasil e de mercadorias exóticas. Mas agora os franceses também conheciam os caminhos do oceano, e já no ano seguinte outros aventureiros normandos estariam de volta à costa do Brasil.

1505–1512 OS PRIMEIROS NEGÓCIOS

Com a ajuda de Vespúcio tinham estabelecido em 1504 uma feitoria fortificada, no interior da Baía de Guanabara, na qual 24 homens haviam ficado com bastante armamento para se defenderem e bom sortimento de mercadorias para serem trocadas com os nativos. Aqueles que ficavam em terra deveriam se comportar da melhor forma possível, pois dependiam da empatia dos nativos para prover-se de água e de mantimentos. Além disso, dependiam inteiramente da mão de obra tupinambá para a derrubada das árvores de pau-brasil. O produto pertencia aos donos da terra e estes ainda tinham que reduzi-las a toras menores e transportá-las até o local da feitoria.

Não era pouco trabalho, mas era pago em um primeiro momento pelos amistosos europeus interessados em conquistar cada vez mais a confiança dos locais. Machados, facões e outros implementos de metal facilitavam a vida dos tupinambás, tornando diversas tarefas muito mais rápidas de serem executadas. Desse modo, a busca por esses objetos tornou-se uma febre.

Vários acordos de carregamentos de pau-brasil eram fechados entre os *morubixabas* das mais importantes tabas em volta da baía. Nesse caso, os maracajás da Ilha do Governador possivelmente saíram na frente, aproveitando-se das vantagens proporcionadas pelas cordiais relações que mantinham com aquele grupo de estrangeiros que, havia pouco, construíram, com a ajuda deles próprios, seu fortim e alojamento. Entretanto, alianças mais duradouras só seriam seladas décadas mais tarde, quando a distinção entre portugueses e franceses e o ódio que nutriam mutuamente começaram a ficar bem claros entre esses grupos.

A vida cotidiana dos portugueses deixados nas feitorias era entediante. Um regimento bastante restritivo deixava claro que o contato com os locais e o território selvagem que os cercava deveria ser o menor possível, para evitar problemas com os milhares de nativos próximos. Era de se esperar que essa feitoria tivesse conseguido sobreviver aos primeiros anos na Guanabara. Entretanto, duas fontes quinhentistas – não portuguesas, é preciso salientar, mas nem por isso menos importantes – atestam que os homens deixados por Vespúcio em 1504, sobreviventes da nau capitânia de Gonçalo Coelho, teriam sido trucidados pelos nativos pouco tempo depois de sua partida.

Segundo o *Islario general de todas las islas del mundo*, escrito em 1550 por Alonso de Santa Cruz, os homens de Vespúcio que haviam construído a feitoria foram mortos pelos indígenas por causa das "muitas desordens e parcialidades que entre eles houve".[16]

Ainda outra fonte francesa, de cerca de 1570, narra a mesma situação. No livro *História dos mártires perseguidos e mortos pela verdade da Igreja (reformada)*, o advogado calvinista Jean Crespin narra o infortúnio dos três protestantes condenados à morte por Villegagnon na Guanabara em 1558, mas deixa em uma passagem a razão pela qual os portugueses seriam odiados pelos nativos tupinambás naqueles tempos.

Os portugueses deixaram alguns homens condenados à morte para comerciar com os habitantes naturais e também para aprender a língua. Depois de passados alguns anos, estes se portaram tão mal entre os nativos, que foram em grande parte exterminados e comidos. Outros se foram para o alto-mar dentro de um bote.[17]

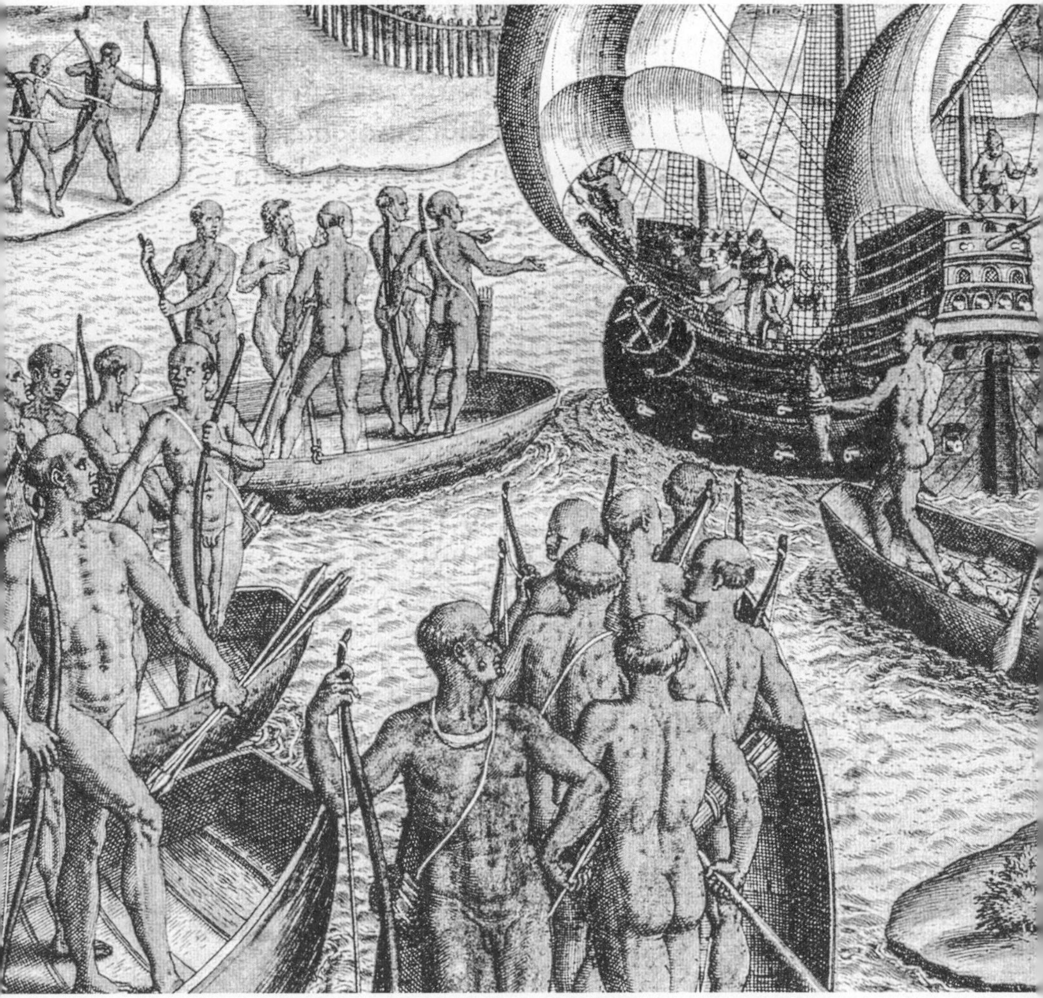

Contato entre tupinambás e franceses

Essas fontes deixam pistas bastante claras sobre o fato de que a feitoria portuguesa na Guanabara pode ter sido atacada, destruída, e seus ocupantes portugueses trucidados pelos tupinambás. Ainda alguns outros estudiosos consideram a possibilidade de a primeira feitoria portuguesa do Brasil ter sido destruída por uma esquadra espanhola de passagem pela Guanabara, ainda na primeira década do século XVI. Mas sobre essa suspeita não existe qualquer evidência documental. As fontes portuguesas, contudo, revelam informações mais seguras de que esse ataque não deve ter ocorrido de forma a inviabilizar a feitoria.

O contrato de exploração das terras do Brasil foi renovado pela Coroa portuguesa por mais duas vezes, em 1506 e 1509, com o mesmo grupo de comerciantes ligados ao poderoso Fernando de Noronha. Um evidente sinal de que as premissas do acordo comercial de concessão continuaram a ser cumpridas nos anos subsequentes, tais como mandar seis navios por ano, manter feitoria e continuar desbravando a costa. É justamente o que revela um dos documentos mais importantes da história do Brasil e do Rio de Janeiro, o diário da nau Bretoa de 1511. Essa embarcação também pertencia ao grupo de comerciantes liderados por Fernando de Noronha e teve como destino justamente a feitoria do "dito Cabo Frio", que na realidade estava estabelecida em plena Baía de Guanabara.

Depois de o capitão francês Gonneville e sua tripulação serem recebidos na Baía de Todos os Santos em outubro de 1504, um registro de um jesuíta anônimo diz que no ano seguinte outros três navios normandos voltaram ao mesmo porto do rio Paraguaçu para comerciar com os nativos. Alguns dias depois, coincidentemente uma frota portuguesa chegou à Bahia. Provavelmente a expedição que retornava à feitoria estabelecida no ano anterior na Guanabara. Identificadas as naus francesas, rapidamente foram encurraladas pela artilharia e abalroadas pelos lusos. Os franceses se deram mal; dois barcos foram imediatamente incendiados e o terceiro foi apreendido depois de um grande massacre de marujos normandos. Do total escaparam apenas alguns homens em uma pequena chalupa, onde mais tarde haveriam de ser resgatados por outra nau francesa de passagem. Por essa época, preocupados com a presença dos normandos naquele porto, os lusos instalaram também uma feitoria na Baía de Todos os Santos.

Esse primeiro ato de hostilidade marcou profundamente as relações entre as tripulações desses dois países em suas expedições pela costa brasileira. É bem provável que, nos anos posteriores, os normandos tenham revidado o prejuízo vingando os mortos daquele ataque. Uma guerra não declarada na costa do Brasil entre Portugal e França perdurou por quase todo o século XVI e em poucos anos passou também a fazer parte do cotidiano dos próprios nativos rapidamente enredados em um complicado jogo de interesses geopolíticos. A partir desse episódio, toda viagem, fosse francesa ou portuguesa ao Brasil, passou a ser antes de tudo uma expedição militar, onde navios adversários foram tão perseguidos quanto os portos de pau-brasil.

Uma correspondência de um comerciante italiano que vivia em Lisboa em 1506 prova que os negócios nas terras do Brasil estavam em pleno exercício naquele ano. Como é relatado por ele, "de três anos para cá, foi descoberta uma terra nova, da qual se traz todos os anos 20 mil quintais (ou 1.200 toneladas) de brasil".[18] Toda essa carga era despachada para Amsterdã, onde prisioneiros eram ocupados o dia inteiro com o fardo de cortar, raspar e picar aquela dura madeira até transformá-la em pó. As toras para a tintura de tecidos eram vendidas também para a Espanha e a Itália. O ritmo de exploração seguia cada vez maior, em colaboração com os nativos. Os lucros resultantes do monopólio português do comércio de pau de tinta do brasil certamente estimularam os comerciantes franceses a tentarem a sorte com seus barcos no Atlântico.

O fato é que a presença de normandos na costa brasileira não cessou. Em 1509 é relatada a presença do capitão Thomas Aubert com a nau La Pensée pela costa do Nordeste brasileiro, de onde teria embarcado com sete nativos no retorno ao porto de Rouen. Eles teriam voluntariamente aderido à tripulação com o anseio de conhecer a terra dos estrangeiros que tanto os encantavam com seus modos e objetos. Fizeram sucesso entre os franceses e o que mais espantava as testemunhas eram a língua que falavam e o fato de "não conhecerem o pão, o vinho e o dinheiro".[19]

A NAU BRETOA NO RIO DE JANEIRO

A rotina das feitorias foi reconstituída graças a um documento chamado *Livro de viagens e regimento da nau Bretoa*, descoberto em 1844 por Francisco Varnhagen nos arquivos da Torre do Tombo.

A embarcação portuguesa tinha esse nome por ter sido construída nos estaleiros da costa da Bretanha, no norte da França. Partiu em direção ao Brasil no dia 22 fevereiro de 1511, com 36 tripulantes sob o comando de Cristóvão Pires. Os demais oficiais que compunham a expedição eram o escrivão Duarte Fernandes, o mestre de navegação Fernão Vaz e o experiente piloto João Lopes Carvalho, "casado e morador das 'famgas' da farinha", contemporâneo de Gonçalo Coelho e Américo Vespúcio quando da segunda viagem entre 1503 e 1504.

As ordens do regimento entregue ao capitão eram explícitas: deveriam viajar "o mais direta e rapidamente possível" ao litoral brasileiro e também fazer "toda a carga de pau-brasil com menos despesa que se puder fazer". Ou seja, esticar ao máximo a corda de negociação com os nativos responsáveis pelo duro trabalho de corte e estocagem das árvores. Ainda havia recomendação expressa para que "não vendam e nem troquem armas com a gente da dita terra de sorte nenhuma, nem punhais; só pequenas facas e tesouras como sempre levaram". O escrivão também devia fazer uma relação pormenorizada de toda a carga, seja de pau-brasil, seja de "papagaios, gatos e escravizados e quaisquer outras coisas que acompanharem a dita não e dela, declarando o que cada um trouxer para si".[20]

O regimento traçava regras de comportamento bastante rígidas para a tripulação, onde até mesmo "renegar Deus, Nossa Senhora, os Santos, ou jurar a toda hora" era considerado um delito, com multa de 3 mil réis de soldo no ordenado, e depois ainda era necessário cumprir um período de cadeia em Lisboa. Não podiam, em hipótese alguma, sair dos limites da feitoria que visitavam. A maioria ficaria mais dentro da nau do que em terra firme. Além disso não podiam comprar ou levar ferramentas para utilizar nas trocas com os nativos. Por isso levavam tecidos, contas de vidro, anzóis e outros pequenos objetos para tal fim. Também não podiam estabelecer qualquer relação com os nativos, sem o consentimento e conhecimento do feitor, muito menos realizar qualquer escambo.

Para os oficiais, as faltas também implicavam perda do soldo e alguns dias de prisão. A nau devia ir direto, sem paradas, a menos que por necessidade de água e mantimento, para "o Cabo Frio, onde estiver o feitor", quando deveriam então entregar todas as mercadorias que levavam para ele despachar. Tudo devia ser relatado nos mínimos detalhes. Além de garantir e supervisionar o embarque de cada tora de pau-brasil, de um animal ou de um escravizado, o capitão também deveria evitar a todo custo a deserção de membros da tripulação. "Vos lembrarei de terdes grande vigia na gente que vos acompanha, de maneira que não se possa na dita terra se lançar nem ficar nenhum deles." Em outro trecho do regimento ao capitão, fica bem claro o que era permitido aos marinheiros quando chegassem à feitoria: "Não consentires que nenhum homem de vossa nau saia fora na terra firme, somente na Ilha onde estiver a feitoria". E prosseguia no tópico seguinte: "Não consentires que nenhum homem resgate coisa alguma sem licença do feitor, querendo alguém resgatar algo que o faça saber".

No dia 6 de abril, um domingo, a Bretoa chegou à costa na altura do rio São Francisco e, no dia 17 do mesmo mês, à Baía de Todos os Santos. Permaneceram entre os tupinambás baianos naquele local por quase um mês, refazendo-se da viagem e procedendo ao escambo com os nativos do rio

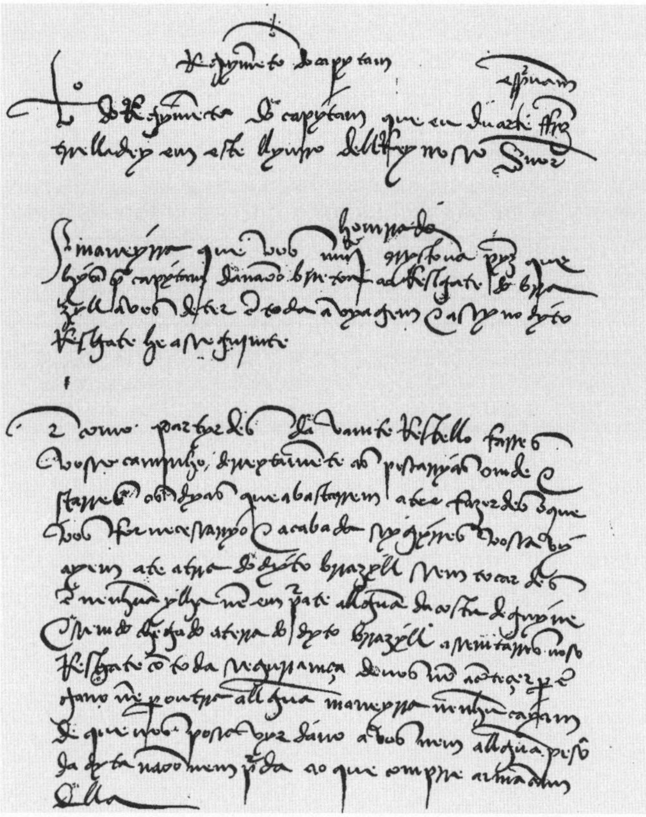

Página do diário de bordo da nau Bretoa

Paraguaçu. Contudo, durante a estadia aconteceu um incidente de roubo, considerado grave pelo escrivão Duarte Fernandes, que no dia 5 de maio deu falta de alguns machados, machadinhas e cunhas. Certamente esses objetos haviam sido roubados por um ou mais tripulantes para serem usados no comércio com os tupinambás, uma vez que os mesmos não tinham direito a levar ferramentas que eram de maior interesse para os nativos.

Primeiro o capitão mandou o escrivão e o feitor João de Braga, responsável pelo entreposto da Baía de Todos os Santos, recolher todas as chaves do depósito que eram distribuídas entre os oficiais. Depois mandou prosseguir uma diligência de interrogatórios entre os marinheiros, que aconteceu durante o caminho para a outra feitoria do sul, a que ficava em uma "Ilha" na região do Cabo Frio, para onde João de Braga seria transferido. Os depoimentos foram sendo tomados durante a viagem para o Rio de Janeiro, onde a nau Bretoa aportou na feitoria da Ilha do Governador em 26 de maio de 1511.

Depois de alguns dias de descanso, em uma quinta-feira, dia 12 de junho, os tripulantes começaram a embarcar o grande carregamento de pau-brasil que há alguns meses vinha sendo acumulado no entorno da feitoria. No primeiro dia, 317 toras pau-brasil foram transportadas; no segundo dia, 328; e no terceiro, um sábado, 298. O domingo foi reservado para descanso, e provavelmente aproveitado para realizar contatos e trocas com os maracajás. Na segunda-feira o trabalho recomeçou e durou mais uma semana. No sábado seguinte, a contagem já indicava estarem dentro da nau portuguesa 3.192 toras de pau-brasil. No dia 25 de junho, uma quarta-feira, bateram o recorde ao transportar 504 toras. O domingo sagrado do cristianismo era o tempo que tinham para conseguir as coisas que pudessem vender em Portugal. Tratavam com o feitor, ou talvez os que fossem mais experientes e ousados, diretamente com os nativos. Papagaios, saguis, gatos selvagens e principalmente escravizados era o que procuravam.

Depois de três semanas de carregamentos, nada menos que 5.009 toras de pau-brasil foram embarcadas "sem contar algumas rachas e paus que se fenderam para arrumação da dita nau". O número foi tão expressivo que já em 1511 deve ter causado grande devastação ambiental na Ilha do Governador e no entorno. A cada novo pedido de mais pau-brasil do feitor português, os nativos maracajás viam-se obrigados a ir cada vez mais longe e a entrar nas terras de aldeias vizinhas que não deviam gostar desse tipo de apropriação de mata alheia.

As comunidades defendiam seus territórios, matas e rios, da concorrência de outros povos, mesmo vizinhos. Esse movimento de busca pela madeira que possibilitava a obtenção de machados, tesouras, pás, facas e armas de metal estimulou encontros que antes não aconteciam.

Além disso, pela relação de escravizados que foram comprados pelos tripulantes da nau Bretoa no Rio de Janeiro e registrados na ata da viagem, pode-se perceber a existência de certa pressão europeia pela troca de mercadorias por nativos maracajás ou mesmo "prisioneiros" dos maracajás para serem vendidos e utilizados como escravizados em Lisboa. Foram negociados ao todo 36 "cativos", ou mesmo membros da própria aldeia que também podiam ser trocados dependendo da oferta portuguesa, número igual ao de tripulantes da nau. Mais que o dobro era de mulheres, no total 26, e apenas dez escravizados eram homens.

A maioria de mulheres se explica pelo fato de elas serem motivo de cobiça entre os portugueses, pelo exotismo erótico que provocavam. Na maior parte das vezes eram usadas como objetos sexuais. Algumas dessas mulheres e os dez homens vendidos como escravizados seriam "prisioneiros" tupinambás da Guanabara, capturados durante incursões guerreiras bem-sucedidas.

Durante a estada da tripulação no Rio de Janeiro também foram trocados com os nativos setenta animais, entre eles 16 gatos selvagens maracajás típicos da fauna da Ilha do Governador que serviam como fonte de inspiração aos naturais daquele lugar. Ainda havia muitos papagaios, periquitos, macacos e saguis entre os bichos que zarpariam rumo a Portugal.

Antes de partirem, em princípios de agosto de 1511 teve fim o inquérito sobre o roubo de ferramentas da nau. O capitão Cristóvão Pires e o escrivão Duarte Fernandes concluíram que o culpado era principalmente o piloto da nau, João Lopes Carvalho. Foi encontrado com ele "um machado que o feitor reconheceu como sendo da armação". João Lopes ainda teria repassado ferramentas ao contramestre Antônio e ao calafetador Pedro Annes, que por sua vez repassaram a outros tripulantes de classes mais baixas. Eles teriam distribuído um pouco daquelas preciosas ferramentas para os mais pobres grumetes do navio. Sendo assim, a apuração "não achou outra culpa senão nos que foram anteriormente mencionados".[21]

A teoria mais aceita sobre esse episódio é a de que esses três culpados teriam recebido como castigo pela ousadia, mesmo que jurassem inocência, o desterro na feitoria do Rio de Janeiro, tendo sido obrigados a permanecer na "Ilha" com o feitor João de Braga, até que uma próxima nau viesse naquele porto dali a um ou dois anos. O regimento da nau Bretoa não menciona se isso de fato aconteceu, registrando apenas que eram responsáveis pelo incidente do roubo.

O regimento proibia terminantemente que membros da tripulação ficassem em terra, e a pena de desterro imediato ia de encontro a essa norma. Ainda outra evidência se encontra no fato de que, se tivessem ficado desterrados, provavelmente não teriam seus pertences anotados no relatório geral da nau, que discriminava as mercadorias que retornavam, principalmente bichos e escravizados. Constam registrados, em no nome de João Lopes Carvalho, 18 animais, sendo dois gatos selvagens, cinco saguis, três papagaios e nove tuins (periquitinhos). Ele também teria levado consigo nove escravizados: três homens e seis mulheres. Em nome de Pedro Annes consta um escravizado e, no do contramestre Antonio, uma escravizada e um periquito.

A sugestão de que principalmente João Lopes Carvalho e Pedro Annes teriam sido obrigados a cumprir castigo, residindo na feitoria da Ilha do

Governador a partir de agosto de 1511, é factível, pois seus nomes aparecem na tripulação da expedição de uma esquadra espanhola, que sob o comando do português Fernão de Magalhães, em dezembro de 1519 aportou no Rio de Janeiro. Os registros dizem que João Lopes era piloto de uma das naus e que guiou aquela frota até a Baía de Guanabara no intuito de resgatar um filho que tivera com uma nativa da terra. O menino teria então entre 5 e 7 anos de idade. Um dos cronistas da viagem de Magalhães revela que João Lopes vivera quatro anos no Rio de Janeiro antes de regressar à Europa, em um galeão espanhol em 1516.[22]

Não se sabe ao certo se João Lopes foi realmente desterrado em 1511 ou se por alguma outra razão teria voltado em 1512 ou 1513 para viver entre os naturais do Rio de Janeiro. O fato é que seu nome e o do feitor João de Braga surgem como os primeiros portugueses a estabelecerem residência fixa em nossas terras. O piloto português ainda viveu uma grande paixão. O primeiro romance possível entre um português e uma nativa do Rio de Janeiro foi de João Lopes Carvalho com uma provável mulher maracajá. O fruto desse amor ele nunca esqueceu e fez questão de buscar para viver ao seu lado. Dessa primeira união nasceu, provavelmente em 1514, o pioneiro carioca, Juanito, o Joãozinho.

1513–1521 AS VISITAS À GUANABARA

Enquanto João Lopes conhecia as delícias do amor e da vida em um Rio de Janeiro tupinambá virginal – época das enormes baleias que tomavam conta da baía, da revoada e do som dos milhares de pássaros multicoloridos que emudeciam os que observavam da terra, tempos em que os peixes podiam ser pegos à mão na foz dos rios, riachos, nas restingas e partes mais rasas, das ostras gigantes à flor d'água no manguezal, da água gelada e cristalina das montanhas que chegavam até as planícies –, toda a costa estava sendo visitada por um grande número de navios europeus. Até então esse paraíso era exclusivo aos portugueses. De um modo geral, são anotadas diversas naus francesas fazendo contatos e navegando pelo litoral brasileiro nessa época, fato que causava extrema preocupação a Portugal.

A intensa atividade francesa no Brasil vinha de empreendimentos particulares de comerciantes de cidades portuárias como Honfleur, Dieppe e Rouen, na Normandia. Ficaram marcados os nomes de armadores e banqueiros da família Ango de Dieppe. Jean Ango (fala-se Angô) e depois seu filho, de mesmo nome, serviram com seus navios à Coroa francesa em diversas batalhas e descobrimentos pelo mundo. Ficaram extremamente ricos com o comércio de especiarias que realizavam com os turcos e depois com o resultado das atividades no Brasil. Boa parte de seus navios foi largamente empregada no comércio com os nativos do litoral do Brasil, de 1510 a 1540. Como eram perseguidos pelos portugueses, quando a situação era propícia também assim procediam contra seus algozes, causando enormes prejuízos à Coroa portuguesa. Em 1530, já excedia em trezentos o número de naus aprisionadas pelos franceses. Nesses anos os normandos se faziam presentes principalmente no Rio Grande do Norte, na Paraíba e em Pernambuco.

A Espanha também se movimentava. Com a morte de Américo Vespúcio em 1512, um experiente navegador português o substituiu como piloto-mor da Espanha. Seu nome era João Dias de Solis. Até 1505 ele havia explorado a costa brasileira em naus portuguesas, mas, por ter assassinado a própria esposa no ano seguinte, fugiu para a Espanha, onde acabou servindo dali em diante. Tinha um apelido que o marcava como alcoólatra, por cheirar a vinho quando falava: "Bofes de Bagaço".

É considerado o descobridor oficial do Rio da Prata, por comandar uma expedição que partiu do porto de Sanlúcar de Barrameda no dia 8 outubro de 1515. Quando finalmente chegou ao rio da Prata, foi reconhecendo a costa daquele rio e "descobriram, muitas casas de índios e gente que com muita atenção olhava para o navio, e com gestos ofereciam o que tinham e colocavam no chão". O erro de João Dias de Solis foi "querer ver em todo caso que gente era aquela, e se podia tomar algum homem para trazer à Castilha". Embarcou a lotação máxima de um batel para ir até eles. Chegando à terra, os nativos haviam posicionado grande número de flecheiros em emboscada, no que era tarde demais. Foram atacados, rodeados, e os guerreiros charruas mataram a todos, inclusive o capitão João de Solis.[23]

Depois disso, os nativos levaram os corpos até onde podiam ser vistos do navio e começaram a retalhar os mortos, montaram uma fogueira e começaram a assá-los. Depois daquele espetáculo e da tragédia de perder boa parte da tripulação, resolveram voltar. Antes de isso tudo acontecer, a expedição de Solis aportou no *"Rio de Genero"*, onde permaneceu alguns dias reabastecendo as naus.

No retorno trágico, as duas caravelas separaram-se durante uma tempestade. Uma foi parar justamente neste porto anteriormente conhecido, onde havia uma feitoria portuguesa, e o outro avariado naufragou próximo à baía no sul da ilha de Santa Catarina, onde alguns deles sobreviveriam entre os nativos carijós por mais de 15 anos.

A caravela que adentrou a Baía de Guanabara em 1516 era comandada por Francisco Torres (cunhado de Solis), e os espanhóis aproveitaram a oportunidade para saquear a carga de pau-brasil que estava estocada na feitoria à espera da próxima nau portuguesa. Alegando inocência do desterro que haviam sofrido quatro anos antes, os espanhóis resolveram resgatar daquele porto o piloto João Lopes Carvalho e o calafete Pedro Annes. Por causa desse episódio, anotaram em seus relatos sobre a viagem o nome de "baía dos Inocentes" para aquele lugar. João Lopes deixava o Rio de Janeiro com o coração apertado, onde estava um filho legítimo de 2 anos de idade junto de sua mãe maracajá. Os dois degredados chegaram a Sevilha no dia 4 de setembro de 1516.

Enquanto isso, o número de embarcações pelo litoral brasileiro aumentava a cada ano. Portugueses procuravam estabelecer feitorias e pequenos entrepostos comerciais, desembarcando desterrados e feitores. Também patrulhavam a costa, como assim fez a armada de Portugal sob o comando de Cristóvão Jacques no ano de 1516. O receio de que outras nações pudessem colonizar as terras do Brasil fez com que o rei Dom Manuel de Portugal pela primeira vez se preocupasse com a ocupação da costa, determinando que se dessem "machados e enxadas e toda a mais ferramenta às pessoas que fossem povoar o Brasil".[24]

Uma nova frota partiu em 21 de agosto de 1516, composta por três naus e mais de trezentos tripulantes, entre eles os primeiros colonos portugueses. Além de defender a costa e iniciar a colonização, Cristóvão Jacques também era o "comissário do pau-brasil", responsável por reorganizar toda a cadeia de comércio da madeira que, depois de arrendar a particulares, voltava ao domínio direto da Coroa.

O vasto Brasil ainda estava sendo disputado nessa época. Os limites do Tratado de Tordesilhas ainda não estavam totalmente definidos, e os franceses não aceitavam a exclusividade daquela bula papal. Ficou célebre o comentário de 1516 atribuído ao rei francês Francisco I. Ao responder à impertinência de um embaixador espanhol, pediu que este lhe mostrasse a cláusula do testamento de Adão que dividia o mundo entre espanhóis e portugueses.

Cristóvão Jacques seguiu com as três naus diretamente para a feitoria do Rio de Janeiro, na Ilha do Governador, para tomar pé do que lá havia e decidir o que fazer a seguir. Chegou em agosto de 1516 e por poucos dias não emparelhou com a nau de Fernando Torres, que levava a bordo o piloto João Lopes Carvalho e grande carga de pau-brasil roubada. Foi avisado dos acontecimentos pelo feitor João de Braga, que permanecia em terra, tendo se escondido quando avistou a chegada dos espanhóis. Informou ainda que a segunda caravela da expedição de Solis ainda não havia aparecido, sinal de que não passara pela Baía de Guanabara.

Com a informação, o capitão português rumou para o sul, patrulhando a costa, em busca da outra nau espanhola. Encontrou parte dos náufragos na baía da ilha de Santa Catarina e conseguiu prender sete espanhóis que foram levados de volta ao Rio de Janeiro. Aproveitou para carregar uma das suas três naus com o que restava de pau-brasil disponível na feitoria e a fez retornar para Portugal, levando os sete prisioneiros. Depois deliberou transferir aquele posto para Pernambuco, levando os que ali estavam, como o próprio João de Braga, e deixando o porto completamente abandonado. Ficou claro para Cristóvão Jacques, a partir do episódio da passagem dos espanhóis pelo Rio de Janeiro e o saque à feitoria, que o segredo da localização da Baía de Guanabara havia sido descoberto. Era uma das principais vantagens daquele porto. Não fazia sentido manter o recolhimento de pau-brasil em local que exigia mais dois meses de navegação desde a Europa.

Por isso, em 1517 esse capitão construiu uma feitoria em Pernambuco, na ilha de Itamaracá, onde deságua o rio Igaraçu,[25] cerca de 25 quilômetros ao norte de Olinda. A escolha do local seguiu a mesma lógica efetuada na feitoria da Ilha do Governador: a ilha era rica em madeira, com fontes de água corrente, bom porto para os barcos e protegida de ataques das numerosas aldeias nativas por estar justamente em uma ilha. Cristóvão Jacques permaneceu naquela parte da costa por três anos, mandando ao reino cargas anuais de madeira, e voltou por vontade própria a Lisboa em maio de 1519.

JOÃO LOPES CARVALHO VOLTA AO RIO

Quatro meses depois do retorno de Cristóvão Jacques, outra frota partia em direção ao Brasil. Era comandada por um experiente piloto português chamado Fernão de Magalhães. Ele havia navegado por quase todos os mares a serviço da Coroa portuguesa e participado de muitas batalhas, entre elas a da conquista de Málaca, na Malásia, em 1511. Estava convencido de que era possível chegar nesse mesmo porto navegando do jeito que Cristóvão Colombo havia proposto vinte anos antes, ou seja, para o oeste. Junto com o cosmógrafo português Rui Faleiro, estudou mapas e medições, e concluiu que existia uma passagem para um outro oceano que os levaria descobrir uma rota mais rápida até as Ilhas Molucas, celeiro das especiarias tão cobiçadas pelos europeus. Essa rota já havia sido tentada por algumas expedições anteriores, sem sucesso.

Renegado em Portugal e vendo seus planos e ideias desprezados pelo rei Dom Manuel I, partiu para Castela em 1517, disposto a navegar naqueles termos pela Espanha. Finalmente, conseguiu financiadores para o seu projeto e, depois de dois anos de preparação, zarpou em 20 de setembro de 1519, com cinco naus sob o seu comando, levando ao todo uma tripulação de 237 homens,[26] entre eles o piloto João Lopes Carvalho, a Concepción. O nome do barco era bastante apropriado para quem buscava naquela viagem resgatar um filho pequeno, deixado com a mãe no Rio de Janeiro três anos antes. Outros trinta portugueses seguiam nessa expedição que alcançaria finalmente a passagem para o oceano batizado por eles de Pacífico.

Enquanto isso, no Rio de Janeiro, os tupinambás sentiam a falta dos europeus, desaparecidos dali desde 1516. Interessavam-lhes principalmente os utensílios que traziam. Desde que a feitoria portuguesa fora transferida para o Nordeste, os nativos viram-se privados daquelas ferramentas que tanto careciam para agilizar suas tarefas diárias. Havia pelo menos três anos que não apareciam mais estrangeiros na baía, e por isso os relatos da extrema felicidade demonstrada pelos tupinambás ao receber a frota de cinco naus da expedição de Fernão de Magalhães. Guiados por João Lopes Carvalho, chegaram no dia 13 de dezembro de 1519, dia de Santa Luzia, o nome que os espanhóis atribuíram inadvertidamente para o porto da Baía de Guanabara, já conhecido pelos portugueses por Rio de Janeiro.

De acordo com um dos 18 sobreviventes da expedição – o italiano Antonio Pigafetta, que se tornou o mais célebre cronista da tortuosa primeira viagem de circum-navegação do planeta –, o dia estava muito quente e, na hora em que os barcos entraram pela barra da Guanabara, caiu uma forte chuva. Os nativos atribuíram bons presságios ao acontecimento, associando o fim de uma seca que perdurava meses à entrada dos europeus na baía. Logo os tripulantes viram tupinambás surgirem de canoa por todos os lados. Traziam peixes, frutas, raízes, oferecendo hospitalidade aos estrangeiros, que havia tempos já não viam.

João Lopes Carvalho reviu antigos *morubixabas* da terra, intermediou as ações de escambo e agenciou mulheres para os tripulantes. Certamente sabia falar o tupi aprendido no tempo em que havia morado com os nativos. O italiano Pigafetta impressionou-se com a desproporcionalidade das trocas que ocorriam: uma faca ou anzol por cinco ou seis galinhas, um pente por dois gansos, um espelho ou tesoura por uma quantidade tal de peixe que dez homens não poderiam comer, um pequeno sino por uma cesta de batatas.[27] Até mesmo simples cartas de baralho eram trocadas por galinhas.

Contudo, há de se pensar que aquilo que os nativos ofereciam nas trocas era abundante na terra, não representava nada que não pudessem pegar rapidamente na natureza e nos arredores das tabas. As galinhas tinham sido trazidas pelos portugueses e multiplicavam-se. Os tupinambás não as comiam, preferiam abater caças mais ágeis. Já os objetos de metal que os estrangeiros ofereciam eram raros por ali. Na lógica dos homens da terra, aqueles artigos importados representavam bons negócios.

Por outro relato insólito do mesmo texto, nota-se que uma verdadeira sofreguidão pelos artigos europeus tomou conta dos naturais da Baía de Guanabara. Conta o italiano que, certo dia, uma linda moça tupinambá subiu na nau Trinidad, a capitânia de Fernão de Magalhães, e rapidamente descobriu, dentro de uma cabine, um prego do tamanho de um dedo. Ela o apanhou e tentou escondê-lo dentro dos cabelos. Não conseguindo fazê-lo satisfatoriamente, não pensou muito e colocou o prego dentro da vagina. Ao notar que era observada, correu e pulou de volta na água.

Durante pelo menos dez anos os nativos da baía estiveram em contato esporádico com os portugueses da feitoria da Ilha do Governador e três anos de ausência fizeram com que apreciassem a chegada de novos visitantes. A cada novo navio que entrava na baía, eles corriam para oferecer o que pudessem em troca daquelas utilidades. No caso da frota de Magalhães, os tupinambás fizeram de tudo para que ficassem por ali. Em pouco tempo haviam construído uma casa para eles, e um carregamento de pau-brasil foi imediatamente preparado para agradar os recém-chegados.

Os tripulantes notaram que existiam por ali algumas hortas e uma plantação de cana-de-açúcar abandonada que eram, certamente, os vestígios da feitoria portuguesa que até 1516 funcionava na Ponta do Matoso, na Ilha do Governador. No local tinham vivido o feitor João de Braga, o piloto João Lopes Carvalho e o calafete Pedro Annes.

Ainda no relato de Pigafetta, existe uma longa descrição dos principais costumes dos tupinambás do Rio de Janeiro, tais como a nudez, a antropofagia, a forma como construíam as malocas, como dormiam e se organizavam. Como em apenas alguns dias de permanência na Guanabara não seria possível que o italiano tivesse absorvido todo o aquele conhecimento sobre os costumes do povo do lugar, fez questão de assinalar que tudo o que dizia era verdade, pois lhe fora assegurado por "João Carvalho, piloto que estava em nossa companhia e que havia permanecido por quatro anos naquele lugar".[28] Na verdade, era João Lopes Carvalho quem conhecia tudo sobre os tupinambás e matou a curiosidade do italiano.

A notícia sobre o resgate do filho de Carvalho, o primeiro mestiço carioca conhecido, está no relato de outro sobrevivente, um grumete de nome Martím de Aiamonte. Preso em Malaca pelos portugueses, Martím foi interrogado e contou tudo o que havia se passado na expedição. Ele diz sobre o porto de Santa Luzia: "[...] que era uma terra que era já descoberta pelos portugueses, onde estiveram 15 dias tomando água e lenha, no qual porto João Carvalho português achou um filho seu que houvera com uma negra no tempo que aí esteve".[29] Era Juanito, "el Niñito de Juan, el piloto".

Entre a felicidade do reencontro com o filho, criado até então como um legítimo *kunumĩmirĩ*, e a viagem que estava prestes a recomeçar, João Carvalho tinha uma decisão difícil em mãos: levar o menino, então com idade de cerca de 5 a 7 anos na demorada e penosa viagem que Magalhães planejava fazer, ou deixá-lo ficar no convívio da mãe e dos parentes aborígenes. Depois de 15 dias de descanso naquela "baía de numerosa boa gente"[30] e dos festejos natalinos, no dia 27 de dezembro de 1519, para tristeza dos tupinambás, o comandante ordenou o recomeço da viagem em direção ao extremo sul do continente. Acompanhando o pai João Lopes Carvalho, em um dos navios viajava o pequeno Joãozinho *karióka*. O amor do pai pelo filho foi mais forte do que o temor dos perigos que podiam enfrentar.

A GRANDE VIAGEM DO PRIMEIRO CARIOCA

Em janeiro de 1520 chegaram ao rio da Prata. Depois de explorá-lo por um tempo, o comandante concluiu que a passagem que procuravam não era por ali e decidiu prosseguir viagem rumo ao sul. Tempestades e um contínuo mau tempo retardaram a viagem em três meses. A prudência do comandante que decidiu parar a viagem durante o inverno acabou sendo motivo de descontentamento e motim, principalmente entre os oficiais espanhóis, que desejavam retornar à Espanha. Boa parte deles não acreditava na existência da tal passagem "para as Molucas". Habilmente Fernão de Magalhães conseguiu prender os rebeldes, condenou os líderes à morte e retomou o controle da situação.

Só em novembro de 1520 as naus da frota encontraram finalmente o estreito que tantos já haviam buscado, mais tarde batizado em homenagem a seu descobridor como o estreito de Magalhães. Pigafetta se refere a esse lugar como um "estreito rodeado de montanhas muito altas e cobertas de neve". Tão profundo que mesmo estando bastante próximo da terra, "não se encontrava fundo para âncora". No dia 27 de novembro, as três naus restantes – uma havia naufragado e a tripulação de outra desertou – alcançaram o final da passagem para o oceano Pacífico, batizado assim em oposição às constantes tormentas pelas quais os tripulantes haviam passado antes de chegarem ali.

Nunca um barco europeu havia estado naquela parte do mundo e, para comemorar o feito, Magalhães mandou disparar vários tiros de artilharia em comemoração. O pequeno carioca acompanhava do lado do pai toda aquela perigosa aventura sem entender muito o objetivo daquilo tudo. Do calor da Baía de Guanabara onde andava nu, tiveram que improvisar-lhe alguma roupa para suportar o frio que fazia.

Talvez João Lopes Carvalho e o próprio Magalhães pensassem que o pior já havia passado e que estavam a poucos dias das tão esperadas Ilhas das Especiarias, conhecidas como Molucas. Entretanto, tinham um longo e penoso caminho à frente. Ainda percorreriam boa parte do litoral do Chile e do Peru, costeando a terra em direção ao norte, antes de mudar a rota para oeste em busca das "ilhas" do Oriente. Eles não conheciam as dimensões do oceano que se propunham a atravessar. O Pacífico é o mais extenso de todos e representa quase metade de toda a extensão marítima do planeta. "Chamamos este mar de Pacífico, porque durante estes três meses e vinte dias que gastamos na travessia e cerca de quatro mil léguas, não houve a menor tempestade", relata Pigafetta.

Além da calmaria, os tripulantes tiveram que suportar a fome, a sede e o escorbuto que aos poucos ia dizimando os membros da expedição. Os baixos níveis de vitamina C provocavam feridas na região da boca. A língua podia ficar inchada e bastante sensível, doendo para se comer ou beber. A gengiva sangrava, as pessoas ficavam pálidas e sentiam-se cansadas. Os dentes também eram afetados, tornando-se mais fáceis de cair. Em alguns casos o escorbuto pode afetar as articulações do corpo, deixando-as doloridas. Se não for tratado, pode ocasionar a morte. A situação era de completo terror e, para não morrer de fome, os homens chegaram a comer pedaços do couro, serragem e até as ratazanas tornaram-se disputadas. Alguns bebiam a própria urina.

Sabemos que durante esse tempo Niñito continuava vivo ao lado de João Lopes Carvalho. Manter o menino em boas condições naquelas circunstâncias deve ter sido muito difícil. Mesmo sendo um oficial piloto, certamente foi preciso dividir a ração a que ele tinha direito. Finalmente, para alívio de todos, no dia 6 de março de 1521 foram avistadas as primeiras ilhas, as de Guam, no arquipélago das Marianas, hoje sob domínio dos Estados Unidos. De lá seguiram a oeste e em mais dez dias chegaram ao gigantesco conjunto das ilhas Filipinas, até então nunca antes visitadas oficialmente por europeus.

A depauperada tripulação de Fernão finalmente pôde descansar e rapidamente começou a fazer contatos com os nativos, trocando tecidos, facas e espelhos por mantimentos. Fernão e sua gente descobriram que ali existiam especiarias e partiram para explorar algumas das ilhas Filipinas. Fernão de Magalhães fez contato amistoso com os chefes nativos da atual ilha de Mindanau, a maior ao sul do arquipélago. Perguntou-lhes qual era o porto mais importante de todas aquelas ilhas, no que responderam ser Cebu, ilha onde se localiza a atual terceira maior cidade do país, nas porções centrais chamadas de Visayas.

No dia 7 de abril de 1521, as três naus de Magalhães entraram no porto de Cebu e, como de costume, para intimidar os locais, o capitão mandou disparar uma cerrada carga de artilharia, com a desculpa de que o fazia como forma de saudação. Os ilhéus ficaram alarmados. Fernão levava junto de si um intérprete malaio como criado desde os tempos em que navegava para a Coroa portuguesa naqueles mares orientais. Sabia que quando chegasse a hora ele seria importante.

Em reunião com o apavorado sultão ou rajá local chamado Humabon, o intérprete conseguiu convencer o soberano a aceitar os estrangeiros no porto sem qualquer pagamento de impostos. Ainda o aconselhou que melhor seria ser aliado do poderoso rei da Espanha do que seu inimigo.

Evitaria que centenas de navios como aqueles voltassem para destruí-lo, caso escolhesse a segunda hipótese. Entretanto, se quisesse ser aliado dos espanhóis, explicou o intérprete, seria exigida sua conversão ao cristianismo. Não só ele mas também toda a população teria que aceitar "a Cristo" e deixar de praticar os cultos nativos. Exigia que também assim fizessem os demais chefes das outras ilhas, passando a ser vassalos da Espanha cristã. Era a simples e única condição de Magalhães para que se selasse a aliança entre os reinos, que com as constantes "saudações" de poder dos canhões foi rapidamente aceita pelo regente.

Uma semana depois, o rajá de Cebu foi batizado na fé cristã, em uma cerimônia pública cercada de teatralidade, com abraços e demonstrações de amizade e aliança entre Magalhães e o recém-batizado rei Carlos de Cebu. Seu novo nome era uma homenagem ao soberano Carlos I, que governava a Espanha naquele ano. Depois foi a vez da mulher do sultão e de seus irmãos. Nesse dia batizaram mais de "oitocentas pessoas".[31] Tudo naquele momento ia acontecendo conforme o esperado, tendo como testemunhas daqueles acontecimentos extraordinários o primeiro menino mestiço carioca Joãozinho e seu pai João Carvalho, agora já fornidos e recompostos da terrível viagem do Pacífico. Viviam a grande aventura que um pai e um filho jamais imaginariam compartilhar, e com a qual também ficariam ricos e famosos, talvez para sempre.

O menino que quando saiu do Rio de Janeiro só sabia se comunicar em tupi ou por gestos agora falava fluentemente português e espanhol com o pai e com os outros tripulantes. Seus traços deviam ser únicos, de uma mistura que o tornava cada vez mais bonito a cada dia que passava. A pele entre o bronze e o branco, os olhos rasgados, o cabelo liso, o nariz afilado. Era de se esperar que os demais homens, pela descontração que uma criança sempre reserva ao ambiente de convívio, também o tratassem carinhosamente, chamando-o de Niñito do João. Em 1921 devia estar então com cerca de 9 anos de idade.

Acontece que Fernão de Magalhães não era um homem afeito a recuar frente à adversidade. A travessia que realizou até ali foi a prova cabal daquela obstinação quinhentista que trazia consigo, mas que também se revelaria um grande defeito, ao transitar no limite da empáfia. Além disso, Fernão não soube avaliar o poder daqueles chefes locais. Pensou que fossem reis ao estilo europeu e que exerciam influência sobre as outras ilhas. Na verdade, mal controlavam seus próprios povoados.

Muito próximo do porto de Cebu, localiza-se uma outra ilha menor chamada de Mactán, onde à época da chegada dos espanhóis governavam dois outros chefes. Chegou aos ouvidos de Magalhães que um deles, chamado Lapu-lapu, negava-se a pagar tributos para o rajá Humabon e aos espanhóis, assim como também não pretendia se converter ao cristianismo. O outro chefe de Mactán, chamado Zula, foi quem trouxe a notícia com um pedido de ajuda aos espanhóis. Relatou Pigafetta: "Se o capitão quisesse ajudá-lo somente com uma chalupa de homens armados, se comprometia a combater e subjugar, na noite seguinte, o seu rival". Fernão resolveu colocar aquela aliança à prova.

O recém-batizado Humabon, que sabia exatamente quem era Lapu-lapu, aconselhou Fernão a não ir, pois eles eram poucos e os de lá muitos, mas não foi ouvido. Magalhães estava ansioso por mostrar a superioridade bélica de seus armamentos e homens. No amanhecer do dia 27 de abril, ele chegou à ilha de Mactán acompanhado de sessenta homens vestidos com pesadas armaduras e portando mosquetes, espadas, escudos, lanças e bestas. Um bom número de guerreiros filipinos de Humabom e Zula os acompanhava. Contudo, convencido de que apenas seus homens seriam suficientes para exterminar aquele monte de selvagens, desfez-se da companhia dos locais, dizendo-lhes que ficassem nos barcos e que apreciassem o espetáculo.

Rumou em botes para mais próximo da costa e, antes de iniciar o confronto, enviou um mensageiro ao chefe Lapu-lapu, reiterando as mesmas exigências e conclamando que este reconhecesse ser vassalo de Humabon e da Espanha. O chefe Lapu-lapu negou mais uma vez qualquer acordo. Ele havia se preparado para o combate na noite anterior, quando ordenou que armadilhas com fossos e estacas fossem armadas na areia da praia.

Magalhães partiu para a ofensiva com 49 homens, entre eles o italiano Pigafetta. Os demais ficaram cuidando dos botes. As chalupas não podiam se aproximar por causa de uma barreira de corais, mas resolveram desembarcar assim mesmo, sendo preciso então caminhar com bastante dificuldade com água nos joelhos. "Encontramos 1.500 ilhéus, formados em três batalhões, mal nos viram e se lançaram contra nós fazendo um ruído horrível, pelo flanco e pela frente."[32]

Os espanhóis pararam e começaram a atirar com mosquetes e bestas, mas como estavam bastante longe não produziram muito efeito. Enquanto isso, Magalhães ordenou que um pequeno grupo se dirigisse diretamente à aldeia dos inimigos e a incendiasse. Pensava que isso os faria recuar, mas só os fez mais furiosos. Dois incendiários foram pegos e mortos. Centenas de lanças, flechas e pedras eram atiradas contra aqueles quarenta homens que se defendiam da forma como podiam no meio do caminho entre os recifes e a praia. Magalhães já havia sido ferido por uma lança quando uma flecha envenenada atravessou sua perna direita.

No decorrer da luta, os guerreiros de Lapu-lapu perceberam que as couraças europeias protegiam apenas o dorso e a cabeça, ficando braços e pernas expostos aos ataques. Assim, começaram a concentrar esforços em acertar essas partes. Magalhães ordenou uma retirada, porém, "a maior parte dos homens precipitadamente fugiu, de modo que ficamos apenas sete ou oito com nosso chefe".[33] Em muito maior número, os nativos cercaram o pequeno grupo de Magalhães, que ainda se defendeu por um bom tempo dentro d'água até que um dos guerreiros acertou mais uma vez sua perna, ele caiu e foi fincado por dezenas de lanças e espadas. Pigafetta, ferido de raspão por uma flecha na testa, conseguiu escapar.

Alguns dias depois dessa tragédia, o comando da expedição recairia justamente sobre o piloto João Lopes Carvalho. No dia 1º de maio, 24 europeus que estavam em terra no porto de Cebu foram traídos pelo sultão "cristão" Humabon e acabam assassinados em uma armadilha. João Carvalho, precavido, escapou por pouco, e ao ouvir os gritos dos que haviam ficado em terra, ordenou que a artilharia abrisse fogo contra as casas. O recém-empossado capitão da expedição, o navegador português João Serrano, foi levado até a praia ferido e atado pelos nativos. Pediu socorro e solicitou aos que estavam nos barcos que parassem de disparar com os canhões, caso contrário ele seria morto. João Carvalho, que segundo Pigafetta era compadre de Serrão, perguntou-lhe dos outros e a resposta do refém foi a de que todos haviam sido degolados. Restava com vida apenas ele e por isso pedia que negociassem mercadorias em troca da sua liberdade. Carvalho reuniu outros oficiais e decidiu que frente àqueles acontecimentos qualquer operação de resgate seria arriscada demais, e eles deveriam evacuar aquele porto e prosseguir para o real destino da frota, as Ilhas Molucas.

João Serrano, informado sobre a difícil decisão, implorou de todas as formas por misericórdia. No fim, vendo seu destino selado, vociferou, enquanto as naus partiam, que daria conta a Deus dos pecados do compadre e que ele se arrependeria de ser responsável por sua morte no juízo final. As pragas lançadas por Serrano dentro de apenas alguns meses atingiriam a maior felicidade de Carvalho, seu filho brasileiro.

Por falta de homens, a viagem prosseguiu em apenas duas naus: a capitânia de João Carvalho, chamada Trinidad (que era a de Magalhães), e a Victoria, sob a liderança do piloto espanhol Juan Sebastián Elcano. No dia 8 de junho de 1521 eles alcançaram o porto da ilha de Bornéu, hoje compartilhada por três países: Indonésia, Malásia e Brunei.

Ali fizeram contato com um rajá muçulmano muito rico chamado Siripada, cujo encontro no início foi amistoso e cheio de trocas de presentes. Demoraram-se nas cercanias de uma cidade que tinha "25 mil casas de grossas madeiras em cima do mar" e "um palácio suntuoso no interior das terras".[34] O clima de cordialidade fez com que dois espanhóis ficassem em terra com algumas mercadorias, fazendo trocas por mantimentos. Com esses dois estava também o filho de João Carvalho.

Depois de vários dias de tranquilidade, no dia 29 de julho apareceram no horizonte mais de cem juncos e outras embarcações navegando em direção às naus. Temendo ser atacada, a tripulação levantou vela para o mar no intuito de melhor se defender. Estavam certos, pois alguns juncos começaram a emparelhar com as naus espanholas, e o combate foi inevitável. Uma embarcação foi capturada e 17 nativos foram presos, entre eles o capitão, um príncipe de Bornéu. Ele revelou que aquela frota havia acabado de saquear outra cidade da ilha, cujo regente era um sultão inimigo. Pigafetta especulava que João Carvalho teria sido subornado com grande soma de ouro, pois "sem dizer nada a nós" simplesmente decidiu libertar o jovem príncipe. Os outros 16 nativos ficaram como reféns. Para o italiano, teria sido melhor que João Carvalho tivesse mantido o príncipe de Bornéu em cativeiro para negociar uma troca com o rajá Siripada por aqueles que tinham ficado em terra.

Talvez justamente por isso João Carvalho tenha dispensado o prisioneiro, pensando que seria a melhor estratégia para reaver seu filho. É provável que tenha solicitado isso ao príncipe de Bornéu quando este se retirou – que intercedesse junto a Siripada a fazer o mesmo com seu filho e os outros. O conselho do italiano Pigafetta, entretanto, teria sido mais útil. No dia seguinte, João Carvalho retornou ao porto de Bornéu e tentou reatar negociações com aquele sultão. Pediu desculpas pelo mal-entendido e suplicou o retorno daqueles que haviam ficado em terra, entre eles o seu menino Joãozinho, o filho de mãe maracajá da Ilha do Governador. Sabendo dos estragos causados pelos espanhóis, por meio do príncipe que João Carvalho inadvertidamente havia solto, o regente Siripada não consentiu qualquer negociação.

O piloto que havia vivido no Rio de Janeiro por pelo menos quatro anos, aproveitando as delícias e o amor em uma Guanabara virginal e exótica, vivia agora seu momento de maior pressão. Com poucos homens para empreender um confronto e sem ainda terem alcançado as Molucas, os demais tripulantes forçavam a continuação da viagem. Melhor seria proceder, diziam, da mesma forma que o próprio Carvalho havia decidido para o caso de João Serrano, dois meses antes nas Filipinas.

Contudo, como agora se tratava de seu amado filho, que ele tanto empreendera para ir buscar no Rio de Janeiro e que havia gloriosamente resistido até ali naquela viagem trágica, João Carvalho relutou e tentou fazer valer sua autoridade de comandante. Entretanto, não conseguiu que o obedecessem, chegando a um impasse tal que foi destituído da liderança da frota pelos outros oficiais. Todos os autores de relatos dessa viagem dizem que João Carvalho ficou profundamente abalado psicologicamente com a perda do filho e que a partir daí não teria sido mais o mesmo.

O pequeno Joãozinho, Juanito, e os outros dois europeus, possivelmente amigos de seu pai João Carvalho, ficaram então entregues à própria sorte e aos humores do conspícuo sultão Siripada. Não é certa a especulação que tenham sido comido por canibais "caçadores de cabeça", como já foi escrito certa vez. Sendo inocente de qualquer crime ou ataque aos daquela ilha e um tanto mais parecido com orientais do que os outros europeus, o mais provável é que Joãozinho, com cerca de 9 anos de idade, tenha sido mantido como escravizado da realeza de Siripada, como pajem ou criado em Bornéu, a grande cidade fervilhante com "mais de 25 mil casas". Esse sultão é descrito como obeso e, com pouco mais de 40 anos, tinha um nababesco palácio e vivia em ambiente de extrema fartura.

Elefantes já eram usados nessa época como meio de transporte, e as ruas eram repletas de soldados ricamente vestidos. Esse lugar ainda hoje continua sendo uma monarquia, considerado um dos países mais desenvolvidos da Ásia, o pequeno e rico Brunei. O porto de Siripada hoje é a capital do país, Bandar Seri Begawan, e ali teria então o primeiro carioca Joãozinho vivido seus últimos dias.

Os demais integrantes das duas naus ainda demorariam mais três meses vagando pelo Índico até que encontrassem finalmente as ilhas Molucas. Lá foram bem recebidos e encheram os barcos com cargas de variadas especiarias.

No fim de dezembro de 1521, tendo concretizado aquela odisseia, decidiram regressar. Contudo, apenas uma das naus encontrava-se em condições para realizar a viagem. Em uma das ilhas, chamada Tidore, João Lopes Carvalho ficou com outros 53 europeus, como responsável por consertar a avariada nau Trininad, enquanto Juan Sebástian Elcano seguia com a Victoria para completar a primeira viagem de circum-navegação da história. Em setembro de 1522 chegaram à Espanha apenas 18 sobreviventes dessa aventura.

Os que ficaram nas Molucas, segundo Pigafetta, tentariam voltar pelo rumo contrário. A ideia era cruzar de novo o Pacífico em direção ao litoral oeste dos atuais México ou Panamá, onde procurariam atravessar as mercadorias para o Atlântico, ou então voltariam pelo mesmo caminho que fizeram. Havia grande receio de serem descobertos pelas naus portuguesas, que já navegavam por aquela região pelo menos há dez anos, e verdadeiramente rondavam as ilhas em busca deles. Essa rota em tese também permitiria a João Carvalho, agora novamente comandante, de regressar ao porto do sultão de Siripada e tentar uma última investida em busca do filho e dos outros dois espanhóis que ali tinham ficado.

O grande historiador português João de Barros, em sua obra monumental sobre as conquistas portuguesas no Oriente chamada *Décadas da Ásia*, conta o destino do pai do primeiro carioca: "Antes que partissem não pelo caminho da outra, mas com fundamento de tomar a terra do porto do Panamá, que são as costas da terra firme das Antilhas, faleceu o piloto João Carvalho".[35] A perda do filho pode ter acelerado uma tristeza tal que o pobre piloto de tantas aventuras não mais resistiu às agruras do mar.

Algum tempo depois, os companheiros do primeiro morador do Rio de Janeiro seriam presos pelos portugueses, em estado famélico, próximos das tão almejadas Ilhas Molucas. Apenas quatro retornariam com vida à Europa. Outros ficaram espalhados por ilhas da região, entre eles um chamado Gonzalo de Vigo, encontrado seis anos depois por outra expedição espanhola, vivendo entre os nativos.

1521–1529 DOM RODRIGO, O RIO DE JANEIRO E OS DOIS GRUMETES

Desde a partida da frota de Fernão de Magalhães em 1519, o porto da Baía de Guanabara viveu uma época de profundo ostracismo na história da colonização portuguesa. Os barcos que seguiam de Lisboa concentravam-se nas feitorias localizadas no Nordeste, como Pernambuco e Bahia. O Rio de Janeiro serviu durante os dez anos seguintes apenas como porto de passagem para embarcações portuguesas, espanholas e francesas, que seguiam em busca de outro destino, o rio da Prata.

Em novembro de 1521, quando as naus restantes da frota de Magalhães finalmente alcançaram as Molucas, outras duas caravelas com sessenta homens a bordo partiram novamente de Lisboa sob o comando de Cristóvão Jacques para mais uma viagem de patrulha. É possível que tenham feito escala na Baía de Guanabara antes de alcançar a baía da ilha de Santa Catarina, onde Cristóvão sabia ser um reduto de náufragos espanhóis. Estes revelariam as histórias que os carijós contavam sobre a montanha de Prata do "rei branco", que poderia ser alcançada pela rota do rio da Prata.

Influenciado por esses relatos, Cristóvão teria partido para lá, entrando com um pequeno batel com apenas vinte homens pelo complicado delta do rio Paraná. A lenda da montanha de Prata levou muitas expedições espanholas e portuguesas a adentrar pelos rios daquela região. A história era verdadeira, e a grande mina de prata da montanha de Potosi, na Bolívia, seria descoberta por missionários espanhóis em 1546.

Cristóvão Jacques foi o primeiro europeu a explorar o rio Paraná, tendo percorrido 140 quilômetros de seu curso, onde em contato com os nativos locais encontrou peças de prata, cobre e ouro. Foi informado, porém, que a montanha ainda estava bem longe dali e que ficava no topo das cordilheiras de neve eternas. Sem condições de empreender uma viagem tão longa, Cristóvão Jacques decidiu retornar daquele ponto. Carregou pau-brasil na feitoria de Pernambuco e voltou ao reino com o objetivo de preparar uma nova expedição para seguir o curso do Paraná até a montanha de prata.

No segundo semestre de 1522, a expedição chega de regresso a Lisboa. O rei Dom Manuel I, protetor de Cristóvão Jacques, havia morrido em dezembro do ano anterior em virtude de uma epidemia de gripe. Seu sucessor Dom João III não permitiu que o capitão Jacques realizasse a exploração da montanha de prata. Contrariado, ele começou a fazer contatos para convencer os espanhóis a patrociná-lo. É o que atesta o único documento disponível sobre essa viagem de Cristóvão Jacques, de um embaixador espanhol em Lisboa chamado Juan de Zúñiga, dando notícias da existência da tal montanha para a Corte espanhola em 1524.

Os espanhóis, ainda empolgados com as notícias dos sobreviventes da frota de Fernão de Magalhães, que retornaram em 1522 e revelavam as coordenadas que apontavam as ilhas Molucas dentro dos domínios castelhanos, começaram imediatamente a armar novas frotas.

Os portugueses protestaram contra esses objetivos e inclusive uma conferência de cosmógrafos e pilotos notáveis dos dois países foi formada para discutir o assunto, terminando em um impasse. Por isso, o rei Carlos I de Castela dispensou a oferta do navegador português Cristóvão Jacques, não sem antes anotar os descobrimentos que ele fez no rio Paraná. Rapidamente foram organizadas mais três expedições com destino às ilhas das Especiarias, pelo caminho descoberto por Magalhães.

A primeira frota partiu de La Coruña em 25 de julho de 1525, sob o comando do espanhol Garcia Jofré de Loyasa. Era composta por seis naus, um total de 450 homens a bordo e uma das maiores expedições lançadas nessa época. Como timoneiro, guia e herói nacional, Juan Sebastián Elcano – o piloto da esquadra de Magalhães responsável por completar a primeira circum-navegação do globo – retornava mais uma vez às Molucas, na nau Santi-Spiritus. A nau São Gabriel estava sob a responsabilidade de Dom Rodrigo de Acuña.

Quando estavam avançando pela costa da África, encontraram uma caravela portuguesa. Houve perseguição, e o piloto que levava o menor e mais rápido dos barcos, chamado Santiago de Guevara, o alcançou. Quando retornavam, Dom Rodrigo de Acuña disparou um tiro contra os portugueses e tentou disputar a apreensão do barco. Os dois capitães discutiram e quase chegaram a empunhar armas. Houve um inquérito, e Jofré de Loyasa determinou a prisão de Acuña por dois meses na nau capitânia por causa de certas palavras más que teria dirigido ao capitão Guevara. Além disso, não teria obedecido a uma ordem expressa de Jofré de Loyasa para que não perseguisse a embarcação portuguesa, e por isso o comandante teve que pedir desculpas aos lusos. Esse entrevero entre os oficiais traria consequências para o restante da viagem.

No dia 5 de dezembro a armada que vinha já costeando o litoral brasileiro desde o cabo de Santo Agostinho encontrou "uma terra plana na ribeira e dentro haviam serras altas". No dia 6 reconheceram "uma terra rasa que dizem (os portugueses da tripulação) era a ilha do Cabo Frio". Entretanto, "não entrou a armada no Cabo Frio porque o tempo era bom e seguiu viagem".[36] Em algum lugar do litoral do Rio Grande do Sul, a nau capitânia de Jofré de Loyasa e a São Gabriel, sob comando interino, perderam-se das outras durante uma forte tormenta. As outras quatro naus depois de alguns dias, então sob o comando de Elcano, decidiram continuar a viagem para o Estreito de Magalhães.

Depois de muitos percalços todos se reencontraram, com as naus bastante avariadas. Somente aí, em janeiro de 1526, é que finalmente Dom Rodrigo de Acuña foi restituído como capitão da nau São Gabriel. As fortes tormentas haviam castigado os barcos, e Jofré de Loyasa decidiu recuar até o rio Santa Cruz, 200 quilômetros ao norte do estreito de Magalhães, para que pudessem fazer os consertos necessários. A menor das embarcações, o pequeno galeão Santiago, comandado Santiago de Guevara, era a única que havia fundeado perto do Cabo da Virgens, que demarca a entrada do Estreito de Magalhães, e junto dele amarrado o único batel (barco menor usado para acessar a costa) que havia restado de toda a frota.

Chegando ao rio Santa Cruz, Jofré de Loyasa ordenou que Dom Rodrigo de Acuña voltasse ao lugar onde estava o Santiago de Guevara para recuperar o batel e avisá-lo sobre os planos de se reagrupar no porto daquele rio. Dom Rodrigo questionou Jofré por causa das contínuas tormentas que os afligiam. "Como queres que com tal tormenta volte ali a nos perder? O general disse que era necessário para tomar o batel, que não havia batéis, e Dom Rodrigo repetiu, porque queria enviar ele onde o próprio não ia?" Mas no fim teve que ir.[37]

Dom Rodrigo, a contragosto, seguiu. Encontrou Guevara, tomou o batel, avisou sobre a ordem de reagrupar do capitão-mor da frota e partiu de volta no rumo do ponto de encontro. O galeão Santiago seguiu o mesmo destino algumas horas depois e no dia 10 de março de 1526 entrou na foz do rio Santa Cruz, dando notícia a Jofré de Loyasa que a nau São Gabriel havia tomado o batel. Entretanto, onde ela estaria? Francisco Dávila, "vizinho da vila de Madri" e tripulante dessa embarcação, sob juramento fez um relato detalhado de tudo o que aconteceu para "dar aviso a Santíssima Majestade e aos senhores do seu muy alto conselho".[38] Afirmou ele que toda a operação de retomar o batel foi muito demorada. Quando finalmente regressavam para encontrar o restante da frota no rio Santa Cruz, encontraram uma das naus da frota, a Anunciada, do fidalgo Pedro de Vera, e "foram ambas as naus para o dito rio e não puderam entrar porque era vento contrário, ficaram quatro ou cinco dias volteando com as naus para entrar e não puderam".

Os dois capitães então resolveram conferenciar o que haveriam de fazer. Dom Rodrigo disse que preferia continuar tentando entrar no rio Santa Cruz e que, se não conseguisse, iria até algum lugar na costa obter água fresca. Pedro de Vera confidenciou sua vontade, já anterior àquele encontro fortuito, de partir imediatamente paras as Molucas, para o leste, via Cabo da Boa Esperança, contornando a África. Na dúvida e incomodado por estar sem água, Dom Rodrigo hesitou seguir a ideia de Pedro de Vera, que lhe oferecera "cinco ou seis pipas d'água" para acompanhá-lo. Frente à imobilidade de Dom Rodrigo, a nau Anunciação de Pedro de Vera partiu então sozinha na direção do Cabo da África, abandonando a frota de Jofré de Loyasa.

A nau São Gabriel, relata o tripulante Fernando D'Ávila, "esteve esperando outros dois dias para entrar no dito rio e não pôde, e foi para a costa abaixo do Brasil". Dom Rodrigo também estava abandonando a expedição, com a nau bastante avariada. Ele se preparava para voltar à Espanha e foi parar, em agosto de 1526, em um lugar chamado então de porto dos Patos, dentro da baía de Santa Catarina, na atual Enseada de Brito.

Nesse mesmo lugar, um núcleo de náufragos europeus havia se formado. Viviam entre os carijós e haviam tentado inclusive alcançar as "riquezas de ouro e prata" de que tanto contavam os nativos para além das montanhas, atravessando o continente a pé em direção ao Paraguai. Enquanto eles resgatavam tudo o que precisavam para prosseguir viagem, tomaram água e lenha, comeram galinhas e patos, Dom Rodrigo anunciou que partiriam no rasto de Pedro de Vera para as Molucas pelo leste.

Até que apareceram dois espanhóis, náufragos da expedição de Solis, que ali estavam desde 1517, ou seja, há quase dez anos. Eles disseram que além deles ainda viviam ali outros nove companheiros que naquele momento "tinham ido à guerra" junto com os nativos carijós. A tripulação da nau São Gabriel ficou muito impressionada com o que viu. Aqueles espanhóis tinham muitas mulheres e filhos mestiços, havia fartura na terra, contavam com "4 mil"[39] indígenas à disposição deles, sem falar nas histórias sobre as riquezas do Prata que poderiam ser alcançadas desde ali.

Não faltavam razões para que os castelhanos da São Gabriel, já surrados pelas infindáveis tormentas do extremo sul, preferissem, segundo o próprio Dom Rodrigo de Acuña, "viver entre os selvagens, do que morrer desesperados no mar". Dos 76 homens que ali chegaram, nada menos que 32 resolveram integrar-se com os carijós.[40] Ficariam ainda mais homens se Dom Rodrigo não tivesse tomado então a decisão de partir rapidamente dali, seguindo viagem de volta à Espanha.

Quando estavam fundeados em um porto que ficava a "15 léguas" do Cabo Frio (distância bem aproximada da Baía de Guanabara), em um sábado, antes que amanhecesse, "dois pajens tomam o esquife sem que ninguém os vissem e vão à terra, deixando o esquife nas pedras".[41]

O capitão Dom Rodrigo enviou quatro homens para saber deles. Nativos, provavelmente os tupinambás, conseguiram se comunicar, mostrando que eles tinham ido para dentro da terra. A escolha dos pajens não deve ter sido aleatória: de alguma forma eles tinham noção do lugar exato onde desejavam desertar. As histórias dos sobreviventes da frota de Magalhães, alguns dos quais também participando da expedição de Jofré de Loyasa, deve ter se espalhado rapidamente entre os marinheiros, grumetes e pajens.

Uma terra bela, verdejante, de muita fartura, e gente muito amável e hospitaleira, ávida por negociar com europeus, e principalmente as belas mulheres que se entregavam aos estrangeiros por quase qualquer coisa. O exemplo de vida de João Lopes Carvalho e seu filho Joãozinho devia ser uma das mais contadas entre os mais experientes. Não é impossível que esses dois jovens pajens espanhóis tenham sido acolhidos por alguma das inúmeras tabas tupinambás que se espalhavam por essa região, principalmente se, precavidos, tivessem recolhido alguns objetos para dar de presente aos nativos e conquistar-lhes a amizade.

A comprovação de que esse lugar era mesmo a Baía de Guanabara surge explicitamente no relato conjunto de outros membros da nau São Gabriel. Ao serem presos em Pernambuco meses depois, dariam declarações minuciosas e juramentadas sobre aquele porto misterioso onde teriam ancorado. Disseram estes que, após sair da baía dos Patos, dirigiram-se "até o *Rio de Genero* e ali demandou o capitão o parecer do mestre, do piloto e de todos os seus companheiros, do que parecia que deviam fazer, ir a Maluco pelo Cabo da Boa Esperança, voltar para o Estreito pela costa em busca da nau capitânia, ou voltar à Espanha".[42] Todos na reunião constataram as más condições da São Gabriel para continuar a viagem e decidiram retornar à terra natal. No trecho seguinte dessa mesma declaração se comprova o local da deserção dos pajens. "E estando ali [na Baía de Guanabara] a 'los bajos de los parguetes' [os baixios dos pargos, "cocorocas"], uma noite dois moços furtam um esquife e se vão à terra, e nós partimos sem poder cobrá-los".[43]

Continuaram a viagem sem conseguir qualquer localização dos rapazes que desertaram na Baía de Guanabara. A nau de Dom Rodrigo continuou seu rumo até a Baía de Todos os Santos, em direção à Espanha. Lá tentou lucrar algo com a viagem e vivenciou o que acontecia com os europeus que simplesmente desciam à terra e começavam a cortar pau-brasil por conta própria. "Domingo 1º de julho de 1526 entrou nesta dita baía, e estando carregando pau-brasil, já tomadas quatro bateladas de carga, os índios mataram sete dos homens que estavam em terra cortando o pau-brasil."[44] Dom Rodrigo pensou que eles ainda pudessem estar vivos e enviou dois grumetes à praia para tentar contato com os tupinambás da Bahia. Assim que eles saltaram também foram capturados e mortos.

Ao sair dali, o tripulante Fernando D'ávila disse que apareceu "na boca da baía um cristão que dizia que há 15 anos estava ali perdido de outra nau".[45] Esse só pode ser Caramuru, o português Diogo Alvarez, que havia conquistado a amizade dos nativos da Baía de Todos os Santos, tinha esposa tupinambá e muitos filhos. Foi um dos personagens mais importantes para o início da colonização do Brasil. É provável que Caramuru tenha insinuado nessa ocasião que, para negociar pau-brasil ali, melhor seria antes falar com ele.

Depois de abandonar às pressas a Baía de Todos os Santos, a viagem de Dom Rodrigo pegou ventos contrários e foi parar na foz do rio São Francisco. Ali encontrou um galeão e duas naus francesas fazendo negócios com os nativos. A princípio foram bem recebidos e prometeram pazes, mas a São Gabriel acabou encalhando. Aproveitando a oportunidade, os normandos resolveram atacá-los.

Dom Rodrigo de Acuña pediu calma e negociou uma trégua com os franceses, indo até as embarcações destes no batel junto com outros sete marinheiros. Entabulou conversações da seguinte forma: "Com boas palavras, algumas coisinhas de ouro e três tonéis de vinho que prometi, se retiraram, desembaraçando o porto".[46] Quando todo o processo de negociação já ia a bom termo a maré encheu, a nau São Gabriel desencalhou, e a tripulação que havia ficado a bordo ergueu as velas e foi para o alto-mar a revelia do comandante. Dom Rodrigo ficou involuntariamente nas mãos dos franceses que, trinta dias depois, quando acabaram de encher os porões dos navios de pau-brasil e outras mercadorias, deixaram o capitão espanhol e seus companheiros em um "batel sem vela, sem pão e sem água".[47]

Depois de muito esforço, o grupo conseguiu chegar até a feitoria dos portugueses, erguida por Cristóvão Jacques, na ilha de Itamaracá, em Pernambuco. Ficaram presos ali pelos portugueses por quase dois anos e enviaram inúmeras súplicas ao rei Dom João III, reclamando que "nem os mouros poderiam dar pior tratamento" e dizendo que ali estavam já há 18 meses "perdidos e desnudos como selvagens". Os portugueses se negavam a dar-lhes carona de volta à Europa, sem que o caso fosse antes analisado pelo rei Dom João III, que por fim autorizou o embarque.

Enquanto isso, a São Gabriel, com pouco mais de vinte tripulantes, voltou para a Baía de Todos os Santos. Ali tiveram mais um pequeno confronto com outro galeão francês, cujo saldo foi um marinheiro espanhol morto e a nau bastante avariada, ainda "com vento contrário que teve que voltar ao Cabo Frio". Esses embates entre navios espanhóis e franceses no litoral brasileiro são exemplos da constante presença de barcos europeus pelo litoral brasileiro nessa época. Ali, os marujos da São Gabriel permaneceram mais dois meses, consertando a embarcação que fazia muita água e, com certeza, carregando pau-brasil e fazendo troca de objetos com os tupinambás. Quando finalmente deram por encerrados os trabalhos de reparo, partiram, mas "entrando dez léguas ao mar [a nau] fazia muita água, e ali fizeram acordo do que se devia fazer e foi irmos para o rio del Extremo, e fomos para aquele porto e deixamos todo o pau-brasil no mar".[48]

O relato de Fernando D'ávila, o "sobressaliente" da nau São Gabriel, menciona um topônimo bastante curioso nessa parte de seu depoimento, o rio do Extremo. Seguindo o que disse, a nau permaneceu dois meses no Cabo Frio, depois tentou empreender a volta para a Europa atravessando o oceano Atlântico, mas só conseguiu avançar 10 léguas (cerca de 60 quilômetros). Fazendo muita água, decidiram retornar para um lugar chamado "rio del Extremo" que, como revela, não era apenas um rio, mas também um porto, digno desse nome. A citação sobre um "rio del Extremo", nome que não é citado por nenhuma outra fonte, pode erroneamente levar a crer que eles teriam ido de volta ao estreito de Magalhães, na lógica de que o rio do extremo do continente era localizado por ali. Contudo, a atitude de deserção de Dom Rodrigo revela o quanto os espanhóis temiam aqueles mares.

Além disso, com a nau vazando água e afundando, o único porto que poderiam alcançar rapidamente depois de navegar por 60 quilômetros mar adentro a partir do Cabo Frio era sem dúvida a Baía de Guanabara. Sem portugueses a bordo, capitães ou pilotos experientes, os poucos tripulantes teriam então criado um novo e misterioso nome para aquele lugar, o "rio del Extremo", cujo significado remetia à proximidade com aquele "extremo" demarcador do litoral do Brasil, o Cabo Frio.

Nas cartas de Dom Rodrigo de Acuña e no depoimento do tripulante Francisco D'Ávila, o topônimo do Rio de Janeiro não é citado nenhuma vez, o que sugere que o nome não era tão corrente entre a tripulação. A citação do "*Rio do Genero*" por aqueles que haviam ficado presos pelos portugueses em Pernambuco pode ter ocorrido por troca de informações com os lusos.

Essa tese se torna ainda mais verossímil à continuação do relato de D'Ávila, onde ele conta que, depois de retirar as toras de pau-brasil que faziam pesar a nau e por isso causava dificuldades à navegação, os marinheiros perceberam a aproximação de nativos. Não podendo mais carregar o barco com a madeira de tintas, entabularam contatos para adquirir "mercadorias" que pouco a pouco foram se revelando o principal produto de interesse dos europeus no litoral brasileiro: a escravização dos nativos da terra.

Parecia um bom negócio para todos. Os curiosos tupinambás recebiam objetos que consideravam de grande utilidade enquanto percebiam o interesse dos estrangeiros em tomar conta de alguns dos seus entes e cativos, embarcando-os nas naus com eles.

Nesses tempos, os povos que aqui viviam e que estavam nos primeiros contatos com os europeus certamente ainda não tinham elementos suficientes para identificar as verdadeiras intenções escravagistas por detrás das trocas que envolviam pessoas, normalmente inimigos aprisionados, mas também parentes, como mulheres solteiras e até mesmo filhos.

O interesse de viajar nas *ygaraçus*, nas grandes canoas dos *karaíbas*, partia também intensamente do desejo de algum dos nativos, ávidos por ver, conhecer e aprender um mundo completamente novo que se lhes abria com aquela "oportunidade". As naus portuguesas recomendavam expressamente que não deixassem que os nativos embarcassem nas naus de volta a Lisboa, e mesmo assim voltavam ao reino sempre levando de "extras nativos" mais numerosos que do que a própria tripulação.

Atrair e aprisionar nativos para o mercado escravagista na Europa, e depois no próprio Brasil, começou ser um dos principais interesses dos navegadores europeus a partir da segunda década do século XVI. D'Ávila conta que naquele porto havia indígenas

> *e parecendo-nos que aquela água que fazia a nau, era de bem resgatar alguns escravos para dar a bomba [sistema manual que tirava a água do casco bombeando-a], e resgataram-se 21 índios dos mesmos daquela terra e por cada um deram para eles duas achas' [espécie de arma medieval parecida com um machado de cabo mais longo] e os índios resgatavam de bom grado.*[49]

Depois de conseguir essa "tripulação adicional" de nativos, a São Gabriel partiu então de volta à Espanha, chegando de volta a La Coruña no dia 28 de maio de 1527, com 27 espanhóis e 22 nativos do Brasil a bordo. Jofré de Loyasa e Juan Sebastián Elcano conseguiriam atravessar o estreito de Magalhães, mas na dura travessia do Pacífico os dois morreriam em consequência do escorbuto. Pouco mais de trinta tripulantes dos 450 que haviam partido de La Coruña chegariam às Molucas.

PORTO DE PASSAGEM

Depois da partida da expedição espanhola de Jofré de Loyasa e Dom Rodrigo, a Espanha armou outras duas como o mesmo destino. Também tinham como missão integrarem-se às forças daquele país no Oriente com a finalidade de garantir a soberania do comércio com as ilhas Molucas. O caminho a ser percorrido era o mesmo descoberto por Fernão de Magalhães, via costa da América do Sul.

A primeira, sob o comando do inglês Sebastião Caboto, partiu em abril de 1526, quase um ano depois da frota de Jofré de Loyasa, com três naus e 150 homens a bordo. No fim de outubro do mesmo ano já estava no "Porto dos Patos", na ilha de Santa Catarina. Ali, Caboto fez contato com os mesmos náufragos espanhóis. Haviam chegado com Solis e mais recentemente com Dom Rodrigo e tomaram conhecimento das maravilhosas histórias sobre riquezas de ouro e prata, sendo prova alguns artefatos que os próprios haviam conseguido durante viagens que empreenderam com os nativos. Entusiasmado, Caboto desistiu da longa e mortal travessia do estreito de Magalhães às Molucas e internou-se via rio da Prata pelo interior do continente, refazendo o mesmo caminho explorado antes pelo português Cristóvão Jacques.

No ano seguinte, no dia 15 de agosto de 1527, partiram da Espanha mais dois barcos, uma caravela e um patax (barco menor), com quarenta homens, sob as ordens do capitão e piloto de nome Diego Garcia de Moguer. Traziam consigo um batel, desmontado em peças, que seria usado na exploração aos rios que formavam a bacia do Prata, região sobre a qual ele recebeu autorização oficial para explorar – ao contrário de Caboto, cuja frota deveria ter seguido para as Molucas. Ele também passou pelo porto do Rio de Janeiro e, sem conhecê-lo, passou para São Vicente.

No depoimento deixado por Diego Garcia intitulado *"Relación y Derrotero"*, o navegador conta que ao chegar naquele porto encontrou logo um "bacharel e uns genros seus que há bem trinta anos vivem ali". Era o mesmo degredado que havia sido deixado em Cananeia em 1502 na primeira expedição exploradora, da qual Américo Vespúcio havia participado. Ele não apenas ainda estava ali, mas tinha conseguido aliar-se aos nativos, casou-se com algumas mulheres, que lhe deram muitos filhos e vivia como um grande *morubixaba* europeu, aliado a um clã dos carijós do litoral sul de São Paulo.

Naquela região ele havia se transformado em um grande comerciante local, cujo principal produto era um estoque inesgotável de nativos escravizados, principalmente carijós do litoral do Paraná e Santa Catarina e, depois, também tupiniquins e tupinambás. Diego Garcia foi ajudado pelo Bacharel, que alguns estudiosos atribuem o nome de Mestre Cosme, em sua missão de explorar o rio da Prata. Um de seus genros vendeu-lhe um bergatim, com o qual poderia entrar nos rios Paraná e Paraguai, e também armazenaram grande quantidade de carne, pescado e tudo o que era necessário.

Diego Garcia e Sebastião Caboto se encontrariam no alto do rio Paraná no dia 7 de maio de 1528. Os homens de Caboto em maior número cercaram os de Diego Garcia e teve início uma turbulenta relação entre os dois exploradores. Antes da chegada de Garcia, Caboto já havia promovido diversas guerras contra os nativos daquelas paragens. Em resposta, os europeus foram atacados várias vezes e muitos morreram. Os dois capitães voltariam, esgotados e famintos, sem descobrir efetivamente o caminho para as riquezas de prata e ouro além dos Andes e sem conhecer o Rio de Janeiro.

Ao zarpar, os dois encheriam seus barcos com os produtos do Bacharel de Cananeia, ou seja, escravizados. Cada um levou cerca de setenta nativos carijós, tupiniquins e possivelmente também alguns tupinambás. Os dois navegadores a soldo da Espanha retornariam quase ao mesmo tempo a Sevilha.

Caboto chegou em 22 de julho de 1530 e, em 2 de agosto, Diego Garcia, que uma semana depois apresentou queixa formal contra as arbitrariedades cometidas pelo piloto inglês na América do Sul. Caboto acabou condenado a um exílio de quatro anos na Argélia, e a pagar 100 mil *maravedis* em multas e indenizações ao rei e a Diego Garcia. No entanto, pouco tempo depois acabou reabilitado pelo rei, agora Carlos V, e reconduzido a piloto-mor da Espanha, cargo que exerceu por mais 12 anos.

No segundo semestre de 1526, quase no mesmo momento em que partiam os navios de Caboto e Garcia para a costa brasileira, zarpava finalmente a terceira expedição guarda-costas de Cristóvão Jacques, composta de quatro caravelas e uma nau. Os portugueses tinham informações, por meio de seus embaixadores e espiões, de que tanto espanhóis quanto franceses armavam sucessivamente frotas em direção à costa do Brasil.

Cristóvão Jaques chegou à feitoria da ilha de Itamaracá em Pernambuco no fim daquele ano e encontrou ali Dom Rodrigo de Acuña e seus sete companheiros de infortúnio. Imediatamente os prendeu e os fez escravizados carregando de pau-brasil a nau que trazia e que mandou de volta a Portugal. Depois disso concentrou-se na missão de procurar navios estrangeiros pela costa até o rio da Prata. Não precisou ir muito longe, pois chegando à Baía de Todos os Santos, em fins de junho de 1527, encontrou três galões franceses, dois dos quais pesavam mais de 140 toneladas.

Durante um dia inteiro as quatro caravelas de Cristóvão Jacques combateram os barcos normandos e bretões dentro do rio Paraguaçu, em um recôncavo perto de um lugar até hoje conhecido como ilha dos Franceses. Por fim, os portugueses, que estavam melhor armados, derrotaram os normandos, que capturados foram submetidos a terríveis torturas antes de serem mortos. Uma fonte revela que os lusos os enterraram na areia até o pescoço e depois fizeram suas cabeças de tiro ao alvo com os arcabuzes, em um divertimento sádico. O ato demonstra o quanto os portugueses estavam irritados com a constante presença daqueles navios em terras que já consideravam suas.

Essa crueldade não passaria sem resposta da França. O conhecimento do massacre ocorrido na costa do Brasil algum tempo depois levou a uma reação de igual proporção e a um acirramento nas relações entre portugueses e franceses no Atlântico. Apesar dos empenhos diplomáticos de Portugal, os prejuízos e o protesto dos familiares dos mortos no episódio do rio Paraguaçu obrigaram o rei da França, Francisco I, a assinar "cartas de marca" que permitiam oficialmente represálias a embarcações portuguesas no intuito de compensar os danos econômicos causados aos mercadores de Dieppe, Rouen e Honfleur.

Informado das brutalidades cometidas pelas tropas de Cristóvão Jacques contra os franceses, Dom João III o destituiu do comando e determinou seu imediato regresso a Portugal. Antes, porém, Jacques continuou na sua missão de patrulhar o litoral brasileiro onde teria apreendido outros navios franceses. Em 1529, retornou a Lisboa trazendo consigo cerca de trezentos prisioneiros normandos. Na corte, tentou convencer o rei de que a única maneira de garantir a posse daquela terra do Brasil e acabar de vez com a presença de naus estrangeiras era iniciar, de fato, a colonização.

Cristóvão Jacques ofereceu-se para começar a ocupação às próprias custas, levando mil colonos ao Brasil, mas sua proposta não foi aceita, provavelmente devido aos embaraços que as brutalidades por ele cometidas no Brasil causaram às relações com a corte francesa. Cristóvão também era considerado um homem autoritário e independente demais. As repercussões negativas da batalha no Brasil fizeram-no perder prestígio em Portugal, onde morreu no esquecimento.

1530–1533 A VIAGEM DE MARTIM AFONSO E PERO DE SOUSA

Enquanto Cristóvão Jacques iniciava seu retorno a Lisboa em 1529, outra grande armada estava sendo preparada pelo rei Dom João III para ser enviada ao Brasil. Os relatos sobre os "maravilhosos descobrimentos" de ouro e prata que podiam ser alcançados em abundância a partir do rio da Prata logo se espalharam pela Europa. Principalmente com o retorno de uma das naus da frota de Caboto, que de volta à Espanha em busca de reforços, aportou em Lisboa em outubro de 1528, antes de seguir para Sevilha. O embaixador espanhol em Portugal, Lope Hurtado de Mendoza, escreveu ao monarca que, de acordo com relatos dos tripulantes daquela nau, "indubitavelmente Vossa Majestade Imperial não necessitará mais da canela ou da pimenta, porque terás mais ouro e prata do que necessita".[50]

Essas informações foram levadas tão a sério que em abril do ano seguinte o rei da Espanha entraria de boa vontade em acordo com a Coroa portuguesa, abrindo mão da soberania das ilhas Molucas a favor dos lusos, recebendo por isso 350 mil ducados de indenização. Nessa época a Espanha e França estavam em guerra, o que custou o atraso da próxima expedição espanhola ao Prata, que só ficaria pronta no ano de 1534.

Nesse ínterim, Dom João III, também influenciado pelos relatos das expedições espanholas que levavam, entre eles, muitos portugueses, tratou de correr na frente dos espanhóis e, em 3 de dezembro de 1530, uma frota composta por um galeão, duas naus, duas caravelas e mais de quatrocentos homens a bordo partia de Lisboa sob o comando de um nobre amigo íntimo do rei de Portugal, chamado Martim Afonso de Sousa.

Carregados de munição e artilharia, essa expedição tinha muitos objetivos. O primeiro era continuar com a vigilância do litoral, principalmente na perseguição a quaisquer barcos estrangeiros. Depois deviam edificar fortalezas nos principais portos, para que a terra ficasse mais bem protegida, além de iniciar a exploração do rio Amazonas, chamado então de Maranón (que acreditavam também ser um dos possíveis caminhos para a região onde ficavam as grandes minas de prata e ouro). Por último, a missão mais importante era a de tomar posse oficialmente das terras que ficavam no rio da Prata para o reino de Portugal e especialmente para isso levavam marcos de pedra. Os quatrocentos tripulantes foram facilmente recrutados, todos enfeitiçados pelos relatos e histórias das riquezas que aquela viagem buscaria. Pelo menos um terço desses homens ficariam no Brasil.

Dom João III, rei de Portugal

A principal fonte dessa expedição é um relato escrito por Pero Lopes de Sousa, capitão de uma das naus da frota e irmão de Martim Afonso. Esse documento foi encontrado pelo historiador Francisco Varnhagen em 1839, na Real Biblioteca do Palácio Nacional da Ajuda, em Lisboa, e publicado pela primeira vez nos anos seguintes.

Dois meses depois de zarpar, em 31 de janeiro de 1531, eles alcançaram a costa do Brasil nas proximidades do cabo de Santo Agostinho. Quando se aproximaram do litoral, toparam com uma nau francesa, e então Pero Lopes disse: "Demos as velas todas e a fomos demandar".[51]

Martim Afonso espalhou sua frota de modo que a nau francesa se viu cercada. Sem saída, os tripulantes normandos, amedrontados com as recentes atrocidades portuguesas, não tiveram dúvidas: jogaram o batel na água e fugiram o mais rápido que puderam para a terra firme. Na nau apreendida havia apenas um homem, estava abarrotada de pau-brasil, além de haver dentro dela muita artilharia e pólvora, que foi de bom proveito para os portugueses.

O homem que ficou na nau francesa informou aos portugueses que outro barco francês estava por perto ao sul do cabo de Santo Agostinho. Martim Afonso mandou Pero Lopes com uma caravela a toda velocidade naquela direção, de modo a verificar aquela informação. No dia seguinte, 1º de fevereiro, segundo dia após a chegada ao litoral brasileiro, toparam com uma segunda embarcação francesa e teve início uma perseguição que durou todo o dia e a noite.

A nau francesa rumou para o norte na tentativa de escapar, mas deu de cara com os outros navios da frota de Martim Afonso, que, devido ao vento, não conseguiam se aproximar. Restou a Pero Lopes continuar no encalço do barco francês. No fim de tarde, disse: "Cheguei à nau, e primeiro que me tirasse, me deu dois tiros; antes que fosse noite lhe tirei três tiros de camelo, e três vezes toda a outra artilharia; e com ela pelejamos toda a noite". No dia seguinte à perseguição os tiros mútuos continuaram "desde as sete horas da manhã, até o sol posto". Quando finalmente renderam a nau francesa no fim do dia, por estarem os franceses sem pólvora, Pero Lopes relatou que havia tomado mais de 32 tiros, que se quebraram muitos aparelhos e que todas as velas se romperam durante a batalha, entretanto nenhum homem de sua tripulação havia morrido no combate. Este segundo navio francês também estava repleto de pau-brasil, artilharia e munição de guerra.

No dia 19 de fevereiro todos os navios se encontraram na feitoria de Itamaracá e descobriram que dois meses antes um galeão francês saqueara aquele entreposto, levando tudo o que nele estava. O feitor, chamado Diogo Dias, havia escapado e embarcado em uma caravela portuguesa que rumava para o Rio de Janeiro, em escala para Sofala, Moçambique. Ficaram ali dez dias recobrando as forças até que Martim Afonso determinou a divisão da frota em três. Duas caravelas sob o comando de Diogo Leite foram mandadas para explorar o rio do "Maranham" (Amazonas), ao norte. Uma das naus capturadas aos franceses partiu para Portugal carregada de pau-brasil e levando trinta prisioneiros normandos. O restante da frota, composta pela nau capitânia de Martim Afonso, um galeão sob comando de Pero Lobo e a outra nau francesa, agora batizada de Nossa Senhora das Candeias, com Pero Lopes de Sousa como capitão, rumou para o sul, com o objetivo de explorar o Rio da Prata.

No dia 12 de março chegam à foz do rio São Francisco, e no dia seguinte à Baía de Todos os Santos. Ali encontraram, assim como os homens de

Dom Rodrigo de Acuña quatro anos antes, "um homem português" que há 22 anos "estava na terra e deu reza larga do que havia nela". Por intermédio da influência exercida por Caramuru, os principais *morubixabas* tupinambás da Bahia foram "fazer obediência" a Martim Afonso, trouxeram muitos mantimentos e "fizeram grandes festas e bailes, mostrando muito prazer por sermos aqui vindos".

Pero Lopes descreve os tupinambás do lugar como "gente alva", "os homens muito bem dispostos", ou seja, fortes. Já as mulheres mereceram um elogio comparativo, diz que elas eram "mui formosas, que não fazem nenhuma inveja às da rua Nova, de Lisboa". Em Salvador ficaram dois homens ao lado de Caramuru, a mando de Martim Afonso, "para viver a experiência da terra" com muitas sementes.

Depois de cinco dias recarregando as naus, eles partiram novamente em direção ao sul e, depois de 48 horas de ventos perfeitos, o tempo virou, o mar ficou grande e o tempo "mui feo". As naus foram obrigadas a baixar todas as velas e a ficar à deriva, o que, no jargão náutico e de Pero Lopes, significava navegar "em árvore seca". A tempestade durou dois dias. Durante uma das noites quase naufragaram próximo à costa e no terceiro dia acabaram empurrados de novo para dentro da Baía de Todos os Santos.

Coincidentemente encontram ali a caravela com destino a Sofala, que tomava o Rio de Janeiro como escala e na qual o feitor de Pernambuco havia fugido durante o ataque francês dois meses antes. Na caravela havia nativos, possivelmente tupinambás, que seriam escravizados. Martim Afonso de Sousa mandou "despejar a caravela dos escravizados, e lançou-os em terra" e apreendeu a embarcação, "por lhe ser necessária para a viagem". Agora eram quatro navios na frota que zarpou da Baía de Todos os Santos novamente no dia 27 de março de 1531.

A frota avançava muito lentamente pelo litoral, costeando a terra e percebendo as serras que se mostravam quando vistas de longe do mar. No dia 19 de abril ventou tanto durante a noite que a nau capitânia de Martim Afonso teve um mastro quebrado. No dia 23 bateu um sudoeste que "veio tão súbito e furioso, que quase não deu para aplainar as velas; e ventou com tanta força (o qual ainda nesta viagem o não tínhamos assim visto ventar) que as naus sem velas se metiam no bordo debaixo do mar". Pero Lopes completa a descrição da cena da tormenta que os abateu ao meio-dia mas que parecia meia-noite, tamanha a escuridão e relâmpagos. A nau balançava tanto que os instrumentos de navegação quebraram.

Mesmo assim perseveravam em avançar em direção ao Prata. No dia 29 de abril encontraram o Cabo Frio, onde a Pero Lopes revela o conhecimento prévio da distância que ainda teria que percorrer daquele acidente da costa ao Rio de Janeiro, "leste oeste há de caminho 17 léguas", informações que eram disponíveis aos navegadores portugueses desde as primeiras expedições de reconhecimento. No dia seguinte, na manhã de 30 de abril, eles estavam "à boca do Rio de Janeiro".

Ao meio-dia "se fez vento do mar", e as naus conseguiram entrar pela pequena barra "não mais que um tiro de arcabuz" que tem uma ilha de pedra rasa com o mar. Pero Lopes passa a descrever aquele "rio mui grande" pela disposição das ilhas que proporcionavam "muitos abrigos" para as naus. Prossegue: "Toda a terra deste rio é de montanhas e serras mui altas".

Os tupinambás receberam os homens da expedição de Martim Afonso de Sousa, como se pode inferir nos relatos de Pero Lopes, da maneira mais hospitaleira e generosa possível. Diziam: *karaiubê, karaiubê,*[52] que significava "bem-vindos, *karaíbas*", "bem-vindos, homens brancos". Na Baía de Todos os Santos, mesmo com a presença do náufrago português Caramuru, em cinco dias já estavam de volta ao mar. Já ali, toda aquela gente se deixaria ficar por três meses a fio. É de se considerar por isso que a interação com os nativos da Guanabara tenha sido a melhor possível.

Martim Afonso de Sousa manda, não à toa, construir uma casa forte "com cerca por derredor", próximo à taba da Karióka, na foz de seu rio ancestral. Essa seria a casa que permaneceria como ponto referencial da cidade nos primeiros anos de seu desenvolvimento após a conquista de 1567. No diário de Pero Lopes não há menção à existência prévia de qualquer tipo de construção portuguesa na Guanabara. A feitoria da Ilha do Governador, depois de quase 15 anos de abandono, já havia desaparecido por completo da paisagem.

A decisão de Martim Afonso em erigir uma casa de pedra no continente denota também o excelente relacionamento que ele havia estabelecido com os nativos dali, principalmente da aldeia Karióka, mas também com algumas das outras tabas que ficavam mais próximas, como as de Gûyrágûasu'unaê e Jabebiracica.

É possível que a presença de Pedro Annes como "língua da terra" nessa expedição tenha sido de muito bom proveito para isso. O marinheiro da nau Bretoa, que vinte anos antes havia sido desterrado no Rio de Janeiro com João Lopes Carvalho, agora retornava à Guanabara como se estivesse encontrando velhos amigos para apresentar-lhes novos. Os *morubixabas* lembravam-se com alegria das trocas que haviam feito e algumas ex-mulheres demonstravam saudade, chorando e gritando louvores por seu retorno, lembrando os perigos que ele havia passado para chegar até ali simplesmente para "revê-las". Eram demonstrações verdadeiras de amizades que logo foram retribuídas por mantimentos variados para toda a tripulação.

Durante os três meses, estocaram comida "para um ano, para quatrocentos homens que trazíamos". Estes encantavam-se pelas mulheres, talvez até mais bonitas do que as que eles viam passar na rua Nova, de Lisboa, enquanto desconfiavam daqueles estranhos homens nus de rostos furados que lhes ciceroneavam. Mesmo assim, Pero Lopes, frente tamanha generosidade, confessa em seu diário que "a gente deste rio é como o da Baía de Todos os Santos; senão quanto é mais gentil gente".

O clima de tranquilidade fez Martim Afonso permitir que quase toda a tripulação desembarcasse em terra, e que os carpinteiros fabricassem imediatamente dois bergatins de 15 bancos cada, para serem usados na exploração futura da bacia do rio da Prata. O objetivo principal dessa expedição, apesar de outros deveres, era mesmo a busca das riquezas lendárias dos Andes.

Como Martim Afonso não sabia exatamente em que lugar do interior daquela terra estava o famoso eldorado que tantas expedições já haviam buscado pelo rio da Prata, ele teve a ideia de explorar o interior daquela terra bastante habitada. Reuniu quatro de seus melhores homens e ordenou que seguissem para o interior. Essa era apenas a segunda vez em trinta anos que os europeus avançavam para o interior da terra a partir da Baía de Guanabara. A primeira vez havia sido em 1504, na expedição de Vespúcio à Guanabara.

Esses homens muito provavelmente foram acompanhados por algumas dezenas de tupinambás da terra para servir-lhes de guia e proteção. Os *morubixabas* das aldeias próximas colaboraram escolhendo e estimulando os melhores homens a seguir com os europeus mata adentro. Os tupinambás só entravam na mata em grandes grupos, pois sabiam que homens em pouca quantidade tornavam-se presas fáceis de onças e outros bandos de guerreiros inimigos. Pedro Annes também deve ter se envolvido nessa expedição.

Os tupinambás começaram essa jornada levando-os pelo antigo *peabiru* que ligava à costa ao interior e que no final século XVI seria um dos caminhos mais antigos da cidade, conhecido então por Pindobuçu ou Pindelo. Pelo atual bairro de Bonsucesso ficava o começo principal do grande "*peabiru* carioca". Ele cortava o enorme vale entre o maciço da Tijuca e da Pedra Branca de um lado, e do Mendanha do outro, passando pelas maiores aldeias tupinambás do recôncavo, tais como Sapopéma e Okarantĩ, integrava as aldeias umas com as outras com ramificações. Depois, seguia no eixo principal em direção às outras grandes comunidades da Costa Verde e ao longo do rio Paraíba do Sul, além das montanhas.

Pero Lopes diz que esse grupo demorou dois meses terra adentro e que haviam percorrido 115 léguas. Levando-se em conta que uma légua portuguesa equivale a aproximadamente 6 quilômetros, eles teriam percorrido cerca de 660 quilômetros. A distância parece ter sido um pouco exagerada para enaltecer os feitos daquele grupo aos olhos do capitão. Segundo o quarteto explorador, eles teriam nas primeiras 65 léguas passado por montanhas muito grandes e as 50 léguas restantes gastaram em um campo de planalto, "e foram até darem com um grande rei, senhor de todos aqueles campos".[53]

Os tupinambás eram inimigos de todos os grupos vizinhos às suas terras, por isso não entrariam em limites alheios com aqueles portugueses, pois certamente seriam atacados. Por isso, não é possível crer, como conjecturam muitas pesquisas, que o "rei" encontrado pelos enviados de Martim Afonso de Sousa tenha sido o cacique Tibiriçá, um dos mais importantes de seus arqui-inimigos tupiniquins, e que a essa altura já era sogro há pelo menos 15 anos do degredado português João Ramalho. Caso Tibiriçá aparecesse de repente na Baía de Guanabara, mesmo que em companhia de portugueses, seria imediatamente morto. Era um código cultural guerreiro para o qual não havia exceções. Além disso, se fosse Tibiriçá esse rei, a expedição obviamente também teria trazido, ou ouvido falar, do português João Ramalho, que vivia junto à aldeia na atual região de Santo André.

Por isso, os tupinambás provavelmente só foram até onde podiam seguir em relativa segurança, dentro de seus domínios conhecidos, e levaram os europeus até o principal *morubixaba* de seus parentes conhecidos como tupinambás paraíbas, que dominavam boa parte do longo curso do rio Paraíba do Sul, onde as aldeias mais distantes ficavam próximas das cabeceiras, já perto da atual cidade de São Paulo. O que se conforma com o relato daqueles desbravadores que com dificuldade calculavam a distância percorrida a pé.

O "rei" que eles traziam não tinha nenhum poder sobre os nativos da Guanabara e não passava de mais um *morubixaba* como tantos outros que lideravam as diversas grandes aldeias da terra. O fato deve ter sido notado por Pero Lopes, que não achou importante anotar o nome daquele "rei" para a posteridade. De importante para os portugueses ficou apenas o fato de ele entregar a Martim Afonso "muito cristal" e informar que "no rio Peraguay havia muito ouro e prata". Era mais uma confirmação de que todas aquelas histórias e lendas contadas sobre as riquezas do Prata eram verdade, e que aquela oportunidade estava esperando por eles dali por diante. Contente com as informações, Martim Afonso entregou a este *morubixaba* Paraíba muitos presentes, como ferramentas de metal e outros apetrechos. Já satisfeito com as notícias que trazia, mandou-o "tornar para suas terras".

Depois desse encontro não demorou muito para que tudo estivesse pronto, e partiram da baía no dia 1º de agosto de 1531, para certo desânimo dos tupinambás que apreciavam aqueles contatos e trocas. Há de se notar o fato de Martim Afonso não ter deixado em terra homens "para viver a experiência da terra" como havia feito na Bahia. Talvez tenha achado que aqueles três meses alegres e fartos já tivessem sido suficientes para todos eles.

Do período que passou no Rio de Janeiro, Martim Afonso fez questão de remeter assim que possível uma carta ao rei Dom João III para lhe contar as novas. Essa correspondência não chegou a nossos dias, mas sabemos de seu conteúdo por meio de uma carta do embaixador espanhol na corte de Lisboa, o mesmo Lope Hurtado. O diplomata faz saber ao rei castelhano que no Brasil "as caravelas descobriram um rio muito grande, que tem muitas montanhas, grande cópia de madeiras e muita diversidade de aves, que os da terra têm muito contentamento de serem seus súditos".[54]

A informação evidencia a boa relação estabelecida por Martim Afonso com os nativos da Guanabara. Contudo, os desdobramentos posteriores dessa expedição seriam determinantes para alterar a relação com os tupinambás que habitavam o Rio de Janeiro. Em pouco tempo, eles passariam do "contentamento de serem súditos do rei de Portugal" para os maiores inimigos da colonização lusa.

A frota dos irmãos Sousa seguiu rumando para o sul, atravessando intensos nevoeiros e tormentas, até que 12 dias depois depararam-se com a ilha de Cananeia, no litoral sul de São Paulo. Martim Afonso mandou à terra Pedro Annes, "que era língua da terra que fosse haver fala dos Índios". Uma semana depois ele voltou com oito europeus que ali viviam. O Bacharel de Cananeia, seu genro Francisco de Chaves, e mais seis espanhóis que tanto podiam ser náufragos do tempo de Solis como desertores de Dom Rodrigo. "Esse bacharel havia trinta anos que estava degredado nesta terra, e o Francisco de Chaves era mui grande língua desta terra".

Conversaram bastante com Martim Afonso, e principalmente Francisco de Chaves prometeu ao capitão que, se lhe dessem meios, ele voltaria em dez meses com "quatrocentos escravos carregados de prata e ouro".[55] As palavras mágicas fizeram o nobre português não pensar duas vezes antes de enviar boa parte de sua tropa, quarenta besteiros e quarenta espingardeiros, junto com o recém-conhecido "mui grande língua de terra" em uma expedição terrestre rumo ao "rei branco" do Eldorado mineral. Em pouco dias entravam pela selva, acompanhados por incontáveis guerreiros tupiniquins, sob o comando do capitão de uma das naus, Pero Lobo, com Francisco de Chaves como guia.

Cinco dias depois Martim Afonso e Pero Lopes partiram com o resto da tripulação de Cananeia, em busca do caminho até então conhecido e tradicional que os levariam àquelas riquezas, o rio da Prata. No dia 22 de outubro, quando estavam já navegando próximos à foz desse rio, as naus enfrentaram uma tormenta que "parecia o mar mais alto que a gávea", o ponto máximo do mastro principal da caravela de onde os marinheiros observavam a distância. Dois barcos se salvaram bastante avariados, já a nau Capitania de Martim Afonso de Sousa foi a pique ao chocar-se contra rochas na costa e naufragou. A tripulação se salvou a nado, o capitão agarrado em uma tábua. Apenas seis morreram afogados e outro teve um infarto, ou, como Pero Lopes escreveu, morreu "de pasmo" frente à catástrofe.

No dia 6 de novembro, Pero Lopes conseguiu resgatar a tripulação da capitânia, e os oficiais fizeram uma reunião sobre como deviam prosseguir. A situação era crítica. Com a perda da nau capitânia foram-se os mantimentos adquiridos dos tupinambás no Rio de Janeiro, e os outros barcos, muito avariados, estavam sem condições de continuar. Por isso todos "acordaram e assentaram que ele [o capitão] não devia ir pelo rio de Santa Maria [Rio da Prata] acima".[56]

Martim Afonso, frente às condições que se apresentavam, desistiu de seguir naquela viagem. Antes de partir dali, contudo, mandou um bergatim com trinta homens para que colocassem padrões de pedra para "tomar posse do dito rio por el Rei nosso senhor". Esse barco foi com Pero Lopes no comando, parou no Monte de São Pedro (Montevidéu) e em um cabo, onde 150 anos mais tarde os portugueses fundariam a Colônia de Sacramento.

Subiram o rio por vinte dias, explorando principalmente o rio Uruguai. Espantaram-se com a quantidade de peixes que pescavam todos os dias e que não conseguiam dar conta de comer, depois encontraram as terras dos pampas austrais. "É toda a terra chã, coberta de feno que cobre um homem, há muita caça de veados e emas." Pero Lopes, para falar da beleza da terra, revela seu pelotão multinacional. "Eu trazia comigo alemães, italianos, homens que foram à Índia e franceses, todos espantados com a formosura da terra."[57] Ali resolveram deixar os padrões que dariam origem a uma disputa secular entre Portugal e Espanha pela posse do rio da Prata.

Na viagem de volta até o porto onde Martim Afonso de Sousa os esperava, os homens de Pero Lopes enfrentaram uma tormenta e naufragaram com o bergatim, na foz do rio do Prata. Salvaram-se todos e com muitas dificuldades voltaram a se reunir com o restante da tripulação.

No dia 1º de janeiro de 1532, todos partiram de volta ao litoral do Brasil e oito dias depois chegaram a Cananeia esperando reencontrar o grupo de Pero Lobo carregado de escravizados e de ouro. Esperaram ali durante sete dias e, vendo que não havia notícia daquela gente, Martim Afonso decidiu rumar para São Vicente, onde a frota chegou no dia 21 de janeiro de 1532. Era também um dos locais combinados para o retorno da expedição terrestre de Pero Lobo e Francisco das Chaves. No entanto, aqueles homens haveriam de ser trucidados por nativos perto de Foz do Iguaçu, no Paraná.[58] Como ainda não tinham quaisquer notícias daqueles que haviam partido com Pero Lobo, Martim Afonso acabou permanecendo por um ano e três meses em São Vicente, então conhecida como "porto dos Escravos". Ficou ali porque ansiava ter "recado da gente que tinha mandado descobrir pela terra adentro".

Martim Afonso logo mandou fazer uma casa de pedra e levantar em terra uma das naus para reparos urgentes. Diz Pero Lopes em seu diário que "a todos pareceu tão bem esta terra, que o capitão determinou de a povoar, e deu a todos os homens terras para fazerem fazendas; e fez uma vila na ilha de São Vicente, e outras 9 léguas dentro pela serra, a borda de um rio que se chama Piratininga; e repartiu a gente nestas duas vilas e fez nessa oficiais".[59] Um desses oficiais nomeados por Martim Afonso de Sousa era um português que ele acabara de conhecer, morador daquelas paragens havia mais de vinte anos e que, assim como o Caramuru na Baía de Todos os Santos, foi extremamente importante para o início do povoamento português no Brasil.

João Ramalho era um náufrago ou desterrado que ali havia chegado provavelmente por volta de 1512. Ele não era o único; existiam outros portugueses e europeus que também viviam entre os nativos naquela época. Por sorte, foi muito bem-acolhido pelos nativos tupiniquins que habitavam aquele trecho do litoral e logo se tornou genro de um dos maiores *morubixabas* locais, de nome Tibiriçá, indo morar na aldeia deste principal. Ela ficava localizada acima da Serra do Mar, nas proximidades da atual cidade de Santo André, a cerca de 100 quilômetros de São Vicente. Era alcançado por um antigo *peabiru*, uma trilha íngreme e perigosa que os nativos chamavam de Paranapiacaba ("lugar do qual se vê o mar").

João Ramalho era o principal contato daqueles recém-chegados portugueses com os indígenas que ali viviam. Era respeitado e temido pelos tupiniquins que se juntavam a ele em expedições guerreiras, onde o principal objetivo era aprisionar homens e mulheres de outras comunidades para serem usados e vendidos como escravizados em São Vicente. Durante os vinte anos que ali permaneceu praticamente sozinho, teve muitos filhos com as suas mulheres nativas, sendo a esposa principal de nome Bartira. Seus descendentes participariam decisivamente das bandeiras e entradas pelo sertão, mantendo a atividade escravagista do pai. João Ramalho estava completamente habituado à terra, falava perfeitamente a língua tupi, conhecia todos os caminhos para o sertão e havia adotado alguns dos costumes indígenas, como andar nu e participar das suas festas, inclusive, as antropofágicas.

Os homens de Martim Afonso que participaram da fundação de São Vicente e Piratininga acreditavam que aquele ponto da costa era de onde partia o caminho terrestre para a serra da Prata. Além da perspectiva de alcançar as riquezas a partir dali, a terra era abundante em caça, pesca e frutos silvestres. Não se sabe quantas pessoas da tripulação de Martim Afonso, já a essa altura bastante diminuta, resolveram ficar em São Vicente. A vila já existia antes da chegada de Martim Afonso, sendo apontada nos mapas desde 1502. Era uma insipiente feitoria, de iniciativa particular, visitada por esquadras em busca de mantimentos, escravizados e entreposto para as diversas naus de passagem. Em 1530 tinha cerca de dez ou 12 casas, uma feita de pedra, além de "uma torre contra os índios em caso de necessidade".[60]

Aqueles tripulantes que, cansados da vida do mar, ganharam terras para estabelecer-se, devem ter gostado muito de se deparar com as mulheres tupiniquins circulando completamente nuas. Muitas delas, como afirma o padre José de Anchieta em uma carta escrita de São Vicente em 1554, "não sabem se negar a ninguém, mas ainda elas mesmas assediam e importunam os homens, metendo-se com eles nas redes, pois consideram uma honra dormir com cristãos".[61]

SÃO VICENTE, A ESCRAVIZAÇÃO TUPINAMBÁ E O PERÓ

Em poucos meses o ouro e a prata que almejavam alcançar a partir dali seriam descobertos pelos espanhóis comandados por Francisco Pizarro. Em novembro de 1532 ele foi capaz de subjugar o império inca de Atahualpa, o "rei branco", com apenas 153 homens e 27 cavalos.

Nos primeiros meses de 1533 a notícia de que a Espanha havia chegado primeiro ao Eldorado de prata correu na corte em Lisboa e fez com que toda a atividade de exploração e colonização portuguesa a partir do litoral sul do Brasil fosse paralisada. Portugal perdeu o interesse no envio de novas frotas, assim como o caminho terrestre que ligava o litoral às terras do atual Paraguai, e de lá à serra da Prata, também havia perdido todo o seu valor.

Os portugueses que ficaram em São Vicente, ávidos por enriquecer sem muito esforço, logo perceberam que a única riqueza daquela terra era aquela explorada já há tantos anos por João Ramalho, Bacharel de Cananeia e tantos outros: a escravização dos nativos.

A maioria dos colonos tentou logo implementar fazendas de cana-de-açúcar, cultivo para o qual eram necessárias grandes quantidades de mão de obra. Cada engenho empregava entre cem e duzentos escravizados e exigia trabalhos pesados para sua edificação, como abater a mata, eliminar a vegetação rasteira, criar gado, canalizar água para os moinhos, construir os próprios engenhos. Uma vez em funcionamento, necessitava de muitos homens para fazer o ciclo de cortar a cana, operar as moendas e cozer o melaço. Esse trabalho brutal era alheio à natureza livre dos nativos. Eles se orgulhavam da generosidade, da hospitalidade e compartilhavam o que tinham com os outros membros de sua comunidade. A ideia de trabalhar permanentemente para outros, era, portanto, abominável.

Aos colonos não interessava usar aqueles homens da terra apenas nas tarefas que poderiam fazer com muito gosto, como caçar, pescar, manejar o arco e guiá-los pela floresta. E na cultura tupi, o trabalho com a terra era considerado para as mulheres. Aos homens cabia apenas cortar a floresta e preparar o terreno. O restante era com elas.

Em consequência disso, os colonos logo verificaram que para obter mão de obra para seus engenhos teriam de fazer uso da força. No início até compravam os cativos dos tupiniquins, especialmente carijós e alguns tupinambás, fornecidos por atravessadores. Mais tarde, com um pouco mais de experiência e a fim de baratear os custos, começaram a empreender incursões escravagistas por conta própria.

Foi a partir da metade da década de 1530 que os nativos da Costa Verde e da Baía de Guanabara começaram a ser perseguidos, ludibriados e atacados pelos colonos portugueses e seus aliados nativos de São Vicente, assim como também no resto do litoral brasileiro.

Aos tupiniquins interessava e muito essa gana dos portugueses em ajudá-los a atacar seus inimigos ancestrais. Durante séculos rivalizavam-se, empreendendo incursões guerreiras, emboscadas e ataques mútuos, em um sentido profundo de animação do ciclo social e espiritual de cada taba e/ou grupo de aldeias solidárias. Os cativos eram mantidos vivos por muitos anos. A justificativa oficial para escravizar os prisioneiros era a de que estariam lhes fazendo o bem ao livrá-los da morte ritual e de serem devorados pelos seus inimigos. Em contrapartida, deveriam ser escravizados pelo resto da vida. Aprisionados e destinados à escravização, os nativos não viam sentido naquela existência. Para eles, sua honra seria resgardada ao morrerem enfeitados na glória guerreira de afrontar seus algozes, olho no olho, e se esquivarem da clave do carrasco até cansá-lo, mostrando seu valor.

A atuação dos perós, apelido pelo qual os indígenas denominavam os portugueses, com seus rivais tupiniquins nos ataques a algumas tabas próximas a São Vicente correu na velocidade de um mensageiro *kunumĩuasu*. O nome de peró dado aos lusos é o mesmo nome de Pero Lopes de Sousa, o nobre capitão português, irmão de Martim Afonso de Sousa, autor do relato de que nos deixou a par dos acontecimentos da expedição de 1531. Os estudiosos aceitam a origem do termo ao fato de era muito comum entre os portugueses que vinham para o Brasil no século XVI o nome próprio de Pero. Impossível mesmo saber qual o Pero quinhentista que tão fortemente marcou sua presença entre os nativos, a ponto de tomarem seu nome como uma alcunha geral para aquela gente de cabelos negros que de tempos em tempos aparecia para visitá-los e trocar ferramentas e objetos.

Não é possível afirmar que o termo peró, largamente usados pelos tupinambás do Rio de Janeiro, tenha se originado durante a segunda passagem de Pero Lopes de Sousa pela Baía de Guanabara. Contudo, o único Pero que reconhecidamente visitou os nativos desta baía por duas vezes foi este Lopes de Sousa. Depois de quatro meses recuperando-se da aventura ao rio da Prata em São Vicente, Pero Lopes foi mandado por seu irmão com duas caravelas para correr a costa do Brasil de volta à feitoria de Pernambuco.

No dia 22 de maio de 1532, uma quarta-feira, ele partiu de São Vicente e já na sexta-feira escreveu que "pela manhã via a terra a 3 léguas de mim, e reconheci o Rio de Janeiro que me demorava ao norte e a quarta de nordeste, e com vento sudeste dei a vela e entrei nele ao meio-dia".[62] Nessa parte da viagem, o diário de Pero Lopes fica mais sucinto. O relato dá um salto para o dia 14 de junho para marcar que a nau Santa Maria das Candeias "ficara em São Vicente acabando-se de correger". Em seguida, Pero Lopes faz um resumo por demais misterioso para um período tão grande sem anotações. Escreve ele que "neste rio estive tomando mantimento por três meses e parti-me na terça-feira, 2 dias de julho".[63]

Com relato tão breve nessa segunda passagem, é impossível saber de que forma o capitão Pero Lopes teria estabelecido seu nome entre as centenas de nativos, entre homens e mulheres que o rodeavam e traziam-lhes mantimentos durante aqueles noventa dias. Alguns estudiosos especulam se tal omissão de detalhes não esconderia algum malfeito de Pero Lopes contra os naturais da Guanabara,[64] escravizando alguns homens e mulheres nessa paragem, obrigando-os a carregar pau-brasil. Não parece crível que, com poucos homens em apenas uma nau, tivesse força para tal feito. Causa estranhamento o contraste de informações entre as duas passagens de seu diário. Três meses de contato com os tupinambás e nada aconteceu?

Entretanto, Pero Lopes seria o último capitão português a ouvir o coro de *Karaiubê* dos *morubixabas* locais da Guanabara. Dentro em pouco os assaltos dos colonos e tupiniquins vão selar o destino dessa relação. Ao mesmo tempo, os primeiros navios franceses começaram a visitar o Rio de Janeiro em busca de portos mais seguros que aqueles do Nordeste, tão vigiados pelos lusos. Deixariam na Guanabara meninos órfãos ainda adolescentes para viver entre os tupinambás, aprender a língua e estabelecer as relações necessárias para os muitos carregamentos de pau-brasil, pimenta e animais que os navios normandos viriam buscar.

Era o fim da boa acolhida que os portugueses sempre tiveram dos tupinambás da Guanabara. Agora só os franceses escutariam os alvoroços e choros entremeados da expressão *Karaíubê*, de boas-vindas, anotada pelo franciscano francês André Thevet quando da chegada dos franceses de Villegagnon ao Cabo Frio e ao Rio de Janeiro em 1555. Passava a ideia de "essa é a sua casa, *karaíba*".

NOTAS

1. Etimologia provável: "os que invocam tupi" *tupi* + *ykyî (s)* + *suf. a*, tupiniquim, tupinaqui.
2. Carta de Caminha (apud HEMMING, 2007, p. 36).
3. Carta de Caminha (apud HEMMING, p. 37).
4. Serrão, 1965, v. I, p. 20. Dom Nuno Manoel era rico comerciante e armador dos navios, mas gostava mesmo era da vida na Corte.
5. Pereira, 1979, p. 129.
6. Antes de Varnhagen, a mesma tese já havia sido defendida por outros historiadores, tais como Frei Gaspar Madre de Deus e Baltazar Silva Lisboa (apud ABREU, 2010, v. I, p. 36).
7. São os dois degradados que haviam passado vinte meses no Brasil e, ao retornar com Vespúcio, prestaram depoimento juramentado ao tabelião em 20 de maio de 1503. "E eu, Valentim Fernandes, da Morávia, tabelião público por autoridade do mesmo invictíssimo rei de Portugal, li estas presentes cartas perante a régia majestade e seus barões, supremos capitães e pilotos ou governantes dos navios da sobredita terra dos antípodas com o novo nome de Terra de Santa Cruz; e todos as confirmaram a uma só voz", Ato Notarial de Valentim Fernandes, 1999, p. 142.
8. A ilha acabou sendo batizada em homenagem ao chefe do consórcio de comerciantes que armara aquela frota. Fernando de Noronha havia ganho a concessão do comércio de pau-brasil e outros produtos já em 1502, mas nunca esteve no Brasil.
9. Santa Cruz, 1918, p. 546.
10. Alguns estudiosos preferem Bertoa.
11. Gaffarel, 1898, p. 43.
12. Gaffarel, 1898, p. 47.
13. Gaffarel, 1898, p. 49.
14. Gaffarel, 1898, p. 50.
15. Avezac (apud HEMMING, p. 49).
16. Santa Cruz, 1908, p. 545.
17. Crespin (apud GAFFAREL, 1898, p. 444).
18. O nome do comerciante era Lunardo de Cha Masser. Sua carta foi publicada em 1892 no livro Quarto Centenário da Descoberta da América pela Academia de Ciências de Lisboa (apud BUENO, 1998, p. 71).
19. Gaffarel, 1898, p. 58.
20. Varnhagen, 1867, p. 99.
21. Varnhagen, id., ib., p. 110.
22. Pigafetta, 1800 (apud SERRÃO, 1965, p. 30).
23. Herrera, 1726, p. 12.
24. Varnhagen, 1854, p. 95.
25. O nome desse rio pode ter sido originado da presença de naus europeias. Ygara + açu: canoa grande.
26. Relato de Pigafetta, 1800, p. 18.
27. Relato de Pigafetta, 1800, p. 20.
28. Pigafetta, 1800, p. 21.
29. Serrão, 1965, v. II, p. 12. Referência de Martim de Aiamonte, companheiro de Magalhães, à Baía de Santa Luzia.
30. Relato do piloto Francisco Albo. Disponível em:

<http://en.wikisource.org/wiki/The_First_Voyage_Round_the_World/LogBook_of_Francisco_Alvo_or_Alvaro>. Acesso em: jan. 2015.

31. Pigafetta, 1800, p. 47.

32. Pigafetta, 1800, p. 52.

33. Pigafetta, id., ib.

34. Pigafetta, 1800, p. 60.

35. Barros, João de; Couto, Diogo de. Décadas da Ásia. Década III, livro V, 1563, p. 145.

36. Navarrete, Dom Martin Fernandez, *De Colección de los viajes y descubrimientos que hicieron por mar los españoles desde fines del siglo XV*, tomo V, p. 10.

37. Navarrete, 1837, p. 10.

38. Navarrete, 1837, tomo V, p. 225.

39. Navarrete, 1837, tomo V, p. 236. Carta de Dom Rodrigo de Acuña a um senhor destes reinos.

40. Id., ib.

41. Navarrete, 1837, tomo V, p. 230.

42. Navarrete, 1837, tomo V, p. 318.

43. Id., ib., p. 319.

44. Navarrete, 1837, tomo V, p. 231.

45. Id., ib., p. 231.

46. Navarrete, 1837, tomo V, p. 237.

47. Id., ib., p. 239.

48. Navarrete, 1837, tomo V, p. 233.

49. Navarrete, 1837, tomo V, p. 233.

50. Carta do Embaixador Lope Hurtado a Carlos V, apud CORTESÃO, 1955.

51. Varnhagen, 1867, p. 17.

52. Grafia original escrita por André Thevet. Para a expressão de boas-vindas ditas aos europeus que chegavam, 1978, p. 89.

53. Varnhagen, 1867, p. 32.

54. Serrão, v. I, 1965, p. 41.

55. Varnhagen, 1867, p. 36.

56. Id., ib., p. 44.

57. Id., ib., p. 54.

58. Narrado nos Comentários de Cabeza de Vaca à viagem que fez por terra de Santa Catarina a Assunção em 1541 (CABEZA DE VACA, 1999, p. 218). "Quando nos aproximamos desse rio (Iguaçu) soubemos por informações dos índios que ele lançava-se no Paraná, também rio da Prata, e que nas margens desses dois cursos d'águas os indígenas tinham morto os portugueses mandados por Martim Afonso de Sousa para descobrir esse país. Os índios assaltaram os exploradores e os mataram no momento que atravessavam os rios em canoas."

59. Varnhagem, 1867, p. 66.

60. Santa Cruz, 1908, p. 56.

61. Anchieta, 1933, p. 68.

62. Varnhagen, 1867, p. 68.

63. Ib., id., p. 68.

64. Aylton Quintiliano (1965, p. 38), autor de livros de temas históricos como *A Grande Muralha*, afirma na sua obra sobre os nativos do Rio de Janeiro chamada de *A Guerra dos Tamoios* que justamente por essa ausência de informações no diário de Pero Lopes é que fica evidente que Pero teria feito "muitos prisioneiros depois de obrigá-los ao carregamento do pau-brasil". Para este autor a prova de tais práticas, mantidas em reservado nas cartas, reside no fato de que apenas seis anos depois, em 1537, o Papa Paulo III divulgou uma Bula (ordem católica) em favor da liberdade dos indígenas. A verdade é que por essa época a escravização dos nativos já era recorrente.

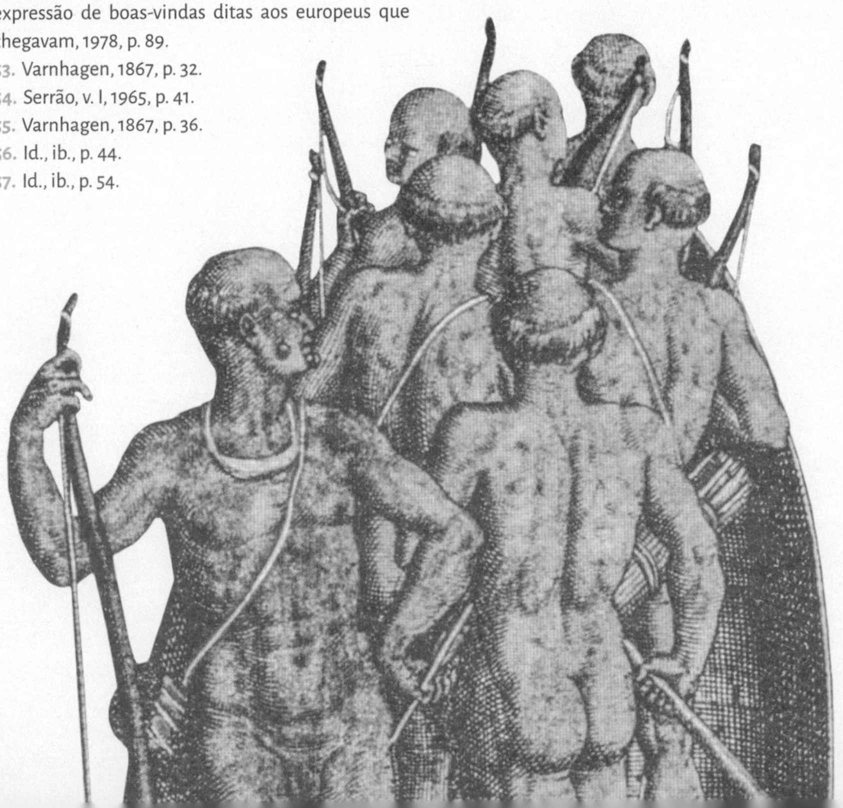

Isle des Margaiatz
Fort des Françoys.
Armee des Portugues.
Le ratier.
Le lac.

CAPÍTULO 4

A MARÃNA-UASÚ

A "grande guerra"

1532–1549 PORTUGAL E FRANÇA DISPUTAM O BRASIL

Ilha dos franceses é atacada por portugueses

Quando a viagem de Pero Lopes de Sousa terminou em janeiro de 1533 ao aportar em Lisboa com quarenta prisioneiros normandos era evidente que a estratégia lusa para a soberania da exploração no Brasil estava por um triz. Aqueles franceses algemados que amargariam longos anos nos cárceres da prisão de Algarve haviam se apossado da feitoria de Pernambuco, erguida por Cristóvão Jacques e já saqueada outras vezes. Dessa vez, porém, os normandos haviam pretendido mesmo ficar e para isso tinham erguido inclusive um forte.

A guerra declarada entre os navios franceses e portugueses pela posse das terras do Brasil era mais do que evidente. Por isso, a cada perda, novas embarcações eram enviadas. Em decorrência da apreensão dos navios franceses pela esquadra de Cristóvão Jaques em 1527 na costa da Bahia, a feitoria real portuguesa no rio Igaraçu foi bombardeada e conquistada pela nau La Pèlerine em março de 1531. Era uma nau de combate com autorização real para contra-atacar os lusos na costa do Brasil. Havia partido três meses antes do porto de Marselha rumo à costa do Brasil, sob o comando do capitão Jean Dupéret. Dentro do navio estavam 120 homens, 18 canhões, munição, material de construção e muitas mercadorias úteis para trocar com os nativos, como tecidos, ferramentas, contas, espelhos etc.

Mesmo enfrentando seis caravelas ao deparar-se com o porto à frente da ilha de Itamaracá, a La Pèlerine foi capaz de impor seu poder naval. Alguns portugueses conseguiam fugir, e outros sujeitaram-se, assinando um termo de rendição onde se comprometiam a ajudar os normandos na construção de uma fortaleza. Depois de alguns meses, entrincheirando-se na ilha de Itamaracá, ficaram setenta franceses sob o comando do capitão Dupéret, enquanto o restante da tropa foi enviada de volta à Europa com a *"Peregrina"* e a uma carga de 15 mil toras de pau-brasil, trezentos quintais de algodão (equivalente a 1,8 tonelada), outra tonelada da mesma planta, mais seiscentos papagaios, 3 mil peles de onça, trezentos micos e macacos, jaguatiricas e outros animais – uma carga de valor quase incalculável.

A "Peregrina" fez uma rápida travessia do Atlântico e em agosto de 1531 chegou ao porto de Málaga, na Espanha, à procura de mantimentos e água para a tripulação. O novo capitão, chamado Debarrau, inocentemente aceitou a ajuda de uma frota portuguesa. Os comandantes portugueses ficaram sabendo da procedência do navio e resolvem apreendê-lo. Com gentilezas, convenceram Debarrau a seguir junto com eles a rota ao norte para Portugal e França. Traiçoeiramente convidaram o capitão normando e alguns de seus oficiais para reunirem-se a bordo da caravela capitânia e combinarem a melhor rota a seguir. Debarrau, convencido de que lidava com gentis nobres, acabou preso. A *"Peregrina"* foi apreendida quase sem esforço, e toda a sua rica carga retornou para Lisboa.

Um ano depois, em agosto de 1532, as duas caravelas de Pero Lopes chegaram a Pernambuco e encontraram a feitoria fortemente guarnecida pela tropa de Dupéret. Outro navio francês também encontrava-se ancorado no rio Igaraçu. Foram necessários 18 dias de intensos combates para que os franceses da rebatizada Ile Saint Alexis se entregassem. Vinte franceses foram enforcados, e os sobreviventes retornaram com Pero Lopes a Lisboa e foram metidos nas piores masmorras de Portugal.

Alarmado frente aos últimos acontecimentos, o rei Dom João III, aconselhado por seus bispos e assessores, decidiu mudar a forma de atuação na costa do Brasil. A organização de frotas guarda-costas mostrava-se inútil para um litoral tão vasto, e os franceses estavam cada vez mais audaciosos. Era preciso começar urgentemente a ocupação da terra e para isso o rei adotou a estratégia de doar grandes extensões do litoral e do interior para nobres e ricos comerciantes, então de posse hereditária. Era uma forma de governo que já havia sido eficaz nas pequenas ilhas da Madeira e Cabo Verde. O beneficiário recebia um lote e era obrigado a custear a exploração da terra. O Brasil foi dividido em 12 partes, e a parte onde ficava a Baía de Guanabara passou a pertencer a Martim Afonso de Sousa, cujo terreno englobava também São Vicente.

Decepcionados com os resultados da expedição de 1531, Martim Afonso de Sousa e Pero Lopes nunca mais voltaram ao Brasil, concentrando-se nas viagens para as Índias. Entretanto, a vila de São Vicente evoluía aos poucos, mesmo sem investimentos diretos do reino ou de Martim Afonso. Ali estavam dezenas de portugueses e de pessoas de outras nacionalidades,[1] que tentavam explorar qualquer fonte de riqueza da terra.

Já o Rio de Janeiro, mesmo sendo o segundo maior porto da terra, com grande quantidade de pau-brasil para o interesse das naus e um sem-número de nativos, foi relegado ao completo esquecimento em um momento delicado para o projeto colonial português. Foi quase natural que a Baía de Guanabara tivesse se transformado no maior entreposto comercial francês durante esse período.

Os normandos, depois dos acontecimentos de Pernambuco, passaram a afastar-se das posições lusas já estabelecidas no litoral, explorando portos que estivessem desocupados e onde pudessem comercializar e fazer amizade com os nativos sem muitos transtornos. Os tupinambás do Rio de Janeiro os chamavam de *mairs* ou *maíras*. O nome era o mesmo que davam a seu profeta mais importante, Maíra (Maíramûana). A importância do apelido dá a ideia de quanto aqueles homens louros da Normandia eram adorados pelos tupinambás.

Enquanto isso, os portugueses encastelavam-se em feitorias fortemente armados e tentavam negociar exclusivamente com o *morubixaba* mais importante da terra, causando tremenda confusão, ciúmes e divisões entre os nativos. A estratégia francesa era muito mais direta e amistosa. Alguns jovens eram deixados nas aldeias para viver conforme os nativos. Imiscuindo-se na vida da aldeia, pintavam-se e ficavam na maior parte das vezes nus, contraíam núpcias com várias mulheres, assim como faziam os principais guerreiros.

Aprendiam a compartilhar o que possuíam de mantimentos com o restante do grupo e construíam uma relação que não era apenas comercial. Os mais importantes daqueles *truchements*, quando tiveram que escolher entre a França e seus irmãos tupinambás, mostraram preferência pela companhia do povo da terra. Afinal não somente esses normandos sentiam-se atraídos pela forma de viver dos tupinambás, como ali também estavam suas mulheres e filhos. Era de se esperar que lutassem até a morte por eles.

Anchieta faz um rápido resumo da vida desses franceses em uma carta escrita em 1563. Dizia o padre que a vida deles é como a dos selvagens,

> *vivem conforme os índios, comendo, bebendo e bailando conforme eles, pintando-se com suas tintas pretas e vermelhas, adornando-se com penas de pássaros, andando nus às vezes, só com uns calções, e finalmente matando contrários, segundo o rito dos mesmos índios, e tomando novos nomes como eles.*[2]

A disputa entre portugueses e franceses no litoral do Brasil continuou pelos mares do Atlântico durante as décadas de 1530 e 1540. A intensa diplomacia entre os dois reinos, do qual se tem farta documentação, é a prova cabal do clima de tensão entre os marinheiros lusos e normandos nesses anos. O rei francês Francisco I até tentou apaziguar os ânimos ao promulgar uma carta régia em 1537 que proibia súditos franceses de viajarem às regiões do Brasil e da Guiné, depois de uma intensa conferência diplomática em Bayonne, na França. Portugueses pagavam altíssimas indenizações a armadores normandos, mas estes voltavam a colocar novos navios no mar em direção ao Brasil sem se importar com a "política oficial" da França.

A partir da década de 1540, a crise com os franceses atingiu novo patamar. Depois de sofrer pesadas críticas e pressões dos armadores franceses contra a proibição oficial de comércio na costa do Brasil, o rei Francisco I finalmente cedeu aos interesses internos e promulgou uma ordem régia em 1543 que defendia a liberdade irrestrita dos mares. Os comerciantes normandos e bretões aproveitaram então essa oportunidade para intensificar ainda mais suas atividades.

Em represália a novos confrontos com os portugueses no Atlântico, Francisco I concedeu no ano seguinte uma carta de corso a importantes armadores, como Jean Ango e Guillebert Scot, para que seus navios, em represália, pudessem apossar-se das cargas dos navios portugueses. A liberalização total das navegações e o impulso das cartas reais de corso permitiram uma verdadeira corrida francesa ao Brasil. Uma grande frota demorou pelo menos dois anos para ser armada e equipada, provavelmente em um esforço conjunto de todas as cidades portuárias francesas. Sabe-se disso porque em 22 de abril de 1546 uma gigantesca frota de 28 navios partiu do porto de Havre com destino à costa brasileira.

Nesse mesmo ano, Pedro de Campo Tourinho, donatário da capitania de Porto Seguro, impressionou-se com aquela demonstração de poder francês percorrendo o litoral e tratou de escrever ao rei Dom João III pedindo artilharia e pólvora para se defender dos ataques. Tourinho considerava a ameaça como a "destruição de todo o Brasil", visto que as pobres capitanias não conseguiriam resistir a um ataque de tamanha envergadura. Sete ou oito naus dessa esquadra apareceram na região do Cabo Frio em 1547 e no ano seguinte em igual número aportou de novo nessa parte do litoral.

O rei francês Francisco I, pouco antes de falecer em 1547, contribui ainda mais para o incremento de novas expedições, ao assinar diversas cartas de corso contra navios portugueses.

OS FRANCESES NO RIO DE JANEIRO

É possível estimar, pelas informações apuradas por Jean de Léry referentes ao ano de 1557, que muitos dos *truchements* que estiveram na Guanabara tivessem vindo com as expedições normandas a caminho de Cabo Frio e do Rio de Janeiro no final da década de 1540, e sobre as quais existem pouquíssimas informações. Diz o cronista que travou contato com os intérpretes normandos que já viviam na Guanabara há "nove ou dez anos".

As andanças desses jovens franceses resultaram na composição da primeira lista de tabas do Rio de Janeiro, divulgada por Jean de Léry no capítulo do "Colóquio". Os entrelopos anotaram do lado esquerdo as aldeias: Karióka, entre a Glória e o Flamengo; Gûyrágûaçu, a partir das enseadinhas do atual centro da cidade, provavelmente alcançada a partir da "ponta do Calabouço"; Jabebiracica, a partir do lado esquerdo da antiga enseada de São Cristóvão, junto ao Rio Comprido e demais rios da região; Pirakãiopã, depois dos mangues, no atual bairro de Bonsucesso; Eiraîá, a partir do rio Irajá; Itanã, Tarakuirapã e Sarapoy, localizados nos rios que corriam na atual costa de São João de Meriti, Duque de Caxias e Nova Iguaçu. Anotaram também as maiores que ficavam no interior dos dois lados da baía, tais como Takûarusutya, Okarantĩ, Sapopéma, no Rio, Nurukuy, no fundo da baía, Arasatyba e Ysypotyba no interior de São Gonçalo e Itaboraí.

Na margem direita, conheceram as aldeias: Keriy, na atual enseada de São Francisco e Akaray, na enseada seguinte, atual bairro de Icaraí. Depois, ao longo da costa: Kurumuré, em Neves; Itaóka, na ilha de mesmo nome na costa de São Gonçalo, e Joiraruãnã, na foz da bacia do rio Macacu. Os franceses só não podiam colocar os pés na Ilha do Governador, que era ocupada pelos maracajás aliados dos portugueses, com os quais negociavam cativos tupinambás e pau-brasil.

Entretanto, os tupinambás levaram seus amigos franceses, naqueles primeiros tempos, em companhia nas andanças que faziam, tanto no contato com outras comunidades quanto na caça. Os franceses anotaram as maiores aldeias, dignas de terem seus nomes lembrados, que localizavam-se pelo interior, da parte das atuais Zonas Norte e Oeste do Rio de Janeiro, conheceram Takûarusutya na baixada de Jacarepaguá, Okarantĩ, localizada centralmente no grande vale entre os maciços da Pedra Branca e do Mendanha, e Sapopéma, a maior dos bairros da Zona Norte, que ficava na atual área de Bento Ribeiro e Deodoro. Visitaram Nurukuy, em algum lugar da baixada, e sobre a qual nenhuma outra notícia foi dada. Do lado da costa de Niterói, eles andaram até o interior da terra e descobriram Arasatyba ao sul e Ysypotyba ao norte. Estavam conhecendo a terra e os lugares onde seus aliados moravam e viriam muitos mais franceses no rastro deles.

Em 8 de maio de 1548 de Paris, o espião Manuel de Araújo escreveu ao secretário de Estado da Coroa portuguesa que um navio de 55 toneladas partira de La Rochelle com destino ao Brasil, carregado de gente: "Eu soube certo que levava ferramenta e espadas e alguns espelhos". Na mesma correspondência o informante dá conta de que no mesmo ano alguns dos navios que foram ao Brasil já estavam de regresso a Honfleur.[3] Com tamanho enxame de navios franceses pela costa brasileira, a navegação lusa ia ficando cada vez mais precária e perigosa. Entre os anos de 1549 e 1550 foram tomadas mais de 220 embarcações lusas, a maioria no próprio litoral atlântico europeu.

No mesmo ano de 1548, escrevia da Vila de Santos, bem próxima a São Vicente, um remanescente da tripulação de Martim Afonso, de nome Luís de Góis, ao rei Dom João III. Ele estava muitíssimo preocupado com a situação em que se encontravam os lusos no litoral sul do Brasil. Pedindo clemência pelo atrevimento de um ignorante escrever, por intermédio do filho Pero de Góis "a tão alto e poderoso príncipe" disse que convinha "com tempo e brevidade que Vossa Alteza socorre a estas capitanias do Brasil que ainda que percamos as vidas e fazendas, Vossa Alteza perderá a terra".[4]

Luís de Góis não confiava nem mesmo que a carta chegasse a seu destino em Lisboa por estar "tão perigosa esta costa". Dizia ele que há dois anos de sete a oito naus francesas apareceram no Cabo Frio e ao Rio de Janeiro. As caravelas portuguesas já não se atreviam a passar próximo a estas partes do litoral brasileiro porque "a muitos tem cometidos e alguns tomados". Luís de Góis tentou alertar ao monarca o perigo representado pelos normandos, salientou que aqueles estavam se acostumando à facilidade e que não tardariam em erguer uma fortaleza em alguma ilha, o que de fato acabou acontecendo sete anos depois.

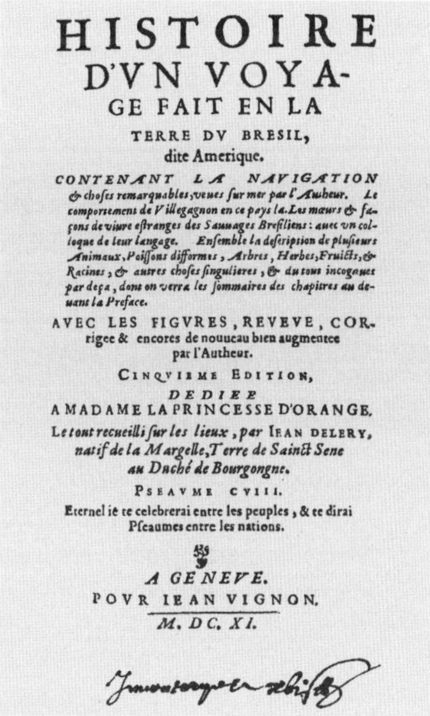

HISTOIRE
D'VN VOYA-
GE FAIT EN LA
TERRE DV BRESIL,
dite Amerique.

CONTENANT LA NAVIGATION & choses remarquables, veues sur mer par l'Autheur. Le comportement de Villegagnon en ce pays la. Les mœurs & façons de viure estranges des Sauuages Bresiliens: auec vn colloque de leur langage. Ensemble la description de plusieurs Animaux, Poissons difformes, Arbres, Herbes, Fruicts, & Racines, & autres choses singulieres, & du tout incognues par deça, dont on verra les sommaires des chapitres au deuant la Preface.

AVEC LES FIGVRES, REVEVE, CORrigee & encores de nouueau bien augmentee par l'Autheur.

CINQVIEME EDITION,
DEDIEE
A MADAME LA PRINCESSE D'ORANGE.

Le tout recueilli sur les lieux, par IEAN DELERY, natif de la Margelle, Terre de Sainct Sene au Duché de Bourgongne.

PSEAVME CVIII.
Eternel ie te celebrerai entre les peuples, & te dirai Pseaumes entre les nations.

A GENEVE.
POVR IEAN VIGNON.
M. DC. XI.

Folha de rosto do clássico *Viagem à Terra do Brasil*, de Jean de Léry, publicado em 1578

Com os parcos recursos de que dispunha em São Vicente, o colono deixa transparecer ao rei que estava tentando fazer sua parte, pois o próprio estivera na Guanabara com outras caravelas, e que ali "tomara duas naus que entraram no Rio de Janeiro" e que depois "correra essas ilhas [a costa] a saber se são contaminadas dos franceses". A carta de Luís de Góis atesta a ocorrência de pequenas batalhas navais entre naus portuguesas e francesas no interior da Baía de Guanabara. Com escaramuças e ataques perpetrados na presença e audiência dos nativos, tal conflito rapidamente se espalhou no terreno de ressentimentos e vinganças tupis de toda a costa do Brasil.

Os *morubixabas* haviam adotado rapazes franceses em suas aldeias. Nenhum português conseguiu fazer esse papel no Rio de Janeiro – como João Ramalho em São Vicente e Caramuru, na Bahia. Assim, construíam laços de solidariedade e aliança que acabavam implicando a participação dos nativos.

No caso dos tupinambás do Rio de Janeiro, e da Costa Verde ao Cabo Frio, o ressentimento em relação aos portugueses já era bem notável antes mesmo da chegada maciça de normandos à Guanabara. O fato de terem inimigos em comum e os franceses claramente apontarem o interesse em ajudá-los com armas e treinamentos apenas cimentou aquela aliança. Os nativos sentiam-se desprotegidos frente à capacidade de guerra portuguesa de mutilar os guerreiros com seus arcabuzes, bestas, espadas e lanças. As armaduras eram muito eficazes. A presença dos normandos não apenas inibia os ataques lusos como propiciava uma permanente fonte de obtenção das mesmas armas de que seus inimigos dispunham.

Os portugueses haviam cometido traições e ataques, particularmente a partir de São Vicente, contra algumas das principais tabas da região, em busca de escravizados para os engenhos de cana-de-açúcar. Luís de Góis, na mesma carta de 1548, indica que na capitania de São Vicente viviam "entre homens e mulheres e meninos a mais de seiscentas almas", como teriam escravizado "mais de 3 mil e seis engenhos e muita fazenda".[5]

Os escravizados eram obtidos da forma como o grande líder dos tupinambás do Rio de Janeiro, Aimberê,[6] contou a Anchieta durante as negociações de paz de Iperoig em 1563. Ele havia sido atacado quando recebia bem os portugueses. Em seus pés os captores prenderam algemas com pesadas bolas de ferro. Aimberê era forte e nadava extremamente bem, como a maioria dos homens tupinambás. Aproveitou um descuido dos traficantes de escravizados e pulou da caravela que o sequestrara. Grande parte de seus parentes, porém, acabou capturada. Aimberê fazia questão de relembrar isso aos jesuítas José Anchieta e Manuel da Nóbrega. Este último pregava aos moradores de São Vicente "bradando dos púlpitos e praças penitências que tinham os *tamoyos*[7] a justiça de sua parte, e que Deus ajudava por eles, porque os portugueses lhe quebraram as pazes, os assaltaram, cativaram e entregaram alguns a outros Índios seus contrários, para que os matassem e comessem".[8]

A situação complicada da colonização portuguesa evidenciava que o sistema de capitanias hereditárias não estava dando resultado. A maioria dos donatários não teve interesse na aventura, e os que vinham eram atacados pelos nativos assim que estes percebiam suas terras sendo tomadas e sua gente escravizada. Além disso, as capitanias sofriam a ameaça de invasão francesa, o que dificultava ainda mais qualquer possibilidade de desenvolvimento.

A REAÇÃO DOS NATIVOS

Na foz do rio Paraíba do Sul os *guaitakás* expulsaram Pero de Góis, filho de Luís de Góis. No Espírito Santo, o empreendimento de Vasco Fernandes Coutinho teve o mesmo destino. Este experiente conquistador da África e das Índias não conseguiu fazer deslanchar sua colônia. Os tupiniquins não se encantaram com a ideia de perder seus territórios ancestrais e ver as florestas virando canaviais. A primeira providência dos moradores de Vila Velha foi fazer uma paliçada, um forte, onde pudessem se proteger.

Na Bahia, o donatário Francisco Pereira Coutinho viveu em paz dois anos com os tupinambás da Baía de Todos os Santos, graças à ajuda de Diogo Alvarez, o Caramuru. Quando conseguiu erguer dois engenhos e algumas roças, foi buscar alguns cativos entre os tupinambás. Na escaramuça matou "o filho de um principal dos índios mais guerreiros, e temidos de todo o Brasil, chamados tupinambás". As comunidades se revoltaram. Uma coisa era acolher os portugueses e permitir que tivessem roças para que vivessem em abundância, outra completamente diferente, era aqueles estrangeiros ocuparem todos os campos agricultáveis disponíveis com uma monocultura, estranha e imprestável, que não fornecia nenhum bem de proveito para os nativos. Pior ainda, queriam obrigá-los a trabalhar todos os dias na mesma cansativa função sem sentido.

Os nativos percebiam a escravização imposta aos cativos que vendiam, e era questão de tempo que a violência com que eram tratados voltasse aos portugueses. A revolta dos tupinambás foi tão grande que levou Pereira Coutinho a abandonar a terra e fugir para Ilhéus. Enquanto isso, seus engenhos eram queimados pelos nativos. Portugueses foram mortos, e até um filho bastardo do donatário foi assassinado em vingança. A aventura deste nobre português terminou em um naufrágio na costa de ilha de Itaparica. Os tupinambás dessa localidade eram alvo de escravização direta dos portugueses.

Era o pior pesadelo que Francisco Pereira Coutinho podia ter. Ele e seus homens saíram à praia e logo foram capturados e mortos. O donatário foi pintado e amarrado na *muçurana*. Os tupinambás da ilha de Itaparica fizeram questão de fazê-lo passar por todo o processo. O tacape foi dado a um *kunumĩmirĩ* de 5 anos, sobrinho do principal que havia sido morto no embate com Francisco Pereira Coutinho. O primeiro donatário da Bahia foi abatido, desmembrado e assado no moquém. Para exprimir a vingança completa, cada integrante daqueles tupinambás tomou para si um pedaço daquele peró que odiavam. Para eles, o sabor era ainda melhor por causa das tragédias que Coutinho havia cometido contra aquele povo. Como espectador do infortúnio estava o Caramuru. Por falar bem a língua, conseguiu se safar. Afinal, não eram tão selvagens assim.

Em todos os lugares que os portugueses entravam logo tinham problemas com revoltas e cercos. Levando-se em conta as remessas de açúcar e outras mercadorias da terra do Brasil, as únicas capitanias que tiveram algum florescimento, não também sem extrema dificuldade e percalços, foram as de Pernambuco e São Vicente. Com a invasão francesa no litoral brasileiro no final da década de 1540, era preciso uma nova mudança na forma como aquele vasto litoral era administrado. Ao tomar conhecimento da morte do donatário da capitania da Baía de Todos os Santos, Dom João III partiu para uma tática mais direta. Em 1548 então instituiu um governo-geral e armou uma esquadra respeitável sob o comando de Tomé de Sousa.

Foi a primeira viagem claramente organizada para a colonização do Brasil, e nela viriam os primeiros seis jesuítas da Companhia de Jesus, sendo o principal deles Manuel da Nóbrega. A Companhia era o braço evangelizador da Igreja católica e criada especificamente para atuar nas terras do Novo Mundo. Sua missão seria de suma importância para o projeto da colonização portuguesa, uma tentativa de subjugação pela diplomacia dos aborígenes da terra. Estavam preparados para exercer o mesmo papel de amigos dos nativos desempenhado pelos *truchements* franceses, mas, ao invés de aproveitar as delícias da floresta e do clima, tentariam a todo custo "educar os gentios", censurando-lhes praticamente todos costumes culturais, impressionando-os com os males do inferno e dos demônios, para os quais só eles tinham as respostas.

Apesar disso, devemos a esses religiosos algumas das mais emocionantes demonstrações de humanidade e amor para com os habitantes da terra, sendo a preocupação com os desmandos e atrocidades de seus próprios compatriotas uma de suas principais angústias e denúncias. Além disso, são as diversas cartas enviadas pelos primeiros jesuítas no Brasil, correspondência frequente e muito bem documentada, que permitem a formação de um grande mosaico de acontecimentos. São documentos preciosos que todos os interessados pela história do Brasil deviam ler uma vez na vida. A partir do primeiro momento em que pisaram junto com a armada de Tomé de Sousa, tudo foi anotado e comentado nos mínimos detalhes.

Tomé de Sousa era um nobre português escolhido por Dom João III por suas qualidades de bom comandante em experiências anteriores na África e no Oriente. O governador-geral recebeu um regimento que lhe impunha a missão de fundar uma cidade na Baía de Todos os Santos, socorrer os demais portos em caso de guerra, patrulhar a costa e, pelos males que a prática havia causado ao projeto português, impedir a escravização dos indígenas. Para isso vinham fiscalizar, em contato direto com o rei de Portugal, os jesuítas chefiados por Manuel de Nóbrega.

Em 10 de fevereiro de 1549, partiu a frota com três naus, duas caravelas e um bergatim. Além de funcionários para todos os postos burocráticos de um governo e outros que ficariam nas demais capitanias, Tomé de Sousa vinha com um pequeno exército de seiscentos homens de todos os níveis, inclusive cavalaria e mais quatrocentos degredados pelos mais diversos motivos. Após 56 dias, no fim de março, os barcos chegaram em seu destino e foram recebidos mais uma vez pelo português Caramuru. Manuel da Nóbrega começou a escrever suas cartas do Brasil e afirmou que encontraram a terra em paz, com "quarenta ou cinquenta moradores na povoação que era antes".

O primeiro *morubixaba* tupinambá que se aproximou dos jesuítas demonstrou muita satisfação com os portugueses e "aprendeu a ler e tomou lição cada dia com grande cuidado e em dois dias soube o A, B, C todo, e o ensinamos a benzer". O discurso do "principal" é aquele bem adequado a tudo o que os lusos mais queriam naqueles tempos. Dizia o cacique que queria "ser cristão e não comer carne humana, nem ter mais de uma mulher; somente há ir à guerra, e os que cativar, vendê-los e servir-se deles".[9] Manuel da Nóbrega logo verificaria que os nativos eram espertos e sabiam o que deviam dizer em certos momentos para conseguir o que queriam. Logo nem se lembravam de tantas promessas e voltavam a seguir a vida da mesma forma, causando enorme frustração aos padres.

Depois de alguns meses, o primeiro entrevero com os nativos foi um teste para a capacidade de persuasão de Tomé de Sousa. O padre Manuel da Nóbrega relatou que os nativos "há 7 ou 8 léguas daqui mataram um cristão da armada que viemos". Para o jesuíta, se houvesse uma guerra entre os portugueses e a população nativa, estes seriam trucidados por estarem "desprevenidos e mal fortificados".[10] Tomé de Sousa ameaçou os *morubixabas* tupinambás e afirmou que, caso não trouxessem o assassino, enfrentariam graves consequências. No dia seguinte os caciques trouxeram o responsável pelo caso, esperando talvez que a situação sobre a causa do assassinato fosse esclarecida, e assim o apresentaram. O governador mandou tomá-lo e colocou sua cabeça "à boca de uma Bombarda e foi assim feito em pedaços". Todos os nativos ficaram com muito medo e houve mais um profundo estranhamento nas relações entre os portugueses e tupinambás da Bahia.

Enquanto os quase mil homens portugueses se acomodavam e os jesuítas começavam os primeiros contatos com os nativos para levantar um colégio, Pero de Góis, o donatário da capitania de Campos, no Norte Fluminense, e capitão-mor daquela esquadra, foi mandado por Tomé de Sousa para correr a costa em patrulha e levar funcionários do governo para outras capitanias.

1550–1555 PERO DE GÓIS PATRULHA A GUANABARA

Em uma carta escrita em abril de 1551, o capitão-mor Pero de Góis faz uma descrição da força militar que dispunha contra "os franceses que a ela [a terra] vem andarem tão bem armados e em naus grandes". Logo de início da correspondência informa que já não era a primeira vez que avisava do "quão mal aviada está sua armada". Para a missão de bater contra os franceses, descrevia que contava apenas com duas caravelas e um bergatim. Em cada barco "não havia mais que três bombardeiros", e a tripulação era composta praticamente apenas por aprendizes que "não sabiam nada nem nunca entraram no mar e marinheiros tão pouco que raramente havia quem pudesse marear as velas, com não mais gente de armas do que os criados dos oficiais de Vossa Alteza".[11]

Mesmo assim, Pero de Góis partiu para a sua missão e sabia onde encontrar seu inimigo, pois era fato corrente, como ele mesmo afirmava, que os franceses "a cada ano carregavam muitas vezes na costa principalmente de Martim Afonso de Sousa, no Rio de Janeiro, onde já se não ousava ir com eles". Em agosto de 1550, depois de haver passado por São Vicente para deixar oficiais de governo e ouvir súplicas dos moradores assustados com a invasão francesa, o capitão-mor navegou até o Rio de Janeiro, onde estrategicamente entrou "de noite por temer algum navio de súbito" e amanheceu dentro de uma baía vazia. Foi até a Ilha do Governador e ficou sabendo pelos maracajás que uma grande embarcação francesa completamente carregada tinha partido há poucos dias para o Cabo Frio.

Os mesmos aliados da Guanabara forneceram a localização de onde estavam dois franceses. Com a valiosa informação, os homens de Pero de Góis foram capazes de surpreendê-los e capturaram ambos, um intérprete e um ferreiro normandos. Foi o governador-geral Tomé de Sousa que, em carta redigida ao rei Dom João III, em junho 1551, contou sobre esse episódio. Para o governador a proeza de seu capitão só havia sido possível porque Pero de Góis "sabe melhor que ninguém esta terra".

Estavam entre os tupinambás "um grande 'língua' e outro ferreiro que estavam fazendo brasil para quando tornasse a nau que ali os deixara".[12] Os dois foram trazidos prisioneiros dentro da caravela de Pero de Góis e entregues a Tomé de Sousa. Só não foram enforcados porque, segundo Tomé de Sousa, ele tinha necessidade de gente "que não me custe dinheiro". Informou ao rei que o ferreiro era mantido trabalhando "na ferraria de Vossa Alteza" e intercedeu pelo prisioneiro porque "era o mais hábil homem que tenho visto, faz besta e espingardas e todas as armas".

Esse hábil homem que fazia todo tipo de armas estava vivendo entre os tupinambás da Guanabara. Sua presença ali não era mero acaso e certamente fazia parte de algum tipo de acordo entre os tupinambás e os franceses. Os *morubixabas* mais importantes exigiam, em troca do pau-brasil, armas e talvez até mais do que isso: que lhes fosse ensinada a fabricação daqueles apetrechos. Um ferreiro rapidamente seria capaz de educar aquele povo, que dominava inteiramente o manejo do fogo, como era fundido o ferro para a fabricação do que desejassem.

O outro homem, dizia Tomé, era um intérprete, um francês que sabia falar o tupinambá desde antes de 1549. O destino desse foi pior do que o de seu companheiro: foi conduzido aferrolhado dentro do bergatim da frota.

Depois de capturar os dois franceses, Pero de Góis partiu em direção ao Cabo Frio. Saindo da barra da Baía de Guanabara, a caminho do dito cabo, uma das caravelas cujo capitão chamava-se Cristóvão Cabral começou a afastar-se sem explicação e desapareceu mar adentro. Era uma embarcação melhor que a de Pero de Góis, onde estava boa parte dos oficiais e homens de armas. Mesmo apenas com a companhia de um bergatim, embarcação menor que a caravela, como uma galé, o capitão-mor seguiu na direção do Cabo Frio e, quando lá chegou, "houve vista de um galeão muito grande passando de duzentas toneladas, o qual estava surto entre uma ilhota e a terra firme em cima de muitos baixos em volta dele".

Como ainda estava longe de onde se encontrava o galeão, este pôde manobrar e ganhar o mar. Começou aí uma intensa perseguição. Pero de Góis foi atrás e demorou dois dias até chegar a uma distância onde os tiros de canhão podiam ser disparados. O galeão estava fortemente armado, e era mais poderoso belicamente do que a caravela portuguesa. Mesmo assim, Pero de Góis afirmou ter passado um dia inteiro e dado mais de 15 bordos (viradas de direção no mar), se medindo contra o galeão "que fiz andando há fala com os franceses". Sentiu vergonha e afronta, porque na sua inexperiente tripulação "nunca houve um homem que em mais de cinquenta tiros de fogo pudesse meter um pelouro dentro".

Sem conseguir interceptar o galeão francês e também "pelas muitas baixas que em volta de si tinha", Pero de Góis desistiu da perseguição e foi se abrigar na capitania de Vasco Fernandes Coutinho, atual Vila Velha, no Espírito Santo. Lá ficou apenas cinco ou seis dias, visto que "por a terra estar quase perdida por discórdias e desvarios dos homens, e por não estar Vasco Fernandes".[13] Em outubro de 1550 retornou à Baía de Todos os Santos e fez um relatório a Tomé de Sousa.

A PRESENÇA FRANCESA SE INTENSIFICA NA GUANABARA

A situação continuava crítica: os galeões franceses assombravam as caravelas e naus lusas. Em 1551, uma nau carregada de açúcar zarpou de São Vicente e, na altura do Espírito Santo, foi atacada e depois incendiada. A ocorrência foi anotada, e Jorge de Melo, filho de Vasco Fernandes Coutinho, donatário do Espírito Santo, também relatou ter sido perseguido em sua nau por barcos franceses.

Com a multiplicação de navios franceses na costa, resolveu o próprio governador-geral Tomé de Sousa correr a costa e verificar o estado das terras. Nessa viagem levou consigo Manuel da Nóbrega e outros jesuítas. Em meados de 1552, partiu da Baía de Todos os Santos com uma pequena frota, parando em todas as capitanias. Mandou cercar e fortificar as vilas e engenhos que existiam e, quando voltou a Salvador em meados de 1553, escreveu um relatório detalhado sobre tudo o que havia feito e ordenado.

Por esse documento sabemos que ele não encontrou as coisas em bom estado e aconselhou diretamente o rei a enviar bons capitães para as capitanias "porque os que agora servem de capitães não se conhece a mãe que os pariu". Eram pessoas sem qualificação para o cargo e fomentavam o caos entre os nativos. Em dezembro de 1552, ele visitou o Rio de Janeiro e ficou tão encantado com a beleza da paisagem de montanhas verdes emoldurando uma grande e encantadora baía que produziu um poema em uma resumida descrição. Disse ao rei que na terra "tudo é graça que dela se pode dizer, senão que pinte quem quiser como deseje um Rio, isso tem este de Janeiro".[14]

De acordo com as informações de Tomé de Sousa na correspondência, o rei Dom João III havia ordenado a construção de um forte na Guanabara. O governador se desculpa: "Se eu não fiz fortaleza esse ano no dito Rio como me Vossa Alteza escrevia, foi porque o não pude fazer por ter pouca gente e não me parecer siso desarmar-me por tantas partes". Não foi só falta de gente, como relata a carta de um jesuíta anônimo, companheiro de Nóbrega na viagem e que deixou algumas passagens sobre aquela visita. A gente de Tomé de Sousa não pôde descer à terra porque os tupinambás da costa mostraram as armas nas mãos, as praias encheram-se de guerreiros e chegaram a ensaiar entrar nas canoas para atacar, mas ficaram satisfeitos vendo que as naus portuguesas afastavam-se do litoral onde estavam.

Alguém da tripulação certamente já havia estado por ali, pois as caravelas subiram "o rio" e foram até algumas aldeias de indígenas que ainda mantinham amizade com os portugueses. A expedição do governador-geral aportou em Paranãpuã, a futura Ilha do Governador, e os jesuítas puderam descer e conversar com os nativos maracajás. Uma missa foi celebrada, a primeira no Rio de Janeiro, em um calor tão intenso de um dia ensolarado de verão que muitos homens da expedição caíram doentes. O *morubixaba* Maracajaguaçu teve a oportunidade de conversar com Tomé de Sousa nessa ocasião e pedir ajuda contra os tupinambás que os atacavam constantemente. Para tanto, poderiam assistir a aulas com os padres e serem batizados como cristãos obedecendo às regras portuguesas.[15]

Tomé de Sousa não construiu a fortaleza que o Rei ordenara, mas aconselhou em vez disso que Dom João III fizesse ali "uma povoação honrada e boa porque já nesta costa não há rio em que entrem os franceses que neste". Mas ainda era preciso ali uma "povoação armada" que impedisse que os normandos tirassem mais de "cinquenta cargas de pimenta" por ano, "e tirarão quantas quiserem pagar". O governador não havia feito a fortaleza porque os nativos não eram amigáveis e também porque não havia gente para combater e impor-se sobre tal multidão. Era preciso, como ele próprio advertia a Vossa Alteza, um projeto mais sério e duradouro do que um monte de pedra e uma pequena guarnição. "Não ponha isto V.A. em transpaço porque além de ser necessário para o que digo, devia V.A. ali de ter outro Ouvidor-Geral porque está em paragem pera toda a costa dali e desta cidade ser provida com Justiça."[16]

Pode-se legar a Tomé de Sousa a clarividência do que a situação demandava já desde 1552. Era preciso ocupar o Rio de Janeiro com uma povoação que tivesse capacidade de se defender, e para isso eram necessários muita gente e recursos, preciosidades que o governador não tinha. A quantidade necessária de recursos e pessoas para fundar a cidade que Tomé de Sousa visualizou aumentaria exponencialmente a cada ano que os lusos abandonassem o lugar. Naquele exato momento alguns *truchements* franceses observavam de longe, trepados em árvores junto com companheiros tupinambás, se aqueles barcos lusos fariam algum movimento de ir à terra onde estavam, enquanto guerreiros nas margens faziam gestos de ameaça.

A FESTA TUPINAMBÁ DE ROUEN

A amizade entre tupinambás e franceses só aumentava a cada ano. Os contatos eram tantos que no mês de outubro de 1550 aconteceu uma festa única em Rouen (Ruão) na Normandia. Depois da morte do rei francês Francisco I, assume seu filho, coroado como Henrique II em 1547. Ele inicia seu governo com uma agressiva política externa, incentivando o protagonismo francês nos mares.

Em 1549, Henrique II e sua esposa Catarina de Médicis tinham sido recebidos em um cerimonial luxuoso em Lyon. Era um antigo costume quando pela primeira vez os recém-coroados visitavam alguma cidade, os mais ricos cidadãos e os altos funcionários da burocracia estatal buscavam marcar esse dia com festas brilhantes. As cerimônias tinham caráter teatral e ao mesmo tempo litúrgico, apresentando séquitos luxuosamente compostos cujas apresentações eram acompanhadas por altas autoridades nacionais e estrangeiras.

Os organizadores colocavam no desfile, lado a lado, animais "selvagens" vindos de terras exóticas, como elefantes, além de representações de ninfas, troféus de guerras e instrumentos musicais que celebravam o triunfo do rei.

No ano seguinte o casal real visitaria a cidade portuária de Rouen e os comerciantes e nobres dos arredores se reuniram para oferecer a comitiva o mais suntuoso e surpreendente espetáculo que jamais haviam visto. Essa rica cidade cortada pelo rio Sena, próximo à sua foz na Normandia, não somente encomendou duas estátuas de ouro, que foram oferecidas de presente a Henrique II, mas foi além, tendo convocado numerosos artistas (muitos estrangeiros), para que as invenções e entretenimentos da recepção fossem variados. A cidade se enfeitou como num carnaval festivo. Foram erguidos obeliscos, templos romanos cenográficos e arcos de triunfos lembravam vitórias passadas. Depois de esgotadas as homenagens mais comuns, os organizadores tiveram a ideia de intervir na festa com demonstrações exóticas do Novo Mundo.

No dia da recepção uma grande praça ou pradaria ao longo do Sena, naturalmente arborizada com salgueiros, foi decorada com o intuito de deixar a paisagem ainda mais verde. Árvores e vegetação falsa foram colocados em determinados espaços. O tronco dos salgueiros foi pintado e nas copas adicionais galhos e freixos tentavam reproduzir o verde exuberante da Mata Atlântica. A cada extremidade da grande praça foram construídas choupanas à moda das malocas e ao redor cercas de paus à moda tupi.

Papagaios, tucanos, micos, macacos e outros animais reais foram soltos na praça de modo a recriar totalmente a realidade em que viviam os tupinambás e seus aliados franceses no Brasil. Ao longo da praça estavam reunidos mais de trezentos homens, completamente nus.

Entre os trezentos homens estavam, segundo a crônica real, cinquenta tupinambás vindos do Brasil, muito provavelmente do Rio de Janeiro. A cena era incrível: franceses e tupinambás exibiam para uma plateia de nobres e também o povo pobre de Rouen, a rotina da vida dos nativos do Brasil. Uns balançavam-se nas redes, outros atiravam flechas onde os pássaros estavam, ali do outro lado meia dúzia cortava madeira. Na beira do rio Sena, um forte cenográfico foi construído, para demonstrar como era feito o trato de comércio com aqueles nativos. Uma esquete teatral mostrava o escambo de madeira por machados, facas, espelhos.

Dentro do rio Sena uma embarcação bem armada de artilharia e marinheiros estava posicionada. Todo o processo de amarração e estocagem de pau-brasil nos galeões era seguidamente demonstrado para o deleite real. Uma exibição de poder e engenhosidade dos franceses. Um clima de suspense e medo toma conta de todos, até então o exótico não se mostrava tão perigoso.

Os invasores que estavam reunidos do outro lado da praça acocoram-se sobre os calcanhares em volta do escolhido para viver o ancião mais

respeitado nas artes da guerra, o *morubixaba*. O líder então faz uma arenga apaixonada em língua dos tupis fazendo-se acompanhar de uma agitação de braços, batendo-os contra o corpo, exortando seus compadres a ação valente e destemida.

Quando o discurso do cacique acaba prontamente partem para cima do outro grupo, recriando com todo o realismo um embate indígena das terras do Brasil. Voam flechas e golpes de tacape zunem pelo ar. O lado dos tupinambás finalmente sai vencedor, dispersando o grupo tabajara que corre fugindo de cena. De imediato a perseguição termina com o incêndio da caiçara e das choças de um dos lados da grande praça com uma grande comemoração, representada nas danças ritmadas dos guerreiros.

As encenações dos costumes dos nativos da costa brasileira tiveram grande repercussão na França. A aparição de delegações exóticas e estrangeiras teria ali uma presença constante nas cerimônias reais francesas. Era natural que tanta intimidade levasse a uma tentativa mais séria de ocupar a terra e essa iniciativa não tardaria a acontecer.

A CAPTURA DE HANS STADEN

Depois de passar pela Guanabara e verificar a impossibilidade de realizar qualquer ação, Tomé de Sousa foi a São Vicente e conheceu Santos. A cidade havia se transformado no ponto mais importante por ser "melhor porto que se pode ver e todas as naus do mundo poderão estar nele". Encontrou o velho João Ramalho "natural do termo de Coimbra", que tinha tantos "filhos e netos, bisnetos e descendentes dele que não ouso de dizer a V.A.". Alguns dos descendentes de Ramalho se juntariam ao esforço de guerra na conquista da Guanabara, na década de 1560.

O governador ficou impressionado com o vigor do português, que não tinha rugas "na cabeça nem no rosto e anda nove léguas a pé antes de jantar". É Tomé de Sousa quem funda a cidade de São Paulo ao ordenar que os moradores que andavam espalhados "na borda desse campo" se juntassem em um único lugar. Disse ele que "os ajuntei e mandei cercar e viver em ordem".[17] Essa medida será bastante importante para o difícil período de guerra que quase destruirá essa povoação nos anos seguintes.

Na costa de São Vicente, Tomé de Sousa conheceu um alemão chamado Hans Staden, dono de uma aventura extrema e única entre os tupinambás da Costa Verde e seus parentes do Rio de Janeiro. Staden era um viajante como tantos outros daqueles tempos, que havia partido para Portugal no intuito de buscar as riquezas do Oriente. Conseguiu ser contratado como artilheiro junto com outros dois alemães, em uma nau portuguesa com destino a Pernambuco, onde chegou em janeiro de 1548 no meio de uma revolta nativa. Como reforço de guerra contra os potiguares, ajudou o donatário Duarte da Costa a resistir, próximo a Olinda, ao cerco imposto por multidões de guerreiros nativos, contra menos de duzentos europeus fortificados. O engenho e a demanda de escravizados para a cultura da cana-de-açúcar atuavam como propulsores de resistência dos habitantes naturais da terra.

PÁGINAS 366-367
A festa de Rouen

Antes de voltar no fim daquele ano à Europa, o navio português onde estava Hans Staden ainda enfrentou um barco francês que carregava pau-brasil na costa. Nesse conflito, alguns morreram e muitos ficaram feridos. A nau portuguesa perdeu o mastro principal com um canhonaço normando, e os franceses escaparam. Em 1550, pensando em ter mais sorte nas novas terras espanholas "do rio da Prata que era rico em ouro", embarcou em uma frota espanhola com destino a Assunção, no Paraguai.

O navio de Hans Staden perdeu-se dos outros no meio do Atlântico e alcançou a baía de Santa Catarina. Em três semanas a nau capitânia chegou, mas antes de partir para o rio da Prata, a embarcação afundou naquele porto. Hans Staden ficou ali mais de dois anos entre os nativos carijós que os ajudaram a alimentar-se enquanto tinham objetos de troca. Quando acabaram-se os anzóis, passaram fome sendo "obrigados a comer lagartos, ratos do campo e outros animais esquisitos que podíamos achar, como mariscos que viviam nas pedras".[18]

Parte dos espanhóis decidiu ir para Assunção a pé pelo interior da terra, por um *peabiru*. Outra parte, que incluía o artilheiro alemão, concebeu um plano de fretar um navio aos portugueses de São Vicente e de lá voltar no caminho do mar ao rio da Prata. Durante esse trajeto, sem conhecer a costa por onde passavam e em meio a uma tempestade, chocaram-se contra a terra, rompendo a embarcação. Fortes ondas "suspendiam (o barco) tão alto como si estivéssemos sobre uma muralha".[19]

Hans Staden e outros salvaram-se pulando ao mar e agarrando-se em pedaços de madeira. Deram sorte, pois haviam naufragado na praia da atual Itanhaém,[20] onde existia já uma pequena povoação de portugueses que os ajudaram e depois os conduziram a pé até a vila de São Vicente, distante 45 quilômetros ao norte. Lá, o artilheiro logo conseguiu emprego em meados de 1552, ajudado por um alemão de nome Heliodorus Hessus, que "ficou meu amigo" e que trabalhava como feitor do engenho de um genovês chamado José Adorno, um dos mais ricos de São Vicente. Staden conta que naquele porto os portugueses eram amigos dos nativos tupiniquins e que "essa nação" tinha como inimigos ao sul os carijós, e ao norte os tupinambás, que eles chamavam de "tabajara".[21]

Pelo norte, os portugueses de Santos e São Vicente tentaram se proteger das incursões guerreiras tupinambás, erguendo uma fortificação em Bertioga,[22] na ponta de terra onde hoje fica o forte São João. Era uma tentativa de barrar o avanço das canoas de guerra por dentro do canal que levava à retaguarda de Santos e São Vicente, e que entrava entre a terra e a ilha onde hoje fica o Guarujá. Desde o final da década de 1540, um grupo familiar formado por Diogo de Braga e seus cinco filhos de mãe tupiniquim "tão versados na língua dos cristãos como na dos selvagens"[23] haviam construído uma casa forte para combater os inimigos.

No entanto, os tupinambás ali vieram de madrugada, como de costume, e em setenta canoas. Os irmãos Braga e outros portugueses, no total de oito pessoas, correram para a casa forte e se protegeram. Os aliados tupiniquins vieram em socorro e se defenderam da forma que sempre fizeram, com as flechas e maças na forma de tacapes. Morreram muitos de ambas as partes, mas "finalmente os inimigos venceram e incendiaram o lugar de Bertioga". Os tupiniquins capturados foram esquartejados e repartidos entre os guerreiros tupinambás à vista dos portugueses, "depois do que voltaram para o seu país".

As autoridades de São Vicente depois disso fortificaram de novo o lugar, mas os tupinambás perceberam a movimentação portuguesa e mudaram o caminho, costeando a ilha do Guarujá tempos depois; além disso "aprisionaram todos quantos encontraram em São Vicente". Decidiram ainda fazer outra casa forte com canhões, na ilha "bem defronte a Bertioga", para barrar também o caminho pela costa. Quando chegou a São Vicente, Hans Staden foi convidado a ser o responsável pela vigia desse novo forte, porque lhe diziam que "não tinham artilheiro português que se arriscasse a morar ali". Os portugueses estavam certos do imenso perigo que corriam. Hans Staden, precisando manter-se, não se importou com os avisos e aceitou o encargo.

Conta ele que era preciso ficar "alerta para que os selvagens não nos surpreendessem durante a noite".[24] O alemão contava apenas com mais três soldados junto dele e algumas poucas peças de canhão. Relatou em sua obra que agosto e novembro eram os meses em que os tupinambás mais guerreavam. Em agosto acontecia o fenômeno da desova dos paratis e tainhas nas enseadas e bocas de rio da costa: "Nesse tempo costumam sair para o combate com o fim de ter também mais abundância de comida". Já em novembro, a excitação guerreira coincidia com o amadurecimento do milho, necessário para a feitura do cauim porque, como explica o artilheiro alemão, "quando voltam de uma guerra, querem ter os '*abatis*' para fabricar uma bebida, que é para beber quando comem os inimigos, se tiverem capturado algum".[25]

Foram mesmo atacados mas "Deus sempre nos ajudou e sempre os percebemos". Depois de alguns meses naquela função, as caravelas de Tomé de Sousa chegaram, e Hans Staden foi levado até o governador. Este ficou tão agradecido com a coragem do estrangeiro que o contratou para mais um período de dois anos na defesa do forte de Bertioga, agora oficialmente nomeado como artilheiro real de Portugal. Depois desse período poderia voltar a Lisboa com honrarias. Tomé de Sousa garantiu ao alemão que iria falar a seu respeito com o rei Dom João III, e que ele seria recompensado.

Era janeiro de 1554 e, mesmo novo na terra, Staden já tinha sob seus cuidados um escravizado carijó que o abastecia de pesca e caça. Certa vez o alemão havia mandado o nativo para o mato arrumar o que comer. Como demorava, foi atrás dele. Diz ele: "Ouvi gritos pelos dois lados do caminho, uma grande gritaria". "Valha-me deus!", exclamou Staden, reconhecendo que estava diante de um grupo de guerreiros tupinambás que lhe surpreenderam ao sair do mato atirando flechas e apontando lanças. Entretanto, diz que o único ferimento que teve foi um profundo corte na perna feito enquanto o despiam completamente de suas roupas. "Um tirou-me a gravata, outro o chapéu, o terceiro a camisa etc."[26] Depois de ficar nu, dois guerreiros levantaram o alemão, cada um por um braço, e começaram a disputar a posse do prisioneiro, enquanto outros batiam-lhe com a madeira dos arcos.

Os tupinambás levaram Staden até as canoas e, ao chegaram na praia, o *morubixaba* com "um pau que serve para matar prisioneiros, fez um discurso e contou que eles tinham me capturado e feito seu escravizado ou peró, querendo vingar sobre mim a morte de seus amigos". Colocaram-no na canoa às bofetadas com as mãos amarradas por cordas que traziam para esse fim. A discussão entre os componentes do bando sobre quem ficaria com o prêmio continuava, no que o cacique disse "que o desejava levar vivo para casa para que as mulheres o vissem e se divertissem".[27]

UM ALEMÃO ENTRE OS TUPINAMBÁS

A viagem de Bertioga até seu cativeiro, na enseada da atual Ubatuba,[28] durou três dias e duas noites, nas quais preparavam para ele uma rede para deitar enquanto o amarravam pelo pescoço em árvores, de modo que era impossível escapar. Diziam com raiva para ele: "Tu és meu bicho amarrado". Quando caía em prantos rezando, seus captores caçoavam de seus lamentos, fazendo gestos como o de morder os próprios braços para demonstrar o que aconteceria a ele.

Quando pela manhã "íamos chegando perto das suas casas, vimos que era uma aldeia que tinha sete casas". Com as primeiras mulheres que toparam colhendo mandioca no caminho à taba, obrigaram Hans Staden a gritar-lhes em tupi "Eu, vossa comida, cheguei!". Viveu todo o ritual que era destinado àqueles cativos ungidos para as cerimônias de vingança e antropofagia, tão importantes na cultura dos tupis. Pelo tempo que já estava na terra, quando ficou dois anos entre os carijós, e pelas experiências que teve em Pernambuco, o alemão já dominava minimamente a língua e entendia o que se passava com ele, apesar do enorme medo que vivia. Foi por falar o tupi e por alegar ser procedente de uma terra amiga da França, a Alemanha, pôde Hans Staden se manter vivo por tanto tempo, cerca de dez meses, entre os nativos. Além disso, aos poucos foi ganhando confiança, incutindo-lhes medo com profecias que coincidentemente se realizavam e histórias sobre o poder do Deus dos cristãos.

O nome do *morubixaba* da taba das canas-de-flecha, a *Ubatyba* ou Ubatuba, tinha em 1554 o nome de Guarátinga-uasú, o grande pássaro branco, a grande garça. Os "principais" contaram a Staden porque eram amigos dos franceses, e não dos portugueses. Os primeiros vinham todos os anos e traziam mercadorias que eles trocavam por pau-brasil, algodão, enfeites de penas, pimenta e animais. "Os portugueses assim nunca fizeram", diziam. "Tinham vindo os portugueses há muitos anos a essa terra, e tinham no lugar onde ainda moravam, contraído amizade com seus inimigos." Depois os tupinambás se dirigiram a eles para negociar de boa-fé, e "foram aos seus navios e entraram neles tal como faziam ainda hoje com os franceses, mas

Gravura representa a captura de Staden

quando os portugueses julgavam que havia bom número, os atacaram, amarraram e entregaram aos seus inimigos, que os mataram e devoraram",[29] ou então foram escravizados.

Staden a todo momento tentava explicar-lhes que não era um peró, e sim amigo dos franceses, pois sabia que essa dúvida poderia lhe dar mais tempo de vida, até que fosse resgatado. A estratégia deu certo, e os tupinambás aguardaram a chegada de um jovem intérprete normando que estava por ali perto e que eles chamavam de *Karwattuware* (no original de Staden).[30] Apresentado o alemão ao rapaz francês, este logo ensejou conversar com ele em francês, e como não entendia a língua Staden titubeou e calou-se.

O *truchement* decretou, sem mais demorar: "Matem-no e devorem-no, o celerado é português legítimo, vosso e meu inimigo". O alemão implorou em tupi ao francês que dissesse aos nativos que não o devorassem, no que ele replicou simplesmente: "Querem te devorar".[31] Staden foi bem guardado então porque haveriam de comê-lo assim que os ingredientes do cauim ficassem prontos para uma grande festa que reuniria todas as tabas aliadas da Costa Verde e quiçá até de Takûarusutyba, no Rio de Janeiro, onde tinham parentes.

Uma dor de dente abateu Staden como que por providência divina nos dias seguintes, e este não conseguia nem mesmo comer. Os tupinambás o ameaçaram tirar o dente se ele não voltasse a se alimentar. Não gostavam de ver os cativos magros quando iniciavam seus rituais de sacrifício dos prisioneiros. Enquanto esperavam que ele voltasse a engordar para cumprir o destino que os *marakás* e pajés haviam profetizado, Staden foi levado a outra aldeia de nome Arirab, onde foi à presença do "principal rei de todos", o grande e temível *morubixaba* de Angra dos Reis, Kunhambeba.

Era uma reunião dos grandes "principais chefes" da região, e ali alguns *morubixabas* dos Rio de Janeiro também deviam estar presentes, aparentados de Kunhambeba, o que se advém da visita que este faz a Villegagnon na Guanabara cerca de dois anos depois de se encontrar com Hans Staden. Antes de entrar na maloca onde estavam bebendo grandes potes de cauim, o alemão relata ter visto 15 cabeças fincadas em estacas em frente à taba. Eram guerreiros maracajás. Dentro da grande casa tupinambá, dezenas de chefes enfeitados nos melhores trajes de gala, como numa reunião de almirantes com generais e brigadeiros, desviavam suas atenções sobre o aventureiro alemão, silenciando a algazarra. Altivos fizeram-no sentar e ofereceram-lhe cauim. Foi Kunhambeba quem havia mandado trazê-lo; queria saber o que o prisioneiro peró sabia, queria interrogá-lo e ainda pairava alguma suspeita sobre sua procedência.

"Vieste como nosso inimigo?", indaga um dos presentes. "Vim, mas não sou vosso inimigo", respondeu o artilheiro. Com tanto tempo na terra e envolvido naquela guerra, Staden já tinha ouvido falar do grande temor dos portugueses, o algoz de São Vicente, Kunhambeba. Virando-se para o maior entre eles, surpreendeu o alemão ao perguntar diretamente na língua tupi: "Es tu Konyan-bebe, vives tu ainda?". "Sim", disse ele, "eu vivo ainda". Staden replicou, em uma tentativa de angariar compaixão: "Ouvi muito falar de ti e és um valente homem". Kunhambeba com uma grande pedra verde brilhante e reluzente fincada no lábio inferior e ornado com um colar de "6 braças de comprido" de conchas brancas e perfeitas, como búzios, ouviu aquilo e se levantou de pronto, no que Staden afirmou: "Por este enfeite vi que ele era um dos mais nobres".

Com a autoestima elevada, começou a passear entre os presentes que se sentavam no chão como que pensando o que ele haveria de perguntar ao peró. Sentou-se, fitou os olhos claros do alemão e perguntou por que queria atirar sobre eles em Bertioga. Mostrava claramente que sabia quem ele era, o que planejavam os seus inimigos, tupiniquins e portugueses. "Porque lhe contaram que eu era artilheiro." Staden suou frio e afirmou deslavadamente que havia sido obrigado e mandado pelos portugueses a fazer aquilo.

Kunhambeba riu e disse que o intérprete francês, a quem ele chamava de "filho", havia contado do teste linguístico pelo qual ele havia passado, deixando a Staden a ridícula saída de afirmar que havia esquecido a língua pátria por estar muito tempo fora. Kunhambeba estava interessado em saber o que os portugueses achavam dele e se tinham muito medo. "Sim, eles falam muito de ti e das grandes guerras que tu lhes costuma fazer." O grande *morubixaba* tupinambá fez uma afirmação anotada por Staden, onde deixa passar que já havia sofrido nas mãos dos lusos. "Queria de vez em quando capturá-los, como me tinham capturado no mato."[32]

Segundo Staden, eles conversaram por um bom tempo, "enquanto ele me fazia perguntas, ficavam os outros em pé, escutando", Kunhambeba gabava-se dos muitos portugueses e inimigos que já havia matado. Um comportamento natural para o grande líder guerreiro que era e que estava, como afirmava Staden, no imaginário dos europeus amedrontados da região de São Vicente. Quando o cauim acabou, passaram-se a outra maloca para mais uma rodada, e Hans Staden ficou entregue a brincadeiras de *kunumĩuasus*. O filho de Kunhambeba atou-lhe as pernas em três pontos, obrigando-o a pular com os pés juntos. Riam dizendo, "ali vem a nossa comida pulando". Não sabia Staden que tudo aquilo fazia parte do grande ritual do seu sacrifício. Depois alguns "principais" o rodearam e beliscaram a sua carne, "um disse que o couro da cabeça era dele, outro que a barriga da perna lhe pertencia".

No dia seguinte, "todos na aldeia me tinham visto e descarregado todos os insultos sobre mim". Ele era o peró inimigo, o próprio Kunhambeba o desmascarou e avisou aos seus captores de Ubatyba que o guardassem bem. Hans Staden vivia seus últimos momentos junto com aqueles nativos. Mais do que nunca, eles estavam funcionando como uma grande federação de tabas em um combate permanente pelo domínio sobre suas terras, estabelecendo alianças, tréguas e negociações. As decisões eram tomadas em grandes reuniões dos anciãos *tunhãbaés* e *morubixabas*, guerreiros do maior número de aldeias possível. A forma como entendiam o mundo estava mudando completamente, e eles buscavam inserir-se naquele contexto com algum poder de negociação. Eram os mais antigos da terra. Aquelas florestas, rios, peixes e animais eram sua casa, e entendiam que tudo aquilo lhes pertencia.

Kunhambeba – gravura da obra de André Thevet, 1575

Logo os padres jesuítas cunhariam o termo "*tamoyos*" em suas cartas para designar a grande nação de tupinambás que se unia em virtude da necessidade de resistir aos ataques e escravizações portuguesas. Entre europeus que buscavam viver entre eles – como os franceses, e os lusos, que os haviam traído, aliando-se a grupos inimigos –, era natural que buscassem ajudar quem os ajudava dentro daquele contexto. Já aos inimigos, a vingança ritualizada, da qual a antropofagia fazia parte, acalmava os espíritos dos antepassados mortos.

Hans Staden estava destinado a desaparecer como proteína dos tupinambás, a menos que algum milagre acontecesse, e teriam de ser muitos. Logo depois de voltar do encontro com Kunhambeba, a aldeia de *Ubatyba* foi atacada por um grupo de tupiniquins composto por 25 canoas. O alemão convenceu seus captores que poderia ajudá-los a se defenderem. Pediu arco e flechas, querendo assim provar que não era inimigo. A artimanha era tentar passar para o lado dos atacantes, que Staden tinha por certo que "eles me conheciam e sabiam que eu estava na aldeia". Os tupiniquins fugiram e o ruivo Hans Staden foi novamente preso e amarrado.

A hora estava chegando, a cada dia o alemão era alvo de zombarias características dos dias que antecediam o ritual. Os "principais" de Ubatyba se reuniram "ao luar, na praça que fica entre as cabanas a conferenciar a respeito da época em que me deviam matar". Staden foi conduzido para o meio deles e maltratado. O europeu olhava para a lua procurando escapar da aflição que se encontrava. Um dos *morubixabas* de Ubatyba que mais o queria morto era Jenipapouasu.[33] Este lhe perguntou a título de escárnio por que o pobre olhava tanto para lá. Afirmou Staden, então, que era porque via que ela estava zangada. Jenipapouasu fisgou a isca e curioso perguntou: "Com quem está zangada a lua?", no que Staden aproveitou: "Ela olha para a tua cabana". O *morubixaba* ficou possesso e fez o alemão retirar as palavras que acabara de dizer. Ele retificou prontamente, antes de apanhar, dizendo que a lua havia de estar zangada com os carijós. Jenipapouasu, satisfeito, disse: "Sim, sobre eles que venha a desgraça".[34]

No dia seguinte chegou em uma canoa um *kunumĩuasu* mensageiro. Trazia a notícia de que a aldeia de Mambucaba[35] havia sido atacada pelos tupiniquins. Aquele grupo que desistiu de Ubatyba rumou até a baía de Angra dos Reis e atacou aquela aldeia que ficava na foz do rio de mesmo nome, no atual município de Mambucaba. Todos daquela aldeia salvaram-se fugindo pela mata, "exceto um menino que cativaram". Os atacantes haviam incendiado a aldeia, e Jenipapouasu, que tinha parentes em Mambucaba, reuniu uma força-tarefa para reconstruir as malocas. Staden diz que ele teve "a lembrança de levar a farinha de raízes para fazer a festa e me devorarem".

Nesse ínterim uma nau portuguesa se aproximou da enseada de Ubatuba e disparou um tiro de canhão. Era uma senha para que os nativos se aproximassem. No barco vinha gente de Brás Cubas, o capitão da vila de Santos, que buscava saber se o alemão ainda estava vivo e se os tupinambás tinham interesse em negociá-lo. Os tupinambás não tinham medo e "foram tão perto do navio que puderam chegar à fala". Os portugueses indagaram pelo alemão, mas os tupinambás responderam que não se importavam com o destino do prisioneiro. Não tinha conversa.

Acontece que, quanto mais tempo os tupinambás conviviam com o alemão dentro de suas aldeias, mais expostos a transmissões de vírus e bactérias ficavam. Parece que no tal entrevero, no episódio da "lua zangada", Jenipapouasu deve ter se aproximado demais de Hans Staden, pois alguns dias depois de partir para Mambucaba um mensageiro chegou aos pés do europeu.

A notícia era que Jenipapouasu estava doente, assim como sua mãe e seus filhos. Imediatamente o acontecimento foi entendido pelos nativos como uma profecia divina que se realizava. Pediam perdão a Staden por não terem acreditado no que dizia e imploravam saúde aos doentes por meio do "teu Deus". Staden aproveitou que todos os doentes voltaram dias depois para Ubatyba e reafirmou o discurso sobre a injustiça que eles estavam cometendo por "querer-me comer e eu não ser seu inimigo". Prometeram então que

Confrontação entre Staden e Kunhambeba

nada lhe fariam se os seus tornassem a levantar. Aparentemente estavam padecendo de uma simples gripe, para a qual não tinham anticorpos.

Logo morreu uma criança da família de Jenipapouasu, depois a mãe dele, "uma mulher velha a qual queria fazer os potes nos quais pretendiam fabricar a bebida quando tivessem que me devorar". Mais tarde morreu um irmão do *morubixaba*, além de uma criança e depois outro irmão do mesmo cacique. Desesperado, sem entender por que tantas mortes sem sentido, Jenipapouasu creditou a desgraça que lhe abatera a Staden. Implorou por sua interferência e pediu pela própria vida. O alemão insistiu que haveriam de ficar sãos somente se prometessem que não o matariam depois. Jenipapouasu "respondeu que não e ordenou aos outros de sua cabana que não fizessem mais zombaria de mim". Mesmo assim mais oito pessoas da maloca deste *morubixaba* pereceram.

O medo era tanto que todos os tupinambás de Ubatyba vinham pedir desculpas e proteção divina ao estrangeiro. Tinham-lhe tratado mal, as velhas agora o chamavam por "meu filho" e suplicavam para que não as deixasse morrer, justificavam-se dizendo "se te tratamos assim, foi porque pensamos que tu eras português".[36] Apesar das promessas de bom tratamento, o alemão continuava prisioneiro. Enquanto tentava encontrar uma saída, o jovem *truchement* chamado pelos tupinambás de Karwattuware voltou à taba de Ubatyba. Tratado como "filho" por Kunhambeba, passava seu tempo visitando as aldeias entre a Costa Verde e a Baía de Guanabara, negociando pimenta, pau-brasil e penas para chapéus para os barcos que anualmente aportavam por ali.

O francês impressionou-se ao descobrir que Hans Staden continuava vivo. Com mais liberdade depois de tantos acontecimentos funestos sobre si, o alemão pôde interpelar o jovem intérprete normando, apelando aos corações duros sem piedade para a justiça divina. Mais uma vez mostrou-

-lhe que era alemão, e que ali havia estado por conta de um naufrágio em barcos espanhóis.

Rogou mais uma vez que o ajudasse naquela situação e finalmente dobrou o francês falando com ele em tupi. Arrependido, este justificou sua atitude dizendo que havia mesmo pensado que ele era "português que é gente má, que quando os índios apanhavam algum, eles o enforcavam logo". Afinal, disse o normando, "tinham de se contentar com os costumes dos selvagens e faziam causa comum com seus inimigos porque eram inimigos hereditários dos portugueses".[37]

Karwattuware então fez o que Staden pedia: avisou aos *morubixabas* que havia se enganado, que realmente aquele homem não era português, e sim da Alemanha, e que por serem amigos queria levá-lo consigo até os navios quando estes chegassem. Mas os *morubixabas* de Ubatyba não queriam permitir que ele se fosse antes de receber o que o próprio Staden tantas vezes prometeu para demovê-los de sua morte. Queriam um baú cheio de machados, espelhos, facas, pentes e tesouras. Por cada item daquele os europeus faziam tanto caso e exigiam esforço. Agora era a vez deles os explorarem.

Deixaram assim as coisas acertadas. O jovem normando prometeu que haveria de voltar e pediu que tratassem bem o prisioneiro, que seus "amigos haviam de vir" lhe procurar. Um de seus captores era outro *morubixaba* chamado Alkindarmirĩ, o pequeno alquindar, e era um dos que mais advogava pela morte do alemão. Seu irmão Ipperuuasu, que quer dizer "O Grande Tubarão", porém, lhe impedia com "medo de que lhe acontecesse alguma desgraça".

Havia se passado apenas cinco meses dos dez que aquele homem permaneceria em companhia dos tupinambás quando outra embarcação portuguesa parou na frente da enseada de Ubatyba e mais uma vez disparou com o canhão, atraindo o contato com os nativos. Os portugueses, mais uma vez de Santos, diziam trazer um baú de mercadorias, enviado pelo irmão francês de Hans Staden, mas antes de entregar gostariam de vê-lo pessoalmente. Os tupinambás concordaram e levaram o artilheiro do forte de Bertioga até a praia. O navio estava a uma distância que permitiu a conversa. Staden pediu que lhe deixassem mercadorias e que falassem que ele era francês. "Isto fizeram e um índio foi ao navio em canoa buscá-las."

Tratou Staden de distribuir os presentes afirmando que haviam sido enviados por seu irmão francês. Os tupinambás estavam cada vez mais convencidos de que o prisioneiro era amigo dos franceses e passaram a integrá-lo nas tarefas de caça e outros afazeres, pois "levavam-me às vezes ao mato, onde tinham que fazer e me obrigaram a ajudá-los".[38] Durante os meses em que morou com os tupinambás de Ubatyba, taba semelhante à dos que habitavam o Recôncavo da Guanabara, Staden presenciou pelos menos três rituais antropofágicos de prisioneiros em aldeias diferentes. Os nativos se reuniam sempre que haveria de acontecer o que segundo o alemão era "uma festa". Primeiro ele pôde conversar com um cativo maracajá, talvez da Ilha do Governador, que por essa época era alvo de constantes ataques tupinambás contra os lusos e seus aliados da terra.

Depois viu um cativo carijó que não haveria de ser morto, mas que, doente, no momento derradeiro, como de costume, tinha de ser abatido mesmo ainda que morto. No oitavo mês de cativeiro, agosto de 1554, era chegada a época da desova das tainhas e paratis, o *piraîquê*. Nessa temporada dedicavam-se às atividades guerreiras e pesqueiras. Com a fartura, produziam uma farinha de peixe que permitia viagens longas com objetivo único de combater e aprisionar inimigos. Haviam se preparado durante três meses e tinham 43 canoas armadas, cada uma podendo levar até 23 guerreiros, o que dá uma força de aproximadamente mil homens. O destino inicial era Boiçucanga,[39] enseada adjacente à da praia de Maresias, no litoral de São Paulo.

Oito dias antes de partirem, chegou um navio francês no porto que, como esclarece a testemunha germânica, "os portugueses chamam de Rio de Janeiro e na língua dos selvagens *Iteronne*[40] (Niterói)". Alguns franceses tinham ido de bote para Ubatyba, a fim de comerciar pimenta, macacos e papagaios. Entre eles estava um intérprete que se chamava Jacob, talvez um judeu normando, muito acostumado ao trato com os tupinambás daquela costa. Viera do Rio de Janeiro e passava pelas aldeias de Angra dos Reis e do litoral sul com a finalidade de aumentar a carga de produtos. Staden pediu ao tal Jacob que o levasse a bordo do navio, mas os tupinambás estavam irredutíveis quanto à grande recompensa que "o irmão francês" do alemão lhes traria.

Desesperado por uma solução, Staden tentou uma improvável fuga. Aproveitando que o bote dos franceses voltava para o mar, correu até a praia, livrando-se dos tupinambás com socos pelo caminho. Saltou entre as ondas e quando agarrava-se à borda do escaler francês, Jacob e os outros deram com os remos em seus dedos. Diziam-lhe que, se o levassem, os nativos não os perdoariam; e nunca mais poderiam voltar ali. Staden ficou desolado e voltou cabisbaixo à praia e à maloca onde sua rede estava perdurada. Como desculpa pela fuga, afirmou que desejava fazer o pedido de mais mercadorias.

Quatro dias depois as forças tupinambás começam a se juntar com a chegada dos comandados por Kunhambeba. Já aceito como francês, mesmo com desconfianças, Hans Staden foi impelido a participar da expedição de guerra que partiu no dia 14 de agosto de 1554. Na noite anterior a força nativa acampou na atual Ilhabela, e Kunhambeba, exercendo seu papel de *morubixaba-uasú* "passou pelo acampamento para a mata, falou e disse que tinham chegado agora perto da terra dos inimigos, que todos se lembrassem do sonho que tivessem durante a noite". Depois começaram a dançar com *marakás* "até alta noite e foram dormir".

Nativos fumam na presença de Hans Staden

Na manhã seguinte todos estavam animados. Os chefes reuniram-se ao redor de uma panela cheia de peixe, "que comeram contando dos sonhos que mais lhes agradaram". Vitórias e glórias guerreiras passavam pelas suas mentes, ainda de manhã, mais uma vez dançaram com os *marakás* em um último pedido de proteção, e acertaram de ir a Boiçucanga, já nas terras dos tupiniquins, para passar a outra noite. Quando estavam no caminho para essa enseada, avistaram algumas canoas inimigas e começavam uma perseguição que durou quatro horas, até que os alcançassem. Hans Staden reconheceu em uma das canoas os irmãos Diogo de Braga e Domingos de Braga e mais seis mamelucos, filhos de portugueses com nativas tupiniquins. Os irmãos se defendiam, um soprando dardos na zarabatana, e o outro atirando de arco e flecha. Assim resistiram durante duas horas ao assédio de mais de trinta canoas inimigas, mas por fim foram capturados, bem como os todos os outros tupiniquins, mamelucos e inclusive uma mulher que vinha entre eles.

Os feridos foram imediatamente mortos, retalhados e assados, como costume natural da guerra entre os grupos indígenas. Depois os cativos foram divididos entre os guerreiros e suas tabas. O saldo havia sido positivo: com os guerreiros de Ubatyba haviam ficado oito tupiniquins e três dos mestiços, os irmãos Braga e um outro de nome Andorico.[41] Antes de voltarem, Staden foi ter com Kunhambeba uma última vez. Como os Braga eram seus amigos de Bertioga, quis tentar interceder por eles junto ao *morubixaba-uasú* daquela expedição.

Perguntou o que havia de se passar com os mamelucos? Kunhambeba respondeu que seriam devorados e "proibiu-me de falar com eles, porque estava muito zangado com eles, deviam ter ficado em casa e não ter ido com seus inimigos em guerra contra ele". Implorou Staden ao cacique para que os deixasse viver e que negociasse com os portugueses um resgate por eles. Kunhambeba sorriu, olhou para a cesta de "cheia de carne humana diante de si", pegou um pedaço de perna, deu uma mordida, esticou o braço oferecendo ao alemão e respondeu com a boca cheia: "Serão devorados". Deu outra mordida e complementou: "*Che îauara!* Eu sou um tigre!".[42]

Quando finalmente voltaram para Ubatyba, Hans Staden pediu que o levassem até o navio francês que estava na Guanabara. Pediram paciência: antes tinham de comer o que restava dos corpos moqueados e descansar da viagem. Mais algumas semanas se passaram com Staden e os três cristãos portugueses tentando arquitetar um plano de fuga, que lhes parecia impossível. Até que Alkindarmirĩ, Ipperuuasu e Jenipapouasu, com a anuência de Guaratingauasu, deliberaram dar o alemão de presente para o *morubixaba* Abati Poçanga, o "Remédio de Milho",[43] da aldeia de Takûarusutyba,[44] localizada na baixada de Jacarepaguá, na parte interior dos maciços da Pedra Branca e da Tijuca. A região era acessada pela atual Barra da Tijuca, onde as canoas penetravam nas lagoas até o início do *peabiru* que levava à aldeia subindo a terra.

HANS STADEN NO RIO DE JANEIRO

Os tupinambás de Ubatuba alertaram o grande *morubixaba* Abati Poçanga que não fizesse mal ao alemão, porque o "Deus dele ficava muito bravo quando o faziam". Hans Staden aproveitou a deixa para dizer que seus irmãos franceses haveriam de chegar logo com grande quantidade de mercadorias para agradecê-los pela boa acolhida e hospedagem. O chefe Abati Poçanga ficou convencido do bom negócio e passou a tratá-lo como um "filho", convidando-o sempre para caçarem juntos nos matos ao redor da taba.

Na ancestral Takûarusutyba o alemão permaneceu por pouco mais de 15 dias no mês de outubro de 1554, até que alguns tupinambás dali o avisaram da presença de um navio na baía e disseram ter ouvido tiros em *Iteronne*. Era um navio francês que estava fazendo carga dentro da baía. Ansioso, o alemão pediu que o levasse para lá. Staden necessitava de guias, mas os tupinambás não tinham pressa e pediram que esperasse mais um pouco.

Alguns dias mais tarde os próprios franceses ficaram sabendo pelos tupinambás da situação do "preso" e foram até o seu encontro. O capitão do navio francês enviou dois dos seus compatriotas, com outros nativos aliados a Takûarusutyba, para saber o que podiam fazer para livrá-lo do cativeiro. Staden encontrou o intérprete de nome Perot e o instruiu a dizer que havia muitas mercadorias no navio e que ele precisava ir a bordo para buscá-las.

A estratégia deu certo. Abati Poçanga e seus guerreiros acompanharam o grupo de franceses até a Baía de Guanabara e embarcaram no navio francês. Staden e o capitão do navio esperaram cerca de cinco dias até que o carregamento de pau-brasil e pimenta se completasse antes de dispensar a companhia do *morubixaba* de Takûarusutyba. Quando o navio finalmente ficou pronto para zarpar, o capitão combinou com Staden e parte da tripulação uma encenação. Os homens cercaram e abraçaram Hans Staden na hora da despedida afirmando chorosos que não desejavam separar-se dele, por ser o pai velho e querer revê-lo por uma última vez.

O nome do capitão era Wilhelm de Moner (Guillaume de Moner).[45] Ele mandou dizer aos tupinambás, por meio do intérprete Perot, que mesmo sendo o superior do navio nada podia fazer, por ser só ele contra todos os irmãos do alemão. Logo em seguida, como agradecimento à boa acolhida daquele cacique e demonstração de amizade entre eles, mandou entregar algumas caixas que continham facas, machados, espelhos e pentes. Abati Poçanga ficou contente e na despedida de Staden convidou-o a voltar porque o considerava já como um filho, desculpando-se pelo tratamento que recebera anteriormente, pois "estava zangado com a gente de Ubatuba que o quis devorar".[46]

Quando finalmente estavam prontos para zarpar da Baía de Guanabara, "aconteceu de um pequeno navio português que queria sair do porto depois de ter negociado com os maracajás" forçar passagem. Ainda existiam contatos entre os maracajás da Ilha do Governador e portugueses de São Vicente e Santos, no final de outubro de 1554. Rapidamente os franceses aprontaram o bote e com algumas armas de fogo partiram para capturar a embarcação lusa.

Contudo, aqueles não eram tempos fáceis. Um navio português só viria ao Rio de Janeiro naquela época se estivesse muito bem armado, e assim que os franceses se aproximaram do "naviozinho" foram repelidos violentamente. Alguns morreram atingidos por tiros e outros ficam feridos, incluindo o pobre Hans Staden. Finalmente, no dia 31 de outubro de 1554, o navio francês deixou o Rio de Janeiro, chegando a Honfleur, na Normandia, em 20 de fevereiro de 1555. O ilustre passageiro já durante a travessia escrevia as primeiras palavras do livro que publicaria dois anos depois e onde contou todas as suas aventuras ao lado dos tupinambás. Na obra, revelou detalhes até então desconhecidos de seus rituais, cultura e língua, que pela primeira vez eram descritos por alguém que havia estado entre eles.

Os acontecimentos na Guanabara foram extremamente violentos naqueles meses finais de 1554. Quando Staden esteve pela primeira vez na taba Ararib[47] de Kunhambeba, ele havia visto 15 cabeças de maracajás. Isso indica que alguns dias ou semanas antes um ataque a esse grupo havia ocorrido no Rio de Janeiro, o lugar mais próximo onde nativos maracajás podiam ser encontrados.

OS MARACAJÁS PEDEM SOCORRO

O jesuíta Luís da Grã, nos primeiros meses de 1555, de Vitória, no Espírito Santo, dá notícias sobre a situação dos temiminós da Ilha do Governador no final do ano anterior. Depois da partida de Staden no último dia de outubro de 1554, a aldeia do grande *morubixaba* Maracajaguaçu foi atacada violentamente pelos tupinambás do continente. Importantes tabas do Recôncavo da Guanabara resolveram dar um basta aos nativos que acolhiam os odiados portugueses sempre que vinham na Guanabara. Quando os lusos entravam no porto da Ilha do Governador, os tupinambás nada podiam fazer por terem os estrangeiros a proteção daquele grupo nativo. Hoje se sabe que os temiminós também dominavam boa parte das terras localizadas ao fundo da Baía de Guanabara, recebendo reforços das aldeias de Paranaguape, Jaguaraé e Jaguaraypo, entre os atuais rios Inhomirim e Saracuruna.

Padre Luís da Grã, companheiro de Manuel da Nóbrega da primeira leva de jesuítas de 1549, relatou que a situação não estava muito boa no Es-

Guerra entre maracajás e tupinambás – gravura da obra de Jean de Léry, 1578

pírito Santo. Os nativos haviam se apartado dos portugueses por causa "da grande cobiça que tem cá os brancos de lhos haverem como escravos".[48] Dizia o padre que "daí sete ou oito dias" de sua chegada, os tupinambás do Rio de Janeiro "deram um salto" ao atacar a hoje Vila Velha, no Espírito Santo, e "levaram sete pessoas, ainda que nenhum dos brancos, senão um moço mameluco", filho de um português com uma nativa.

Os tupinambás estavam mesmo ativos na guerra, pois logo depois apareceu no Espírito Santo "um grande principal de nome Maracajaguaçu,[49] que quer dizer Grande Gato, que é muito conhecido dos cristãos e temidos dos gentios". Informou o padre que este "vivia no Rio de Janeiro e há muitos anos tem guerra contra os *tamóios*" e que outrora tivera grandes vitórias contra eles, mas que agora estava em tão grave aperto "com cercas que puseram sobre sua aldeia e dos seus", que ele havia sido obrigado a mandar seu filho ao Espírito Santo pedir "que lhe mandassem embarcação" para transportar toda a comunidade para aquela capitania. Os maracajás estavam sofrendo um cerco prolongado dos tupinambás. Quando se aproximavam da aldeia inimiga, avançava pouco a pouco com uma grande paliçada.

É possível que o ataque dos tupinambás tenha sido motivado mais ferozmente dessa vez devido à presença de alguns portugueses entre os maracajás. Luís da Grã escreveu que os moradores do Espírito Santo se apiedaram do pedido de ajuda, ainda mais porque "os mesmos cristãos, que então vieram dessa parte, afirmavam a extrema necessidade e lhes parecia que daí a poucos dias seriam comidos pelos contrários".[50] O donatário daquela capitania, Vasco Fernandes Coutinho, chegou logo depois e a pedido dos jesuítas e dos moradores decidiu enviar quatro barcos carregados de artilharia e munição "para que fossem seguros dos franceses". Uma das principais razões alegadas por Luís da Grã para o envio de ajuda aos maracajás era principalmente a presença de alguns "filhos pequenos" que assim "cumpririam os cristãos com o que deviam", deixando evidente que algumas daquelas crianças eram mesmo filhos de portugueses.

Chegando lá, a expedição de resgate achou as malocas da ilha de Paranãpuã incendiadas. Assim que encostaram perto da praia os sobreviventes correram para se salvar com tanta pressa "que havia pais que deixavam na praia seus filhos". As crianças estavam famélicas. A estratégia de Maracajaguaçu havia dado certo. Os remanescentes de seu grupo voltaram para o Espírito Santo e montaram sua nova aldeia ao lado da vila dos portugueses. Em cinco anos já estariam de volta à Guanabara para compor as fileiras lusas na conquista do Rio de Janeiro.

Assim como a carta de Luís da Grã, o relato de Staden é bastante claro na grande frequência com que os tupinambás travavam contato com os franceses, assim como no desenvolvimento da guerra que travavam contra os portugueses e seus aliados tupiniquins de São Vicente e também mais agressivamente contra os maracajás no Rio de Janeiro.

A presença normanda nessa época era de conhecimento do rei Dom João III. Em carta escrita em abril de 1555, o capitão-mor da costa, Francisco Portocarrero, reclamou da inércia do então governador-geral Duarte da Costa, que nunca havia saído da Baía de Todos os Santos para enfrentar os "muitos franceses pela costa". Relatou que o ouvidor-geral de São Vicente ao regressar trouxe com ele um homem chamado Gaspar Gomes e deu notícia de que no Rio de Janeiro achara "um navio francês que o tomou" e que passou dois meses e meio prisioneiro no porto até carregar "sessenta moios de pimenta afora a carga de pau-brasil".

Portocarrero diz que nessa mesma época outro navio normando fazia o mesmo comércio no Cabo Frio e que no Rio de Janeiro haviam ficado "línguas e feitores fazendo carga para outra nau".[51] De acordo com a carta do capitão-mor que pedia o envio de mais navios e o relato angustiante de Hans Staden, o Rio de Janeiro era um território francês, exceto pela grande ilha da Guanabara, onde alguns maracajás ainda se mantinham solidários aos portugueses.

Enquanto o germânico Staden conhecia forçosamente por dentro o sistema de relações e laços sociais dos tupinambás, dois grandes galeões de artilharia e uma naveta de mantimentos eram preparados por Gaspard de Coligny, almirante francês e ministro dos Assuntos do Além-mar, a mando do rei Henrique II. A frota seria comandada pelo vice-almirante da França, veterano e herói de guerra contra os mouros, Nicolas Durand de Villegagnon, e tinha como destino o Rio de Janeiro. O plano era fundar uma colônia no Brasil, que no entendimento do mais tarde "cosmógrafo real da França", o franciscano André Thevet, estava localizada no "hemisfério Antártico".

1555–1560 A EXPEDIÇÃO DE VILLEGAGNON

Retrato de Villegagnon

Villegagnon parecia o homem ideal para aquela missão colonizadora. Era um homem culto, que estudara Teologia na Universidade Sorbonne em Paris, na mesma época em que João Calvino, influência máxima do protestantismo francês. Além disso, era experiente na guerra, exímio espadachim, combatera os turcos na Itália e na Hungria, e árabes na África, onde colecionou cicatrizes.

Como estudante de Teologia, havia se tornado um homem religioso e quando jovem fez votos de castidade e promessas de lealdade à ordem dos cavaleiros de Malta, ou Cavaleiros Hospitalários de São João de Jerusalém, um braço armado internacional que servia à Igreja católica e aos reinos cristãos, fundada no período das Cruzadas. Conhecida hoje como a Ordem dos Cavaleiros Templários. Era uma congregação de regras próprias, encarregada inicialmente de assistir e proteger os peregrinos àquela terra santa. Face às derrotas e à consequente perda pelos cruzados dos territórios na Palestina, a ordem passou a operar a partir da ilha de Rodes, onde era soberana, e mais tarde da ilha de Malta, onde Villegagnon chegou a ter residência. Daí a origem da Cruz de Malta exibida pelos cavaleiros.

Além desse atributo de devoção religiosa e de coragem na guerra, Villegagnon se consagrou como um exímio comandante e navegador. No final da década de 1540 havia realizado uma grande proeza ao conseguir resgatar a jovem rainha da Escócia e sua corte, frente a um difícil cerco inglês por terra e mar. Maria Stuart havia sido prometida como noiva, em um intrincado jogo de pressões políticas, tanto para o descendente do rei da Inglaterra, Henrique VIII, quanto para o delfim, filho do rei da França, Henrique II.

Nicolas Villegagnon foi feito comandante daquela delicada expedição composta por quatro galeras a remos. Com o intuito de evitar as rondas marítimas inglesas, ele traçou uma rota difícil, dando grande volta no mar do norte para surgir no litoral oposto da Escócia, onde em Dumbarton, perto de Glasgow, conseguiu embarcar a rainha da Escócia e uma pequena corte em 7 de agosto de 1548.[52] Apenas seis dias depois a exitosa missão atracava no arsenal da marinha francesa em Brest com a preciosa carga escocesa. O rei Henrique II recompensou o grande serviço prestado por Villegagnon com o cargo de vice-almirante da França.

A França estava ao mesmo tempo em guerra contra a Espanha, contra o Sacro Império Romano-Germânico e contra a Inglaterra, além de passar por graves turbulências religiosas com perseguições aos protestantes. Demorou mais cinco anos para que Henrique II aprovasse o projeto de colonização do Brasil, de que tanto falava seu principal ministro para assuntos dos mares, Gaspar de Coligny.

A ideia havia sido abraçada fervorosamente por seu vice-almirante, empolgado com os relatos sobre a fartura e a qualidade da terra, assim como a amizade ofertada pelos nativos. Villegagnon era um homem ambicioso e arrogante. Depois de ter passado por tantos perigos militares, via na oportunidade colonizadora uma chance de passar à posteridade como estadista e desbravador. Agradava-lhe a ideia da criação de uma outra França, onde seria ele mesmo titulado como vice-rei da França Antártica.

O almirante Gaspar de Coligny, um dos políticos protestantes mais influentes de seu tempo, também via naquela viagem a experiência de fundar uma “nova França” livre das perseguições, que em poucos anos acabariam em banho de sangue e guerra civil. Ele confiaria nas promessas de Villegagnon de aceitar todos que quisessem partir com ele, sem que se olhasse a religião de cada um, e escreveria a João Calvino em Genebra, em busca de voluntários com a missão de espalhar a religião reformada no Novo Mundo.

Henrique II ordenou a construção e a equipagem de dois grandes galeões armados de canhões, armas, grande quantidade de munição e tudo o que fosse necessário para a construção e defesa de um forte na Baía de Guanabara. Comerciantes normandos e bretões auxiliavam doando recursos, com a esperança de tornar aquela rota mais segura e lucrativa. No começo de 1555, os navios estavam prontos. No entanto, apesar do grande anúncio da partida da expedição, inclusive feito em praça pública em Paris com ajuda de trombetas, poucos aspirantes a colonos apareceram espontaneamente para se candidatar à viagem.

Ainda eram muito grandes os medos das intermináveis viagens marítimas, da alta probabilidade de naufrágios, dos ataques corsários e de um mundo desconhecido, totalmente exótico e selvagem para o europeu do século XVI. Villegagnon tinha autorização do rei para levar todos os tipos de profissões para a fundação e manutenção da colônia, mas teve que recrutar boa parte dos seus homens nas prisões de Paris e Rouen, prometendo-lhes reabilitação pelo trabalho na nova colônia. Fez um verdadeiro censo entre os condenados, tentando preencher as lacunas de profissões que existiam na tripulação. Encontrou carpinteiros, barbeiros, alfaiates, tanoeiros, cordoeiros, produtores de vinho, sapateiros, curtidores, chapeleiros etc.

Nos barcos ainda vinham alguns nobres e religiosos como o franciscano André Thevet, mas nenhuma mulher. Mesmo assim, o vice-almirante francês esperava em pouco tempo produzir tudo o que fosse necessário para uma vida parecida com a que tinham na Europa. Levava, para decorar sua futura sala no forte, móveis luxuosos e magníficos ornamentos católicos, além de uma pequena biblioteca selecionada com livros de ciência e religião.

Finalmente o dia da partida foi marcado para 12 de julho de 1555. Mais de seiscentas pessoas se apresentaram para embarcar nos dois galeões de 200 toneladas cada e no pequeno navio de mantimentos. Os barcos que partiram do porto de Havre de Grâce estavam na lotação máxima.

A viagem começou mal. No dia da partida, depois do meio-dia, quando estava a caminho do canal da Mancha, a frota foi atingida por uma furiosa tempestade que os jogou para a costa inglesa e maltratou os galeões, especialmente o que levava Villegagnon e o primeiro escalão da futura colônia. O barco fez água por todos os lados, e os marinheiros tiveram dificuldades de bombear os porões. Reparos eram mais do que necessários, e na primeira calmaria os barcos voltaram para a costa da Normandia, aportando em Dieppe.

O susto foi tão grande que muitos voluntários preferiram abandonar a expedição que começava de forma tão azarada. Foi uma grande debandada geral: nobres, artesãos e soldados fugiram ou pediram dispensa. O conserto dos navios durou três semanas. No início de agosto a frota fez uma segunda tentativa de zarpar e mais uma vez precisou voltar, por ser o vento muito contrário. No dia 14 de agosto de 1555, os três barcos conseguiram ganhar o oceano com destino ao Rio de Janeiro.

Como integrante da expedição vinha um franciscano que gostava muito de viajar, André Thevet. Antes de embarcar para o Brasil, Thevet já havia feito um périplo pelo Oriente e publicado um livro sobre o que vira, chamado *Cosmographie du Levant*. Por sua experiência foi convidado a participar da viagem de 1555. Permaneceu na Baía de Guanabara por exatos oitenta dias e, ao retornar para a Europa, não tardou em lançar seu *Singularités de la France Antarctique*, único documento publicado enquanto a França Antártica ainda existia com Villegagnon no comando do forte na Guanabara. O texto é recheado de descrições da fauna, flora e costumes dos tupinambás.

Até hoje o livro de Thevet é uma das principais fontes sobre o do Rio de Janeiro e seus habitantes, principalmente no período do início da colonização francesa na terra dos tupinambás. Em 1567 o frade seria nomeado cosmógrafo e historiador oficial da corte francesa. Depois de uma tortuosa e longa viagem – onde ainda tiveram tempo para bombardear Tenerife, ilhas localizadas na costa da África e que pertenciam à Espanha, então em guerra declarada contra a França –, e depois da morte de alguns tripulantes por escorbuto, os três barcos avistam a terra no dia 31 de outubro de 1555. Foram navegando pela costa até encontrarem o Cabo Frio no dia 3 de novembro e lá aportarem.

Relatou o padre Thevet que os nativos os receberam muito bem "com expressivos sinais de júbilo" e "vieram um a um para saudar-nos, repetindo sempre a palavra *karaiubê*, que significa 'salve' ou 'seja bem-vindo'". O *morubixaba-uasú*, cujo nome o franciscano revelou ser Pindó (o cacique Palmeira), ofereceu-lhes os melhores beijus e cauim que tinha à disposição. Depois levou os franceses para dar uma volta, mostrou-lhes "uma laje de cerca de 5 pés de comprimento", na qual se viam certas marcas, ranhuras que pareciam ter sido feitas com uma vara ou bastão, além de marcas de dois pés. Os tupinambás afirmaram que o que havia naquelas entrâncias de pedra era obra da passagem de seu grande *karaíba*, aquele que havia lhes ensinado o domínio do fogo, o plantio da mandioca e todo o conhecimento das folhas, ervas e animais.

Percorreram a terra, "sempre acompanhados pelo rei (*morubixaba*)", reconhecendo cuidadosamente o local. Thevet confessou ter achado o lugar "aprazível e fértil", de "águas maravilhosamente limpas" e que, apesar de haver diversas comodidades necessárias para o estabelecimento da colônia, existia um problema incontornável: a distância das fontes d'água. "Em vista disso, resolvemos não nos estabelecer e nem prolongar nossa permanência" no Cabo Frio, "o que fizemos com pesar, considerando sua excelência e amenidade do clima".[53]

Os tupinambás do Cabo Frio ficaram arrasados com a notícia da partida daquele imenso grupo, que até então aparentemente tinha vindo para ficar. Relata Thevet que os nativos contavam com a permanência deles por um bom tempo em virtude da segurança que os franceses propiciavam. Depois de mais quatro dias no mar, no dia 10 de novembro os barcos franceses depararam-se com a barra da Baía de Guanabara. Depois de passar "por numerosas ilhotas que bordejam o litoral e pela estreita boca deste rio", a tripulação comemorou com grandes vivas e tiros de canhão o fim daquela jornada.

A CHEGADA DOS COLONOS DA FRANÇA ANTÁRTICA

Desceram os botes e foram à terra sendo "recebidos pelos habitantes da maneira mais hospitaleira possível". Eram quinhentos ou seiscentos tupinambás a esperá-los na praia, todos portando arco e flecha como de costume.[54] Os nativos tiveram tempo até mesmo de improvisar uma habitação "ao derredor de belas folhas e ervas odoríferas", cumprimentando-os "com ostensivos sinais de alegria", convidando os franceses a fazerem as mesmas mesuras.

Uma comissão dos anciões mais respeitados dirigiram-lhes saudações "a sua moda e em seu idioma, em tudo demonstrando grande admiração". Finalmente se realizava aquilo que os *mairs* há tanto falavam. Vieram então os grandes barcos franceses para ajudá-los a lutar contra os portugueses e fundarem uma aliança perpétua. A alegria era tanta que víveres surgiam "de todos os lados" para os necessitados viajantes. Diversas raízes "grandes e pequenas, todas de ótimo sabor e outras comidas locais" os deliciaram, e foram tantos os agradecimentos e louvores que "um verdadeiro cristão não se pode esquecer".[55]

À recepção inicial certamente comparecem os *morubixabas* da Karióka, de Gûyragûasu, Jabebiracica e Eirámirĩ, onde vivia o intérprete normando Gosset, um dos vinte ou 25 intérpretes franceses que estavam há mais de dez anos entre os selvagens, já capazes de entender perfeitamente a língua tupinambá. Nos outros dias chegariam os nativos das aldeias mais distantes e também do outro lado da baía para testemunhar o que acontecia e fazer contato com os estrangeiros aliados.

O religioso Thevet ficou maravilhado com o costume solidariamente comunitário dos tupinambás, pois se um deles traz "alguma grande presa terrestre ou aquática, distribuirá a mesma entre todos". Inclusive os cristãos "também entrarão na partilha e serão totalmente convidados a comer aquela dádiva".[56] A educação e a hospitalidade tupinambás se revelaram quando ele fez uma visita a uma maloca específica, pois "quando alguém entra pela primeira vez em suas cabanas, logo os selvagens perguntam: *Marabicera?* [Como é o seu nome?]".[57]

O estrangeiro podia apresentar-se sem problemas, porque "pode a pessoa ficar certa de que eles nunca mais esquecerão seu nome". Após as saudações aproximavam-se do visitante e com toda a simplicidade tiravam-lhe o chapéu e colocavam na própria cabeça, para experimentar. Depois tomavam-lhe a espada brandindo-a "contra inimigos imaginários", e tudo o que o estrangeiro havia trazido seria passado em revista, no que "depois eles devolvem" todos os pertences ao dono. Assim, depois de conversar um pouco e fazer "inúmeras gentilezas", perguntavam enfim: "*Marapipô*? [Deseja alguma coisa?]".

Os franceses acamparam no continente usufruindo das comodidades tupinambás próximo à foz do rio da aldeia Karióka. Essa taba controlava o ribeiro de águas límpidas na qual os normandos se serviam e tinha malocas enormes. Depois de tantos perigos no mar, nos primeiros dias à chegada, a grande maioria dos franceses não tratou de outra coisa senão se "divertir e repousar, deitados nas verdes ervas" onde ali perto tinham "boa água fresca".[58]

Como relata André Thevet, por dois meses Villegagnon procedeu "o exame de todas as ilhas e sítios em terra firme". Enquanto fazia isso tentou instalar dois canhões e alguns falconetes (armas de fogo) em um pequeno afloramento de rocha que existe no meio da barra da Baía de Guanabara, que chamaram de Le Ratier.[59] A ideia era controlar a entrada da baía e impedir a aproximação de naus portuguesas enquanto o forte era construído.

O comandante francês sabia que a qualquer momento uma esquadra de Lisboa poderia entrar pela baía e acabar rapidamente com a futura colônia francesa. Contudo, Villegagnon calculou mal o alcance da maré e nos dias seguintes o mar transbordou tão violentamente "que jogou a artilharia e as balas para cima do alto do rochedo e Deus sabe o esforço que fizemos para tirá-las daí".[60] Algumas peças, porém, foram ao fundo na confusão.

Emblema do franciscano André Thevet

O franciscano revela em seus relatos que os franceses deram nome a "toda a região circunvizinha" e que Villegagnon decidiu estabelecer o forte planejado em uma pequena ilha, dentro da baía também próxima à barra, à distância de um tiro de canhão, onde podiam controlar a movimentação de entrada e saída de barcos da baía. Outra vantagem da ilha também era próxima à terra do continente, cercada por pedras que avançavam alguns metros à frente e que impossibilitavam o desembarque por todos os lados, com exceção da retaguarda.

Thevet diz que era uma "ilha muito aprazível, recoberta de grande quantidade de palmeiras, cedros e paus-brasis e arbustos aromáticos, verdejantes durante todo o ano".[61] Era mais comprida do que larga e tinha forma elíptica. No lugar, ainda existiam três montes de pedra, dois de cada lado e um no centro, que podiam ser utilizados como locais para baterias de canhões e também apoios para a construção das casas e da fortificação. Os tupinambás plantavam mandioca e outras raízes na ilha que chamavam de Serigipe,[62] "ilha da água dos siris", crustáceos facilmente encontrados entre as pedras. Lá os franceses construíram um forte batizado de Coligny,[63] em homenagem ao maior impulsionador da expedição, o almirante Gaspar de Coligny. Serigipe era praticamente equidistante entre as duas das principais aldeias dessa parte do litoral, a Karióka e a de Gûyrágûasu'unaê.

Villegagnon sabia que era urgente a construção do forte para garantir proteção contra iminentes ataques das forças lusas, que com certeza haveriam de vir, assim como "se garantir contra possíveis ataques destes selvagens, que se ofendem com extrema facilidade", resume Thevet. Mesmo com toda a boa acolhida e a presença de vários intérpretes vivendo nas aldeias, Villegagnon não confiava totalmente nos nativos. Pensava que, se ficasse no continente, podia ser saqueado por aquela multidão à procura do que traziam nos galeões. A medida de se isolar em uma ilha se mostraria acertada nos meses seguintes.

Havia um único e grave problema com a ilha Coligny: não existiam fontes d'água no local. Dessa forma, o líquido precisava ser captado na foz do rio da taba Karióka e transportado de barco até a ilha. Um bom forte necessita de reserva de água para aguentar longos cercos e campanhas. Por isso, paralelamente à construção do forte, Villegagnon ordenou também a edificação de uma enorme cisterna onde seria captada e armazenada água das chuvas suficiente para o consumo por seis meses.

Logo ao chegarem no Rio de Janeiro os franceses descobriram alguns portugueses prisioneiros dos tupinambás. Os nativos da Guanabara haviam tomado um barco, "apesar da resistência de seus tripulantes, que dispunham inclusive de artilharia", e a maior parte já tinha sido devorada em retaliação à grande quantidade de mortes que devem ter ocasionado aos guerreiros durante aquela refrega. Os que ainda estavam com vida foram comprados pelos franceses e escravizados. Maracajás prisioneiros dos recentes combates de Paranãpuã também foram negociados para serem usados como escravizados na ilha.

Em dois meses, todo o material para a construção do forte já estava desembarcado na ilha de Serigipe. A construção começou a todo vapor com a participação de todos os colonos, soldados e marujos. Até oficiais e nobres, cientes da importância da construção, participam dos trabalhos manuais. Villegagnon e seus homens contavam ainda com ajuda de alguns tupinambás que construíram na ilha algumas choças à moda de malocas para que os franceses pudessem se acomodar nos primeiros dias. Foram também os nativos que supriam os franceses de mantimentos durante todo esse tempo. "Em troca desses víveres, recebiam de nós alguns objetos de pequeno valor, como facas, podões e anzóis",[64] diz Thevet. Uma das principais tarefas era erguer uma muralha de pedra entre os dois morros de Serigipe, de frente para a barra da baía. Concomitantemente seriam construídos também a casa do comando, alojamentos, um paiol e a cisterna d'água.

Os tupinambás estavam alerta e mais unidos do que nunca para enfrentar os inimigos. Logo após a chegada dos homens de Villegagnon, um *kunumĩuasu* mensageiro foi enviado para avisar ao *morubixaba* de Angra dos Reis sobre a chegada dos franceses. Kunhambeba veio pessoalmente ao Rio de Janeiro para encontrar Nicolas Villegagnon e permaneceu por 18 dias na Guanabara.

Pelo relato de Thevet é possível perceber a excitação daquele líder guerreiro tupinambá com a chegada de tão grande número de aliados. Segundo o franciscano, era um grande homem, forte, de pernas musculosas, "media mais de 2 metros de altura e era o mais duro, cruel e temido dentre todos os reis das províncias vizinhas".[65] Kunhambeba "já desde as 3 horas da manhã punha-se a falar de suas vitórias e vinganças contra seus inimigos, sempre acompanhando as palavras com gestos de ameaças". O frade diz que a aldeia deste chefe, certamente por informações do próprio, era "enorme, toda fortificada ao derredor com bastiões de plataformas de guerra, possuindo até bocas-de-fogo (canhões) e alguns falconetes tomados aos portugueses".[66]

Villegagnon concedeu uma audiência ao chefe Kunhambeba "mostrando em relação a ele boas disposições, assim como fizeram todos da nossa comitiva". Em seu discurso para impressionar os aliados franceses, querendo mostrar o quanto ele havia sido útil naquela guerra contra os perós, tentou contar o número de vítimas que havia matado e devorado "que seu número chegou a 5 mil (ao que ele diz)". Dizia: "Graças a meus feitos heroicos recebi o título de maior *morubixaba* que jamais existiu entre nós", "meus inimigos jamais conseguiram atacar-me", "sou grande, sou poderoso, sou forte", "livrei muita gente das garras de meus inimigos".[67] Era tudo verdade, e mesmo assim não se diferenciava dos demais nativos quanto à curiosidade em relação aos costumes e crenças europeias, quando os franceses se ajoelham para rezar, Kunhambeba erguia as mãos para o céu e pedia que lhe ensinasse as orações cristãs.

André Thevet ficou pouco menos de três meses no Rio de Janeiro, de 10 de novembro de 1555 a 31 de janeiro de 1556. Depois de ter satisfeito a curiosidade "a respeito dessa terra e das coisas nela existentes", regressou nos galeões franceses carregados de pau-brasil e outras mercadorias, sob o comando de um sobrinho de Villegagnon, chamado Bois-le-Comte. Segundo Thevet, ele era "homem magnânimo e possuidor de altas virtudes"[68] e voltaria no ano seguinte com ainda mais homens para a França Antártica.

No pouco tempo que esteve, fumou tabaco, experimentou cauim, provou a *pakoba* (banana), a noz da palmeira *guriri*, peixes, carnes e outras delícias naturais do Rio de Janeiro. Deixou ricos registros dos hábitos e costumes dos habitantes naturais do Rio de Janeiro, assim como os místicos e antropofágicos. Quando tinha dúvidas, consultava os intérpretes franceses que moravam ali já havia pelo menos uma década. A partida de André Thevet da Guanabara marcou o fim do promissor projeto da colônia.

A EPIDEMIA E A REVOLTA DOS TRUCHEMENTS

Não tardou para que a natureza autoritária de um cavaleiro templário como Villegagnon começasse a causar descontentamentos entre os colonos franceses. Além da rígida disciplina que impunha aos participantes da empresa na construção do forte, obrigando-os a trabalhar a exaustão, quis também estabelecer condutas morais exemplares entre os colonos. Proibiu-os de tomarem as mulheres da terra se antes não as tivessem feito batizarem e esposado em casamento perpétuo, sob as bênçãos da Igreja católica.

Depois ainda limitou as idas ao continente, transformando a ilha em uma espécie de quartel para cavaleiros templários da Cruz de Malta no Brasil para pelo menos duas centenas de homens que tinham pouco ou nenhum interesse nesse rígido estatuto moral. Em uma expedição onde não havia mulheres, sendo a maioria dos homens recrutados nas prisões de Paris e Rouen, a norma causava sérios embaraços ao projeto de colonização, ainda mais com as nativas andando nuas pelas praias.

Para muitos dos seus críticos modernos, ao invés de proibir, Villegagnon deveria ter incentivado as relações dos franceses com as mulheres tupinambás. Ademais, para aqueles nativos, as uniões entre os estrangeiros e suas mulheres selavam alianças e compadrios, com deveres e direitos, tornando as alianças guerreiras mais sólidas. Por isso os *truchements* eram tão queridos pelos *morubixabas*. Eram genros, ou seja, da família. Na consciência de um cavaleiro de Malta do século XVI que havia feito votos de castidade e pobreza, tal comportamento "carnal" justificava uma pena de morte.

O próprio comandante escreveu que agia daquela forma "de modo que impossibilitados de fugir, ficassem os nossos homens no caminho do dever. E como as mulheres só vinham a nós com os maridos, a oportunidade de pecar contra a castidade se achava afastada".[69] Aos intérpretes normandos que viviam com mais de uma mulher e com elas tinham muitos filhos – todos bem fornidos, livres dos padres e dos rígidos dogmas religiosos quinhentistas já há muitos anos –, o ultimato sob pena de morte não foi digerido de maneira satisfatória.

Alguns viviam nus, dançavam com os tupinambás, pintavam-se e estavam acostumados a uma vida completamente diferente da que Villegagnon almejava como para um "homem de bem". Além disso, eram o principal elo entre a fartura proporcionada pelos tupinambás e os recém-chegados franceses. Não imaginavam ter de obedecer às ordens de alguém que não conhecia a terra como eles e que não sabia sequer falar a língua dos locais.

No dia 4 de fevereiro de 1556 a reação àquela medida apareceu sobre a forma de uma perigosa conspiração. Um dos *truchements* franceses, que pode ter sido o mesmo Gosset citado por Jean de Léry, morador da aldeia de Eirá-mirĩ, que ficava pelos lados do atual bairro de Manguinhos, chefiou a revolta que arregimentou todos os outros intérpretes, além dos colonos insatisfeitos com a rigidez de Villegagnon. Segundo o piloto Nicolas Barré, esse *"mair"* tinha uma mulher tupinambá e não a queria largar; tampouco aceitava casar-se formalmente com a nativa, como impunha o comandante.[70] Ameaçado pela sentença de morte estipulada como medida, juntou-se aos outros intérpretes e colonos enervados, e resolveram livrar-se de Villegagnon.

Primeiro pensaram em envenená-lo junto com outros oficiais, mas a ideia não prosperou. Depois deliberaram que o melhor a fazer era aproveitar um momento de distração e fragilidade, capturar Villegagnon e em seguida cortar sua garganta. Apenas um detalhe os impedia deste intento: a guarda pessoal do comandante formada por três guarda-costas escoceses, contemporâneos do resgate de Maria Stuart. Emissários dos *truchements* fizeram alguns contatos preliminares com os saxões que, a pretexto de conhecer o plano dos conspiradores, demonstraram interesse no intento e mesmo acertaram a data da execução dali a poucos dias.

Os intérpretes não sabiam que a guarda escocesa era extremamente fiel a Nicolas Villegagnon e logo contaram todo o plano dos rebelados aos oficiais da França Antártica. No dia marcado para o atentado, os primeiros quatro conspiradores que apareceram na ilha logo foram aprisionados. Um foi imediatamente enforcado e os outros três foram algemados e reduzidos a trabalhos forçados como se fossem escravizados. O calvinista Jean de Léry, quando esteve na ilha em 1557, conheceu um desses prisioneiros, de nome Laroche, que era mantido em grilhões e torturado constantemente, e só não havia sido morto por ser útil como marceneiro.

Segundo Villegagnon, no dia seguinte um deles foi tirado das correntes para que pudesse se defender das acusações, mas "ao se ver livre deitou a correr e jogou-se no mar, afogando-se".[71] O líder da revolta, um dos mais importantes *truchements* que vivia entre os tupinambás já há sete anos, conseguiu fugir, e os soldados de Villegagnon não ousaram tentar capturá-lo dentro da aldeia em que vivia. Com ele também desapareceram os outros 25 intérpretes que viviam nas aldeias da terra e deixaram de frequentar a ilha do forte.[72] Para aqueles que haviam permanecido na ilha, as punições exemplares criaram um clima de terror.

Para piorar a situação do projeto de Villegagnon, desde a chegada da expedição, alguns tupinambás começaram a cair doentes. André Thevet relata, antes de sua partida, a visita que fez ao *morubixaba* Pindobuçu, o Grande Palmeira, um dos principais do Rio de Janeiro e que se encontrava "acometido por uma febre rebelde".[73] O cacique pediu que o frade francês intercedesse por sua vida junto a Tupã e lhe perguntou sobre o que acontecia após a morte, já desacreditado da própria sobrevivência. Depois, provavelmente pelo seu porte físico robusto, curou-se.

Entretanto, a doença alastrava-se rapidamente pelas aldeias e transformou-se em uma mortal epidemia de "febre pestilencial". Era o resultado do contato com a pequena multidão de normandos que havia desembarcado. Oriundos de portos e cidades imundas da Europa, traziam consigo vírus, mesmo simples resfriados e gripes que se mostraram mortais para os tupinambás. Os milênios de separação do restante da humanidade cobravam o seu preço na falta de anticorpos.

O número de mortos nessa tragédia é impossível de ser mensurado. André Thevet escreveu em outra obra, alguns anos mais tarde, que teriam morrido mais de "8 mil" tupinambás. Segundo esse cronista, cujas cifras em geral encontram-se exageradas, até mesmo o temido Kunhambeba voltou doente a Angra dos Reis, onde veio a falecer.

Uma testemunha do desespero tupinambá com tamanha mortalidade sem precedentes indica um número de vítimas dez vezes menor. Nicolas Barré, escrevendo da Guanabara de maio de 1556, diz que "oitocentos" nativos pereceram naquela epidemia, sendo que o piloto de Villegagnon provavelmente tinha contato apenas com algumas tabas do litoral. De qualquer maneira eram muitos mortos, e a situação foi tão grave que deve ter contribuído sensivelmente para a diminuição dos efetivos tupinambás na Guanabara.

Os nativos choravam seus familiares por semanas. Uma série de rituais foi observada nos enterros e homenagens aos espíritos dos mortos, cujos corpos eram cuidadosamente preparados para a viagem final ao Guajupiá eterno, onde viviam seus antepassados em fartura. Thevet indica que nos meses seguintes "não se encontrava mais pessoas entre eles que pudesse cortar o pau-brasil e transportá-lo aos navios" e mais que a "maioria dos *morubixabas* morreu desta peste".

Isso pôde explicar a proeminência de Pindobuçu nas negociações de Iperoig anos mais tarde. Por ser um dos poucos antigos líderes a ter sobrevivido àquela catástrofe e por ser o mais experiente entre os *morubixabas* ainda jovens, tornou-se referência central naquela guerra. Assim que se curou, aproximou-se ainda mais dos franceses de Villegagnon. A epidemia também explica o desaparecimento dos antigos *morubixabas* do Rio de Janeiro das crônicas históricas.

Com a retirada do apoio dos *truchements* e aquela peste brutal exterminando vidas entre os tupinambás, logo a falta de mantimentos abateu-se sobre os homens que construíam o forte Coligny. Os normandos que falavam a língua dos nativos os preveniram sobre os intentos exploratórios de Villegagnon, que os tratava pior que seus inimigos perós. Aproveitaram para lançar a suspeita de que a origem daquela enfermidade era justamente a chegada do comandante francês e seus homens, o que não era de todo mentira.

Os tupinambás, revoltados, apressaram-se em atacar a ilha Serigipe, mas foram prevenidos pelos intérpretes de que seria impossível penetrar no lugar por causa dos canhões e armas de fogo. Assim, desistiram da batalha para continuar chorando seus mortos. Os *truchements* nunca mais apoiariam abertamente a França Antártica, e alguns permaneceriam ao lado dos tupinambás até o final de seus dias. Nicolas Barré, o piloto, relata justamente que só "salvaram-se das intrigas dos intérpretes porque estavam na ilha e podiam se defender".[74]

Em maio, os imprevistos continuaram. Em frente à ilha do forte acidentalmente perderam "um grande navio e um barco" sobre as rochas. Sabe-se que fizeram muita falta pois dependiam deles para buscar água, lenha e víveres.[75] Sem a ajuda permanente dos tupinambás, a fome virou uma constante no forte Coligny. Os franceses, preocupados com a construção do forte, não pensaram em cultivar a terra, apesar de terem levado sementes. Imaginavam que os aliados tupinambás os serviriam sem quaisquer contrapartidas, quase que espontaneamente.

Nicolas Barré relata que, além do abandono dos intérpretes, alguns colonos deserdavam da ilha passando ao continente como haviam feito um "mestre carpinteiro e outros dois operários que se foram entre os selvagens, para viver a liberdade deles".[76] Durante esses meses o próprio comandante Villegagnon escreveu que tiveram de "ir buscar muito longe e em lugares diversos os víveres de que carecíamos em consequência do que o nosso grupo, já pequeno, se subdividia e diminuía".[77]

Foi com muito custo que, aos poucos, alguns meses depois de passada a epidemia, os homens de Villegagnon convencerem alguns grupos tupinambás que não eram culpados daquela peste e voltaram a fazer trocas. Especialmente com as aldeias da Ilha do Governador, agora majoritariamente ocupada pelos nativos do continente, onde a taba do renascido Pindobuçu, a partir da praia da Bica, tinha posição estratégica. Aos poucos o forte foi tomando uma forma inicial e as casas de pedras começaram a surgir entre os três montes da ilha de Serigipe.

Segundo Barré, haviam cercado a ilha de tal modo que, quando as canoas tupinambás se aproximavam, "eles tremiam de medo".[78] Esse respeito incluía o apelido pelo qual os nativos se referiam a um Villegagnon de longa barba, ricamente vestido como almirante e cercado por sua guarda escocesa, enquanto dava ordens pela ilha e os recebia ao pé do monte central onde seu casebre estava construído. Ele era o *Pa'i Cola*. Longe de ser uma expressão de carinho, *pa'i* significava o temor e o respeito, "senhor" Nicolas.[79]

A INÉRCIA PORTUGUESA

A notícia da construção do forte francês no Rio de Janeiro não tardou a se espalhar. Uma carta enviada pelo capitão-mor Francisco Portocarrero ao rei Dom João III, datada de 11 de agosto de 1556, avisava que em Salvador havia chegado Brás Cubas, capitão de São Vicente, cuja viagem tinha por objetivo avisar "que os franceses fazem uma fortaleza no Cabo Frio, numa ilha pequena que está um tiro de berço da terra firme dentro da baía" e que ali estavam construindo "três naus novas". Pedia desculpas o capitão-mor dizendo que se tivesse podido "correr a costa como vossa alteza mandava" teria impedido os franceses, mas que "a todas estas coisas me respondia o governador (Duarte da Costa) que pois seu filho não era capitão-mor, não havia de mandar a armada a correr a costa".[80]

O segundo governador-geral, o nobre Duarte da Costa, chegou à baía em 1553 em substituição a Tomé de Sousa. Fez um governo atribulado e acabou culpado pelo estabelecimento dos franceses na Guanabara. Trouxe consigo o filho, Dom Álvaro da Costa, que se portava tão violentamente entre os nativos tupinambás que chocou até mesmo o bispo católico Dom Pero Fernandes Sardinha.[81] Em maio de 1555 as aldeias do recôncavo haviam se re-

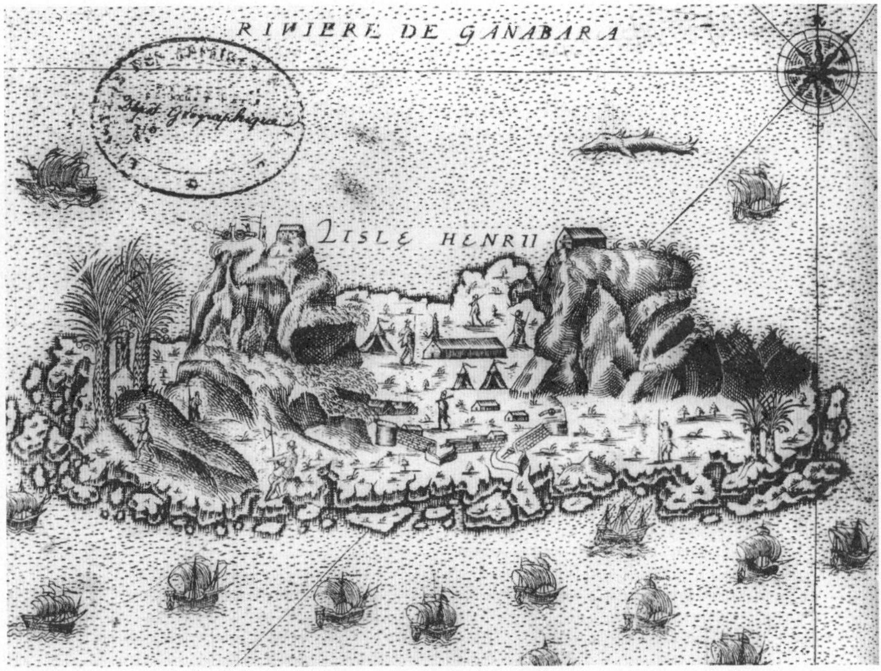

Mapa da Ilha do forte Coligny – gravura da obra de André Thevet, 1575

belado contra a perda de terras. Onde antes plantavam suas roças, viam-nas cobertas de cana-de-açúcar. Cerca de cinquenta tupinambás atacaram o principal engenho nas proximidades de Salvador, destruíram-no e voltaram para a aldeia. O governador Duarte da Costa escreveu que o *morubixaba* dizia que "a terra era sua e que lhes despejassem o engenho".[82]

A resposta do governador veio na forma de uma expedição punitiva comandada por seu filho, Dom Álvaro, à frente de setenta infantes e seis cavaleiros. Ao chegarem à aldeia, encontraram os tupinambás entrincheirados por trás de uma paliçada; à frente havia fossos com estrepes, cobertos por folhas. Essa era a tática usual da estratégia nativa de defesa, que se mostrava bastante limitada frente às armas de aço, armas de fogo e uma pequena cavalaria treinada em guerras na Europa, Ásia e África. Os portugueses conheciam técnicas sofisticadas de sítio e assalto a fortes. Depois de um rápido e violento combate, a cavalaria penetrou no cercado fazendo muitas mortes. Em seguida vieram os soldados com armas de fogo e armaduras. Quem não escapou foi massacrado. A madeira nada podia contra o metal. A guerra com cavalos os surpreendeu, e de nada adiantava correr, pois eram facilmente alcançados. O *morubixaba* foi aprisionado, e os portugueses aproveitaram o ensejo para despejar de Salvador outras duas aldeias.

Duarte da Costa agradeceu por aquela revolta nativa como se tivesse acontecido por vontade divina e por sobrarem aos moradores "mais terras para suas roças". Depois de expulsar as aldeias que estavam próximas ao engenho, Dom Álvaro foi mandado a Itapoã, onde subjugou os nativos e levou como refém o *morubixaba* da principal aldeia do lugar. Depois encontrou mais seis aldeias entrincheiradas, e mais uma vez os tupinambás foram derrotados. O combate desigual logo transformava-se em matança; os que tentavam fugir eram caçados pela cavalaria. Outras cinco aldeias haviam sido destruídas e incendiadas sem resistência dos moradores, que já haviam fugido. Em pouco mais de uma semana os lusos haviam destruído 13 aldeias próximas a Salvador, matando, escravizando ou expulsando milhares de nativos.

Não demorou para aquelas batalhas provocarem um desabastecimento geral de mantimentos da terra, que eram cultivados pelos tupinambás, e dos quais eram também dependentes os próprios portugueses. A monocultura da cana-de-açúcar cobrava seu preço na pobreza e na penúria com que subsistiram a partir daí grande parte dos portugueses de Salvador. O governador Duarte da Costa, imerso em críticas de todos os lados e vendo-se incapaz de solucionar os problemas, já em maio de 1555 solicitava ao rei Dom João III para que o substituísse, encurtando-lhe o tempo de mandato.

A reação portuguesa às ações de Villegagnon no Rio de Janeiro teriam então de esperar a chegada do próximo governador-geral, Mem de Sá, que aportou na Baía de Todos os Santos apenas no fim de 1557. Ele ainda levaria um bom tempo para dominar outras rebeliões nativas antes de enfim planejar o envio de uma esquadra contra os franceses na Guanabara, o que só ocorreria em 1560.

Enquanto os portugueses não conseguiam se organizar, a construção do forte Coligny seguia em ritmo acelerado no Rio de Janeiro e seria intensificada pelos reforços que estavam para chegar.

OS COLONOS DE GENEBRA

Incentivados duplamente por apelos do almirante Coligny e pela postura dúbia de tolerância de Villegagnon, muitos protestantes, receosos dos desdobramentos do clima político na França, mostraram-se interessados em colonizar o Brasil. Arregimentados diretamente por João Calvino, cânone da reforma religiosa que havia se refugiado em Genebra, foi selecionado um pequeno grupo de "pastores" que seriam enviados à França Antártica para verificar as condições da terra e preparar o terreno para o envio de milhares de protestantes franceses nos anos seguintes.

Como líder da missão de reconhecimento foi escolhido um idoso nobre francês, protestante militante, de nome Phillipe de Corguilleray, senhor du Pont. Corguilleray teria sido convidado para a função diretamente pelo próprio almirante Coligny, de quem era amigo pessoal. Junto com ele, iam mais dois pastores: um de 50 anos, doutor em Teologia de nome Pierre Richier; e outro com menos de 30, chamado Guillaume Chartier. Advertidos sobre a dureza da viagem e a vida que enfrentariam em lugar tão longe e diferente de seus costumes, a maioria dos candidatos desistiu da viagem, e apenas poucos homens do grupo de Genebra perseveraram a ideia de compor a expedição como simples colonos. Seus nomes eram: Pierre Bordon, Mathieu Verneuil, Jean Dubordel, Andre Lafon, Nicolas Denis, Jean Gardien, Martin David, Nicolas Raviquet, Jacques Rousseau e aquele que se tornaria um dos cronistas da colônia francesa, Jean de Léry. A maioria dos protestantes teria sido aprovada por serem trabalhadores artesãos, a pedido de Villegagnon. O próprio Jean de Léry, então com apenas 23 anos, era sapateiro.

Abençoados e instruídos pessoalmente por Calvino, partiram no dia 10 de setembro de 1556 de Genebra sonhando em estabelecer no Rio de Janeiro a liberdade religiosa que eles não tinham na Europa. Da Suíça, eles vão para a França e encontram-se com o almirante Coligny, que os incentiva a continuarem com a missão. Depois partem a Paris, onde passam um mês tentando conseguir mais correligionários para a expedição. Pregam pelas ruas da cidade e pouco a pouco o grupo cresce até o momento de seguir para Rouen e de lá a Honfleur, o porto de partida. Nesse porto, três navios estavam sendo preparados a mando do rei Henrique II, com muitas mercadorias e equipamentos para o forte que Villegagnon estava construindo na ilha de Serigipe.

A frota era composta pelo navio Grande Roberge, o maior entre eles, com 120 pessoas, entre colonos, marinheiros e soldados. Jean de Léry viajou nesse barco. O menor e mais veloz, chamado de Petite Roberge, era do comandante da frota, sobrinho de Villegagnon, Bois-le-Comte, que trazia outros oitenta tripulantes. O último barco era chamado de La Rosée (o orvalho), e nele viajavam outras noventa pessoas, entre as quais estavam seis jovens rapazes órfãos que seriam deixados entre os tupinambás, além de cinco mulheres sobre a supervisão de uma governanta mais velha. O objetivo era proporcionar a colonização da terra da forma como Villegagnon esperava: com uniões religiosamente abençoadas entre franceses. Ao todo eram 290 pessoas que chegariam para solidificar a presença francesa no Rio de Janeiro.

No último barco também viajava um personagem nebuloso da história da França Antártica, chamado Jean Cointa, o "Senhor de Bolés", doutor em Teologia pela Sorbonne, e que animaria muito as discussões religiosas que haveriam de explodir no forte Coligny. Mais tarde ainda trairia os franceses, fugindo para São Vicente e revelando aos portugueses todas as fragilidades da colonização normanda.

No dia 19 de novembro de 1556 ao meio-dia, a frota partiu ao som de "tambores, trombetas, pífanos e outras demonstrações festivas que se costumam fazer aos navios de guerra".[83] No navio onde viajava Jean de Léry estavam a bordo 18 canhões de bronze, mais de trinta falconetes e mosquetes de ferro, entre outras munições de guerra.

A uma légua do porto de Hâvre de Grace os barcos aportaram "na enseada de Caulx", e a tripulação foi passada em revista pelos mestres e capitães. O Grande Roberge apresentou problemas para o içamento da âncora e apenas no dia seguinte a frota ganhou o mar aberto. Seguiram-se 12 dias de mar tão mais agitado que Jean de Léry confessou que todos ficaram enjoados e assustados. Depois disso depararam-se com dois navios ingleses que voltavam carregados da Espanha. Foram abordados e pilhados pelos bem armados franceses, apesar dos protestos de alguns genebrinos. "E se por ventura alguém os adverte, como de fato fizemos, por assim saquearem indiferentemente amigos e inimigos", os marinheiros respondem que "isso é de guerra e de praxe e anda bem quem o assim pratica".

Os neófitos navegantes não entendiam nada das regras do mar e ficaram completamente desesperados com as grandes tormentas que se abateram sobre a frota nos dias seguintes. A descrição de Jean de Léry dá a medida do que passavam em alto-mar, pois durante as tempestades eram "erguidos ao alto dessas incríveis montanhas d'águas, como que até o céu, e subitamente jogados tão baixo como se devêssemos submergir nos mais profundos abismos".

Nas ilhas Canárias reabasteceram-se de víveres para a travessia do Atlântico. Durante a estadia aprisionaram uma caravela portuguesa e prometeram "por consideração para com o mestre da presa" que devolveriam o barco caso o próprio conseguisse outra caravela "naquelas paragens". O desafio foi aceito pelo português, que zarpou numa chalupa com "vinte soldados nossos e parte de sua gente", para ver se conseguia algum outro barco para os franceses.

No dia 25 de dezembro a chalupa luso-francesa deparou-se com uma caravela espanhola que foi tomada de surpresa e levada ao encontro da frota de Bois-le-Comte. Os franceses então cumpriram a promessa e devolveram o barco português, deixando-o junto com os "espanhóis esbulhados" e sem ao menos "um pedaço de biscoito nem víveres de qualquer espécie", com as velas rasgadas e sem o escaler que era usado para desembarcar em terra.

A viagem prosseguia o seu objetivo até o próximo barco ser avistado no mar, quando então empreendiam todos os esforços para saqueá-lo. Uma esquadra portuguesa, composta por cinco caravelas, foi perseguida e escapou. Já outra embarcação espanhola acabou novamente saqueada. A travessia do Atlântico durou dois meses entre calmarias, grandes pescarias em alto-mar e um calor que incomodou muito os europeus.

No dia 23 de fevereiro de 1557 "pelas oito horas da manhã" eles avistaram a terra. No mesmo dia deram tiros de canhão próximo à costa para atrair os nativos e com Bois-le-Comte à frente desceram os escaleres e foram até a terra. Na praia, homens e mulheres se reuniram em grande número. Os franceses descobriram que aqueles nativos eram maracajás e que estavam próximos a um rio por eles chamado, segundo Léry, *Huuassú*, provavelmente Iguaçu (rio grande), que se estima ser o atual rio Doce no litoral norte do Espírito Santo.

Temerosos de serem atacados, os franceses tiveram muito cuidado para realizar as trocas de víveres pelos quais estavam desesperados pela longa viagem. O contramestre do navio Grande Roberge, "que lhes conhecia um pouco a língua", foi até a praia com alguns marujos, colocando-se a uma distância segura dos nativos. Acenava-lhes e mostrava-lhes espelhos, facas, pentes e outras bugigangas. Não tardou para que uma comissão de nativos se apresentasse em paz e trocasse de bom grado farinha de mandioca e carne de javali. Ainda outros seis homens e uma mulher pediram aos franceses para subir em um dos navios onde os colonos da França e tupis se admiraram mutuamente, os segundos completamente nus. Segundo Léry, os maracajás não foram avaros e comportaram-se "como homens honestos e embaixadores corteses".

No dia seguinte, depois de bem providos, levantaram âncora e começaram a costear em direção ao sul. Logo avistaram a povoação de Vitória, onde um forte havia sido construído justamente para evitar os ataques franceses à vila portuguesa. Ao avistar a frota, os soldados do forte dispararam três vezes em direção a eles, no que foram respondidos "com juros", mas como encontravam-se a grande distância não houve danos de nenhuma parte.

Em 10 de março viram a foz do rio Paraíba e identificaram a terra dos nativos *gûaitakas,*[84] que segundo Léry eram "tão ferozes que não podem viver em paz com os outros". Os europeus a essa altura não se atreviam a descer em suas terras. Continuaram a navegação até depararem-se logo a seguir com a região chamada de Macaé[85] quando enfrentaram um temporal que quase os levou ao naufrágio em ilhas em frente à costa.

No dia 4 de março conseguiram enfim aportar no Cabo Frio, "enseada e porto dos mais conhecidos dos navegadores franceses," às quatro horas da tarde. Na praia, grande quantidade de tupinambás os esperavam, os acolheram da melhor forma possível e deram notícia "de *Pai Colas* que é como chamavam Villegagnon".[86] Não quiseram ficar ali nem um dia e na mesma tarde seguiram viagem para a Guanabara. No dia 7 de março saíram do alto-mar à esquerda e avistaram da barra da baía o forte Coligny ainda em construção. Os navios saudaram Villegagnon com um tiro de canhão, no que foi respondido pelo forte. Mais trezentos homens haviam chegado para povoar o Rio de Janeiro.

CRISE RELIGIOSA NA GUANABARA

Quando finalmente os passageiros desembarcaram com suas bagagens na ilha do forte Coligny no dia 10 de março, todos se reuniram e ajoelharam-se para agradecer por terem chegado até ali depois de tantos perigos. Em seguida o grupo de genebrinos foi conduzido até a residência de Villegagnon, que ficava localizada no meio da ilha. Assim que chegaram, o vice-almirante os abraçou e cumprimentou "muito risonho". Em seguida, segundo o relato de Jean de Léry, o líder dos protestantes Phillipe de Corguilleray e os pastores calvinistas Pierre Richier e Guillaume Chartier declararam a Villegagnon qual era para eles a causa principal daquela jornada: erigir a "igreja reformada, concorde a palavra de Deus". Villegagnon teria respondido que "desde muito e de todo o coração desejei tal coisa e recebo-vos de muito bom grado". Completando que também queria ele uma igreja reformada, pregando então para os pastores que os vícios deviam ser reprimidos, o luxo vestuário condenado e tudo o que fosse contra o serviço de Deus deveria ser removido. Para ser mais claro ainda, Villegagnon teria dito com todas as letras, segundo o cronista protestante, que era sua intenção "criar um refúgio para os fiéis perseguidos em França, na Espanha ou em qualquer outro país de além-mar".[87]

Ainda nesse dia, durante a noite, jantaram na casa do comandante da França Antártica "peixe moqueado, isto é, assado à maneira dos selvagens" com farinha de mandioca e outras raízes assadas. Por bebida tomaram da água armazenada na cisterna que os franceses tinham construído para captar a água da chuva, mas não era de boa qualidade. Relata Léry que era "esverdeada e suja como a de um charco de rãs". Corguilleray e os dois pastores foram acomodados na sala da casa de Villegagnon, e os outros, "num casebre coberto de palha, que um escravo construíra a seu modo à beira-mar", onde amarraram redes para que dormissem "à moda da América, suspensos no ar".

A hospitalidade acabaria no dia seguinte, quando já na madrugada os recém-chegados foram acordados pelos oficiais de Villegagnon para participar do penoso mutirão de construção do forte. Imbuídos pelas palavras de acolhimento e aprovação do comandante, todos empregaram vivamente os esforços de carregar pedras e terras mesmo tendo como ração diária apenas "duas medidas de farinha de mandioca que comíamos seca ou em papa feita da água suja da cisterna." O pastor mais velho, Richier, animava seus companheiros afirmando que Villegagnon se transformaria em um o novo São Paulo para a religião reformada.

Léry diz que Villegagnon não só consentiu como "estabeleceu ele próprio que, além das preces públicas todas as noites depois do trabalho, os ministros pregariam duas vezes no domingo e nos outros dias da semana por uma hora". No dia 21 de março, um domingo, os pastores celebraram a Santa Ceia e todos aqueles que deviam comungar foram preparados. Jean Cointa, o doutor da Sorbonne, apareceu e, como não o tinham "em boa conta", os pastores o convidaram a fazer uma confissão pública de fé antes de comungar, "o que fez, abjurando perante todos o papismo".

Tudo ia muito bem. Depois do sermão, Villegagnon ordenou que aquelas pessoas que não professassem a religião reformada se retirassem, pois não "estavam aptas para assistir ao ministério do pão e do vinho". Em seguida, ajoelhou-se em um "coxim de veludo" e pronunciou duas longas orações em voz alta, onde pedia a Deus que tornasse o forte "inexpugnável", um refúgio para aqueles que "em boa consciência e sem hipocrisia aqui se abrigaram a fim de dedicar conosco a exaltação de sua glória" sem que fossem "perturbados pelos hereges". Pedia Villegagnon dubiamente que o evangelho reinasse na ilha "a fim de que seus servos não caiam nos erros dos epicuristas e outros apóstatas".

Quando finalmente terminou de clamar, apresentou-se "à mesa do Senhor e recebeu de joelhos o pão e o vinho das mãos do ministro". O pastor Richier começou a explicar que o pão e o vinho não eram realmente a carne e o sangue de Cristo, contrariando o dogma do catolicismo da transubstanciação, ou seja, que depois de ungidos, o pão e o vinho realmente se transformavam em carne e sangue. As discussões começaram. Villegagnon, ladeado por Jean Cointa, segundo Léry, os dois com mais "vontade de discutir do que aprender e aproveitar, não tardaram muito em promover disputas relativamente à doutrina". É de se imaginar que um cavaleiro da Cruz de Malta e o outro intitulando-se doutor em Teologia pela Sorbonne não ficariam calados frente às discussões que naquele tempo agitavam os homens. Villegagnon chegou mesmo a proibir que os pastores se posicionassem, em seus sermões, contra o conceito católico da transformação do pão e do vinho, o que causou tremenda decepção nos calvinistas.

Jean de Léry sarcasticamente comenta que, mesmo sem saber como, Villegagnon e Jean Cointa queriam comer "à maneira dos selvagens *gûaitakas*" a carne de Cristo. Tentando apaziguar os ânimos, Villegagnon, "mostrando-se sempre alegre e afirmando desejar apenas se instruir", cogitou enviar de volta à França Guillaume Chartier, o pastor a quem essas discussões provocavam mais paixão, para que trouxesse a opinião de outros doutores sobre a questão da ceia e principalmente a de João Calvino, "cujo parecer dizia Villegagnon querer submeter-se". Essa decisão foi uma artimanha para que o vice-almirante se livrasse do protestante mais jovem e desafiador de suas certezas religiosas.

Antes da partida de Chartier, contudo, o navio La Rosée regressou à Europa no dia 1º de abril de 1557 levando cartas escritas por Villegagnon, uma das quais endereçada a Calvino. A missiva havia sido escrita na véspera, dia 31 de março, de próprio punho e com a tinta do pau-brasil. Villegagnon fez nela um resumo de tudo o que os franceses já haviam realizado na ilha, agradeceu a chegada de colonos, descreveu os nativos tupinambás e como viviam, relatando também a rebelião dos *truchements* que fora abortada, sem entrar em mais detalhes sobre as discussões religiosas que apenas começavam. Terminava aquela correspondência desejando a Calvino que Jesus Cristo lhe desse uma vida longa "para a obra de sua Igreja". Jean de Léry disse também ter ouvido do mensageiro Carmeau que Villegagnon o havia pedido para falar verbalmente a Calvino que os conselhos que este houvera de mandar seriam gravados em cobre a fim que se perpetuassem.

Nesse mesmo navio dez *kunumĩs* maracajás, entre 9 e 10 anos, "tomados na guerra pelos índios amigos dos franceses e vendidos como escravos a Villegagnon", foram embarcados para a França. Quando chegaram à Europa foram apresentados ao rei Henrique II como prova do sucesso da França Antártica e depois "foram dados de presentes a vários magnatas". Um deles foi reconhecido por Jean de Léry muitos anos mais tarde vivendo confortavelmente na residência de um nobre.

Dois dias depois da partida do La Rosée aconteceram dois casamentos na ilha do forte Coligny. "Dois mancebos, criados por Villegagnon desposaram, segundo as leis da igreja reformada, duas das jovens que tínhamos trazido de França." Alguns tupinambás que assistiam àquele que era o primeiro casamento à moda europeia realizado no Rio de Janeiro mostraram-se mais "admirados com as mulheres vestidas" do que com a cerimônia.

No dia 17 de maio foi a vez de Jean Cointa casar-se com uma "parenta de um tal Laroquete de Rouen" que também havia feito a viagem com eles mas morrera depois de chegar a ilha de Serigipe, deixando grande quantidade de facas, pentes, espelhos, contas de cor e anzóis, que, segundo Léry, foi a razão da união. Pouco a pouco Jean Cointa foi se tornando íntimo de Villegagnon e animador das discussões contra os protestantes, dando a razão às argumentações do vice-almirante. Cointa fez saber ao comandante que a chegada dos genebrinos e a forma aberta como eram tratados estava desagradando o partido dos católicos e não demoraria para que o comandante fosse denunciado no reino por tal permissividade. Jean de Léry conjectura, contudo, que a mudança de posição deveu-se a cartas que o vice-almirante havia recebido com ameaças do cardeal de Lorena, do partido católico da corte francesa, ameaçando-o com a inquisição se a onda calvinista não fosse reprimida.

No fim de maio as últimas duas moças francesas também se casaram com dois intérpretes. Essas cerimônias marcariam as rupturas definitivas de Villegagnon com os calvinistas. Durante a união o pastor Pierre Richier discursava sobre o batismo e outras crenças próprias dos protestantes, quando subitamente foi interrompido por um irritado Villegagnon, que protestava contra as inovações que ele introduzia nas pregações do casamento. Uma discussão terrível teve início, terminando com a declaração do vice-almirante de que não assistiria mais aos cultos nem alimentaria mais de graça os pastores. Além disso, ele restringiu as prédicas a apenas meia hora por dia, proibiu os genebrinos de comandarem os sacramentos e, sobretudo, de pregar sobre os temas polêmicos que aquelas discussões haviam gerado. Os calvinistas, entretanto, continuam a realizar suas orações e cerimônias em segredo.

Convencidos de que era mais do que urgente enviar Chartier de volta à França para levar as cartas que poderiam dar fim àquelas discussões, no dia 4 de junho o pastor partiu em outra embarcação carregada de pau-brasil. A carta de Villegagnon a Calvino, da qual este seria portador, não chegou aos nossos dias. Longe de apaziguar os ânimos, a partida de Guillaume Chartier enfraqueceu o lado protestante nos debates, e a situação piorou com mais desavenças doutrinárias.

Em meados de junho, durante a ceia de pentecostes, Villegagnon, irritado com a perseverança dos protestantes em não obedecer suas ordens, finalmente "declarou abertamente ter mudado de opinião sobre Calvino e sem esperar a resposta à consulta feita por intermédio de Chartier, declarou-o herege transviado da fé".[89]

Restou ao líder dos protestantes, o sr. Phillipe de Corguilleray, encaminhar um repúdio formal às decisões do vice-almirante, onde declararam com palavras duras que, em virtude dos fatos, não se consideravam mais seus súditos nem queriam mais trabalhar na construção do forte e que esperariam o primeiro navio para retornar. O autoritário Villegagnon proibiu então que lhes fossem fornecidas as rações de farinha. A fome os impeliu pela primeira vez ao contato com os nativos tupinambás que, "em troca de uma simples foice", conseguiam maior quantidade de farinha do que "a distribuída em seis meses por Villegagnon". Vendo que os calvinistas estavam conseguindo sobreviver sem sua ajuda, o vice-almirante tentava de todas as formas prejudicá-los. Jean de Léry relata que tinham que pedir permissão para ir à terra ter com os nativos e que em uma das vezes que se ausentaram da ilha por "cerca de 15 dias" quis Villegagnon castigá-los ignorando a permissão que haviam solicitado.

Acusando Jean de Léry e outro francês chamado Jean Gardien de transgressão, "ordenou não só que nos prendessem mas ainda que nos pusessem em grilhões aos pés" como a escravizados. Tal ordem só não foi obedecida porque os genebrinos se mostraram unidos. A colônia encontrava-se completamente dividida e, temendo uma rebelião ainda maior, o almirante desistiu da punição.

Jean de Léry, para exemplificar as maldades de Villegagnon no forte Coligny, diz que, além de cometer atrocidades contra prisioneiros franceses, existiam também ali cerca de "trinta ou quarenta homens e mulheres maracajás" comprados dos tupinambás e escravizados. Para fazer-lhes cumprir as obrigações que demandava afligia-os com muitas torturas. Como que a submeteu um deles, de nome Mingau, que teve como castigo "toucinho derretido" derramado sobre as nádegas. Diz Léry que os nativos maracajás se desesperavam e lamentavam-se dizendo que "se soubéssemos que Pai Cola nos trataria desse modo, antes nos teríamos deixado comer pelos nossos inimigos". Até mesmo o polemista Jean Cointa também se estremeceria com Villegagnon algum tempo depois, abandonando a dura vida no forte para ir viver com outros fugitivos no continente.

Como não conseguia domar os protestantes e vendo que a permanência deles na ilha estimulava ainda mais dissidências, "detestando-nos dia a dia mais", ordenou no fim de outubro de 1557 que o grupo se retirasse do fortim depois de oito meses de convivência forçada naquele diminuto espaço. Assim que puderam, instalaram-se em um lugar que chamaram de Briqueterie (olaria), "ao lado esquerdo do rio Guanabara", provavelmente na praia da foz do rio da aldeia Karióka, onde existia grande quantidade de barro, usado posteriormente pelos portugueses na fabricação de telhas.

Durante os dois meses em que permaneceu no continente aguardando a chegada do navio com o qual planejava voltar à França, Jean de Léry empreendeu boa parte de suas andanças pelas tabas do Rio de Janeiro e conheceu mais intimamente a cultura dos nativos do Rio de Janeiro. No período em que estiveram na companhia dos indígenas, os protestantes tiveram tanta fartura e foram tão bem tratados que Léry considerou os tupinambás melhores do que alguns que se diziam cristãos.

A obra que produziu de regresso à França, como resposta a um dos livros publicados por André Thevet em que acusava os calvinistas pela perda da França Antártica, é considerada até hoje uma obra-prima da etnografia e da antropologia. Léry quis mostrar especialmente que conhecia bem mais os tupinambás que seu antagonista católico, André Thevet. As listas de aldeias e todos os detalhes que transmitiu sobre a forma como viviam foi sua melhor estratégia. Havia mesmo aprendido os rudimentos do tupi antigo e se pôs a escrever o nome das aldeias e das coisas daquele lugar na forma como entendia que eram falados. Ele tinha um senso de relatividade e uma simpatia aos tupinambás que seus escritos influenciaram gerações de pensadores, como Michel de Montaigne, que foi ali buscar inspiração para elaborar suas reflexões sobre o "bom selvagem". A sensibilidade com que descreveu as terras tropicais e seus moradores, até então desconhecidos totalmente por ele, até hoje surpreende quem lê seu testemunho sobre um Rio de Janeiro esquecido no tempo.

Das diversas passagens interessantes de seu relato, uma merece destaque ao exemplificar a preocupação e a observação que faziam os tupinambás com a devastação produzida pelo corte desenfreado de pau-brasil. Enquanto assistia ao trabalho dos nativos que derrubavam as árvores, um ancião se aproximou e perguntou-lhe: "Por que vindes vós outros, mairs e perós, buscar lenha tão longe para vos aquecer? Não tendes madeira em vossa terra?". O calvinista explicou ao ancião que tinha madeira, sim, mas não daquela qualidade, e que não a queimavam como ele pensava, mas a usavam para extrair a tinta para fazer tecidos. O velho tupinambá acrescentou: "E por ventura precisais de muito?". Léry disse que sim e que na França existiam negociantes dispostos a trocar facas, pentes, espelhos etc. e que só um daqueles homens era capaz de comprar toda a carga de um navio inteiro. O ancião ficou tão impressionado que exclamou: "Ah, vós me contais maravilhas!". Em seguida, o velho raciocinou e perguntou novamente: "Mas esses homens tão ricos de que vós falais não morrem?". "Sim, morrem", respondeu Léry. "E, quando morrem, para quem fica o que deixam?", retrucou o velho tupinambá. "Deixam para os filhos, se os têm." No que finalmente o ancião deu-se por satisfeito e sacramentou: "Agora vejo que vós outros *mairs* sois grandes loucos, pois atravessais o mar e sofreis grandes incômodos, e trabalhais tanto para acumular riqueza para vossos filhos". Explica na sequência o sábio tupinambá por que considerava os *mairs* loucos: acreditavam os nativos que a terra era suficiente para alimentar a todos. "Temos pais, mães e filhos a quem amamos; mas estamos certos de que após a nossa morte a terra que nos nutriu também os nutrirá e por isso descansamos sem maiores cuidados."[90]

Por dois meses Jean de Léry viveu no continente, travando contato e passeando por mais de vinte aldeias que naquele espaço de tempo pôde alcançar no entorno da Baía da Guanabara, quando foram excelentemente bem tratados pelos nativos em todas as ocasiões. Finalmente no dia 4 de janeiro de 1558, um pequeno navio chamado Jacques, carregado de pau-brasil, pimenta, algodão, macacos, papagaios e outras mercadorias, partiu levando o grupo de genebrinos exilados no continente.

Entretanto, era um navio pequeno e, depois de sete ou oito dias de navegação com tempo muito ruim, os marinheiros perceberam rachaduras pelas quais entrava muita água no porão. Com muita dificuldade a tripulação tapou os buracos do casco, mas a expedição estava em um impasse. A opinião dos marujos e carpinteiros era a de que o barco não aguentaria a travessia. Já o mestre pretendia continuar viagem, mas frente aos perigos que enfrentariam ofereceu uma barca àqueles que quisessem voltar à terra. Depois de muitas discussões Jean de Léry decidiu voltar com alguns companheiros, mas no momento em que ia embarcar de volta à terra mudou de ideia compelido por um amigo e permaneceu no navio.

Apenas cinco resolveram desistir da travessia e voltaram à terra. Chegando de volta ao forte enfrentaram a ira de Villegagnon. Desconfiado de tudo e de todos, imaginou que o retorno era-lhe uma afronta e, depois de acusá-los de sedição, deserção e heresia, instou-os a abandonar a fé protestante ameaçando-lhes de morte. Três deles resolveram seguir os preceitos do calvinismo de não renegar a fé por qualquer motivo e foram condenados à morte na Baía da Guanabara. Tiveram as mãos amarradas e os pés atados a bolas de ferro e do alto de um monte da ilha do forte Coligny foram impiedosamente atirados ao mar. Seus nomes eram Pierre Bourdon, Jean Bourdel e Mathieu Verneuil.

Jean de Léry decidiu continuar no navio Jacques, passou por grandes privações durante a viagem de volta. A fome assolou a toda a tripulação, que se viu obrigada a comer os animais exóticos que traziam para vender. Além de camundongos e pedaços de couro, chegaram a pensar em comer uns aos outros da mesma forma que presenciaram no ritual tupinambá. Por fim, em 26 de maio de 1558 conseguiram aportar na França, e os sobreviventes iniciaram uma longa campanha para denunciar as atrocidades e os desmandos do vice-almirante Villegagnon no Brasil, acusando-o nos anos posteriores, de ser o principal responsável pela perda da França Antártica. Segundo Léry, antes da "mudança de opinião" de Villegagnon, os mais notáveis protestantes da França estavam organizando o envio de grande urcas a partir de Flandres para trazer de setecentas a oitocentas pessoas para colonizar o Rio de Janeiro.

As primeiras denúncias sobre as atitudes de Villegagnon teriam por fim abortado esse movimento. No próprio forte Coligny o comandante via pouco a pouco o número de colonos diminuir. Sem ocupar o continente, sem plantar sementes na terra ou permitir que seus homens tivessem relações com as desejadas tupinambás, em meados de 1558 metade dos franceses já havia voltado nos navios que regressavam à Europa, sem que os portugueses tivessem feito um único movimento para desalojá-los.

Ao mesmo tempo, os franceses que haviam se refugiado entre os tupinambás, fugindo do autoritarismo de Villegagnon, instigavam os nativos a não obedecer ou colaborar com o *Pai Cola*, tornando cada vez mais difícil a dependência em relação aos tupinambás. Com o forte já pronto desde novembro de 1557 e fatigado das dificuldades pelas quais passou durante aquele tempo – tendo enfrentado rebeliões, dissenções religiosas, deserções em massa, a falta de ajuda espontânea dos nativos e a ameaça das denúncias de que sabia ser alvo dos protestantes que haviam partido no ano anterior –, resolveu o próprio Villegagnon voltar à França na segunda metade 1559, em busca de apoio para a colônia e se defender das prováveis acusações que pesavam sobre ele.

Deixou seu sobrinho Bois-le-Comte no comando do forte. Quando chegou à França no fim de 1559 encontrou, além das esperadas denúncias à sua conduta, uma conjuntura política completamente diferente de quando partiu. O rei Henrique II havia morrido acidentalmente durante um torneio de justa, um esporte a cavalo, em julho de 1559, o que deu início a uma disputa pelo trono francês entre seus filhos e a rainha-mãe, Catarina de Médicis. Na corte, a França Antártica estava entre as últimas prioridades, e ele se viu completamente sozinho, sem poder contar também com o apoio da elite protestante que havia desde o início animado aquela aventura. No ano seguinte, a reação portuguesa finalmente chegaria à Guanabara.

MEM DE SÁ E A DESTRUIÇÃO DO FORTE COLIGNY

A estratégia portuguesa contra a ocupação da Baía de Guanabara foi a nomeação de um magistrado renomado, desembargador da Casa de Suplicação (espécie de STF português da época) desde 1532, que depois ainda integrou o Conselho Régio do Rei. Seu nome era Mem de Sá. O rei Dom João III em julho de 1556 concedeu-lhe o cargo de governador-geral com poderes muito mais amplos do que os de seus antecessores. Com missões árduas pela frente, seu cargo tinha duração indefinida, enquanto o rei assim "houver por bem e não mandar o contrário".[91]

Nos últimos dias de dezembro de 1557 chegou o novo governador à Baía de Todos os Santos e já nos primeiros dias de 1558 começou a consertar as demandas e disputas do governo de seu antecessor, Duarte da Costa, de tal forma que ficaram "as audiências vazias e os procuradores e escrivães sem ganho".[92] Depois passou a cuidar dos nativos tupinambás, com a orientação da Companhia de Jesus, mandou desfazer aldeias e agrupar todos os seus moradores em apenas quatro aldeamentos que foram se formando aos poucos sob a supervisão dos padres. Proibiu com graves penas a prática antropofágica fazendo reunir todos os "principais" nativos em uma audiência. Um dos que se negou a obedecer, principal de nome Cururupeba,[93] foi perseguido e preso. Segundo o jesuíta Manuel da Nóbrega, "foi tão profícua essa prisão, de quase um ano, que ele veio a ser um dos melhores amigos dos colonos".

No começo de 1558, Mem de Sá enviou uma expedição de socorro ao norte do Espírito Santo para debelar uma revolta dos tupiniquins. Na batalha do rio Cricaré, hoje São Mateus, depois de enfrentar durante dias os guerreiros nativos, seu filho Fernão de Sá foi cercado e morto por estes. Os portugueses acabaram cometendo massacres e subjugando os revoltosos tupiniquins, mas voltaram a Salvador com essa dura notícia para o governador Mem de Sá, fato que levou a ascensão de um "sobrinho" chamado Estácio ao comando de futuras missões.

O ano de 1559 foi dedicado ao combate a outras rebeliões nativas. De junho a julho daquele ano, o próprio Mem de Sá partiu para Ilhéus com suas tropas em socorro aos mais de mil portugueses que se encontravam ali acuados por uma grande revolta indígena. Todos os quatro engenhos de açúcar dos portugueses foram queimados e destruídos, uma reação à perda das terras e à escravização. Mem de Sá desembarcou as tropas e adentrou pela floresta esperando a madrugada para atacar de surpresa as principais aldeias, a mesma estratégia utilizada pelos nativos em suas guerras. Encontraram resistência, mas por fim conseguiram impor-se e incendiaram todas as tabas que encontraram. Enquanto Mem de Sá ainda combatia e acertava pazes e leis com os nativos de Ilhéus, chegou a notícia de que em Salvador os tupinambás do rio Paraguaçu encontravam-se levantados depois de terem capturado ao longo da praia quatro cristãos que pescavam com redes e que "foram arrastados pelos inimigos que os trucidou com injusta e bárbara morte".[94]

De todos os grupos nativos no entorno de Salvador, apenas os tupinambás do rio Paraguaçu ainda não estavam subjugados e volta e meia atacavam canoas e pequenos barcos dos portugueses e seus aliados. Antes amigos dos franceses, quando estes desapareceram viram-se à mercê dos portugueses, que nem sempre se portavam muito bem durante as negociações. A revolta dos tupinambás do rio Paraguaçu foi a desculpa que Mem de Sá precisava para terminar de promover a limpeza que fazia na terra. Os nativos anteriormente aldeados fugiam assim que podiam para o interior, e os que ficavam eram cada vez mais controlados por meirinhos e jesuítas, que os mantinham praticamente na condição de escravizados dos colonos. A terra ia ficando tão despovoada "do gentio" que uma autorização especial foi concedida para que os colonos pudessem "importar" escravizados do Congo pagando menos impostos.

Mem de Sá demandou aos nativos rebelados que entregassem os assassinos dos cristãos, mas os principais de Paraguaçu se negaram a fazê-lo. Não lhe restou outra alternativa senão reunir novamente em mutirão suas tropas e mandar chamar os nativos subjugados de Salvador, conclamando-os a ajudarem na batalha. As informações sobre os feitos de Mem de Sá estão pormenorizadas num grande poema lírico escrito em latim pelo padre José de Anchieta, intitulado *De Gestas Mendi de Saa* e datado de 10 de junho de 1560. Nessa obra o jesuíta enaltece os feitos do governador-geral, descrevendo minuciosamente todas as guerras de que participou desde sua chegada até a tomada do forte Coligny, no Rio de Janeiro, em março de 1560. De algumas, o próprio padre foi testemunha ocular; de outras tomou depoimento daqueles que participaram.

Na guerra do Paraguaçu, Mem de Sá não teve piedade dos nativos, e esse enfrentamento certamente o prepararia para os combates que se seguiriam contra os valentes e fortes tupinambás do Rio de Janeiro. Em agosto de 1559, os portugueses partiram com muitas naus, barcas e canoas para o rio Paraguaçu. Ao adentrarem a terra, encontraram uma primeira paliçada, que foi defendida ferozmente pelos guerreiros nativos que os esperavam entrincheirados. Os portugueses com cavalos e protegidos por suas armaduras de ferro avançavam abrindo caminho com arcabuzes, espadas e bestas, espalhando os corpos pela terra. Conseguem entrar na fortificação e incendeiam a aldeia, seguem em frente e encontram outra estacada no alto de um cume onde estava a "flor da juventude inimiga", que a maioria julgou inexpugnável. Os oficiais de Mem de Sá exortavam os soldados: "Vamos! Confiança no pai dos céus! Jovens à cidadela! Passo firme e avante!".

Assim que os primeiros lusos começaram a escalar o monte, os *kunumĩuasus* e *abás* despejaram sobre eles "uma chuva de flechas cobrindo os montes verdejantes como uma nuvem". Diz o jesuíta que os nativos se defendiam "com denodo, rolando pedras enormes" ladeira abaixo contra os atacantes. Nem isso foi capaz de parar os "esquadrões de Cristo", que conseguiram com muito trabalho entrar na fortaleza do Paraguaçu. Os cavaleiros perseguiram os defensores em fuga e, quando os alcançavam, em uns metiam "a espada", em outros "a lança de ponta aguda" atravessava o peito.

A desgraça dos tupinambás da Bahia foi tanta que as matas se encharcaram "de muita sangueria" e pelo solo escorria um rio de "negro sangue". Testemunha José de Anchieta que, após a segunda derrota, mais de "160 aldeias e mil casas" foram incendiadas e destruídas durante 15 dias, terra adentro, pela horda dos moradores de Salvador, sob o comando de Mem de Sá. O terror foi tanto que pais matavam os filhos pequenos para que não os chamassem e todos não caíssem em mãos portuguesas, e "tudo eram lágrimas, prantos e espectros de morte".

Quando os soldados deram por terminado o serviço de destruição e voltaram aos barcos de forma desorganizada, os últimos guerreiros tupinambás sobreviventes se reagruparam e, seguindo o caminho dos portugueses até a praia, resolveram partir para um temeroso contra-ataque. Percebendo a ação do inimigo, Mem de Sá mandou as tropas retrocederem e partiu em seu cavalo, em campo aberto, para confrontar o já alquebrado inimigo. Os tupinambás foram mais uma vez perseguidos pela cavalaria e despedaçados pelos soldados com as armas de fogo. "O animal fogoso se lança ferindo a terra e atropela com as patas ferradas e esmaga esse bando de loucos."[95]

Logo depois dessa retumbante vitória, Mem de Sá havia decidido continuar a campanha, agora para vingar a morte do bispo Pero Fernandes

Sardinha pelos caetés de Sergipe. Foi quando uma nova frota de reforços mandada de Portugal chegou à Bahia, trazendo ordens para que Mem de Sá desse fim aos planos de colonização francesa no Rio de Janeiro. A frota era comandada por Bartolomeu de Vasconcelos da Cunha e composta de pelo menos três navios e cerca de duzentos homens. Mem de Sá entretanto reclamaria, por considerar que era sobretudo "gente do mar e não de combate".[96] A frota chegou a Salvador no último dia de novembro de 1559, Mem de Sá reuniu o conselho e decidiu que era tempo de "ir cometer a fortaleza".

A tropa se aprontou de novo, e eles partiram com dez embarcações em direção ao sul em 16 de janeiro de 1560. Na expedição estavam Manuel da Nóbrega – primeiro provincial da Companhia de Jesus –, a maior parte dos nobres portugueses da Bahia, soldados, muitos escravizados e nativos tupinambás aliados. Como um dos oficiais da frota também participava um primo em grau afastado do governador-geral, Estácio de Sá, que comandava a galé de nome Conceição e nos anos seguintes teria participação efetiva no processo de conquista da Guanabara.

Na viagem até o Rio de Janeiro "foi o governador recolhendo gente por as capitanias", acrescentando valiosos reforços ao seu contingente. Em Ilhéus, Mem de Sá deparou-se com um desertor da França Antártica: o mesmo João Cointa que animou as discussões religiosas no forte Coligny. Depois de abandonar o forte com medo do autoritarismo de Villegagnon passou para o lado português. Ele havia conseguido fugir da Guanabara ao se juntar traiçoeiramente a um ataque de "5 ou 6 mil" tupinambás a São Vicente, em 1558, ação para a qual Villegagnon havia enviado "sete ou oito homens" de reforço. Chegando ao destino, Cointa adiantou-se com os espias *kunumĩuasus* e lançou-se aos portugueses "e os defendeu dos contrários, e deu conselho e aviso ao capitão de São Vicente que mandasse recolher toda a gente que estava espalhada". Com a traição de Cointa, os tupinambás viram seu ataque surpresa frustrado e conseguiram capturar apenas 24 pessoas, que estavam se protegendo "numa torre de Antonio Rodrigues".[97]

Cointa conseguiu ser acolhido pelos colonos de São Vicente, mas provocou profundas desconfianças entre os jesuítas, que no fim o processariam por heresia, mandando-o para os tribunais da Inquisição em Lisboa. Ficou preso mais de quatro anos no total.[98] Jean Cointa, conhecido também por João de Bolés, conseguiu viajar até Ilhéus, onde foi apresentado a Mem de Sá. Cointa então passou informações preciosas sobre o forte

Coligny e sobre a melhor maneira de atacá-lo, sendo imediatamente incorporado à tripulação.

No Espírito Santo, narrou o padre Manuel da Nóbrega em carta, o governador encontrou os portugueses "em grande perigo de serem comidos pelos índios e tomados pelos franceses". Os moradores pediam que Mem de Sá tomasse as terras de volta dos nativos ou então que os levasse dali por "não poderem mais se sustentar". Nóbrega disse que os lusos eram protegidos por uma "geração de índios que ali está e se chamam do Gato". Eram os mesmos maracajás do *morubixaba* Marakaîágûaçu da Ilha do Governador, resgatados em 1555 da Baía de Guanabara. Mem de Sá prometeu ajuda somente em seu retorno, "por não se estorvar o negócio que vinha do Rio de Janeiro".[99] Certamente um bom grupo de maracajás acompanhou a frota do governador.

No dia 21 de fevereiro de 1560, a força naval portuguesa enfim chegou à Guanabara e era intuito de Mem de Sá que as embarcações não fossem percebidas pelos franceses. Para tanto deviam aportar fora da baía, a uma distância segura, e dali tomariam os batéis para um assalto noturno e de surpresa à fortaleza de Coligny. Para isso foi destacado um homem que todos julgavam "que sabia bem aquele Rio, que fosse adiante guiando armada". Contudo o tal guia não conseguiu o seu intento "por não saber ou não querer", suspeita Nóbrega, e fez os navios ancorarem tão longe que, quando os batéis alcançaram a boca da baía, já era dia e foram percebidos pelos franceses. O relato de Nóbrega, testemunha da tomada do forte Coligny, é bastante resumido e traça em linhas gerais a batalha, servindo de baliza sobre o que aconteceu.

Entretanto seu discípulo José de Anchieta recolheu as informações vividas pelos participantes e deixou uma descrição minuciosa no poema laudatório que fez em homenagem aos feitos de Mem de Sá. Anchieta conta que, logo que os navios entraram na Baía de Guanabara, o som de uma corneta estridente deu o sinal a todos os franceses que se achavam em terra, recolhidos nas aldeias tupinambás, para que se apressassem a regressar à fortaleza. Com eles muitos tupinambás tomavam o mesmo rumo a Serigipe. Uma nau normanda está sozinha "no interior do porto sinuoso"[100] e Mem de Sá ordena que uma galé (a remos) a ataque. Alguns tripulantes franceses e tupinambás desprevenidos foram obrigados a fugir a nado para a praia. Os soldados da galé amarraram a nau na popa e, no momento em que voltavam para junto da armada portuguesa, tiros de canhão começam a ser disparados da murada da fortaleza. São petardos de "projéteis incendiários". Os tiros não acertam o alvo e, para piorar, ocorre um acidente durante a operação dos canhões: uma centelha faz com que parte da pólvora do paiol do forte exploda e o "fogo em turbilhão num momento engole desprevenidos a sete soldados".[101]

Os portugueses viram pela primeira vez a fortaleza dos franceses e lhes pareceu "ser coisa impossível entrar em coisa tão forte", principalmente porque também "tinham consigo os índios da terra".[102] Os oficiais foram de opinião de que, antes de qualquer tentativa, era preciso ainda mais gente e que se aguardasse os reforços prometidos de São Vicente. Já Mem de Sá decidiu tentar uma solução pela via diplomática, mesmo sabendo que eram poucas as chances de sucesso.

Fez chegar à fortaleza um pequeno bilhete bastante astuto pelo qual começava elogiando o adversário: "A fama, general glorioso, te canta como experiente em feitos prestantes, e longa experiência da guerra e também as belas artes todas te poliram a alma". Depois entrava no assunto de maneira delicada, "não creio pois que tu hás de lançar a empresa tão árdua para defender uma causa injusta", fazendo por fim saber a Bois-le-Comte, o sobrinho de Villegagnon que estava no comando do forte, que os portugueses estavam decididos a atacar a fortaleza se os ocupantes não se retirassem em paz imediatamente.

Bois-le-Comte não demorou a responder que, se não fosse por ordem de seu próprio rei Dom Henrique (não sabia que este já estava morto), jamais abandonaria as "muralhas que erguemos". Continuava a missiva avisando que estava bem armado, com "grande soma de munição, espadas luzentes, artilharia rija, dardos incendiários e armaduras". Tudo estava preparado, dizia ele, "vamos pois! Prontos estamos para a defesa do forte!".

Em poucos dias mais, os reforços de São Vicente chegaram, trazendo consigo os filhos de João Ramalho e seus aliados tupiniquins, entre outros portugueses. Mem de Sá reuniu o conselho e proclamou "chegamos, senhores, ao termo: estou enfim decidido a atacar a fortaleza".[103] Porém os outros capitães o contradiziam, afirmando que não era possível tomar a fortaleza, "que não era possível com armas algumas escalar o forte, cercado por rochas enormes", testando-lhe a autoridade. Mem de Sá manteve-se irredutível. Por fim, "alguns por vergonha e outros por vontade",[104] acertaram como deviam combater. Segundo o próprio Mem de Sá, estavam na fortaleza cerca de 120 franceses e mais de mil guerreiros tupinambás ain-

Ataque português à ilha dos franceses

da leais aos homens deixados por Villegagnon.[105] Certamente muito aquém do contingente que poderiam ter arregimentado os "línguas franceses" que viviam nas aldeias se não tivessem abandonado o projeto de colonização francês. Estes há muito não se importavam com o destino do quartel de Villegagnon; ou melhor, esperavam que caísse.

Depois de "15 ou 20 dias com a dita armada em um porto em frente da fortaleza que lhe não chegasse sua artilharia",[106] e que deve ter sido o mesmo porto onde Estácio de Sá estabeleceria uma base fortificada e fundaria a cidade de São Sebastião em 1565, Mem de Sá tomou seu batel e passou em revista a tropa que se amontoava nas caravelas, naus, galés, chalupas e canoas de guerra. Junto a ele um jesuíta entoava louvores religiosos e exortava os homens a glória de Deus. Segundo o próprio governador, os portugueses eram ao todo

120, ajudados por mais 140 "do gentio",[107] entre tupinambás da Bahia, e tupiniquins de São Vicente e maracajás vindos do Espírito Santo.

No dia 15 de março de 1560, o ataque começou. De tanto estudarem o forte, sabiam os portugueses de um ponto fraco: um monte num dos extremos da ilha que chamaram de "colina das palmeiras", de onde poderiam atacar "com flechas e balas" a fortaleza. Os franceses justamente por isso ali haviam postado seus aliados tupinambás em grande número.

Pensando sobre esse problema, e de posse das informações repassadas pelo traidor Jean Cointa, Mem de Sá instruiu as naus para que tomassem primeiro o caminho da foz do rio da taba Karióka, para que pensassem que estavam em "grande falta d'água e enganado por essa ideia abandonassem a colina". Para os guerreiros tupinambás, antes da água ali também estavam seus filhos e mulheres, sendo imperativo que protegessem o rio que levava a taba. Segundo Anchieta "foi um instante: apenas viu o bando inimigo que as naus a velas cheias voavam para essa abertura precipitaram-se da colina em desordem e sobe as canoas ligeiras".[108]

Assim que os tupinambás se afastaram da ilha, alguns barcos e canoas de guerra partiram em direção à colina evacuada sob fogo cerrado dos canhões do forte. Os soldados, como "chama de fogo, pelo meio das rochas, escalam de um salto a colina", ocupando o topo onde escavam rapidamente uma trincheira e fincam uma bandeira "da cruz resplendente". Outros correm às naus e, em grupo, conseguem fazer chegar à colina um falcão (pequeno canhão) que começa a "vomitar incêndios, da boca tremenda, e a arrojar pelouros, forçando a cantaria das casas". Completando a ação, os demais navios atacavam pelo outro flanco do forte, bombardeando pesadamente as paredes que se elevavam a partir do rochedo central da ilha que acabou ruindo. Os franceses correram para um refúgio no alto de uma torre e para lá também se dirigiram os tupinambás, que voltaram ao forte depois de terem sido ludibriados.

A noite já caía, no céu despontavam "mil luzes de estrelas", e no acampamento "cada qual preparava suas armas". Na ilha de Serigipe encontravam-se entrincheirados franceses e portugueses, à espera do dia seguinte para recomeçar a batalha. Com a perda do monte das palmeiras e da fortaleza central, os franceses haviam perdido também a cisterna de água e era imperativo retomá-la se quisessem resistir. Assim que a aurora se fez, tupinambás e franceses saíram a campo para tentar expulsar os portugueses de suas posições. O combate foi duro, zuniam flechas, dardos e balas, enquanto os canhões dos dois lados disparavam em todas as direções. Os portugueses foram postos em apuros mas, com a ajuda da artilharia das naus, voltaram a se fortalecer.

À tarde mais uma vez, "quando o sol já transpusera o zênite", franceses e nativos desesperados para reconquistar "as águas perdidas" partiram para um ataque corpo a corpo com os lusos – "já não combatem com dardos e lançam mão das espadas". Segundo Anchieta, os portugueses já estavam quase sem forças e pensavam em recuar quando dois franceses de armadura completa são atingidos em cheio, de uma só vez, por um tiro de canhão – "rolam estraçalhados no chão pernas e braços e o sangue que salta tinge armas e pedras em volta".[109] O infortúnio baixa o moral dos franceses, que voltam ao forte "arrastando os corpos despedaçados dos infelizes colegas".

Depois de tantas bombas, a pólvora dos lusos estava no fim e "com a morte de muitos as naus se afastaram da terra", já não bombardeando mais o muro da torre que servia de refúgio aos franceses. Os portugueses que ocupavam as posições conquistadas no forte Coligny estudavam um jeito de desalojar os inimigos do último bastião. O único caminho ao monte era guarnecido por "grandes montes de pedras para prostrar e esmagar os soldados que tentem escalar a montanha". Quando a noite caiu, os portugueses não tinham mais pólvora além da "que tinham nas câmaras para atirar". Já tratavam de como poderiam ser recolhidas as naus e transportadas as artilharias. Segundo o padre Manuel da Nóbrega, ainda restavam "sessenta franceses de peleja e oitocentos índios"[110] dentro do último refúgio, mas estes, ignorando a falta de pólvora dos portugueses e já deprimidos pelas muitas mortes e derrotas, resolveram abandonar tão difícil posto e refugiar-se no continente. Do alto do monte estendem cordas "muito longas e de nós numerosos, vão-se acolhendo as barcas", descem todos pelas rochas e "agitadas ondas", com destino ao litoral.

Nas trincheiras portuguesas correm rapidamente os boatos de que os inimigos fugiram. Depois de algum tempo, os primeiros corajosos resolvem conferir a informação "e atingem a parte mais alta do penhasco e fincam logo a cruz vencedora". O próprio Mem de Sá foi conferir aquele bastião de defesa, "que forças humanas jamais com arma nenhuma poderiam arrasar" e se emocionou ao cantar "do íntimo do peito louvores ao Deus eterno".[111]

Terminada a batalha pelo forte, Mem de Sá usou o pouco da pólvora de que ainda dispunha e mandou atacar, segundo o padre Nóbrega, "uma aldeia de índios e matou muitos". Essa aldeia só poderia ser a ancestral Karióka, que os tupinambás correram para defender no início dos combates. Aldeia que por tanto tempo conviveu com os normandos e a mais fácil de ser atacada depois da tomada do forte. Outro depoimento de um dos portugueses que foi testemunha dos fatos salientou que foram duas as aldeias atacadas, nesse caso o segundo alvo pode ter sido a taba de Guyraguaçu, que ficava próxima, pelo atual centro antigo da cidade.[112] Essa aldeias não foram destruídas e os sobreviventes voltariam a se reagrupar. A Karióka ainda existia até a última batalha de Uruçumirim.

Não dispondo de homens suficientes para conquistar e povoar a terra, Mem de Sá determinou embarcar os canhões e tudo o mais de utilidade que encontrou na fortaleza. Depois a mandou queimar e destruir de todas as formas que pôde; e partiu para São Vicente deixando de novo a Baía de Guanabara desguarnecida de qualquer posição defensiva portuguesa. Dessa capitania, onde chegou no dia 31 de março de 1560, escreveu então à regente Dona Catarina que a única solução para assegurar o domínio sobre a Guanabara era "mandar povoar este Rio de Janeiro para a segurança de todo o Brasil".

1561-1564 A CONFEDERAÇÃO DOS TAMUÎAS E O ATAQUE A PIRATININGA

Logo depois de chegar a São Vicente e escrever as cartas ao reino com a notícia da vitória sobre o forte dos franceses no Rio de Janeiro, Mem de Sá confiou a seu "sobrinho" Estácio a missão de voltar a Lisboa para convencer a rainha regente Dona Catarina da importância de se povoar a Baía de Guanabara. Não se sabe a data nem os pormenores da conversa que Estácio de Sá manteve com a regente, porém tudo indica que a presença daquele emissário e as cartas trazidas do Brasil – tanto de Mem de Sá quanto dos jesuítas como Manuel da Nóbrega – surtiram o efeito desejado. Convencida de que era necessário fundar uma cidade no Rio de Janeiro, a rainha regente de Portugal mandou entregar a Estácio de Sá dois galeões preparados para a guerra, com soldados e munição, com os quais ele partiu de Lisboa no dia 1º de fevereiro de 1563.

Enquanto isso, no Rio de Janeiro, não tardaria a reação tupinambá à derrota na ilha de Serigipe e à destruição de duas de suas principais aldeias. Entre eles haviam ficado dezenas de franceses, e todos se convenceram de que só existia um caminho para estabelecer a vingança aos perós: partir para o sul, em direção aos portugueses que viviam pelas bandas das vilas de São Vicente e Piratininga. Os assaltos dos tupinambás, que ocorriam desde a década de 1540, após a instalação dos primeiros engenhos naquela região, rapidamente se intensificaram depois da vitória de Mem de Sá no Rio de Janeiro.

A vila de Piratininga, que daria origem a São Paulo, era a que mais sofria com constantes ataques por estar "posta em fronteira destes numerosos" nativos, que "em quatro ou cinco dias"[113] podiam vir de suas terras para assolar fazendas, engenhos e capturar tanto portugueses quanto os nativos escravizados. Os tupinambás tinham terras e aldeias até bem próximo do planalto paulista, nas cercanias do curso do alto Paraíba do Sul. *Kunumĩuasus* mensageiros logo percorreram todas aldeias para avisar do que ocorrera na Baía de Guanabara. Os portugueses da capitania de São Vicente viviam em constante estado de alerta e terror. "Estes nunca cessam por mar e por terra de perseguir aos cristãos, levando os seus escravos", resume padre José de Anchieta em carta datada de junho de 1561, acrescentado que vinham "de suas terras a saltear as fazendas dos portugueses sem haver quem lhes impeça".

No caminho de São Vicente até o planalto onde ficava Piratininga, chamado de Paranapiacaba, subindo e escalando por trilhas quase verticais, os portugueses tinham agora outras ameaças que não apenas "os tigres, cujas pisadas achamos muitas vezes frescas, por onde passamos".[114] Os tupinambás haviam descoberto essa rota e estavam sempre à espreita dos comboios portugueses, atacando quando se achavam em melhor posição. O medo era tanto que decidiram os lusos fazer outra trilha serra acima para ver se ficavam livres dos tamoios.

Com a guerra contra os tupinambás e a dificuldade de submetê-los à escravização, aos poucos os portugueses e mamelucos foram voltando o foco contra outros grupos tupiniquins de quem antes haviam sido aliados e que, cada dia, mostravam-se mais arredios contra essas incursões – em pouco tempo parte deles se declararia inimigo dos perós. Escrevendo de Piratininga em março de 1562, José de Anchieta informava ao geral da Companhia de Jesus, Diogo Lainez, que "nossos antigos discípulos, que com tanto afã e trabalho andávamos criando, não temos conta alguma, e digo não temos, porque eles se hão feito indispostos para todo bem, dispersando-se por diversas partes".[115] Por isso estavam os padres em constante apreensão em Piratininga, esperando a qualquer momento tanto o assalto dos inimigos tupinambás quanto "dos nossos mesmos, que estão espavoridos pelo interior da terra, como muitas vezes tenho escrito; e destes nossos temíamos mais por serem ladrões de casa, e haver muitos anos que nos têm ameaçado com guerra".[116]

Apenas um dos *morubixabas* tupiniquins ainda continuava fiel aos padres e, se não fosse sua ajuda, naquele mesmo ano todos os portugueses e jesuítas de Piratininga, incluindo José de Anchieta, não seriam mais capazes de enviar cartas a Portugal. O grande Tibiriçá, sogro de João Ramalho, já com muitos netos mamelucos, via-se tão ligado aos padres que instaria todas as aldeias sobre a sua influência a proteção do arraial português no planalto paulista.

Durante os anos de 1560 e 1561, além dos costumeiros ataques às povoações portuguesas de São Vicente, Santos e Piratininga, os tupinambás devem ter percebido, possivelmente com a ajuda dos franceses, que para impor-se aos lusos, e não só assaltá-los, teriam que se aliar com os demais grupos que habitavam aqueles territórios, deixando de lado as antigas inimizades e projetos de vingança. O inimigo agora era um só. Para tanto os líderes tupinambás, como Aimberê do Rio de Janeiro, procuraram secretamente os *morubixabas* mais importantes dos tupiniquins de São Vicente, dos *guianáses* do Planalto Paulista e de outros grupos do sertão, como os carajás, guaitacazes e aimorés, propondo-lhes uma aliança de guerra para que juntos pudessem se vingar dos portugueses que há tanto tempo os perseguiam. Assim a aliança, que antes incluía apenas os tupinambás do Rio de Janeiro, da Costa Verde e do Paraíba do Sul, passou a contar com uma união jamais vista.

Os portugueses resolveram passar à ofensiva uma vez que viam a situação piorar mais a cada dia. Assim, juntaram todas as forças disponíveis, e estima-se que no início de 1562 foram em busca das aldeias dos tupinambás paraíbas (do Paraíba do Sul), mas estes já andavam há muito preparados para a guerra e, conhecendo melhor o terreno, foram capazes de resistir ao ataque e desbaratar a tropa lusa, vencendo o combate.[117] Essa derrota logo se espalhou entre os nativos e ajudou a convencer aqueles "principais" que ainda não acreditavam ser possível vencer os portugueses em uma luta aberta a se juntar às comunidades confederadas. Isso selou definitivamente a fase mais agressiva da aliança nativa que ficou conhecida na história como a Confederação dos *Tamuias* ou, como escreviam os padres jesuítas, *Tamoyos*.

Tamũîa ou *tamuîa* quer dizer "os avós" ou "os mais antigos". Alguns estudiosos consideram que o nome "tamoio" designava indígenas que habitavam na costa de Angra dos Reis. Entretanto, todas as fontes francesas que estiveram em contato com tais nativos relataram que estes se designavam apenas como tupinambás. Por isso esse termo foi representativo de uma simbologia coletiva que pregava a união de grupos indígenas do Sudeste, como os tamoios, ou seja "os avós" da terra.

A maior proeza da confederação foi o ataque geral a Piratininga ocorrido em julho de 1562. Os tamoios haviam conseguido finalmente a adesão de Piquerobi, grande *morubixaba* tupiniquim que era irmão de Tibiriçá, e logo os preparativos para a destruição dos portugueses de Piratininga começaram. Não contavam porém com a traição de um dos homens do grupo de Piquerobi que, assustado com a chegada de tantos guerreiros de longe, partiu para avisar a seus parentes que estavam no planalto o que estava por vir. A notícia do iminente ataque chegou a Piratininga uma semana antes do cerco tamoio e isso foi determinante para a resistência. O efeito surpresa do ataque foi por água abaixo. Em pouco tempo Tibiriçá, que havia sido batizado com o nome de Martim Afonso (o mesmo dado a Arariboia), reuniu sua gente que estava repartida em três pequenas aldeias e conclamou, junto com outros cristãos e mamelucos, mais "sete ou oito aldeias, em que estavam esparzidos, a meter-se conosco".[118]

Para José de Anchieta, foi Tibiriçá o grande artífice da resistência de Piratininga, pois não fez outra coisa além de se preparar para o combate, dando ordens e avisos, inclusive aos poucos e doentes portugueses que ali estavam, de como deviam proceder. E isso ao mesmo tempo que pregava continuamente aos seus, como faziam os *morubixabas* antes dos combates, para "que defendessem a igreja que os padres haviam feito para os ensinar a eles e a seus filhos". Piquerobi tentou convencer seu irmão Tibiriçá a abandonar a defesa de Piratininga enviando seu filho Jaguanharo[119] – sobrinho de grande estima deste – para tentar demovê-lo. Jaguanharo usou de todos os argumentos para convencer o tio a juntar-se aos tamoios, mas foi em vão. Tibiriçá estava decidido a lutar contra seus próprios parentes a perder a estima que durante tantos anos havia cultivado entre os padres e outros portugueses, ajudando-os a capturar escravizados de outros grupos, desde os tempos de João Ramalho.

No dia 10 de julho de 1562 os tamoios se aproximaram das cercas de Piratininga e nos primeiros raios de sol um "grande corpo de inimigos pintados e emplumados, e com grandes alaridos", avançou, sendo recebido pelos defensores nativos de Tibiriçá, "que eram mui poucos, com grande esforço, e os trataram bem mal". Estudiosos dizem que desse ataque participaram pela primeira vez os tamoios confederados. José de Anchieta relata poeticamente que durante o combate se "encontravam às flechadas irmãos com irmãos, primos com primos, sobrinhos com tios".[120] Os nativos estavam divididos entre aqueles que aproveitavam de alguma forma o convívio com os portugueses e aqueles que viam no futuro a sua própria escravização.

A posição defensiva que a notícia anterior ao ataque proporcionou aos que estavam em Piratininga foi decisiva, de modo que os tamoios não conseguiram penetrar pelas cercas do arraial e, quando faziam, eram flechados sem que conseguissem causar igual dano aos inimigos entrincheirados. O cerco durou intermináveis dois dias em um combate feroz, no qual muitos dos defensores foram feridos, mas muitos grupos tamoios caíram mortos. Um dos principais acontecimentos relatados por Anchieta durante o cerco é a morte de Jaguanharo, filho de Piquerobi. Conta o padre que Jaguanharo tentou entrar na igreja de Piratininga, onde estavam escondidas as mulheres e as crianças, e "veio dar combate pela cerca da nossa horta, mas aí mesmo achou uma flecha, que lhe deu pela barriga e o matou". No fim do segundo dia, "vendo-se mui feridos e maltratados, e perdida a esperança de nos poderem entrar", deram os tamoios aviso de retirada e na fuga puseram-se "a matar as vacas dos cristãos, e mataram muitas, destruindo grande parte dos mantimentos dos campos".

Os defensores saíram no encalço e conseguiram capturar dois tamoios, trazendo-os de volta a Piratininga. Estes chamavam os padres, dizendo que eram seus discípulos, mas Tibiriçá não titubeou e "com sua espada de pau pintada e emplumada" quebrou a cabeça dos infelizes. O padre José de Anchieta disse, na correspondência em que relatou o ataque, que o episódio acabou sendo benéfico ao desenvolvimento da vila, pois os nativos, com medo de novos assaltos, recolheram-se "todos a Piratininga, que eles mesmos cercaram agora de novo com os portugueses, e está segura de todo o embate". Relatou ainda que agora todos eram obrigados a ir para a igreja, porque "para este gênero de gente não há melhor pregação do que espada e vara de ferro".

As boas notícias, porém, acabaram logo após a vitória dos nativos defensores de Piratininga, pois uma epidemia "de graves febres" se abateu sobre aqueles que tinham vindo proteger os padres. A doença acabou por levar também Tibiriçá, tido pelos jesuítas como grande herói. Para orgulho dos padres o grande *morubixaba* tupiniquim, que tantas proteções e auxílios havia prestado aos portugueses desde o tempo do acolhimento a João Ramalho, suspirou derradeiramente no dia 25 de dezembro de 1562 e "foi enterrado em nossa igreja com muita honra, acompanhando-o todos os cristãos portugueses com a cera de sua confraria".[121]

Essa perda foi muito sentida por ser Tibiriçá um dos poucos *morubixabas* que ainda apoiavam os portugueses. Enquanto Piratininga estava mais fortificada e povoada em virtude da ofensiva dos tamoios, os lusos que viviam esparsos no litoral viam-se cada vez mais perdidos. Como relata Anchieta, os tupinambás da costa apareciam tanto por mar quanto por terra, destruindo as vilas, libertando os escravizados e matando os portugueses que encontravam. Sem forças para resistir por muito mais tempo, as autoridades coloniais decidiram apelar para a diplomacia.

O TRATADO DE PAZ DE IPEROIG

Manuel da Nóbrega e José de Anchieta, os dois religiosos mais respeitados tanto pelos nativos quanto pelos portugueses, aceitaram a perigosa missão de ir até as aldeias dos tupinambás confederados e acenar com um tratado de paz. Nóbrega seria o representante do governo de São Vicente, e Anchieta, seu intérprete. Esperavam com isso, segundo o próprio Anchieta, "dar sossego a esta Capitania, que anda deles tão infestada [tamoios], que já quase não pensam os homens senão em como se hão de ir e deixá-la". Queriam especialmente parar as "grandes opressões que dão a esta terra uns nossos inimigos chamados *Tamuya*, do Rio de Janeiro".[122]

A missão dos corajosos jesuítas tem início no dia 18 de abril de 1563, quando partiram de canoa até a fortaleza de Bertioga (a mesma onde o alemão Hans Staden fora artilheiro antes de ser capturado pelos tupinambás de Ubatuba), para esperar os dois navios que estavam sendo preparados para levá-los até as terras inimigas. Escreveu Anchieta que por pouco a missão não acabava nessa viagem de canoa pois, assim que desembarcaram em Bertioga, "veio tão grande tempestade de vento e chuva, que, se nos tomara em mar, como a canoa era pequena, teríamos grande perigo de nos perder". Ficaram cinco dias na fortaleza confessando e comungando, até que no dia 23 de abril os navios chegaram e eles partiram. Aportaram na ilha de São Sebastião – hoje conhecida por Ilhabela –, que era "despovoada, mas cheia de muitos tigres", e ficaram ali até o dia 1º de maio. A ilha marcava a fronteira da terra dos inimigos tamoios.

No dia seguinte, levantaram vela e tiveram vento tão bom que em poucas horas chegaram "aos primeiros lugares dos inimigos", um local que conheciam como Iperoig (*yperu* ou *iperu* + *y* "o rio do tubarão"), nome de uma das aldeias tupinambás que ficavam onde hoje é Peruíbe. Logo os navios foram avistados pelos nativos, que vieram ao encontro deles em algumas canoas. Anchieta discursou em altos brados o motivo da visita de forma tão amistosa que alguns "sabendo ao que íamos se meteram nos navios sem temor". Foram então instruídos a dar conta aos principais das aldeias da missão de paz que traziam os jesuítas. No dia 6 de maio, os principais de Ubatuba finalmente vieram em três canoas e mostraram-se interessados em tratar sobre as pazes. Entretanto, como temiam ser enganados se entrassem todos nos navios, salienta Anchieta em sua longa carta sobre o episódio, "como outras muitas vezes haviam feito os nossos", exigiram uma troca de reféns. Deixaram quatro dos seus nos navios e levaram dois portugueses à terra. Depois, ainda desconfiados, trouxeram ao navio uma mulher escravizada pelos portugueses e lhe perguntaram se aqueles dois missionários eram padres de verdade, no que ela consentiu, dizendo ser Manuel da Nóbrega o "principal" dos perós.

Depois disso ficaram satisfeitos e convidaram os jesuítas e mais nove portugueses a desembarcar, deixando como prova de suas boas intenções outros tantos tupinambás nos navios. Manuel da Nóbrega e José de Anchieta ajoelharam-se na praia e rezaram para a fortuna da missão, depois visitaram as aldeias de Iperoig e Ubatuba, com Anchieta proclamando em voz alta "que se alegrassem com a nossa vinda e amizade: que queríamos ficar entre eles e ensinar-lhes as cousas de Deus".

Era a primeira vez que jesuítas travavam contato com aquelas aldeias, e a novidade de ter aqueles homens de batina entre eles, sendo um dos quais fluente em seu idioma, a princípio causou enorme curiosidade. Eles permitiram que os dois ficassem hospedados em uma de suas aldeias enquanto as conversações prosseguiam. O restante dos portugueses foi então enviado de volta aos navios, despedindo-se dos padres como se fosse a última vez em que seriam vistos, "com muitas lágrimas, como que nos deixavam entre dentes de lobos famintos". Como garantia da vida dos padres, os tupinambás cederam 12 rapazes como reféns, que foram levados em um dos navios a São Vicente, onde naquele contexto foram bem tratados. Ao mesmo tempo, o outro navio partiu com "cinco dos mais estimados [tamoios], e se foram no caminho do Rio de Janeiro, onde está a maior força dos seus".

Enquanto aguardavam o desenrolar dos acontecimentos, Nóbrega e Anchieta ficaram hóspedes na maloca de um velho ancião muito respeitado de nome Caoquira. O *morubixaba* contou aos padres as agruras que havia passado nas mãos dos portugueses, quando enganado com falsas provas de amizade acabou aprisionado em seus navios e como conseguiu fugir "com uns ferros nos pés, e andando toda a noite". Ainda assim garantiu que nada de ruim aconteceria aos seus convidados, pois estava interessado na paz, principalmente por sua aldeia ser uma das mais próximas dos lusos. Relata Anchieta que Caoquira foi convencido também por uma de suas mulheres, que também fora escravizada em São Vicente e dava testemunho do esforço dos padres em libertar aqueles que eram enganados pelos portugueses. Essa mulher, cujo nome Anchieta guardou para si, foi uma das que mais ajudou os jesuítas naquela missão, fornecendo-lhes comida e avisando do intuito de alguns guerreiros tupinambás que se aproximavam de quando em quando da maloca onde se encontravam.

No espaço de tempo em que aguardavam a chegada dos emissários enviados ao Rio de Janeiro, montaram os padres uma improvisada igreja e tentavam de todas as formas começar a catequese dos nativos, "anunciando Nosso Senhor Jesus Cristo àqueles que dele nunca haviam ouvido", fazendo em pouco tempo, segundo Anchieta, grandes progressos entre jovens e mulheres, que "parecem não haver procedido de nação tão cruel e carniceira". Os nativos gostaram tanto do convívio com os pacíficos jesuítas que, depois de alguns dias, ofertaram-lhes mulheres como companheiras, para que fossem bem tratados, o que era um costume quando recebiam visitantes e estimavam que estes fossem seus aliados. Como os padres negaram e explicaram que não tinham nem tomavam mulheres, que para eles "era ofensa a Deus", tal atitude espantou tanto os homens quanto as mulheres, "como éramos tão sofridos, e continentes, e tinham-nos muito maior crédito e reverência".

Durante aqueles dias em que perambulavam de uma aldeia a outra entoando missas para a curiosidade dos nativos, notaram os padres que os tupinambás se aparelhavam para um fulminante ataque aos portugueses. Já estavam por ali mais de duzentas canoas de guerra, cada uma podendo levar mais de 25 guerreiros, "e passam ondas e mares tão bravos que é cousa espantosa e que não se pode crer, nem imaginar, senão quem o vê". Perceberam que a missão de paz da qual eles eram mensageiros tinha refreado aquele ataque, que assolaria as vilas de São Vicente.

No dia 23 de maio chegaram a Ubatuba duas canoas em que vinha gente do grande Pindobuçu, que se encontrava na sua taba da Ilha do Governador conquistada aos maracajás – para visitar a aldeia de seu irmão que morava naquela enseada. Anchieta relata momentos de tensão porque Pindobuçu não sabia da presença dos jesuítas por ali. A princípio mandou que fossem embora. Enquanto os recém-chegados tentavam entender o que se passava, um dos seus genros deu de cara com Anchieta em uma das portas da maloca e perguntou nervosamente a Pindobuçu: "Quem é este? Respondeu-lhe: o português. O português? Replicou: português?". E ia preparando-se para conectar suas flechas quando Anchieta declarou em alto e bom tupi antigo: "Eu sou vosso amigo, que hei de estar com vós outros daqui em diante". O padre ouviu duras respostas que começaram por "não quero sua companhia" e terminaram com ameaças de morte.

Os nativos, vendo a situação esquentar, passaram a Pindobuçu as intenções dos padres e a informação de que outros 12 daquela aldeia estavam reféns dos portugueses para assegurar a vida dos jesuítas. O grande *morubixaba* do Rio de Janeiro foi aos poucos mudando de postura e conversando longamente com Anchieta e, em pouco tempo, mostrou-se um dos grandes defensores do tratado de paz oferecido pelos padres. Foi Pindobuçu que garantiu a integridade física dos jesuítas a partir daquele momento, mostrando-se cada vez mais interessado nas histórias que os religiosos contavam sobre Deus e o inferno, dando assim prova de sua grande habilidade política, da mesma forma que havia feito com os franceses de Villegagnon.

Cinco dias depois, outras dez canoas apareceram ao longe da enseada de Ubatuba: era o bando guerreiro de Aimberê, que tinha como genro um intérprete francês, que havia lhe dado uma neta. O grupo desse *morubixaba* havia saído do Rio de Janeiro disposto a guerra. Contudo, enquanto remavam, toparam no caminho com o navio que ia à Guanabara levando os cinco guerreiros de Ubatuba, cujo capitão era José Adorno, genovês, um dos homens mais ricos de São Vicente, dono de engenho e que mais tarde participaria ativamente da conquista do Rio de Janeiro.

Ao saber que o comandante do navio não era português, Aimberê abraçou-o e mostrou contentamento com o objetivo de sua missão. Mandou-o voltar daquele ponto, lembrando-o do perigo que corria ao entrar na Baía de Guanabara, e se encarregou de levar as cartas que trazia para "aos franceses moradores do Rio, em que lhes pedia dessem favor para o cumprimento da paz que se tratava". Com isso o navio de Adorno regressou e chegou a Ubatuba no mesmo instante em que as dez canoas de Aimberê aportaram na enseada.

Era este principal mais respeitado na guerra que Pindobuçu e sua influência seria determinante para o sucesso do tratado. Segundo Anchieta, era "homem alto, seco, e de catadura triste e carregada e de quem tínhamos sabido ser muito cruel". Aimberê não perdeu tempo e veio com seu pelotão ao encontro dos padres, entrou na maloca onde estavam os jesuítas acompanhado de muitos guerreiros. Estava vestindo uma camiseta, deitou numa rede próxima a eles, de arco e flechas nas mãos, e desandou a falar "com danado ânimo".

Disse duramente aos enviados de São Vicente o quanto já havia sofrido nas mãos dos portugueses e como ele mesmo já havia sido enganado e preso em outros tempos, "com pretexto de pazes, mas que por sua valentia, com uns ferros nos pés, saltara do navio e havia escapado de suas mãos, e com isto arregaçava os braços e bulia com as flechas". Anchieta, com seu hábil discurso, a tudo rebatia com promessas de amizade, mas Aimberê "se mostrava incrédulo e duro, trazendo à memória quantos males lhe haviam feito os nossos".

Por fim Aimberê tinha uma condição para que o acordo de paz fosse selado: "insistiu muito que lhe havíamos de dar a matar e comer dos principais de nossos índios que se haviam apartado dos seus, assim como em outro tempo havíamos feito a eles". Ele queria a cabeça daqueles que considerava traidores dos tamoios, que haviam lutado contra seu próprio povo. Contudo, tal proposta não foi aceita pelos jesuítas, que disseram ser aqueles seus discípulos, "que Deus não queria isso" e que, portanto, tal pedido estava fora de cogitação. Aimberê respondeu: "Os contrários não são Deus; vós outros sois os que tratais as cousas de Deus, haveis de no-los entregar". De parte a parte não houve acordo, e o *morubixaba* decretou em poucas palavras: "Pois que sois escassos dos contrários, não tenhamos pazes uns com outros".

Como a situação havia chegado num impasse, propôs José Adorno, como forma de ganhar tempo, partir para São Vicente e consultar as autoridades portuguesas, porque não tinham licença para negociar tal condição. Pindobuçu, que a tudo assistia calado, interveio imediatamente aceitando a proposta no que os outros acabaram por consentir. Adorno se foi com ordens expressas dos jesuítas para que a proposta de Aimberê não fosse aceita de maneira alguma.

Anchieta e Nóbrega ficaram esperando em Iperoig e tiveram ocasião de conversar mais "na língua brasílica" com o "francês luterano", o genro de Aimberê, que vivia no Rio e estava em seu comboio. Ele contou como os franceses estavam integrados entre os tupinambás, escandalizando os padres porque viviam comendo, bebendo, bailando e cantando com eles, pintando-se com suas tintas pretas e vermelhas, adornando-se com as penas dos pássaros, andando nus às vezes ou "só com uns calções, e finalmente matando contrários, segundo o rito dos mesmos índios, e tomando nomes novos como eles".

José Adorno levou a São Vicente, além das notícias sobre as negociações, também a informação de que os tamoios estavam determinados a atacar a fortaleza de Bertioga e que para isso já havia mais de duzentas canoas preparadas. Assim os portugueses tiveram tempo para se organizar, de modo que, quando Aimberê e os seus apareceram naquele lugar, havia muita gente de guerra os esperando. Porém, antes que houvesse qualquer entrevero, foram mandados até ele os 12 reféns que estavam em São Vicente, "com cujas palavras aquele principal vinha já manso e entrou em estas vilas, pregando que folgava muito com as pazes". Aimberê finalmente se convenceu de que era verdadeira a proposta de paz ofertada pelos padres e renunciou à sua condição de ter a cabeça dos traidores. "Assim que foi recebido com muita alegria e festas dos nossos, de que ficou mui satisfeito."

Naquele meio-tempo, passaram-se mais de 15 dias e os jesuítas, sem notícias do que se passava, viram-se entre muitas angústias, explicando aqui e ali aos nativos que tudo devia estar se encaminhando pelo bem. Pindobuçu prometia-lhes proteção, mas nem sempre estava presente, assim como os nativos de Iperoig e Ubatuba, que também se metiam a caçar nos matos, de forma que ficavam à mercê de quaisquer bandos tupinambás que por ali aparecessem.

Foi o que aconteceu no dia 9 de junho de 1563 quando por lá apareceu, disposto a ter a honra de assassinar os padres, um dos filhos de Pindobuçu, chamado de Paranapucu, já guerreiro audaz e *morubixaba* de sua própria taba. Despontou na enseada com seu bando guerreiro em oito canoas e encontrou os dois jesuítas passeando na praia. Com muitas dificuldades, tropeçando pelos caminhos e com Anchieta tendo que carregar o velho Manuel da Nóbrega nas costas, conseguiram se refugiar na aldeia do pai do guerreiro, mas este se encontrava ausente. Foram salvos por um dos irmãos de Pindobuçu, único que havia permanecido na taba, que finalmente avisou da condição dos padres, negociadores e protegidos por ordem de seu pai. Ainda assim, Paranapucu discutiu com os padres, desconfiado de tal acordo, e só abrandou em seu propósito ao travar conversa com Anchieta, que mais uma vez convenceu um raivoso guerreiro de seus propósitos pacíficos e cordiais.

Ao saber do ocorrido, alguns dos nativos que estavam caçando pelos matos voltaram àquela aldeia, especialmente um que havia ficado muito amigo dos jesuítas e carregava o mesmo nome de seu pai já morto, Kunhambeba. Ao contrário de seu antecessor, ele fazia questão das pazes com os portugueses, tendo inclusive mandado fazer uma casinha no meio de sua aldeia para que os padres pudessem realizar missa. Quando os religiosos visitaram sua aldeia, foram recebidos por ele e por todas as mulheres do local com tamanha festa que, segundo Anchieta, foi "como se ressuscitáramos àquela hora, falando-nos palavras de muito amor".

No dia 20 de junho, chegou um bergatim enviado de São Vicente para resgatar os padres e informar que as pazes já se haviam concertado. Antes haviam passado por Iperoig 21 canoas de guerra do Rio de Janeiro, que iam ao encontro dos seus em São Vicente. Os tamoios, que ainda não haviam recebido notícias diretamente dos seus *morubixabas*, permitiram que apenas um dos padres se fosse. Por ser mais idoso e para ajudar a finalizar as negociações de paz, acertaram de levar Manuel da Nóbrega, ficando ainda como refém Anchieta. No lugar de Nóbrega ficou um português de nome Antonio Dias, "muito nosso devoto e amigo de Deus, cuja mulher, filhos, escravizados e uma sua cunhada lhe haviam levado [os tamoios] havia quase um ano". Tinha esperança ainda que vã de encontrar alguns dos seus em cativeiro.

Nóbrega chegou a São Vicente apenas dois dias depois das canoas que eram vindas do Rio de Janeiro. Sua presença serviu para o acerto dos últimos detalhes do tratado de paz. Basicamente, os tupinambás pediram que todos os escravizados fossem soltos, no que os portugueses acharam por bem aceitar. Aimberê e outros principais passaram vários dias percorrendo os engenhos e fazendas a libertar os cativos. Romancistas criaram a partir desse fato a história de que esse *morubixaba* buscava entre os aprisionados sua bela esposa e outros parentes, o que não se pode comprovar por falta de fontes históricas, mas que é bem provável que tenha acontecido.

Enquanto transcorria esse episódio, Anchieta seguia entre os tupinambás de Ubatuba e vivenciava seus costumes, que há tanto não via em seus discípulos de Piratininga. Horrorizou-se ao testemunhar uma cerimônia antropofágica, depois tentou acudir um recém-nascido considerado "sem pai" pelos nativos, que por isso logo o enterravam em qualquer lugar. Além disso, ajudava nos partos naturais das mulheres indígenas e acompanhava as festas regadas a cauim.

Enfrentava ainda o medo de ver chegar novas levas de tupinambás do Rio de Janeiro, que testavam sua capacidade de articulação e desconfiavam das pazes acertadas, e que só não o haviam matado porque Pindobuçu mostrou-se firme em sua posição. Esse *morubixaba* precisou mesmo mostrar seus dotes de "principal" para um bando de guerreiros do Rio de Janeiro que ali chegou com vontade de pôr tudo a perder. Com o tacape em punho, batendo no próprio corpo, exclamou: "Os cristãos fazem pazes comigo que estou fronteiro, e os meus não me vêm a defender, não querem estes meus parentes senão cabeças de fora dos cristãos e não de seus contrários; não o hei de consentir".

No dia 5 de setembro, Anchieta conseguiu convencer Pindobuçu a levar seu companheiro Antonio Dias, que se encontrava enfermo, de volta a Bertioga, "em barca, grande e bem ligeira, que lhe haviam dado os franceses, com sua vela e remos". Ficou Anchieta como único refém ainda por mais oito dias, quando rogou a Kunhambeba que também o levasse de volta, uma vez que sua tarefa se encontrava terminada. Finalmente, no dia 14 de setembro de 1563, depois de confabular com outros principais que eram de opinião, não sem fundamento, que a presença do padre era sinônimo de segurança, decidiu Kunhambeba cumprir a promessa que havia feito de levar Anchieta de volta.

Durante a viagem, depararam-se com uma canoa que levava alguns do Rio de Janeiro que diziam estar fugindo dos portugueses de São Vicente, mas Kunhambeba disse-lhes, mostrando a divisão que o tratado havia provocado dentro da confederação, "bem sei que os cristãos são bons e tratam [com] verdade, vós outros faríeis por onde vos tratassem assim".[123] Prosseguiu então viagem esse *morubixaba,* filho do grande temor de outrora dos portugueses, passando por uma tempestade que só não fez afogar o jesuíta porque foi socorrido a nado por indígenas. Enfim chegaram a Bertioga no dia 21 de setembro.

Anchieta

Anchieta pode então, primeiro em São Vicente e depois em Piratininga, verificar que o tratado celebrado com os tamoios em Iperoig havia sido apenas parcial, mas extremamente benéfico para os portugueses. Os tupinambás dos campos do Paraíba do Sul e da Costa Verde haviam se aproximado, enquanto os do Rio de Janeiro continuavam desconfiados, segundo o padre, principalmente porque os franceses permaneciam entre eles, visitando-os com seus navios, armando-os para novos combates, depois de haverem libertado todos os seus parentes escravizados em São Vicente e Piratininga. A atuação dos jesuítas, além da trégua que propiciou aos portugueses, serviu principalmente para acabar com a união dos nativos que tanto ameaçava os lusos daquela capitania.

ESTÁCIO NA GUANABARA

Estácio de Sá chegou a Salvador em 1º de maio 1563 com os dois galeões armados cedidos pela regente Dona Catarina. Em algum momento daquele ano, chegou correspondência ao governador dando notícia do tratado que havia sido celebrado pelos jesuítas com os tamoios do Rio de Janeiro. Melhor ocasião não havia, pensou Mem de Sá, de povoar a Guanabara e afastar de vez a ameaça dos franceses naquele porto. Partiu então Estácio no início de 1564, reforçado de outras embarcações e soldados, acompanhado do ouvidor-mor Braz Fragoso. No Espírito Santo, juntou-se à frota o capitão-mor daquela capitânia, cujo nome era Belchior de Azevedo, e muitos maracajás seguindo o *morubixaba* Arariboia, que voltava ao Rio de Janeiro depois de ter que fugir com seus parentes para o Espírito Santo.

O objetivo era fundar a cidade por ordens da rainha regente e, no dia 6 de fevereiro, a esquadra entrou pela barra da baía, descarregando tiros de canhão para avisar os nativos de sua presença. No mesmo dia, despachou Estácio uma das naus a São Vicente para buscar o padre Manuel da Nóbrega, a quem o governador mandara pedir conselho. Estácio de Sá fundeou a frota perto da ilha de Serigipe e ocupou o mesmo lugar que havia servido de base aos franceses de Villegagnon. A princípio os homens de Estácio de Sá foram recebidos como amigos pelos tupinambás, e o capitão aproveitou para fazer algumas incursões e explorações pela baía. Conseguiu aprisionar um dos franceses que por ali estava e soube por meio dele que o armistício com os portugueses já estava rompido.

Os tupinambás, entretanto, haviam ganho o tempo de que precisavam para juntar mais de cem canoas de guerra de várias tabas diferentes, e com mais de 2 mil guerreiros partiram para o confronto. Tentaram invadir uma nau, tomaram um barco da frota e "puseram-os em tanto aperto que, se não foram as grandes ondas que faziam, houveram-os de tomar". De ambos os lados das embarcações começaram a despedaçar a madeira com machados, "dando-lhes para isto favor e ardis os franceses que vinham com eles misturados". Dos homens que estavam no barco, mataram alguns e flecharam muitos outros, e os sobreviventes com dificuldade foram proteger-se dentro da nau que os tupinambás lograram invadir, sendo porém repelidos com armas de fogo. Muitos guerreiros ficaram feridos. No dia seguinte, "mataram oito homens e feriram todos os mais que tomaram em uma barquinha que se desmandou, e se não lhes fora socorro mui depressa, todos os levavam".[124]

Durante dois meses, Estácio de Sá se viu em apuros na Guanabara e em constante pressão dos tupinambás, que cobriam as praias e enseadas de canoas armadas de guerra. Por isso decidiu partir dali para melhor armar-se em São Vicente no dia 29 de março de 1564. Dois dias depois, desencontrando-se da armada, chegou à baía a nau que havia ido buscar o jesuíta Manuel da Nóbrega, acompanhado nesta viagem de seu fiel escudeiro José de Anchieta, que relatou essa aventura em uma de suas cartas.

Dona Catarina da Áustria, rainha regente de Portugal

Chegaram à barra da Guanabara por volta da meia-noite, "com grande escuridão e tormenta de vento". Logo perceberam que a frota não se encontrava no porto. Desceram na ilha de Serigipe e perceberam que todas as cabanas que antes haviam servido de pouso para os homens de Estácio estavam incendiadas. Além disso, alguns corpos de nativos que haviam sido recentemente enterrados estavam expostos e com suas cabeças quebradas. Eram alguns maracajás que haviam perecido nos combates dos dias anteriores. De manhã viram enorme quantidade de flechas boiando na água e tremeram esperando pelo pior.

Aconteceu por sorte que a frota de Estácio também se viu atingida pela tormenta do dia anterior e apareceu de novo na entrada da baía, encontrando enfim a nau que levava os jesuítas. Ficaram ainda mais um dia na ilha, onde os jesuítas rezaram um missa de Páscoa, e depois decidiram todos partir de volta a São Vicente por estar a armada "mui desbaratada".[125] Durante nove meses permaneceu Estácio de Sá em São Vicente tentando reforçar sua tropa, contra a opinião de parte de seus capitães, "aos quais parecia impossível povoar-se o Rio de Janeiro com tão pouca gente e mantimentos".[126] Os tupiniquins convidados a participar da expedição não se mostraram muito empolgados com o convite, os navios foram por duas vezes buscá-los ao sul de Itanhaém, "os quais prometendo de vir, não vieram senão mui tarde e poucos". Relata Anchieta que essa falta de homens "foi a principal causa da muita detença que a armada fez em São Vicente".

1565-1566 A FUNDAÇÃO DA CIDADE DE SÃO SEBASTIÃO E O COMEÇO DA CONQUISTA DO RIO DE JANEIRO

Feitos os reparos necessários às embarcações e reunida toda a gente que conseguiu agrupar, finalmente parte Estácio de Sá no dia 22 de janeiro de 1565 com a missão de fundar uma povoação no Rio de Janeiro. Apesar dos reforços, o total de homens não passava de duzentos, e a estimativa era de que os mantimentos armazenados durariam, segundo o cálculo de Anchieta, que participava da expedição, apenas dois ou três meses.

No mesmo dia da partida, a nau de Estácio aportou na ilha de São Sebastião, no litoral de São Paulo, e ficou ali esperando o restante dos barcos e canoas que se preparavam para partir da fortaleza de Bertioga. No dia 28 de janeiro, a frota ficou completa: ao todo eram seis navios de guerra, barcos ligeiros e nove canoas, que levavam mamelucos, tupiniquins e maracajás. A partir dali, ordenou Estácio que os barcos acompanhassem as canoas, que tinham que seguir mais próximas da costa, expostas a ataques dos tamoios; já os navios maiores seguiriam por mar aberto. A frota de canoas e barcos chegou a Ilha Grande, atual baía de Angra dos Reis, entre 4 e 5 de fevereiro e ali permaneceu alguns dias esperando a chegada dos navios maiores.

Tal espera quase pôs a perder a tropa que se enfadava e, como os homens quase não tinham mantimentos, resolveram atacar uma aldeia dos tupinambás que estava naquela ilha. O ataque foi um sucesso, a taba foi queimada, um inimigo foi morto, um *kunumĩ* capturado e os demais indígenas desapareceram pela mata. “Com esta vitória, alegres se mudaram todos ao outro porto da mesma Ilha Grande, onde tinham muita abundância de peixe e carne; a saber, bugios, cotias, caça do mato.”

Ficaram assim mais de vinte dias, esperando a capitânia e o restante dos navios. Como estavam em terras inimigas, os reforços nativos quase sem água e mantimentos já haviam se determinado “partir cada um para sua terra, a saber: os índios do Espírito Santo com três canoas para a sua, e os mamelucos com os tupinaquins para São Vicente”. Somente no dia 27 de fevereiro houve certo alívio com a chegada “de três navios, que iam de cá da Baía com socorro, de mantimento, que era o de que a armada tinha maior necessidade”. No dia seguinte enfim chegou o navio de Estácio e resolveram não esperar mais, partiram naquele mesmo dia todos juntos na direção da barra da Baía de Guanabara.

A estratégia era desembarcar no mesmo lugar onde Mem de Sá acolhera sua armada quando foi dar combate ao forte dos franceses em 1560. Estácio também havia identificado as qualidades daquela posição nos dois meses que passou no Rio de Janeiro no ano anterior. Nesse mesmo dia 28 de fevereiro, escreveu Anchieta: "Em uma mesma maré, com grande alegria entramos pela boca do Rio de Janeiro". No dia seguinte, 1º de março, desembarcaram em uma estreita várzea próxima à barra e por isso aquele dia foi considerado como o marco da fundação da cidade de São Sebastião, em homenagem ao rei de Portugal, ainda menor de idade naquela época. A partir de tal data nunca mais os portugueses arredariam o pé da Baía de Guanabara.

O lugar havia sido escolhido por sua posição defensiva e por também permitir o controle total sobre a barra. Era um local inacessível por terra, por se localizar atrás do morro do Pão de Açúcar e ter à frente outro rochedo, que mais tarde ficou conhecido como Cara de Cão.[127] Entre esses dois penedos havia apenas uma pequena praia que dava vista para toda a Baía de Guanabara. No lugar hoje funciona uma base militar anexa ao forte de São João, na Urca, cuja construção começou no início dos anos 1600. Logo os soldados de infantaria desceram das embarcações e "começaram a roçar em terra com grande fervor e cortar madeira para a cerca, sem querer saber dos tamoios nem dos franceses".[128]

Para dar o exemplo também, Estácio desembarcou e freneticamente começou a ordenar o que cada um havia de fazer. Como era urgente se fortificar, todos os esforços iniciais se concentraram em construir trincheiras, fossos e uma grande cerca, tal qual um muro de proteção na frente dessa praia, de modo a isolar aquela parte de terra como uma base militar. Outra praia que ficava de frente à barra recebia proteção dos navios e barcos fundeados na enseada. A tropa cortava árvores, serrava madeiras, quebrava pedras e ia amontoando tudo rapidamente no lugar onde se deveria erguer uma "tranqueira". Os homens verificaram de imediato que o local não tinha fontes de água, apenas uma pequena lagoa de água salobra, mas como se o destino os ajudasse no mesmo 1º de março rebentou uma forte chuva, e sobre os morros desceram escorrendo "fontes em algumas partes, de que bebeu todo o exército em abundância, e durou até que se achou água boa num poço".

Os tupinambás não demoraram a perceber toda aquela movimentação próxima à barra e cinco dias depois aproximaram-se sorrateiramente da cerca quatro canoas, que esperaram por ali sem serem notadas. Um dos tupiniquins de Piratininga arriscou-se a um passeio pela praia e foi rendido pelos guerreiros tupinambás.[129] O estardalhaço da ação foi ouvido por aqueles que estavam de vigia na cerca e teve início uma perseguição à canoa inimiga, que partiu levando o refém para dentro da baía. Enquanto maracajás e tupiniquins remavam suas canoas a toda velocidade, soldados portugueses iam por cima descarregando seus arcabuzes de longe. Em menor número, os tupinambás saltaram em terra, mataram rapidamente o refém e fugiram para a mata. Na correria deixaram para os lusos as próprias canoas, arcos, flechas e espadas. Os soldados e guerreiros aliados continuaram a persegui-los floresta adentro, mas obviamente não obtiveram sucesso. Voltaram então à base, levando as canoas inimigas apreendidas. A primeira ação tupinambá não passava de um reconhecimento das forças que estavam a enfrentar, "assim daí por diante não ousavam aparecer senão de longe, e muitas canoas juntas".[130]

A 1º de março, os tupinambás enganaram os lusos com a ajuda dos seus genros normandos. Naquele dia, os vigias portugueses localizaram uma nau francesa distante uns 10 quilômetros do forte, dentro da baía, próxima à aldeia de Jabebiracica. Estácio juntou alguns homens e foi até ela com quatro navios, deixando outra parte de sua tropa na cerca que ainda não havia sido terminada. Quando se aproximou da nau inimiga, os dois lados começaram a trocar tiros. Contudo, o combate era apenas uma isca, uma distração, e logo os tupinambás "saíram detrás de uma ponta em 48 canoas cheias de gente" e foram com tudo sobre o muro de paus e pedras entre o Cara de Cão e o Pão de Açúcar. As flechas choviam sobre o acampamento português, mas mesmo com a cerca ainda incompleta puderam os defensores proteger-se das setas nativas e responder ao ataque com suas armas de fogo. Os guerreiros encheram a pequena praia tentando encontrar uma maneira de entrar no terreno dos lusos, mas eram invariavelmente abatidos e feridos. Vendo que não conseguiriam sucesso e que muitos dos seus eram mortos, não tiveram outra alternativa senão bater em retirada em suas canoas.

Estácio, que estava combatendo a nau francesa com uma caravela, voltou depressa num barco a remo para acudir os que haviam ficado na fortaleza, mas o auxílio já não era necessário. Essa vitória elevou o ânimo dos portugueses. Além do mais, eles haviam embarcado na expedição um francês católico que chamavam de Marim Paris, preso na derrota do forte

Coligny e que havia se juntado a eles. Esse parisiense foi incumbido de interceder junto aos seus compatriotas, "dizendo-lhes que cedessem sem guerra"[131] e que, se assim o fizessem, os portugueses teriam misericórdia de suas vidas. Os serviços de Marim Paris seriam recompensados com doações de terras após a conquista definitiva do Rio de Janeiro em 1567.

A princípio, os franceses que estavam na nau consideraram fazer o que Marim Paris lhes aconselhava "e disseram que eram uns pobres mercadores que vinham ganhar sua vida, e que estavam já de caminho", levando alguns dos seus que estavam em terra. Aqueles que eram da companhia dos tupinambás porém não confiaram nas palavras de seu compatriota e, com medo de uma vingança lusa, "vendo chegar os nossos navios a ela, lançaram-se ao mar, e a nado: fugiram à terra, à vista dos nossos sem se seguir atrás deles".[132] Contudo, os outros tripulantes da nau se entregaram, e Estácio confirmou a negociação deixando-os ir, porém, tomando-lhes o que possuíam de pólvora e artilharia, itens que serviram para armar ainda mais seu forte no Cara de Cão.

Antes que a nau francesa partisse, os tupinambás tentaram uma nova investida com 27 canoas. Os portugueses saíram com seus aliados em dez canoas e barcos e "foi flechada a gente de seis aldeias que se fez em terra para os defender, e alguns dos nossos saíram após eles, e houve uma brava peleja, em que foram feridos dez ou 12 dos nossos". Os tupinambás a cada encontro saíam com muitos mortos e viam dia após dia os portugueses e seus aliados nativos cada vez mais ousados, descendo em terra para correr atrás deles até quase dentro de suas aldeias.

José de Anchieta foi mandado à Bahia em 31 de março de 1565, para receber ordens sacras do bispo. Com a viagem ele também tinha a função de relatar os acontecimentos do Rio de Janeiro ao governador Mem de Sá e pedir-lhe o envio de reforços. Ao despedir-se de seus companheiros, anotou que dentro da cerca já tinham feito muitas roças de legumes que roubaram das plantações dos tupinambás. Isso era necessário porque a fome volta e meia grassava entre os homens do forte. Contudo, a cerca estava pronta e junto a ela também haviam levantado um baluarte de artilharia, mais cinco guaritas de "madeira e taipa de mão, todas cobertas de telhas"[133] trazidas de São Vicente, para a proteção a flechas incendiárias.

Dentro do arraial já havia uma vila de casebres de madeira e folhas de palmeira à moda dos nativos tupiniquins e maracajás. Os portugueses, entretanto, ansiavam por se verem livres para retornar às suas terras e fazendas, que com sua ausência também corriam o perigo de ruína. Por isso já em 10 de julho de 1565, antes mesmo da vitória final sobre os tupinambás, Estácio começou a conceder sesmarias a seus companheiros de batalha numa tentativa de convencê-los a permanecer no esforço de guerra, em detrimento de suas posses em outros lugares.

Também o capitão-mor buscava organizar a burocracia formal da cidade sobre a qual tinha a missão de nomear representantes para a câmara, a fim de fundar, um conselho, além de um alcaide-mor (equivalente a prefeito), juiz, escrivão, tabelião, entre outros. Foram erguidas uma prisão e uma pequena igreja dedicada a São Sebastião. Por isso, avisava José de Anchieta, nas últimas linhas de sua correspondência sobre a chegada de Estácio à Guanabara, que já estava feito o "pé no Rio de Janeiro, que tão temeroso era".

Os perigos, contudo, ainda continuavam a rondar o arraial que ficaria conhecido mais tarde como "Cidade Velha". Os tupinambás estavam reunindo todas as suas forças naquele julho de 1565, e mensageiros foram ao Cabo Frio convocar mais guerreiros e lá também obrigaram três naus francesas a juntar-se ao esforço de guerra contra os portugueses, que se achavam instalados na entrada da baía. Essa ofensiva ocorreu logo após a partida de Anchieta e envolveu mais de 160 canoas tupinambás, que levaram por volta de 3 mil guerreiros armados de "espadas, espingardas e bombardas".[134]

Foi a batalha mais sangrenta de todo aquele período, principalmente porque os nativos atacaram em conjunto com as três embarcações francesas, que vinham do Cabo Frio. Do melhor modo que puderam, os tupinambás haviam preparado uma cerca de madeiras e galhos e aos poucos foram se aproximando, guardados por detrás dela, do muro dos portugueses. A função dos franceses era fazer o mesmo por mar e transformar o arraial numa prisão até a rendição ou a morte de todos os lusos.

Aconteceu porém que o plano se desfez quando a capitânia francesa, "que ia mui soberba com estandartes e bandeiras de seda, pífaro e tambor de guerra", logo que imprudentemente se colocou à frente do bastião português, acabou atingida em cheio por um tiro de canhão, que a varou da proa à popa. Alguns franceses acabaram mortos na fuzilaria, e o navio quase foi a pique quando, à deriva, por pouco não se espatifou contra a laje de pedra que fica no meio da barra. A embarcação só foi salva pela pronta ação dos tupinambás e pela maré, que a colocou para fora dali.

Aproveitando tamanha confusão, saiu Estácio de Sá em alguns barcos a remo, "com muitos frecheiros e não achando resistência fez neles muita destruição". As outras duas naus francesas conseguiram nesse ínterim entrar na baía a salvo, mas os portugueses foram depois a elas e houve grandes perdas entre "a gente da fortaleza e da nau capitanea por o haverem de abalroar e pelejar com os franceses, que eram muitos".

Os tupinambás que estavam em terra, aproveitando o fato de os portugueses estarem divididos, começaram a tentar invadir o arraial, encostando de vez sua cerca na dos portugueses. Uma grande tempestade caía naquele momento e ajudou a apagar o fogo que já consumia os casebres da incipiente cidade atingidos por flechas incendiárias. Estácio, que estava combatendo os franceses no meio da Guanabara, percebeu o que ocorria e ordenou a retirada para a fortificação. Os combates na cerca, apesar da desvantagem numérica dos lusos, acabaram por ser mortal para os nativos, que se viram em pouco tempo com muitos feridos e mortos, o que causou uma debandada tal que "muitos dos que fugiram, [tiveram] quebrados os braços e pernas, e muitos, mal feridos dos tiros".

O combate ainda não tinha acabado, pois as duas naus francesas voltaram "defronte do porto da cidade", e com elas as canoas dos tupinambás, "e começaram de pôr em som de guerra e começando a atirar algumas bombardas". Saltaram em terra para o ataque final os nativos e os franceses "e chegando-se à cidade foram mui bem recebidos, muito ao contrário do que eles tinham para si".[135] Tal foi a defesa da artilharia e dos soldados portugueses, e "vendo que não faziam fruito, antes recebiam muito dano, levantaram tendas e foram-se pelas tranqueiras e cercas que tinham feito".

Em nenhuma das tentativas de ataque puderam os tupinambás entrar na fortificação portuguesa erguida no Cara de Cão, tamanha era a eficácia daquele ponto defensivo. As perdas portuguesas naquela batalha foram muitas mas depois dessa decisiva vitória, Estácio passaria a ordenar explorações mais audaciosas do território.

O período de julho de 1565 a janeiro de 1567 é carente de fontes fidedignas. Sobre esses meses os estudiosos se apoiam basicamente nos escritos do padre Simão de Vasconcellos. Um jesuíta que nasceu somente no ano de 1591 e cuja obra sobre a história da Companhia de Jesus, de 1663, não é de todo confiável por ele não mencionar os documentos nos quais seus relatos se baseiam.

Sabe-se contudo que, durante esse período, Estácio de Sá o tempo todo despachava bergatins e navios em busca de mantimentos e de homens para manter a ocupação que fazia. De São Vicente, Manuel da Nóbrega se desdobrava para manter o ânimo da missão, escrevendo cartas, recrutando gente e enviando periodicamente víveres para a Guanabara. A Salvador enviavam notícias regulares sobre o andamento da empresa, pedidos de ratificações das sesmarias doadas por Estácio, além das contumazes solicitações de reforços. O capitão-mor do Espírito Santo, Belchior de Azevedo, foi mandado de volta à sua capitânia em busca de mantimentos e reforços pelo menos uma vez em 1566.[136]

O historiador jesuíta Simão de Vasconcellos conta que depois de defender-se do grande ataque franco-tupinambá Estácio de Sá resolveu, transcorridos alguns dias, mostrar aos seus inimigos que poderia também atacá-los saindo da fortaleza. Partiu com a nau capitânia e despejou sua artilharia sobre as naus francesas e "fez nelas destroço de muitos mortos e feridos". Ao mesmo tempo, despachou tropas em canoas para atacar algumas aldeias e, em todas, os portugueses, tupiniquins e maracajás, "fizeram boas presas", especialmente em duas onde aprisionaram todos os moradores, "com que ficou assaz atormentado o inimigo".[137]

É difícil conjecturar quais aldeias teriam sido atacadas, talvez as que ficavam mais próximas das praias e do litoral, possivelmente da parte onde hoje se localiza Niterói. Sobre a forma como os portugueses agiam naqueles momentos, sabe-se que se preocupavam logo em matar todos os idosos e homens adultos guerreiros, preservando para escravização apenas jovens, crianças e mulheres, que eram despachados assim que possível para outras capitanias. Era sempre dessa forma que os portugueses terminavam as revoltas dos nativos do litoral do Brasil no século XVI.

Vasconcellos em sua narrativa afirma que no dia 15 de outubro de 1565 os lusos obtiveram outra importante vitória. Sete canoas de nativos e soldados encontravam-se rumando para alguma aldeia "em busca de presa", mas os esperavam de tocaia em uma enseada 64 canoas tupinambás, "que dando ao remo velocíssimo, em breve tempo as puseram em cerco perigoso; porque de todas as partes juntamente despediram flechadas contra elas". O cronista relata que então aconteceu "uma peleja bem ferida de uma e outra parte", mas que os portugueses mesmo em menor número foram capazes de resistir até a chegada de um socorro salvador de outras sete canoas aliadas. No que "tomaram ânimo os soldados contra 64" canoas tupinambás e, depois de "larga peleja", os lusos conseguiram dominar quatro *igaras* inimigas, destroçando seus ocupantes, no que as demais fizeram por bem fugir.

Batalha das Canoas na Baía de Guanabara

O jesuíta conta ainda uma última proeza do ano de 1565, atribuída particularmente a Estácio de Sá. Teria o capitão-mor do Rio de Janeiro saído com sua tropa da fortaleza com o intuito de atacar uma aldeia, mas "teve notícia no caminho, como em outra mais afamada se tinha ajuntado numerosa quantidade" de indígenas que ali estavam por causa da presença de um grande *karaíba* de renome da terra. Possivelmente estavam realizando seus rituais, nos quais buscavam saber sobre os desígnios daquela *marãna* (guerra) e reunir as forças espirituais necessárias para o combate. De posse da preciosa informação, partiu Estácio para essa aldeia, a cercou e a "oprimiu a ferro e fogo". Segundo Vasconcellos, "exceto poucos que puderam fugir, todos os outros, ou morreram; ou se entregaram cativos: passaram de trezentos".[138] Da renhida batalha alguns portugueses também ficaram feridos e um morto, de nome Antonio da Lagea.

Segundo o jesuíta Simão de Vasconcellos, no ano de 1566 "os sucessos da guerra do Rio foram vários". Entretanto, ele detalha apenas um episódio, que teria acontecido em julho daquele ano. Os tupinambás, que em nenhum dos relatos portugueses conseguem qualquer vitória, mesmo que parcial, decidem mais uma vez juntar todas as suas forças, unindo-se aos seus da atual Região dos Lagos. O *morubixaba* líder dessa batalha teria sido, segundo o jesuíta, o famoso Guaixará "senhor do Cabo Frio". Reuniu-se em segredo na Guanabara "o resto de sua potência em 180 canoas bem armadas, guiadas pelos mais destros capitães seus, e da nação francesa". Guaixará teria contribuído com cem canoas. Mais uma vez a estratégia era atrair os portugueses para uma cilada e pegá-los de surpresa.

Francisco Velho, um dos companheiros de Estácio, morador de São Vicente e que mais tarde herdaria as terras da atual enseada de Botafogo, sendo essa praia primeiramente conhecida como "a de Francisco Velho", estava em uma canoa com alguns homens procurando madeira para reforçar a igreja de São Sebastião. De forma a atrair a atenção dos portugueses, algumas poucas canoas tupinambás foram em cima e "brigaram com ela [a canoa] com detença manhosa". Como estavam à vista do arraial, saiu Estácio de Sá com apenas quatro canoas de combate para ajudá-los. Ao chegar à cena do combate, os tupinambás se puseram a fugir e Estácio os perseguiu, mas quando os portugueses entraram por uma ponta da terra depararam-se com todo o restante da numerosa frota tupinambá esperando-os.

Assim que os opostos ficaram frente a frente, os bandos tupinambás puseram os remos n'água com seus gritos de guerra, "enchendo as nuvens de flechas". Os portugueses, assustados, tentaram resistir da melhor maneira e procuraram acionar uma "roqueira" (pequeno canhão) que traziam em uma das canoas. No desespero, um dos soldados pôs fogo em toda a pólvora que traziam em uma das canoas, provocando um incêndio com grande fumaça. Segundo Vasconcellos, a inusitada cena, uma evidência da derrota que se anunciava, acabou por provocar um milagre. A mulher de um dos *morubixabas* que vinha em uma das canoas tomou tão grande susto que se pôs a gritar e espernear ao ver aquele fogaréu espontâneo. Comumente os tupinambás traziam em seus combates mulheres, que tinham a função de retirar água com a cuia e também, provavelmente, exercer algum poder divinatório quando ungidas pelos *karaíbas*. Essa mulher começou a gritar "dizendo a vozes, que havia um incêndio mortal, que havia de consumir aos seus, que fugissem, fugissem à pressa", e por esse motivo teria a horda tupinambá freado o iminente sucesso, voltando com suas canoas à terra.

Para Vasconcellos, tal acontecimento era a demonstração do auxílio divino e de que o próprio São Sebastião teria aparecido para aquela mulher indígena em meio ao clarão do fogo. Por isso, escreveu o jesuíta, "ficou introduzida nesta cidade a Festa das Canoas, que até o tempo presente costuma celebrar-se todos os anos em dia do mártir São Sebastião".[139] Não estava de todo errado o padre historiador do século XVI, pois a Arquidiocese do Rio de Janeiro em 2014 realizou uma procissão marítima em homenagem, na altura da praia do Flamengo, aos mortos portugueses, indígenas e franceses, nas comemorações do aniversário da cidade.

Esse milagre pode ter salvo a vida de Estácio de Sá e de seus companheiros naquela ocasião, mas o episódio serviu para que eles constatassem a incrível força bélica que os tupinambás ainda detinham na Guanabara. É o próprio Vasconcellos que evidencia o espanto dos portugueses, depois de tantas batalhas e vitórias, ao ver "o número extraordinário de embarcações, com quem haviam (de enfrentar), e não acabam de crer o perigo de que Deus os livrara por meio de seu Santo padroeiro".

Seria preciso mais do que quatro canoas para conquistarem consistentemente e de vez aquele Rio de Janeiro tupinambá. Estácio de Sá havia feito tudo o que podia e se estabelecido de maneira firme dentro de sua fortaleza na várzea do Cara de Cão, mas não era capaz de derrotar o exército tupinambá e suas mais de setenta grandes aldeias, com tão poucos homens. Era preciso que reforços consideráveis chegassem logo, antes que fosse tarde. Em novembro de 1566, o governador Mem de Sá partiu de Salvador com dois navios e seis caravelões, auxiliado com uma pequena frota de três galeões que havia partido de Lisboa sob o comando de Cristóvão de Barros em maio daquele ano. Com esse capitão vinham ordens expressas da Corte para que o governador-geral voltasse à Guanabara para encerrar a missão que havia começado seis anos antes. Desta vez as tropas seriam acrescidas de reforços de Pernambuco, além dos que seriam obtidos nas escalas realizadas em Ilhéus, Porto Seguro e

Espírito Santo. No início de janeiro do ano seguinte, uma grande frota entrava no Rio de Janeiro para se juntar às forças de Estácio nas batalhas para a conquista final.

1567 AS BATALHAS DE URUÇUMIRIM E PARANAPUCU

A armada de Mem de Sá chegou à Guanabara no dia 18 de janeiro de 1567 e se encontrou com os homens de Estácio, que há dois anos sustentavam sozinhos aquela guerra. Os tupinambás, como não conseguiam penetrar no bastião português, haviam se entrincheirado em dois lugares principais. O primeiro lugar era o alto do atual Morro da Glória, chamado pelos nativos de *rery-pê* (lugar das ostras) e que, no entendimento dos portugueses, ficou batizado como o morro do Léry (denominação que nada tem a ver com o calvinista francês, e sim pela sonoridade da palavra "ostra" em tupi antigo). Ali, com a ajuda e orientação de alguns franceses, os tupinambás tinham feito uma cerca muito grande de madeira com algumas torres para artilharias e contavam também com muitas espingardas. Na praia, haviam cavado armadilhas de fossos com estrepes. Nesse local, que nada mais era do que os primeiros domínios da taba Karióka, os guerreiros eram comandados por um jovem e experimentado *morubixaba* que daria nome à batalha, Uruçumirim.

Outra fortaleza ainda maior foi construída pelos tupinambás na atual Ilha do Governador, sob os auspícios do filho guerreiro de Pindobuçu, o mesmo que perseguiu José de Anchieta e Manuel da Nóbrega na praia de Ubatuba. Seu nome – Paranapucu – depois seria usado para identificar, com variações, as primeiras toponímias da mesma ilha. Havia ainda uma terceira fortaleza, "com três cercas fortíssimas com muitos baluartes e casas fortes", num lugar conhecido como "porto dos franceses", que ficava do outro lado da baía, na costa que os portugueses denominavam de Suaçunhã, provavelmente na aldeia de Itaóka,[140] na costa do atual município de São Gonçalo.

Tal disposição de fortalezas e paliçadas denota que os tupinambás haviam traçado um plano elaborado de defesa, que visava guardar os principais pontos estratégicos da baía. O último bastião no litoral de São Gonçalo ainda servia para guardar uma rota de retirada para a reorganização dos efetivos nativos no Cabo Frio.

Depois da alegria do encontro dos homens da frota com a vanguarda de Estácio, o governador-geral determinou que o ataque ocorresse logo. Melhor ocasião se apresentava dois dias depois, em 20 de janeiro, por ser a data comemorativa de São Sebastião, padroeiro da cidade de quem os portugueses esperavam proteção. A única fonte disponível para tudo o que aconteceu naqueles dias é um documento do próprio governador Mem de Sá chamado de "Instrumentos de Serviços", datado de 1570. Como bom jurista que era, o governador se precavia em documentar tudo aquilo que havia feito no Brasil, para dar conta de suas proezas em Portugal. Depois ainda anexou a esse documento testemunhos de outras pessoas a fim de dar valor a seu próprio relato.

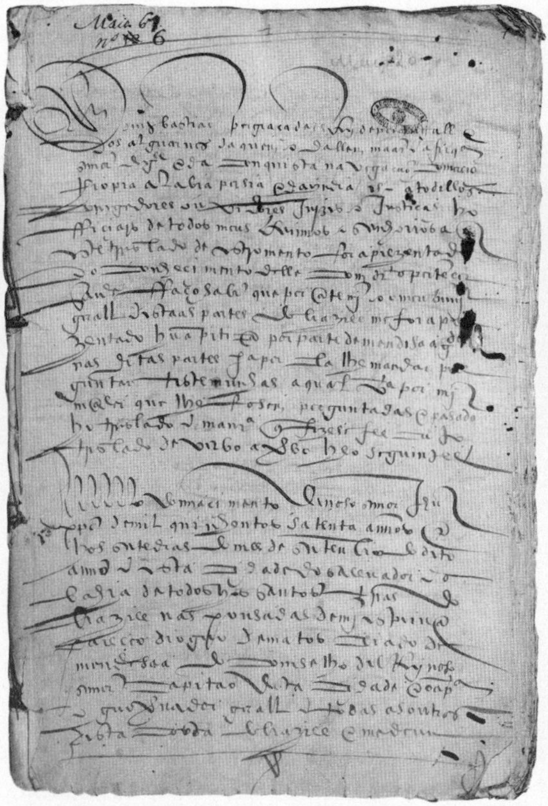

Instrumentos de serviços de Mem de Sá

Por esse documento bastante resumido fica-se sabendo que Mem de Sá, que havia chegado ao Rio de Janeiro doente, mandou dar combate à fortaleza que chamou de "*biraoaçu merin*", por causa de seu "grande principal e muito guerreiro o qual estava em um paço muito alto e fragoso com muitos franceses e artilharia". Diz ele que a fortificação foi combatida com ânimo, mas "com muitos mortos e feridos dos cristãos", que mesmo assim lutaram com fervor tanto no "cabo que no começo" da batalha. Da vitória escreveu apenas duas linhas, nas quais relatou que "cativaram nove ou dez franceses, (e) mataram outros" e que, na ocasião desta batalha, "Estácio foi ferido de uma flechada do que morreu".[141]

Continuando o relato, o governador Mem de Sá escreveu: "Dali a poucos dias mandei dar em outra fortaleza do Parnapocu onde havia mais de mil homens de guerra e muita artilharia". Na atual Ilha do Governador um

A morte de Estácio de Sá por Antonio Parreiras (óleo de 1911)

combate ainda mais sangrento foi travado. A batalha de Uruçumirim é a mais conhecida, mas a de Paranapucu é que foi, de fato, a decisiva para o destino da Guanabara. Os tupinambás certamente sabiam que lutavam por suas últimas chances de manter seu país e sua terra, pois os portugueses precisaram de três dias para domá-los naquela fortaleza e "entraram com maior risco e morte de alguns brancos". Mem de Sá fez questão de anotar em seu depoimento que os tupinambás ali "se defenderam esforçadamente", mas depois "se renderam [e ficaram] todos cativos".

Tal informação de Mem de Sá não deve ser totalmente verdadeira uma vez que fica evidente que os tupinambás organizaram suas defesas de forma que poderiam recuar em debandada para as canoas afim de alcançarem as defesas de Itaóka. A batalha de Paranapucu, cujo líder tupinambá era o filho de Pindobuçu, selaram o destino da tão disputada e estratégica Ilha de Paranãpuã. Foram três dias de uma luta sangrenta, onde milhares de tupinambás e alguns franceses que viviam na Guanabara há mais de dez anos, conseguiram resistir por longos três dias, a cavalaria portuguesa e seus aliados maracajás e tupiniquins.

Depois da vitória contra Paranapucu, Mem de Sá determinou que os capitães e suas tropas prosseguissem a batalha no outro lado da baía.

Entretanto, “estando prestes a ir a outra fortaleza mais forte de todas em que estavam muitos franceses”, estes temiam mais a morte do que os guerreiros tupinambás, de modo que “não ousaram esperar” e fugiram. Alguns que ali permaneceram “logo vieram pedir pazes as quais outorguei e ficaram vassalos de sua alteza”, para desespero dos tupinambás.

Inscrição no túmulo e marco da fundação da cidade

Não se sabe quantos portugueses morreram nos combates, mas pelo relato do governador não foram poucos os que deram a vida para expulsar os nativos tupinambás de sua terra ancestral. Sabe-se que Estácio de Sá ainda sofreria durante um mês da infecção causada pelo ferimento da flecha mortal que o acertou, certamente em algum ponto não protegido de sua armadura, talvez a fresta da viseira. O fundador da cidade do Rio de Janeiro imediatamente foi ganhando a aura de um mártir, tal qual o próprio São Sebastião, e não raras vezes os jesuítas insinuaram a coincidência do santo também ter sido condenado a uma morte por flechas.

Para aumentar a abnegação desse capitão, alguns chegaram a afirmar que, além das proezas de guerra, seria ele um líder precoce que mal havia atingido a maioridade ou talvez ainda estivesse na juventude de seus 20 anos. Após a morte, seu corpo foi sepultado na capela erguida em homenagem a São Sebastião, na várzea do Cara de Cão. Possivelmente para sanar tais curiosidades, em 1862 foi realizada uma exumação dos restos mortais por dois renomados médicos especialistas daquela época de nome José Ribeiro de Souza Fontes[142] e Francisco Ferreira de Abreu.[143] Os restos mortais estavam na capela de São Sebastião, no morro do Castelo desde 1583, e hoje se encontram na igreja dos Capuchinhos, na Tijuca. Esse estudo foi patrocinado e também testemunhado pelo imperador Dom Pedro II, e os resultados do que descobriram estão disponíveis desde então.

Assim que retiraram a lápide e começaram a escavar, notaram que não havia uma estrutura preparada, sendo uma cova rasa diretamente exposta no solo. Cavaram dois palmos de profundidade e nada encontraram, prosseguiram e depararam-se com alguns ossos, que estavam em duplicata. Como concluíram posteriormente, havia mais de um esqueleto na cova. Estando já a sepultura limpa, quando as últimas pás de terra eram retiradas, de repente "faltou o terreno debaixo dos pés do escavador no extremo da cova".[144] Notaram que a sepultura continuava por um curto espaço em direção à porta principal da igreja e por ali permaneceram escavando. Encontraram em tal local alguns ossos cercados por um "barro avermelhado muito socado". Recolheram nessa cova separada metade de um crânio frontal ligado ao osso parietal, o segundo molar inferior direito, nove fragmentos de vértebras, a clavícula direita, pedaços dos fêmures, úmeros, tíbias e perônios, fragmentos do púbis e outros que não puderam identificar. Por ser a cova mais profunda e antiga que os esqueletos achados na parte superior, concluíram os especialistas que aqueles eram os ossos do fundador Estácio de Sá, e que os dois esqueletos de cima foram sepultados em época bem mais avançada que o debaixo. Concluíram que um daqueles indivíduos seria uma criança de "não mais de 15 anos", e o outro um adulto, mas não puderam determinar o sexo.

Procedendo a análise do que encontraram na camada debaixo, além de outros fatores, e principalmente pelo fato de o único dente molar encontrado ter "a coroa gasta e bem desenvolvida", puderam os renomados pesquisadores concluir que aquele indivíduo tinha uma idade "superior a 30 anos e inferior a 50". Mais ainda: que, pelo estudo das partes do fêmur e de outros fragmentos encontrados, que Estácio teria a altura de 1,74 metro.[145]

Um homem valente e particularmente na média de estatura dos outros portugueses de seu tempo. Para ser capitão de empreitada tão difícil, não poderia ser mesmo apenas um rapaz sem qualquer experiência e sim um homem feito, de dotes inquestionáveis, para quem a história legou a proeza de resistir por dois anos aos temidos guerreiros tupinambás dentro de seu próprio Guajupiá. A sua morte ocasionada por uma flecha nativa foi o ápice da fundação heroica e sangrenta da cidade ícone do Brasil. Os mais aguerridos sobreviventes tupinambás foram na maioria em fuga para Cabo Frio, onde por pelo menos mais uma década ainda tentariam reunir forças para aniquilar os conquistadores portugueses. Pouco a pouco suas aldeias foram desaparecendo frente à expansão dos engenhos e fazendas que logo começaram a surgir, a tal ponto que nos dias de hoje a sua presença muitas vezes nem sequer é lembrada na história deste Rio.

Os tupinambás deram nomes aos ribeiros, regiões e até mesmo a alguns bairros da cidade, bem como participaram da construção dos primórdios da cidade. Os poucos que fizeram as pazes com o governador Mem de Sá logo se viram sem suas terras, escravizados ou metidos em aldeamentos com seus antigos inimigos. Os tupinambás do Rio de Janeiro, por sua valentia e resistência, foram aniquilados em sua cultura de maneira tão profunda que desapareceriam por completo, restando de sua herança em terra tão fértil e formosa apenas parcos rastros de sua passagem nos nomes falados por seus atuais moradores que mal sabem seus significados.

O *karióka* natural, antes da cidade do Rio, era apenas o tupinambá, e a cidade, suas aldeias e seus caminhos. A forma como eles viveram por milênios acabou deixando um conhecimento da terra e do ambiente que foi de extrema valia aos conquistadores, assim como também deixaram de legado uma natureza exuberante e praticamente intacta a qual eles tanto cultuavam e de que tanto se beneficiaram os primeiros moradores europeus. Foram as mulheres tupinambás escravizadas as mães dos primeiros cariocas mamelucos que em pouco tempo povoariam a futura cidade em desenvolvimento. Os tupinambás desaparecem enquanto povo constituído, mas seu DNA guerreiro, daqueles que lutaram até a morte por sua própria liberdade, permanece no sangue daqueles que não gostam de sinal fechado. Definitivamente, a história da cidade do Rio de Janeiro não começou em 1565.

NOTAS

1. Sabe-se da presença dos irmãos Adorno, genoveses que teriam vindo na frota de Martim Afonso de Sousa. Havia também muitos espanhóis remanescentes de deserções e naufrágios ocorridos no litoral sul por aqueles anos.
2. Anchieta, 1933, p. 209.
3. Serrão, 1965, p. 46. A carta desse espião português na França foi publicada na obra de Joaquim Veríssimo Serrão.
4. Carta de Luís de Góis a Dom João III, 1548 (SERRÃO, 1965, v. II, p. 17).
5. Id., ib., p. 18.
6. Aimberê em tupi significa rijo, inflexível. Foi o líder indígena mais importante da história dos tupinambás do Rio de Janeiro. Enganado pelos portugueses, viu toda sua comunidade ser escravizada.
7. *Tamoyos* ou tamoios era como os portugueses chamavam os tupinambás do Rio de Janeiro e da Costa

Verde. Alguns autores sugerem que o nome designava alguns grupos tupinambás da Costa Verde. Contudo, o termo parece ter surgido durante a união de vários clãs na guerra contra os lusos. Significava *tamuîa*: "Os avós, os mais velhos, os antepassados". Possivelmente a forma como eles próprios se identificavam na união perante seus inimigos.

8. Vasconcellos, 1931, v. II, p. 7.

9. Nóbrega, 1955, p. 72.

10. Id., ib., p. 94.

11. Carta de Pero de Góis de 1551 (Serrão, 1964, v. II, p. 19-20).

12. Carta de Tomé de Sousa ao rei Dom João III (SERRÃO, 1964, v. II, p. 23).

13. Carta de Pero de Góis a Dom João III (SERRÃO, 1964, v. II, p. 21).

14. Carta de Tomé de Sousa a Dom João III de 1553 (SERRÃO, 1965, v. II, p. 26).

15. Depreende-se esse encontro da carta do padre Luís da Grã de Vitória, Espírito Santo, em 1555. "...e aquela vontade de ser cristão ele tinha dito (Maracajaguaçu), havia muito, a muitas pessoas, e assim o dissera a Tomé de Sousa" (LEITE, 1940, p. 180).

16. Carta de Tomé de Sousa a Dom João III de 1553 (SERRÃO, 1965, v. II, p. 26).

17. Carta de Tomé de Sousa a Dom João III de 1553 (SERRÃO, 1965, v. II, p. 27).

18. Staden, 1900, p. 33.

19. Id., ib., p. 35.

20. Itanhaém: *Ita + (e)nha'ẽ (r, s)*, bacia de pedra. Alusão ao aspecto fluvial do relevo da região.

21. A palavra significava "inimigo" na língua tupi antiga. Os *(t)obaîaras*, "o contrário, o oposto, inimigo, adversário".

22. De *mybyryki*: macaco buriqui + *oka* (r,s): casa ou refúgio. Casa dos buriquis.

23. Seus nomes segundo Hans Staden eram João de Braga, Diogo de Braga (filho), Domingo de Braga, Francisco de Braga e André de Braga. Braga indica a origem do pai, a cidade de Braga em Portugal (STADEN, 1800, p. 39).

24. Id., ib., p. 40.

25. Palavra modificada do original de Staden (abbatis), *abati/avati*, que é milho.

26. Staden, 1900, p. 44.

27. Id., ib., p. 45.

28. De *u'ubá + tyba*: cana-ubá, cana-de-flecha (da qual os nativos faziam flechas) + ajuntamento. "Ajuntamento de cana-ubá ou cana-de-flecha". Provavelmente uma característica da mata da região.

29. Staden, 1900, p. 55.

30. Etimologia é "comedor de *karagûatas*, gravatás".

31. Staden, 1900, p. 57.

32. Staden, 1900, p. 60.

33. No original de Staden (1900, p. 64), ele escreve *Jeppipo Wasu*. O termo correto é *îanypaba* (jenipapo). "O grande jenipapo."

34. Staden, 1900, p. 65.

35. O nome vem de *mombuca*, apelido de um tipo de abelha de onde tiravam muito mel. Alimento muito apreciado pelos tupinambás.

36. Staden, 1900, p. 70.

37. A guerra entre Portugal e França pela exclusividade do comércio na costa do Brasil nessa altura já durava quase quarenta anos (STADEN, 1900, p. 72).

38. Staden, 1900, p. 79.

39. De *mboîa + usu + kanga*: cobra, grande, esqueleto. "Esqueleto de cobra grande." Nome de uma aldeia tupiniquim, provavelmente também o nome do *morubixaba*.

40. Hans Staden (1900, p. 83) conseguiu captar tropegamente a grafia da palavra. *Iteronne* de Staden é a *Nheteróia* de Anchieta e outros portugueses anos mais tarde. Pode-se dizer que o nome original do Rio de Janeiro, para os tupinambás, era Niterói. Há fortes suspeitas de que era também nome de uma aldeia e de toda a costa da baía, pois a etimologia da palavra pode ser "costa toda sinuosa" ou ainda "rio escondido".

41. "E mais dois mamelucos que eram cristãos levaram assados para a casa" (STADEN, 1900, p. 102). Staden afirma que o nome de Andorico é Anthonius (Antonio Odorico, p. 107).

42. Staden, 1900, p. 100.

43. *Abati* ou *avati*, *auati* é milho, e *posanga* tem três possibilidades: pode ser remédio, enfeite ou feitiço (*Abbati Possange* no original em STADEN).

44. As palavras de Staden não deixam dúvidas: "Levaram-me para o lugar em que queriam fazer presente de mim, até um ponto chamado de *tackwara sutibi*" (STADEN, 1900, p. 107).

45. O nome do navio francês era Catherine de Vatteville.

46. Staden, 1900, p. 111.

47. Grafia original de Staden, seria a taba de Kunhambeba, na foz do rio Ariró, em Angra dos Reis.

48. Carta do padre Luís da Grã, de Vitória em 1555 (LEITE, 1940, p. 180).

49. Luís da Grã escreve *Maracaiaguaçu*.

50. Carta do padre Luís da Grã, de Vitória em 1555 (LEITE, 1940, p. 180).

51. Carta de Portocarrero a Dom João III (SERRÃO, 1965, v. II, p. 30-31).

52. Entre os resgatados estavam o irmão da rainha, lorde James de 17 anos, seus dois tutores e quatro jovens acompanhantes, das melhores famílias escocesas, que ficaram conhecidas como as quatro Marias. Seus nomes eram Maria Flenning, Maria Seaton, Maria Livingston e Maria Beaton (GAFFAREL, 1898, p. 148).

53. Thevet, 1978, p. 89-90.

54. Carta do piloto de Villegagnon, Nicolas Barré, de 1º fev. 1556 (apud GAFFAREL, 1898, p. 379).

55. Thevet, 1978, p. 93.

56. Para Thevet (1978, p. 106) esse era um "bom costume deles".

57. Id., ib., p. 106. *Marabissere* no original.

58. Thevet, 1978, p. 93.

59. Hoje chamada de "ilha da Laje" e fica no meio da entrada da Baía de Guanabara. Le Ratter (a ratoeira). Esta ilha tinha na época 100 metros de comprimento por 60 de largura.

60. Thevet, 1575, p. 908 (apud ABREU, 2010, p. 70).

61. Thevet, 1978, p. 94.

62. *Sery + îy + pê*: siris, água, lugar. A "ilha da água dos siris". Etimologia parecida com a do estado de Sergipe.

63. Atualmente chamada de ilha de Villegagnon. Continua sendo uma ilha, apesar dos aterros que quase chegaram até ela, fica ao lado do aeroporto Santos Dumont. É ocupada atualmente pela Escola Naval da Marinha Brasileira.

64. Thevet, 1978, p. 94.

65. Thevet, 1575, p. 89 (apud HEMMING, p. 193). Gabriel Soares de Sousa (1879, p. 102, apud HEMMING, p. 193) também escreveu que os "tamoios" eram grandes e robustos.

66. Thevet, 1978, p. 176.

67. Thevet, 1575, p. 92 e 232 (apud HEMMING, p. 194).

68. Thevet, 1978, p. 197.

69. Carta de Villegagnon a Calvino de 31 de março de 1557 (apud GAFFAREL, 1898, p. 395).

70. A data está na carta de Nicolas Barré de 25 de maio de 1556 (apud GAFFAREL, 1898, p. 382).

71. Carta de Villegagnon a Calvino, 31 de março de 1557 (apud GAFFAREL, 1898, p. 395).

72. Informação está na carta de Nicolas Barré de 25 de maio de 1556 (apud GAFFAREL, 1898, p. 382), "de vinte a 25" e na carta de Villegagnon a Calvino, de 31 de março de 1557 (apud Gaffarel, 1898, p. 395) "26 mercenários incitados por seu cupidez carnal contra mim conspiraram".

73. Thevet, 1978, p. 121.

74. Carta de Nicolas Barré de 25 de maio de 1556 (apud Gaffarel, 1898, p. 384).

75. Id., ib., p. 385.

76. Id., ib., p. 385: "*Un maistre charpentier et deux autres manouvriers se sont allez rendre aux saulvages, pour vivre plus à leur liberté*".

77. Carta de Villegagnon a Calvino, de 31 de março de 1557 (apud GAFFAREL, 1898, p. 395).

78. Carta de Nicolas Barré de 25 de maio de 1556 (apud GAFFAREL, 1898, p. 385).

79. *Pa'i* era uma forma de tratamento que acompanhava um nome próprio. Significa mestre, senhor. Cola era uma corruptela do primeiro nome de Villegagnon, Nicolas.

80. Carta de Portocarrero a Dom João III de 11 de agosto de 1556 (apud SERRÃO, 1965, v. II, p. 32).

81. Quando voltava a Lisboa, em julho de 1556, para denunciar os desmandos do governador e seu filho, a caravela do bispo naufragou e os sobreviventes acabaram sendo trucidados pelos *caetés*. Estes odiavam os portugueses por escravizá-los e por serem aliados de seus inimigos tupiniquins e tupinambás.

82. Carta de Duarte Coelho a Dom João III de 10 de junho de 1555 (apud MAESTRI, 1994, p. 116).

83. Léry, 1941, p. 50.

84. Segundo a grafia de Léry, "*Uetacá*". Eram os goitacazes.

85. Do termo do tupi antigo *mokaîé*, conhecido indiretamente na composição *mokaîe'yba*, mocajaíba, bocaiuva, variação de palmeira (NAVARRO, 2013, p. 584).

86. Léry, 1941, p. 74.

87. Léry, 1941, p. 77.

88. Léry, 1941, p. 81.

89. Léry, 1941, p. 88.

90. Léry, 1941, p. 155.

91. Carta régia de nomeação de Mem de Sá, apud Serrão, 1965, v. I, p. 64.

92. Carta de Nóbrega a Tomé de Sousa de 1559 (apud VARNHAGEN, 1854, p. 281).

93. De etimologia *kururu*, sapo + *pema*, achatado. "Sapo achatado." Nome de uma antiga mitologia dos antigos tupis da coisa.

94. Anchieta, 1986, p. 169.

95. Anchieta, 1986, p. 181.

96. Serrão, 1965, v. I, p. 70-71.

97. Processo de Bolés, p. 83 (apud ABREU, 2010, p. 109).

98. Mendonça, 1991, p. 116.

99. Manuel da Nóbrega, carta ao cardeal Dom Infante de São Vicente em 1560, 1955, p. 223.

100. Anchieta, 1986, p. 197. A expressão de Anchieta dá a entender que essa nau francesa estava fundeada pelas bandas de Niterói. Talvez negociando com os nativos de *Reriy* ou *Akaray*.

101. Id., ib., p. 197.

102. Manuel da Nóbrega, carta ao cardeal Dom Infante de São Vicente em 1560, 1955, p. 223.

103. Id., ib., p. 203.

104. Manuel da Nóbrega, carta ao cardeal Dom Infante de São Vicente em 1560, 1955, p. 223.

105. *Instrumento dos serviços prestados por Mem de Sá*, 1570, p. 147, apud SERRÃO, 1965, v. II.

106. Depoimento de Luis da Costa. *Instrumento dos serviços prestados por Mem de Sá*, 1570, p. 183 (apud ABREU, 2010, p. 110).

107. Carta de Mem de Sá à regente Dona Catarina de São Vicente, em 17 de junho de 1560 (apud SERRÃO, 1965, v. II, p. 43).

108. Anchieta, 1986, *De Gestis Mendi de Saa*, p. 207.

109. Id., ib., p. 215.

110. Manuel da Nóbrega, carta ao cardeal Dom Infante de São Vicente em 1560, 1955, p. 225.

111. Anchieta, 1986, *De Gestis Mendi de Saa*, p. 219.

112. Depoimento de Sebastião Álvares (apud ABREU, 2010, p. 117).

113. Carta ao padre Diogo Lainez de São Vicente em junho de 1561 (ANCHIETA, 1933, p. 171).

114. Id., ib., p. 165.

115. Carta ao padre Diogo Lainez de Piratininga de março 1562 (ANCHIETA, 1933, p. 179).

116. Carta ao padre Diogo Lainez de São Vicente de 16 de abril de 1563 (ANCHIETA, 1933, p. 181).

117. Em *Crônica da Companhia de Jesus*, v. I, Simão de Vasconcellos, 1931, p. 181.

118. Carta ao padre Diogo Lainez de São Vicente de 16 de abril de 1563 (ANCHIETA, 1933, p. 183).

119. Segundo Simão de Vasconcellos, autor da *Crônica da Companhia de Jesus*, o nome era *Jagoanharó*.

120. Carta ao padre Diogo Lainez de São Vicente de 16 de abril de 1563 (ANCHIETA, 1933, p. 184).

121. Id., ib., p. 187.

122. Carta ao padre Diogo Lainez de São Vicente de 8 de janeiro de 1565 (ANCHIETA, 1933, p. 197).

123. Id., ib., p. 233.

124. Carta ao padre Diogo Lainez de São Vicente de 8 de janeiro de 1565 (ANCHIETA, 1933, p. 236).

125. Id., ib., p. 236.

126. Carta ao padre Diogo Mirão da Bahia, de 9 de julho de 1565 (ANCHIETA, 1933, p. 245).

127. O nome tem relação com o primeiro donatário daquelas terras, após a transferência da cidade para a enseada em frente ao morro do Castelo. Seu nome era Domingos Fernandes, companheiro de Estácio, que era mais conhecido como Cara de Cão (apud ABREU, 2010, v. I, p. 124).

128. Op. cit., p. 249.

129. Informação sobre a origem desse indígena encontra-se em Vasconcellos, v. II, 1931, (77), p. 45.

130. Carta ao padre Diogo Mirão da Bahia de 9 de julho de 1565 (ANCHIETA, 1933).

131. Id., ib., p. 251.

132. Id., ib., p. 252.

133. Id., ib., p. 253.

134. Carta do padre Quirício Caxa ao padre Diogo Mirão, da Bahia, 13 de julho de 1565, *Cartas avulsas*, 1887, p. 452.

135. Id., ib., p. 454.

136. Abreu , 2010, p. 128.

137. Vasconcellos, v. II, 1931, (83), p. 46.

138. Id., ib. (85), p. 47.

139. Id., ib. (98), p. 53.

140. Segundo os estudos de Maurício de Almeida Abreu, 2010, v. I, p. 135.

141. Instrumentos de Serviços de Mem de Sá, 1570 (apud SERRÃO, 1965, p. 67).

142. José Ribeiro de Souza Fontes foi um médico e militar brasileiro. Foi professor de anatomia e cirurgião. No Exército participou da Guerra do Paraguai e chegou ao posto de marechal; também atuou como médico particular de Dom Pedro II. Sócio do Instituto Histórico e Geográfico Brasileiro.

143. Francisco Ferreira de Abreu foi médico, professor e pesquisador, diretor da Faculdade Medicina do Rio de Janeiro. Foi o primeiro brasileiro a se formar doutor pela Universidade de Paris em 1849, tendo se destacado em pesquisas científicas.

144. Documentos relativos à exumação de Estácio de Sá (*RIHGB*, 1883, tomo 26, p. 303).

145. Id., ib., p. 315.

REFERÊNCIAS

ABREU, Maurício de Almeida. *Geografia histórica do Rio de Janeiro (1502 a 1700)*. V. 1 e 2. Rio de Janeiro: Andrea Jakobson, 2010.

ALBO, Francisco. *Diário de viagem de Francisco Albo.* Disponível em: <http://en.wikiso.urce.org/wiki/The_First_Voyage_Round_the_World/LogBook_of_Francisco_Alvo_or_Alvaro>. Acesso em: jan. 2015.

AMADO, Janaína; FIGUEIREDO, Luis Carlos. A certidão de Valentim Fernandes, documento pouco conhecido *sobre o Brasil* de 1500. *Textos de História: Revista Programada de Pós-Graduação em História da UnB*, 1997, v. 5. n. 2.

ANCHIETA, José. *Cartas, informações, fragmentos históricos e sermões.* Publicado pela Academia Brasileira de Letras. Rio de Janeiro: Civilização Brasileira, 1933.

______. *De Gestis Mendi de Saa*. São Paulo: Loyola, 1986.

______. *Teatro de Anchieta*. São Paulo: Martins Fontes, 1999.

______. *O auto de São Lourenço.* São Paulo: Valer, 2010.

ANÔNIMO, Jesuíta. De algumas coisas mais notáveis do Brasil. *Revista de História do Instituto Geográfico Brasileiro*, Rio de Janeiro, 1923.

BARROS, João de; COUTO, Diogo de. *Décadas da Ásia*. Década III, Livro V. Lisboa: Régia Offin Typografica, 1563.

BELTRÃO, Maria da Conceição. *Pré-história do Rio de Janeiro.* Rio de Janeiro: Forense, 1978.

______. *Peabirus*: Os caminhos dos índios e sua importância para a identidade nacional. Rio de Janeiro: Econame, 2011.

BRANDÃO, Ambrósio Fernandes. *Diálogos das grandezas do Brasil.* Rio de Janeiro: Dois Mundos, 1943.

BUENO, Eduardo. *Náufragos, traficantes e degredados*: As primeiras expedições do Brasil. Rio de Janeiro: Objetiva, 1998.

CABEZA DE VACA, Alvar Nuñez. Cartas jesuíticas. Cartas avulsas. Rio de Janeiro; Imprensa Nacional, 1887.

______. *Naufrágios & comentários.* Porto Alegre: L&PM, 1999.

CARDIM, Pe. Fernão. *Tratados da terra e a gente do Brasil.* São Paulo: Companhia Editora Nacional, 1939.

CARVAJAL, Gaspar de. *Descubrimiento del Río de las Amazonas*. Org. José Toríbio Medina. Sevilha, 1894. [*The Discovery of the Amazon*. Org. H. C. Heaton. Nova York, 1934.]

CASTRO, Eduardo Viveiros de. *A inconstância da alma selvagem e outros ensaios de antropologia*. São Paulo: Cosac Naify, 2002.

CORTESÃO, Jaime. *A fundação de São Paulo* – Capital geográfica do Brasil. São Paulo: Livros de Portugal, 1955.

D'ABBEVILLE, Claude. *Histoire de la mission des péres capuchins en L'isle de Maragnon et terrer circonfines, où est traicté des singularitez admirables et des moeurs merveilleuses des Indiens habitans de ce pais.* Paris, 1614.

D'ÉVREUX, Yves. *Suite de l'histoire des choses plus mémorables advenues em Maragnan, em annés 1613 et 1614*. Paris, 1615.

______. *Voyage das le nord du Brésil, fait durant les annés 1613 et 1614*. Publié d'après l'exempleire unique conservé a la Biblioteque Impériale de Paris, avec une introduction et des notes par Ferdinand Dénis. Leipzig/Paris: Librairie A. Franck, 1864.

DIAS, Ondemar. O índio no Recôncavo da Guanabara. *RIHGB*, Rio de Janeiro, abr.–jun. 1998.

EDELWEISS, Frederico. Quirimurê – Atribulações de um topônimo. *Arquivos da Universidade da Bahia*, Salvador, 1963, v. VII.

______. Topônimos indígenas do Rio de Janeiro Quinhentista. *Revista de História do Instituto Geográfico Brasileiro*, Rio de Janeiro, 1967.

FERNANDES, Florestan. *Organização social dos tupinambá*. São Paulo: Instituto Progresso Editorial, 1963.

______. *A função social da guerra na sociedade tupinambá*. São Paulo: Globo, 2006.

GAFFAREL, Paul. *Historie du Brésil français au XVIe Siècle*. Paris: Maisonneuve et Cie, 1898.

GANDAVO, Pero de Magalhães. *Tratado da terra do Brasil.* Rio de Janeiro: Edição do Anuário do Brasil, 1924.

GUEDES, Max Justo. As primeiras expedições portuguesas e o reconhecimento da costa brasileira, *Revista de História do Instituto Geográfico Brasileiro*, Rio de Janeiro, 1970, v. 247.

HEMMING, John. *Ouro vermelho*: A conquista dos índios brasileiros. São Paulo: Edusp, 2007.

IPANEMA, Cybelle Moreira de. *História da Ilha do Governador.* Rio de Janeiro: Mauad X, 2013.

LEITE, Serafim. *Novas cartas jesuíticas.* São Paulo; Companhia Editora Nacional, 1940.

LÉRY, Jean de. *Viagem à Terra do Brasil.* São Paulo: Livraria Martins, 1941.

______. *Histoire d'um Voyage faict en la terre du Brésil.* Paris: Libraire Générale Française, 2008.

MAESTRI, Mário. *Os senhores do litoral*: Conquista portuguesa e agonia tupinambá no litoral brasileiro. Porto Alegre: Ed. UFRGS, 1994.

MEDINA, J. T. *Los Viajes de Diego García de Moguer al Río de La Plata.* Santiago de Chile: Imprenta Elzeviriana, 1908.

MENDONÇA, Paulo Knauss de. *O Rio de Janeiro da pacificação*: Franceses e portugueses na disputal colonial. Rio de Janeiro: Secretaria Municipal da Cultura, 1991.

MÉTRAUX, Alfred. *La civilization materiele des tribos tupi-guarani.* Paris: Libraire Orientaliste Paul Geuther, 1928.

______. *A religião dos tupinambás e suas relações com a das demais tribos tupi-guaranis.* São Paulo: Edusp, 1979.

MONTOYA, Pe. Antonio Ruiz de. Primeva Catechese dos Indios Selvagens, feita pelos Padres da Companhia de Jesus. In: GALVÃO, Benjamin Franklin Ramiz. (org.) *Manuscrito Guarani na Biblioteca Nacional do Rio de Janeiro sobre a Primitiva catechese dos índios das missões.* Rio de Janeiro, 1879.

MUSSA, Alberto. *Meu destino é ser onça.* Rio de Janeiro: Record, 2009.

______. *A primeira história do mundo.* Rio de Janeiro: Record, 2014.

NAVARRETE, Martin Fernandez de. *Colección de los viajes y descubrimientos que hicieran por mar los españoles.* Madri: La Imprenta Real, 1837.

NAVARRO, Eduardo de Almeida. *Método moderno de tupi antigo*: A língua do Brasil dos primeiros séculos. São Paulo: Global, 2005.

______. *Dicionário de tupi antigo*: A língua indígena clássica do Brasil. São Paulo: Global, 2013.

NÓBREGA, Manuel da. *Cartas do Brasil e mais escritos.* Coimbra: Ed. Universidade de Coimbra, 1955.

PEREIRA, Soares Moacir. *Capitães, naus e caravelas da armada de Cabral.* Coimbra: Imprensa de Coimbra, 1979.

PIGAFETTA, Antonio. *Primo viaggio intorno al globo terraceo.* Milão, 1800.

PRADO JR., Caio. *Formação do Brasil contemporâneo.* São Paulo: Brasiliense, 1957.

PRADO, J. F. de Almeida. *A Bahia e as capitanias do centro do Brasil 1530-1626.* São Paulo: Companhia Editora Nacional, 1945.

QUINTILIANO, Aylton. *A guerra aos tamoios.* Rio de Janeiro: Reper, 1965.

SÁ, Mem de. *Instrumento dos serviços prestados por Mem de Sá, Governador do Brasil*; Salvador, set.-dez. 1570.

SALVADOR, Frei Vicente do. In: ABREU, João Capistrano de. (org.) *História do Brasil* (1627). São Paulo/Rio de Janeiro: Weizflog irmãos, 1918.

SANTA CRUZ, Alonso de. *Islario general de todas las villas del mundo.* Madri: Imprensa del Patronato, 1908.

SERRÃO, Joaquim Veríssimo. *O Rio de Janeiro no século XVI, XVII e XVIII.* Lisboa: Edição da Comissão Nacional das Comemorações do IV Centenário do Rio de Janeiro, 1965.

______. *História de Portugal – v. III (1495 – 1580).* Lisboa: Verbo, 1978.

SILVA, J, Romão da. *Geonomástiscos cariocas de procedência indígena.* Guanabara: Sec. Geral de Educação e Cultura, 1961.

SOUSA, Gabriel Soares de. *Tratado Descritivo do Brasil em 1587.* Rio de Janeiro: Tipografia de João Ignacio da Silva, 1879.

STADEN, Hans. *Sua viagem e cativeiro entre os selvagens no Brasil.* São Paulo: Tipografia da Casa Eclética, 1900.

THEVET, André. *La cosmographie universelle.* Paris, 1575.

______. *Les singularitez de la France Antarctique.* Paris, 1558.

______. *As singularidades da França Antártica.* São Paulo: Edusp, 1978.

VARNHAGEN, Francisco Adolfo de. *História geral do Brasil.* V. 1. Madri: Imprensa da V. de Dominguez, 1854.

______. *Livro da nau Bretoa. Diário de Navegação de Pero Lopes de Sousa pela costa do Brasil até o Uruguay* (de 1530 a 1532). Rio de Janeiro: F. A. de Varnhagen, 1867.

VASCONCELLOS, Pe. Simão de. *Crônica da Companhia de Jesus.* Lisboa: Ed. A. J. Fernando Lopes, 1931.

VESPÚCIO, Américo. Cartas de Amerígo Vespucci na parte que respeita às suas três viagens ao Brasil. Visconde de Porto Seguro (tradução e edição crítica). *Revista do Instituto Histórico e Geográfico*, Rio de Janeiro, tomo 41, parte 1, 1878.

ÍNDICE

L

M

N

O

P

R

S

POSFÁCIO

A VISÃO DO MANTO

por Glicéria Tupinambá*

A história do manto tupinambá é marcada pelas imagens. Vejo a nossa cultura como um pote jogado num lajedo, os pedaços espalhados em tudo o que é lugar. Agora temos de montar feito um quebra-cabeça.

Nós temos o manto na memória dos nossos cantos. Através deles, conseguimos reconstruir nossa identidade, entender um pouco a nossa história e projetar o futuro. Tem um canto assim:

O índio subiu a serra todo coberto de pena
O índio subiu a serra todo coberto de pena
Ele foi, mas ele é
É o rei da jurema.

Então o pessoal canta bem forte:

O tupinambá subiu a serra todo coberto de pena
O tupinambá subiu a serra todo coberto de pena
Ele foi, mas ele é
É o rei da jurema.

Nesse canto, entendemos que o tupinambá está todo coberto de penas. Mas como? Só se for com o manto. Comecei a entender que o manto está vivo em nossa memória. Sempre ouvimos falar dele. O manto nunca deixou de existir em nós.

Em 2000, houve uma mobilização do povo tupinambá pelo reconhecimento do território de Olivença, e isso coincide com a vinda de um manto

---

Este texto foi publicado originalmente na *Revista ZUM* #21 (out. 2021), do Instituto Moreira Salles. Disponível em: <https://revistazum.com.br/revista-zum-21/a-visao-do-manto/>. Acesso em: dez. 2023. A Relicário é grata à autora Glicéria Tupinambá e ao IMS pela cessão do texto para publicação no livro *O Rio antes do Rio*, de Rafael Freitas da Silva. [N. E.]

da Dinamarca para a *Mostra do redescobrimento*, em São Paulo. Dona Nivalda (seu nome indígena é Amotara, mãe da cacica Valdelice), que tinha 67 anos, caminhou pela exposição, sem guia, até parar diante de um artefato: "Esse é o manto tupinambá". Logo depois, dona Nivalda pediu o repatriamento do manto à aldeia. Isso teve uma repercussão muito grande, deu visibilidade ao povo e desencadeou o processo de demarcação do território. Estamos nessa luta até hoje.

Todo ano fazemos a Festa de Rei São Sebastião, nossa virada de ano religiosa, em que o encantado vem e diz como serão as estações, os plantios, nossa vivência sobre a terra naquele ano. Em 2006, resolvi fazer o manto para presentear os encantados tupinambás. Mas como? Ainda não tinha visto a imagem, mas a imaginava, e tinha conversado com meu pai, que dominava a arte da tecelagem do jererê, a rede tarrafa, a linha, o fuso, a agulha e tudo o mais. Ele sabia produzir, e contei minha ideia. Ele então fez a agulha, depois o cordão.

Nesse período, a professora Patrícia Navarro, da Universidade Estadual da Bahia, veio dar aulas de história e antropologia na aldeia e trouxe um retroprojetor bem antigo. Ela tinha umas fotografias do manto e as projetou na parede. Fiquei namorando aquela imagem, curtindo o belo e bonito, e procurei olhar as tramas. A imagem era muito ruim, mas eu entendia a trama. Então peguei uma malha, tiramos as medidas e batemos o prego. Descemos a malha, só que não fizemos o ponto crescente, por isso ele não ficou espalhado como devia.

Fomos ao terreiro, perseguimos os patos e os gansos, e retiramos as penas que estavam maduras. E fomos montar esse primeiro manto. A professora explicou que um manto tinha cerca de 10 mil penas de guará, e as nossas não chegavam nem a mil. Como não tínhamos penas o bastante, fizemos o manto na forma de cocar. Na foto, tinha umas coisas penduradas. Contei sete balangodangos e apliquei-os no manto. Nós o finalizamos para a Festa de Rei São Sebastião.

O encantado recebeu o presente, e a festa foi muito bonita. Então, recebemos um convite de João Pacheco, do Museu Nacional da UFRJ, que ia realizar a exposição *Os primeiros brasileiros*, em Fortaleza (CE), em 2007. Estavam coletando peças nas comunidades indígenas e acharam interessante a questão do manto. O encantado os autorizou a levarem o manto, na condição de que eu fizesse mais três para a aldeia. Fiquei preocupada, mas ele falou que tudo tem seu tempo, que eu não tivesse pressa.

O manto foi então para a exposição, e o encantado me deixou a missão de confeccionar mais três. Eu não sabia como, pois precisaria de muitas penas. Houve a exposição, mas não consegui desenvolver nenhum manto. Vontade eu tinha, estava viva dentro de mim, mas não tinha os meios. Então, parei.

Em 2019, a pesquisadora Nathalie Le Bouler, da Universidade Federal da Bahia, fez um convite para darmos uma palestra na França sobre os não humanos, os encantados. Jéssica, minha sobrinha, apresentaria um trabalho de fotografias. Eu ainda não sabia que na Europa tinha um manto tupinambá, não passava pela minha cabeça, aqui internet é difícil. Enfim, Nathalie me contou que o manto estava numa reserva no Museu do Quai Branly e que, além dele, havia uma borduna, então pediu autorização para uma visita nossa. Duas tupinambás na Europa, elas tinham que ver o manto!

Chegando ao museu, na porta, fomos revistadas e passamos por um detector de metal. Descemos de elevador, passamos por outra porta, outro elevador, aí uma pessoa olhou os documentos, conferiu no sistema, passamos por mais um segurança e outra porta até chegar ao objeto. Finalmente, chegamos.

Entrei numa dimensão em que eu estava no presente e no passado, estava em ebulição. Sabe quando as mãos adormecem e sentimos um formigamento? Meu corpo inteiro ficou assim. Eu estava com o corpo presente e a alma ausente. Nathalie me registrava com a câmera. Se eu fechasse os olhos naquele momento, via as mulheres sentadas, as pessoas com penas ao redor. Vi alguém fazendo a malha do manto. O que mais me chamou a atenção é que eram mulheres. Eu estava naquele lugar, mas, ao mesmo tempo, em outro, uma confusão. Eu estava numa cosmoagonia. Meu corpo sentia cócegas, e, quando fechava os olhos, eu voltava para aquele tempo. Me vinham três imagens: uma da mulher na aldeia, sentada, confeccionando o manto; outra do manto no navio; e uma terceira do manto saindo da embarcação, passando pelo cais e caminhando em direção a uma viela, e, nessa rua escura, ele sumia, desaparecia. Tinha essas três imagens na minha cosmoagonia.

Só que eu estava ali para ver o manto, como se colocavam as penas, as cores e as variedades – de lobos-guarás, de araras, de periquitos. A malha é complexa, não tem como ver a base principal, ela é apagada. Mas, no capuz, era possível visualizá-la, porque ele tinha perdido mais penas. Dava para ver que era de algodão artesanal, e, em cima, tinha outra malha que lembrava muito a da linha do tucum, que é feita da palha, com linha vegetal diretamente da folha, e não do algodão do fruto, que gera aquela lã. Vieram todas essas informações e fui percebendo que esses materiais se achavam na minha comunidade, que essa linha tinha essa durabilidade porque fora encerada com a cera das abelhas jataí, tiúba, uruçu.

Foi muito bom estar com o manto. Fiquei com ele por quase uma hora, e decidi que quando chegasse em casa iria reproduzi-lo. Vim embora e fiquei tentando amadurecer isso.

Quando anunciaram que o cacique Babau ia receber o título de doutor *honoris causa* da Universidade Estadual da Bahia por seu conhecimento indígena, em 2019, o pessoal começou a discutir como ele iria vestido para a cerimônia. Nada mais justo do que ir trajado como diz a cultura. Mas havia o protocolo da universidade, ele tinha que se formar de capelo e beca, então pediram as medidas para mandar confeccioná-los. O pessoal ficou negociando para ele usar nem que fosse o cocar, mas só queriam da forma deles, e nada dos nossos trajes, da nossa identidade. Aí eu disse para o Agnaldo Pataxó: "Deixamos eles fazerem o protocolo deles, e ao sair da colação fazemos um corredor com nossos parentes indígenas e colocamos o manto nele, e vamos ver se o mais interessante para os jornais será a fotografia do cacique de capelo e beca ou a do cacique com o manto tupinambá". Ele pediu autorização ao cacique, que a concedeu, e meti bronca.

Encerei o cordão, estiquei a linha e a armei no gabarito, mas já era tarde da noite, e eu tinha que dar aula. Procurei a tesoura para cortar e não achei, aí quebrei tudo na mão, estiquei metade e fui dar aula. Ficou em casa meu menino, Ory, que tinha de 2 para 3 anos de idade. Ele nunca foi de traquinar e nem de mexer nas coisas. Quando cheguei, fui logo para o gabarito e vi que alguma coisa estava estranha no cordão, estava tudo cortado. Quando Ory acordou, perguntei quem tinha cortado o cordão. "Você achou a tesoura, Ory?" "Eu não, mamãe, a tesoura falou comigo, aí ela que cortou o manto, não fui eu, não, a tesoura cortou sozinha." Não briguei com ele, só tivemos essa conversa.

Eu me deitei no sofá e fiquei pensando nisso, de a tesoura ter falado com ele. Fui lá e estiquei o cordão todinho, e conforme fui tramando, vi que estava errada, porque não estava dando o nó, estava tudo liso, parecendo uma peneira. Parei, fiquei no vácuo, sem saber para onde ir. Queria fazer na mesma proporção da imagem que eu tinha visto lá no museu, não queria fazer do jeito que tinha feito antes.

Em março de 2020, o professor Augustin de Tugny me convidou para falar dos artefatos indígenas num seminário na Universidade Federal do Sul da Bahia, pois eu tinha feito o manto que estava na exposição *Os primeiros brasileiros*. Já tinha recuperado, por meio das imagens de Hans Staden, o enduape, aquela rosa de pena de ema que seria a araçoia, e também tinha conseguido fazer a tiara. Peguei esse material e fui para a universidade dar aula.

Quando o professor começou a mostrar as imagens do manto – eu não sabia que na Europa existiam 11 mantos tupinambás; o único que eu conhecia era o da reserva do Museu do Quai Branly –, uma das que mais me chamaram a atenção foi a do manto que está em Basileia. É uma foto em preto e branco que mostra mais detalhadamente a trama, porque não tem mais as penas. Dá para ver perfeitamente que o ponto é um losango. Ele estava bem desfeito, e o pessoal sofre pelo desfeito, mas era a solução do meu problema! Augustin me falou que a pesquisadora Lívia Melzi estava tirando fotos dos mantos em todas essas exposições e nos museus. Ele me mostrou um que está na Alemanha, um na Dinamarca – parece que são cinco em Copenhague. Foi me mostrando esses belos mantos. Diferentemente de 2006, quando a gente viu a imagem pelo retroprojetor, agora as imagens eram digitais: dava para ampliar e ver perfeitamente os pontos!

Quando voltei para a aldeia, levei um rolo de cordão bem grande para minha madrinha me ensinar a fazer o ponto do jererê, porque não sei nem fazer crochê. Ela tem cerca de 90 anos e ainda faz muito bem o ponto. Mostrei as imagens que o professor Augustin deixou no computador de uma princesa que usava o manto forrado – minha madrinha achou até que era uma santa. Ela olhou para mim e perguntou se eu já tinha sonhado. "Você já visualizou?" Então me disse: "Não vou lhe ensinar porque você já sabe, pode ir fazer!". E agora? A pessoa que iria me ensinar, pegar na minha mão, explicar todo o processo, só me disse: "Volte para casa e faça". Já que ela disse, acreditei.

A luta pelo território aqui é pesada, a criminalização das lideranças é grande. Existia um plano para matar o cacique. E nós conseguimos, nessa quarentena, fechar as estradas BA-668 e BA-669, colocamos barreiras sanitárias. Isso deu uma calmaria na comunidade. Além disso, as aulas foram suspensas, e voltei a trabalhar na roça com minha família. Absorver isso de estar dentro da comunidade, com o ambiente tranquilo, foi muito importante para fazer o manto, porque o ambiente teve como se comunicar comigo. Aí eu fiz a malha, consegui passar dessa fase. O mais difícil ia ser colocar as penas. As meninas estavam com um projeto de criação de galinhas e foram me dando as penas. Mãinha colhia e elas me davam. Como minha madrinha disse que eu já sabia como fazer, resolvi não controlar, segui o fluxo. Mãinha trouxe um saco com umas seiscentas penas, disse que dava para fazer o manto. Comecei a limpar, ajeitar e aplicar, mas deu apenas para algumas linhas, porque cada uma pegava 110 penas. Fiz uma estimativa de que faltavam 3.500 penas.

Aí vieram os sonhos. Uma noite, o manto me disse que o mais difícil não era conseguir as penas, e sim o acabamento do capuz. Acordei achando que isso era coisa da minha cabeça. Mas as penas foram surgindo. Os pássaros vieram e conversaram comigo em sonho, e meu irmão viu as penas que o gavião tinha deixado para mim no lajedo, lá ao pé da serra. Sem falar que os gatos daqui de casa traziam vários pássaros: o canário-do-mato, o sabiá-bico-de-osso. Eu colhia as penas, e eles comiam os passarinhos. Meu filho pequeno se sentava perto de mim e pedia para eu contar a história do manto, pegava o maracá e ficava cantando para nós. Quando saía para o terreiro e via uma pena, trazia. Foi tudo feito assim nessa cosmologia, com o envolvimento da comunidade.

Então, tive outro sonho: o manto apareceu e me perguntou como eu o estava fazendo. Falei que estava aplicando as penas de galinha, de galo, de peru, de pavão, de araponga, de aracuã, fui falando das variedades de penas que eu tinha. E estou deixando as penas de gavião para colocar no capuz. Falei da virtude do gavião, que o gavião voa, plana no ar, foca a presa, mergulha e a pega – o gavião é uma maravilha, ele me atrai por isso. Ele falou assim: "Você já parou para pensar que uma hora o gavião tem que pousar? E quando ele pousar e estiver cercado, como ele vai se livrar? Então, você precisa colocar umas penas de pássaros terrestres." Não falou quais seriam os pássaros, mas disse que eram terrestres, pois, no momento em que você os perde de vista, eles se camuflam e somem, ninguém consegue capturá-los. Era necessário também ter essa virtude, saber se tornar um ambiente, desaparecer e não se tornar presa.

Acordei desse sonho e fui contar para mãinha, porque, toda vez que alguém sonha, tem que ir até a cozinha da velha Maria fazer o relato, e o sonho não fazia sentido para mim. Mãinha disse que o manto tinha razão, e começou a falar dos pássaros tururim, lambu, perdiz, saracura, foi citando diversas aves que têm essa destreza. O cacique Babau falou que ia arrumar um passarinho para mim. Fizeram uma arapuca e pegaram o pássaro, tiraram as penas e o soltaram, era para ser feito assim. Para fazer o manto, não é preciso destruir ou matar, a gente colhe as penas no período de troca. Se não estiverem maduras, não servem.

Agora eu já tinha as penas, mas não tinha nenhuma pista de como aplicá-las, pois no capuz o ponto é um pouco maior. Fico pensando nisso deitada na rede, olhando para os pés. Tem que estar na tranquilidade. E não é que o meu dedão dá a medida? Prendi no pé e comecei o mesmo processo que tinha usado para fazer a malha da gola. Deu certo.

Faltava a parte de cima, que chamo de peteca, feita com a pena do rabo do pássaro. Mais uma vez, as fotografias... Tem uma imagem da realeza no Carnaval que mostra uma peteca bem aberta em cima. Teria que ter esse efeito, não poderia ser tão justa. E agora? "Quem lhe ensinou a fazer o manto também vai ensinar a fazer o acabamento", mãinha disse. Voltei a dormir.

Sonhei que estava deitada na rede, chegou uma pessoa e jogou um monte de sementes de jequitibá na minha cara: "Olhe aí o que você está precisando". E me ensinaram como se fazia, como cada semente deveria ser colocada na linha, e as penas, amarradas.

Quando acordei, fui procurar mãinha novamente ao pé do fogão de lenha, e ela me disse que fazia sentido: "Vá lá, mande ver". E eu vim.

Um tempo atrás, eu e um ancião chamado Felisberto salvamos dos madeireiros um pé de jequitibá que tem na serra lá em cima. Ele tinha catado as sementes e me dado, mas eu nem sabia mais onde estavam guardadas. Nesse sonho, lembrei. Não é que couberam direitinho? As penas ficaram com o efeito que eu tinha visto na fotografia de Lívia. Finalizei o capuz, prendi na outra malha, e o manto já estava pronto para ser usado pelo cacique na formatura.

Até agora, pelas imagens que conheço, só vemos homens usando os mantos, mas trago essa intuição de que eles têm uma energia feminina, que foram feitos pelas mulheres e que elas também podem usá-los. Quando faço a visão do retorno do manto, compreendendo todo esse processo, vejo que quem vai identificar o manto no Brasil é dona Nivalda, uma mulher. Quem vai tentar reproduzi-lo, sou eu. As imagens que uso são capturadas por outra mulher, Lívia. Com toda essa energia feminina, essas intrigas e conversas que tenho com o manto, estava certa de que as mulheres também o usavam.

Estava com esse problema na cabeça quando a Fernanda Liberti entrou em contato comigo e matou a charada: ela me deu o livro *O Rio antes do Rio*, que tem na capa uma mulher tupinambá usando o manto! Eram três gravuras datadas de 1572, feitas por Hans Weigel e Jost Amman: uma de um homem usando o manto; outra de uma mulher vestindo o manto completo; e a última de um homem com ele só no pescoço, com o cocar e a arupema. Eu não disse que o manto fala comigo? O pessoal fala muito do inimigo capturado para o ritual antropofágico. Não sei, pois só existe a imagem que os jesuítas descreveram. Eu via o manto na roda do fogo, imagino seis mulheres saindo cobertas com ele da oca para dançar em torno da fogueira, não do inimigo. Mas eles tinham outra intenção.

Representação de homem e mulher indígenas com o manto tupinambá, gravura de Hans Weigel e Jost Amman, 1572 (fonte: The New York Public Library WEB)

Tem uma cena de Hans Staden com várias pessoas vestindo mantos no entorno da oca, enquanto as mulheres servem o cauim. Essa imagem é muito bonita, não estão dançando em torno do inimigo. Então, existem outras formas, e o vermelho e o amarelo eram usados para confundir com o fogo, para ser o pássaro do fogo, flamejado pelo fogo. Uma festa, uma alegria.

Quando abro um livro, minha leitura é diferente da de outras pessoas, parece que ressalta algumas palavras. Tipo "majé". Vou ler um livro e aparece essa palavra, que segundo os jesuítas era usada, mas desapareceu. Aí vou ecoando "majé", e todo mundo toma um choque, porque nunca se ouviu falar disso. Insisto em dizer que existe e que são as mulheres que dominam esse conhecimento.

Pelos relatos dos viajantes, eles só tiveram contato com homens. Eles tinham uma intenção, um olhar. Não vieram ver e descrever como as mulheres se comportavam, só as viam na mão de obra, na cozinha, trabalhando, ou com aquele olhar de sexualidade. Eu sabia que tinha algo a mais, não era apenas isso. Então, descobri que existe a majé, que é uma espécie de divindade que vai fazer a separação dos casais de pássaros para poder manter sua existência, segundo a cosmovisão tupinambá.

Quando leio essa palavra, sinto que preciso ecoar o nome de nossos deuses, que nossos pajés e majés são semideuses e que o manto é uma personalidade, um presente do céu para a terra, e aqueles que os vestem têm contato entre esses dois mundos. A essas pessoas, responsáveis pela cura e por guiar, era permitido usar o manto.

É uma coisa que está ligada ao território, à nossa espiritualidade e aos saberes de toda a comunidade. Tenho várias angústias, várias perguntas que surgem e que vou tentando responder. Essa palavra "majé" tem que existir. As mulheres tupinambás usavam o manto, sim. As crianças podiam ser enroladas neles porque eram quentes, e no inverno é muito frio, e nós não andávamos pelados, isso é do imaginário do outro. Nós tínhamos muitas penas, éramos um povo muito diverso e colorido, e, ao fazer o manto, percebi que os tupinambás reproduziam a pele do pássaro. Só vai saber quem faz. Vamos sanando nossas dúvidas com as imagens, o pessoal manda fotografias, vídeos, que são de grande valia para mim, porque cada uma traz uma referência, uma linguagem.

Vamos trazer outra visão para o manto, as cores da terra, da natureza, das folhas, e ele vai estar no meio ambiente. Vamos trazer o manto em movimento, não o manto na cor do guará que está lá adormecido. Vamos trazer um manto vivo, com essa nova roupagem, investido desse olhar político, vestígio de algo que não acabou. É como o açúcar, que você coloca na água, mexe e ele desaparece, mas ainda está presente quando se prova. O manto veio para ter esse impacto, precisa ressoar alguma coisa a mais que ainda não desvendei, mas sei que precisa existir e ecoar o nome dos nossos deuses.

Chamo todo esse processo de feitura do manto através das fotografias e dos sonhos de uma cosmotécnica. Não foi alguém que me pegou pela mão para me ensinar. Uso uma linha contínua, não quebro a linha; não uso a agulha, e sim as mãos e a paleta para ter a medida do ponto da malha e saber a quantidade de penas. As pessoas perguntam se sou a artista, e respondo que foi uma coisa coletiva, cosmológica, da comunidade. Fui o instrumento, as mãos necessárias para que o manto voltasse a existir.

As pessoas vão para o museu para ver o belo e imaginam seu valor inestimável. Lá o manto é intocável, é para ser visualizado naquele espaço frio, onde está sem vida, não tem memória, é uma peça usada. Para nós, tupinambás, o manto tem que estar em movimento, tem uma personalidade, uma vontade, uma forma de ser e de estar no ambiente.

Queria ver o manto em movimento, então fiz fotos dele com o drone, fomos para o rio, para a mata, entramos na roça de milho. Fui experimentar o manto, girei com ele, fiz aquele corrupio. Foi lindo ver meu filho vindo em minha direção e me abraçando enquanto eu usava o manto. Deu aquele sentido de proteção. Gostei de aprender que a foto tem um papel, uma intenção, uma linguagem – eu nunca tinha pensado por esse lado. Pensava no registro daquele tempo e daquele momento, nunca tinha pensado na intenção. E o manto me diz que é possível ser diferente daquele lá parado, estagnado, congelado no tempo, como uma visão do passado que não é mais possível recuperar.

Sempre perguntam se desejo repatriar o manto. O pessoal da Dinamarca morre de medo dos tupinambás por conta de dona Nivalda ter feito aquela ação política de pedir o repatriamento. Nós, de Serra do Padeiro, temos outra visão, entendemos que os encantados não querem. Se quisessem, tudo ficaria fácil. Os encantados me pediram para fazer o manto e criaram meios e formas para que ele voltasse a viver. Tupinambá julgou e condenou os europeus à pena máxima, que é manter um material tão frágil por séculos e séculos – e são felizes por cumprir essa pena! O manto mostra as pegadas dos lugares por onde os tupinambás passaram, e os europeus estão condenados a preservar nossa cultura. O que acho que eles devem fazer é flexibilizar, facilitar nossa ida até lá.

Quero ver o manto porque acho que ele tem algo a me dizer, tem algo que absorveu, guardou e está nele, e talvez chegando lá – não é certeza, não é exato –, ele me conte, desperte em mim a mesma dimensão que tive com o primeiro. Pois o manto veio comigo. Ele está lá, mas veio comigo. Consegui trazê-lo de volta, e não apenas acessar o belo, mas restabelecer essa linha que tinha sido quebrada há tanto tempo. Poderia haver outras pessoas fazendo isso.

Estava lendo alguns livros e entendi que o nosso povo foi escravizado, fomos tirados de nossas terras, como os negros, e levados para outro continente, sem poder voltar para o Brasil nunca mais. Nosso povo se perdeu na imensidão, mas o manto não, é um registro, está lá parado, e eles são obrigados a cuidar dele, a preservá-lo, gastando bilhões. Se a gente fosse pedir o manto de volta, seria para fazê-lo retornar à natureza, para não mais existir, porque a função dele é voltar para a natureza. Estando lá, é a pena, e, se o trouxermos de volta, a gente perdoou – não temos a intenção de perdoar. É só o tempo, o tempo que foi estabelecido pela lei tupinambá. Então, eles vão continuar carregando essa pena para o resto da vida, se depender dos tupinambás da Serra do Padeiro. Nós não queremos dar esse perdão.

* **Glicéria (Célia) Tupinambá** nasceu em 1982, na Terra Indígena Tupinambá de Olivença (BA) e exerce liderança da aldeia em Serra do Padeiro, localizada no mesmo território tupinambá. Artista, antropóloga, professora, cineasta, tem licenciatura intercultural indígena no IFBA e cursa mestrado em Antropologia Social na UFRJ. Foi presidenta da Associação dos Índios Tupinambá da Serra do Padeiro (AITSP), membra da Comissão Nacional de Política Indigenista (CNPI) e representante de seu povo junto à ONU Mulheres. Em 2015, dirigiu o documentário "Voz das Mulheres Indígenas". Em 2021, foi curadora da exposição *Kwá yapé turusú yuriri assojaba tupinambá | Essa é a grande volta do manto tupinambá*, na Funarte Brasília. Sua obra "Nós somos pássaros que andam", realizada em diálogo com Mariana Lacerda e Patrícia Cornils, foi vencedora da Bolsa de Fotografia ZUM/IMS e integrou a expo *Entre nós: dez anos de Bolsa ZUM/IMS*. É Artista Premiada Prêmio PIPA 2023.

AGRADECIMENTOS

Esta obra não teria sido possível sem a ajuda da minha mãe, Neise Freitas da Silva, que vasculhou instituições e bibliotecas em busca de obras antigas e desaparecidas. Sempre animando e acompanhando o desenvolvimento das pesquisas, ela foi a primeira a ler este livro e a fazer sugestões, devidamente incorporadas. Também meu pai, João da Silva, experiente pescador, contribuiu com seu conhecimento sobre animais marinhos da Baía de Guanabara para desvendar alguns dos mistérios mais incríveis deste livro. Sem ele não saberia a diferença entre tainhas e paratis.

Dizem que por trás de um (grande) homem existe uma mulher maior ainda, e esse é exatamente o meu caso. Este livro não teria existido sem a parceria de Michelle Strzoda, editora e jornalista, conhecedora da história do Rio, que, além de ter sugerido e impulsionado este projeto desde o início, também foi a responsável pela preparação de originais. Esta obra também pertence a ela, assim como meu coração.

O acesso a muitas das obras consultadas só foi possível pela existência de instituições culturais que nos últimos anos têm se dedicado a democratizar o acesso a obras tão fundamentais para a história do nosso Brasil, como o Instituto Histórico Geográfico Brasileiro (IHGB), a Biblioteca Brasiliana Guita e José Mindlin, mantida pela USP (BBM/USP), a Biblioteca Nacional (BN), a Biblioteca do Arquivo Nacional da Torre do Tombo, entre outras bibliotecas virtuais nacionais e estrangeiras que facilitaram o acesso a obras raras antes só consultadas presencialmente.

Sou devedor do conhecimento legado por tantos autores que, interessados na história e na cultura de nossa gente, permitiram a existência deste livro, como Frederico Edelweiss, Florestan Fernandes, Maurício de Almeida Abreu, Eduardo de Almeida Navarro, Maria da Conceição Beltrão, Cybele de Ipanema, Alberto Mussa, Paulo Knauss de Mendonça, Eduardo Viveiros de Castro, Paul Gaffarel, John Hemming, Alfred Métraux, Mário Maestri, Joaquim Serrão, entre outros. Também foi importante a ajuda dos funcionários da Biblioteca Frederico Edelweiss da Universidade Federal da Bahia, que em tempo recorde foram capazes de atender às minhas solicitações sobre artigos deste professor, que só existiam nos anais da universidade.

Gostaria de agradecer ao historiador Luiz Antonio Simas, que tão cordialmente ajudou a corrigir alguns rumos desta pesquisa. Também

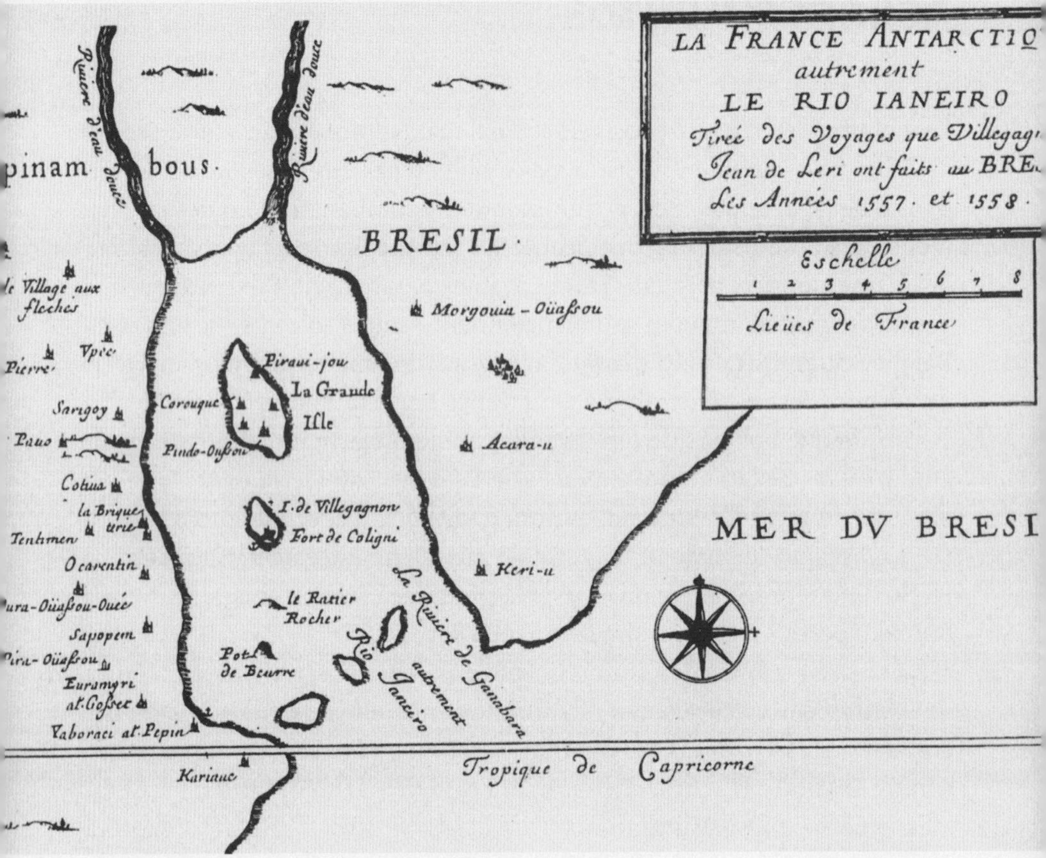

contribuíram com sugestões e incentivos meus colegas Sidney Garambone e Pedro Bial, que se puseram a ler os originais, incentivando sua publicação.

Carta Factícia do Rio de Janeiro – Heilhard, 1897

Também foi inspiração para este livro o nascimento do meu amado filho Theo logo no início das minhas pesquisas. O primeiro capítulo é integralmente inspirado e dedicado a ele, que quando crescer poderá conhecer como era a vida de um menino na Guanabara Tupinambá. Ofereço também esta nova edição aos meus filhos caçulas Martin e Mathias, nascidos em 2017. Espero que as informações e curiosidades deste livro possam lhes serem úteis quando crescerem. Ler e estudar sobre a vida dos *kunumĩs* nas aldeias foi e é também um pouco uma forma de aprender a ser pai. Também gostaria de citar um companheiro, meu melhor amigo, que me acompanhou durante as infindáveis maratonas de madrugada de pesquisa e escrita, e que me deixou no mesmo dia em que escrevi as últimas linhas deste livro – o meu muito obrigado ao Raul, meu lindo e amoroso cão *basset hound*, que nunca me deixou sozinho nesta tarefa.

Por último gostaria de agradecer a um anônimo, provavelmente um francês que nunca esteve no Rio de Janeiro, mas que tentou produzir um primeiro mapa das aldeias tupinambás da Guanabara. Pretensamente do século XVI e conhecido como "Carta Factícia", este mapa surgiu pela primeira vez na obra biográfica *Villegagnon, roi d'Amérique (1510-1572). Un homme de mer au xvie siècle*, de Arthur Heulhard, de 1897, mas sua origem é até hoje desconhecida. Embora alguns atribuam sua autoria a Jean de Léry, calvinista que esteve na França Antártica e que nos deixou um livro fundamental sobre o Rio de Janeiro do século XVI, sabe-se que não deve ter sido desenhado por ele. Isso porque, até sua morte, em 1611, foram lançadas diversas edições de sua obra, não tendo Léry nessas ocasiões feito quaisquer referências sobre a existência deste mapa. Como verá o leitor, a "Carta Factícia" realmente é incorreta no que tange à localização das principais aldeias. Contudo, esse exemplo foi necessário para inspirar a elaboração dos mapas da Guanabara Tupinambá presentes neste livro e que foi, sem dúvida, um dos maiores objetivos desse estudo.

Grafia atualizada segundo o Acordo Ortográfico
da Língua Portuguesa de 1990, em vigor no Brasil desde 1º de janeiro de 2009.

EDIÇÃO
Michelle Strzoda

COORDENAÇÃO EDITORIAL
Maíra Nassif Passos

PREPARAÇÃO
Michelle Strzoda e Emanuella Feix

PROJETO GRÁFICO
Anderson Junqueira

DIAGRAMAÇÃO
Anderson Junqueira e Estúdo Insólito

MAPAS
Anderson Junqueira e Tebhata Spekman

PESQUISA ICONOGRÁFICA
Rafael Freitas da Silva e Neise Freitas da Silva

IMAGEM DA CAPA
Representação de homem e mulher indígenas com o manto tupinambá, gravura de Hans Weigel e Jost Amman, 1572 (fonte: The New York Public Library WEB)

Dados Internacionais de Catalogação na Publicação (CIP)

S586r Silva, Rafael Freitas da. (1977-)
O Rio antes do Rio / Rafael Freitas da Silva. – 6. ed. – Belo Horizonte: Relicário, 2024.
480p.: il.; 15,5 x 23cm.
Inclui bibliografia e índice.

ISBN 978-65-89889-86-1

1. Rio de Janeiro (RJ) – História – Reportagens. 2. Rio de Janeiro (RJ) – Usos e costumes. 3. Indígenas – Rio de Janeiro (RJ) – História. 4. História do Brasil. 5. Povos indígenas. 6. Século XVI. I. Título.

CDD 981.53 CDU 981.53

Índices para catálogo sistemático:
1. História do Rio de Janeiro 981.53
2. História do Brasil 94(81)

RELICÁRIO EDIÇÕES
Rua Machado 155 . casa 1 . Colégio Batista
Belo Horizonte . MG . 31110-080 . Brasil
relicarioedicoes.com
contato@relicarioedicoes.com
/relicario.edicoes
@relicarioedicoes
@relicarioeds
canal da Relicário
/relicarioedicoes

Este livro foi concebido na primavera de 2015, na cidade do Rio de Janeiro. Esta 6ª edição revista e ampliada foi composta com a tipografia Alegreya – desenhada por Juan Pablo del Peral, designer premiado na Bienal de Tipografia Latinoamericana –, que se caracteriza pela elegância e ritmo que imprime a textos de fôlego, e foi impressa na Rotaplan no outono de 2024.